ATLAS

CW01617414

België & Luxemburg

Indeling kaarten 1:100.000 II
Legende België & Luxemburg III
Wegenkaarten België & Luxemburg 1:100.000 1-104
Stadsplannen: Inhoud-Legende-Overzichtskaart 105
38 Stadsplannen 106-155
Repertorium der plaatsnamen . 156-164
Repertorium der straatnamen .. 165-189
Km-afstandstabel België & Luxemburg

Belgique & Luxembourg

Tableau d'assemblage des cartes au 1:100.000 II
Légende Belgique & Luxembourg III
Cartes routières Belgique & Luxembourg au 1:100.000 1-104
Plans de ville: Sommaire-Légende-Carte d'ensemble 105
38 Plans de ville 106-155
Index des localités 156-164
Index des noms des rues 165-189
Tableau des distances Belgique & Luxembourg

Belgium & Luxembourg

Overview maps 1:100.000 II
Key Belgium & Luxembourg III
Main map section Belgium & Luxembourg 1:100.000 ... 1-104
City maps: Summary-Key-Overview map 105
38 City maps 106-155
Index of place names 156-164
Index of street names 165-189
Distance table Belgium & Luxembourg.....

Belgien & Luxemburg

Seitenubersicht Strassenkarte 1:100.000 II
Zeichenerklärung Belgien & Luxemburg III
Kartenteil Belgien & Luxemburg 1:100.000 1-104
Stadtpläne: Inhalt-Zeichenerklärung-Ubersicht 105
38 Stadpläne 106-155
Ortsverzeichnis 156-164
Strassenverzeichnis 165-189
Entfernungstabelle Belgien & Luxemburg

Belgica & Luxemburgo

Mapa indice 1:100.000 II
Signos convencionales Belgica & Luxemburgo III
Mapas de carreteras Belgica & Luxemburgo 1:100.000 1-104
Planos de poblacion: Sumario-Signos convencionales-Mapa indice 105
38 Planos de poblacion 106-155
Indice de localidades 156-164
Indice de calles 165-189
Distancias kilométricas

Belgio & Lussemburgo

Quadro d'unione della suddivisone in tavole della cartografia 1:100.000 II
Segni convenzionali Belgio & Lussemburgo III
Tavole cartografia Belgio & Lussemburgo 1:100.000 ..1-104
Piante di città: Sommario-Legenda-Quadro d'unione 105
38 Piante di città 106-155
Indice nomi contenuti nell' Atlante 156-164
Stradario 165-189
Tavola delle distanze

geocart WORLD TRAVEL MAPS

Publisher:GEOCART
Copyright Cartography:
Geocart-Claus nv
Breedstraat 94
9100 Sint-Niklaas, Belgium

Tel. (03) 760.14.60
Fax. (03) 760.15.28
E-Mail: sales@geocart.be
URL: http://www.geocart.be

Zesde uitgave - Sixième édition
Looptijd tot 2007 - Fiable jusqu'en 2007
Wettelijk depôt - Dépot légal
D/0501/3020/019
ISBN 90-6736-217-4

INDELING DEELKAARTEN   CARTE D'ASSEMBLAGE   KEY TO MAPS

KARTEN ÜBERSICHT   MAPA INDICE   SOMMARIO DELLE CARTE

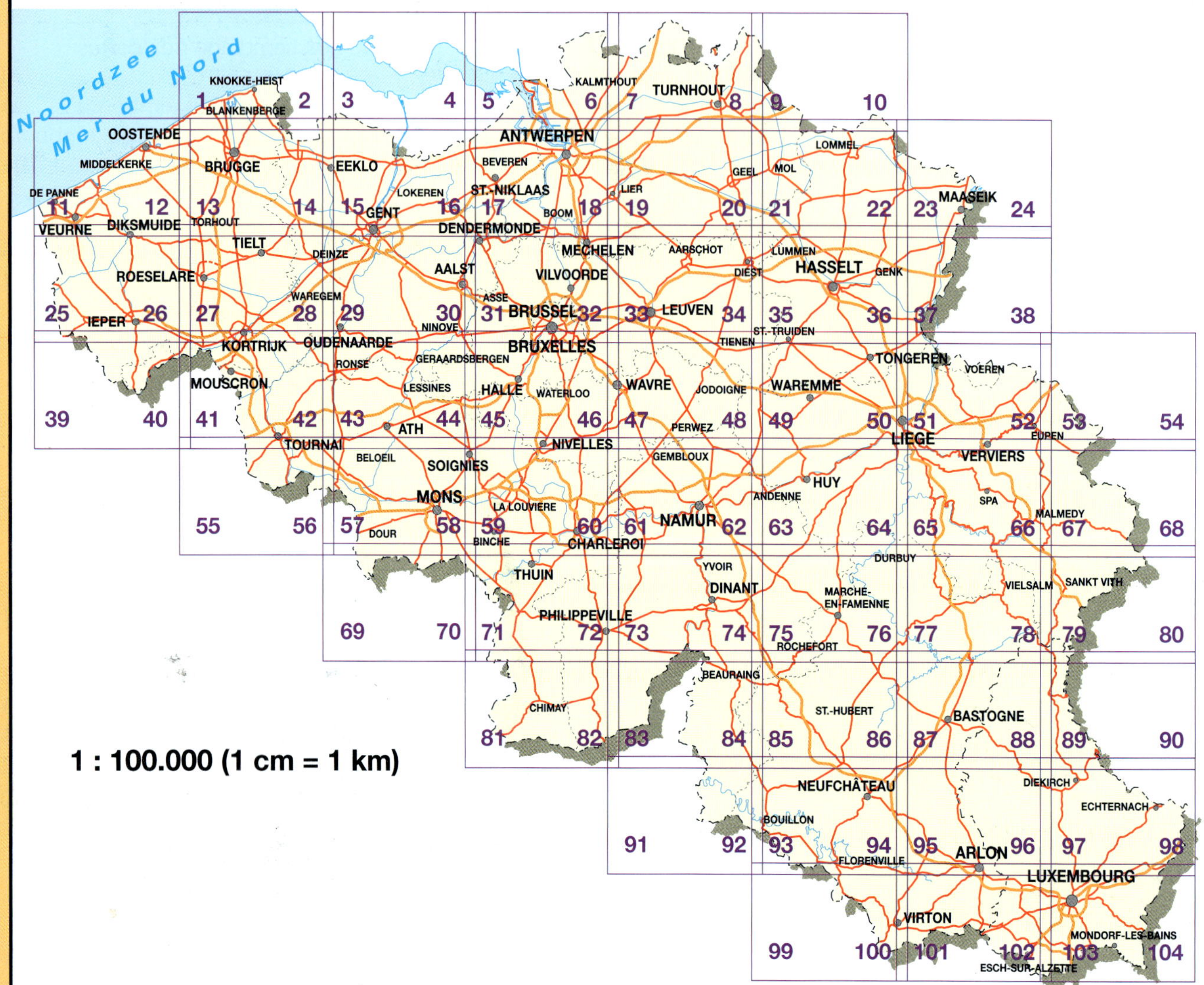

1 : 100.000 (1 cm = 1 km)

STADSPLANNEN - PLANS DE VILLE - STADTPLÄNE - CITY MAPS - PIANTE DI CITTA - MAPAS DE CIUDADES

Aalst	106	165	Mechelen	138	182
Antwerpen	107-110	165	Mons	139	183
Arlon	111	167	Namur	140	183
Bastogne	112	167	Nivelles	141	184
Brugge	113-114	167	Oostende	142	184
Brussel/Bruxelles	115-120	168	Oudenaarde	143	185
Charleroi	121	173	Sint-Niklaas	144	185
Diest	122	174	Sint-Truiden	145	185
Dinant	123	174	Spa	146	186
Eupen	124	174	Tongeren	147	186
Gent	125-126	175	Tournai	148	186
Hasselt	127	176	Turnhout	149	187
Huy	128	177	Verviers	150	187
Ieper	129	177	Wavre	151	188
Knokke	130	178	Diekirch	152	188
Kortrijk	131	178	Echternach	153	189
Leuven	132	178	Mondorf	153	188
Liège	133-136	179	Esch-sur-Alzette	154	189
Lier	137	182	Luxembourg	155	189

VERKLARING LÉGENDE LEGEND ZEICHENERKLÄRUNG LEYENDA LEGENDA

Autosnelweg met aansluiting
Autoroute avec accès
Highway with access road
Autobahn mit Anschlußstraße
Autopista con acceso
Autostrada con uscita
10 Beernem

Autosnelweg in aanleg
Autoroute en construction
Highway under construction
Autobahn im Bau
Autopista en construcción
Autostrada in costruzione

Tunnel autosnelweg
Tunnel autoroute
Tunnel highway
Tunnel Autobahn
Tunel
Trafori

Hoofdweg gescheiden rijbanen
Route principale à chaussées séparées
Main road dual carriageway
Hauptstraße getrennte Fahrbahnen
Carretera general doble calzada
Strada principale a due carreggiate

Hoofdweg / met 4 rijstroken
Route principale / à 4 voies
Main road / 4 lanes
Hauptstraße / 4 Fahrspuren
Carretera general / 4 carriles
Strada principale / 4 corsie

Secundaire weg gescheiden rijbanen
Route secondaire à chaussées séparées
Secondary road dual carriageway
Nebenstraße getrennte Fahrbahnen
Carretera secundaria doble calzada
Strada secondária a due carreggiate

Secundaire weg / met 4 rijstroken
Route secondaire / à 4 voies
Secondary road / 4 lanes
Nebenstraße / 4 Fahrspuren
Carretera secundaria / 4 carriles
Strada secondária / 4 corsie

Lokale weg / moeilijk berijdbare weg
Route locale / route de praticabilité médiocre
Minor road / road with poor trafficability
Fahrweg / schlecht befahrbare Straße
Carretera local / camino difícil
Strada locala / strada pericolosa da percorrere

Aardeweg / pad
Chemin de terre / sentier
Earth-road / path
Feldweg / Fußweg
Camino de tierra / sendero
Pista di terra / sentiero

Grote-Route pad
Sentier de grande randonnée
Long distance footpath
Fernwanderwege
Los senderos de las grandas rutas
Percorso podistico
GR5

Spoorweg / buiten gebruik
Chemin de fer / non exploité
Railway / abandoned
Eisenbahn / außer Betrieb
Linea férrea / fuera de uso
Ferrovia / fuori servizio

Kabelbaan
Téléphérique
Aerial cableway
Seilbahn
Teleférico
Funivia

Rijksgrens / provinciegrens
Frontière d'état / limite de province
State boundary / provincial boundary
Staatsgrenze / Provinzgrenze
Limite nacional / limite provincial
Confine di stato / confine di provincia

Arrondissementsgrens / gemeentegrens
Limite d'arrondissement / limite de commune
District boundary / commune boundary
Bezirksgrenze / Gemeindegrenze
Limite del distrito / limite comunal
Confine di arrotondamento / confine comunale

Kilometerafstanden
Distances en kilomètres
Distances in kilometres
Entfernungsangaben in Kilometer
Distancia en kilómetros
Distanze in chilometri
11 6 5 8

Parking / wegnummers op autosnelwegen
Parking / numéros des autoroutes
Parking / highway numbers
Parkplaz / Autobahnnummern
Aparcamiento / números de autopista
Parchéggio / Numeri di autostrade
Bois de Tellin E19 A12 44

Nummers ringwegen en overige wegen
Numéros des rings et d'autres routes
Numbers of ring-roads and other roads
Nummern von Ringstraßen und sonstiger Straßen
Números de carreteras de circunvalación y otras carreteras
Numeri delle ring e delle altre strade
R8 N18

Hoofdstad
Capitale
Capital
Hauptstadt
Capital
Capitale
Brussel Bruxelles

Hoofdplaats van provincie
Chef-lieu de province
Provincial capital
Hauptort einer Provinz
Capital provincial
Capoluogo di provincia
Liège

Hoofdplaats van arrondissement
Chef-lieu d'arrondissement
Chief-town of district
Hauptort eines Bezirks
Capital de distrito
Capoluogo di una circoscrizione
Dendermonde

Gemeente
Commune
Commune
Gemeinde
Comuna
Comune
Zele

Deelgemeente / Gehucht
Ancienne commune / hameau
Former commune / hamlet
Ehemalige Gemeinde / weiler
Antiguo pueblo / caserío
Già comune / frazione
Westende
Lombardsijde-Bad

Industriepark
Parc industriel
Industrial area
Gewerbegebiet
Parque industrial
Parco industriale
Industriepark De Bruwaan

Bos,woud / natuurreservaat
Bois, fôret / réserve naturelle
Wood, forest / nature reserve
Wald, Forst / Naturpark
Bosque, foresta / reserva natural
Bosco, foresta / riserva naturale
Blekkerbos

Meer / waterloop
Lac / cours d'eau
Lake / watercourse
See / Waßerlauf
Lago / río
Lago / corso d'acqua
Papelenvijver *Durme* *Schelde*

Militair, verkeers- en sportvliegveld
Aéroport militaire, aéroport, aérodrôme
Military airport, airport, pleasure airfield
Militarische Flughafen, Flughafen, Flugplatz
Aeropuerto militar, aeropuerto, aeropuerto deportivo
Aeroporto militare, aeroporto, aerodromo

Benzinestation, parking, restaurant
Station-service, parking, restaurant
Filling station, parking, restaurant
Tankstelle, Parkplatz, Restaurant
Gasolinera, aparcamiento, restaurante
Stazione di rifornimento, parchéggio, ristorante
P

Golfterrein, kajak, bergpassen
Terrain de golf, kajak, cols
Golf-links, kayak, passes
Golfplatz, kajak, Gebirgspässe
Campo de golf, kayac, pasos
Campo da golf, caiaco, passo
Col d'Harfontaine 421m.

Hippodroom, autorenbaan
Hippodrome, autodrome
Hippodrome, motor-racing track
Pferderennbahn, Autorennbahn
Hipódromo, autódromo
Ippodromo, pista da corso

Veerpont, watersport, fort
Bac, sports nautiques, Château fort
Small ferry, aquatic sports, fortress
Kleine Fähre, Waßersport, Burg
Barco, deportes acuáticos, fuerte
Traghetto, sport nautico, fortezza

Kerk, cultuur-historische kerk
Eglise, église d'importance culturelle et historique
Church, cultural-historical church
Kirche, kulturhistorische Kirche
Iglesia, iglesia histórica-cultural
Chiesa, chiesa storica

Kasteel, vuurtoren, toren/mast
Château, phare, tour
Castle, lighthouse, tower
Schloss, Leuchtturm, Turm
Castillo, faro, torre
Castello, faro, torre

Windmolen, kampeerplaats, abdij
Moulin à vent, terrain de camping, abbaye
Windmill, camping site, abbey
Windmühle, Campingplatz, Abtei
Molino, camping, abadia
Molino a vento, parco di campéggio, abazia

Monument, slagveld
Monument, site de bataille
Monument, battle site
Denkmal, Schlachtfeld
Monumento, campo de batalla
Monumento, campo di battaglia

Grot, ruïne
Grotte, ruine
Cave/cavern/grotto, ruin
Höhle, ruine
Cueva, ruina
Grotta, ruderi storici

Historische & militaire begraafplaats
Cimetière historique & militaire
Historical & militar cemetary
Historische & Militarische Friedhof
Cementerio histórico & militar
Cimitero storico & militare

Bezienswaardigheid, museum
Localité intéressante, musée
Object of interest, museum
Sehenswertes Objekt, Museum
Objeto de interés, museo
Località interessante, museo

Recreatiepark, vakantiepark
Parc de loisirs, villégiatures
Country park, holiday villages
Freizeitpark, Ferienheime
Parque de recreación, de vacaciones
Parco di divertimenti, parco di vacanza

Jeugdherberg, uitkijktoren
Auberge de jeunesse, tour d'observation
Youth hostel, watch-tower
Jugendherberge, Aussichtsturm
Albergue juvenil, torre de vigía
Ostello della gioventù, torre di guardia

Oriëntatietafel, uitzichtpunt
Table d'orientation, vue panoramique
Viewing table, panoramic view
Orientierungstafel, Panoramasicht
Tablero de orientación, vista panorámica
Vista panoramica, panorama

Carpoolparking, P+R parking
Parc relais, parc et ride
Carpool parking, park and ride parking
Carpool Parkplatz, Parken und Reisen
Aparcam. carpool, aparcam. P+R
Parcheggio carpool, parcheggio P+R
CP P+R

Wandelski, afdalingski,
Ski de fond, descente de ski
Walking Ski, ski-descent
Langlauf, Alpine Ski
Esquí de fondo, ski de descenso
Sci fondo, discesismo

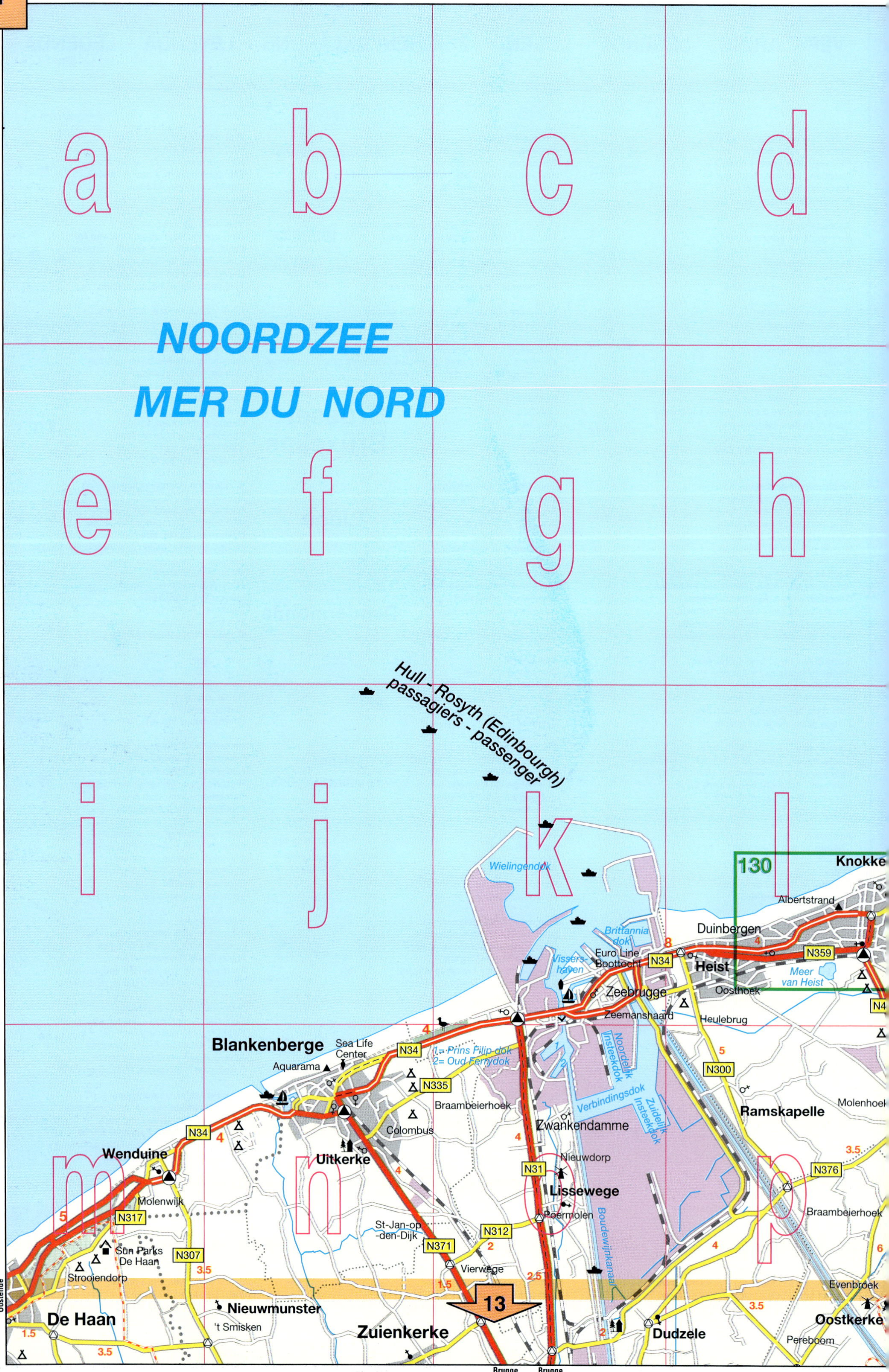

a
b
c
d
e
f
g
h
i
j
k
l
m
n
p
NOORDZEE
MER DU NORD
Hull - Rosyth (Edinbourgh)
passagiers - passenger
Wielingendok
130
Knokke
Albertstrand
Duinbergen
Brittannia dok
Euro Line Boottocht
Vissers-haven
N34
Heist
N359
Meer van Heist
Oosthoek
Zeebrugge
Zeemanshaard
Heulebrug
Blankenberge
Sea Life Center
Aquarama
1= Prins Filip dok
2= Oud Ferrydok
N335
N300
Ramskapelle
Molenhoek
Braambeierhoek
Colombus
Noordelijk Insteekdok
Verbindingsdok
Zuidelijk Insteekdok
Zwankendamme
Wenduine
Uitkerke
Nieuwdorp
N31
Lissewege
N376
Molenwijk
N317
Poermolen
Braambeierhoek
St-Jan-op -den-Dijk
N312
Sun Parks De Haan
N307
N371
Stroojendorp
Vierwege
Boudewijnkanaal
Evenbroek
Oostende
13
De Haan
Nieuwmunster
't Smisken
Zuienkerke
Dudzele
Oostkerke
Pereboom
Brugge
Brugge

Westkapelle

Antwerpen
Maldegem

Rotterdam
Krommenhoeke
Biggekerke
Middelburg
Arnemuiden
E312
A58
Lewedorp
37 Arnemuiden
Heinkenszand 36
Graszode
Koudekerke
Westhoek
Nieuw-Abeele
Kanaal door Walcheren
Groot-Abeele
Arnestein 38
Nieuw en Sint-Joosland
39 Middelburg
Oudedorp
N254
Nieuwdorp
Knaphof
West-Souburg
Oost-Souburg
Vebenabos (bungalowpark)
LAW 11
40 Rittem
Havengebied
Quarieshaven
Het Oudeland
Rijkebuurt
's Heerenhoek
Ritthem
Sloehaven
Van Cittershaven
Vlissingen
Kerncentrale
Borssele
Fietsers en voetgangers
N62
Schelde
Breskens
2
Boerenhol
Nummer Een
Kruisdijk
Slijkplaat
Sasput
Hoogeweg
Hoofdplaat
Plas Kreek
N58
Roodenhoek
Klakbaan
Westerscheldetunnel
Tragel
Schoondijke
Driewegen
Braakman haven
Nieuwland
Nieuwlandsche Molen
Oudeland
Boerengat
Hoogedijk
Biervliet
Steenhoven
IJzendijke
N61
Paradijs
Braakmankreek
Achterste Kreek
Turkeye
Hasjesstraat
Waterlandkerkje
Linie of Passageule
Ponte
Koninginne-haven
Braakman
Hoek
N682
Braakman bossen
Isabella Kanaal
Balhof-stede
Ponte-Avancé
Pyramide
Drinkwater bekkens
Stroopuit
Rovershoek
Plakkebord
Veldzicht
Maurits-fort
Moleke
Sint-Margriete
Waterland-Oudeman
N434
Mollekot
Maagd van Gent
Steentje
15
Philippine
Watervliet
Muizenhol
Isabellahaven
Sint-Jan-in-Eremo
Haven
Posthoorn

Zierikzee
N256
Schenge
Goes
Wissekerke
Planketent
Monnikendijk
Wemeldinge
A256
's Heer Hendrikskinderen
Kloetinge
Eindewege
Yerseke
's Heer Arendskerke
GOES-ZUID
Baarsdorp
Abbekinderen
De Groe
Dijkwel
Kapelle
Kanaal door Zuid-Beverland
Vlake
Heinkenszand
Sinoutskerke
'S Gravenpolder
's-Heer-Abtskerke
Biezelinge
Eversdijk
Kapelle
Schorebrug
Schore
Yerseke
Nisse
't Vlaandertje
's Gravenpolder
Hansweert
Kruiningen
Langeweegje
Kwadendamme
Ovezande
Hoedekenskerke
Driewegen
Waarde
Westerschelde
Oudelande
Koekoek
Baarland
Bakendorp
Scheldeoord
Kreverhille
Perkpolder
Knuitershoek
Ellewoutsdijk
Zeedorp
Noordstraat
Ossenisse
5
N60
Walsoorden
Groenendijk
Kloosterzande
Kruisdorp
LAW 11
Hengstdijk
Kuitaart
Lamswaarde
De Griete
Grote Vogel
De Val
N60
Roversberg
Wulpenbek
Othene
Schelde-vaartshoek
Reuzenhoek
Vogelwaarde
De Knol
Terneuzen
Otheense Kreek
Zaamslag
Ter Hole
N61
Zaamslagveer
Luntershoek
Schuddebeurs
Spui
Steenovens
Patrijzenhoek
N253
Magrette
Vijfhoek
't Jagertje
Oude Linie
Oude Vaart
Hulst
Kanaal Gent-Terneuzen
LAW 11
GR 5A
LAW 11
Schapenbout
16
Kijkuit
Sluiskil
Axelsche Sassing
Axel
Gent
Sint-Niklaas

Halsteren
Spinolaberg
Noordgeest
Bergen op Zoom
ZOOMLAND
Nieuw-Borgvliet
Yerseke
Oosterschelde
Kree Kraksluizen
Verdronken Land van het Markiezaat van Bergen op Zoom
LAW 11
Kruiningen
Oostdijk
32 Kruiningen
Roelshoek
Krabbendijke
MARKIEZAAT
Woensdrecht
Separatiedijk
Stationsbuurt
Völckerdorp
A58
E312
31 Rilland
Rilland
Waarde
Gawege
Bath
A4
4
Westerschelde
Schelde-Rijnkanaal
N101
Nieuw-Namen
Natuurreservaat Groot Buitenschoor
Noordland
Kanaaldok B3
Kruisdorp
Baalhoek
Kruispolderhaven
Paal
Duivenhoek
Verdronken Land van Saeftinge
Lamswaarde
Roversberg
Oude Doel
Kanaaldok B2
Schelde-vaartshoek
Graauw
Emmadorp
Kerncentrale Doel
Prosper
Rapenburg
Natuurreservaat Galgeschoor
Ter Hole
Muggenhoek
Oude Sluis
Graauwsche Kreek
GR R
Zandberg
Saftingen
Doel
Lillo
Krabbenhoek
N451
Fort Lillo
Schuddebeurs
Rotte Kreek
Sint-Antonius Hoek
Deurganckdok (in uitvoering)
Liefkenshoektunnel
't Jagertje
Nieuw-Namen
Fort Liefkenshoek
Hulst
Statenboom
Kieldrecht
Tragel
Geulkreek
Waaslandhaven-Noord
Doeldok
Zeegat
Halfeind
17
Oudendijk
Drijdijk
Waasland-kanaal
Sint-Niklaas
Waaslandhaven

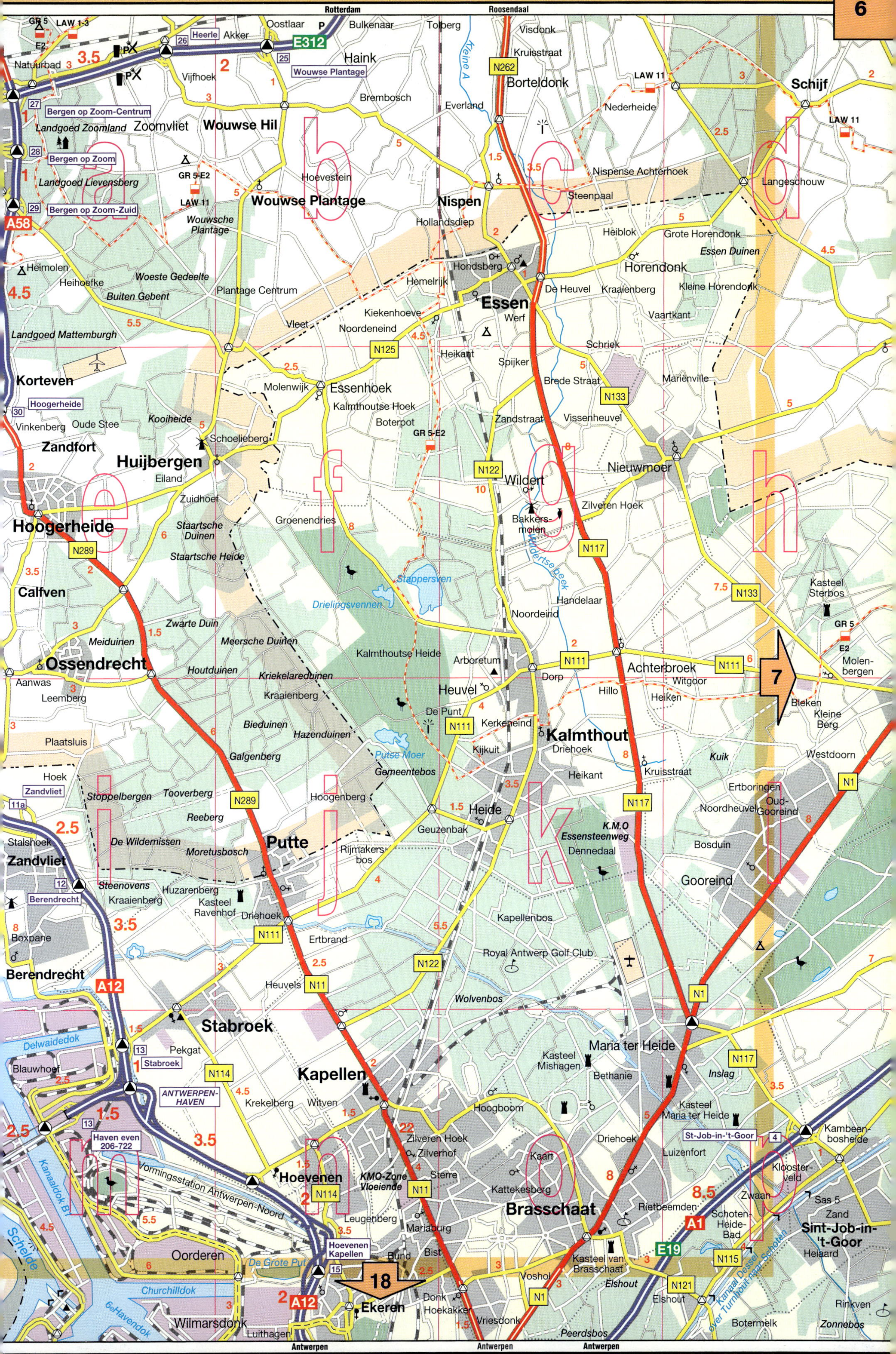

Rotterdam
Roosendaal
GR 5
E2
LAW 1-3
Natuurbad
Heerle
Akker
Oostlaar
Bulkenaar
Tolberg
Visdonk
Kruisstraat
E312
Haink
Wouwse Plantage
Vijfhoek
Brembosch
Kleine A
N262
Borteldonk
Everland
LAW 11
Nederheide
Schijf
Bergen op Zoom-Centrum
Landgoed Zoomland
Zoomvliet
Wouwse Hil
Bergen op Zoom
GR 5-E2
Hoevestein
Landgoed Lievensberg
LAW 11
Wouwse Plantage
Nispen
Nispense Achterhoek
Steenpaal
Langeschouw
Bergen op Zoom-Zuid
A58
Wouwsche Plantage
Hollandsdiep
Heiblok
Grote Horendonk
Essen Duinen
Heimolen
Heihoefke
Woeste Gedeelte
Hondsberg
Horendonk
Hemelrijk
De Heuvel
Kraaienberg
Kleine Horendonk
Buiten Gebent
Plantage Centrum
Essen
Werf
Vaartkant
Kiekenhoeve
Vleet
Noordeneind
Landgoed Mattemburgh
N125
Heikant
Schriek
Spijker
Brede Straat
Mariënville
Korteven
Molenwijk
Essenhoek
N133
Kalmthoutse Hoek
Hoogerheide
Vinkenberg
Oude Stee
Kooiheide
Boterpot
Zandstraat
Vissenheuvel
Zandfort
Schoeliebergen
Huijbergen
Eiland
N122
Wildert
Nieuwmoer
Zuidhoef
Hoogerheide
Groenendries
Bakkersmolen
Zilveren Hoek
Staartsche Duinen
N289
Staartsche Heide
N117
Kleine Aa
Calfven
Stappersven
Kasteel Sterbos
Handelaar
Drielingsvennen
Noordeind
N133
Zwarte Duin
Meiduinen
Meersche Duinen
GR 5
E2
Ossendrecht
Kalmthoutse Heide
Arboretum
N111
Achterbroek
N111
Molenbergen
Houtduinen
Kriekelareduinen
Dorp
Witgoor
7
Aanwas
Leemberg
Kraaienberg
Heuvel
Hillo
Heiken
Bleken
Kleine Berg
De Punt
Bieduinen
N111
Kerkeneind
Kalmthout
Plaatsluis
Hazenduinen
Kijkuit
Driehoek
Westdoorn
Galgenberg
Putse Moer
Kuik
Gemeentebos
Heikant
Kruisstraat
Hoek
N1
Zandvliet
Stoppelbergen
Tooverberg
Hoogenberg
Ertboringen
11a
N289
N117
Noordheuvel
Oud-Gooreind
Reeberg
Heide
Stalshoek
De Wildernissen
Geuzenbak
K.M.O Essensteenweg
Dennedaal
Bosduin
Putte
Zandvliet
Moretusbosch
Rijmakersbos
Gooreind
12
Steenovens
Huzarenberg
Berendrecht
Kraaienberg
Kasteel Ravenhof
Driehoek
Kapellenbos
Boxpane
N111
Ertbrand
Royal Antwerp Golf Club
N122
Berendrecht
A12
Heuvels
N11
Wolvenbos
N1
Delwaidedok
Stabroek
Pekgat
Maria ter Heide
13
Stabroek
Kasteel Mishagen
N117
Blauwhoef
Bethanie
N114
Kapellen
Inslag
ANTWERPEN-HAVEN
Krekelberg
Witven
Hoogboom
Kasteel Maria ter Heide
13
Haven even 206-722
Zilveren Hoek
Zilverhof
Driehoek
St-Job-in-'t-Goor
Kambeenbosheide
Vormingsstation Antwerpen-Noord
Hoevenen
Kaart
Luizenfort
Kanaaldok B1
KMO-Zone Vloeiende
Sterre
Kloosterveld
N114
N11
Kattekesberg
Rietbeemden
Zwaan
Sas 5
Leugenberg
Mariaburg
Brasschaat
Schoten-Heide-Bad
A1
Zand
Sint-Job-in-'t-Goor
Schelde
Oorderen
Hoevenen Kapellen
Bist
E19
Heiaard
De Grote Put
Bund
Kasteel van Brasschaat
N115
18
N121
Churchilldok
Voshol
Elshout
Elshout
6eHavendok
A12
Donk
Hoekakker
N1
Kanaal Dessel-Schoten
over Turnhout naar Schoten
Rinkven
Ekeren
Wilmarsdonk
Vriesdonk
Botermelk
Zonnebos
Luithagen
Peerdsbos
Antwerpen
Antwerpen
Antwerpen

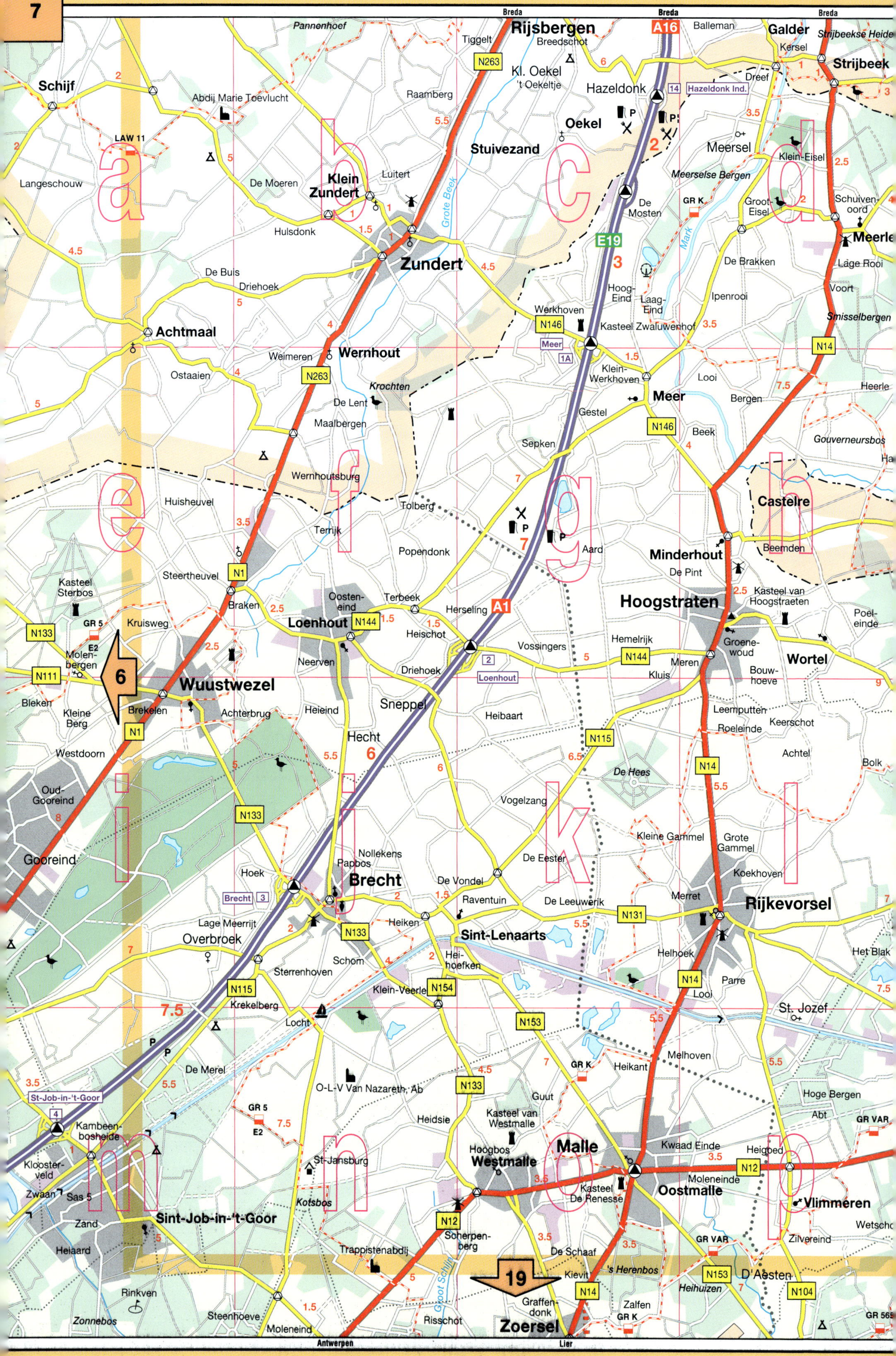

Breda
Breda
Breda
Rijsbergen
Breedschot
Tiggelt
A16
Balleman
Galder
Kersel
Strijbeekse Heide
Strijbeek
Pannenhoef
N263
Kl. Oekel
't Oekeltje
Hazeldonk
14
Hazeldonk Ind.
Dreef
Schijf
Abdij Marie Toevlucht
Raamberg
Oekel
Meersel
LAW 11
Stuivezand
Klein-Eisel
Meerselse Bergen
Langeschouw
De Moeren
Klein Zundert
Luitert
Grote Beek
De Mosten
GR K
Groot-Eisel
Schuivenoord
Meerle
Hulsdonk
Zundert
E19
De Brakken
Lage Rooi
De Buis
Driehoek
Hoog-Eind
Laag-Eind
Mark
Ipenrooi
Voort
Werkhoven
Smisselbergen
Achtmaal
N146
Kasteel Zwaluwenhof
Meer
1A
N14
Weimeren
Wernhout
Klein-Werkhoven
Looi
Ostaaien
N263
Krochten
Meer
Bergen
Heerle
De Lent
Gestel
Maalbergen
N146
Beek
Gouverneursbos
Sepken
Wernhoutsburg
Castelre
Huisheuvel
Tolberg
Terrijk
Aard
Minderhout
Beemden
Popendonk
De Pint
Kasteel Sterbos
Steertheuvel
N1
Hoogstraten
Kasteel van Hoogstraeten
Braken
Oosteneind
Terbeek
Poeleinde
GR 5
Kruisweg
Loenhout
N144
Herseling
A1
N133
Heischot
E2
Molenbergen
Hemelrijk
Groenewoud
Neerven
Vossingers
N144
Wortel
N111
6
2
Meren
Driehoek
Loenhout
Kluis
Bouwhoeve
Wuustwezel
Bleken
Brekelen
Achterbrug
Sneppel
Kleine Berg
Heieind
Heibaart
Leemputten
Keerschot
N1
Hecht
Roeleinde
Westdoorn
N115
Achtel
De Hees
N14
Bolk
Oud-Gooreind
Vogelzang
N133
Kleine Gammel
Grote Gammel
Nollekens
Gooreind
Papbos
Koekhoven
Hoek
Brecht
De Vondel
De Eester
Merret
Rijkevorsel
Brecht
3
Raventuin
De Leeuwerik
N131
Lage Meerrijt
Heiken
N133
Sint-Lenaarts
Overbroek
Hei-hoefken
Helhoek
Het Blak
Schom
Parre
Sterrenhoven
N154
N14
Klein-Veerle
Looi
N115
Krekelberg
N153
St. Jozef
Locht
Melhoven
De Merel
Heikant
GR K
O-L-V Van Nazareth, Ab
N133
Hoge Bergen
St-Job-in-'t-Goor
Guut
Abt
GR 5
E2
Kasteel van Westmalle
GR VAR
4
Kambeenbosheide
Heidsie
Kwaad Einde
Malle
Heiged
Hoogbos
Westmalle
Kloosterveld
St-Jansburg
N12
Moleneinde
Kasteel De Renesse
Oostmalle
Vlimmeren
Zwaan
Sas 5
Kotsbos
N12
Zand
Sint-Job-in-'t-Goor
Scherpenberg
GR VAR
Wetscho
Heiaard
Zilvereind
Trappistenabdij
De Schaaf
19
's Herenbos
Kievit
N153
D'Aesten
Heihuizen
Rinkven
Groot Schijn
N14
N104
Graffendonk
Zalfen
Steenhoeve
Risschot
GR K
GR 565
Zonnebos
Moleneind
Zoersel
Antwerpen
Lier

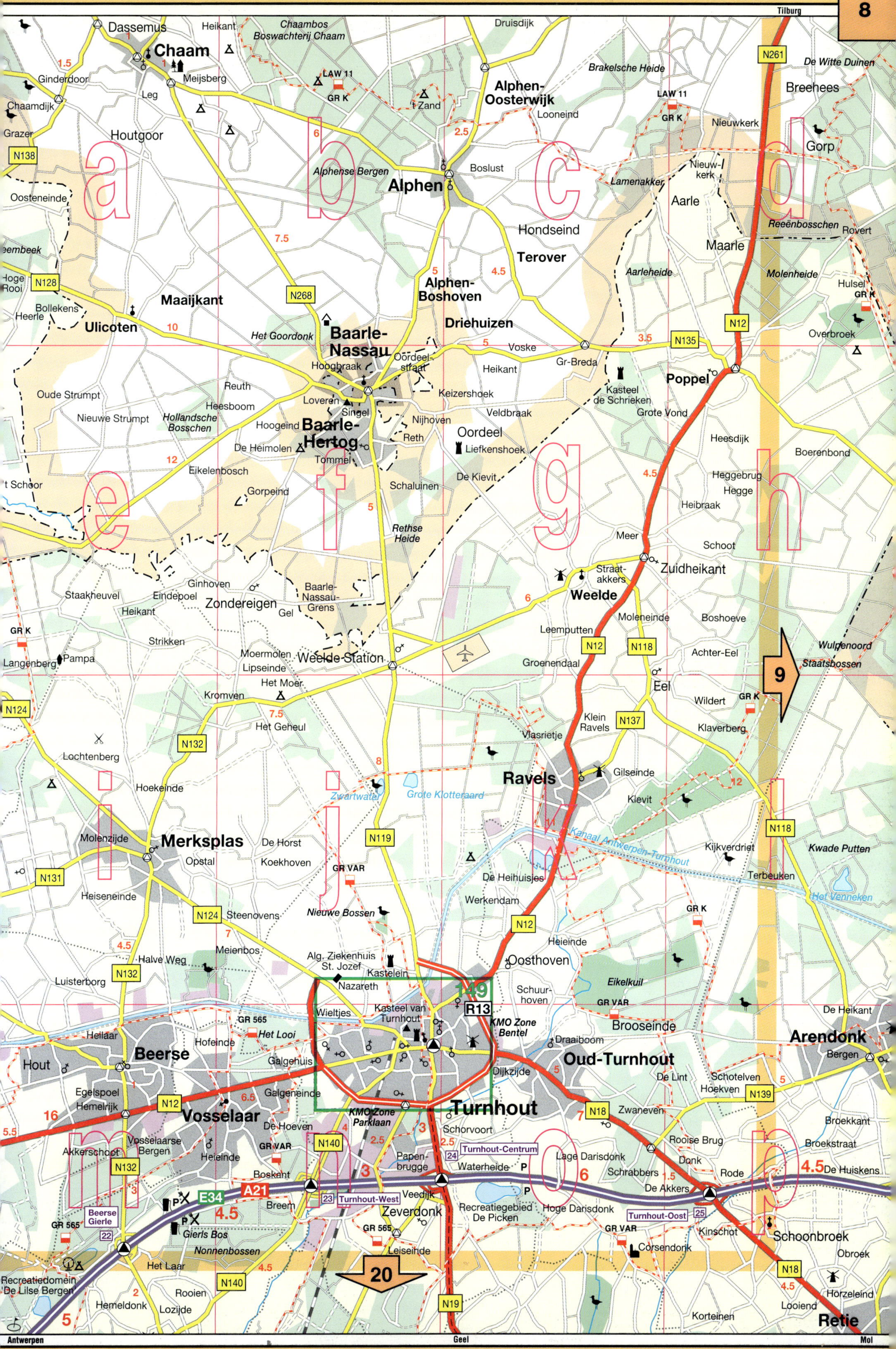
Tilburg
Dassemus
Heikant
Chaambos Boswachterij Chaam
Druisdijk
Chaam
Meijsberg
Ginderdoor
Chaamdijk
Leg
Grazer
Houtgoor
LAW 11
GR K
't Zand
Alphen-Oosterwijk
Looneind
Brakelsche Heide
N261
De Witte Duinen
Breehees
Nieuwkerk
Gorp
N138
Oosteneinde
Alphense Bergen
Alphen
Boslust
Lamenakker
Nieuw-kerk
Aarle
Reeënbosschen
Rovert
Hondseind
Maarle
Terover
Aarleheide
Molenheide
Hulsel
Hoge Rooi
N128
Maaijkant
N268
Alphen-Boshoven
Bollekens
Heerle
Ulicoten
Het Goordonk
Baarle-Nassau
Driehuizen
N12
Overbroek
Voske
Gr-Breda
N135
Hoogbraak
Oordeel-straat
Heikant
Kasteel de Schrieken
Poppel
Oude Strumpt
Reuth
Keizershoek
Heesboom
Loveren
Singel
Veldbraak
Grote Vond
Nieuwe Strumpt
Hollandsche Bosschen
Hoogeind
Nijhoven
Baarle-Hertog
Oordeel
Heesdijk
De Heimolen
Reth
Liefkenshoek
Boerenbond
Tommel
Eikelenbosch
De Kievit
Heggebrug
't Schoor
Hegge
Gorpeind
Schaluinen
Heibraak
Rethse Heide
Meer
Schoot
Zuidheikant
Straat-akkers
Ginhoven
Staakheuvel
Eindepoel
Zondereigen
Baarle-Nassau-Grens
Weelde
Heikant
Gel
Moleneinde
Boshoeve
GR K
Strikken
Leemputten
N12
N118
Wulpenoord
Staatsbossen
Achter-Eel
Langenberg
Pampa
Moermolen
Lipseinde
Weelde-Station
Groenendaal
9
Eel
Het Moer
Wildert
Kromven
N124
Het Geheul
Klein Ravels
N137
Klaverberg
N132
Vlasrietje
Lochtenberg
Ravels
Gilseinde
Hoekeinde
Zwartwater
Grote Klotteraard
Klevit
Molenzijde
Merksplas
Kanaal Antwerpen-Turnhout
N118
Opstal
De Horst
N119
Kijkverdriet
Kwade Putten
Koekhoven
GR VAR
De Heihuisjes
Terbeuken
N131
Heiseneinde
Werkendam
Het Venneken
N124
Steenovens
Nieuwe Bossen
GR K
N12
Meienbos
Heieinde
Halve Weg
Alg. Ziekenhuis St. Jozef
Oosthoven
Luisterborg
N132
Kastelein
Nazareth
Eikelkuil
149
Schuur-hoven
R13
De Heikant
Wieltjes
Kasteel van Turnhout
KMO Zone Bentel
GR VAR
Heilaar
GR 565
Het Looi
Brooseinde
Arendonk
Hofeinde
Draaiboom
Hout
Beerse
Galgehuis
Oud-Turnhout
Bergen
Dijkzijde
Egelspoel
Galgeneinde
De Lint
Schotelven
Hemelrijk
N12
Hoekven
N139
Vosselaar
KMO Zone Parklaan
Turnhout
N18
Zwaneven
Broekkant
De Hoeven
Schorvoort
Vosselaarse Bergen
N140
Akkerschoot
Heieinde
Papen-brugge
Turnhout-Centrum
Lage Darisdonk
Rooise Brug
Broekstraat
N132
GR VAR
Donk
Boskant
Waterheide
Schrabbers
Rode
De Huiskens
E34
A21
De Akkers
Beerse Gierle
Breem
Turnhout-West
Veedijk
Zeverdonk
Recreatiegebied De Picken
Hoge Darisdonk
Turnhout-Oost
GR 565
Gierls Bos
Kinschot
Schoonbroek
GR 565
GR VAR
Nonnenbossen
Leiseinde
Corsendonk
Obroek
Het Laar
N18
Recreatiedomein De Lilse Bergen
20
N140
Rooien
Hemeldonk
Lozijde
N19
Looiend
Horzeleind
Korteinen
Retie
Antwerpen
Geel
Mol

Tilburg
Tilburg
N261
Landgoed Gorp en Rovert
De Witte Duinen
Breehees
Gorp
Rondbosch
Molenbosschen
Nonnenbosschen
Groot Loo
Klein Loo
Slibbroek
Grote Voort
Westerwijk
Biest
Biest-Houtakker
Houtakker
Driehuizen
Kleine Voort
N269
Wilhelminakanaal
Den Opslag
Haghorst
Lage Haghorst
Diessensche Heide
Annanina's Rust
Beerten
Hilvarenbeek
Diessen
Hoog Spul
Laag Spul
Waterstraat
Landgoed de Baest
Oirschot
Boterwijk
Theetuin
E312
LAW 7
Voorteind
Middelbeers
Oostelbeers
Hoogeind
Oude Kerktoren
Kuikseind
Huygevoort
Reeënbosschen
Rovert
Rovertsche Heide
Spaendershorst
Esbeek
Baarschot
Molenheide
Hulsel
Aalstheide
Overbroek
Groenstraat
Westelbeers
LAW 11
Mostheuvel
Heikant
Kromven
Hoogeind
GR K
LAW V
Buikheide
Keijenhurk
Meerven
Donk
Tulder
Boerenbond
Landgoed De Utrecht
De Hertgang
Dun
De Koeverd
De Flaas
Het Goor
Rietven
Gemeentelijke Bossen
Appelenberg
Slingerbosch
Vogelzang
Landgoed Wellenseind
Mispeleindse Heide
Hertenwei
Vessem
Wellenseindsche Heide
Lage Mierde
Aanrijtsche Bosschen
Mispeleind
Netersel
Braakhoek
Heieind
Biezenheuvel
Hoogcasteren
Casteren
Hoogeloon
Broekenseind
Kuilenrode
Twisselt
Wulpenoord
Heikant
Hulsel
Vooreind
Heuvel
Staatsbossen
Hooge Mierde
Het Bosch
Landorp
De Hoef
Zwartven
Franse Hoef
De Hoef
Hofstad
Hellen-eind
Bladel
Lemel
Mosik
Eersel
Meer
N284
Duizel
Hapert
Duizelsbos
't Holland
Kattenbosch
Hoge-Vijversbos
N118
Kwade Putten
Reusel
De Hoek
Lens-heuvel
A67
Terbeuken
Kippereind
Kromvennen
De Tipmast
Dalem
Stokkelen
Het Venneken
Ravelse Hoek
N139
Achterste Heikant
Voorste Heikant
GR 565
Ten Vorsel
Het Vennenbos
E34
Kroonvensche Heide
Achterste Hoef
Panberg
Ter Spegelt
Voorheide
Roest
Het Pleintje
Wampenberg
De Heikant
Arendonk
De Grote Cirkel
Hapertse Bos
Boksheide
Boswachterij Hapert
Bergen
Asselbergen
Zandhoef
Biezen
Goorheide
Horst
Klein Reuzels Bos
Reusels Bos
Muggenhool
Weebosch
Witrijt
Broekkant
Berendonk
GR M0
Postelsche Heide
Broekstraat
De Huiskens
A21
Kooienbos
N123
Eikenberg
Rijt
Rijsheuvel
De Zwarte Bergen
Retie
Hanenberg
Norbertijnerabdij
De Stukken
Schoonbroek
Obroek
Postel
De Brand
Goorstraat
Boscheind
Stevensbergen
Horzeleind
Kraaienbos
Maizenput
Spreeuwenbos
Looiend
Retie
N136
Riebos
N18
Mol
21
8

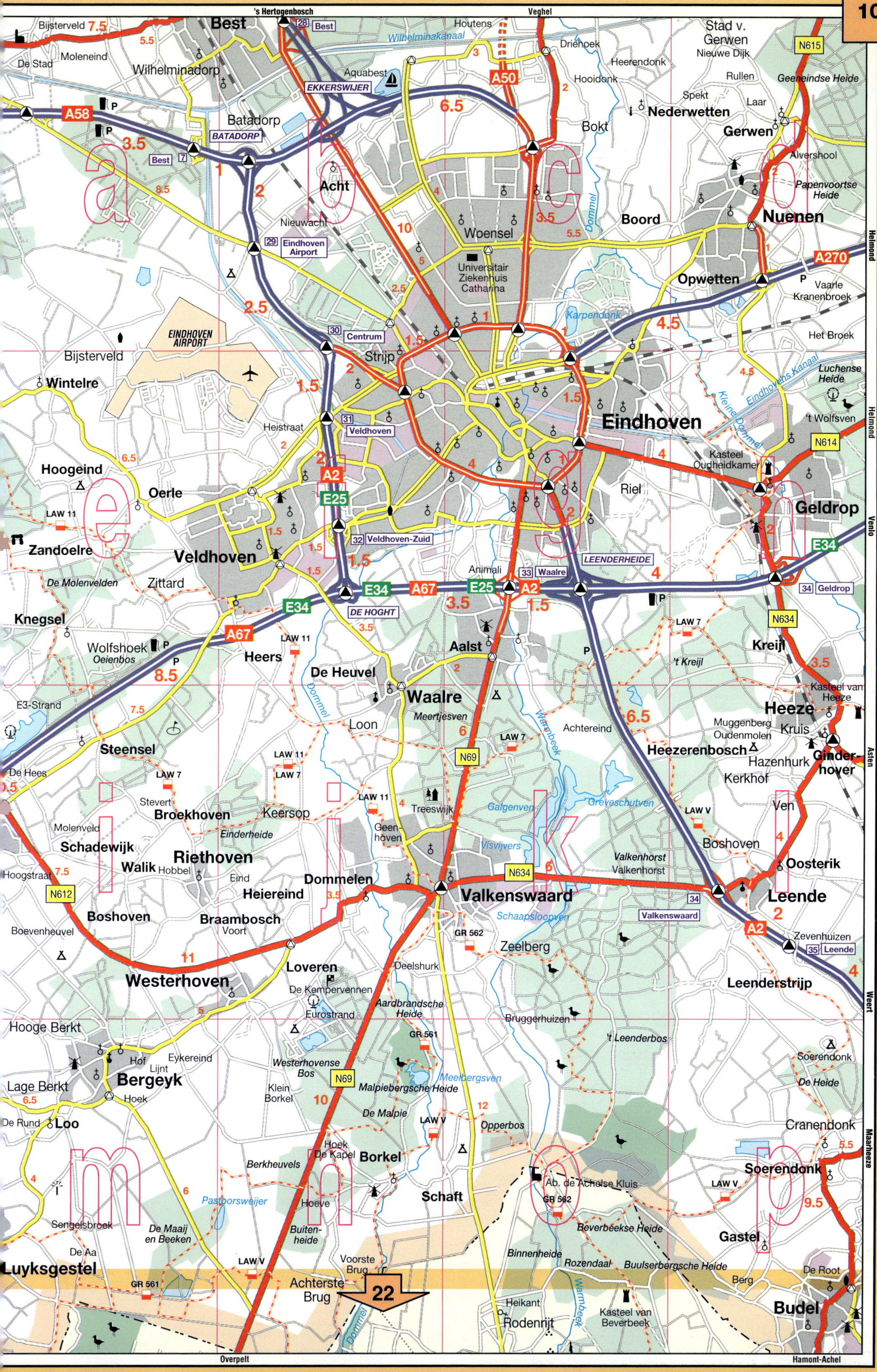
's Hertogenbosch
Veghel
Overpelt
Hamont-Achel
Helmond
Venlo
Asten
Weert
Maarheeze
Bijsterveld
Best
Houtens
Wilhelminakanaal
Driehoek
Stad v. Gerwen
Nieuwe Dijk
N615
De Stad
Moleneind
Wilhelminadorp
Aquabest
EKKERSWIJER
A50
Heerendonk
Hooidonk
Rullen
Geeneindse Heide
A58
6.5
Spekt
Laar
Nederwetten
Gerwen
Batadorp
BATADORP
Bokt
Best
Alvershool
Acht
Papenvoortse Heide
Nieuwacht
Woensel
Dommel
Boord
Nuenen
Eindhoven Airport
Universitair Ziekenhuis Catharina
Opwetten
A270
Vaarle
Kranenbroek
2.5
Karpendonk
4.5
EINDHOVEN AIRPORT
Centrum
Het Broek
Bijsterveld
Strijp
Wintelre
Eindhovens Kanaal
Luchense Heide
Kleine Dommel
't Wolfsven
Heistraat
Veldhoven
Eindhoven
N614
Hoogeind
Kasteel Oudheidkamer
Oerle
A2
E25
Riel
Geldrop
LAW 11
Zandoelre
Veldhoven
Veldhoven-Zuid
LEENDERHEIDE
E34
De Molenvelden
Zittard
Animali
Waalre
E34
A67
E25
A2
Knegsel
DE HOGHT
Geldrop
N634
Wolfshoek
Oeienbos
A67
LAW 11
Heers
Aalst
LAW 7
Kreijl
't Kreijl
8.5
De Heuvel
Waalre
Kasteel van Heeze
E3-Strand
Meertjesven
Heeze
Loon
Achtereind
Muggenberg
Oudenmolen
Kruis
Steensel
LAW 7
Warmbeek
Heezerenbosch
Hazenhurk
Ginderhover
De Hees
LAW 11
LAW 7
N69
Kerkhof
LAW 7
Stevert
LAW 11
Treeswijk
Galgenven
Greveschutven
Ven
Broekhoven
Keersop
LAW V
Molenveld
Einderheide
Geenhoven
Visvijvers
Boshoven
Schadewijk
Walik
Hobbel
Riethoven
Valkenhorst
Valkenhorst
Oosterik
Hoogstraat
Eind
Dommelen
N634
Leende
N612
Heiereind
Valkenswaard
Valkenswaard
Boshoven
Braambosch
Schaapsloopven
Voort
A2
Boevenheuvel
GR 562
Zevenhuizen
Leende
Zeelberg
Westerhoven
Loveren
Deelshurk
Leenderstrijp
De Kempervennen
Eurostrand
Aardbrandsche Heide
Bruggerhuizen
Hooge Berkt
GR 561
't Leenderbos
Soerendonk
Eykereind
Hof
Lijnt
Westerhovense Bos
Bergeyk
De Heide
Lage Berkt
Hoek
Klein Borkel
N69
Malpiebergsche Heide
Meelbergsven
De Malpie
De Rund
Loo
LAW V
Opperbos
Cranendonk
Hoek
De Kapel
Borkel
Soerendonk
Berkheuvels
Ab. de Achelse Kluis
LAW V
Schaft
GR 562
Pastoorsweijer
Hoeve
Sengelsbroek
De Maaij en Beeken
Buitenheide
Beverbeekse Heide
Gastel
Binnenheide
De Aa
Rozendaal
Buulserbergsche Heide
Luyksgestel
LAW V
Voorste Brug
De Root
Achterste Brug
Berg
GR 561
22
Heikant
Budel
Rodenrijt
Kasteel van Beverbeek

NOORDZEE
MER DU NORD
a
b
c
d
e
f
g
h
i
j
k
l
m
n
o
p
Middelkerke-Uitbreiding
Westende-Bad
Sint-Laureinsstrand
Westende
Lombardsijde-Bad
Vakantiedorp Duinendorp
Hoge
Schuddebeurze
Lombardsijde
Nieuwpoort-aan-Zee
Groenendijk -Bad
Karthuizer-duinen
Jachthavenwijk
Seastar Cruise Ship
Spaarbekken
Sint-Joris
Oostduinkerke-Bad
Blekker
Sun Parks Groendyk
Nieuw-poort
Duinpark Mariapark
Nationaal Visserijmuseum
Coupe Gorges
Toevlucht
Koksijde-Bad
Witte Burg
Oostduinkerke
Sint-Idesbald
Hoge Blekker
Westhinder
De Panne
GR 5A-E2
E9LT
Koksijde
Kerkepanne
Kanaal Veurne-Nieuwpoort
Nieuwpoort
Ramskapelle
Wulpen
Calmeynbos
Oosthoek
Natuurreservaat Westhoek
Plopsaland
P+R
Booitshoeke
De Grote Kwinte
Petit Paris
Wulpendamme
Oostduinkerke
Nieuwstad
Pervijze
Kanaal Duinkerke-Veurne
Adinkerke
Stadhuis
Veurne
Bray-Dunes
Adinkerke
's-Heerwillemskapelle
Avekapelle
Cabourg Domein
La Dune aux Pins
Galgenhoek
Rousdamme
Pistelhoek
Bewesterpoort
Steenkerke
Scheewege
CP
Veurne
Korte Wilde
Zandekemolen
Palinghoek
Zoutenaaie
Nieuwpoorthoek
Draaibrug
Eggewaartskapelle
GR 5A
E2
De Moeren
Bulskamp
25
Ostkerke
Boonakker
Lovaart
Kruisabele
La Distillerie
Lampernisse
N34
N358
N355
N367
N330
N356
N39
N396
N8
N35
N386
N390
N355
A18
E40
1A
Dunkerque
Calais
Hazebrouck
Ieper

Blankenberge
Killing Home - Ipswich - Ramsgate
vracht - freight
De Haan
Vosseslag
Mispelburg
Vlissegem
Klemskerke
Bredene-aan-Zee
Turkije
Bredene
Dorp
Blauwe Sluis
Nukkerwijk
Sas Slijkens
Spuikom
Vuurtoren
Museumschip 'Mercator'
142
Oostende
Wellington renbaan
Mariakerke Bad
Mariakerke
Nieuwe Koerswijk
Raversijde
Raversijde Bad
Hoge Barrière
Konterdam
R31
Stene
Vliegveld Oostende
De Kalkaert
Middelkerke-Bad
Sluiswijk
Middelkerke
Wilskerke
Leffinge
Driewegen
Plassendale
Stalhille
Ettelgemhoek
Oudenburg Zandvoorde
Zandvoorde
Grote Keignaart
Oudenburg
Ettelgem
Roksem
De Meiboom
Hoge Dijken
Snaaskerke
Moerdijkvaart
Kanaal Plassendale-Nieuwpoort
Natuurreservaat Reigersnest
Westkerke
Gaffel
Bekegem
Gistel
De Kolaard
Vijfwegen
Kruiskalsijde
Oostende-Luchthaven
Gistel-Torhout
Gistel-Oostende
St-Godelieve Abdij Ten Putte
Konijnenbos
Zevekote
De Steendam
Slijpe
Lovie
Middelkerke
Uniebrug
Mannekensvere
Spermalie
Sint-Pieters-Kapelle
Schore
Zande
Zande-Kruiskalsijde
Moere
Moerdijk
Leugenboom
De Waterval
Dorenhoek
Bourgogne
Muizeveld
's Gravendriesse
Eernegem
Boussemare
Molendorp
Veld
Mitswege
Koolveld
Kruisstraat
Warande
Engel
Wijnendale
Ichtegem
Kapelhoek
Koekelare
De Pluim
Kruishoek
Bisschophoek
Lekedijk
Lavendée
Leke
IJzer
Zoetendaal
Nachtegaal
Tervatebrug
Stuivekenskerke
Tervate
Molenbrug
Keiem
Wittepoorthoek
Warande
Kasteelhoek
Hogeveld
Praatbos
Arboretum
Mokker
Pottebezem
Hoogkwartier
Fontein
Belhutte
Ermietshoek
Zevekotehoek
Ruidenberg
Reiger
Kasteel van Wijnendale
Wijnendalebos
GR 130
Moskou
Kasteel ter Heide
Beerst
Hoograad
Kotjes
Tramhalte
Fort
Hoorn
Populier
Leegte
Achterhoek
Meerlaan
Belgiek
Edewalle
Schuddebeurze
Bovekerke
Voshoek
Vladslo
26
Kortewilde
Molenhoek
Krul
St-Pieters-kruisstraat
Bescheewege
Markhove
Ma Campagne
Troetelaar
Zwart Leeuwtje
Diksmuide
Bloedputteke
Keizerhoek
Schependom
Kaaskerke
Vierschaar
Hemeltje
Theuninckhoek
Pereboom
Bethoek
Roeselare
13
N34
N317
N329
N9
N377
N316
N320
N358
A10
CP
N341
N33
N324
N369
N318
N358
N325
A18
E40
N367
N368
N306
N33
N302
N363
N35
N369
GR 5A
E9LT

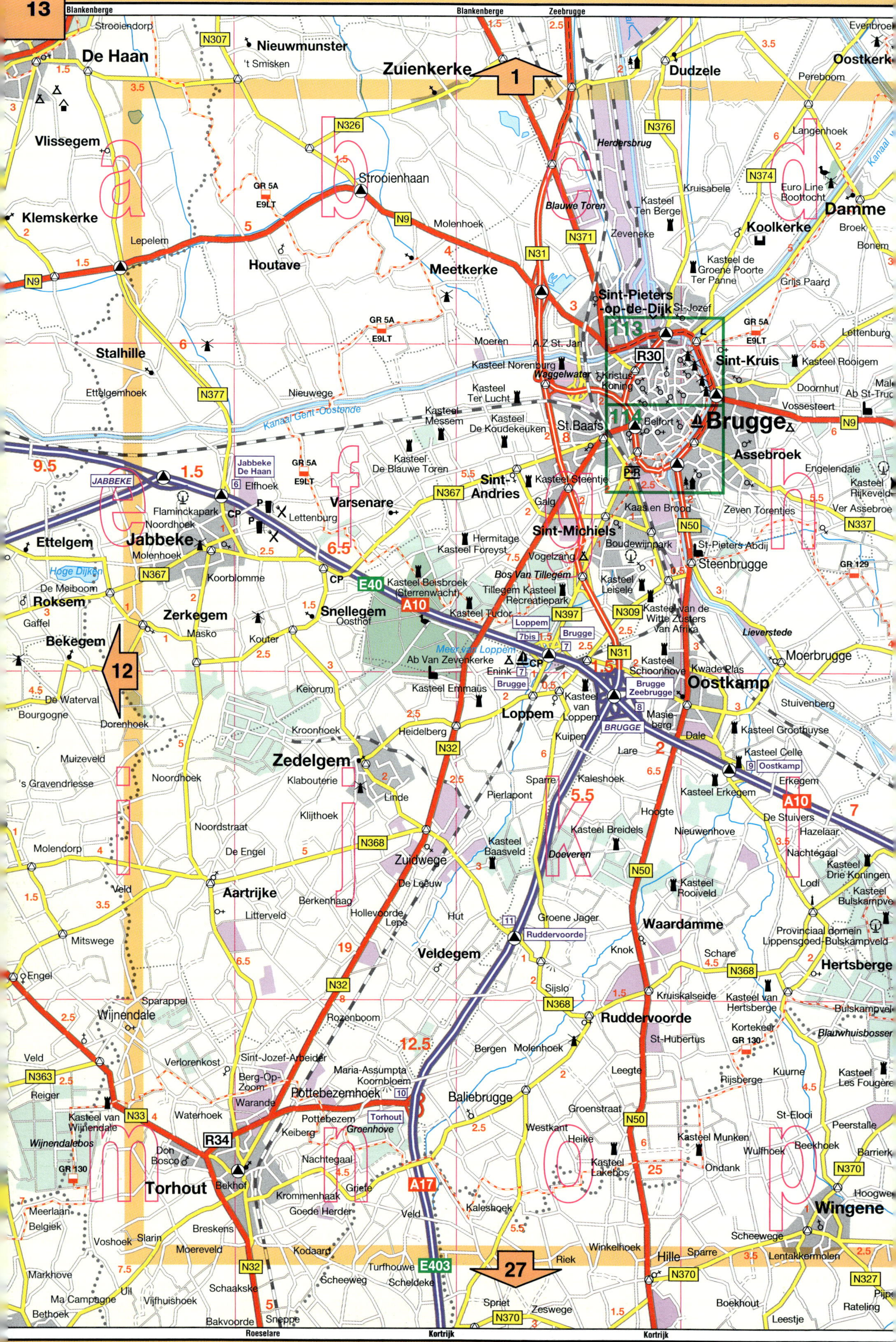
Blankenberge
Blankenberge
Zeebrugge
Strooiendorp
N307
Nieuwmunster
't Smisken
De Haan
Zuienkerke
1
Dudzele
Oostkerke
Evenbroek
Pereboom
Vlissegem
N326
N376
Herdersbrug
Langenhoek
Strooienhaan
GR 5A
E9LT
Kruisabele
N374
Euro Line Boottocht
Damme
Klemskerke
N9
Molenhoek
Blauwe Toren
Kasteel Ten Berge
Koolkerke
Broek
Lepelem
Houtave
N371
Zeveneke
Bonem
N9
Meetkerke
N31
Kasteel de Groene Poorte Ter Panne
Grijs Paard
Sint-Pieters -op-de-Dijk
St-Jozef
GR 5A
E9LT
GR 5A
E9LT
113
Lettenburg
Moeren
A.Z. St. Jan
Stalhille
R30
Sint-Kruis
Kasteel Rooigem
Kasteel Norenburg
Waggelwater
Kristus Koning
Doornhut
Ettelgemhoek
N377
Nieuwege
Kasteel Ter Lucht
Ab St-Truc
Vossesteert
Kanaal Gent-Oostende
Kasteel Messem
Kasteel De Koudekeuken
St.Baafs
114
Belfort
Brugge
N9
Jabbeke De Haan
Kasteel De Blauwe Toren
Assebroek
JABBEKE
Elfhoek
GR 5A
E9LT
Sint-Andries
Kasteel Steentje
Engelendale
Kasteel Rijkeveld
Flaminckapark
Noordhoek
Lettenburg
Varsenare
N367
P+R
Galg
Kaas en Brood
Zeven Torentjes
Ver Assebroek
Ettelgem
Jabbeke
Hermitage
Kasteel Foreyst
Sint-Michiels
N50
N337
Molenhoek
Boudewijnpark
St-Pieters Abdij
Hoge Dijken
N367
Koorblomme
CP
Vogelzang
Steenbrugge
GR 129
De Meiboom
E40
Kasteel Beisbroek (Sterrenwacht)
Bos Van Tillegem
Kasteel Leisele
Roksem
Tillegem Kasteel Recreatiepark
Gaffel
Zerkegem
Snellegem
Oosthof
A10
Kasteel Tudor
N397
N309
Kasteel van de Witte Zusters van Afrika
Lieverstede
Bekegem
Masko
Kouter
Loppem
Brugge
7bis
7
N31
Moerbrugge
12
Meer van Loppem
Ab Van Zevenkerke
Enink
CP
Kasteel Schoonhove
Kwade Plas
Oostkamp
De Waterval
Keiorum
Kasteel Emmaüs
Brugge
Brugge Zeebrugge
Bourgogne
Kasteel van Loppem
Dorenhoek
Loppem
8
Masie berg
Stuivenberg
Kroonhoek
Heidelberg
BRUGGE
Kasteel Groothuyse
Kuipen
Dale
Lare
Muizeveld
N32
Kasteel Celle
Zedelgem
Oostkamp
's Gravendriesse
Noordhoek
Klabouterie
Sparre
Kaleshoek
Erkegem
Linde
Pierlapont
Kasteel Erkegem
A10
Klijthoek
Hoogte
De Stuivers
Noordstraat
Kasteel Breidels
Nieuwenhove
Hazelaar
Molendorp
De Engel
N368
Zuidwege
Kasteel Baasveld
Doeveren
Nachtegaal
N50
Kasteel Drie Koningen
Veld
Aartrijke
De Leeuw
Kasteel Rooiveld
Lodi
Kasteel Bulskampve
Berkenhaag
Hollevoorde
Lepe
Litterveld
Hut
11
Groene Jager
Waardamme
Provinciaal domein Lippensgoed-Bulskampveld
Mitswege
Ruddervoorde
Knok
Veldegem
Schare
Hertsberge
N368
Engel
Sijslo
N32
N368
Kruiskalseide
Kasteel van Hertsberge
Sparappel
Rozenboom
Ruddervoorde
Bulskampvel
Wijnendale
St-Hubertus
Kortekeer
Blauwhuisbosser
GR 130
Veld
Verlorenkost
Sint-Jozef-Arbeider
Bergen
Molenhoek
Kuurne
Maria-Assumpta Koornbloem
Leegte
Kasteel Les Fougère
N363
Berg-Op-Zoom
10
Rijsberge
Reiger
Warande
Pottebezemhoek
Baliebrugge
Groenstraat
N33
Waterhoek
Pottebezem
Torhout
St-Eloois
Kasteel van Wijnendale
Groenhove
N50
Peerstalle
Keiberg
Westkant
R34
Kasteel Munken
Wijnendalebos
Heike
Beekhoek
Barrierk
Don Bosco
Wulfhoek
Nachtegaal
Kasteel Lakebos
Ondank
N370
GR 130
Bekhof
Torhout
A17
Hoogw
Griete
Krommenhaak
Wingene
Meerlaan
Goede Herder
Kaleshoek
Belgiek
Veld
Breskens
Scheewege
Voshoek
Slarin
Winkelhoek
Moereveld
Kodaard
Hille
Sparre
Lentakkermolen
Riek
N32
Turfhouwe
E403
27
Markhove
Scheeweg
Scheldeke
N370
N327
Uil
Ma Campagne
Vijfhuishoek
Schaakske
Spriet
Zeswege
Boekhout
Rateling
Bethoek
Bakvoorde
Sneppe
N370
Leestje
Roeselare
Kortrijk
Kortrijk

Knokke-Heist
Oostburg
Tielt
A11
E34
E40
N49
N410
N44
N9
N498
N337
N368
N461
N499
N455
N43
R43
N37
N37a
N409
N437
Lapscheure
Aardenburg
Stierskreek
of Praatvliet
GR 5A
LAW 11
Heille
Bekhof
Platheule
Sint-Kruis
Smedekens-
brugge
Biezenkreek
Honds-
einde
Kattenhoek
St. Rita
De Hoorn
Middelburg
Biesput
Stampershoek
Molentje
Hoorn
St-Rita
Waterpolder
Gravinne
Valeiskreek
Moershoofde
Zonne
St-Katelijne
Waterhoek
Moerkerke
Eede
Biezen
Kommer
Branddijk
Kasteel van Moerkerke
Moerkerkebrug
Leestjes
Afleidingskanaal van de Leie
Vuilpan
Sint-Laureins
Wetstraat
Strobrugge
Middeldorp
Vaakweg
Goochelaar
Vijve Kapelle
Sloverhoek
Zoetendale
Scheewege
Moerhuize
Rode Hand
Maldegem
Broekhuize
Celie
Vake
Kokkuit
Kaleshoek
Boterhoek
Stockmanshoeve
Donk
Tivoli
Kleemhoek
Zwijnsgat
Zwaan
Oude Alkermolen
Krone
Male
Sijsele
Maldegem
Balgerhoeke
Hekhoek
Rostuine
Stoomcentrum
Kattenhoek
Adegem
Geite
Veldhoek
Vossenhol
Galgenakker
Meibosvijver
Spanjaardshoek
Maandagse
Egypte
Burkel
Kampel
Kruisken
Raverschoot
Dale
Burkel
Heulendonk
Broeken
Eeklo
Berg
Vliegende Paard
Danegem
Kleit
Kleemputte
Heemmuseum
Jeneverhuis
Van Hoorebeke
Kattine
Bokke
Helle
Appelboom
Oedelem
Kater
GR 130
Onderdijke
Maasbone
Plassendale
Kerselaar
Doorn
Driepikkel
Doorn
Veldekens
Vierweegse
Vaartkant
Prov. Domein
'Het Leen'
Oostveld
Hoekske
Zuiddamme
De Hoorn
Lijsterhoek
Blakte
Drongengoedbos
Kasteel
Prinsenveld
Kruipuit
Oostwinkel
Kwaput
Kappershoek
Eentveld
Hoeke
Veldhoek
Veldhoek
Most
Stuiver
Knesselare
Leischoot
Stoktevijver
Kanaal Brugge-Gent
Zeldonk
Stove
Pluime
Gevaarts
Beernem
Wetsvoorde
Bloemendale
Jachtclub
Beernem
Kijkuit
Halfzotmolen
Turkije
Sint-Joris
Langedonk
Ursel
Koningsbos
Ronsele
Roze
Daalmen
Miserie
Beernem
Galgeveld
Vinken
Wessegem
Rijvers
R 129
CP
Dries
Zomergem
Kasteel
Reigerlo
Vijvers
Kasteelhoek
Overleie
Buntelare
Vrekkem
Berken
Schuttershoek
St-Amandus
Hulstlo
Woestijne
Nekke
Aanwijs
Aalterbrug
Hoetsel
Zomergemboven
Ter Lake
Oostmolen
Aaltebei
Schuurlo
Maria
-Aalter
Blekkerbos
Kasteel
Nobelstede
Pauwelsbos
Bruggewijk
Rohoekske
Houtem
Ro
Peper-
Koek
Schipdonk
GR 129
Hansbeke-
veer
Blauwhuis
Oud Kasteel
St.-Pietersveld
Hoogveld
Stuivenberg
Spildoorn
Hamme
Eiland
Stratem
Oostergem
Bellem
Kasteel van
Bellem
Kasteel van
Velde
Wildenburg
Aalter
Bruwaan
Sterrewijk
Voorde
Hansbeke
GR 129
Biesem
Aalter
Kippendonk
Karmenhoek
Raakske
Doornkerke
Oud Haantje
Reibroek
Overbroek
Platte Beurze
Kruiskerke
Wante
Kattewegel
Zande
Nevele
Herenthoek
St.Jan
Poelvoorde
Hekke
Klaphulle
Barelhoek
Veldhoek
Malsem
Landegem
Kasteel
Poelvoorde
Rozeke
Vierwege
Geite
Lotenhulle
Bollestraat
Veldeke
Mote
Zwijntje
Knok
Molenmotte
Konterhoek
Kasteel van
Poeke
Poeke
Land Van Nevele
Braamdonk
Spriet
Bilkbos
Ruiselede
2
15
28

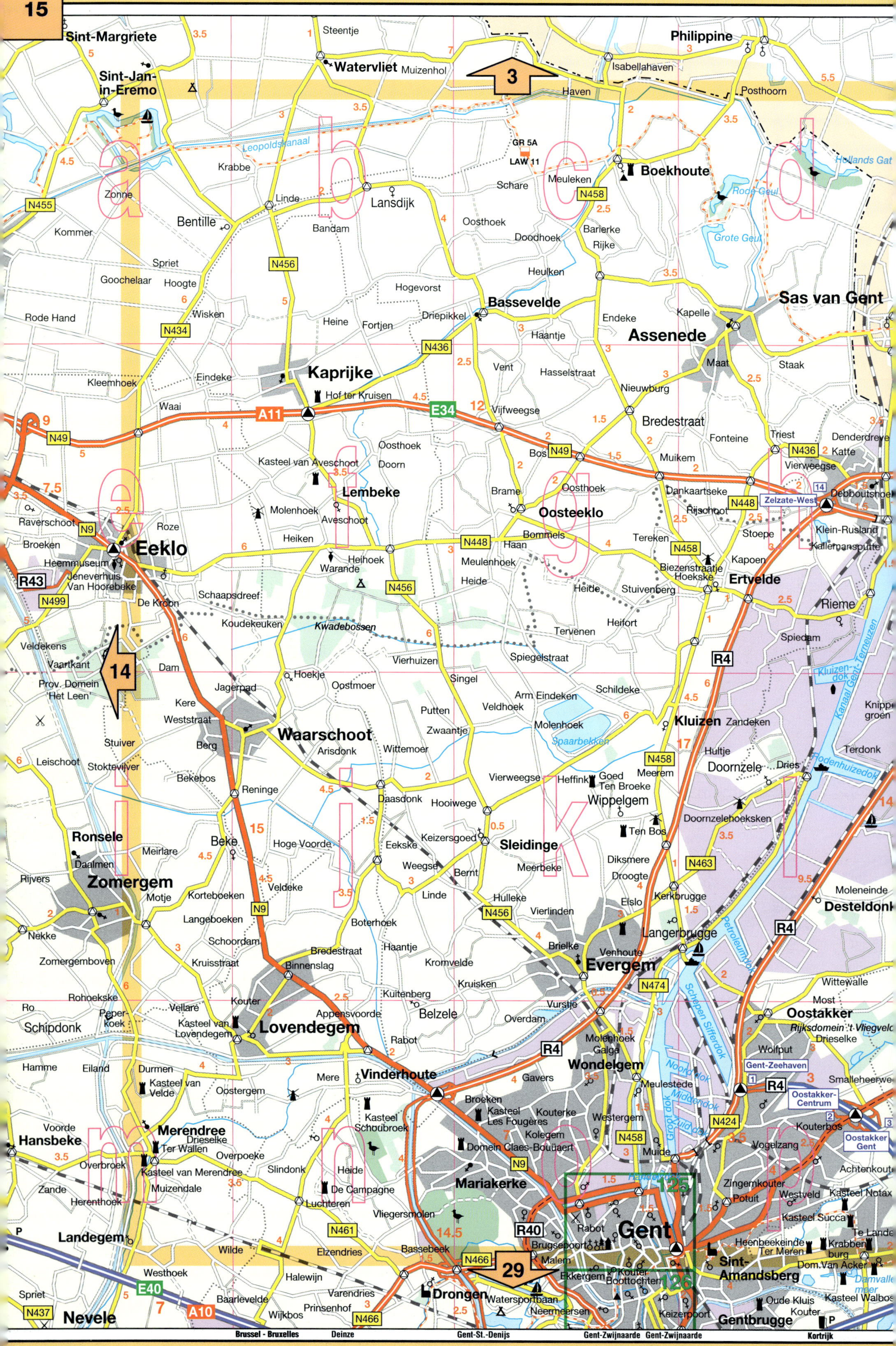
Sint-Margriete
Steentje
Watervliet
Muizenhol
3
Isabellahaven
Philippine
Sint-Jan-in-Eremo
Haven
Posthoorn
Leopoldskanaal
GR 5A
LAW 11
Boekhoute
Hollands Gat
Krabbe
Zonne
Linde
Lansdijk
Schare
Meuleken
N458
Rode Geul
N455
Bentille
Bandam
Oosthoek
Doodhoek
Barierke
Rijke
Grote Geul
Kommer
Spriet
Goochelaar
Hoogte
N456
Hogevorst
Heulken
Rode Hand
Wisken
Heine
Fortjen
Driepikkel
Bassevelde
Endeke
Kapelle
Sas van Gent
N434
N436
Haantje
Assenede
Eindeke
Kaprijke
Vent
Hasselstraat
Maat
Staak
Kleemhoek
Waai
Hof ter Kruisen
Nieuwburg
A11
E34
Vijfweegse
Bredestraat
Fonteine
Triest
Denderdreve
N49
Oosthoek
Doorn
Bos
Muikem
N436
Katte
Kasteel van Aveschoot
Vierweegse
Lembeke
Brame
Oosthoek
Dankaartseke
Debboutshoek
Raverschoot
Molenhoek
Aveschoot
Oosteeklo
Rijschoot
N448
Zelzate-West
N9
Roze
Bommels
Stoepe
Klein-Rusland
Broeken
Eeklo
Heiken
Haan
Tereken
N458
Kallemanspute
Heemmuseum
Jeneverhuis Van Hoorebeke
Heihoek
Warande
N448
Meulenhoek
Biezenstraatje
Kapoen
Hoekske
R43
Heide
Heide
Stuivenberg
Ertvelde
N499
De Kroon
Schaapsdreef
N456
Rieme
Koudekeuken
Kwadebossen
Heifort
Veldekens
Tervenen
Spiedam
Vaartkant
Dam
14
Vierhuizen
Spiegelstraat
R4
Kluizendok
Prov. Domein 'Het Leen'
Hoekje
Oostmoer
Singel
Kanaal Gent-Terneuzen
Jagerpad
Schildeke
Kere
Arm Eindeken
Putten
Veldhoek
Knippegroen
Weststraat
Molenhoek
Kluizen
Zandeken
Waarschoot
Zwaantje
Stuiver
Berg
Arisdonk
Spaarbekken
Hultje
Terdonk
Wittemoer
N458
Leischoot
Stoktevijver
Goed Ten Broeke
Meerem
Doornzele
Dries
Rodenhuizedok
Bekebos
Heffink
Vierweegse
Reninge
Daasdonk
Hooiwege
Wippelgem
Ronsele
Doornzelehoeksken
Ten Bos
Beke
Hoge Voorde
Eekske
Keizersgoed
Sleidinge
Daalmen
Meirlare
Weegse
Diksmere
N463
Rijvers
Zomergem
Bernt
Meerbeke
Droogte
Motje
Veldeke
Linde
Hulleke
Moleneinde
Korteboeken
N9
Elslo
Kerkbrugge
Desteldonk
Nekke
Langeboeken
Boterhoek
N456
Vierlinden
R4
Schoordam
Langerbrugge
Zomergemboven
Kruisstraat
Bredestraat
Haantje
Brielke
Venhoute
Petroleumdok
Binnenslag
Kromvelde
Evergem
Wittewalle
Kruisken
N474
Rohoekske
Kouter
Kuitenberg
Belzele
Vurstje
Most
Ro
Peperkoek
Appensvoorde
Oostakker
Vellare
Kasteel van Lovendegem
Overdam
Schipdonk
Lovendegem
Schepen Sifferdok
Rijksdomein 't Vliegveld
Rabot
Molenhoek
Drieselke
Galgje
Wolfput
R4
Hamme
Eiland
Durmen
Vinderhoute
Wondelgem
Gent-Zeehaven
Kasteel van Velde
Mere
Gavers
Noordzeedok
Smalleheerwe
Oostergem
Meulestede
R4
Broeken
Middendok
Oostakker-Centrum
Kasteel Les Fougères
Kouterke
Kasteel Schouwbroek
Westergem
Zuiddok
Voorde
Merendree
N424
Kolegem
Grootdok
Kouterbos
Hansbeke
Drieselke
Ter Wallen
N458
Oostakker Gent
Overpoeke
Domein Claes-Bouüaert
Muide
Vogelzang
Overbroek
Kasteel van Merendree
Slindonk
Heide
N9
Achtenkouter
Mariakerke
Zande
Muizendale
De Campagne
Zingemkouter
Herenthoek
Luchteren
Potuit
Westveld
Kasteel Notax
125
Vliegersmolen
Rabot
Kasteel Succa
P
N461
R40
Gent
Te Lande
Landegem
Wilde
Elzendries
Brugsepoort
Heenbeekeinde
Ter Meren
Krabbenburg
Bassebeek
Malem
Sint-Amandsberg
Westhoek
N466
29
Dom.Van Acker
Halewijn
Ekkergem
Kouter
Damvallei meer
E40
Varendries
Drongen
Boottochten
126
Spriet
Baarlevelde
Watersportbaan
Oude Kluis
Kasteel Walbos
N437
Nevele
A10
Wijkbos
Prinsenhof
N466
Neermeersen
Keizerpoort
Kouter
Gentbrugge
P
Brussel - Bruxelles
Deinze
Gent-St.-Denijs
Gent-Zwijnaarde
Gent-Zwijnaarde
Kortrijk

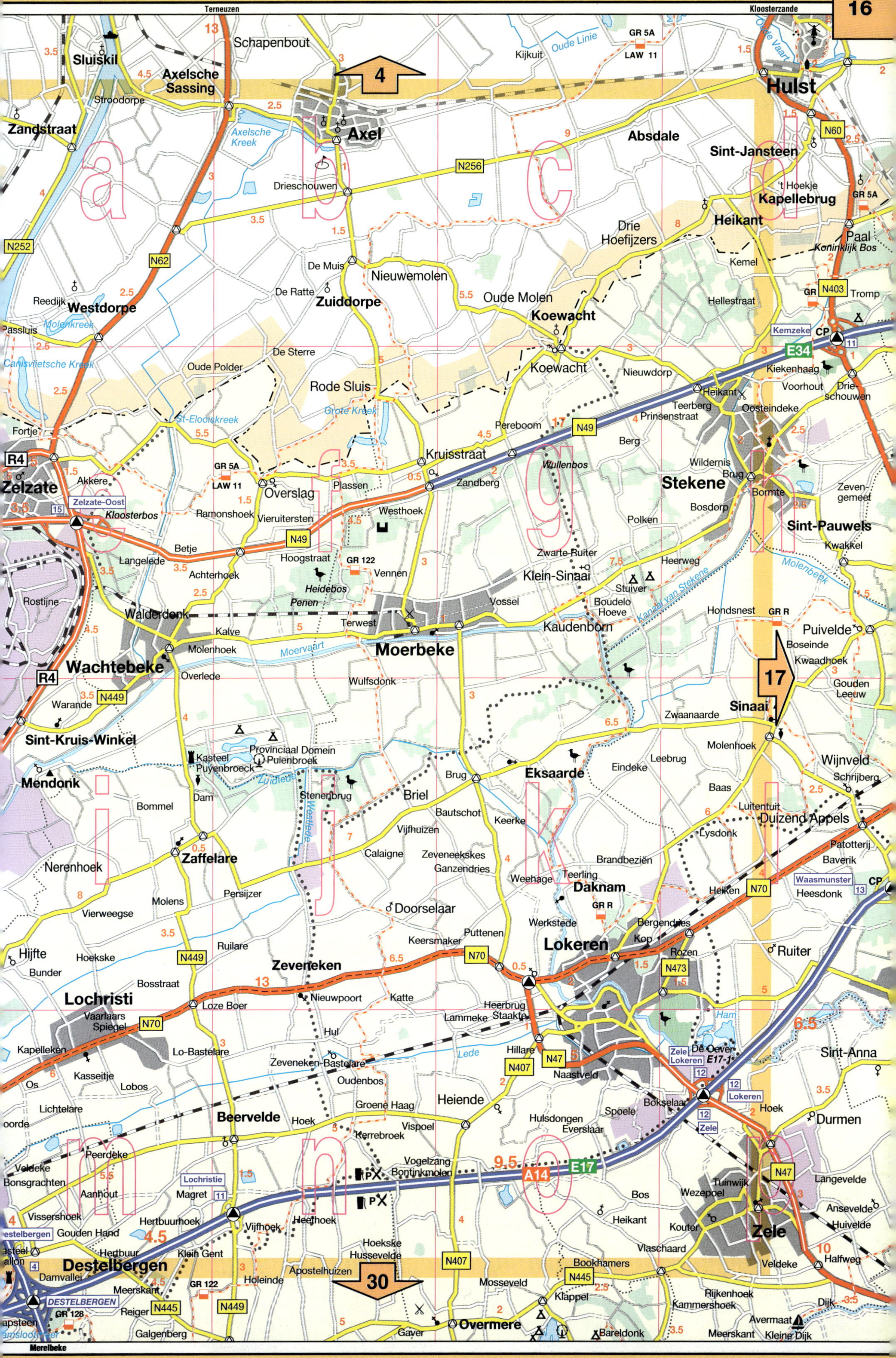

Terneuzen
Kloosterzande
Schapenbout
Sluiskil
Axelsche Sassing
Stroodorpe
Zandstraat
Axelsche Kreek
Axel
4
Kijkuit
Oude Linie
GR 5A
LAW 11
Hulst
Absdale
Sint-Jansteen
N60
N256
Drieschouwen
't Hoekje
Kapellebrug
GR 5A
Heikant
Drie Hoefijzers
Paal
Koninklijk Bos
N252
N62
De Muis
Nieuwemolen
Kemel
De Ratte
Zuiddorpe
Oude Molen
Hellestraat
Reedijk
Westdorpe
Koewacht
GR
N403
Tromp
Passluis
Molenkreek
Kemzeke
CP
De Sterre
E34
Canisvlietsche Kreek
Oude Polder
Rode Sluis
Koewacht
Nieuwdorp
Kiekenhaag
Voorhout
Drie-schouwen
Grote Kreek
Heikant
St-Elooiskreek
Teerberg
Oosteindeke
Fortje
Pereboom
N49
Prinsenstraat
Berg
R4
Akkere
GR 5A
LAW 11
Kruisstraat
Wullenbos
Zandberg
Wildernis
Zelzate
Zelzate-Oost
Overslag
Plassen
Brug
Stekene
Bormte
Zeven-gemeet
Kloosterbos
Ramonshoek
Vieruitersten
Westhoek
Bosdorp
Polken
Sint-Pauwels
Betje
N49
Kwakkel
Langelede
Achterhoek
Hoogstraat
GR 122
Zwarte-Ruiter
Heerweg
Vennen
Klein-Sinaai
Stuiver
Molenbeek
Heidebos
Penen
Boudelo
Hoeve
Kanaal van Stekene
Rostijne
Walderdonk
Vossel
Hondsnest
GR R
Terwest
Kaudenborn
Puivelde
Kalve
Boseinde
Molenhoek
Moervaart
Moerbeke
Kwaadhoek
Wachtebeke
17
Gouden Leeuw
Overlede
Wulfsdonk
R4
Warande
N449
Sinaai
Zwaanaarde
Sint-Kruis-Winkel
Molenhoek
Provinciaal Domein Puienbroek
Kasteel Puyenbroeck
Eindeke
Leebrug
Wijnveld
Mendonk
Zuidlede
Brug
Eksaarde
Schrijberg
Dam
Stenenbrug
Briel
Baas
Bommel
Westlede
Bautschot
Keerke
Luitentuit
Duizend Appels
Vijfhuizen
Lysdonk
Zaffelare
Calaigne
Zeveneekskes
Ganzendries
Patotterij
Nerenhoek
Brandbeziën
Baverik
Weehage
Teerling
Daknam
Heiken
N70
Waasmunster
Heesdonk
Molens
Persijzer
CP
Vierweegse
Doorselaar
GR R
Werkstede
Bergendries
Puttenen
Kop
Hijfte
Ruilare
Keersmaker
Lokeren
Ruiter
Hoekske
N449
Rozen
Bunder
Zeveneken
N70
N473
Bosstraat
Lochristi
Nieuwpoort
Katte
Loze Boer
Vaarlaars Spiegel
Heerbrug
Staakte
N70
Lammeke
Ham
Hul
Kapelleken
Hillare
Lo-Bastelare
Lede
Zele Lokeren
De Oever
E17
Sint-Anna
Zeveneken-Bastelare
N407
N47
Naastveld
Os
Kasseitje
Lobos
Oudenbos
Lokeren
Bokselaar
Groene Haag
Heiende
Lichtelare
Hoek
Spoele
Durmen
Beervelde
Hoek
Hulsdongen
Eversiaar
Zele
Vispoel
Kerrebroek
Peerdeke
Veldeke
Vogelzang
Bontinkmolen
A14
E17
N47
Bonsgrachten
Lochristie
Langevelde
Aanhout
Magret
Tuinwijk
Bos
Wezepoel
Vissershoek
Ansevelde
Hertbuurhoek
Heethoek
Heikant
Kouter
Huivelde
Destelbergen
Gouden Hand
Vijfhoek
Zele
Hertbuur
Klein Gent
Hoekske
Husseveide
Vlaschaard
Destelbergen
Apostelhuizen
N407
Bookhamers
Veldeke
Halfweg
Damvallei
Holeinde
30
Mosseveld
N445
Meerskant
GR 122
Rijkenhoek
DESTELBERGEN
Reiger
N445
N449
Klappel
Kammershoek
Dijk
GR 128
Avermaat
Overmere
Bareldonk
Meerskant
Kleine Dijk
Galgenberg
Gaver
Merelbeke

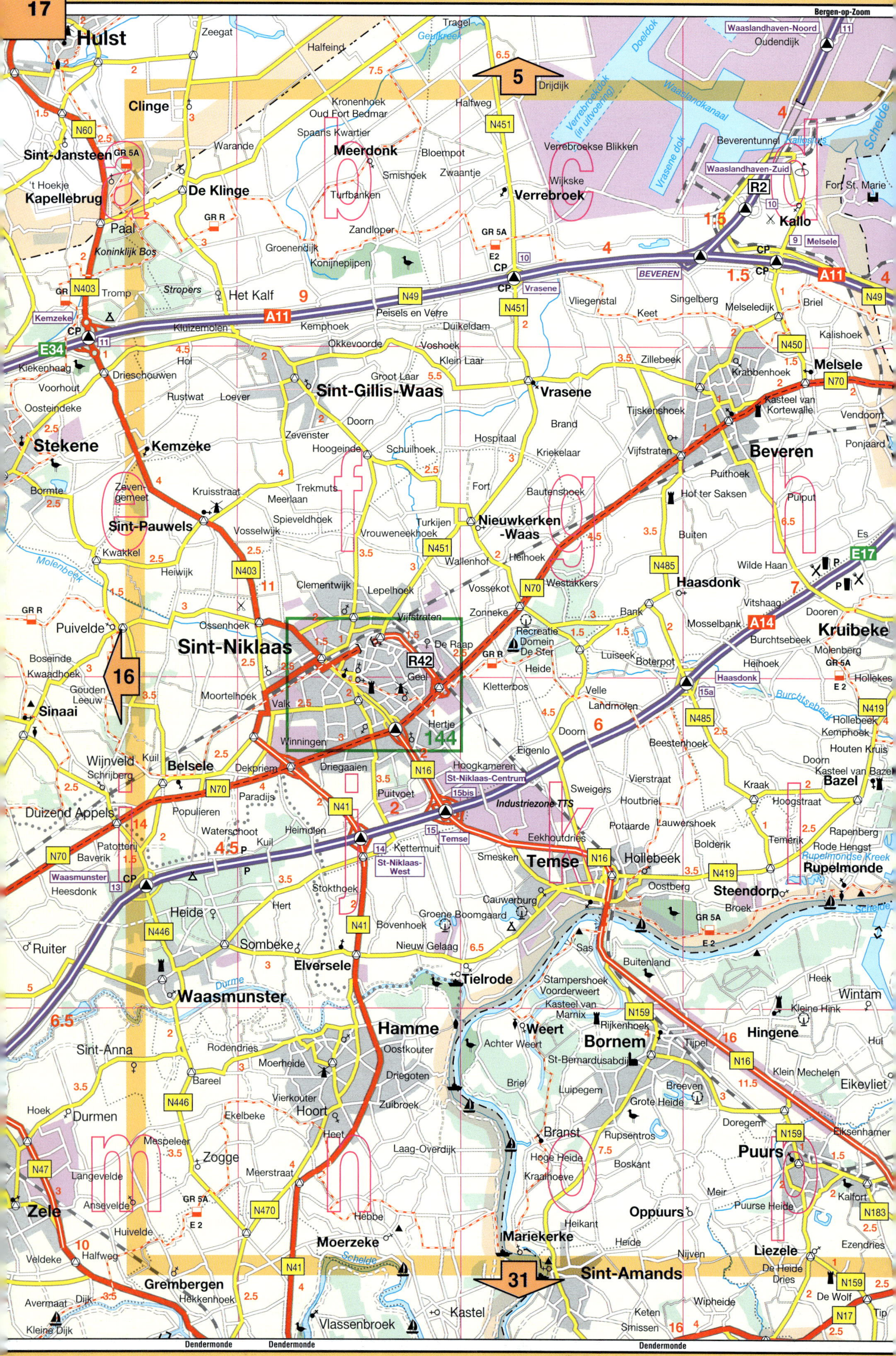

Bergen-op-Zoom
Hulst
Zeegat
Halfeind
Tragel
Geulkreek
Waaslandhaven-Noord
Oudendijk
Doeldok
Drijdijk
Clinge
Kronenhoek
Oud Fort Bedmar
Halfweg
Verrebroekdok (in uitvoering)
Waaslandkanaal
Spaans Kwartier
Sint-Jansteen
Warande
Meerdonk
Bloempot
Verrebroekse Blikken
Beverentunnel
Kallosluis
Schelde
Vrasene dok
Waaslandhaven-Zuid
Smishoek
Zwaantje
Wijkske
Fort St. Marie
't Hoekje
Kapellebrug
De Klinge
Turfbanken
Verrebroek
Kallo
Paal
Zandloper
Melsele
Koninklijk Bos
Groenendijk
Konijnepijpen
BEVEREN
Tromp
Stropers
Het Kalf
Vrasene
Peisels en Verre
Vliegenstal
Singelberg
Melseledijk
Briel
Kemzeke
Kluizemolen
Kemphoek
Duikeldam
Keet
Kalishoek
Kiekenhaag
Hol
Okkevoorde
Voshoek
Klein Laar
Zillebeek
Krabbenhoek
Melsele
Voorhout
Drieschouwen
Groot Laar
Rustwat
Loever
Sint-Gillis-Waas
Vrasene
Kasteel van Kortewalle
Vendoorn
Oosteindeke
Doorn
Brand
Tijskenshoek
Stekene
Kemzeke
Zevenster
Hoogeinde
Schuilhoek
Hospitaal
Kriekelaar
Vijfstraten
Ponjaard
Beveren
Bormte
Zevengemeet
Kruisstraat
Meerlaan
Trekmuts
Fort
Bautenshoek
Puithoek
Hof ter Saksen
Pulput
Spieveldhoek
Turkijen
Nieuwkerken-Waas
Sint-Pauwels
Vosselwijk
Vrouweneekhoek
Buiten
Es
Kwakkel
Wallenhof
Heihoek
Molenbeek
Heiwijk
Wilde Haan
Haasdonk
Clementwijk
Lepelhoek
Vossekot
Westakkers
Vitshaag
Dooren
Zonneke
Bank
Mosselbank
Kruibeke
Puivelde
Ossenhoek
Vijfstraten
Recreatie Domein De Ster
Burchtsebeek
Molenberg
Boseinde
Sint-Niklaas
De Raap
Luiseek
Boterpot
Heihoek
Kwaadhoek
Geel
Heide
Haasdonk
Hollekes
Gouden Leeuw
Moortelhoek
Kletterbos
Velle
Burchtsebeek
Sinaai
Valk
Landmolen
Hollebeek
Hertje
Doorn
Kemphoek
Winningen
Beestenhoek
Houten Kruis
Wijnveld
Kuil
Eigenlo
Doorn
Schrijberg
Belsele
Dekpriem
Driegaaien
Hoogkameren
St-Niklaas-Centrum
Vierstraat
Kasteel van Bazel
Paradijs
Puitvoet
Industriezone TTS
Sweigers
Kraak
Bazel
Duizend Appels
Populieren
Houtbriel
Hoogstraat
Heimolen
Waterschoot
Potaarde
Lauwershoek
Rapenberg
Patotten
Kuil
Kettermuit
Temse
Eekhoutdries
Bolderik
Temerik
Rode Hengst
Baverik
Waasmunster
St-Niklaas-West
Smesken
Temse
Hollebeek
Rupelmondse Kreek
Rupelmonde
Heesdonk
Stokthoek
Oostberg
Steendorp
Hert
Cauwerburg
Broek
Heide
Groene Boomgaard
Bovenhoek
Ruiter
Sombeke
Nieuw Gelaag
Sas
Elversele
Buitenland
Durme
Tielrode
Heek
Waasmunster
Stampershoek
Voorderweert
Kasteel van Marnix
Wintam
Kleine Hink
Weert
Rijkenhoek
Hamme
Hingene
Sint-Anna
Rodendries
Oostkouter
Achter Weert
Bornem
Tijpel
Hul
Moerheide
St-Bernardusabdij
Klein Mechelen
Bareel
Driegoten
Briel
Luipegem
Breeven
Eikevliet
Vierkouter
Grote Heide
Hoek
Durmen
Hoort
Zuibroek
Doregem
Eksenhamer
Ekelbeke
Heet
Branst
Rupsentros
Mespeleer
Laag-Overdijk
Puurs
Zogge
Hoge Heide
Boskant
Langevelde
Meerstraat
Kraaihoeve
Meir
Kalfort
Zele
Ansevelde
Puurse Heide
Oppuurs
Hebbe
Heikant
Huivelde
Moerzeke
Mariekerke
Heide
Liezele
Ezendries
Veldeke
Halfweg
Schelde
Nijven
De Heide Dries
Grembergen
Sint-Amands
Avermaat
Dijk
Hekkenhoek
Wipheide
De Wolf
Kleine Dijk
Vlassenbroek
Kastel
Keten
Smissen
Tip
Dendermonde
Dendermonde
Dendermonde

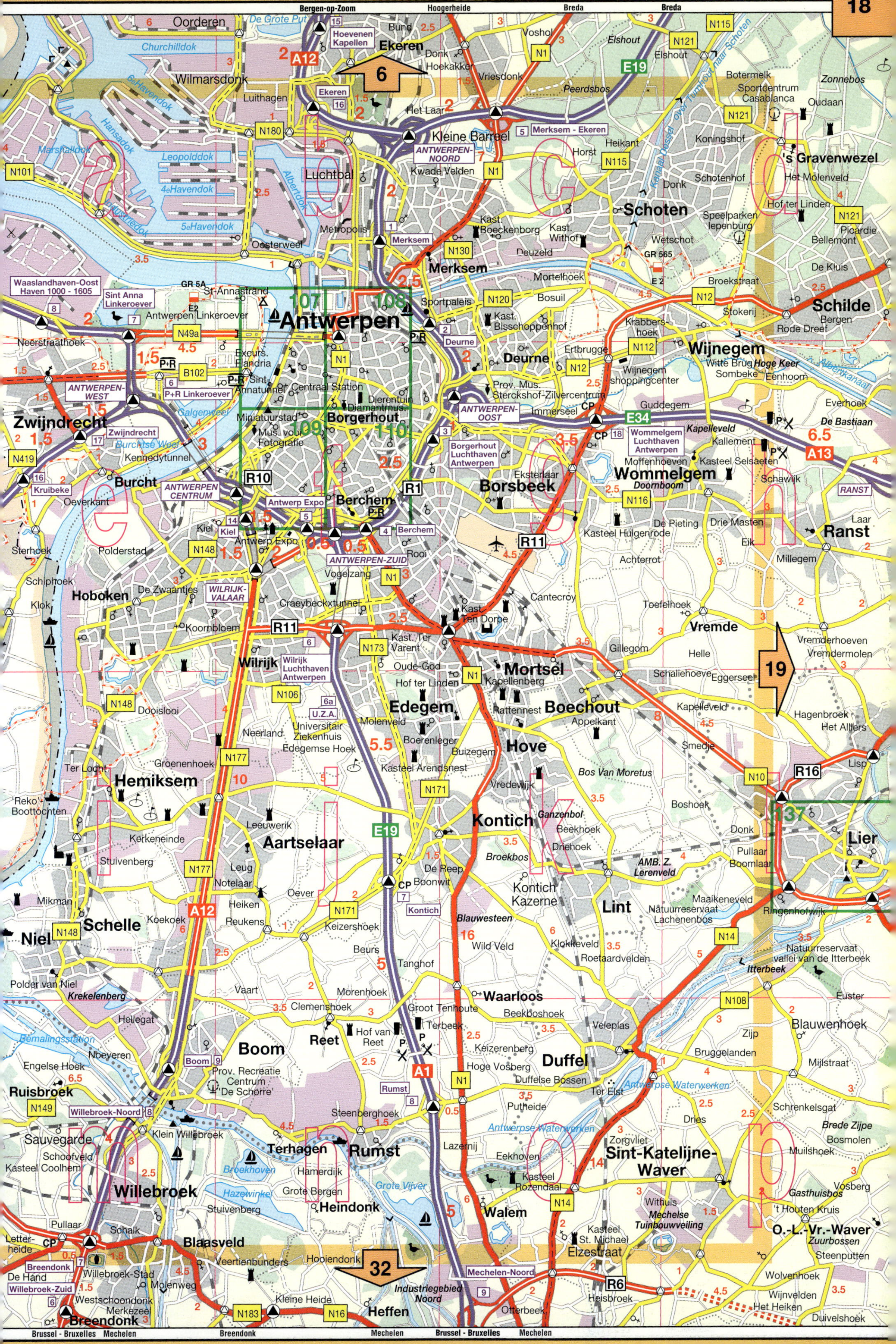
Bergen-op-Zoom
Hoogerheide
Breda
Breda
Oorderen
Churchilldok
Wilmarsdonk
Ekeren
6
Kleine Barreel
Merksem - Eekeren
Elshout
Botermelk
Zonnebos
Sportcentrum Casablanca
Oudaan
Koningshof
's Gravenwezel
Het Molenveld
Luchtbal
Leopolddok
Hansadok
Marshalldok
Kanaaldok
Albertdok
Metropolis
Oosterweel
ANTWERPEN-NOORD
Kwade Velden
Schoten
Schotenhof
Kast. Boeckenborg
Merksem
Deuzeld
Mortelhoek
Wetschot
Speelparken Iepenburg
Hof ter Linden
Picardie
Bellemont
De Kluis
Broekstraat
Schilde
Bergen
Rode Dreef
Waaslandhaven-Oost Haven 1000 - 1605
Sint Anna Linkeroever
Antwerpen Linkeroever
Sint-Annastrand
Antwerpen
Sportpaleis
Bosuil
Kast. Bisschoppenhof
Krabbershoek
Stokerij
Wijnegem
Witte Brug
Hoge Keer
Sombeke
Eenhoorn
Albertkanaal
Neerstraathoek
Excurs. Flandria
Sint-Annatunnel
Centraal Station
Dierentuin
Diamantmus.
Deurne
Ertbrugge
Wijnegem shoppingcenter
Prov. Mus. Sterckshof-Zilvercentrum
Immerseel
Guddegem
Everhoek
De Bastiaan
ANTWERPEN-WEST
P+R Linkeroever
Zwijndrecht
Burchtse Weel
Kennedytunnel
Miniatuurstad
Mus. voor Fotografie
Borgerhout
ANTWERPEN-OOST
Borgerhout Luchthaven Antwerpen
Wommelgem Luchthaven Antwerpen
Kapelleveld
Kallement
Moffenhoeven
Kasteel Selsaeten
Wommelgem
Doornboom
Schawijk
Burcht
Kruibeke
Oeverkant
ANTWERPEN CENTRUM
Antwerp Expo
Berchem
Borsbeek
Eksterlaar
Kasteel Hulgenrode
De Pieting
Drie Masten
Eik
Ranst
Laar
Millegem
Kiel
Sterhoek
Polderstad
ANTWERPEN-ZUID
Rooi
Vogelzang
Achterrot
Schiphoek
Hoboken
De Zwaantjes
WILRIJK-VALAAR
Craeybeckxtunnel
Cantecroy
Toefelhoek
Vremde
Kast. Ten Dorpe
Klok
Koornbloem
Wilrijk
Wilrijk Luchthaven Antwerpen
Kast. Ter Varent
Oude-God
Hof ter Linden
Mortsel
Kapellenberg
Gillegom
Helle
Vremderhoeven
Vremdermolen
19
Schaliehoeve
Eggerseel
Doolslooi
U.Z.A.
Universitair Ziekenhuis
Edegemse Hoek
Neerland
Edegem
Molenveld
Boerenleger
Rattennest
Boechout
Appelkant
Kapelleveld
Hagenbroek
Het Alfers
Ter Locht
Groenenhoek
Hemiksem
Kasteel Arendsnest
Buizegem
Hove
Smedje
Bos Van Moretus
Lisp
Reko Boottochten
Leeuwerik
Vredewijk
Kontich
Ganzenbol
Beekhoek
Drie hoek
Boshoek
Donk
Lier
Kerkeneinde
Stuivenberg
Aartselaar
Broekbos
AMB. Z. Lerenveld
Pullaar
Boomlaar
Leug
Notelaar
Oever
De Reep
Boonwit
Kontich Kazerne
Lint
Maaikeneveld
Natuurreservaat Lachenenbos
Ringenhofwijk
Mikman
Niel
Schelle
Koekoek
Heiken
Reukens
Keizershoek
Blauwesteen
Wild Veld
Klokkeveld
Roetaardvelden
Natuurreservaat vallei van de Itterbeek
Itterbeek
Polder van Niel
Krekelenberg
Vaart
Beurs
Tanghof
Morenhoek
Waarloos
Beekboshoek
Veleplas
Euster
Hellegat
Clemenshoek
Groot Tenhoute
Terbeek
Blauwenhoek
Zijp
Noeveren
Boom
Reet
Hof van Reet
Keizerenberg
Hoge Vosberg
Duffel
Duffelse Bossen
Bruggelanden
Mijlstraat
Engelse Hoek
Prov. Recreatie Centrum 'De Schorre'
Ruisbroek
Rumst
Putheide
Ter Elst
Antwerpse Waterwerken
Schrenkelsgat
Willebroek-Noord
Steenberghoek
Dries
Brede Zijpe
Sauvegarde
Klein Willebroek
Terhagen
Rumst
Lazernij
Zorgvliet
Bosmolen
Schoofveld
Kasteel Coolhem
Hamerdijk
Eekhoven
Sint-Katelijne-Waver
Muilshoek
Willebroek
Hazewinkel
Grote Bergen
Grote Vijver
Kasteel Rozendaal
Vosberg
Gasthuisbos
Stuivenberg
Heindonk
Walem
Withuis
Mechelse Tuinbouwveiling
't Houten Kruis
Pullaar
Schalk
Blaasveld
Kasteel St. Michael
O.-L.-Vr.-Waver
Zuurbossen
Letterheide
Elzestraat
Breendonk
Willebroek-Stad
Veertienbunders
Hooiendonk
32
Mechelen-Noord
Steenputten
De Hand
Molenweg
Industriegebied Noord
Heisbroek
Wolvenhoek
Willebroek-Zuid
Westschoondonk
Merkezeel
Kleine Heide
Otterbeek
Wijnvelden
Het Heiken
Breendonk
Heffen
Duivelshoek
Brussel - Bruxelles
Mechelen
Breendonk
Mechelen
Brussel - Bruxelles
Mechelen

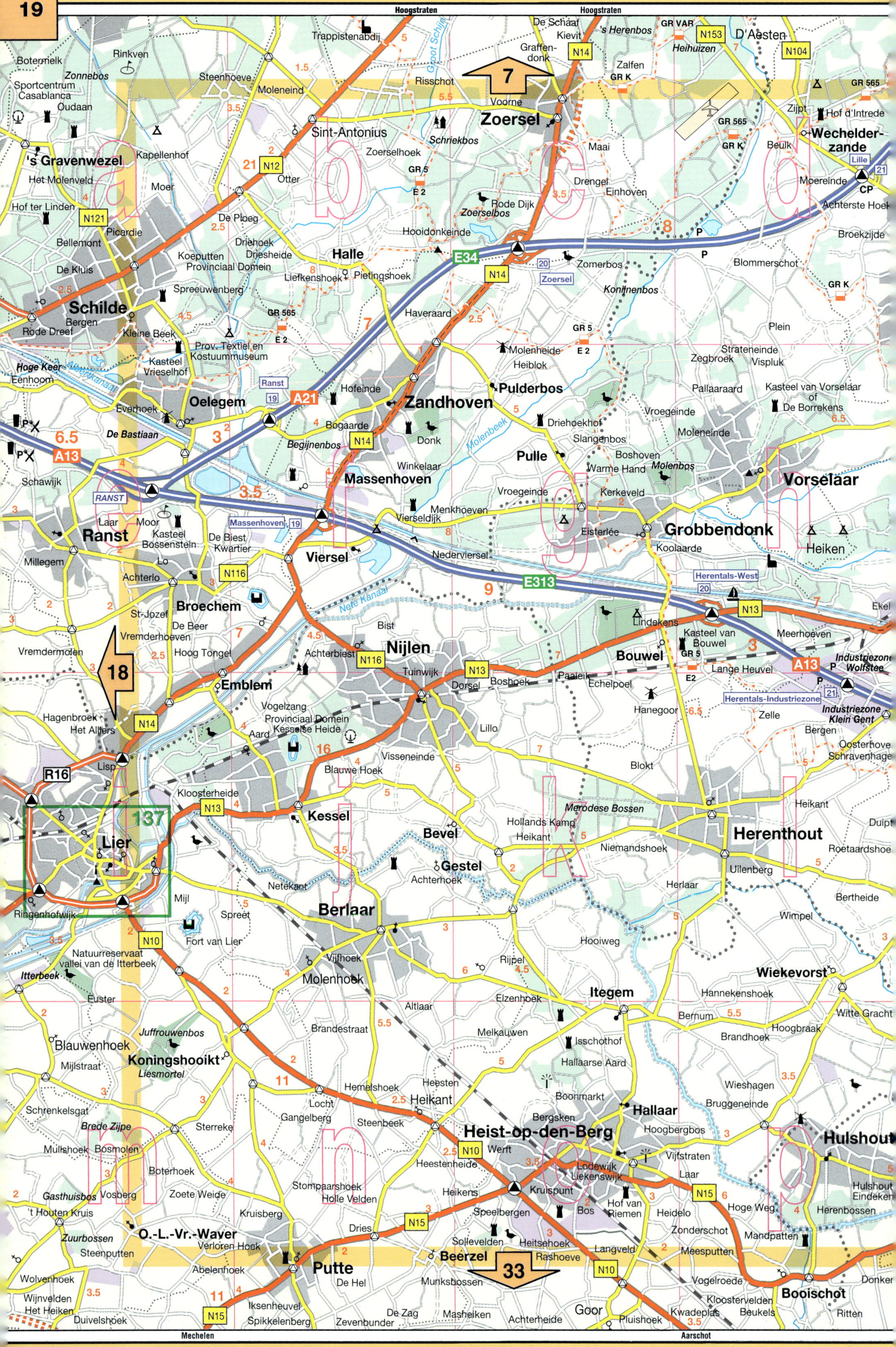
Hoogstraten
Hoogstraten
7
Trappistenabdij
Rinkven
Steenhoeve
Moleneind
Risschot
Voorne
Zoersel
De Schaaf
Kievit
Graffendonk
N14
's Herenbos
GR VAR
Heihuizen
N153
D'Aesten
N104
Zalfen
Zijpt
Hof d'Intrede
Wechelderzande
Lille
Beulk
Moereinde
CP
Achterste Hoek
Broekzijde
Botermelk
Zonnebos
Sportcentrum Casablanca
Oudaan
Sint-Antonius
Schriekbos
Zoerselhoek
's Gravenwezel
Kapellenhof
Het Molenveld
N12
Otter
Moer
Hof ter Linden
N121
Picardie
Bellemont
De Ploeg
Maai
Drengel
Einhoven
Rode Dijk
Zoerselbos
Hooidonkeinde
Driehoek
Driesheide
Halle
Koeputten
Provinciaal Domein
Liefkenshoek
Pietingshoek
E34
N14
Zoersel
Zomerbos
Konijnenbos
Blommerschot
De Kluis
Spreeuwenberg
Schilde
Bergen
Rode Dreef
Kleine Beek
Haveraard
Plein
Kasteel Vrieselhof
Prov. Textiel en Kostuummuseum
Molenheide
Heiblok
Strateneinde
Zegbroek
Vispluk
Hoge Keer
Eenhoorn
Albertkanaal
Ranst
Hofeinde
Zandhoven
Pulderbos
Pallaaraard
Kasteel van Vorselaar of De Borrekens
Everhoek
Oelegem
A21
De Bastiaan
Bogaarde
Begijnenbos
N14
Donk
Molenbeek
Driehoekhof
Slangenbos
Vroegeinde
Moleneinde
A13
Schawijk
RANST
Massenhoven
Winkelaar
Pulle
Boshoven
Warme Hand
Molenbos
Vorselaar
Kerkeveld
Vroegeinde
Menkhoeven
Vierseldijk
Eisterlée
Grobbendonk
Heiken
Koolaarde
Laar
Moor
Ranst
Kasteel Bossenstein
De Biest Kwartier
Massenhoven
Viersel
Nederviersel
Millegem
Lo
Achterlo
N116
E313
Herentals-West
Broechem
Nete Kanaal
9
N13
Ekel
St-Jozef
De Beer
Vremderhoeven
Vremdermolen
Hoog Tonge
Bist
Nijlen
Lindekens
Kasteel van Bouwel
Meerhoeven
Achterbiest
N116
Bouwel
GR 5
A13
Industriezone Wolfstee
18
Emblem
Tuinwijk
N13
Dorsel
Boshoek
Paaleik
Echelpoel
Lange Heuvel
Herentals-Industriezone
Hanegoor
Zelle
Industriezone Klein Gent
Hagenbroek
Het Alters
N14
Vogelzang
Provinciaal Domein Kesselse Heide
Aard
Lillo
Bergen
Oosterhove
Schravenhage
Lisp
R16
Visseneinde
Blauwe Hoek
Blokt
Kloosterheide
N13
Kessel
Merodese Bossen
Hollands Kamp
Heikant
Heikant
Duipt
137
Lier
Bevel
Herenthout
Niemandshoek
Roetaardshoe
Gestel
Achterhoek
Uilenberg
Netekant
Mijl
Herlaar
Bertheide
Ringenhofwijk
Spreet
Berlaar
Wimpel
Fort van Lier
N10
Natuurreservaat vallei van de Itterbeek
Itterbeek
Vijfhoek
Molenhoek
Rijpel
Hooiweg
Wiekevorst
Euster
Elzenhoek
Itegem
Hannekenshoek
Altlaar
Bernum
Witte Gracht
Blauwenhoek
Juffrouwenbos
Brandestraat
Melkauwen
Hoogbraak
Brandhoek
Koningshooikt
Liesmortel
Mijlstraat
Isschothof
Hallaarse Aard
Hemelshoek
Heesten
Heikant
Boonmarkt
Wieshagen
Schrenkelsgat
Locht
Gangelberg
Steenbeek
Bergsken
Hallaar
Bruggeneinde
Brede Zijpe
Sterreke
Heist-op-den-Berg
Hoogbergbos
Hulshout
Mullshoek
Bosmolen
N10
Werft
Vijfstraten
Boterhoek
Heestenheide
Lodewijk
Liekenswijk
Laar
Stomppaarshoek
Holle Velden
Kruispunt
N15
Hulshout Eindeken
Gasthuisbos
Vosberg
Zoete Weide
Heikens
Hof van Riemen
Heidelo
Hoge Weg
Herenbossen
't Houten Kruis
Kruisberg
Speelbergen
Bos
N15
Zonderschot
Zuurbossen
O.-L.-Vr.-Waver
Verloren Hoek
Dries
Sollevelden
Heitsehoek
Mandpatten
Steenputten
Beerzel
Rashoeve
Langveld
Meesputten
33
Putte
Abelenhoek
De Hel
Munksbossen
N10
Wolvenhoek
Vogelroede
Booischot
Donker
Wijnvelden
Het Heiken
Iksenheuvel
Kloostervelden
N15
Duivelshoek
Spikkelenberg
Zevenbunder
De Zag
Masheiken
Achterheide
Goor
Pluishoek
Kwadeplas
Beukels
Ritten
Mechelen
Aarschot

Eindhoven
Turnhout
Turnhout
Aarschot
8
21
34
Recreatiedomein 'De Lilse Bergen'
E34
A21
Het Laar
Nonnenbossen
N140
Leiseinde
Corsendonk
GR VAR
N18
Horzeleind
Looiend
N118
Rooien
Hemeldonk
Lozijde
Gierle
N19
Winkel
Klein-Rees
Groot-Rees
Korteinen
Hoeven
Retie
Kasteel Dufour
De Linde
Geenend
Duinberg
Pontfort
Mazel
Kluis
Zandhoeve
Opstal
Driehoek
N123
Klein Heiken
Lage Rielen
Valveken
Veenzijde
GR VAR
Robbenwijk
Hoge Rielen
De Hulst
Isschot
Terlo
Westreties-Heiken
Duinkerken
Wenen
Bosend
Klophamer
Akker
N132
Opstal
Brasel
N153
Borze
Lozijde
Willaart
Oosteneinde
GR 565
Lille
Beek
Walravens
Tielen
Ossengoor
Kasterlee
GR 565
N118
De Hoek
Broek
Molenstraat
Houtem
GR K
Provinciaal Domein Prinsenpark
Heide
Lammerschot
Koningsbos
Zandbergen
Moleneinde
Galgenberg
Heikant
Zielestraat
Achterlee
Kapelhof
GR K
Hooibeek
Grote Kievit
Poederlee
Lichtaart
Goor
GR K
Hukkelbergen
Heerle
N134
Witte Bergen
GR K
Achter-bosheide
Hoeven
Stenenstraat
GR MO
Hoge Berg
Langenberg
Oude Aard
Sassenhout
GR K
Hulzen
Kleine Nete
Heide
Kanaal van Herentals naar Bocholt
Snepkenshof
Eerselingen
Aard
De Bleken
Watervoort
Rundsvoort
Dekshoevenwouwer
Zelm
N123
Kasseman
N153
Snepkensvijver
Bobbejaanland
N19
Reivennen
Feinend
Ter Buken
Bosberg
Stokt
Mosselgoren
Het Netepark
De Bleek
Berkven
N118
Millegem
Kapelleblok
Langendonk
Heibloem
Elzen
Gooreinde
Fittelaarsdijk
Kraaibossen
Haag
N153
Sint-Jozef Olen
Hessie
Hellekens
Diependaal
R14
Heieind
Meren
Hadschot
Herentals
Zelgaas
Kievermont
Grees
Rauwelkoven
Holven
Busser
N71
O.-L.-Vr.-Olen
Larum
Geel
Groenenheuvel
Volmolen
Vennen
Doffen
Elsum
St-Dymphna
Bel
Gerheiden
Gerhagen
Laar
Veldhoven
N152
N13
Velveken
R14
Meren
Saffraanberg
Verloren Schaap
Neerbuul
Poiel
Winkelom
GR JONCTION
Rossum
Herentals-Oost
GR 561
Schaatsbergen
Lammerdries
Stokt
N19
Hezewijk
Hoogbuul
Malesbroek
Hutten
Olen
Woud
GR 5
Hees
N126
Monnikenhoeve
E 2
Het Punt
Molenberg
Doornboom
Meiberg
Kasteel van Noorderwijk
Noorderwijk
Albertkanaal
Genepas
Oevel
Hout
Gebergte
Heieinde
Gasthuisheide
Meerhout
Zandkapel
Oosterwijk
23
Geel-West
Winkel-omheide
N126
Borgerhout
Duitschool
Stelen
Hezemeer
N102
N152
Mostdonk
N174
Genebroek
Zittaart
Morkhoven
N19
Berteneinde
Voortkapel
Tolhuis
Genelaar
Broekhoven
Hazenhout
Ab Van Tongerlo
Hof
Heikant
Schobbroek
Boerenhol
Oosterlo
24
Geel-Oost
Tongerlo
Veedijk
Geneinde
CP
Eindhout
Paddenhoek
Wimp
Langvoort
De Hand
Achter de Bergen
Overwijs
Westerlo
Zammel
Nieuwkasteel
GR 561
Vijfhuizen
Ham
Verboekt
Goorheide
N19
Smalle Rijt
Renderhoek
Heultje
Zoerle-Parwijs
N127
N174
Klein Vorst
Trichelhoek
Asberg
Kasteel De Merode
Goorbeek
Witbergen
Laakdal
Beustereinde
Meerlaar
Varendonk
Steenbergen
Het Locht
N152
Borcht
Baal
Hoek
N141
Vorst
Bergom
Grote Laak
N126
Moerberg
Schandooi
Grote Nete
Hoog Heultje
Snepkens
Veerle
Paddenhoek
Liebroek
Kasteel ter Borght
N15
Hertberg
De Heide
Olmanshoek
Haanven
Schoot
Tessenderlo
Kipdorp
N127
Berg
GR 5
Schrikhoek
Gerhees
Molen-huizen
Westmeerbeek
Hooivelden
Stippelberg
Schoterse Bossen
Limberg
Herselt
Makel
Oeise Bossen
Prinsenbos
Kapittelberg
Nachtegaalbossen
Gerhagen
Vuldershoek
Vispoel
Varode
Vosdonken
Molenberg
N212
Heide
N19
Wezel
Hulst
N165
N127
N174
Demer
Mottaard
Blauwberg

Retie
Horzeleind
Looiend
Kasteel Dufour
De Linde
Pontfort
Geenend
Duinberg
Duinkerken
Wenen
Brasel
Meierend
Werbeek
Bosend
Molenheide
Koolvennen
Kleine Heide
Dessel
Broekberg
Kolke-beemden
Klaasend
Molenhoek
Heide
Taaihoek
Eersels
Witgoor
Goorstraat
De Brand
Hodonk
Goor
Mulzenpunt
Kraaienbos
Spreeuwenbos
Zeven Heerlijkheden Heide
Groesgoor
Den Diel
Harde Putten
De Maat
Plasbeemden
Schans
Warande
Provinciaal Domein
Miramar
Studiecentr. vr. kernenergie
Kanaal van Herentals naar Bocholt
Achter-bosheide
Donk
Achterdonken
Sluis
Zilvermeer
Zilverstrand
Verkallenbos
Sunparks Rauwse Meren
Rauwse meer
Stevensvennen
Rauw
Blauwe Kei
Kanaal van Beverlo
Lommel
Ind.terrein Maatheide
Wijerken
Hees
Hezerbergen
Vrijshoring
Lommel Werkplaatsen
Westwijk
Balendijk
Nieuwe Koop
Bosscheind
Stevensbergen
Riebos
Venakkerbosch
Bankei
De Bleken
Zelm
Achterbos
Galbergen
Frans Veld
Ginderbuiten
Toemaat-hoek
Berkenbos
Wezel
Feinend
Stokt
Millegem
Hofstede
Rozen-berg
Mol
Gompel
Haag
Hessie
Ezaart
Lang-vennen
Rijsberg
Soef
Balen
Gerheide
Keiheuvel
Recreatie- en natuurpark
De Most
Geldershorsten
Overnaai
Domein Pijnven
Heidehuizen
Rosselaar
Steeg
Ongelberg
Schoor
Volmolen
Bel
Holven
Rijt
Hoolsterberg
Scheps
Vennen
Kerkhoven
Zweiling
Grees
Verloren Schaap
Volsbergen
Het Eind
Hoolst
Malloe
Schoorheide
Bruine Kolk
Hulsen
Zandvliet
Olmen
Lil
Monnikenhoeve
Meiberg
Genepas
Germeer
Oosterborg
Bruultjes
Stotert
Gebergte
Meerhout
Berg
Rooiaarde
Gervoort
Bokkenrode
Borgerhout
Heivoort
Hamse Hoeven
Bukenberg
Immer
Asdonk
Strooien Dorp
Schrikheide
Zittaart
Genebroek
Halfweg
Genelaar
Gestel
Langven
Gerhees
Heide
Geleeg
Heppen
Molenberg
Leopoldsburg
Zijkanaal naar Turnhout
Gerhoeven
Ham
Genebemde
Warande
Slagveld
Oostham
Het Einde
Boskant
Grootdonk
Langvoort
Zwarte Hoek
Veldhoven
Kwaadmechelen
Wasseven
Geneberg
Staleikerheide
Verboekt
Kwaadmol
Eindeken
Klein Vorst
Meerlaar
Baal
Genendijk
Genebos
Tessenderlo
Beverlo
Heilig Hart
Genemeer
Korspel
Hemelbrug
Droog-manseik
Rijt
Ulfheide
Beringen-Mijn
Stal
Hemelrijk
Paddenhoek
Liebroek
Rodeheide
Hulst
Tervanter-heide
Tervant
Schans
Steenhoven
Tessenderlo
Berg
Heilig Hart
Paalse Plas
Kruisbaan
Koersel
Schoterse Bossen
Oeise Bossen
Molen-huizen
Vaten
Vurten
Schrikheide
Varode
Rijsel
Meelberg
Katermeer
Hokselaar
Beringen
Hoste
Krenist
Hek
Muizenheide
Voort
Hal
Berkenbos
Hasselt
Hasselt
N18
N118
N123
N136
N71
N712
N769
N746
N103
N110
N102
N126
N141
N73
N72
N724
N772
N29
N72a
N174
A13
GR 565
GR 561
GR M0
GR K
GR 564
LAW V
9
20
35
Ham 25
Tessenderlo 25a
Beringen 26
a b c d e f g h i j k l m n o p

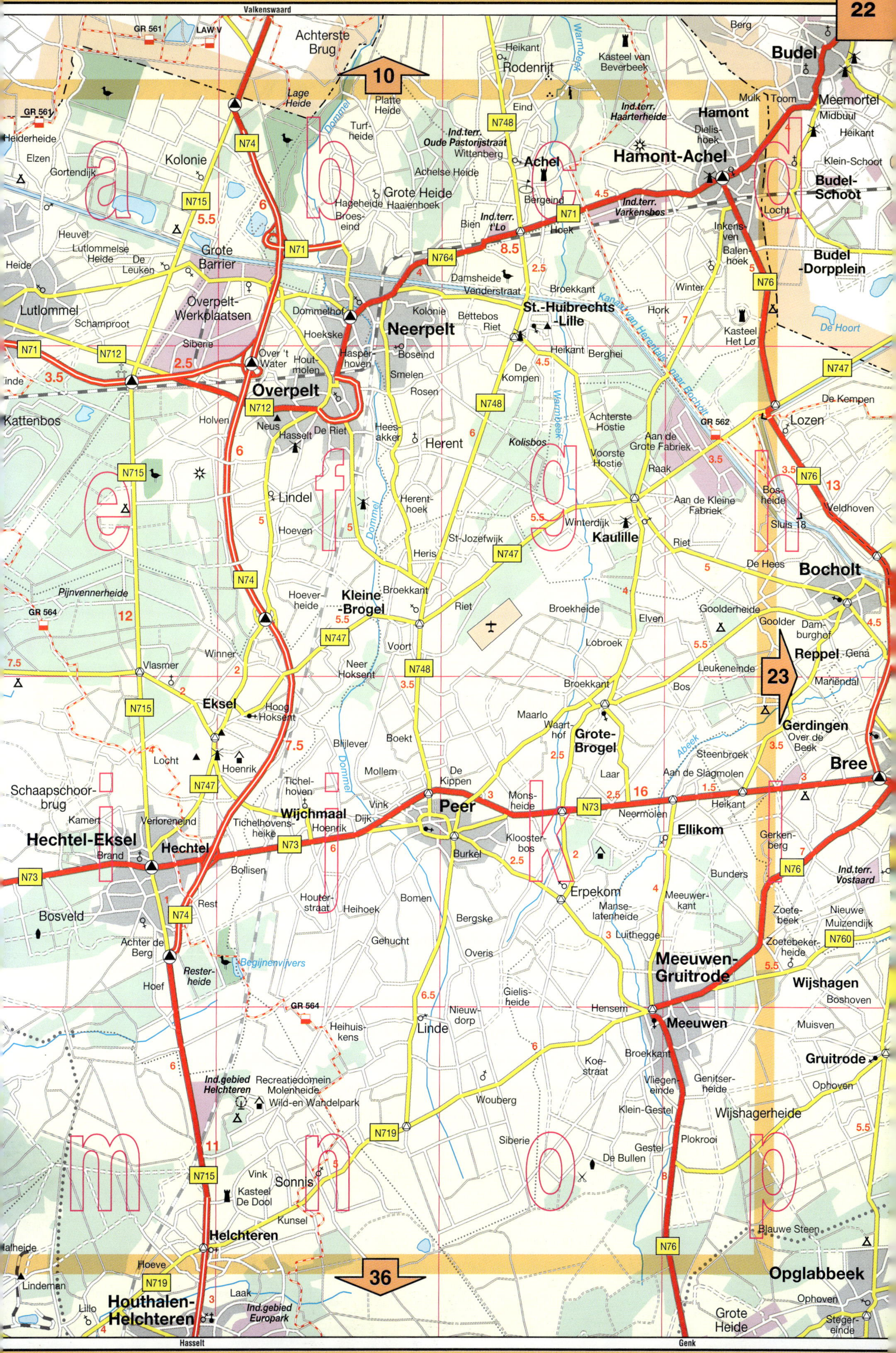
Valkenswaard
GR 561
LAW V
Achterste Brug
10
Lage Heide
Platte Heide
Heikant
Rodenrijt
Warmbeek
Kasteel van Beverbeek
Berg
Budel
Eind
Ind.terr. Haarterheide
Mulk
Toom
Meemortel
Midbuul
Heikant
GR 561
Heiderheide
Elzen
Gortendijk
Kolonie
N74
Dommel
Turf-heide
Ind.terr. Oude Pastorijstraat
Wittenberg
N748
Achel
Hamont
Dielis-hoek
Hamont-Achel
Klein-Schoot
Budel-Schoot
a
b
c
d
N715
5.5
6
Achelse Heide
Grote Heide
Hageheide
Haaienhoek
Broes-eind
Bergeind
4.5
Ind.terr. Varkensbos
Locht
Heuvel
Lutlommelse Heide
De Leuken
Grote Barrier
N71
Bien
Ind.terr. t'Lo
N71
Hoek
8.5
Inkens-ven
Balen-hoek
Budel-Dorpplein
Heide
N764
4
2.5
Damsheide
Venderstraat
Broekkant
Winter
N76
Lutlommel
Schamproot
Overpelt-Werkplaatsen
Dommelhof
Kolonie
Neerpelt
Bettebos
Riet
St.-Huibrechts-Lille
Hork
7
Kanaal van Herentals naar Bocholt
Kasteel Het Lo
De Hoort
N71
N712
Siberie
2.5
Over 't Water
Hout-molen
Hoekske
Hasper-hoven
Boseind
Heikant
Berghei
inde
3.5
Overpelt
Smelen
De Kompen
4.5
N747
Rosen
N748
De Kempen
Kattenbos
Holven
N712
Neus
Hasselt
De Riet
Hees-akker
Herent
6
Kolisbos
Achterste Hostie
Aan de Grote Fabriek
GR 562
Lozen
N715
6
Voorste Hostie
Raak
3.5
3.5
N76
e
f
g
h
13
Lindel
Herent-hoek
5.5
Winterdijk
Aan de Kleine Fabriek
Bos-heide
Veldhoven
5
Hoeven
5
Sluis 18
St-Jozefwijk
Kaulille
Heris
N747
Riet
N74
De Hees
Bocholt
5
Pijnvennerheide
Hoever-heide
Kleine-Brogel
Broekkant
4
Broekheide
Goolderheide
GR 564
12
5.5
Riet
Elven
Goolder
Dam-burghof
4.5
N747
Lobroek
5.5
Reppel
Gena
7.5
Winner
Vlasmer
Voort
N748
Neer Hoksent
Broekkant
Leukeneinde
23
Mariëndal
2
3.5
Bos
2
Eksel
Hoog Hoksent
Maarlo
Waart-hof
Grote-Brogel
Gerdingen
N715
Over de Beek
7.5
Blijlever
Boekt
Abeek
Steenbroek
3.5
Locht
Hoenrik
2.5
Bree
Schaapschoor-brug
Tichel-hoven
Mollem
De Kippen
Laar
Aan de Slagmolen
N747
3
Mons-heide
2.5
16
1.5
Heikant
Kamert
Verloreneind
Wijchmaal
Vink
Peer
N73
Neermolen
Ellikom
Gerken-berg
7
Hechtel-Eksel
Tichelhovens-heike
Hoenrik
Dijk
Hechtel
N73
Burkel
Kloos-ter-bos
Brand
2.5
2
Bunders
N76
Ind.terr. Vostaard
N73
Bolissen
i
j
k
l
Erpekom
4
Meeuwer-kant
Zoete-beek
Nieuwe Muizendijk
Bosveld
Rest
Houter-straat
Heihoek
Bomen
Manse-latenheide
N74
Bergske
3
Luithegge
Zoetebeker-heide
N760
Achter de Berg
Gehucht
Meeuwen-Gruitrode
Begijnenvijvers
Rester-heide
Overis
5.5
Wijshagen
Hoef
Boshoven
6.5
Gielis-heide
GR 564
Nieuw-dorp
Hensem
Meeuwen
Heihuis-kens
Linde
Muisven
6
Broekkant
6
Koe-straat
Gruitrode
Ind.gebied Helchteren
Recreatiedomein Molenheide
Vliegen-einde
Genitser-heide
Ophoven
Wild-en Wandelpark
Wouberg
Klein-Gestel
Wijshagerheide
N719
5.5
Siberie
Gestel
De Bullen
Plokrooi
11
5
m
n
o
p
N715
Vink
Sonnis
8
Kasteel De Dool
Kunsel
Blauwe Steen
Helchteren
N76
alheide
Hoeve
36
Opglabbeek
Lindeman
N719
Laak
Ophoven
Lillo
Houthalen-Helchteren
3
Ind.gebied Europark
Grote Heide
Steger-einde
4
Hasselt
Genk

Eindhoven
Eindhoven
Maastricht
Eindhoven
Budel
Schoordijk
Bosch
Toom
Meemortel
Midbuul
Heikant
Klein-Schoot
Budel-Schoot
Locht
Budel-Dorpplein
De Hoort
Ringselven
Laurabossen
Weerter Kempen
Zuid-Willemsvaart
LAW 7
Boshoven
Vrakken
Hushoven
Laar
Kampershoek
Weert
Biest
Leuken
Boshoverbeek
Altweert
Keent
Moesdijk
Moesel
Dijkerstraat
Altweerterheide
Tungelerwallen
Nederweert
Schoor
Kraan
Eind
Sarsven
De Banen
Houtsberg
Kanaal Wessem-Nederweert
Mildert
Kelpen
Swartbroek
Ell
Castert
Ellerhei
Tungelroy
Tungelroysche Beek
Stramproy
Hei
De Horst
Houtbroek
Bosven
Crixhoek
Stamprooierbroek
't Vosseven
Breiven
Brandven
Meerven
Groot-Beersel
Abeek
Vlasven
Vlasbrei
Winkelderven
Opwinkel
Molenbeersel
Haler
Uffelse
Hunsel
Smidstraat
Ittervoort
Neeritter
Heioord
Kasteel Borghitter
De Kempen
Lozen
Bos-heide
Sluis 18
Heidje
Veldhoven
Kreielerbos
Kreiel
Neerkreiel
Luisen
De Hees
Bocholt
Goolder
Dam-burghof
Gena
Boven-kreiel
St. Martensheide
Waterkant
Heikant
Broeksheuvel
GR 562
Reppel
Leukeneinde
Mariëndal
Beek
Veeweide
Neerstraat
Broekkant
Gerdingen
Over de Beek
Bree
Ind.terr. Kanaal-Noord
Ind.terr. Kanaal-Zuid
Hulsboshof
Rome
't Hasselt
Bos
Bomerstraat
Manestraat
Broekhoek
Kinrooi
Driesenstraat
Dietak
Ummelen-kamp
De Simpel
Hage-doren
Leuerbroek
Heiveld
Geistingen
Jachthaven De Spaanjerd
Batven, Recreatieoord
Ramer-veld
Birk
Ophoven
Leu
Geerensheide
Gremelslo
Itterbeek
Gerken-berg
Boneput
De Root
Panhoven
Roeren
Vostaard
Ind.terr. Vostaard
Tongerlo
Keiaarter-molen
Eetseveld
Zoete-beek
Zoetebeker-heide
Nieuwe Muizendijk
Slagmolen
Solt
Nijsenberg
Opitter
Voorshoven
Verloren Kamp
Geisterse Heide
Broek-berg
Moors-kamp
St-Jansberg
Leeuwerik
Jachthaven De Maasterp
Maashuizen
Maaseik
Jagersborg
Verloren Kost
Wijshagen
Boshoven
Neerhoven
Roes
De Berg
Neerhoven
De Tip
Heikant
Waterloos
Ophoven
Solter Heide
Museactron
Aldeneik
Muisven
Gruitrode
Neerglabbeek
Op den Berg
Vliethoek
Kramelt
Neeroeteren
Schootsheide
Kasteel Wurfeld
Oevereind
Ophoven
Kokkelert
Roosteren
Wijshagerheide
Rooster-berg
Berg
Bungalowpark Bergerven
Kasteel Siperneau
Oude Hei
Steenkamp
St-Geertruibrug
Heppeneert
Kasteel Ter Borch
Bosbeek
Het Leutje
Opoeteren
Gruitroderbos
Kwa-ven
Reselt
De Broeken
Elen
Ophoven
Vissersweert
Gebroek
Berk-einde
Blauwe Steen
Kasteel De Schans
De Houw
Rubens-goed
Illikhoven
Laar
Opglabbeek
Louwel
Vinkenkant
Biersbeemden
Ophoven
Steger-einde
Broekkant
Dorne
GR 562
Driepaalshoeve
Graskamp
Rotem
Kasteel Ommerstein
Root
Dilsen
Soerbos
Bosstraat
Dilsen-Stokkem
Julianakanaal
LAW 7
Papenhoven
Greven bricht
Born
Hasselt / Maasmechelen
22
37

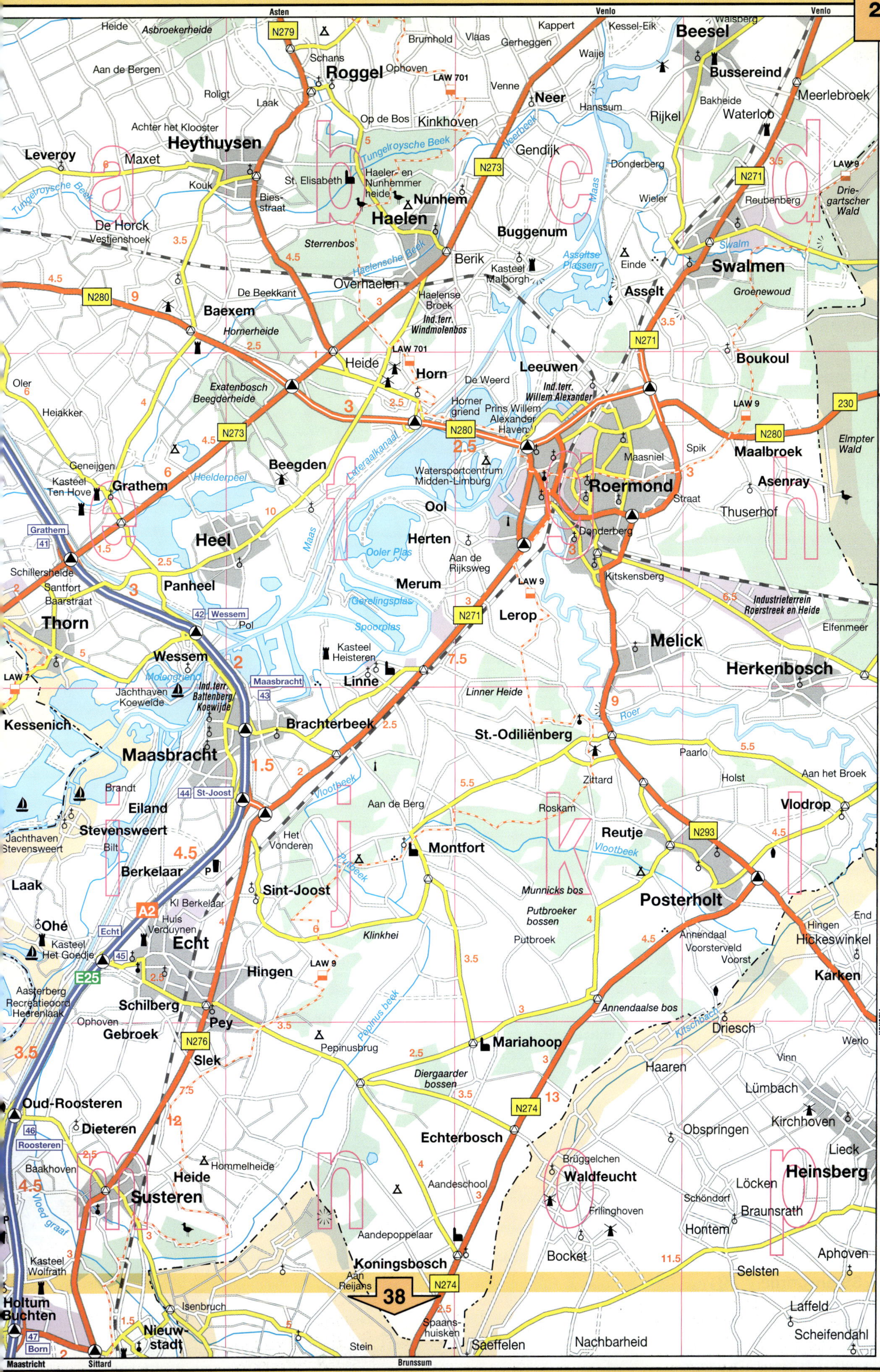
Asten
Venlo
Venlo
Heide
Asbroekerheide
N279
Brumhold
Vlaas
Kappert
Kessel-Eik
Beesel
Walsberg
Schans
Roggel
Ophoven
Gerheggen
Waije
Busserein
Aan de Bergen
LAW 701
Venne
Meerlebroek
Roligt
Laak
Neer
Bakheide
Op de Bos
Kinkhoven
Hanssum
Rijkel
Waterloo
Achter het Klooster
Heythuysen
Tungelroysche Beek
Gendijk
Leveroy
Maxet
N273
Donderberg
LAW 9
N271
Kouk
St. Elisabeth
Haeler- en Nunhemmer heide
Maas
Drie-gartscher Wald
Bies-straat
Nunhem
Reubenberg
Wieler
Tungelroysche Beek
De Horck
Haelen
Vestjenshoek
Buggenum
Swalm
Sterrenbos
Haelensche Beek
Berik
Kasteel Malborgh
Assaltse Plassen
Einde
Swalmen
Overhaelen
De Beekkant
Asselt
N280
Groenewoud
Baexem
Haelense Broek
Ind.terr. Windmolenbos
Hornerheide
N271
LAW 701
Boukoul
Heide
Horn
Leeuwen
Oler
Exatenbosch Beegderheide
De Weerd
Ind.terr. Willem Alexander
LAW 9
230
Heiakker
Horner griend
Prins Willem Alexander Haven
N280
Elmpter Wald
N273
N280
Maalbroek
Spik
Geneijgen
Beegden
Lateraalkanaal
Watersportcentrum Midden-Limburg
Maasniel
Asenray
Kasteel Ten Hove
Grathem
Heelderpeel
Roermond
Grathem
Ool
Straat
Thuserhof
Heel
Herten
Donderberg
Ooler Plas
Aan de Rijksweg
Schillersheide
Panheel
Merum
Kitskensberg
Santfort
Baarstraat
LAW 9
Industrieterrein Roerstreek en Heide
Wessem
Gerelingsplas
Thorn
N271
Lerop
Elfenmeer
Pol
Spoorplas
Melick
Wessem
Kasteel Heisteren
Herkenbosch
LAW 7
Molengriend
Ind.terr. Baltenberg/Koewijde
Maasbracht
Linne
Jachthaven Koeweide
Linner Heide
Kessenich
Brachterbeek
Roer
St.-Odiliënberg
Maasbracht
Paarlo
Brandt
St-Joost
Vlootbeek
Zittard
Holst
Aan het Broek
Eiland
Aan de Berg
Roskam
Vlodrop
Jachthaven Stevensweert
Stevensweert
Het Vonderen
Reutje
N293
Bilt
Montfort
Vlootbeek
Berkelaar
Laak
Sint-Joost
Munnicks bos
Putbroeker bossen
Posterholt
A2
Kl Berkelaar
End
Ohé
Huis Verduynen
Echt
Putbroek
Hingen
Klinkhei
Annendaal
Hickeswinkel
Kasteel Het Goedje
Echt
Voorsterveld
Voorst
E25
Hingen
LAW 9
Karken
Aasterberg Recreatieoord Heerenlaak
Schilberg
Annendaalse bos
Pey
Pepinus beek
Kitschbach
Driesch
Ophoven
Gebroek
Pepinusbrug
Mariahoop
Werlo
N276
Slek
Diergaarder bossen
Haaren
Vinn
Lümbach
Oud-Roosteren
N274
Dieteren
Roosteren
Echterbosch
Obspringen
Kirchhoven
Lieck
Brüggelchen
Baakhoven
Hommelheide
Waldfeucht
Heinsberg
Vloed graaf
Heide
Aandeschool
Löcken
Susteren
Schöndorf
Frilinghoven
Braunsrath
Hontem
Kasteel Wolfrath
Aandepoppelaar
Bocket
Aphoven
Koningsbosch
Aan Reijans
N274
Selsten
Holtum
Buchten
38
Isenbruch
Laffeld
Nieuw-stadt
Spaans-huisken
Scheifendahl
Born
Stein
Saeffelen
Nachbarheid
Maastricht
Sittard
Brunssum
Mönchengladbach
Aachen

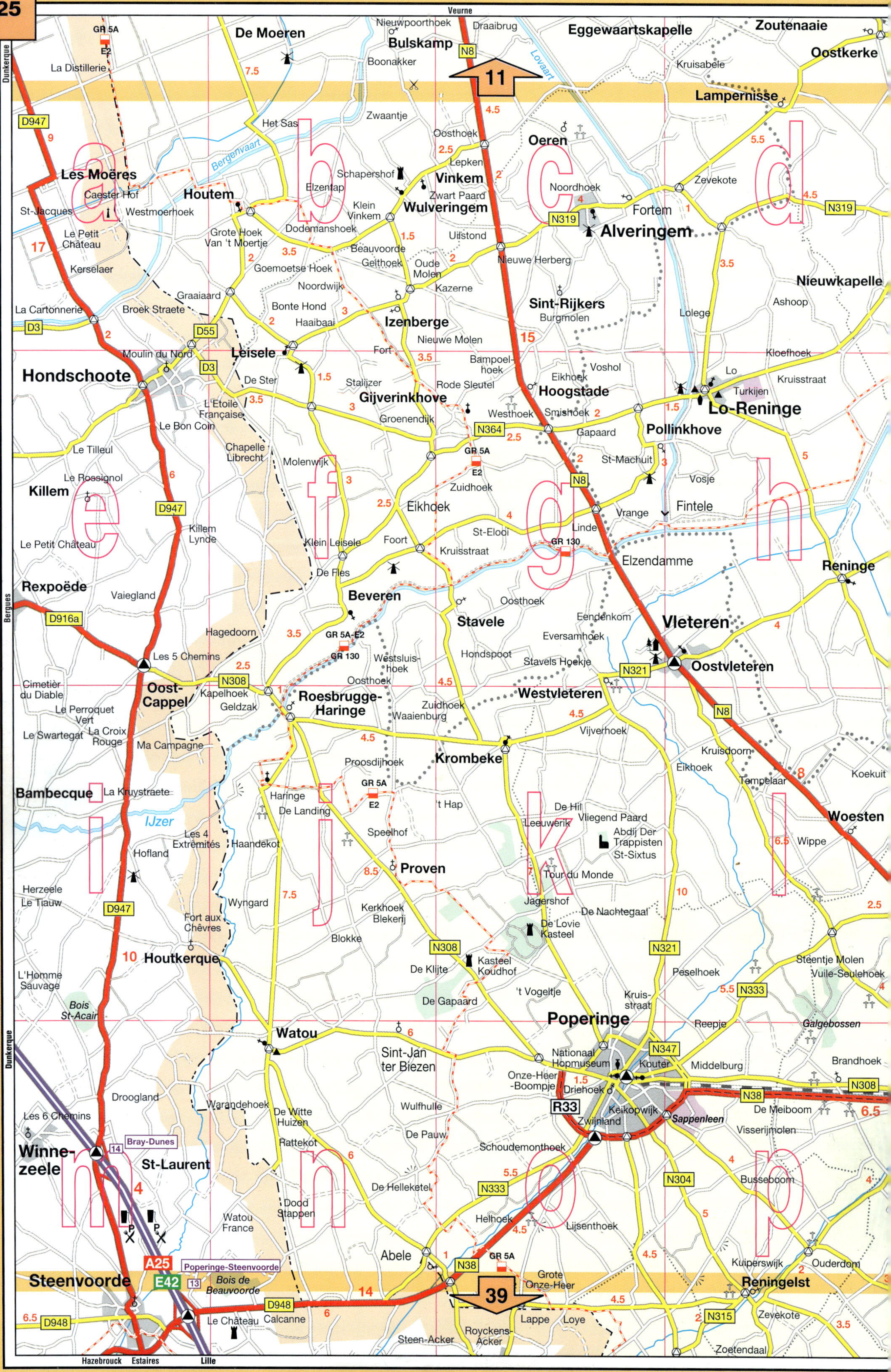
Veurne
Dunkerque
Bergues
Hazebrouck
Estaires
Lille
11
39
De Moeren
Nieuwpoorthoek
Bulkskamp
Draaibrug
Eggewaartskapelle
Zoutenaaie
Oostkerke
Kruisabele
Lampernisse
Boonakker
Lovaart
La Distillerie
GR 5A
E2
D947
Het Sas
Zwaantje
Oosthoek
Oeren
Bergenvaart
Les Moëres
Caester Hof
St-Jacques
Westmoerhoek
Houtem
Elzentap
Schapershof
Lepken
Vinkem
Zwart Paard
Wulveringem
Noordhoek
Fortem
Zevekote
Klein Vinkem
Dodemanshoek
Le Petit Château
Grote Hoek Van 't Moertje
Beauvoorde
Uilstond
N319
Alveringem
Kerselaer
Goemoetse Hoek
Geithoek
Oude Molen
Nieuwe Herberg
Nieuwkapelle
Noordwijk
Kazerne
Graaiaard
La Cartonnerie
Broek Straete
Bonte Hond
Sint-Rijkers
Burgmolen
Ashoop
Lolege
D3
Haaibaai
Izenberge
D55
Nieuwe Molen
Leisele
Moulin du Nord
Fort
Bampoel-hoek
Kloefhoek
Voshol
Lo
Kruisstraat
Hondschoote
De Ster
Stalijzer
Rode Sleutel
Eikhoek
Hoogstade
Turkijen
L'Etoile Française
Gijverinkhove
Lo-Reninge
Groenendijk
Westhoek
Smishoek
Le Bon Coin
N364
Gapaard
Pollinkhove
Le Tilleul
Chapelle Librecht
GR 5A
E2
St-Machuit
Molenwijk
Le Rossignol
Vosje
Killem
N8
Zuidhoek
Eikhoek
Vrange
Fintele
Killem Lynde
St-Elooi
Linde
Le Petit Château
Klein Leisele
Foort
Kruisstraat
GR 130
Elzendamme
De Fles
Reninge
Rexpoëde
Vaiegland
Beveren
Oosthoek
Eendenkom
D916a
Hagedoorn
Stavele
Vleteren
Eversamhoek
Les 5 Chemins
GR 5A-E2
GR 130
Westsluis-hoek
Hondspoot
Stavels Hoekje
Oostvleteren
N321
Cimetière du Diable
Oost-Cappel
N308
Kapelhoek
Geldzak
Oosthoek
Roesbrugge-Haringe
Westvleteren
Le Perroquet Vert
Zuidhoek
Waaienburg
N8
Le Swartegat
La Croix Rouge
Ma Campagne
Vijverhoek
Kruisdoorn
Krombeke
Eikhoek
Proosdijhoek
Tempelaar
Koekuit
Bambecque
La Kruystraete
Haringe
GR 5A
E2
't Hap
De Hil
De Landing
Vliegend Paard
Woesten
IJzer
Leeuwerik
Abdij Der Trappisten St-Sixtus
Les 4 Extrémités
Haandekot
Speelhof
Wippe
Hofland
Proven
Tour du Monde
Herzeele
Le Tiauw
Wyngard
Kerkhoek
Blekerij
Jagershof
De Nachtegaal
D947
Fort aux Chèvres
De Lovie Kasteel
Blokke
N308
N321
Steentje Molen
Vuile-Seulehoek
Houtkerque
Kasteel Koudhof
L'Homme Sauvage
De Klijte
Peselhoek
't Vogeltje
Kruis-straat
N333
Bois St-Acain
De Gapaard
Poperinge
Reepje
Galgebossen
Watou
N347
Brandhoek
Sint-Jan ter Biezen
Nationaal Hopmuseum
Kouter
Middelburg
Onze-Heer-Boompje
N308
Droogland
Driehoek
N38
R33
Warandehoek
De Witte Huizen
Wulfhulle
Keikopwijk
Sappenleen
De Meiboom
Les 6 Chemins
Zwijnland
Visserijmolen
De Pauw
Bray-Dunes
Winne-zeele
Rattekot
Schoudemonthoek
St-Laurent
N304
N333
Busseboom
De Helleketel
Dood Stappen
Watou France
Helhoek
Lijsenthoek
A25
Poperinge-Steenvoorde
Abele
GR 5A
Kuiperswijk
Ouderdom
E42
Bois de Beauvoorde
N38
Grote Onze-Heer
Reningelst
Steenvoorde
D948
Le Château
Calcanne
Lappe
Loye
N315
Zevekote
D948
Steen-Acker
Roycken-Acker
Zoetendaal

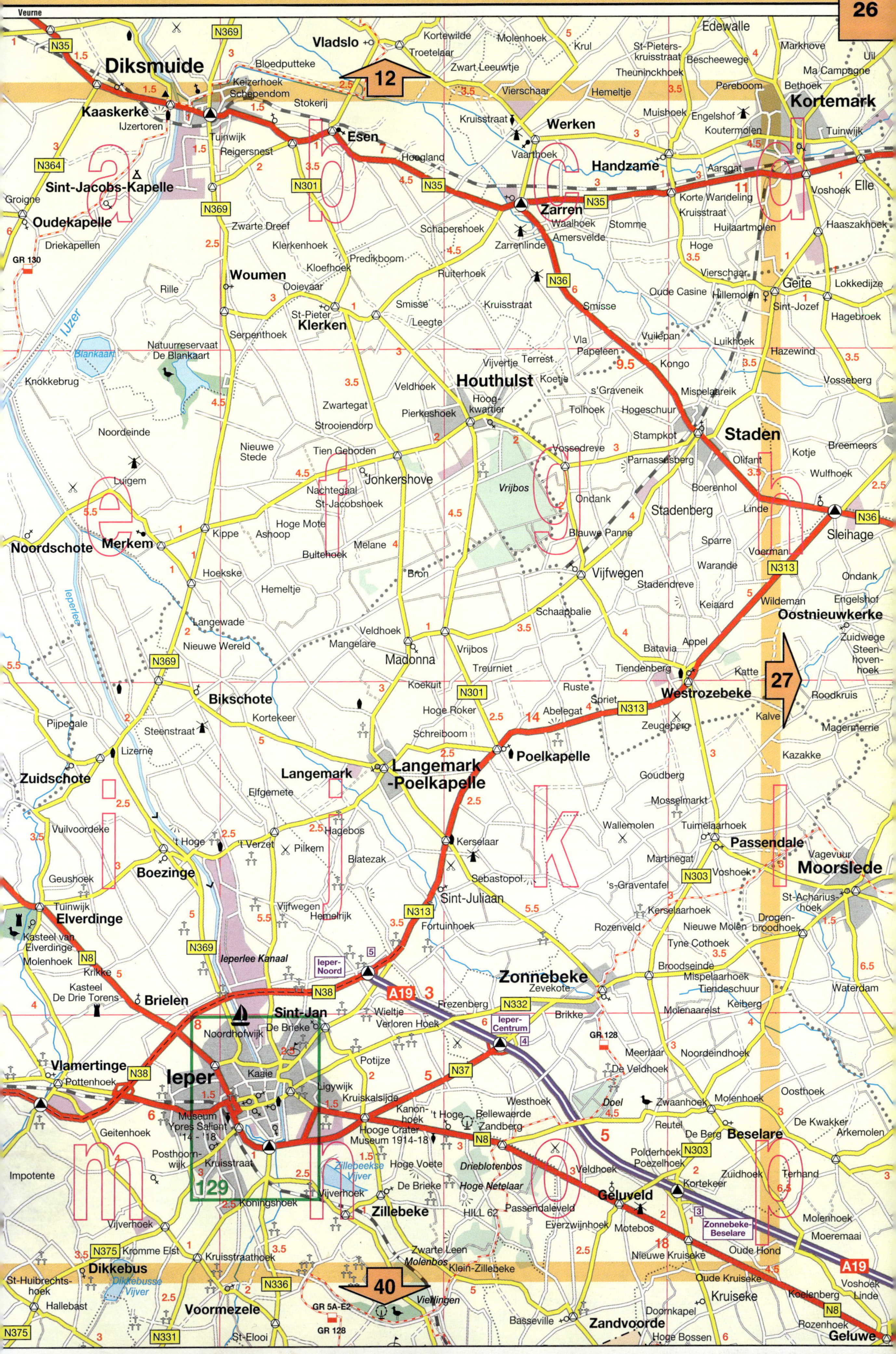
Veurne
N35
Diksmuide
Kaaskerke
IJzertoren
Keizerhoek
Schependom
Bloedputteke
Stokerij
Tuinwijk
Reigersnest
Esen
Vladslo
Kortewilde
Troetelaar
Molenhoek
Krul
Zwart Leeuwtje
12
Vierschaar
Hemeltje
St-Pieters-kruisstraat
Theuninckhoek
Bescheeweege
Edewalle
Markhove
Uil
Ma Campagne
Bethoek
Pereboom
Kortemark
Tuinwijk
Muishoek
Engelshof
Koutermolen
Kruisstraat
Werken
Vaarthoek
Handzame
Hoogland
N369
N364
Sint-Jacobs-Kapelle
Groigne
Oudekapelle
Driekapellen
GR 130
N301
N35
Zarren
Waalhoek
Stomme
Amersvelde
Zarrenlinde
Korte Wandeling
Kruisstraat
Aarsgat
Huilaartmolen
Voshoek
Elle
Haaszakhoek
Zwarte Dreef
Klerkenhoek
Woumen
Kloefhoek
Predikboom
Schapershoek
Ruiterhoek
N36
Hoge
Vierschaar
Hillemolen
Geite
Sint-Jozef
Lokkedijze
Hagebroek
IJzer
Rille
Ooievaar
St-Pieter
Klerken
Smisse
Leegte
Kruisstraat
Smisse
Oude Casine
Vuilepan
Luikhoek
Serpenthoek
Natuurreservaat De Blankaart
Blankaart
Vla
Papeleen
Terrest
Vijvertje
Kongo
Hazewind
Vosseberg
Knokkebrug
Zwartegat
Veldhoek
Houthulst
Koetje
s'Graveneik
Mispelaereik
Strooiendorp
Pierkeshoek
Hoog-kwartier
Tolhoek
Hogeschuur
Noordeinde
Stampkot
Staden
Nieuwe Stede
Tien Geboden
Vossedreve
Parnassusberg
Olifant
Kotje
Breemeers
Luigem
Jonkershove
Nachtegaal
St-Jacobshoek
Vrijbos
Ondank
Boerenhol
Wulfhoek
Stadenberg
Linde
N36
Sleihage
Noordschote
Merkem
Kippe
Ashoop
Hoge Mote
Melane
Buitehoek
Blauwe Panne
Sparre
Voerman
Hoekske
Bron
Vijfwegen
Warande
N313
Ondank
Hemeltje
Stadendreve
Wildeman
Engelshof
Oostnieuwkerke
Ieperlee
Langewade
Nieuwe Wereld
Veldhoek
Mangelare
Madonna
Vrijbos
Schaapbalie
Keiaard
Batavia
Appel
Zuidwege
Steen-hoven-hoek
N369
Treurniet
Tiendenberg
Katte
27
Bikschote
Koekuit
N301
Ruste
Westrozebeke
Roodkruis
Pijpegale
Kortekeer
Hoge Roker
Abelegat
Spriet
N313
Kalve
Magermerrie
Steenstraat
Lizerne
Zeugeberg
Schreiboom
Poelkapelle
Kazakke
Zuidschote
Langemark
Langemark-Poelkapelle
Goudberg
Elfgemete
Mosselmarkt
Vuilvoordeke
Hagebos
Wallemolen
Tuimelaarhoek
't Hoge
't Verzet
Pilkem
Kerselaar
Passendale
Boezinge
Blatezak
Martinegat
Vagevuur
Geushoek
Sebastopol
Voshoek
Moorslede
Sint-Juliaan
N303
's-Graventafel
Tuinwijk
Elverdinge
Vijfwegen
Hemelrijk
N313
Fortuinhoek
Kerselaarhoek
St-Acharius-hoek
Kasteel van Elverdinge
Molenhoek
Rozenveld
Nieuwe Molen
Drogen-broodhoek
Tyne Cothoek
N8
Krikke
N369
Ieperlee Kanaal
Ieper-Noord
Zonnebeke
Zevekote
Broodseinde
Mispelaarhoek
Tiendeschuur
Waterdam
Kasteel De Drie Torens
Brielen
N38
A19
Frezenberg
N332
Brikke
Keiberg
Molenaarelst
Sint-Jan
Noordhofwijk
De Brieke
Wieltje
Verloren Hoek
Ieper-Centrum
GR 128
Meerlaar
Noordeindhoek
Vlamertinge
Pottenhoek
N38
Ieper
Kaaie
Potijze
N37
De Veldhoek
Ligywijk
Kruiskalsijde
Doel
Zwaanhoek
Molenhoek
Oosthoek
Museum Ypres Salient '14 - '18
Geitenhoek
Kanon-hoek
't Hoge
Bellewaerde
Zandberg
Westhoek
Reutel
De Berg
Beselare
De Kwakker
Arkemolen
Hooge Crater Museum 1914-18
N8
Polderhoek
Poezelhoek
N303
Posthoorn-wijk
Kruisstraat
Zillebeekse Vijver
Hoge Voete
Drieblotenbos
Veldhoek
Zuidhoek
Terhand
Impotente
De Brieke
Hoge Netelaar
Kortekeer
Geluveld
129
Koningshoek
Vijverhoek
Zillebeke
HILL 62
Passendaleveld
Everzwijnhoek
Motebos
Zonnebeke-Beselare
Molenhoek
Moeremaai
Vijverhoek
N375
Kromme Elst
Kruisstraathoek
Zwarte Leen
Molenbos
Nieuwe Kruiseke
Oude Hond
A19
Dikkebus
Dikkebusse Vijver
Klein-Zillebeke
40
St-Huibrechts-hoek
Hallebast
N336
Verlingen
Oude Kruiseke
Kruiseke
Koelenberg
Voshoek
Linde
Voormezele
GR 5A-E2
GR 128
Doornkapel
N8
Rozenhoek
N375
N331
St-Elooi
Basseville
Zandvoorde
Hoge Bossen
Geluwe

Torhout
Brugge
Brugge
13
26
41
Markhove
Moereveld
Kodaard
Turfhouwe
E403
Riek
Winkelhoek
Hille
Sparre
Lentakkermolen
Pijpe
Ma Campagne
Uil
Vijfhuishoek
Schaakske
Scheeweg
Scheldeke
Zeswege
Boekhout
Rateling
Bethoek
Kortemark
Bakvoorde
Sneppe
N370
Leestje
Spanjaard
Vijfwege
Korte Wandeling
Zwevezele
Tuinwijk
Landsman
St.Henricus
Kwakkelhoek
Hoge
Aspergem
Zonne-bekehoek
Spletlinde
N35
Rijkenhoek
Elle
Langenhoek
Zwanegat
Kruiskalsijde
Lichtervelde
Pelikaan
Meiboom
Veld
Turkijen
Voshoek
Kollegiehoek
Drieweg
Noordhoek
N50
Klijthoek
Artois
Haaszakhoek
Grijsperre
Duifhoek
N35
Moskou
Egem
Bergmolen
Vuilpanne
Koornbloem
Nachtegaal
Slunske
Lichtervelde
Mosselmarkt
Kruiske
N32
Akkerhoek
Voerman
Hoge Padderij
Egemkapelle
Turkijen
Heihoek
Vuilpanne
Hurselhoek
Gavers
Geite
Lokkedijze
Drieweg
Puitnest
Lijster
Sint-Jozef
Pislap
Onledemolen
Bossnep
Kortekeer
Koolskamp
Pittem
Hagebroek
Gits
Haaihoek
Withuis
Elslanderhoek
Oostwijk
Kruiskalsijde
Land Van Beloffte
Bras
Straatmolen
Hazewind
Gidsberg
N37
Noord-hoek
Kapelhoek
Rijselseinde
N35c
Pavane
Hoog-Beveren
Posterij
Vosseberg
N313
Schaarke
Berg
Oosthoek
Ondank
Paradijs
Legestraat
Ardooie
Groene Boomgaard
N37
Vijfwege
GR 128
Hooglede
Bergmolen
Muizelaar
Kotje
Breemeers
Koningshoek
Wijnendale
Doelstok
R32
Gapaard
Beveren
Roeselare-Beveren
Krieke
Vliegend Paard
Wulfhoek
Kerrem eersen
Oliekouters
Sparappel
Rotse
Lindeke
Spinnekes
Vlasbloem
Pauw
N50
Meiboomhoek
Meiboom
N32
Manegem
Linde
Zuidhoek
Kruiske
Kasteel Ardooie
Sneppe
Kazantwijk
Sleihage
Beekkwartier
Muizenknok
N36
Sterre
Sebastopol
Gavers
N313
Vergelders-molen
Zilten
Tasse
Cijnsmolen
N37
IJselmeersen
N50
Hoge Abele
Meulebeke
Roeselare
Batavia
Aardappelhoek
GR 128
Ondank
Gemeenhoek
Spanje
Beselarehoek
Overdeve
Lappers
Kruipindaarde
Stedelijk Wielermuseum
Pilders
Liester
Wildeman
Engelshof
Haan
Ter Borcht
R32
Havenbuurt
Draaitap
St-Jan
Leestje
Zuidwege
Most
Koornzak
Roeselare-Haven
Tinnenpot
Oostnieuw-kerke
Steen-hoven-hoek
Rodenbach-kwartier
St-Jozef
Renne
Mandelwijk
Kazand
Vierweg
Hoogte
Jager
Kruishoek
Meiboom
Kachtem
Naaipander
Brieke
Ruiter
N37
Zuidmolen
Rumbeke
N399
dam
Kasteel van Rumbeke
Rotse
Zandberg
Ezelshoek
Roodkruis
Vijfwegen
Zwarte Hoek
Armoede
Mandeldal
Vijfwegen
Nachtegaal
Hulstvelde
Mariaslinde
N357
Abele
Kalve
Oekene
Emelgem
Westwijk
Rodenbachwijk
Zilverberg
N36
Magermerrie
Ingelmunster
Kaiphas
N382
Leembrugghoek
Kazakke
Bergmolens
Mentenhoek
Kasteel Blauwhuis
Warande
Beelshoek
Vierkavan
RoeselareRumbeke
Kasteel van Ingelmunster
N357
Kommerehof
Mol
Duivelshoek
Krekel
N36
Zevekote
Kapelle
N32
Kanaal van Roeselare
Hukker
'tVosken
Kasteel Bosmolens
Ten Bos
Schaapdam
Kruiske
Izegem
Wante
Toveresse-knok
Kasteelhoek
Masteneik
Transvaal
De Plas
Vinke
Negenhoek
Koekuit
Klare Gracht
't Kotje
Kruiske
Krick
Vagevuur
Slore
Winkelhoek
Otteka
Vossemolen
Moorslede
E403
Bosmolens
De God
Trienhoek
Hoge Doorn
Klein Harelbeke
Beitem
St-Achariushoek
Oude
Abtsul
Muizel
De Gefe
Roodbaard
Meikapel
Sterrekeshoek
N36
Barzehoek
Lendelede
Wikkel
N50
Duizendzinnen
Tuimelaar
Drogen-broodhoek
Bloemhoek
Snephoek
Hulste
Langemunte
Kloefkapperij
Roodbaard
St-Michiels
Groene Jager
Nachtegaal
Gersul
St-Arnoldus
Beiaardlinde
Lampernisse
Havikhoek
Geuzesmisse
Waterdam
Klein Harelbeke
Sint-Pieter
Sint-Eloois-Winkel
Stevenistenhoek
Distelbos
Zwijnskot
Rollegem-Kapelle
Smisseknok
Westhoek
Slijpshoek
De Gavers
Stokerij
Eetje
Slijpskapelle
Lindeke
Hoogwielke
Gemeenhof
St-Katarina
N36d
N36
Vlasbloem
Stenen Stampkot
Strooiboom
Stokerijhoek
Lutshoek
Molenhuis
Boomhoek
Neerhof
Kanterhoek
Heulebos
Steenbeek
Kapelhoek
Wulfsdam
Kuurne
Oosthoek
Rommelen
Katte
Zuidhoek
Drie Masten
Heule-Kuurne
Perdeke
Grijsperre
Dadipark
Ledegem
Draaitap
Hoge
Witte Brug
Hemelhoek
Barakken
Gullegem-Moorsele
Leiehoek
De Kwakker
Kwadries
R8
Arkemolen
Dadizele
Overheule
Rijs
Heule
Klephoek
Heule
N43
Dadizelehoek
Pijplap
Warande
Kuurne
Terhand
Bakkershoek
Bromdries
Kasteel Grimaldi
Hoogte
Gullegem
Vijfwegen
Kezelberg
Bergelen
Watermolen
Harelbeke
Ter Kommerenstraat
Poeselhoek
Leiaarde
Collegewijk
Moorsele
Zandberg
Molenhoek
Vijfwegen
Gullegem
Stasegem
MOORSELE
Moeremaai
Haantjeswijk
Panemolen
Zuidhoek
Schoon Water
Artoishoek
Aardappelhoek
Kortrijk-West
Herthoek
Industriepark Harelbeke Stasegem
R36
A19
Bissegem
Kortrijk
Pekke
Gullegem Moorsele
Voshoek
Wervik
Neerhoek
Kortrijk-Oost
Koelenberg
Linde
Wijnberg
Kasteel van Bissegem
N8
Wevelgem
Kloefhoek
Bissegem
Menen
Rozenhoek
Groenhof
131
CP
Industriezone zuid
Geluwe
Wevelgem
Hoogmosser
Kommerehoek
Kruishoek
Marke
Pottelberg
Kortrijk-Oost
Menen
Menen
Menen
Lille / Gent
Kortrijk-Zuid
Lille

Aalter
Oostende
A10
Kasteel Poelvoorde
Mote
Rozeke
Vierwege
Molenmotte
Geite
Lotenhulle
Bollestraat
Veldeke
Spriet
Knok
N37a
14
Konterhoek
Land Van Nevele
Braamdonk
Zwijntje
Poeke
N437
Bilkbos
Ruiselede
Zuidwijk
Kasteel van Poeke
N409
Karmhoek
Nevele
Meerlandshoek
Kruiske
Ratte
Koten
Keizer
Knok
Proosdij
Ham
Kouter
N37
Boswijk
Poesele
Vosselare
Hooithoek
Schuiferskapelle
GR 129
Seishoek
Hooit
Elshoek
Tieltenaar
Boerenhoek
Hullewijk
Biesgat
Duinewijk
Varezele
N437
Westhoek
Smidse
Meigem
N327
Liefde
Ondank
Kruiswege
Akspoele
Kanegem
Spoele
Zon
Tommehoek
Kruiswege
Vinkt
Kasteel Mere
Haan
Flesse
Oosthoek
Haan
Aarsele-Kapelle
Kerkebos
Smiske
Leeuwke
Aarsele
Wandeling
Zeveren
Tielt
Sneppe
Kauwe
Schave
Rekkelinge
N35
Hoge
Steenoven
Dries
Kaleshoek
Deinze
N466
GR 128
Hogenhove
Goed
N35
Leiehoek
N399
Huffezele
Jeruzalem
GR 128
Hooie
Hulhage
Meike
Wontergem
Leie
GR 128
Brielmeersen
N43
Astene
Sneppe
N459
Westhoek
Geuzenhoek
Panne
Grammene
Beekstraat
Jager
Terdonk
Leihoek
Dries
Miere
Katteknok
Krommendijk
Oosthoek
Afleidingskanaal van de Leie
Molenhoek
Petegem-aan-de-Leie
Ezel
Marialoop
N327
Kloefke
GR 129
Augustijn
Haandeput
Kloef
Zesbunder
Gottem
N35
Dentergem
St-Hubert
Verre Ginste
Molenhoek
Knok
Deinze
Aanwijs
Korenbloem
Prijkel
Hoge
Kerstenburg
N440
Haantjeshoek
Machelen
Papenlvijver
N305
Prins
Polderhoek
Hooie
Tapuit
Vierschaar
Sloverhoek
Konijntje
Markegem
N43
N494
Vijf Eiken
Overbeke
Ginste
Vossenhol
Bul
Baalhoek
Tuttegem
Lulhoek
Hoogleen
Pontheek
Amerika
Paling
Kasteel Ter Wallen
Kruiske
Vermerenhoek
Paanders
Sperrenwijk
Trog
Oosthoek
Kerkhoek
Oeselgem
GR 129
Tapuit
Vinkhoek
Kraai
Spriefje
Marolle
29
Galgenhoek
Veld
Wakken
Neerhoek
Olsene
A14
Kalberg
Veer
Huttegem
Bunder
Drogenbroodhoek
Groenhove
E17
Oostrozebeke
Water-hoek
Abele
Zulte
Boswegel
N459
Lozer
Loverhoek
N327
Spriefje
auwhoek
Kasteel Huize
N357
Kraaienhof
Hooie
Kruishoutem
Kelderke
Gavers
St.-Baafs-Vijve
Dries
Waalstraat
Hoogrekkem
Ponthoek
Drie Beken
Sterreke
N437
Wielsbeke
Knok
St.-Eloois-Vijve
Kapelhoek
Kruishoutem
Kasteel van Aarshove
Boffen
Boksen
Keimolen
Molsten
N382
Oude Plaats
Weidekesdries
Krulshoek
De Lieve Dochter
De Biest
Appelhoek
Zwaantjeshoek
Stamphoek
Warande
Keihoek
N357
St-Pieterskouk
Vaarthoek
Oost-Vaarthoek
Drogenboom
Baron
Kasteel van Ghellinck
Verlorenhoek
Leiehoek
Bilkhage
Eertbrugge
Ooigem
Kasteel van Ooigem
Waregem
Torenhof
Lindenhoek
Laaghoek
Karelshoek
Leiekant
N43
Kapellemolen
Jager
Dries
Warande
Beerken
Kordaal
Lede
Gaverke
Galgeveld
Wannegem-Lede
Leiekant
Desselgem
Waalshoek
Nellekenskeer
Tjoenshoek
Vaddenhoek
N382
Krekel
Leeuwke
Lage Hoek
Nokere
Reutel
Spriete
R35
Karmel
Kasteel van Nokere
N494
N459
Tramstatie
Spitaal
Bavikhove
Kapelhoek
Merthaagse-hoek
Peerdekouter
Trompethoek
Kervijnhoek
Biest
Markelindenhoek
Roeitjes
Dries
Oud-Moregembossen
Tuinwijk
Leemput
Waregem
Grootje
Beveren
Walem
Dombos
Ooike
Melkhoek
St-Anna
Stuivenberg
Potegem
Oostie
Evangelieboom
E17
Boeregem
Spitaalsbossen
Kleihoek
Hulsthoek
GR 129
Prins
Tjammels
Snephoek
Arendswijk
Knok
A14
Knok
De Keer
Zilverberg
Moregem
Tjammelshoek
Deerlijk
Kouborre
Diepgrond
Heerweg
Steenbrugge
Wortegem
Barakke
Mol
Deerlijk
Haantjeshoek
Vrouweneik
Kasteelwijk
Belgiek
Huttegem
Harelbeke
N382
N494
N36
Gavers, Recreatieoord
Engelhoek
Hemsrode
Bouvelo
Heide
Eekhout
Lisbonna
Knok
Nieuw Centrum
Kruisweg
Bergwijk
Middelwijk
Olekebos
Weedries
Bouvelobos
Knokbos
Vichte
Winterken
Kruisken
De Lustige Boer
Biesvijver
uipaardbrug
Steen-brugge
Kasteel van Vichte
Anzegem
Boskant
Wortegem-Petegem
Stasegem
Brandsmis
Brandmolen
N36
Blaarhoek
Dries
Hulstbos
Sterhoek
De Dompel
Petegem-aan-de-Schelde
Vossenhoek
Kortrijk-Oost
Esse
Zonnebos
Zaveleinde
Gijzelbrechtegem
Scheihoek
St. Lodewijk
42
Schernaai
Kapel Ter Bede
Blokken
Zaveleinde
Elsegem
Ingooigem
Laten
Beekstraat
osschaart
Kappaart
Stropuit
Koevoet
Hollendries
N382
Melden
Merkegem-hoek
N453
N8
Zwevegem
Krote
Bassegem
Kaster
Ronse
Ronse
Ronse

Zelzate
Zelzate
Zelzate
Sint-Amandsberg
Destelbergen
Wilde
Elzendries
Bassebeek
Westhoek
Halewijn
Varendries
Spriet
N437
Nevele
Baarlevelde
A10
E40
Wijkbos
Prinsenhof
Drongen
N466
Drongen
Malem
Watersportbaan
Ekkergem
15
Neermeersen
Sport- en recreat. centr. Blaarmeersen
Overmeers
Patijntje
Kortrijksepoort
Gent-Centrum
Ledeberg
Oude Kluis
Kouter
Kasteel Walbos
Keizerpoort
Braemkasteel
Rattendal
Gentbrugge
Koningsdonk
Gentbrugge
Heusden
Molenhoek
Ganzendries
Ketulse
Noordhout
Baarle
Keuze
GR 128
Afsnee
Drie Leien
Hassels
Veure
Krommenham
R4
Flanders Expo
Sterre
St-Pieters-Aalst
Strop
GENT-CENTRUM
Maalte
U.Z.G.
Kouter
Vosselare
Kasteel van St.-Martens-Leerne
N466
Sint-Martens-Latem
Daerupt
B402
P+R
Universitair Ziekenhuis
Zwijnaardse Dries
Flora
Heide
Leeuw
N9
Zwaanhoek
Meigem
N437
Engelhoek
Kasteel van Deurle
Brakel
Duddegem
Borluut
St.-Denijs-Westrem
Soenenspark
St-Denijs-Westrem EXPO - R4
Reivisschepark
Hutsepot
Gent-Zwijnaarde
Rooske
Schaarke
ZWIJNAARDE
Terhand
Keiberg
Ten Hove
R4
Melle
St.-Martens-Leerne
Golfterrein
Bachte-Maria-Leerne
Kasteel Mere
Warande
Driekoningen
Hemelrijk
Kasteel Ter Lake
Deurle
Hooglatem
Duiver
Vlieguit
Heetschure
N43
R4 Eekto
N60
Hekers
Zwijnaarde
Klosse
N469
Kluize
Kuiel
Hukkelgem
Lindenhoek
Elsdries
Kasteel van Ooidonk
Bos Van Ooidonkkasteel
Wijngaard
De Pinte
Zetelbergen
Scheldevelde
Zandvoorde
Kerkhoek
Roskam
Lammeke
Rekkelinge
Broekstraat
Merelbeke
Merelbeke
GR 128
N466
Leiehoek
Bommelhoek
Kruiske
Beer
Hondelee
Potaardeberg
Molenhoek
Boshoek
Keutelhoek
Meuler
Hulhage
Leie
Klapstraat
Moerkesheet
Molenwijk
Resselaarhof
Egyptessenplein
Gontrode
N43
Astene
Muizenhof
8.5
Zevergem
Zevergem
Hollebeekwijk
Dries
Deinze
Beekstraat
Hospicebossen
Biezen
Zwartegat
N444
Lemberge
N465
Dries
Splete
N60
Blijpoel
Schelderode
Gentbos
Linde
Aalmoezenijstraat
Augustijn
Landuit
Ketenhoek
Schoeierswijk
N35
Vossenhol
Maandaghoek
Steenberg
Berrens
Rood Beeldeke
Landskoute
Prijkel
Deinze
Nazareth
Anker
Ganzenbroek
Meierij
Koppens
Bottelare
Uilhoek
Everaart
Papelenvijver
N452
Eke
Melsen
Nerenbos
Moortsele
Betsbergse Bossen
Bollaart
Boswijk
Keiberg
Dries
E17
Lindekes
Ten Ede
Huisdonk
Zink
Rollebaan
A14
Warande
N437
Boterhoek
Bruinbos
Stokt
Boterhoek
Gootbos
Dragonder
Ten Hede
Teerlink
Makegembos
Molenhoek
Oosterzele
Amerika
Kasteel Borgwal
Valk
Harentbeekbos
Makenbos
Vermerenhoek
Heidemolen
Turkijenhoek
Sluns
Vurste
Wassene
Biest
Munte
Spiegel
Tapuit
Netenshoek
Semmerzake
Ruspoel
Spanje
Dries
Makegem
Roosbroekstraat
Dreef
Ettingen
28
N437
Nieuwland
Aalbroek
Vurste-Ten-Hede
Kleinhulle
Heet
Vogelzang
N35
Eekhout
Groothulle
Baaigem
Heedwijk
Scheldewindeke
Ettingebos
Bunder
Goed Leven
Hoog Huisgaver
N439
Gavere
Gaverehoek
Houw
Vrijhem
Balegem
Waterhoek
St-Janswijk
Hukkelgem
Bossem
Hoekske
Lozer
Neret
Bos
GR 122
Turkenhoek
Langemunte
Kasteel Huize
Walhoek
Halsberg
Kasteel Boudries
Keerke
Rotse
N415
N437
Hoogrekkem
Beertegem
Overbeke
Dikkelvenne
Helleve
Pontslag
Gootje
Ouwegem
Klikhoute
Vrekkem
Broek
N435
Asper
Houte
Hoog-Boeregem
Beerlegem
Boechoute
Weidekesdries
Appelhoek
Ezel
N60
Voorde
Zingem
Meilegem
Dikkele
Broek
Lange Lochting
Bierman
Huise
Ast
Boterhoek
Kasteel van Beerlegem
Sonseinde
Kasteel van Garlache
N435
N415
Gremberg
Kasteel van Ghellinck
Beke
Hermelgem
Opstal
Steenbeke
Laaghoek
Mullem
Akselwalle
Paulatem
Zwalmshoofd
Linde
N46
Lede
Vaddenhoek
Het Strop
Meerskant
Hundelgem
Wannegem-Lede
Vaddenhoek
Weihage
Heuvel
Nederzwalm
Sint-Maria-Latem
Steenstraat
Bussegem
Lippenhove
Rooigem
Neerwelden
Gaverbos
Velzeke-Ruddershove
Reutel
Herlegem
Heurne
St-Pieters-ten-Berge
Ruddershove
Blarenhoek
Trompethoek
Vijflindendries
Industriezone Reytmeersen
Dries-te-Latem
Bruul
N459
Marolle
N46
Dorent
Zwalm
Munkzwalm
Beiselhove
Bruggenhoek
Doorn
Grimbergen
Pinker
Knutsegem
Welden
Heufkensstraat
Ooike
Melkhoek
Diepenbeek
Rekegem
Roborst
Strijpen
Nederename
Industriepark De Bruwaan
Eine
Voor-Eine
Makkegemdries
Kleie
Hulsthoek
GR 129
Ketelhoek
143
Vogelzang
Sint-Denijs-Boekel
N415
Tumulus
Molenhoek
Moldergem
Wijlegem
Gehuchte
Oosse
Duisbeke
N454
GR 122
N60
Boskant
Machelgem
Slijpstraat
Tuinwijk
Ename
Kouteren
Moregem
Enamebos
Kaster
Vrijsbeke
Rijkekleie
Bevere
Oudenaarde
Blote
Broeke
Korsele
Rozebeke
Wolvenhoek
Kasteelwijk
Huttegem
Kerkgate
Broekstraat
Sint-Blasius-Boekel
Sint-Goriks-Oudenhove
Ten Bossche
Bareelhoek
Natendries
Bergwijk
Eekhout
Rokegem
Rekelberg
Wolvenberg
Jagerij
Kouwenberg
Heuvelgem
Boembeke
Dries
Middelwijk
Rekkem
Volkegemberg
Mater
N454
Egypte
Volkegem
St.-Maria-Horebeke
Armekleie
Vissegem
Biesvijver
Rooigem
Terheide
Edelare
Wortegem-Petegem
Bosseveld
Boterhoek
Boembeke
N441
Horebeke
Pottenberg
Achterberg
St.-Kornelis-Horebeke
Ambachtelijke zone Leupegem-Melden
N415
Dries
N8
Michelbeke
Kapittel
Sint-Maria-Oudenhove
Leupegem
Kapelleberg
Elst
Petegem-aan-de-Schelde
Meers
Schapendries
Varent
Boignebeg
43
Buikberg
Ledeberg
Boekendries
Dries Te Gehuchte
Eikenberg
Geitenhoek
Zegelsem
Dompels
Elverenberg
Hongeri
Ladeuze
Schamperij
Melden
Waarde
Borcht
Kabuize
Smisstraat
Maarke-Kerkem
Langeveld
N462
Koppenberg
Maalzakstraat
Gansbeek
Valkenberg
Kortrijk
Ronse
Geraardsbergen

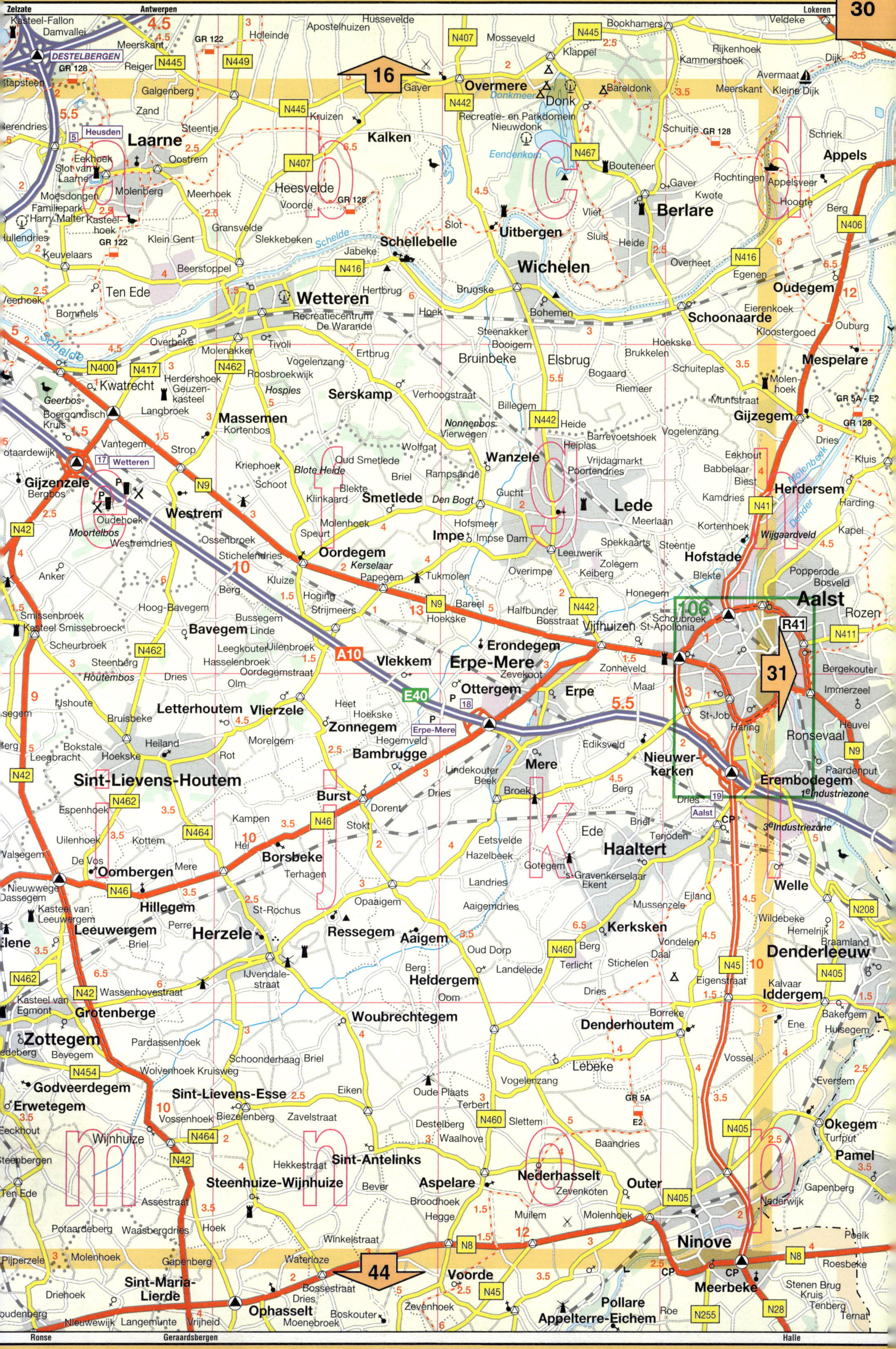
Zelzate
Antwerpen
Lokeren
Kasteel-Fallon
Damvallei
DESTELBERGEN
Meerskant
Reiger
Holeinde
Apostelhuizen
Hussevelde
Mosseveld
Bookhamers
Veldeke
Klappel
Rijkenhoek
Kammershoek
Dijk
16
Gaver
Overmere
Donkmeer
Donk
Bareldonk
Avermaat
Meerskant
Kleine Dijk
Galgenberg
Zand
Kruizen
Kalken
Recreatie- en Parkdomein
Nieuwdonk
Schuitje
Schriek
Heusden
Laarne
Steentje
Eendenkom
Bouteneer
Appels
Eekhoek
Slot van Laarne
Oostrem
Gaver
Rochtingen
Appelsveer
Moesdonken
Molenberg
Meerhoek
Heesvelde
Voorde
Kwote
Hoogte
Berg
Familiepark Harry Malter
Kasteelhoek
Berlare
Vliet
Slot
Uitbergen
Sluis
Heide
Klein Gent
Gransvelde
Slekkebeken
Schelde
Schellebelle
Jabeke
Keuvelaars
Beerstoppel
Wichelen
Overheet
Egenen
Oudegem
Ten Ede
Hertbrug
Wetteren
Brugske
Recreatiecentrum De Warande
Hoek
Bohemen
Eierenkoek
Bommels
Schoonaarde
Ouburg
Kloostergoed
Overbeke
Tivoli
Steenakker
Booigem
Hoekske
Molenakker
Ertbrug
Bruinbeke
Elsbrug
Brukkelen
Mespelare
Vogelenzang
Bogaard
Schuiteplas
Kwatrecht
Herdershoek
Geuzenkasteel
Roosbroekwijk
Hospies
Riemeer
Molenhoek
Geerbos
Boergondisch Kruis
Langbroek
Serskamp
Verhoogstraat
Billegem
Muntstraat
Massemen
Kortenbos
Heide
Gijzegem
Nonnenbos
Vierwegen
Barrevoetshoek
Vogelenzang
Dries
Vantegem
Strop
Wolfgat
Heiplas
Eekhout
Kluis
Wetteren
Kriephoek
Oud Smetlede
Wanzele
Vrijdagmarkt
Babbelaar
Gijzenzele
Bergbos
Schoot
Blote Heide
Briel
Rampsande
Poortendries
Biest
Herdersem
Molenbeek
Westrem
Blekte
Klinkaard
Smetlede
Den Bogt
Gucht
Lede
Kamdries
Harding
Dender
Oudehoek
Moortelbos
Molenhoek
Hofsmeer
Meerlaan
Kortenhoek
Wijgaardveld
Kapel
Westremdries
Ossenbroek
Speurt
Impe
Impse Dam
Spekkaarts
Steentje
Oordegem
Leeuwerik
Hofstade
Stichelendries
Kerselaar
Zolegem
Popperode
Anker
Papegem
Tukmolen
Overimpe
Keiberg
Blekte
Bosveld
Kluize
Berg
Hoging
Strijmeers
Bareel
Honegem
Aalst
Smissenbroek
Kasteel Smissebroeck
Hoog-Bavegem
Bussegem
Hoekske
Halfbunder
Bosstraat
Vijfhuizen
Schoubroek
St-Apollonia
Rozen
Bavegem
Linde
R41
Scheurbroek
Leegkouter
Uilenbroek
Erondegem
Steenberg
Houtembos
Hasselenbroek
Oordegemstraat
Vlekkem
Erpe-Mere
Zonneveld
Bergekouter
Dries
A10
Zevekoot
Ottergem
Erpe
Maal
31
Immerzeel
Olm
E40
Ijshoute
Letterhoutem
Vlierzele
Heet
Hoekske
St-Job
Haring
Heuvel
Bruisbeke
Zonnegem
Hegemveld
Ronsevaal
Bokstale
Heiland
Morelgem
Bambrugge
Ediksveld
Leegbracht
Hoekske
Rot
Lindekouter
Beek
Mere
Nieuwerkerken
Paardenput
Erembodegem
Sint-Lievens-Houtem
Burst
Dries
Broek
Berg
1e Industriezone
Espenhoek
Dorent
Aalst
Kampen
Stokt
Ede
Brief
Terjoden
3e Industriezone
Uilenhoek
Kottem
Hei
Eetsvelde
Hazelbeek
Haaltert
De Vos
Oombergen
Mere
Borsbeke
Terhagen
Gotegem
's-Gravenkerselaar
Ekent
Welle
Nieuwwege
Dassegem
Hillegem
Landries
Opaaigem
Eiland
Kasteel van Leeuwergem
Perre
St-Rochus
Aaigemdries
Mussenzele
Wildebeke
Hemelrijk
Leeuwergem
Herzele
Ressegem
Aaigem
Kerksken
Braamland
Briel
Oud Dorp
Berg
Terlicht
Vondelen
Denderleeuw
Ijvendalestraat
Berg
Heldergem
Landelede
Stichelen
Daal
Eigenstraat
Kalvaar
Kasteel van Egmont
Wassenhovestraat
Oom
Dries
Iddergem
Grotenberge
Woubrechtegem
Borreke
Bakergem
Denderhoutem
Ene
Huisegem
Zottegem
Pardassenhoek
Bevegem
Schoonderhaag
Briel
Lebeke
Vossel
Wolvenhoek
Kruisweg
Vogelenzang
Eversem
Godveerdegem
Sint-Lievens-Esse
Eiken
Oude Plaats
Terbert
Erwetegem
Vossenhoek
Biezelenberg
Zavelstraat
Destelberg
Slettem
Okegem
Eeckhout
Wijnhuize
Waalhove
Baandries
Turfput
Pamel
Steenbergen
Hekkestraat
Sint-Antelinks
Nederhasselt
Outer
Steenhuize-Wijnhuize
Bever
Aspelare
Zevenkoten
Gapenberg
Ten Ede
Assestraat
Broodhoek
Hegge
Nederwijk
Potaardeberg
Waasbergdries
Hoek
Muilem
Molenhoek
Poelk
Winkelstraat
Ninove
Pijperzele
Molenhoek
Gapenberg
Waterloze
44
Voorde
Meerbeke
Roesbeke
Sint-Maria-Lierde
Bossestraat
Steenen Brug
Kruis
Drieshoek
Dries
Pollare
Tenberg
Oudenberg
Ophasselt
Boskouter
Zevenhoek
Appelterre-Eichem
Roe
Ternat
Nieuwewijk
Langemunte
Vrijheid
Moenebroek
Ronse
Geraardsbergen
Halle

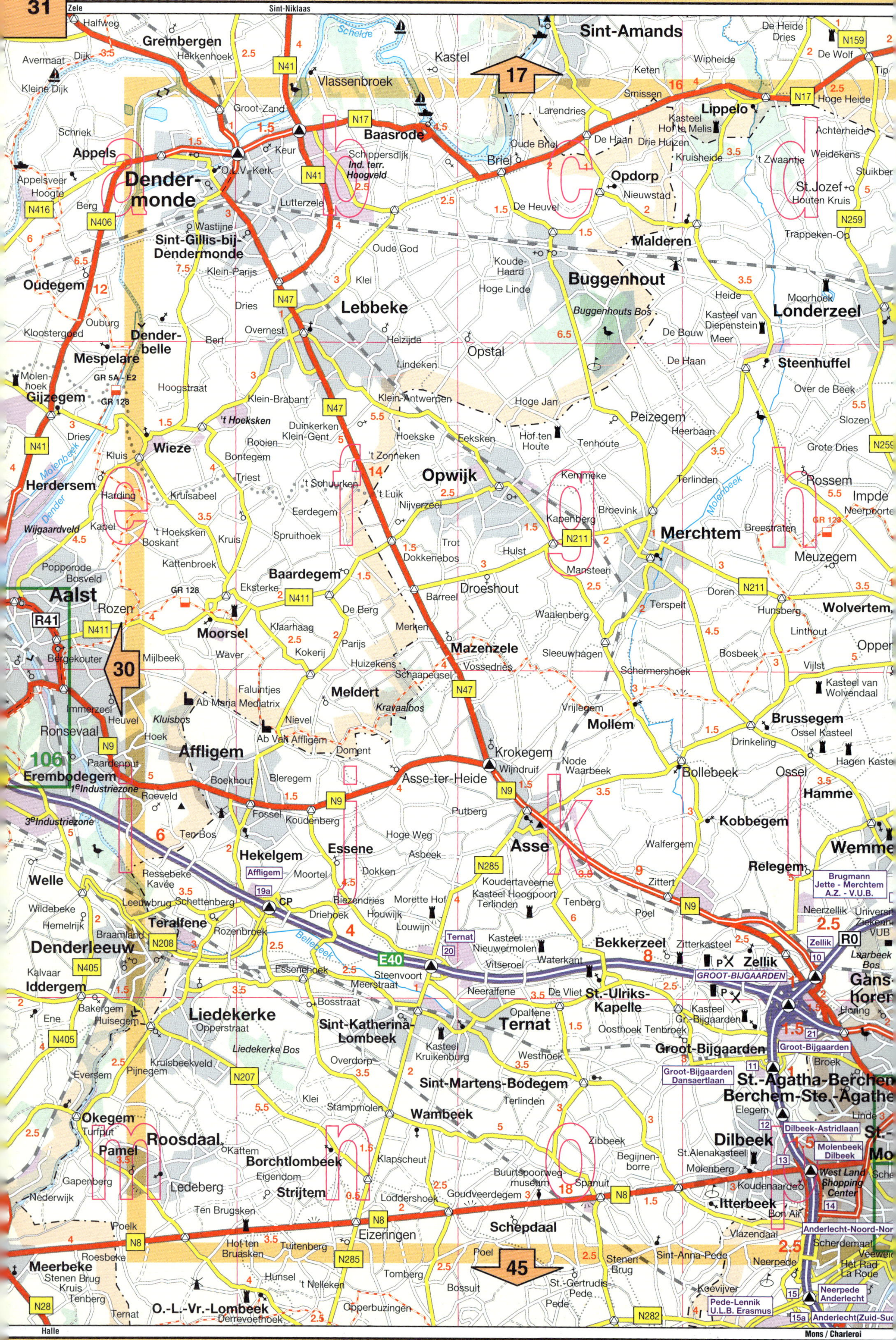
Zele
Sint-Niklaas
Halfweg
Grembergen
Hekkenhoek
Avermaat
Dijk
Kleine Dijk
Schelde
Kastel
Sint-Amands
De Heide
Dries
De Wolf
N159
Tip
Vlassenbroek
17
Keten
Wipheide
Smissen
Lippelo
N17
Hoge Heide
Groot-Zand
N41
N17
Baasrode
Larendries
Kasteel Hof te Melis
Achterheide
Schriek
Appels
Keur
Schippersdijk
Ind. terr. Hoogveld
Oude Briel
Briel
De Haan
Drie Huizen
Kruisheide
't Zwaantje
Weidekens
Stuikber
Appelsveer
Hoogte
O.L.V.-Kerk
Dender-monde
Opdorp
Nieuwstad
St.Jozef
Houten Kruis
N416
Berg
N406
Lutterzele
De Heuvel
N259
Trappeken-Op
Wastijne
Sint-Gillis-bij-Dendermonde
Oude God
Malderen
Klein-Parijs
Koude-Haard
Hoge Linde
Buggenhout
Oudegem
Klei
N47
Heide
Moorhoek
Dries
Lebbeke
Buggenhouts Bos
Kasteel van Diepenstein
Londerzeel
Ouburg
Kloostergoed
Dender-belle
Overnest
Bert
Heizijde
Opstal
De Bouw
Meer
Mespelare
GR 5A - E2
Lindeken
De Haan
Steenhuffel
Molen-hoek
Gijzegem
GR 128
Hoogstraat
Klein-Brabant
Klein-Antwerpen
Over de Beek
N47
Hoge Jan
Peizegem
Slozen
Dries
Wieze
't Hoeksken
Duinkerken
Klein-Gent
Hoekske
Eeksken
Hof ten Houte
Tenhoute
Heerbaan
N41
Rooien
Bontegem
't Zonneken
Grote Dries
N259
Kluis
Molenbeek
Herdersem
Harding
Triest
't Schuurken
Opwijk
Kemmeke
Rossem
Impde
Neerpoorte
't Luik
Terlinden
Dender
Kruisabeel
Eerdegem
Nijverzeel
Molenbeek
Wijgaardveld
Kapel
't Hoeksken
Boskant
Kruis
Spruithoek
Trot
Kapenberg
Broevink
Merchtem
Breestraten
GR 128
Dokkenebos
Hulst
N211
Meuzegem
Kattenbroek
Mansteen
Popperode
Bosveld
Aalst
Baardegem
Droeshout
N211
Doren
Wolvertem
GR 128
Eksterke
N411
Barreel
Terspelt
Hunsberg
R41
Rozen
De Berg
Waalenberg
Linthout
N411
Moorsel
Klaarhaag
Merken
Opper
Bergekouter
Waver
Kokerij
Parijs
Mazenzele
Sleeuwhagen
Bosbeek
30
Mijlbeek
Huizekens
Schaapeuzel
Vossedries
Schermershoek
Vijlst
Faluintjes
Meldert
N47
Kasteel van Wolvendaal
Immerzeel
Ab Maria Mediatrix
Kravaalbos
Vrijlegem
Ronsevaal
Heuvel
Kluisbos
Nieuwel
Mollem
Brussegem
Ossel Kasteel
Hoek
Ab Van Affligem
N9
Affligem
Doment
Krokegem
Drinkeling
106
Paardenput
Wijndruif
Node
Waarbeek
Bollebeek
Ossel
Hagen Kaste
Erembodegem
1e Industriezone
Boekhout
Bleregem
Asse-ter-Heide
Hamme
Roeveld
N9
N9
3e Industriezone
Fossel
Koudenberg
Putberg
Kobbegem
Ten Bos
Hekelgem
Essene
Hoge Weg
Asse
Walfergem
Wemme
Welle
Asbeek
Relegem
Brugmann
Jette - Merchtem
A.Z. - V.U.B.
Ressebeke
Kavee
Affligem
Moortel
Dokken
N285
Zittert
Wildebeke
Leeuwbrug
Schettenberg
19a
CP
Biezendries
Morette Hof
Koudertaveerne
Kasteel Hoogpoort
Terlinden
Tenberg
N9
Neerzellik
Universit
Ziekenh
VUB
Hemelrijk
Teralfene
Driehoek
Houwijk
Poel
Braamland
Rozenbroek
Louwijn
Denderleeuw
N208
Bellebeek
Ternat
20
Kasteel Nieuwermolen
Bekkerzeel
Zitterkasteel
Zellik
Zellik
10
R0
Laarbeek Bos
Kalvaar
N405
Essenehoek
Steenvoort
Vitseroel
Waterkant
GROOT-BIJGAARDEN
Gans-horen
Iddergem
E40
Meerstraat
Neeralfene
De Vliet
St.-Ulriks-Kapelle
Bakergem
Huisegem
Bosstraat
Opalfene
Ternat
Kasteel Gr.-Bijgaarden
Liedekerke
Opperstraat
Sint-Katherina-Lombeek
Oosthoek
Tenbroek
Ene
N405
Kasteel Kruikenburg
Groot-Bijgaarden
Groot-Bijgaarden
21
Liedekerke Bos
Overdorp
Westhoek
Broek
Eversem
Kruisbeekveld
Pijnegem
N207
Sint-Martens-Bodegem
Groot-Bijgaarden Dansaertlaan
St.-Agatha-Berchem
Berchem-Ste.-Agathe
11
Terlinden
Klei
Stampmolen
Wambeek
Elegem
Okegem
Turfput
Roosdaal
Dilbeek
12
Dilbeek-Astridlaan
Pamel
Kattem
Zibbeek
Linde
St.Alenakasteel
Molenbeek Dilbeek
Borchtlombeek
Klapscheut
Begijnen-borre
13
Eigendom
Buurtspoorweg-museum
Molenberg
West Land Shopping Center
Gapenberg
Ledeberg
Strijtem
Spanuit
N8
Koudenaarde
Nederwijk
Loddershoek
Goudveerdegem
Itterbeek
Bon Air
14
Ten Brugsken
N8
Schepdaal
Poelk
Eizeringen
Anderlecht-Noord-Nor
N8
Hof ten Bruasken
Vlazendaal
Scherdemaal
Meerbeke
Roesbeke
Tuitenberg
N285
Poel
45
Stenen Brug
Sint-Anna-Pede
Neerpede
Veeweid
Het Rad
La Roue
Stenen Brug
Kruis
Tenberg
Hunsel
't Nelleken
Tomberg
Bossuit
St.-Gertrudis-Pede
Pede
Koevijver
Neerpede Anderlecht
15
N28
Ternat
O.-L.-Vr.-Lombeek
Denrevoethoek
Opperbuzingen
Pede-Lennik
U.L.B. Erasmus
N282
15a
Anderlecht(Zuid-Sud
Halle
Mons / Charleroi

Antwerpen
Willebroek
Antwerpen Antwerpen
Lier
Willebroek
Breendonk
De Hand
Willebroek-Stad
Molenweg
Willebroek-Zuid
Westschoonhoek
Merkezeel
Veertienbunders
Hooiendonk
Kleine Heide
N183
Heffen
De Plas
18
Industriegebied Noord
Battel
Mechelen-Noord
Otterbeek
Elzestraat
R6
Heisbroek
Wolvenhoek
Wijnvelden
Het Heiken
Duivelshoek
Breendonk
Steenbossen
N16
Schorheide
Veurt
Stompershoek
Kouter
De Warande
138
Pennepoel
Pasbrug
Nekkerspoel
N15
Diedonken
't Sluisken
Berentrode
Tisselt
Molenplein
Leest
Zenne
Mechelen
Speelgoedmuseum
Nekkerhal
Dorstveld
Bonheiden
A12
Valk
Triest
Kouter
E19
R12
Vinneken
De Biest
Prov. Dom. Vrijbroek Park
P+R
Centrale werkplaats N.M.B.S
Prov. Sport en Recreatie Centrum 'De Nekker'
Muizenhoek
Hondshoek
A.Z. Imelda
Ramsdonk
Het Heiken
Hombeek
Industriegebied Zuid
Schonenberg
N26
Coloma
Boottocht naar Mechelen
Muizen
Vijversteen
Kapelle-op-den-Bos
Oksdonk
Boskant
Plein
Middenveld
Eglegemvijver
Dijle
De Berg
Hongrijen
Donkere Ham
Pikkerie
Dries
Domein Planckendael
Zuureusel
GR 128
Kasteel van Relegem
Mechelen-Zuid
Hofstade
N227
Tumulus
Ambroos Kasteel
Hever
Walkergat
Mierennest
Westrode
Laar
Zemst
Leefdaal-bos
Ipsvoorde
GR 128
N1
N267
Goorveld
Gravenbos
Kanaal van Willebroek
Kleine Linde
Zemst
Rijksdomein-Hofstade-Strand
Eiken
De Berg
Klein-Nerom
Nieuwenrode
Nerom
Spilt
Kasteel
Bos Van Linterpoorten
N267
Schiplaken
Schiplakenbos
Kasteel van Schiplaken
Blauwen
Heiken
Lievekesbossen
Boortmeerbeek
Gravenkasteel
't Sas
Geuzenhoek
Hoognerom
De Heuvel
Kattemeuterbos
Kasteel Wolfslinde
De Dries
Weerde
A1
Wippendries
Steentjesbos
N26
Eversem
Koppendries
Humbeek
Kasteel Eetveld
Eppegem
Dijle kanaal
Birrebeek
Kruis
Ten Berg
Rijkenhoek
Kasteel Impel
Kerselarendries
Kattenhof
De Mot
N270
Kasteel t' Steen
Elewijt
N267
Bergheide
Heide
Lintkasteel
N1
E19
Geelroede
St.Brixius-Rode
Beigem
Snijsselsbos
Kampelaar
Rood Klooster
Meise
Limbos
Lint
Verbrande Brug
Houten
Zevenbunders
Bulsom
N21
Hasselt
De Kerselaar
R22
Kampenhout
N277
Waartbeek
Houtembos
Laathof
N227
Hellebos
33
Ruisbeek
De Voort
Karenberg
N211
Rijkenhoek
Far West
Esterhert
Meise
Vijfwegen
A12
Grimbergen
Drie Kastanjelaars
Vilvoorde
Peutie
Kasteel van Peutie
N278
Huinhoven
Perk
Lelle
Landgoed Terbronnen
Nationale Plantentuin
Kasteel van Bouchout
Museum voor Oudere Technieken
N211
Kasteel de Ribaucourt
Berg
Torfbroek
Nieuwe Kassei
N276
N202
Kassei
Floordambos
Melsbroek
Dikt
Walenhoek
Bos
Kasteel van Bever
Grimbergen
Groot Molenveld Domein
Lemmeke
Laar
Drij Pikkel
Spaanse Linde
Drie Fonteinen
Kasteel Dereinde
Wambeek
Bist
Nederokkerzeel
R22
Machelen
N211
Kasteel Baron Snoy
N21
Voor
R0
Bever
STROMBEEK-BEVER
Steenokkerzeel
Hof Ter Bruggen
EXPO
Strombeek-Bever
Kanaalzone Ind. Militair Ziekenhuis
Buda
Vilvoorde Luchthavenlaan
Humelgem
Overbos
Milit. Hosp.
Koningslo
Linde
MACHELEN
Brucargo
Nationale Luchthaven
Molenveld
Kwerps
Wemmel
Heysel
Heizel
Vilvoorde-Machelen
Zaventem Luchthaven
Zaventem
Aéroport National
Erps-Kwerps
Bruparck
Strombeek-Bever Centrum
Neder-Over-Heembeek
Schetsveld
Witte Wijk
Atomium
Haren
ZAVENTEM
Luchthaven
H.S.T.
Zaventem
N227
Kortenberg
N2
Dielegem
N1
Diegem
De Drie Linden
Keiberg
Kasteel De Merode
Domaine Royal Koninklijk Domein
N21
Diegem Industrie
Zaventem Centrum
Nossegem
Kloosterveld
Kruisstraat
Vrouwlei
Mette
Evere O.T.A.N.
Evere N.A.V.O.
A201
De Vier Huiskens
Everberg
Zipt
Jette
Laken
Laeken
R21
Evere
Sint-Stevens-Woluwe
N.A.V.O. O.T.A.N.
Rijmelgem
Vogelzang
Kouter
N2
Sterrebeek
Voskapel
Armendaal
Dorpels
Boeiendaal
Helmet
N22
Kraainem
A3
E40
Koekelberg
Schaarbeek
Schaerbeek
BRUSSEL
Hortensia
Hoskey
ST. STEVENS-WOLUWE
Lindenberg
Boesberg
Kasteel van Sterrebeek
Sterrebeek
Hogenbos
Rosberg
115
Château Karreveld
St-Joost-Ten-Node
St-Josse-Ten-Noode
119
Acacia
Borreveld
Kraainem
Univ. Ziekenhuis
St.-Luc (UCL)
Warandeberg
Armendy
Huiskes
Kei
Moorsel-veld
Moorsel
Hoogbos
Vrebos
R20
R0
R22
Kasteel De Buroure
Kooige
Hammeveld
Sint-Jans-Molenbeek
Molenbeek-St.Jean
Theat. Toone
Strip Mus.
de la BD
Groene Veld
Kapelleveld
Rodebeek
Veldeke
Kasteel De Grunne
N227
Wezembeek-Oppem
Moorselbos
Galgenveld
N3
116
117
118
120
Brouwerijmuseum
Sciene. Nat.
Nat. Wetensch. Mus.
St.-Lambrechts-Woluwe
St.-Lambert
Stokkel
Wezembeek-Oppem
Baneik
Vosberg
Oppem
Rotselaar
Groeneweg
Anderlecht
Kuregem
BRUXELLES
Autoworld
Mus. van Jubelpark
du Cinquantenaire
St.-Pieters-Woluwe
Woluwe-St.-Pierre
Paddepoel
Vossem
Etterbeek
Bemel
Mus. voor het Stedelijk Vervoer
te Brussel
Galgenberg
Hoogvorst
Vossemvijver
Varenberg
Klein Eiland
La Petite Ile
St-Gillis
St-Gilles
Elsene
Ixelles
Vogelzang
Chant d'Oiseau
46
Putdaal
Aux Quatre Bras
Kon.Museum voor Midden-Afrika
Ten Hertswegen
De Root
VUB
ULB
Auderghem
Oudergem
Chau.Val Duchesse
Aux Trois Couleurs
Driekleuren
Tervuren
De Vier Armen
N3
Arboretum
Kisteveld
Tervuren
Vorst
National Forest
Abdij ter Kameren
Abbaye de la Cambre
Veeweide
Waterloo
Namur / Luxembourg
Waterloo
Nivelles / Namur / Luxembourg

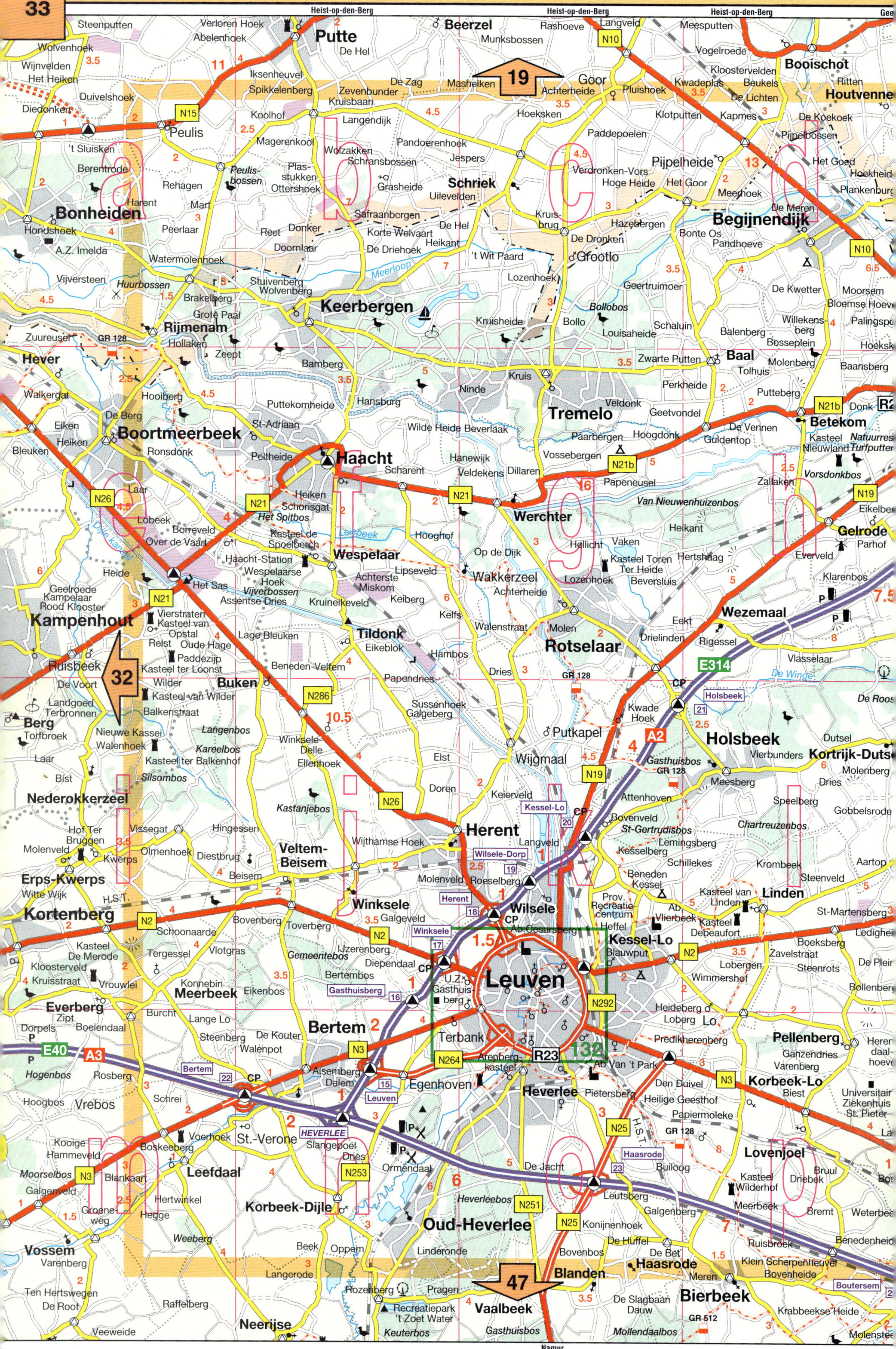

Heist-op-den-Berg
Heist-op-den-Berg
Heist-op-den-Berg
19
32
47
Namur
Steenputten
Verloren Hoek
Abelenhoek
Putte
De Hel
Beerzel
Munksbossen
Rashoeve
Langveld
Meesputten
Wolvenhoek
Wijnvelden
Het Heiken
Iksenheuvel
Spikkelenberg
Zevenbunder
Kruisbaan
De Zag
Masheiken
Goor
Achterheide
Pluishoek
Vogelroede
Kloostervelden
Kwadeplas
Beukels
De Lichten
Booischot
Ritten
Houtvenne
Duivelshoek
Diedonken
Peulis
Koolhof
Langendijk
Hoeksken
Klotputten
Kapmes
De Koekoek
Pijpelbossen
Magerenkool
Paddepoelen
Pandoerenhoek
Jespers
Wolzakken
Schransbossen
Verdronken-Vors
Hoge Heide
Pijpelheide
Het Goor
Het Goed
Hoekheide
Plankenburg
't Sluisken
Berentrode
Rehagen
Peulis-bossen
Plas-stukken
Ottershoek
Grasheide
Schriek
Uilevelden
Meerhoek
De Meren
Begijnendijk
Harent
Bonheiden
Hondshoek
A.Z. Imelda
Mart
Peerlaar
Safraanbergen
Korte Welvaart
De Driehoek
Heikant
De Hel
Kruisbrug
Hazelbergen
De Dronken
Grootlo
Bonte Os
Pandhoeve
Reet
Donker
Doornlaar
Watermolenhoek
Meerloop
't Wit Paard
Lozenhoek
Geertruimoer
De Kwetter
Moorsem
Bloemse Hoeve
Vijversteen
Huurbossen
Brakelberg
Stuivenberg
Wolvenberg
Keerbergen
Bollobos
Bollo
Louisaheide
Schaluin
Balenberg
Willekensberg
Bosseplein
Palingspot
Hoeksken
Grote Paal
Rijmenam
Hollaken
Zeept
Kruisheide
Zuureusel
GR 128
Hever
Bamberg
Zwarte Putten
Baal
Tolhuis
Molenberg
Baansberg
Walkergat
Hooiberg
Hansburg
Ninde
Kruis
Perkheide
Putteberg
De Berg
Puttekomheide
Veldonk
Tremelo
Geetvondel
Dalk
Betekom
Eiken
Heiken
Boortmeerbeek
St-Adriaan
Wilde Heide Beverlaak
Paarbergen
Hoogdonk
De Vennen
Guldentop
Kasteel Nieuwland
Natuurreservaat Turfputten
Bleuken
Ronsdonk
Peltheide
Haacht
Scharent
Hanewijk
Veldekens
Dillaren
Vossebergen
Papeneusel
Zallaken
Vorsdonkbos
Laar
Heiken
Schorisgat
Het Spitbos
Werchter
Van Nieuwenhuizenbos
Eikelberg
Lobeek
Borreveld
Over de Vaart
Kasteel de Spoelberch
Leibeek
Hooghof
Op de Dijk
Hellicht
Vaken
Heikant
Gelrode
Parhof
Dijle
Haacht-Station
Wespelaar
Wespelaarse Hoek
Vijverbossen
Assentse Dries
Lipseveld
Achterste Miskom
Keiberg
Wakkerzeel
Achterheide
Kasteel Toren Ter Heide
Lozenhoek
Beversluis
Hertshaag
Everveld
Klarenbos
Heide
Het Sas
Geelroede
Kampelaar
Rood Klooster
Kampenhout
Vierstraten
Kasteel van Opstal
Kruineikeveld
Kelfs
Walenstraat
Molen
Eekt
Drielinden
Wezemaal
Rigessel
Relst
Oude Hage
Lage Bleuken
Tildonk
Eikeblok
Rotselaar
Vlasselaar
Paddezijp
Kasteel ter Loonst
Beneden-Veltem
Hambos
Dries
Ruisbeek
De Voort
Wilder
Kasteel van Wilder
Buken
Papendries
GR 128
E314
De Winge
Landgoed Terbronnen
Balkenstraat
Sussenhoek
Galgeberg
Holsbeek
Kwade Hoek
De Roost
Berg
Torfbroek
Nieuwe Kassei
Walenhoek
Langenbos
Winksele-Delle
Putkapel
Holsbeek
Dutsel
Laar
Kareelbos
Kasteel ter Balkenhof
Ellenhoek
Elst
Wijgmaal
A2
Vierbunders
Kortrijk-Dutsel
Bist
Silsombos
Gasthuisbos
Molenberg
Dries
Nederokkerzeel
Kastanjebos
Doren
Keiberveld
Kessel-Lo
Meesberg
Speelberg
Attenhoven
Gobbelsrode
Hof Ter Bruggen
Vissegat
Hingessen
Wijthamse Hoek
Herent
Bovenveld
St-Gertrudisbos
Chartreuzenbos
Molenveld
Kwerps
Olmenhoek
Diestbrug
Veltem-Beisem
Wilsele-Dorp
Langveld
Kesselberg
Lemingsberg
Krombeek
Aartop
Beisem
Schillekes
Steenveld
Erps-Kwerps
Witte Wijk
Molenveld
Roeselberg
Beneden Kessel
Kasteel van Linden
Linden
H.S.T.
Kortenberg
Winksele
Herent
Wilsele
Prov. Recreatiecentrum
Ab. Vlierbeek
Heffel
Kasteel Debeaufort
St-Martensberg
Ledigheid
Schoonaarde
Bovenberg
Toverberg
Galgeveld
Ab. Cesarsberg
Kessel-Lo
Boeksberg
Zavelstraat
Steenrots
De Pleine
Kasteel De Merode
Tergessel
Vlotgras
Gemeentebos
IJzerenberg
Diependaal
Winksele
Blauwput
Lobergen
Wimmershof
Kloosterveld
Vrouwlei
Kruisstraat
Konnebin
Meerbeek
Eikenbos
Bertembos
Gasthuisberg
U.Z. Gasthuisberg
Leuven
Bollenberg
Everberg
Zipt
Burcht
Lange Lo
Heideberg
Loberg
Lo
Dorpels
Boelendaal
Steenberg
De Kouter
Walenpot
Bertem
Terbank
Predikherenberg
Pellenberg
Ganzendries
Varenberg
Herendaal-hoeve
E40
A3
Hogenbos
Bertem
Rosberg
Alsemberg
Dalem
Arenberg-kasteel
R23
132
Ab Van 't Park
Korbeek-Lo
Biest
Egenhoven
Den Duivel
Heverlee
Pietersberg
Universitair Ziekenhuis St. Pieter
Hoogbos
Vrebos
Schrei
Leuven
Heilige Geesthof
Papiermoleke
HEVERLEE
Voerhoek
St.-Verone
GR 128
Kooige
Hammeveld
Boskeeberg
Slangepoel
Haasrode
Lovenjoel
Dries
Buiiloog
Moorselbos
Blankaart
Leefdaal
Ormendaal
De Jacht
Bruul
Galgenveld
Driebek
Kasteel Wilderhof
Leutsberg
Hertwinkel
Heverleebos
Meerbeek
Bremt
Weterbeek
Groeneweg
Hegge
Korbeek-Dijle
Oud-Heverlee
Galgenberg
Konijnenhoek
Vossem
Weeberg
Benedenheide
Varenberg
Beek
Oppem
Linderonde
Bovenbos
De Huffel
Ruisbroek
De Bet
Klein Scherpenheuvel
Haasrode
Langerode
Blanden
Meren
Bovenheide
Boutersem
Ten Hertswegen
De Root
Rozenberg
Pragen
Recreatiepark 't Zoet Water
Vaalbeek
De Slagbaan
Dauw
Bierbeek
GR 512
Krabbeekse Heide
Raffelberg
Veeweide
Neerijse
Keuterbos
Gasthuisbos
Mollendaalbos
Molenstede
N15
N10
N10
N21b
N21b
N26
N21
N21
N19
N21
N286
N26
N19
N2
N2
N2
N3
N292
N264
N3
N25
N3
N253
N251
N25

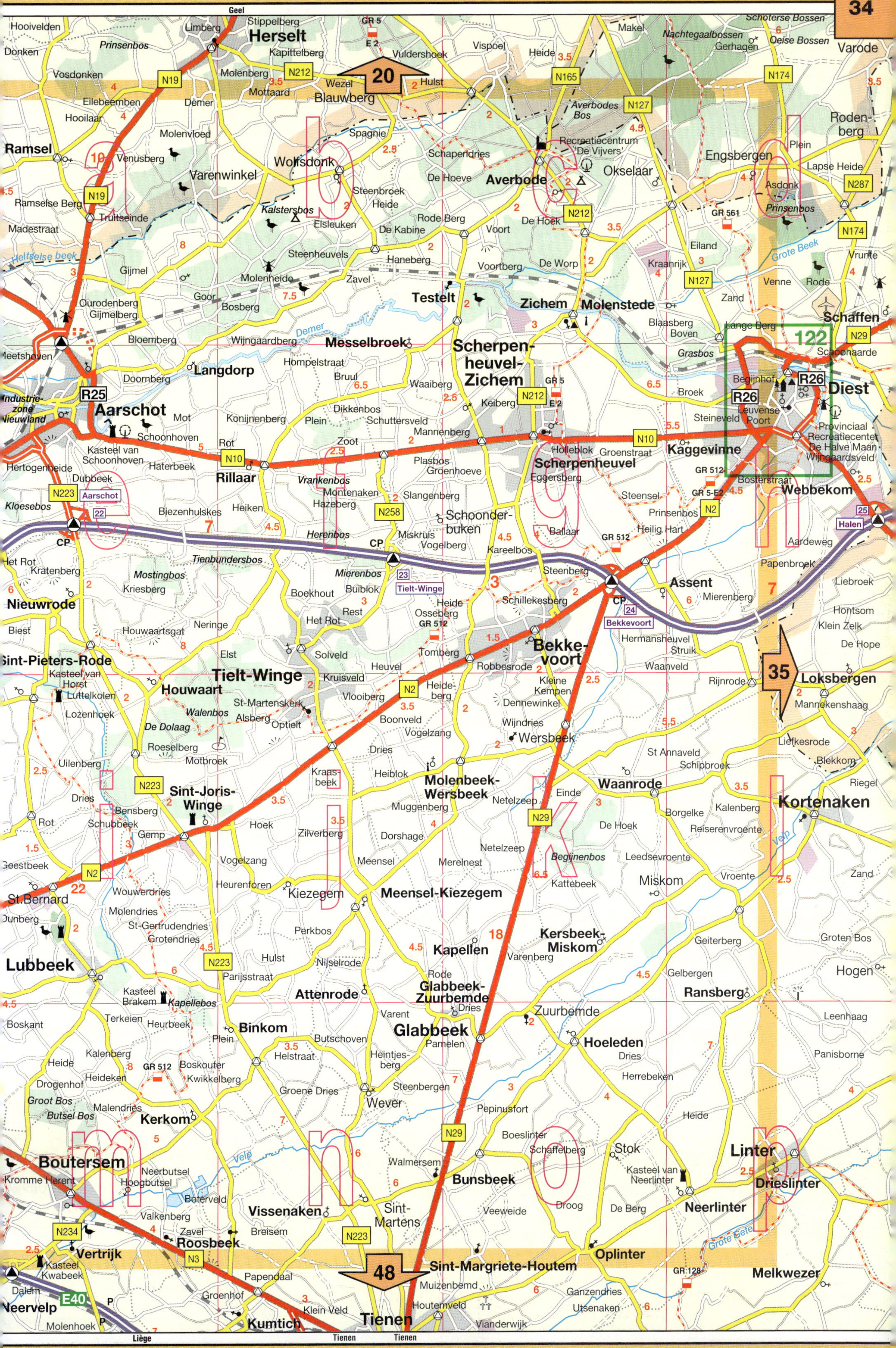
Geel
Hooivelden
Limberg
Stippelberg
Herselt
GR 5
E 2
Schoterse Bossen
Makel
Nachtegaalbossen
Gerhagen
Oelse Bossen
Varode
Donken
Prinsenbos
Kapittelberg
Vuldershoek
Vispoel
Heide
Vosdonken
N19
Molenberg
N212
Wezel
Mottaard
Blauwberg
20
Hulst
N165
N174
Eilebeemben
Hooilaar
Demer
Averbodes Bos
N127
Roden-berg
Molenvloed
Spagnie
Recreatiecentrum 'De Vijvers'
Ramsel
Venusberg
Varenwinkel
Wolfsdonk
Schapendries
Engsbergen
Plein
De Hoeve
Averbode
Okselaar
Lapse Heide
Asdonk
N287
Ramselse Berg
Truitseinde
Kalstersbos
Steenbroek
Heide
Elsleuken
N212
Prinsenbos
Madestraat
De Kabine
Rode Berg
Voort
De Hoek
GR 561
N174
Heltselse beek
Steenheuvels
Haneberg
Voortberg
De Worp
Eiland
Grote Beek
Vrunte
Gijmel
Molenheide
Zavel
Kraanrijk
Goor
Bosberg
Testelt
Zichem
Molenstede
N127
Venne
Rode
Zand
Ourodenberg
Gijmelberg
Demer
Blaasberg
Boven
Schaffen
Bloemberg
Wijngaardberg
Messelbroek
Scherpen-heuvel-Zichem
Lange Berg
122
N29
Grasbos
Schoonaarde
Meetshoven
Hompelstraat
Langdorp
Doornberg
Bruul
Waaiberg
Keiberg
GR 5
E 2
Broek
Begijnhof
R26
Diest
R25
Industrie-zone
Nieuwland
Aarschot
Mot
Konijnenberg
Plein
Dikkenbos
Schuttersveld
N212
R26
Leuvense Poort
Steineveld
Provinciaal Recreatiecentrum De Halve Maan
Wijngaardsveld
Schoonhoven
Rot
Zoot
Mannenberg
Holleblok
N10
Groenstraat
Kaggevinne
Kasteel van Schoonhoven
Hertogenheide
Haterbeek
N10
Rillaar
Plasbos
Groenhoeve
Scherpenheuvel
Dubbeek
Vrankenbos
Eggersberg
GR 512
Bosterstraat
Webbekom
N223
Aarschot
Montenaken
Hazeberg
Slangenberg
Steensel
GR 5-E2
Kloesebos
Biezenhulskes
Heiken
N258
Schoonder-buken
Prinsenbos
N2
Heilig Hart
22
Herenbos
Miskruis
Vogelberg
Ballaar
GR 512
25
Halen
CP
Kareelbos
Aardeweg
Het Rot
Tienbundersbos
CP
Kratenberg
Mostingbos
Mierenbos
Steenberg
Papenbroek
Kriesberg
23
Buiblok
Assent
Mierenberg
Liebroek
Nieuwrode
Boekhout
Tielt-Winge
Heide
Schillekesberg
CP
24
Rest
Osseberg
Bekkevoort
Hontsom
Neringe
Het Rot
GR 512
Klein Zelk
Biest
Houwaartsgat
Tomberg
Bekke-voort
Hermansheuvel
Struik
De Hope
Sint-Pieters-Rode
Elst
Solveld
Waanveld
Kasteel van Horst
Tielt-Winge
Heuvel
Robbesrode
35
Loksbergen
Luttelkolen
Houwaart
Kruisveld
N2
Heide-berg
Kleine Kempen
Rijnrode
Mannekenshaag
Walenbos
St-Martenskerk
Vlooiberg
Dennewinkel
Lozenhoek
Alsberg
Optiell
Boonveld
Wijndries
De Dolaag
Vogelzang
Wersbeek
Liefkesrode
Roeselberg
Dries
St Annaveld
Motbroek
Schipbroek
Blekkom
Uilenberg
Kraas-beek
Heiblok
Molenbeek-Wersbeek
Waanrode
Riegel
N223
Sint-Joris-Winge
Einde
Dries
Netelzeep
Kalenberg
Kortenaken
Bensberg
Muggenberg
Borgelke
Rot
Schubbeek
Hoek
N29
De Hoek
Reiserenvroente
Gemp
Zilverberg
Dorshage
Velp
Geestbeek
Vogelzang
Meensel
Merelnest
Netelzeep
Begijnenbos
Leedsevroente
Vroente
Zand
N2
Heurenforen
Kattebeek
St.Bernard
Kiezegem
Meensel-Kiezegem
Miskom
Wouwerdries
Dunberg
Molendries
St-Gertrudendries
Perkbos
Kersbeek-Miskom
Geiterberg
Groten Bos
Grotendries
Hulst
Kapellen
Lubbeek
N223
Nijselrode
Varenberg
Hogen
Parijsstraat
Gelbergen
Rode
Kasteel Brakem
Kapellebos
Attenrode
Glabbeek-Zuurbemde
Ransberg
Dries
Zuurbemde
Leenhaag
Boskant
Terkeien
Heurbeek
Binkom
Varent
Plein
Glabbeek
Butschoven
Hoeleden
Kalenberg
Helstraat
Pamelen
Panisborne
Heintjes-berg
Dries
Heide
Heideken
GR 512
Boskouter
Herrebeken
Kwikkelberg
Drogenhof
Groene Dries
Steenbergen
Groot Bos
Wever
Pepinusfort
Heide
Malendries
Butsel Bos
Kerkom
N29
Boeslinter
Schaffelberg
Stok
Linter
Boutersem
Velp
Walmersem
Neerbutsel
Kromme Herent
Hoogbutsel
Bunsbeek
Kasteel van Neerlinter
Drieslinter
Beterveld
Sint-Martens
Droog
De Berg
Neerlinter
Vissenaken
Valkenberg
Veeweide
N234
Zavel
Breisem
N223
Grote Gete
Roosbeek
Vertrijk
N3
Oplinter
Kasteel Kwabeek
48
Sint-Margriete-Houtem
GR 128
Melkwezer
Papendaal
Muizenbemd
Dalem
E40
Groenhof
Ganzendries
Neervelp
P
Houtemveld
Utsenaken
Klein Veld
Tienen
P
Molenhoek
Kumtich
Vianderwijk
Liège
Tienen
Tienen

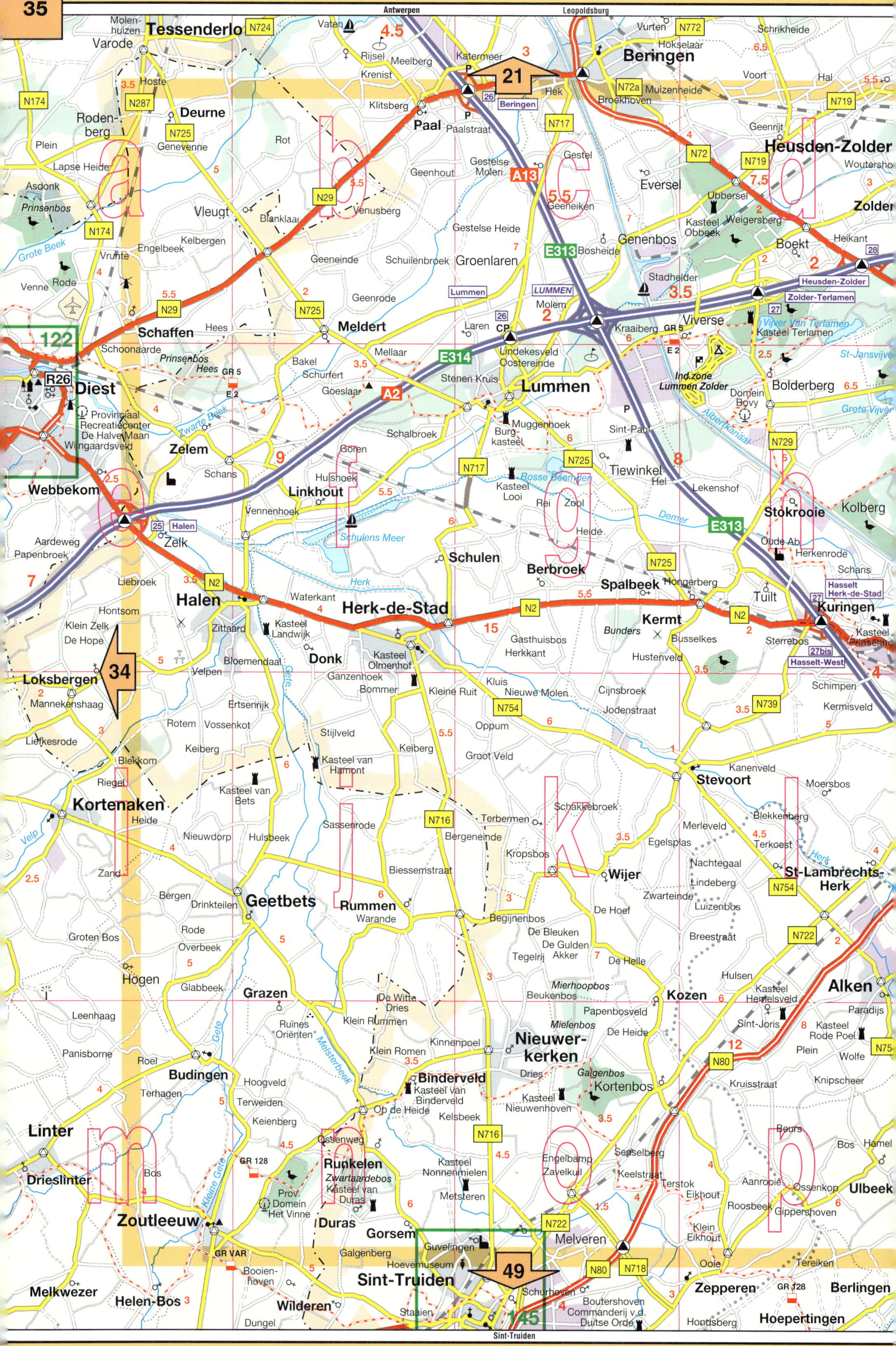
Antwerpen
Leopoldsburg
Sint-Truiden
21
34
49
122
145
Molenhuizen
Tessenderlo
Varode
Vaten
Rijsel
Meelberg
Krenist
Katermeer
Beringen
Hek
Vurten
Hokselaar
Schrikheide
Muizenheide
Broekhoven
Voort
Hal
Hoste
Deurne
Rodenberg
Plein
Lapse Heide
Asdonk
Prinsenbos
Genevenne
Rot
Klitsberg
Paal
Paalstraat
Geenhout
Gestelse Molen
Gestel
Geneiken
Eversel
Geenrijt
Heusden-Zolder
Woutersho
Zolder
Ubbersel
Kasteel Obbeek
Weigersberg
Boekt
Heikant
Vleugt
Blanklaar
Venusberg
Gestelse Heide
Grote Beek
Vrunte
Engelbeek
Kelbergen
Geeneinde
Schuilenbroek
Groenlaren
Bosheide
Genenbos
Stadhelder
Venne
Rode
Schaffen
Hees
Meldert
Geenrode
Lummen
Molem
Laren
Lindekesveld
Oostereinde
Kraaiberg
Viverse
Vijver van Terlamen
Kasteel Terlamen
Schoonaarde
Prinsenbos
Bakel
Schurfert
Mellaar
Stenen Kruis
Goeslaar
Ind.zone Lummen Zolder
Bolderberg
Domein Bovy
St-Jansvijver
Grote Vijver
Diest
Provinciaal Recreatiecenter De Halve Maan
Wijngaardsveld
Zwarte Beek
Schalbroek
Muggenhoek
Burg-kasteel
Sint-Paul
Albertkanaal
Zelem
Schans
Goren
Hulshoek
Linkhout
Vennenhoek
Rosse Beemden
Kasteel Looi
Rei
Zool
Tiewinkel
Hel
Lekenshof
Stokrooie
Kolberg
Webbekom
Aardeweg
Papenbroek
Zelk
Halen
Schulens Meer
Schulen
Heide
Berbroek
Demer
Oude Ab
Herkenrode
Schans
Liebroek
Herk
Spalbeek
Hongerberg
Tuilt
Kuringen
Hontsom
Waterkant
Herk-de-Stad
Kermt
Bunders
Busselkes
Sterrebos
Kasteel Prinsenhof
Klein Zelk
De Hope
Zittaard
Kasteel Landwijk
Donk
Kasteel Olmenhof
Gasthuisbos
Herkkant
Hustenveld
Hasselt-West
Loksbergen
Mannekenshaag
Velpen
Bloemendaal
Ganzenhoek
Bommer
Kleine Ruit
Kluis
Nieuwe Molen
Cijnsbroek
Jodenstraat
Schimpen
Kermisveld
Ertsenrijk
Rotem
Vossenkot
Stijlveld
Oppum
Liefkesrode
Keiberg
Keiberg
Groot Veld
Kanenveld
Stevoort
Moersbos
Blekkom
Kasteel van Hamont
Riegel
Kortenaken
Heide
Kasteel van Bets
Sassenrode
Terbermen
Schakkebroek
Blekkenberg
Merleveld
Velp
Nieuwdorp
Hulsbeek
Bergeneinde
Egelsplas
Terkoest
Kropsbos
Biessemstraat
Wijer
Nachtegaal
St-Lambrechts-Herk
Zand
Lindeberg
Bergen
Drinkteilen
Geetbets
Rummen
Warande
Begijnenbos
De Hoef
Zwarteinde
Luizenbos
Groten Bos
Rode
De Bleuken
De Gulden Akker
Breestraat
Overbeek
Tegelrij
De Helle
Hogen
Glabbeek
Mierhoopbos
Hulsen
Alken
Grazen
De Witte Dries
Beukenbos
Kozen
Kasteel Hemelsveld
Paradijs
Leenhaag
Ruïnes "Oriënten"
Papenbosveld
Sint-Joris
Kasteel Rode Poel
Klein Rummen
Mielenbos
De Heide
Plein
Panisborne
Roel
Melsterbeek
Kinnenpoel
Nieuwerkerken
Wolfe
Budingen
Klein Romen
Dries
Galgenbos
Terhagen
Hoogveld
Binderveld
Kasteel van Binderveld
Kortenbos
Kruisstraat
Knipscheer
Terweiden
Op de Heide
Kasteel Nieuwenhoven
Kelsbeek
Keienberg
Beurs
Linter
Ossenweg
Bos
Hamel
Kleine Gete
Prov. Domein Het Vinne
Runkelen
Zwartaardebos
Kasteel van Duras
Kasteel Nonnenmielen
Engelbamp
Zavelkuil
Senselberg
Keelstraat
Terstok
Eikhout
Aanrooie
Ossenkop
Ulbeek
Drieslinter
Metsteren
Roosbeek
Gippershoven
Zoutleeuw
Duras
Gorsem
Guvelingen
Melveren
Klein Eikhout
Galgenberg
Hoevemuseum
Ooie
Tereiken
Melkwezer
Booienhoven
Sint-Truiden
Schurhoven
Boutershoven
Commanderij v.d. Duitse Orde
Zepperen
Berlingen
Helen-Bos
Wilderen
Dungel
Staaien
Hondsberg
Hoepertingen
Gete
Grote Gete
Heusden-Zolder
Zolder-Terlamen
Hasselt Herk-de-Stad
Lummen
LUMMEN
Halen
Beringen
A13
A2
E313
E314
N2
N29
N72
N72a
N80
N174
N287
N716
N717
N718
N719
N722
N724
N725
N729
N739
N754
N772
R26
GR 5
GR 128
GR VAR

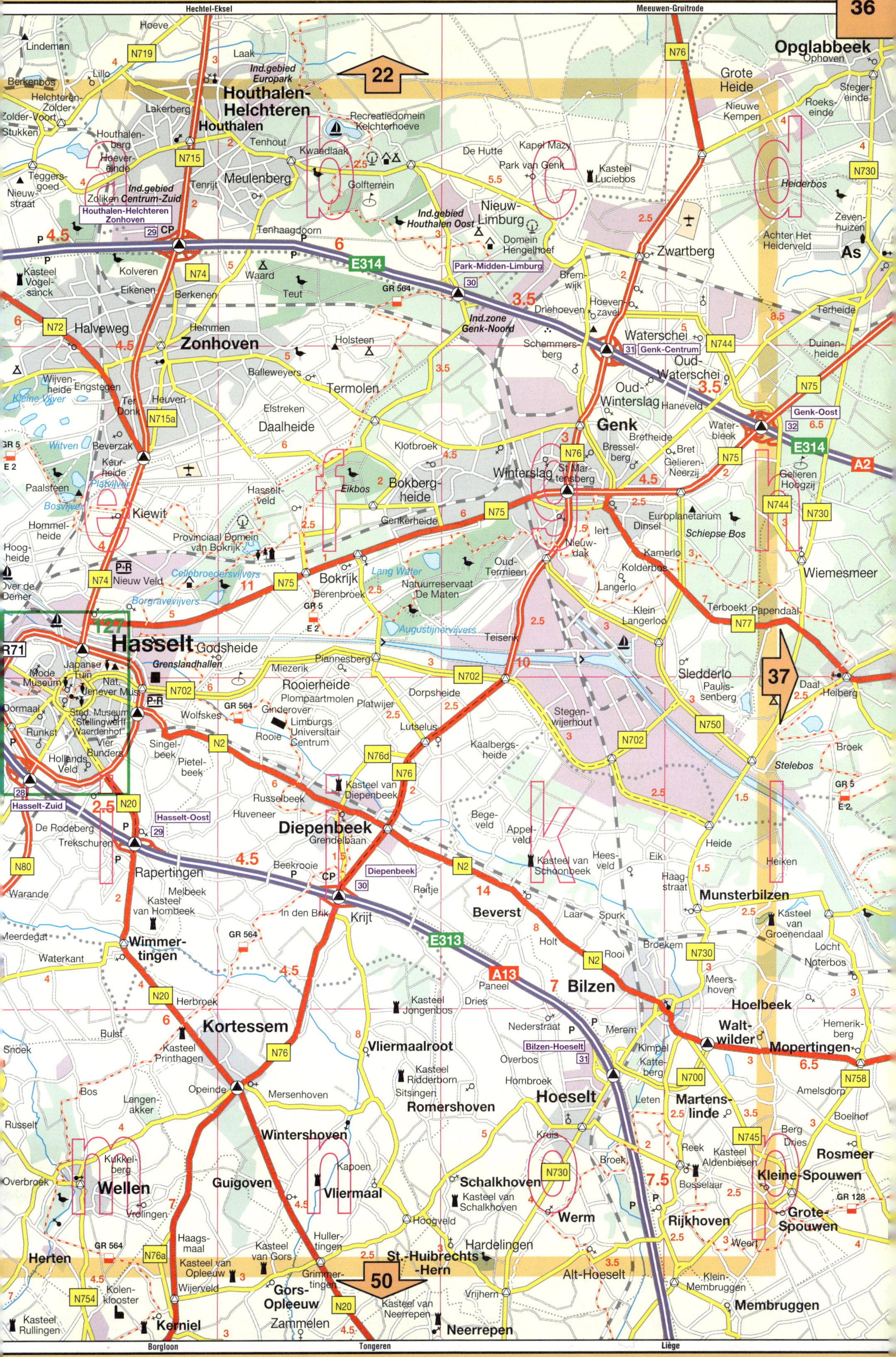
Hechtel-Eksel
Meeuwen-Gruitrode
22
Opglabbeek
Houthalen-Helchteren
Houthalen
Ind.gebied Europark
Recreatiedomein Kelchterhoeve
Meulenberg
Golfterrein
Ind.gebied Centrum-Zuid
Houthalen-Helchteren Zonhoven
Ind.gebied Houthalen Oost
Nieuw-Limburg
Domein Hengelhoef
Kasteel Luciebos
Park van Genk
Kapel Mazy
De Hutte
Grote Heide
Nieuwe Kempen
Steger-einde
Roeks-einde
Heiderbos
Zeven-huizen
Achter Het Heiderveld
As
Zwartberg
E314
Park-Midden-Limburg
Ind.zone Genk-Noord
Kasteel Vogelsanck
Kolveren
Eikenen
Berkenen
Teut
Waard
Halveweg
Zonhoven
Hemmen
Holsteen
Termolen
Balleweyers
Daalheide
Elstreken
Waterschei
Genk-Centrum
Oud-Waterschei
Oud-Winterslag
Genk
Haneveld
Genk-Oost
Terheide
Duinen-heide
Water-bleek
Bret
Gelieren-Neerzij
Gelieren Hoogzij
Wijvenheide
Engstegen
Ter Donk
Heuven
Kleine Vijver
Witven
Beverzak
Keurheide
Platwijer
Paalsteen
Bosvijver
Kiewit
Hommelheide
Hoogheide
Hasseltveld
Eikbos
Bokbergheide
Klotbroek
Winterslag
St.Martensberg
Bresselberg
Bretheide
Genkerheide
Provinciaal Domein van Bokrijk
Bokrijk
Berenbroek
Lang Water
Natuurreservaat De Maten
Oud-Termieen
Nieuwdak
Iert
Dinsel
Europlanetarium
Schiepse Bos
Kamerlo
Kolderbos
Langerlo
Klein Langerloo
Terboekt
Papendaal
Wiemesmeer
Nieuw Veld
Cellebroedersvijvers
Borgravevijvers
Augustijnervijvers
Teiserik
Hasselt
Godsheide
Grenslandhallen
Miezerik
Pannesberg
Rooierheide
Plompaartmolen
Ginderover
Platwijer
Limburgs Universitair Centrum
Dorpsheide
Lutselus
Stegenwijerhout
Sledderlo
Paulissenberg
37
Daal
Helberg
Broek
Stelebos
Japanse Tuin
Mode Museum
Nat. Jenever Mus.
Stellingwerff Waerdenhof
Vier Bunders
Hollands Veld
Runkst
Dormaal
Wolfskes
Singelbeek
Pietelbeek
Kaalbergsheide
Kasteel van Diepenbeek
Russelbroek
Huveneer
Diepenbeek
Grendelbaan
Begeveld
Appelveld
Kasteel van Schoonbeek
Heesveld
Eik
Haagstraat
Heide
Heiken
Hasselt-Zuid
Hasselt-Oost
De Rodeberg
Trekschuren
Rapertingen
Melbeek
Kasteel van Hombeek
Warande
Beekrooie
In den Brik
Krijt
Reitje
E313
A13
Beverst
Holt
Laar
Spurk
Rooi
Broekem
Munsterbilzen
Kasteel van Groenendaal
Locht
Noterbos
Meerdegat
Waterkant
Wimmertingen
Herbroek
Kortessem
Kasteel Printhagen
Kasteel Jongenbos
Dries
Paneel
Bilzen
Meershoven
Hoelbeek
Waltwilder
Mopertingen
Hemerikberg
Snoek
Bulst
Vliermaalroot
Kasteel Ridderborn
Sitsingen
Romershoven
Nederstraat
Overbos
Bilzen-Hoeselt
Merem
Kimpel
Katteberg
Hombroek
Hoeselt
Martenslinde
Amelsdorp
Bos
Langenakker
Opeinde
Mersenhoven
Russelt
Wintershoven
Leten
Boelhof
Berg
Dries
Rosmeer
Kukkelberg
Overbroek
Wellen
Vrolingen
Guigoven
Kapoen
Vliermaal
Schalkhoven
Kasteel van Schalkhoven
Kruis
Werm
Broek
Reek
Kasteel Aldenbiesen
Bosselaar
Kleine-Spouwen
Grote-Spouwen
Rijkhoven
Weert
Hoogveld
Hardelingen
St.-Huibrechts-Hern
Haagsmaal
Kasteel van Gors
Hullertingen
Grimmertingen
Herten
Kasteel van Opleeuw
Wijerveld
Gors-Opleeuw
Zammelen
50
Kasteel van Neerrepen
Vrijhern
Alt-Hoeselt
Klein-Membruggen
Membruggen
Kolenklooster
Kasteel Rullingen
Kerniel
Neerrepen
Borgloon
Tongeren
Liège

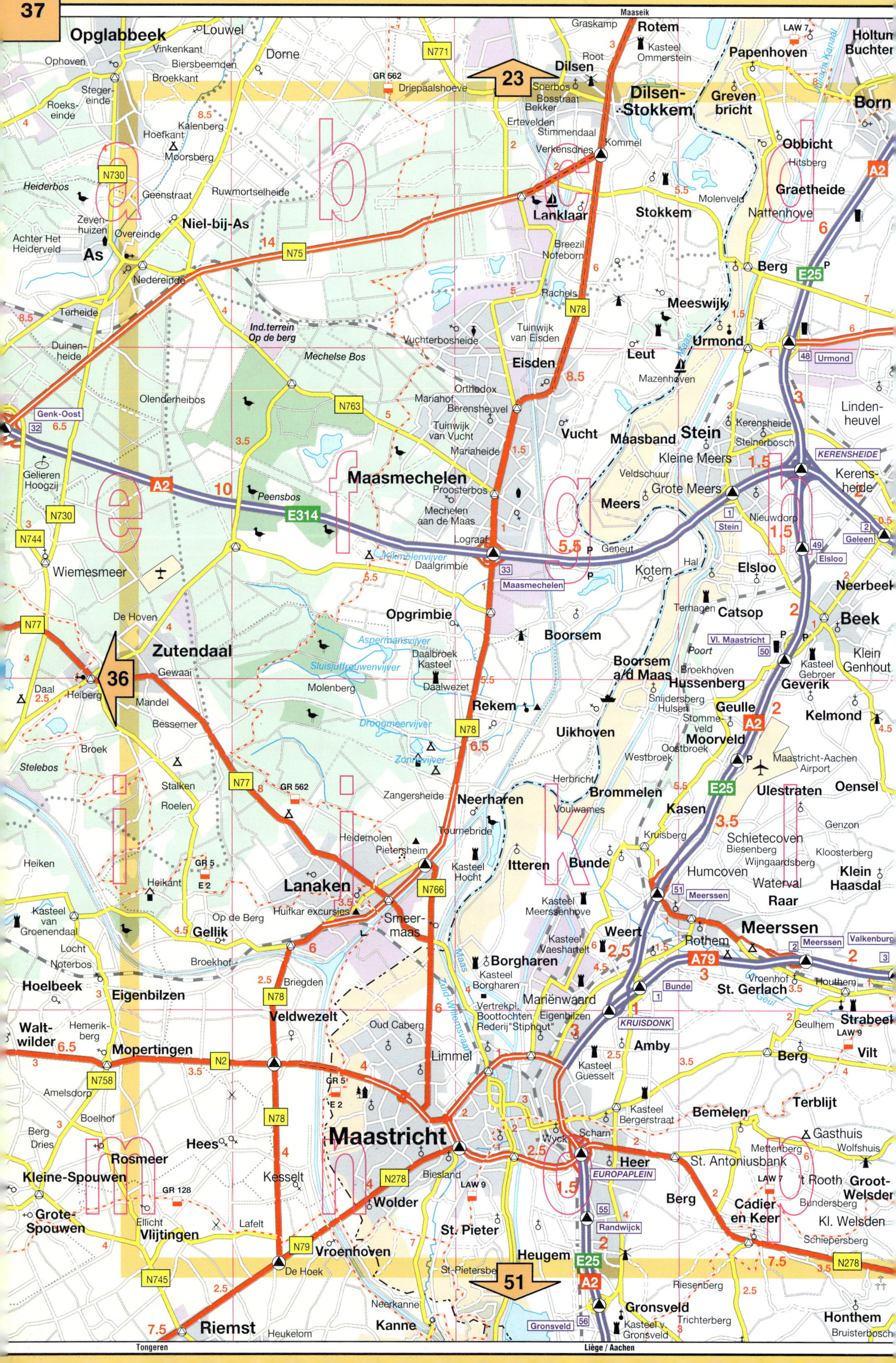
Maaseik
Opglabbeek
Louwel
Dorne
Vinkenkant
Biersbeemden
Broekkant
Ophoven
Steger-einde
Roeks-einde
Kalenberg
Hoefkant
Moorsberg
N730
Heiderbos
Geenstraat
Ruwmortselheide
Zeven-huizen
Overeinde
Niel-bij-As
Achter Het Heiderveld
As
Nedereinde
N75
N771
GR 562
Driepaalshoeve
23
Graskamp
Rotem
Kasteel Ommerstein
Root
Dilsen
Soerbos
Bosstraat
Bekker
Ertevelden
Stimmendaal
Dilsen-Stokkem
Kommel
Verkensdries
Lanklaar
Breezil
Noteborn
Rachels
N78
Papenhoven
Greven bricht
LAW 7
Holtum
Buchten
Born
Obbicht
Hitsberg
Graetheide
Nattenhove
Molenveld
Stokkem
A2
Berg
E25
Meeswijk
Urmond
48
Terheide
Duinen-heide
Ind.terrein Op de berg
Mechelse Bos
Vuchterbosheide
Tuinwijk van Eisden
Eisden
Orthodox
Mariahof
Berensheuvel
Tuinwijk van Vucht
Mariaheide
Leut
Mazenhoven
Maas
Vucht
Maasband
Stein
Kerensheide
Steinerbosch
Kleine Meers
Linden-heuvel
KERENSHEIDE
Kerens-heide
Olenderheibos
N763
Genk-Oost
32
Gelieren Hoogzij
A2
10
Peensbos
E314
Maasmechelen
Proosterbos
Mechelen aan de Maas
Lograaf
Veldschuur
Grote Meers
Meers
Nieuwdorp
Stein
Geneut
Geleen
49
Elsloo
N730
N744
Wiemesmeer
Kikmolenvijver
Daalgrimbie
33
Maasmechelen
Kotem
Hal
Elsloo
Neerbeek
De Hoven
N77
Zutendaal
Gewaai
36
Daal
Heiberg
Mandel
Bessemer
Opgrimbie
Aspermansvijver
Daalbroek Kasteel
Sluisjuffrouwenvijver
Daalwezet
Molenberg
Boorsem
Terhagen
Catsop
Beek
Vl. Maastricht
50
Poort
Boorsem a/d Maas
Broekhoven
Hussenberg
Kasteel Gebroer
Klein Genhout
Geverik
Snijdersberg
Hulsen
Geulle
Stomme-veld
Kelmond
Rekem
N78
Droogmeervijver
Uikhoven
Moorveld
Oostbroek
Westbroek
Maastricht-Aachen Airport
Broek
Stelebos
Stalken
Roelen
Zonhovijver
N77
GR 562
Zangersheide
Neerharen
Herbricht
Brommelen
Voulwames
E25
Ulestraten
Oensel
Kasen
Kruisberg
Genzon
Schietecoven
Biesenberg
Kloosterberg
Wijngaardsberg
Heiken
GR 5
E 2
Heikant
Heidemolen
Pietersheim
Tournebride
Kasteel Hocht
Itteren
Bunde
Humcoven
Klein Haasdal
Waterval
Raar
51
Meerssen
Lanaken
N766
Huifkar excursies
Smeer-maas
Kasteel Meerssenhove
Kasteel van Groenendaal
Op de Berg
Gellik
Locht
Noterbos
Broekhof
Weert
Kasteel Vaeshartelt
Rothem
Meerssen
Meerssen
Valkenburg
Borgharen
Kasteel Borgharen
A79
Vroenhof
Houthem
St. Gerlach
Bunde
Hoelbeek
Eigenbilzen
Briegden
N78
Veldwezelt
Vertrekpl. Boottochten Rederij "Stiphout"
Mariënwaard
Eigenbilzen
KRUISDONK
Geulhem
Strabeek
LAW 9
Walt-wilder
Hemerik-berg
Mopertingen
N2
Oud Caberg
Zuid-Willemsvaart
Limmel
Amby
Kasteel Guessel
Berg
Vilt
N758
Amelsdorp
GR 5
E 2
Terblijt
Boelhof
Berg
Dries
N78
Maastricht
Kasteel Bergerstraat
Bemelen
Gasthuis
Rosmeer
Hees
Kesselt
N278
Biesland
Wyck
Scharn
Heer
EUROPAPLEIN
St. Antoniusbank
Mettenberg
Wolfshuis
Kleine-Spouwen
GR 128
LAW 9
LAW 7
't Rooth
Groot-Welsden
Grote-Spouwen
Ellicht
Vlijtingen
Lafelt
Wolder
St. Pieter
55
Randwijck
Berg
Cadier en Keer
Bundersberg
Kl. Welsden
Schiepersberg
N79
Vroenhoven
De Hoek
Heugem
E25
N278
N745
St-Pietersberg
51
A2
Riesenberg
Neerkanne
Gronsveld
Kasteel v. Gronsveld
Trichterberg
Honthem
Bruisterbosch
Riemst
Heukelom
Kanne
Gronsveld
56
Tongeren
Liège / Aachen

Eindhoven
Roermond
Roermond
24
52
Aachen
Aachen
Köln
Geilenkirchen
Herzogenrath
Würselen
Kasteel Wolfrath
Isenbruch
Nieuwstadt
Born
Limbrichterbosch
Kasteel van Limbricht
Guttecoven
Limbricht
Ind.park Noord
Overhoven
Stadbroek
Broeksittard
Sittard
Einighausen
Ind.terr. Bergerweg
Ophoven
Leijenbroek
Munstergeleen
Millen
Aan Reijans
Spaanshuisken
Stein
Heilder
Saeffelen
Nachbarheid
Höngen
Saeffeler Bach
Breberen
Großwehrhagen
Broichhoven
Kleinwehrhagen
Schümm
Langbroich
Harzelt
Schierwaldenrath
Selsten
Laffeld
Scheifendahl
Pütt
Waldenrath
Kievelberg
Vintelen
Hastenrath
Kreuzrath
Birgden
Wehr
Süsterseel
Gangelt
Mindergangelt
Rodebach
Stahe
Gillrath
Hillensberg
Jabeek
Niederbusch
Windraak
Doenrade
Bingelrade
Quabeek
Viel
Schinveld
Onderbanken
Op den Hering
Schinveldse bossen
Nierstraß
Bocket
Abshoven
Geleen Beek
Krawinkel
Geleen
Daniken
Sweikhuizen
Puth
Kl. Doenrade
Douvergenhout
Breukberg
Bouwberg
Tevener Heide
Merkelbeek
Schuttersveld
Oirsbeek
Wolfhagen
Schinnen
Heufke
Brunssum
Kasteel Terborg
Spaubeek
Oudekerk
Hoolwinkel
Hobbelrade
Hoeve
Heisterbrug
Hegge
Amstenrade
Hommert
Treebeek
Leeuwstuk
Kruisberg
A.F.C.E.N.T.
Grotenrath
Scherpenseel
Spaubeek
Nagelbeek
Thull
Kasteel Rennemersbeek
Mariarade
Groot Genhout
Grijzegrubben
Nierhoven
Vaesrade
Passart
Dem
Schrieversheide
Abdissenbosch
Rimburg
Nuth
Schurenberg
Hoensbroek
Terschuren
Heerlerheide
Nw. Lotbroek
Heksen Berg
Ubach over Worms
Op de Bies
Tervoorst
Helle
Terstraten
Hellebroek
Reuken
Hunnecum
Brommelen
Smitzerveld
Beersdal
Op de Haven
Schimmert
Wijnandsrade
Swier
Vrank
Palemig
Kakert
Landgraaf
Nieuwenhage
Broekveld
Eygelshoven
Aalbeek
Vink
Ten Esschen
Weustenrade
Meezenbroek
Schaesberg
Retersbeek
Groot Haasdal
Arensgenhout
Hulsberg
Kleingenhout
Klimmen
Molenberg
Eikske
Anstel vallei
Haanrade
Voerendaal
Kunderberg
Kunrade
Heerlen
Nieuw Ehrenstein
Chevremont
Heek
Overheek
Barrier
Heerlen Centrum
Heerlerbaan
Bach
Oud Ehrenstein
Stoepert
Emmaberg
Dolberg
Goudsberg
Craubeek
Termaar
Benzenrade
Vrussemig
Terwinselen
Ham
Roiduc
Broekhem
Valkenburg
Walem
Koulen
Ransdaal
Winthagen
Ubachsberg
Imstenrader bos
Spekholzerheide
Kaalheide
Kerkrade
Cauberg
Neerhem
Schaelsberg
Oost-Schaloen
Kasteel Genhoes
Bleyerheide
Oud-Valkenburg
Schin op Geul
Schoonbron
Colmont
Putberg
De Beitel
Sibbe
Strucht
Sousberg
Huls
Molsberg
Pannesheide
Keutenberg
Etenaken
Fromberg
Elkenrade
Trintelen
Mühlenbach
IJzeren
Stokhem
Eyserheide
Bosschenhuizen
Groeve Sweyer
Heerstraat
Wijlre
Simpelveld
Bulkemsbroek
Waalbroek
Horbach
Scheulder
Eyserbos
Piepert
Prickart
Bank
Beertsenhoven
Margraten
Kapolder
Eys
Overeys
Bochholtz
Gracht Burggraaf
Dolsberg
Gulpen
Baneheide
Vetschau
Richterich
Ingber
Bocholtzerheide
Schloß Schönau
Hasenwald
Gulperberg
Wittem
Wahlwiller
Nijswiller
Vetschauer Berg
Ternaar
De Hut
Partij
N274
N276
N582
N581
N298
N281
N594
N595
LAW 9
LAW 7
E314
A76
A79
56
4

Hondschoote Dunkerque
Poperinge
Steenvoorde
Bois de Beauvoorde
D948
14
N38
Roycken Acker
Grote Onze-Heer
Lappe
Loye
GR 5A
Reningelst
Zevekote
N315
6.5
Le Château
Calcanne
13
Poperinge-Steenvoorde
Steen-Acker
25
Duyn Dreve
Zoetendaal
Hekşken
Vitsemolen
Westouter
Klijte
N373
Wagenbrugge
La Queue de Vache
GR 128
Boeschèpe
Craeyelsteen
Godewaersvelde
Les 5 Chemins Verts
Mont de Boeschèpe
Spatterken
Vleninkhof
N315
Zavelaar
Scherpenberg
Hoekje
Le Carreau
A25
D947
D37
Meulenval
Kruys Straete
E42
Fontaines
Mont Kokereel
Le Purgatoire
N398
Vidaigneberg
N372
Rodeborg
Bruiloos
Noordhoek
St-Antoine
Le Bertenaere
Berthen
Baeck Houck
Eecke
Mont des Cats
Menschhouck
Piebrouck
La Levrette
Mont Noir
Lijstermolen
Loker
Cassel
L'Hazewinde
Le Zand Berg
Kemmelhof
D10
D318
Galooi
N375
Monteberg
St-Sylvestre-Cappel
Le Buis
D933
Le Thieushouck
M.in St-Gilles
St-Joseph M.in
Le Coq de Paille
Zeventhien Velden
La Manche
Schaex
Le Coteau
Croix de Poperinghe
Meulenhouck
Dranouter
Caëstre
D916
Le Nid de Chien
La Rouckelooshille
Fonteinhouck
St-Jans-Cappel
Hille
N322
La Bréarde
D161
Le Peuplier
D933
Flêtre
Rue du Moulin
Les 4 Fils Aymon
Hte Porte
L'Egerneest
D947
Rue du Beurre
Planeboom
12
Méteren
La Bourse
D23
Hille
Keerse-boom
Zwartenmolenhoek
Hazebrouck
La Kreule
La Rouge Croix
Courte-Croix
Rue de St-Omer
Les 7 Ormes
Meteren Veld
Le Moulin
Clite Hill
D933
Calverdans
Ravensberg
Meulenacker
La Barrière
Bailleul
Pradelles
Meteren
Borre
N42
Nord Heif
N42
La Fortune
Swynstael
Mont de Lille
11
Hazebrouck
St. Eloi
Strazeele
Waton
Clapbank
St.-Quentin
Le Nouveau Monde
La Clite
La Crèche
D947
Merris
Steentje
10
Bailleul
Rue des Meuniers
Ingeland
Outtersteene
Pit. Sec Bois
Le Paradis
Au Souverain
Grd. Sec Bois
Les 3 Tilleuls
T.G.V. Nord
D38
Meuniers
A25
Swarten Brouck
Vieux-Berquin
Hte. Maison
La Becque
D946
Bleutour
La Rue du Bois
10.5
Le Rossignol
Steenwerck
Bois d'Aval
La Couronne
Le Verrier
La Motte -au-Bois
Hey Straete
Bois Clébert
Bois Bramsart
La Brionne
Le Pt. Mortier
Verte Rue
Le Doulieu
Halluheau
Caudescure
Pont Rondin
Le Grd. Mortier
D946
Croix du Bac
Vierhouck
La Boudrelle
L'Epinette
Rue du Hameau
Le Funquereau
La Hte. Rue
Rue du Moulin
Neuf-Berquin
Sailly-sur-là-Lys
Bois Moyen
D947
Rue du Pt. Bois
L'Epinette
Le Trou Bayard
Rue Bataille
Merville
D18
La Nouvelie France
Estaires
Le Touquet
Rue Barrat
Pont d'Estaires
Le Sart
D946
Le Corbie
Nouveau Monde
Le Rossignol
Haverskerque
La Lys
Rue des Monts
Rue du Moulin
D122
La Gorgue
Le Grd. Pacault
Crx Bassée
St. Floris
8.5
Lestrem
Les Graissières
Le Drumetz
Les 4 Paroisses
D186
Le Pit. Pacault
Calonne-sur-la-Lys
Pont Riqueul
Laventie
Rue du Bois
L'Epinette
Le Fort d'Esquin
Hte. Rue des Vaches
La Basse Rue
Les Amusoires
Rue du Rouge Manchon
Pont-du-Hem
Fauquissart
Rue Delflie
Paradis
Bout Delville
La Fosse
La Crx Marmuse
Rue de Carnin
Robecq
Le Moulin
Rouge Croix
Riez du Vinage
L'Embran-chement
D171
Marcquois
Le Cornet Malo
D947
Rue Marsy
Croix Barbet
Mauquissart
D945
Vieille-Chapelle
Canal de la Lawe
Pont Logis
Mont-Bernachon
Loubiau
Richebourg-St.-Vaast
Neuve-Chapelle
La Bassarderie
Les Harisoirs
Cornet Malo
La Couture
Béthune
Béthune
Béthune / Lens

Ieper
26
41
Dikkebus
Dikkebusse Vijver
St-Huibrechts-hoek
Hallebast
Voormezele
St-Eloois
Millekruis
Vierstraat
Molenbos
Klein-Zillebeke
Vierlingen
Hollebeke
Basseville
Zandvoorde
Oude Kruiseke
Kruiseke
Doornkapel
Hoge Bossen
Koelenberg
Voshoek
Linde
Rozenhoek
Geluwe
Diependaalhoek
Kasteelhoek
Kortewilde
Tapet
Timbriele
Amerika
Klijtmolen
Basseie
Kroonaardhoek
Kemmel
Kemmelberg 156m.
Oosthoek
Kapelerie
Wijtschate
Staanijzer
Strooienhaan
Oosttaverne
Lindenhoek
Kaleutehoek
Houthem
Waalhoek
Trois Ponts
Quatre Vents
Wervik
Reke
Polka
Ma Campagne
Middelhoek
Wambeke
Garde-Dieu
Sauvegarde
't Helleken
Blauwepoorthoek
Heuvelland
Kruisstraathoek
Tabaksmuseum
Wervicq-Sud
Corentje
Cinq Chemins
Chem. des Vaches
Hooghof
Mesen
Gapaard
Galoppe
Quatre-Rois
Comines-Warneton
Cité des Glycines
La Basse Ville
Bousbecque
Wulvergem
Kraaiberg
Barrière
Beerhoek
Mai Cornet
Noordhoek
St-Quentin
Bas-Warneton
Comines
La Montagne
Les Bois
Les Oblards
Ancienne Place
Gaie Perche
La Blanche Bannière
Le Vieil Dieu
Warneton
Tilleul
Le Rossignol
Nieuwkerke
Au Dépôt
Le Fond de l'Eau
Le Beau Chêne
Le Stemberg
Linselles Blaton
La Brasserie
De Walletiers
St-Yvon
La Hutte
Deûlémont
Bellevue
St-Barbe
Le Blanc Coulon
Ste-Marguerite
Le Halot
Petit Pont
Korte Pijp
Le Maloy
Le Gheer
Pont Rouge
Le Coeur Joyeux
Le Long Champ
Linselles
Ste-Barbe
Le Gavre
Pit. Chemin
Ploegsteert
La Tâche
Le Grd Perne
Les 3 Fétus
Le Seau
Romarin
Brune Gaye
Le Pont d'Achelles
Le Pacau
Les Trois Rois
Le Rossignol
Le Touquet
Frelinghien
La Deûle
Château des Bois
Quesnoy-sur-Deûle
La Vigne
Le Ponceau
L'Epine
Le Chien
Rue des Trois Arbres
Le Bizet
Clef de Hollande
La Houlette
Bas-Plat
Catry
Nieppe
Le Perroquet
Le Pont de Nieppe
Etang des Sources
Le Petit Canard
Le Grand Canard
Le Ruage
Houplines
Le Châtel
Croix-au-Bois
Vert Touquet
Despaing
Port de Wambrechies
Touquet Parmentier
Les Trois Tilleuls
Armentières-Nieppe
Nl Houplines
Armentières
L'Aventure
Le Temple
La Champreuille
Vert Galant
La Croix
Wambrechies
Brune Rue
Erquinghem-Lys
Rue Marle
La Chapelle d'Armentières
L'Epinette
Verlinghem
Le Moulin
Marquette-lez-Lille
Le Ht. Touquet
L'Armée
Fort Rompu
Perenchies
Lompret
Le Corbeau
L'Epinette
Rue Fleurie
Cité de la Collerie
La Bleue
St.-André
Rue Delpierre
Houplines-La Chapelle d'Armentières
Tournebride
P. de Marcq
Rue des Charles
La Vesée
Rue du Bois
Wez-Macquart
Prémesques
La Madeleine
Fleurbaix
Bois-Grenier
La Guernurie
La Chapelle d'Armentières
Fleur d'Ecosse
T.G.V. Nord
Grd. But
Le Croquet
Lambersart
Le Canon d'Or
Mt. de Prémesque
Le Crombalot
La Crx Lescornetz
Crx Maréchal
Crx Blanche
La Houssoye
Le Blanc-Coulon
Capinghem
Lomme
Canteleu
Le Touquet
Le Quesne
Platforme de transport de Lomme
Rue-des-Bois-Blancs
M.I.N
Cité de Lille-Délivrance
Citadelle
La Vallée
Petillon
La Boulillerie
Ennetières-en-Weppes
Lomme
Englos
Le Marais
Les Bois Blancs
Lille
Picantin
Radinghem-en-Weppes
Bas Maisnil
Escobecques
Béthune
Sequedin
Port de Lille
Palais des congrès
Les Rouges Bans
La Marlaque
Le Maisnil
Hallennes-lez-Haubourdin
Loos
Lille-Centre
Fromelles
Haut-Quesnoy
Erquinghem-le-Sec
Ennequin
L-Faubourg de Béthune/ Loos/Centre Hospitalière
Lille-Wasmuel
Lille-Sud
La Sotte Rue
Haubourdin
Aubers
Beaucamps-Ligny
Ht. Brulle
Ligny
La Rache
Thumesnil
Santes
Croix de Pierre
Fournes-en-Weppes
Desprez
Emmerin
Bas-Pommereau
Grd. Riez
Port de Santes
Le Tonkin
Ferrière
Ht.-Pommereau
Rosembois
Quinquibus
Lacherie
Ms. de Santes
Wattignies
Faches-Thumesnil
Pt. Riez
Le Pilly
Le Faubourg
La Jappe
L'Amiteuse
Béthune / Lens
Lens / Douai

Ieper
Roeselare
Kortrijk / Brugge
Brugge
Kortrijk-Noord
Kortrijk-Noord
Seclin
Paris
Valenciennes
Kortrijk
Kasteel van Bissegem
Kortrijk-Oost
131
Pekke
Voshoek
Koelenberg
Linde
Rozenhoek
GR 5A
Geluwe
Klijtmolen
Witte Poort
Wervik
Menen
Groenhof
Kommerehoek
Ons Dorp
Voorhoek
Nieuwe Tuinwijk
Koekuit
Grensland
Barakken
Reke
Wervik
Wervicq-Sud
Chem.des Vaches
Laag Vlaanderen
Nouveau Monde
Halluin
Le Ham
Cité des Glycines
La Basse Ville
Bousbecque
La Blanderisse
Les Bois
Pont du Forêt
Le Colbras
La Montagne
Les Bois
Les Oblards
La Montagne
Crumesse
Le Coq Anglais
Lierre
Roncq
Linsellles Vignette
Le Riche Vinage
Le Stemberg
Linselles Blaton
Le Belcan
La Vignette
La Brasserie
Linselles
Ste-Barbe
Blanc-Four
La Viscourt
Le Coquelmonde
Le Gavre
Pit. Chemin
Cagebert
Les 3 Fétus
Le Boulois
Le Calvaire
Au Mt. de Bondues
La Vigne
Au Pavé de Linselles
Le Vert Bois
Le Jambon
Bas-Plat
Bondues
Despaing
Vert Tour
Le Cabu
Mouvaux
L'Entrepôt
Duriez
Le Triez
Le Blanc Seau
Marcq-en-Barœul
Le Ht. Touquet
Marquette-lez-Lille
L'Epinette
La Mon. Blanche
Croisé Laroche
St.-André
P. de Marcq
La Madeleine
Le Canon d'Or
Le Noir Bonnet
Le Quesne
Croix
Wasquehal
Le Sart
Babylone
Le Reeueil
Le May-Four
La Pilaterie
Mons-en-Barœul
Le Tir à Locques
Flers-le-Bourg
Citadelle
Lille
Euralille
Hellemmes Lille
Palais des congrès
Annapes
Villeneuve-d'Ascq
Touquets
Lezennes
Le Pavé
Fac. des Sciences
Pit. Ronchin
Thumesnil
Ronchin
Ferrière
Faches-Thumesnil
L'Amiteuse
Lesquin
Merchin
Gamand
Le Grd. Sainghin
Sainghin-en-Mélantois
Gruson
Rue Verte
Wevelgem
Wijnberg
Kloefhoek
Kruishoek
Kijkuithoek
Katerhoek
Kloosterhof
Posthoornhoek
Pont Neuf
Bekenhoek
Vierwegen
Kraaiveld
Rouge Porte
Meurissons
Les Meurins
Rekkem
Hoogpoort
Croisé
Transportcentrum Lar
Triez Cailloux
Dronkaard
Le Vertuquet
Triloy
Blauw-kasteel
Mont d'Halluin
Le Petit Roubaix
Paradijs
Le Dumont
Le Purgatoire
Le Labyrinthe
Tourcoing-Nord
Centre International de Transport de Roncq
Neuville-en-Ferrain
Forgette
Risquons Tout
La Latte
Le Plat Vinage
Vlle Motte
Le Pit Menin
Le Pont Rompu
Pont de Neuville
Bourgogne
Le Chêne Houpline
Parc d'activités ferrain
Bellencontre
La Fin de la Guerre
Les Orions
Le Beau Séjour
Tourcoing
La Marlière
La Croix Rouge
La Potence
Le Touquet
Fleury
La Martinoire
Ravennes les Francs
Les Francs
Le Sapin Vert
Le Fresnoy
Le Nouv Roubaix
Eurotéléport
Les Trois Ponts
Roubaix
Les Hauts Champs
La Lionderie
Lannoy
L'Hempempont
La Vallée
Hem
Le Héron
Forest-Sur-Marque
Le Marais
Tressin
Ascq
Pont à Tressin
Anstaing
L'Autour
Le Marchon
Neerbeek
Bissegem
Industriezone zuid
Marke
Arme Leute
Klarenhoek
Lauwe
Opstal
Lauweberg
Preshoek
Kobbe
Kapelhoek
Aalbeke
Smokkelpot
St-Anna
Markesteert Lampe
Potijzer
Zevenkoten
Schreiboom
Tolpenhoek
Rollegem
Bois Fichau
La Belle Vue
Mont Gallois
Forest
Portemont
Mouscron
Le Compas
Nouveau Monde
Luingne
Haureu
Bornoville
Mont-à-Leux
Blanc Ballot
Beau Voisinage
Blanc Balot
Herseaux
La Barberie
Petit Audenarde
Winthoutre
Le Cretinier
Le Ballon
Pit Tournay
La Bouillerie
St-Lievin
La Baillerie
Wattrelos
Bs Chemin
Le Sartel
Le Beck
Le Paradis
Grimonpont
Le Plouys
La Carluyère
Trieu de Carihem
Trieu de Leers
Le Buisson
Le Vx Bureau
Mottelette
Vert Bois
Leers
Le Gauquier
La Justice
Le Vert Pré
Cohem
La Papinerie
Le Fresnoy
Lys-Les-Lannoy
Roubaix-Est
Gibraltar
Cité Loucheur
Toufflers
Le Pincon
Le Civron
Vx Sailly
Trieu de Meurchin
Verte Rue
Sailly-Lez-Lannoy
Pit Voisinage
Le Mesnil
Robigeux
Le Rocmet
Willems
Le Mont Berbu
Le Pont de la Naue
Le Fresnoy
Le Breuze
Le Triez
Le Marquet
Sin
Le Marais
Baisieux
Chéreng
Camphin-en-Pévèle
Créplaine
La Brouette
Hogemosser
Pottelberg
Hallen
Geiteknok
Kennedypark
Marionnettenberg
Hoge
Rollegemknok
Kruisstraat
Knok
Rood Paard
Klijtgat
Klijtberg
Waterval
Bellegem
Argendaalbos
Bellegembos
Kalverstraat
IJzerenhand
Kwadebrug
Tombroek
Chêne du Bu
Terlucht
Barrière Leclercq
Petit-Tourcoing
Male Cense
La Croix Rouge
Quevaucamps
Valempré
Pont Bleu
Long Bout
Petit Voisinage
Marais
Petit Paris
Evregnies
Estaimpuis
Faubourg
Le Nouv. Riche
Le Petit Voisinage
Maison Rouge
Le Voisinage Codron
Nouv. Monde
La Horne
Canal de l'Espierres
Voisinage Perdu
L'Onoi
Jonquière
La Wardrie
Néchin
Frenoi
Maroc
Festingue
Orchies
Les Hulans
Epinette
Hauteure
Crombrue
Le Cao
Chaos
Trieu du Pape
Chauni
Faluseau
Château de Formanoir
Etaflé
Templeuve
Cazeau
Trieu de Wazon
Le Mouscron
Cornet
Tréquière
Cocriamont
Blandain
Grands Empires
Petits Empires
Au Colisée
Hertain
Frontalière de Lamain
Haudior
Lamain
Menen
Wervik
Bissegem
Wevelgem
Marke
Kortrijk-Oost
Hoog Kortrijk
AALBEKE
Neuville Zone Industrielle
Moeskroen Mouscron
Tourcoing-Nord
Roncq
Tourcoing-Les-Francs
Bondues
Marcq-en-Baroeul
Mons-en-Baroeul
Lille
Roubaix-Est
Prés-Cousinerie
L-Centre/Hellemes
Lille-Sud
Lille-Wasmuel
Cité Scientifique Villeneuve-d'Ascq
Lesquin
Faches-Th.
Estaimpuis Mouscron
Mouscron Estaimpuis
Tournai Templeuve
Tournai-Blandain
Baisieux
A19
A17
A14
A22
A27
A23
E17
E403
E42
N8
N311
N338
D945
N17
D191
D64
D9
N58
N43
N366
N350
N514
N518
N512
N511
N450
N356
N352
N354
D952
D264
N510
D700
N227
D941
D955
D146
D549
D917
N7
GR 122
27
40
55
CP
Kortrijk

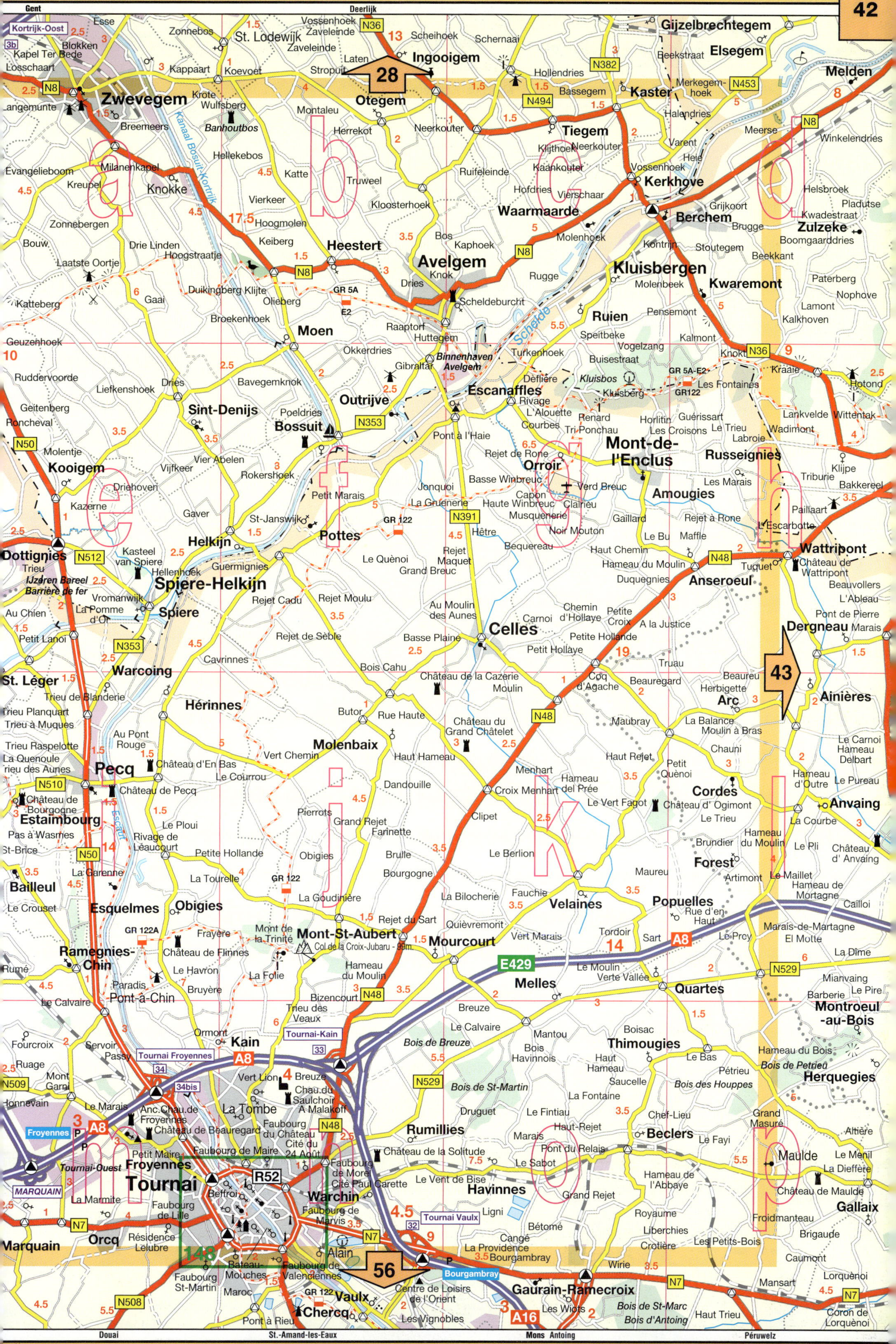

Gent
Deerlijk
Douai
St.-Amand-les-Eaux
Mons
Antoing
Péruwelz
28
43
56
Kortrijk-Oost
Esse
Blokken
Kapel Ter Bede
Losschaart
Zwevegem
Langemunte
Breemeers
Milanenkapel
Evangelieboom
Kreupel
Knokke
Zonnebergen
Bouw
Drie Linden
Hoogstraatje
Laatste Oortje
Katteberg
Geuzenhoek
Ruddervoorde
Geitenberg
Roncheval
Molentje
Kooigem
Driehoven
Kazerne
Dottignies
Trieu
IJzeren Bareel
Barrière de fer
Au Chien
Petit Lanoi
St. Léger
Trieu de Blanderie
Trieu Planquart
Trieu à Muques
Trieu Raspelotte
La Quenoule
rieu des Aunes
Pecq
Château de Bourgogne
Estaimbourg
Pas à Wasmes
St-Brice
Bailleul
Le Crousset
Esquelmes
Ramegnies-Chin
Rumé
Le Calvaire
Fourcroix
Ruage
Mont Garni
Honnevain
Froyennes
Tournai-Ouest
MARQUAIN
Marquain
Orcq
Zonnebos
St. Lodewijk
Kappaart
Koevoet
Krote
Wulfsberg
Banhoutbos
Kanaal Bossuit-Kortrijk
Hellekebos
Katte
Vierkeer
Hoogmolen
Keiberg
Duikingberg
Klijte
Olieberg
Gaai
Broekenhoek
Moen
Bavegemknok
Sint-Denijs
Liefkenshoek
Dries
Vier Abelen
Vijfkeer
Rokershoek
Gaver
Helkijn
Kasteel van Spiere
Hellenhoek
Guermignies
Spiere-Helkijn
Vromanwijk
La Pomme d'Or
Spiere
Warcoing
Cavrinnes
Hérinnes
Au Pont Rouge
Château d'En Bas
Le Courrou
Château de Pecq
Le Ploui
Rivage de Léaucourt
Petite Hollande
La Tourelle
Obigies
Frayère
Château de Flinnes
Le Havron
Bruyère
Paradis
Pont-à-Chin
Servoir
Passy
Tournai Froyennes
Le Marais
Anc.Chau.de Froyennes
Château de Beauregard
Petit Maire
Froyennes
Tournai
La Marmite
Faubourg de Lille
Résidence Lelubre
Faubourg St-Martin
Maroc
Pont à Rieu
Chercq
Vaulx
Bateau-Mouches
Faubourg de Valenciennes
Alain
Beffroi
Faubourg de Maire
Vert Lion
Breuze
Chau.du Saulchoir
A Malakoff
La Tombe
Faubourg du Château
Cité du 24 Août
Faubourg de Morel
Cité Paul Carette
Warchin
Faubourg de Marvis
Tournai-Kain
Kain
Ormont
Trieu des Veaux
Bizencourt
Mont de la Trinité
La Folie
Vossenhoek
Zaveleinde
Laten
Stroput
Montaleu
Otegem
Herrekot
Truweel
Kloosterhoek
Heestert
Bos
Kaphoek
Avelgem
Knok
Dries
Scheldeburcht
Raaptorf
Huttegem
Okkerdries
Gibraltar
Binnenhaven Avelgem
Outrijve
Poeldries
Bossuit
Petit Marais
St-Janswijk
Pottes
Jonquoi
La Gruenerie
Le Quènoi
Grand Breuc
Rejet Maquet
Rejet Cadu
Rejet Moulu
Rejet de Sèble
Bois Cahu
Butor
Rue Haute
Molenbaix
Vert Chemin
Haut Hameau
Dandouille
Pierrots
Grand Rejet
Farinette
Obigies
Brulle
Bourgogne
La Goudinière
Rejet du Sart
Mont-St-Aubert
Col de la Croix-Jubaru - 99m.
Hameau du Moulin
Ingooigem
Scheihoek
Schernaai
Neerkouter
Ruifeleinde
Hollendries
Bassegem
Tiegem
Klijthoek
Neerkouter
Kaankouter
Hofdries
Vierschaar
Waarmaarde
Molenhoek
Rugge
Turkenhoek
Schelde
Escanaffles
Rivage
L'Alouette
Courbes
Pont à l'Haie
Rejet de Rone
Orroir
Basse Winbreuc
Haute Winbreuc
Capon
Musquenerie
Verd Breuc
Clairieu
Noir Mouton
Hêtre
Bequereau
Au Moulin des Aunes
Basse Plaine
Celles
Carnoi
Petit Hollaye
Château de la Cazerie
Moulin
Château du Grand Châtelet
Menhart
Croix Menhart
Hameau del Prée
Le Vert Fagot
Clipet
Le Berlion
La Bilocherie
Fauchie
Velaines
Quièvremont
Mourcourt
Vert Marais
Melles
Breuze
Le Calvaire
Bois de Breuze
Bois de St-Martin
Druguet
Rumillies
Château de la Solitude
Le Vent de Bise
Havinnes
Ligni
Tournai Vaulx
Bétomé
Cangé
La Providence
Bourgambray
Centre de Loisirs de l'Orient
Les Vignobles
Gijzelbrechtegem
Beekstraat
Elsegem
Kaster
Merkegem-hoek
Halendries
Varent
Heie
Vossenhoek
Kerkhove
Berchem
Grijkoort
Brugge
Kontrijn
Stoutegem
Kluisbergen
Molenbeek
Kwaremont
Ruien
Pensemont
Speitbeke
Vogelzang
Buisestraat
Kalmont
Defliere
Kluisbos
Kluisberg
Les Fontaines
Renard
Tri Ponchau
Horlitin
Guérissart
Les Croisons
Le Trieu
Labroie
Mont-de-l'Enclus
Amougies
Gaillard
Le Bu
Maffle
Rejet à Rone
Haut Chemin
Hameau du Moulin
Duquegnies
Anseroeul
Chemin d'Hollaye
Petite Croix
Petite Hollande
A la Justice
Coq d'Agache
Beauregard
Truau
Maubray
Haut Rejet
Petit Quènoi
La Balance
Moulin à Bras
Chauni
Cordes
Château d' Ogimont
Le Trieu
Brundier
Forest
Artimont
Maureu
Populelles
Rue d'en Haut
Tordoir
Sart
Le Moulin
Verte Vallée
Quartes
Mantou
Bois Havinnois
Boisac
Thimougies
Haut Hameau
Saucelle
La Fontaine
Le Fintiau
Haut-Rejet
Marais
Pont du Relais
Le Sabot
Grand Rejet
Chef-Lieu
Beclers
Hameau de l'Abbaye
Royaume
Liberchies
Crotière
Les Petits-Bois
Wirie
Gaurain-Ramecroix
Les Wiots
Bois de St-Marc
Bois d'Antoing
Haut Trieu
Melden
Meerse
Winkelendries
Helsbroek
Pladutse
Kwadestraat
Zulzeke
Boomgaarddries
Beekkant
Paterberg
Nophove
Lamont
Kalkhoven
Knokt
Kraaie
Hotond
Lankvelde
Wittentak
Wadimont
Russeignies
Klijpe
Triburie
Bakkereel
Les Marais
Paillaart
L'Escarbotte
Wattripont
Tuquet
Château de Wattripont
Beauvollers
L'Ableau
Pont de Pierre
Dergneau
Marais
Beaureu
Herbigette
Arc
Ainières
Le Carnoi
Hameau Delbart
Hameau d'Outre
Le Pureau
Anvaing
La Courbe
Hameau du Moulin
Le Pli
Château d' Anvaing
Le Maillet
Hameau de Mortagne
Calloi
Marais-de-Martagne
El Motte
Le Procy
La Dîme
Mianvaing
Barberie
Le Pire
Montroeul-au-Bois
Hameau du Bois
Bois de Petrieu
Pétrieu
Herquegies
Le Bas
Bois des Houppes
Grand Masuré
Altière
Le Fayi
Maulde
Le Menil
La Dieffère
Château de Maulde
Gallaix
Froidmanteau
Brigaude
Caumont
Lorquènoi
Mansart
Coron de Lorquènoi
GR 5A
GR 5A-E2
GR122
GR 122
GR 122A
E2
A8
A16
E429
N7
N8
N36
N48
N50
N353
N382
N391
N453
N494
N508
N509
N510
N512
N529
R52
3b
32
33
34
34bis
Bourgambray
14B

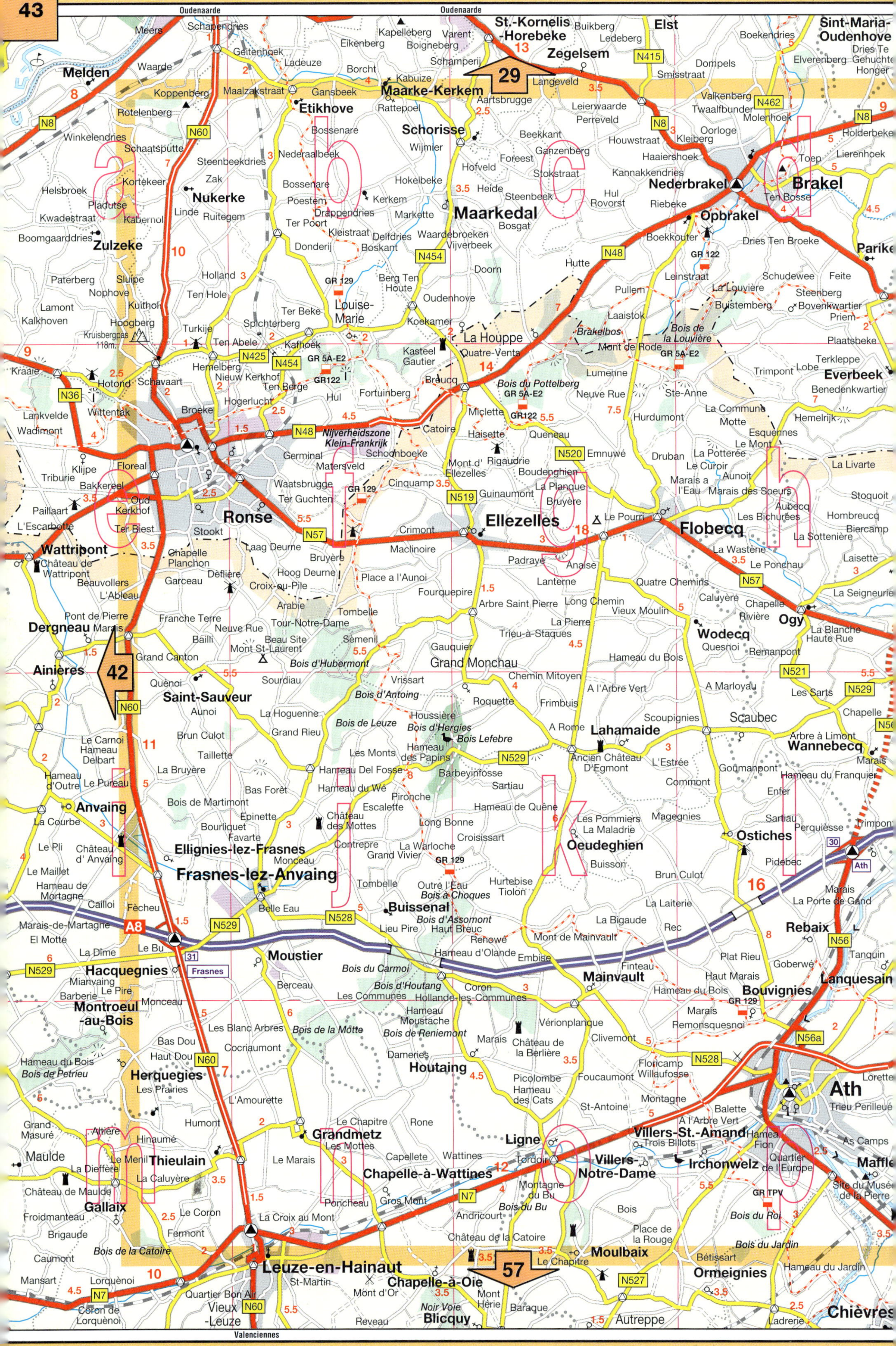
Oudenaarde
Oudenaarde
Meers
Schapendries
Melden
Waarde
Geitenhoek
Ladeuze
Eikenberg
Kapelleberg
Boigneberg
Varent
Borcht
Schamperij
Kabuize
St.-Kornelis
-Horebeke
Buikberg
Ledeberg
Elst
Zegelsem
Boekendries
Sint-Maria-
Oudenhove
Dries Te
Gehuchte
Honger
Elverenberg
Dompels
Smisstraat
N415
29
Langeveld
Koppenberg
Maalzakstraat
Gansbeek
Maarke-Kerkem
Rattepoel
Aartsbrugge
Etikhove
Rotelenberg
N8
N60
Winkelendries
Schaatsputte
Bossenare
Schorisse
Wijmier
Beekkant
Ganzenberg
Leierwaarde
Perreveld
Valkenberg
Twaalfbunder
N462
Molenhoek
N8
Holderbeke
Houwstraat
Kleiberg
Oorloge
Lierenhoek
Haaiershoek
Toep
Steenbeekdries
Nederaalbeek
Zak
Nukerke
Hokelbeke
Kerkem
Hofveld
Foreest
Stokstraat
Kannakkendries
Kortekeer
Helsbroek
Linde
Ruitegem
Bossenare
Poestem
Drappendries
Markette
Heide
Steenbeek
Hul
Rovorst
Nederbrakel
Brakel
Pladutse
Kwadestraat
Kabernol
Ter Poort
Kleistraat
Maarkedal
Bosgat
Riebeke
Ten Bosse
Opbrakel
Boomgaarddries
Zulzeke
Donderij
Delfdries
Boskant
Waardebroeken
Vijverbeek
Boekkouter
Dries Ten Broeke
Parike
N454
N48
GR 122
Holland
Hutte
Leinstraat
Paterberg
Sluipe
Nophove
Ten Hole
GR 129
Berg Ten
Houte
Doorn
Pullem
Schudewee
Feite
La Louvière
Steenberg
Bovenkwartier
Lamont
Kuithol
Ter Beke
Louise-
Marie
Oudenhove
Buisstemberg
Priem
Kalkhoven
Hoogberg
Spichterberg
Laaistok
Kruisbergpas
118m.
Turkije
Koekamer
La Houppe
Brakelbos
Bois de
la Louvière
Plaatsbeke
Ten Abele
Kafhoek
Quatre-Vents
Mont de Rode
GR 5A-E2
Kraaie
Hotond
Schavaart
Hemelberg
N425
N454
GR 5A-E2
Kasteel
Gautier
Terkleppe
Trimpont
Lobe
Everbeek
Nieuw Kerkhof
Ten Berge
GR122
Brucq
Bois du Pottelberg
GR 5A-E2
Lumenne
N36
Wittentak
Hogerlucht
Hul
Fortuinberg
Neuve Rue
Ste-Anne
Benedenkwartier
Lankvelde
Wadimont
Broeke
Miclette
GR122
La Commune
Motte
Hemelrijk
Hurdumont
Nijverheidszone
Klein-Frankrijk
Catoire
Haisette
Queneau
Esquennes
Schoonboeke
N48
Rigaudrie
Le Mont
Triburie
Klijpe
Floreal
Germinal
Matersveld
Mont d'
Ellezelles
N520
Emnuwé
Druban
La Potterée
La Livarte
Boudenghien
Le Curoir
Bakkereel
Waatsbrugge
GR 129
Cinquamp
Marais à
l'Eau
Aunoit
La Planque
Marais des Soeurs
Stoquoit
Paillaart
Oud
Kerkhof
Ter Guchten
Guinaumont
Bruyère
Aubecq
Les Bichurées
Hombreucq
L'Escarbotte
Ter Biest
Ronse
N519
Le Pourri
Biercamp
Stookt
N57
Crimont
Ellezelles
Flobecq
La Sottenière
Wattripont
Château de
Wattripont
Chapelle
Planchon
Laag Deurne
Maclinoire
Padraye
La Wastène
Laisette
Bruyère
Le Ponchau
Garceau
Défilière
Hoog Deurne
Place a l'Aunoi
Analse
Beauvollers
L'Ableau
Croix-au-Pile
Lanterne
Quatre Chemins
N57
Fourquepire
Caluyère
La Seigneurie
Arabie
Long Chemin
Pont de Pierre
Tombelle
Arbre Saint Pierre
Vieux Moulin
Chapelle
Franche Terre
Tour-Notre-Dame
Rivière
Ogy
Dergneau
Marais
Neuve Rue
La Pierre
Wodecq
Bailli
Beau Site
Semenil
Trieu-à-Staques
La Blanche
Haute Rue
Mont St-Laurent
Quesnoi
Grand Canton
Gauquier
Remanpont
Ainières
42
Bois d'Hubermont
Grand Monchau
Hameau du Bois
N521
Sourdiau
Chemin Mitoyen
A l'Arbre Vert
A Marloyau
Les Sarts
Quènoi
Vrissart
N529
Saint-Sauveur
Bois d'Antoing
Aunoi
Roquette
Frimbuis
Scaubec
N60
La Hoguenne
Houssière
Scoupignies
Chapelle
Bois de Leuze
Bois d'Hergies
Bois Lefebre
A Rome
Lahamaide
Le Carnoi
Hameau
Delbart
Brun Culot
Grand Rieu
Hameau
des Papins
Les Monts
Ancien Château
D'Egmont
L'Estrée
Arbre à Limont
Wannebecq
Taillette
N529
Marais
Goumanpont
Hameau
d'Outre
Le Pureau
La Bruyère
Hameau Del Fosse
Barbeyinfosse
Hameau du Franquier
Bas Forêt
Hameau du Wé
Sartiau
Comment
Enfer
Bois de Martimont
Pironche
Escalette
Hameau de Quène
Anvaing
Epinette
Château
des Mottes
Les Pommiers
La Maladrie
Magegnies
Sartiau
Perquièsse
La Courbe
Bourliquet
Long Bonne
Trimpont
Le Pli
Château
d' Anvaing
Favarte
Croisissart
Osticles
Ellignies-lez-Frasnes
Contrepre
La Warloche
Oeudeghien
Le Maillet
Monceau
Grand Vivier
GR 129
Pidebec
Frasnes-lez-Anvaing
Buisson
Brun Culot
Ath
Hameau de
Mortagne
Tombelle
Outre l'Eau
Hurtebise
Tiolon
Marais
16
Calloi
Fècheu
Bois à Choques
La Porte de Gand
Marais-de-Martagne
Belle Eau
N528
Buissenal
La Laiterie
El Motte
A8
N529
Bois d'Assomont
Lieu Pire
Haut Breuc
La Bigaude
Rebaix
Renowé
Mont de Mainvault
Rec
La Dime
Le Bu
31
Moustier
Hameau d'Olande
N56
Embise
Tanquin
N529
Hacquegnies
Frasnes
Plat Rieu
Mianvaing
Bois du Carmoi
Finteau
Goberwé
Barberie
Le Pire
Berceau
Bois d'Houtang
Coron
Mainvault
Haut Marais
Lanquesain
Montroeul
-au-Bois
Monceau
Les Communes
Hollande-les-Communes
Hameau du Bois
Bouvignies
Les Blanc Arbres
Hameau
Moustache
Marais
GR 129
Bois de la Motte
Vérionplanque
Remonsquesnoi
Bas Dou
Bois de Reniemont
Clivemont
N56a
Cocriaumont
Marais
Château de
la Berlière
Hameau du Bois
Haut Dou
N60
Dameries
N528
Bois de Petrieu
Houtaing
Floricamp
Willaufosse
Herquegies
Foucaumont
Lorette
Les Prairies
Picolombe
Hameau
des Cats
Ath
L'Amourette
Montagne
Trieu Perilleux
St-Antoine
Grand
Masure
Humont
Le Chapitre
Rone
Balette
Altière
Hinaumé
Grandmetz
A l'Arbre Vert
Villers-St.-Amand
Hamea
Fion
As Camps
Maulde
Le Menil
Thieulain
Les Mottes
Ligne
Trois Billots
Le Marais
Capellete
Wattines
Tordoir
Villers-
Notre-Dame
Irchonwelz
Quartier
de l'Europe
Maffle
La Dieffère
La Caluyère
Chapelle-à-Wattines
Château de Maulde
Montagne
du Bu
Site du Musée
de la Pierre
GR TPV
Gallaix
Poncheau
Gros Mont
N7
Bois
Froidmanteau
Le Coron
La Croix au Mont
Andricourt
Bois du Bu
Bois du Roi
Brigaude
Fermont
Place de
la Rouge
Château de la Catoire
Bois du Jardin
Caumont
Bois de la Catoire
Bétissart
57
Le Chapitre
Moulbaix
Leuze-en-Hainaut
Hameau du Jardin
Ormeignies
Mansart
Lorquènoi
St-Martin
Chapelle-à-Oie
Quartier Bon Air
Mont d'Or
N527
N7
Mont
Hérie
Coron de
Lorquènoi
Vieux
-Leuze
N60
Noir Voie
Baraque
Reveau
Blicquy
Autreppe
Ladrerie
Chièvres
Valenciennes

Oosterzele
Ninove
Ronse
Aalst
Pijperzele
Molenhoek
Gapenberg
Waterloze
N8
Bossestraat
Voorde
N45
Ninove
Meerbeke
CP
Stenen Brug
Kruis
Tenberg
Ternat
Driehoek
Sint-Maria-Lierde
Ophasselt
Dries
30
Zevenhoek
Pollare
Appelterre-Eichem
Roe
N255
Koudenberg
Eikenmolen
Nieuwewijk
Langemunte
Vrijheid
Moenebroek
Boskouter
Mussenhoek
De Kwaadbroeken
Steenberg
Bareel
Neuringen
Vierhoek
N28
Neigembos
Bevingen
Kardinaalshoek
Lierde
Larebeke
Smeerebbe-Vloerzegem
Bullegem
Fliereindries
Stebbingen
Sint-Martens-Lierde
Hemelveerdegem
N460
Idegem
Zandbergen
Hof van Lier
Roost
Renderstede
Varenberg
Neigem
Hoogstraat
Oude Kerkhoek
Stratendries
Berg
Grimminge
Bokkendries
Denderwindeke
Gemeldorp
Schendelbeke
Dender
Bovenkassel
Neiken
Lestpolder
Kasteel Beaupré
GR 512
Linkebeek
Lieferinge
Hoeve
Lingeren
Gelategem
Boshoek
Deftinge
Broek
N42
Pikkelgem
Gavers, Recreatiedomein
Onkerzele
Keringen
Overaad
Nieuwenhove
Dasselt
Vrekkem
Boskant
Koolpot
Bovenhoek
Bettenhoek
Boterdaal
Grote Haarding
Kalenberg
Nederboelare
Overpoort
N493
GR 5A
E2
Raspaillebos
Moerbekebos
Bosveld
Waarbeke
Steenhout
Kasteel van Steenhault
Steenhoutbos
Oetingen
Korrele
Kleie
Duitsenbroek
Geraardsbergen
Oudenberg
Atembeke
Bruinsbroek
Kongoberg
Hul
Zavelberg
Goeferdinge
Zarlardinge
Overboelare
Kleine Buizemont
Schillebeke
N495
Wilderen
Karkoolbos
Aulstberg
St-Leonardus
N255
Bonte Veld
Boskouter
Holland
Reke
Planken
Sint-Paulus
Galmaarden
Peterbroek
Vollezele
Nemerkendries
N272
Gelembeke
Grote Buizemont
Arduinbos
Moerbeke
N272
Vijfhoek
Spieringen
Rue du Cloître
Bastringue
Heuvelstraat
Viane
Mark
Gemelingen
Hazendries
N272
Druimeren
Kleinberg
Tollembeek
Mon Passage
Boureng
N495
Rode
Winterkeer
Muilebeek
Leenstraat
Petite-Hollande
Quatre-Vents
N42
Chapelle-St-Pierre
Klein-Frankrijk
Embeke
Tinseleer
Humbeekstraat
Hekkelenberg
Ghoy
Deux-Acren
Remincourt
Lisière du Bois
Herhout
Pausleenstraat
Oud Klooster
L'Abiau
Pont d'Ancre
Marais Glacenée
GR 121B
Bloemendaal
Bosstraat
N263
N249
Stevelberg
Groeneboom
Kwatem
Hoge Keer
N269
Liezebeekwijk
Herne
Kerkebos
Les Sarts
Bever
Akrenbos
Burcht
Kamstraat
Heisbroek
N495
Hellingen
Rendries
N255
Rankhove
Kenimont
Lessines
Mouplon
Bois Long
Bois Tudé
Fourbiesart
Broek
Handkerselaar
Barakkendries
Tenbroek
Quatre Vents
Bois d'Acren
Sint-Pieters-Kapelle
Smeiersmark
Galgedries
45
Kokiane
Houraing
Château d'Yve ou de Lestriverie
N263
Gezule
Puit
Muit
Komijn
Donkerstraat
Buitenmolen
Coquiane
Lobreuc
La Moupliere
Bois-de-Lessines
Laag Manhove
Rasbeek
Torreborre
Hernepoort
Drie Pikkels
Hayettes
Hameau d'En Haut
Torrezeel
Romont
Hoog Manhove
Enghien
Marcq
Hameau du Pont
Culot
Vert Chemin
Château Empain
N7
N521
Moulin
Ollignies
Bois Bara
Petit Bruxelles
Parc et Maison Jonathas
Papignies
Warissaet
Bassilly
Le Roo
N285
Château de Warelles
Les Pires
Florbec
N57
La Verte Louche
N263
Enghien
Mazenque
La Cavée
La Croisette
E429
A8
Dendre
Grand Marais
Tri Bauriau
Stokoi
Bourlon
Bassilly
T.G.V.
Humbec
Hoves
Lessines
N7
Hoves
Isières
Plaquerie
Stoquoi
Hollebecq
Houtain
L'Abliau
Marie-Bols
Bourlotte
Le Marais
Carmoi
Champ Notre-Dame
Paradis
Les Six Censes
Haut Aunoi
Ghislenghien
N540
Milst
Kwadestraat
R 121
Hameau du Diable
Mitron
Culot des Trippes
Haut Marais
Meslin-l'Evêque
Liermont
N55
La Croix
Saint-Marcourt
Culot du Bois
Rocmont
GR 121
Buc
Tramasure
Silly
Le Brunfau
Horlebec
Le Renard
Beauregard
Hameau d'En Haut
Patrouille
Steenkerque
N7
Le Marais
Bois d'Enghien
Bois du Carmoi
Manage
Glaude
Gibecq
Gambremont
Bois de Silly
Rocmont
Le Trou
Hameau du Bois
GR 129
N57
Boskante
Bonne Haie
L'Hôtel
Bois du Renard
Wilausart
L'Alouette
Stoki
Bergère
Mauvinage
Bois de Linge
Clapteu
Graty
Le Fays
T.G.V.
Bois d'Impegnies
Le Brâgues
Gondregnies
L'Ossie
Mascimeau
La Trahison
Horruette
Ponchau
Bois d'Attre
Hameau du Patard
Parfond Rieu
Queue du Bois
Bois de Cambron
La Belle-Croix
Boussemont
Bois d'Herimé
Fouleng
La Loge
Joli Bois
Les Trieux
Jetterlau
L'Ermitage
La Croisette
Petit Chièvres
Thoricourt
Château de l' Aunoi
La Sécrée
Large Pied
Arbre
Château d'Attre
Château de Gages
La Fostrée
L'Aire
Château Smitz
Attre
Cailloutière
Mévergnies
Panottes
Monterau
Le Masi
Gages
Linchart
L'Herse
Auverlau
Horrues
Les Montis
N523
Les Froids Parois
Hubeaumel
N56
Bois de la Provision
58
Lombise
Le Caillou
L'Ardoisier
Neusart
N57
Valet Maquet
Brugelette
Genestrier
Les Carmes
Bolligines
Chaussée-N-D-Louvignies
Long Pont
Biamont
N525
Cambron-Casteau
Haute Rue
Froidmont
Monbriau
La Guelenne
Mons
Soignies

Meerbeke
Roesbeke
O.-L.-Vr.-Lombeek
Sint-Martens-Lennik
Lennik
Sint-Kwintens-Lennik
Gaasbeek
Vlezenbeek
Neigem
Gooik
Lieferinge
Sint-Laureins-Berchem
Oudenaken
Ruisbroek
Leerbeek
Elingen
St. Pieters-Leeuw
Oetingen
Kester
Pepingen
Breedhout
Lot
Herfelingen
Huizingen
Bogaarden
Bellingen
Buizingen
Beert
Heikruis
Halle
Essenbeek
Lembeek
Saintes
Bierghes
Enghien
Petit-Enghien
Wisbecq
Clabecq
Tubize
Braine-le-Château
Wauthier-Braine
Quenast
Rebecq
Rebecq-Rognon
Oisquercq
Haut-Ittre
Steenkerque
Ittre
Hennuyères
Virginal-Samme
Pet.-Roeulx-lez-Braine
Braine-le-Comte
Ronquières
Horrues
Bornival
Monstreux
Henripont
31
44
59
N28
N285
N282
N272
N7
N6
N203
N203a
N261
N280
N55
N57
N533
N533
E19
A7
E429
A8

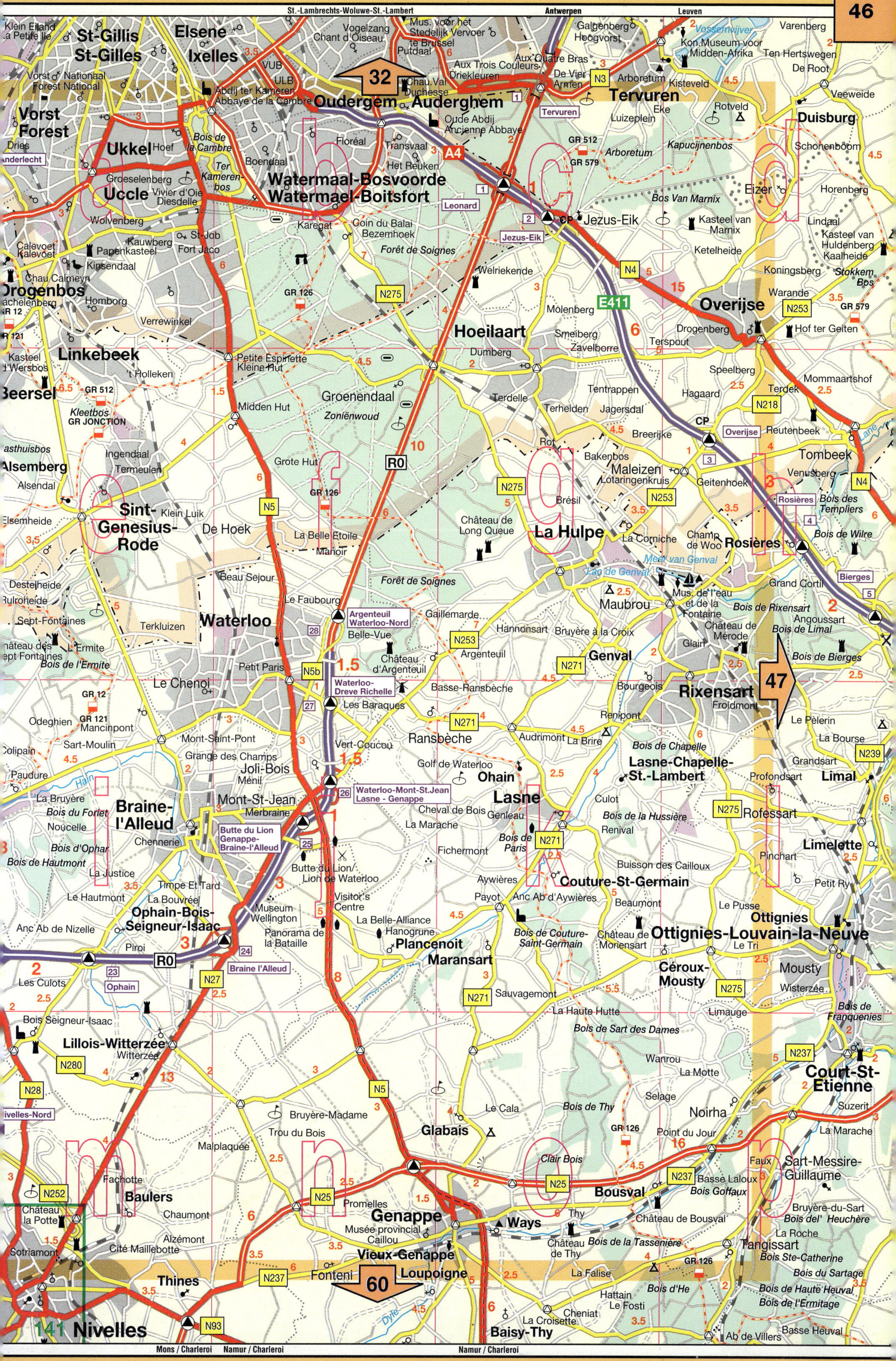
St.-Lambrechts-Woluwe-St.-Lambert
Antwerpen
Leuven
Klein Eiland
La Petite Île
St-Gillis
St-Gilles
Elsene
Ixelles
Vogelzang
Chant d'Oiseau
Mus. voor het Stedelijk Vervoer
te Brussel
Putdaal
VUB
ULB
Abdij ter Kameren
Abbaye de la Cambre
32
Chau. Val Duchesse
Aux Trois Couleurs
Driekleuren
Aux Quatre Bras
De Vier Armen
Galgenberg
Hoogvorst
Vossemvijver
Kon. Museum voor Midden-Afrika
Varenberg
Ten Hertswegen
De Root
Vorst
Forest
Nationaal
Forest National
Oudergem
Auderghem
N3
Arboretum
Tervuren
Kisteveld
Veeweide
Eke
Luizeplein
Rotveld
Duisburg
Dries
Ukkel
Hoef
Bois de la Cambre
Oude Abdij
Ancienne Abbaye
Tervuren
GR 512
GR 579
Arboretum
Kapucijnenbos
Schonenboom
Anderlecht
Floréal
Transvaal
A4
Het Reuken
Groeselenberg
Uccle
Vivier d'Oie
Diesdelle
Ter Kamerenbos
Boendaal
Watermaal-Bosvoorde
Watermael-Boitsfort
Leonard
Bos Van Marnix
Eizer
Horenberg
Wolvenberg
Karegat
Coin du Balai
Bezemhoek
Jezus-Eik
CP
Kasteel van Marnix
Lindaal
Kasteel van Huldenberg
Kaalheide
Calevoet
Kalevoet
Kauwberg
Papenkasteel
St-Job
Fort Jaco
Kinsendaal
Forêt de Soignes
Welriekende
Ketelheide
N4
Koningsberg
Stokkem Bos
Chau Calmeyn
Drogenbos
Homborg
GR 126
N275
E411
Molenberg
15
Warande
GR 579
Overijse
N253
Hof ter Geiten
Verrewinkel
Hoeilaart
Smeiberg
Zavelborre
Drogenberg
Terspout
Kasteel d'Wersbos
Linkebeek
't Holleken
Petite Espinette
Kleine Hut
Dumberg
Speelberg
Mommaartshof
Beersel
GR 512
Kleetbos
GR JONCTION
Groenendaal
Zoniënwoud
Midden Hut
Terdelle
Tentrappen
Terhelden
Jagersdal
Hagaard
Terdek
N218
Breerijke
CP
Overijse
Reutenbeek
Tombeek
Venusberg
N4
Huisbos
Alsemberg
Alsendal
Ingendaal
Termeulen
Grote Hut
R0
Rot
Bakenbos
Maleizen
Lotaringenkruis
Geitenhoek
N5
N275
Brésil
N253
Rosières
Bois des Templiers
Sint-Genesius-Rode
Klein Luik
De Hoek
GR 126
La Belle Etoile
Manoir
Château de Long Queue
La Hulpe
La Corniche
Champ de Woo
Rosières
Bois de Wilre
Lac de Genval
Meer van Genval
Beau Sejour
Forêt de Soignes
Mus. de l'eau et de la Fontaine
Grand Cortil
Bierges
Destelheide
Rolroheide
Le Faubourg
Argenteuil Waterloo-Nord
Gaillemarde
Maubrou
Bois de Rixensart
Angoussart
Bois de Limal
Sept-Fontaines
Terkluizen
Waterloo
Belle-Vue
Hannonsart
Bruyère à la Croix
Château de Mérode
Glain
Bois de Bierges
Château des Sept Fontaines
L'Ermite
Bois de l'Ermite
Petit Paris
N5b
Château d'Argenteuil
N253
Argenteuil
Genval
N271
Le Chenoi
Waterloo-Dreve Richelle
Les Baraques
Basse-Ransbèche
Bourgeois
Rixensart
Froidmont
47
GR 12
GR 121
Odeghien
Mancinpont
Sart-Moulin
N271
Audrimont
La Brire
Renipont
Le Pèlerin
Colipain
Mont-Saint-Pont
Grange des Champs
Vert-Coucou
Ransbèche
Bois de Chapelle
La Bourse
Joli-Bois
Ménil
Golf de Waterloo
Ohain
Lasne-Chapelle-St.-Lambert
Grandsart
Profondsart
N239
Limal
Paudure
Hain
La Bruyère
Bois du Foriet
Braine-l'Alleud
Mont-St-Jean
Merbraine
Waterloo-Mont-St.Jean Lasne - Genappe
Lasne
Genleau
Culot
Bois de la Hussière
N275
Rofessart
Nouvelle
Chennerie
Butte du Lion Genappe-Braine-l'Alleud
Cheval de Bois
La Marache
Renival
Bois d'Ophar
Bois de Hautmont
Bois de Paris
N271
Fichermont
Pinchart
Limelette
La Justice
Butte du Lion
Lion de Waterloo
Buisson des Cailloux
Petit Ry
Le Hautmont
Timpe Et Tard
La Bouvrée
Ophain-Bois-Seigneur-Isaac
Aywières
Couture-St-Germain
Museum Wellington
Visitor's Centre
Payot
Anc Ab d'Aywières
Beaumont
Le Pusse
Ottignies
Anc Ab de Nizelle
Panorama de la Bataille
La Belle-Alliance
Hanogrune
Plancenoit
Bois de Couture-Saint-Germain
Château de Moriensart
Ottignies-Louvain-la-Neuve
Le Tri
Piroi
R0
Maransart
Céroux-Mousty
Mousty
Les Culots
Ophain
Braine l'Alleud
N27
N271
Sauvagemont
N275
Wisterzée
Bois de Franquenies
Bois Seigneur-Isaac
La Haute Hutte
Bois de Sart des Dames
Limauge
Lillois-Witterzée
Witterzée
Wanrou
La Motte
N237
Court-St-Etienne
N280
N5
Selage
Bois de Thy
N28
Nivelles-Nord
Bruyère-Madame
Trou du Bois
Le Cala
GR 126
Noirha
Suzerit
Glabais
Point du Jour
La Marache
Malplaquée
Clair Bois
Sart-Messire-Guillaume
Fachotte
N25
Bousval
N237
Basse Laloux
Bois Goffaux
Baulers
Promelles
N25
Genappe
Ways
Thy
Château de Bousval
Bruyère-du-Sart
Bois del' Heuchère
N252
Château la Potte
Chaumont
Musée provincial Caillou
La Roche
Alzémont
Château de Thy
Bois de la Tassenière
Tangissart
Bois Ste-Catherine
Sotriamont
Cité Maillebotte
Vieux-Genappe
Loupoigne
GR 126
Bois du Sartage
N237
Fonteni
60
La Falise
Bois d'He
Bois de Haute Heuval
Thines
Hattain
Le Fosti
Bois de l'Ermitage
Dyle
Cheniat
La Croisette
141
Nivelles
N93
Baisy-Thy
Basse Heuval
Ab de Villers
Mons / Charleroi
Namur / Charleroi
Namur / Charleroi

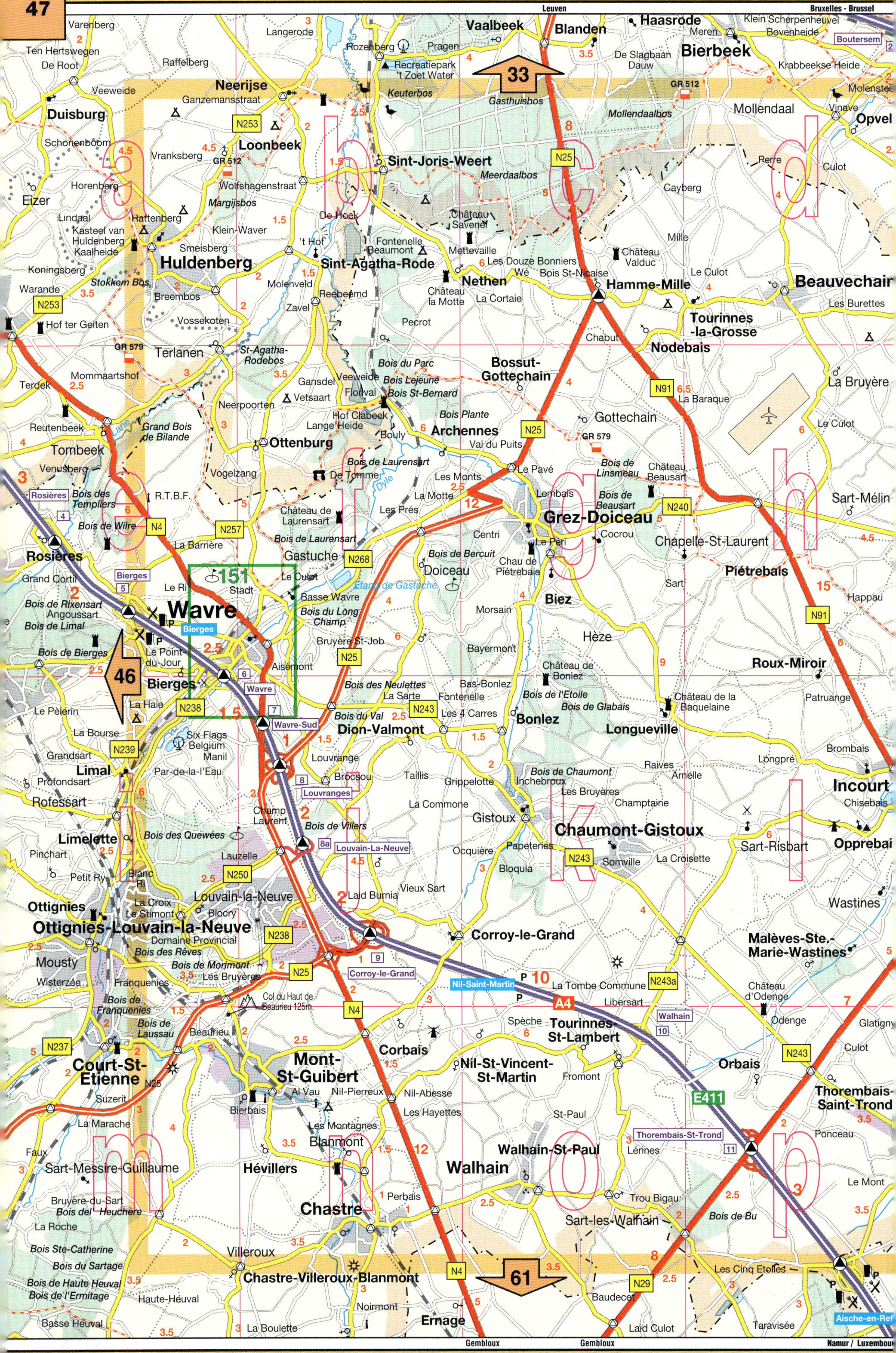
Leuven
Bruxelles - Brussel
Varenberg
Langerode
Vaalbeek
Blanden
Haasrode
Klein Scherpenheuvel
Bovenheide
Boutersem
Ten Hertswegen
De Root
Raffelberg
Rozenberg
Pragen
Recreatiepark 't Zoet Water
Meren
Bierbeek
De Slagbaan
Dauw
Krabbeekse Heide
33
Gasthuisbos
Keuterbos
Neerijse
Ganzemansstraat
Veeweide
Duisburg
Molenstee
Vinave
Opvel
Mollendaalbos
Mollendaal
GR 512
N253
Loonbeek
Schonenboom
Vranksberg
Sint-Joris-Weert
Meerdaalbos
N25
Rerre
Culot
Eizer
Horenberg
Wolfshagenstraat
Margijsbos
Cayberg
Lindaal
Hattenberg
De Hoek
Château Savenel
Kasteel van Huldenberg
Kaalheide
Klein-Waver
Smeisberg
't Hof
Fontenelle
Beaumont
Mettevaille
Mille
Château Valduc
Les Douze Bonniers
Koningsberg
Huldenberg
Sint-Agatha-Rode
Wé
Bois St-Nicaise
Le Culot
Stokkem Bos
Warande
Breembos
Molenveld
Reebeemd
Château la Motte
Nethen
La Cortaie
Hamme-Mille
Beauvechain
Les Burettes
Zavel
Tourinnes-la-Grosse
Hof ter Geiten
Vossekoten
Pecrot
Chabut
Nodebais
GR 579
Terlanen
St-Agatha-Rodebos
Bossut-Gottechain
Terdek
Mommaartshof
Gansdel
Veeweide
Bois du Parc
Bois Lejeune
Bois St-Bernard
N91
La Baraque
La Bruyère
Vetsaart
Florival
Gottechain
Reutenbeek
Neerpoorten
Hof Clabeek
Lange Heide
Bois Plante
Archennes
Grand Bois de Bilande
Bouly
Val du Puits
Le Culot
Tombeek
Ottenburg
Venusberg
Vogelzang
De Tomme
Bois de Laurensart
Le Pavé
Bois de Linsmeau
Château Beausart
Rosières
Bois des Templiers
R.T.B.F.
Les Monts
La Motte
Dyle
Lembais
Bois de Beausart
Sart-Mélin
Les Prés
Château de Laurensart
N240
Grez-Doiceau
Bois de Wilre
N4
N257
Bois de Laurensart
Centri
Cocrou
Chapelle-St-Laurent
La Barrière
Le Péri
Gastuche
N268
Bois de Bercuit
Piétrebais
Bierges
151
Le Culot
Doiceau
Chau de Piétrebais
Grand Cortil
Le Ri
Stadt
Etang de Gastuche
Sart
Happau
Bois de Rixensart
Angoussart
Wavre
Basse Wavre
Biez
N91
Bois de Limal
Bierges
Bois du Long Champ
Morsain
Bruyère St-Job
Hèze
Bois de Bierges
Le Point-du-Jour
N25
Bayermont
Roux-Miroir
46
Bierges
Aisémont
Château de Bonlez
Wavre
Bois des Neulettes
Bas-Bonlez
Bois de l'Etoile
Château de la Baquelaine
Patruange
Le Pèlerin
La Haie
N238
La Sarte
Fontenelle
Bois de Glabais
Wavre-Sud
N243
Les 4 Carres
Bois du Val
Dion-Valmont
Bonlez
Longueville
La Bourse
Six Flags Belgium
Brombais
Grandsart
N239
Manil
Louvrange
Raives
Longpré
Limal
Par-de-la-l'Eau
Bois de Chaumont
Profondsart
Brocsou
Taillis
Grippelotte
Inchebroux
Arnelle
Incourt
Les Bruyères
Louvranges
Champtaine
Chisebais
Rofessart
La Commone
Champ Laurent
Gistoux
Bois de Villers
Chaumont-Gistoux
Sart-Risbart
Opprebais
Limelette
Bois des Quewées
Louvain-La-Neuve
Ocquière
Papeteries
Pinchart
Lauzelle
N243
Somville
La Croisette
Bloquia
Petit Ry
N250
Blanc Ri
Lald Burnia
Vieux Sart
Wastines
Ottignies
La Croix
Louvain-la-Neuve
Le Stimont
Blocry
Ottignies-Louvain-la-Neuve
Domaine Provincial
N238
Corroy-le-Grand
Malèves-Ste.-Marie-Wastines
Mousty
Bois des Rêves
Bois de Morimont
N25
Corroy-le-Grand
Nil-Saint-Martin
La Tombe Commune
N243a
Château d'Odenge
Wisterzée
Franquenies
Les Bruyères
Libersart
Bois de Franquenies
Col du Haut de Beaurieu 125m.
A4
Walhain
Odenge
Glatigny
Bois de Laussau
N4
Spèche
Tourinnes-St-Lambert
Culot
N237
Beaurieu
Mont-St-Guibert
Corbais
Nil-St-Vincent-St-Martin
Orbais
N243
Court-St-Etienne
N25
Fromont
Thorembais-Saint-Trond
Suzerit
Al Vau
Nil-Pierreux
Nil-Abesse
E411
Bierbais
Les Hayettes
St-Paul
La Marache
Les Montagnes
Thorembais-St-Trond
Ponceau
Faux
Blanmont
Walhain-St-Paul
Lérines
Sart-Messire-Guillaume
Hévillers
Walhain
Le Mont
Bruyère-du-Sart
Bois del Heuchère
Perbais
Chastre
Trou Bigau
La Roche
Sart-lès-Walhain
Bois de Bu
Bois Ste-Catherine
Villeroux
Bois du Sartage
Chastre-Villeroux-Blanmont
N4
61
Les Cinq Etoiles
Bois de Haute Heuval
Bois de l'Ermitage
Haute-Heuval
N29
Baudecet
Noirmont
Basse Heuval
Ernage
La Boulette
Laid Culot
Taravisée
Aische-en-Refail
Gembloux
Gembloux
Namur / Luxembourg

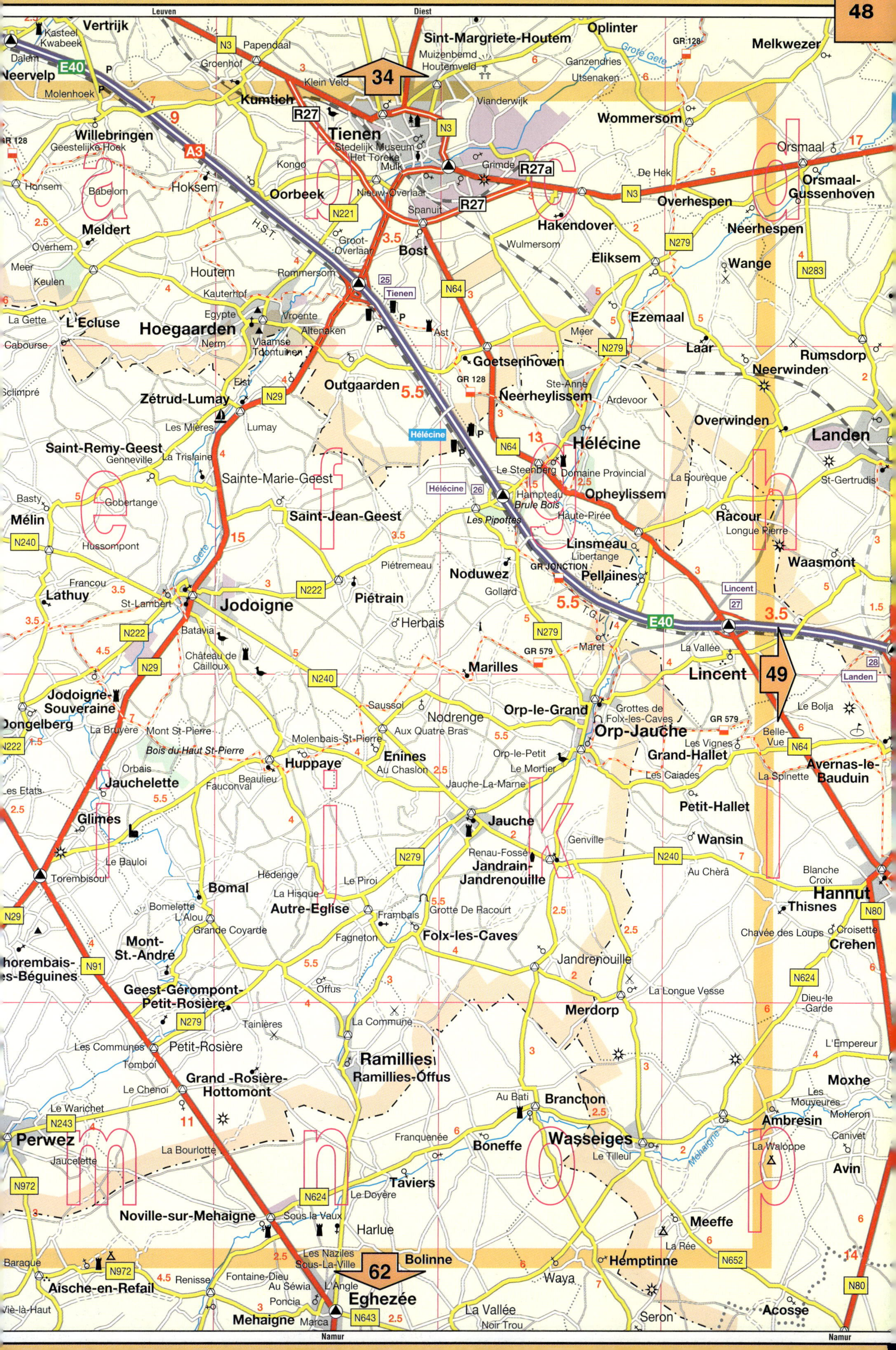
Leuven
Diest
Namur
Namur
34
49
62
Vertrijk
Kasteel Kwabeek
Dalem
Neervelp
E40
Molenhoek
Papendaal
Groenhof
Kumtich
Klein Veld
Sint-Margriete-Houtem
Muizenbemd
Houtemveld
Oplinter
Melkwezer
Ganzendries
Utsenaken
Grote Gete
Vianderwijk
Wommersom
Willebringen
Geestelijke Hoek
Tienen
Stedelijk Museum Het Toreke
Mulk
Grimde
R27a
R27
Orsmaal
Orsmaal-Gussenhoven
Hansem
Babelom
Hoksem
Kongo
Oorbeek
Nieuw-Overlaar
Spanuit
De Hek
Overhespen
Hakendover
Neerhespen
Meldert
Overhem
Groot-Overlaar
Bost
Wulmersom
Eliksem
Wange
Meer
Keulen
Houtem
Rommersom
Tienen
Kauterhof
Egypte
Vroente
Altenaken
Ast
Ezemaal
Laar
La Gette
L'Ecluse
Hoegaarden
Cabourse
Nerm
Vlaamse Tdontuinen
Meer
Goetsenhoven
Rumsdorp
Neerwinden
Sclimpré
Elst
Zétrud-Lumay
Outgaarden
GR 128
Ste-Anne
Neerheylissem
Ardevoor
Overwinden
Landen
Les Mières
Lumay
Hélécine
Saint-Remy-Geest
Genneville
La Trisfaine
Hélécine
Le Steenberg
Domaine Provincial
La Boureque
St-Gertrudis
Sainte-Marie-Geest
Basty
Gobertange
Hélécine
Hampteau
Brule Bois
Opheylissem
Racour
Mélin
Saint-Jean-Geest
Les Pipottes
Haute-Pirée
Longue Pierre
Hussompont
Linsmeau
Libertange
Waasmont
Piétremeau
Noduwez
GR JONCTION
Pellaines
Francou
Lathuy
St-Lambert
Jodoigne
Piétrain
Gollard
Lincent
Herbais
T.G.V.
E40
Batavia
Maret
La Vallée
Château de Cailloux
GR 579
Marilles
Lincent
Landen
Jodoigne-Souveraine
Saussol
Nodrenge
Orp-le-Grand
Grottes de Folx-les-Caves
Le Bolja
Dongelberg
La Bruyère
Mont St-Pierre
Aux Quatre Bras
Orp-Jauche
GR 579
Bois du Haut St-Pierre
Molenbais-St-Pierre
Les Vignes
Belle-Vue
Huppaye
Enines
Orp-le-Petit
Le Mortier
Grand-Hallet
Avernas-le-Bauduin
Orbais
Beaulieu
Fauconval
Au Chaslon
Les Caiades
La Spinette
Jauchelette
Les Etats
Jauche-La-Marne
Petit-Hallet
Glimes
Jauche
Genville
Wansin
Le Bauloi
Renau-Fossé
Jandrain-Jandrenouille
Au Chèra
Blanche Croix
Torembisoul
Hannut
Hédenge
Le Piroi
Bomal
La Hisque
Thisnes
Bomelette
L'Alou
Autre-Eglise
Frambais
Grotte De Racourt
Chavée des Loups
Croisette
Grande Coyarde
Mont-St.-André
Fagneton
Folx-les-Caves
Crehen
Thorembais-les-Béguines
Jandrenouille
Offus
La Longue Vesse
Dieu-le-Garde
Geest-Gérompont-Petit-Rosière
Merdorp
Tainières
La Commune
L'Empereur
Les Communes
Petit-Rosière
Ramillies
Tombol
Ramillies-Offus
Moxhe
Grand-Rosière-Hottomont
Le Chenoi
Au Bati
Branchon
Les Mouyeures
Moheron
Le Warichet
Ambresin
Perwez
Franquenée
Wasseiges
Canivet
Jaucelette
La Bourlotte
Boneffe
Le Tilleul
La Walope
Mehaigne
Avin
Taviers
Le Doyère
Noville-sur-Mehaigne
Sous la Vaux
Harlue
Meeffe
La Rée
Baraque
Les Nazilles
Sous-La-Ville
Bolinne
Hemptinne
Renisse
Fontaine-Dieu
Au Séwia
L'Angle
Waya
Aische-en-Refail
Poncia
Eghezée
Vié-là-Haut
Mehaigne
Marca
La Vallée
Noir Trou
Seron
Acosse
E40
A3
H.S.T.
N3
N221
N64
N279
N283
N29
N240
N222
N91
N624
N80
N243
N972
N643
N652
GR 128

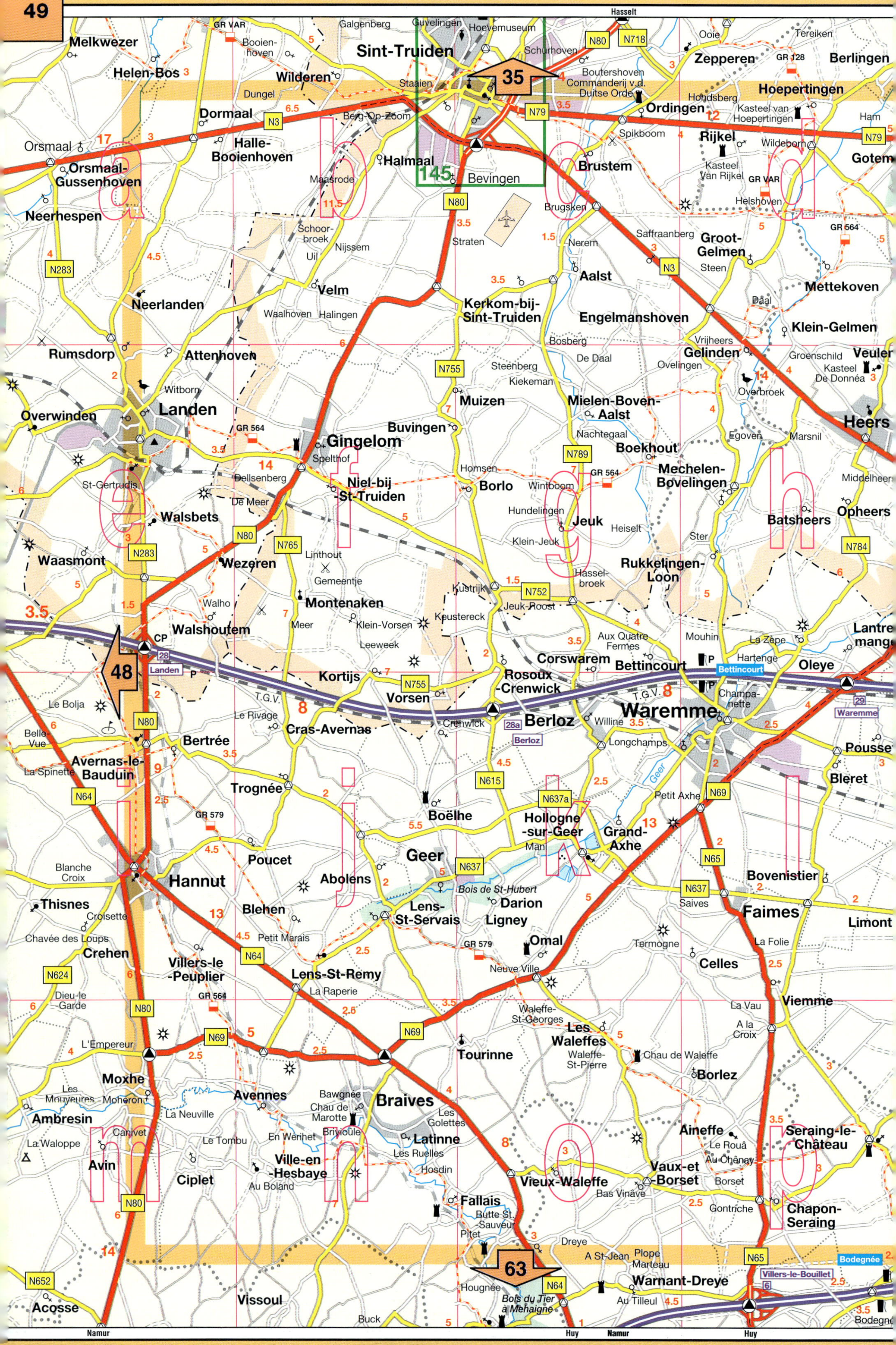
Hasselt
Melkwezer
Helen-Bos
GR VAR
Booien-hoven
Galgenberg
Guvelingen
Hoevemuseum
Sint-Truiden
Schurhoven
N80
N718
Ooie
Tereiken
Zepperen
GR 128
Berlingen
Wilderen
Staaien
35
Boutershoven
Commanderij v.d. Duitse Orde
Hoepertingen
Hondsberg
Dungel
Ordingen
Kasteel van Hoepertingen
Dormaal
N3
Berg-Op-Zoom
N79
Spikboom
Rijkel
Wildeborn
Ham
N79
Orsmaal
Halle-Booienhoven
Halmaal
Brustem
Gotem
Orsmaal-Gussenhoven
Maasrode
145
Bevingen
Kasteel Van Rijkel
GR VAR
Helshoven
Neerhespen
N80
Brugsken
Schoor-broek
Straten
Saffraanberg
Groot-Gelmen
GR 564
Uil
Nijssem
Nerem
N3
Steen
N283
Aalst
Mettekoven
Velm
Daal
Neerlanden
Kerkom-bij-Sint-Truiden
Waalhoven
Halingen
Engelmanshoven
Klein-Gelmen
Vrijheers
Rumsdorp
Attenhoven
Bosberg
De Daal
Gelinden
Groenschild
Veuler
Kasteel De Donnéa
N755
Steenberg
Ovelingen
Kiekeman
Overbroek
Witborn
Landen
Muizen
Mielen-Boven-Aalst
Overwinden
Heers
Buvingen
GR 564
Gingelom
Nachtegaal
Egoven
Marsnil
Spelthof
N789
Boekhout
Mechelen-Bovelingen
Homsen
GR 564
Middelheers
St-Gertrudis
Dellsenberg
Niel-bij-St-Truiden
Borlo
Wintboom
De Meer
Opheers
Hundelingen
Batsheers
Walsbets
Jeuk
Heiselt
Klein-Jeuk
Ster
N80
N765
N784
N283
Waasmont
Linthout
Wezeren
Rukkelingen-Loon
Hassel-broek
Gemeentje
Kustrijk
N752
Walho
Montenaken
Jeuk-Roost
Keusteresk
Klein-Vorsen
Mouhin
Lantremange
Meer
Aux Quatre Fermes
Walshoutem
La Zèpe
CP
Leeweek
Corswarem
Hartenge
Bettincourt
Oleye
28
Landen
48
Kortijs
Rosoux-Crenwick
Bettincourt
N755
T.G.V.
Vorsen
Champa-nette
Le Bolja
Le Rivage
Crenwick
Berloz
Waremme
Willine
28a
29
Belle-Vue
Cras-Avernas
Berloz
Waremme
N80
Longchamps
Pousse
Bertrée
Avernas-le-Bauduin
La Spinette
Bleret
Trognée
Geer
N615
N637a
Petit Axhe
N69
N64
GR 579
Boëlhe
Hollogne-sur-Geer
Grand-Axhe
Blanche Croix
Poucet
Geer
N637
N65
Hannut
Abolens
Bovenistier
Thisnes
Bois de St-Hubert
N637
Croisette
Blehen
Lens-St-Servais
Darion
Saives
Faimes
Limont
Ligney
Chavée des Loups
Petit Marais
Omal
Termogne
La Folie
Crehen
Villers-le-Peuplier
N64
GR 579
Celles
N624
Lens-St-Remy
Neuve Ville
La Raperie
Viemme
Dieu-le-Garde
GR 564
N80
Waleffe-St-Georges
La Vau
A la Croix
L'Empereur
N69
N69
Les Waleffes
Tourinne
Waleffe-St-Pierre
Chau de Waleffe
Moxhe
Borlez
Les Mouyeures
Moheron
Avennes
Bawgnée
Braives
Chau de Marotte
Ambresin
La Neuville
Les Golettes
Aineffe
Seraing-le-Château
La Waloppe
Canivet
Le Tombu
En Werihet
Briyioule
Latinne
Le Rouâ
Au Chênay
Les Ruelles
Avin
Ville-en-Hesbaye
Hosdin
Vieux-Waleffe
Vaux-et-Borset
Ciplet
Au Boland
Borset
Bas Vinâve
Fallais
Gontriche
Chapon-Seraing
N80
Butte St. Sauveur
Pitet
Dreye
A St-Jean
Plope Marteau
N65
Bodegnée
63
Villers-le-Bouillet
N652
Hougnée
N64
Warnant-Dreye
Bois du Tier à Mehaigne
Au Tilleul
Acosse
Vissoul
Buck
Bodegnée
Namur
Huy
Namur
Huy

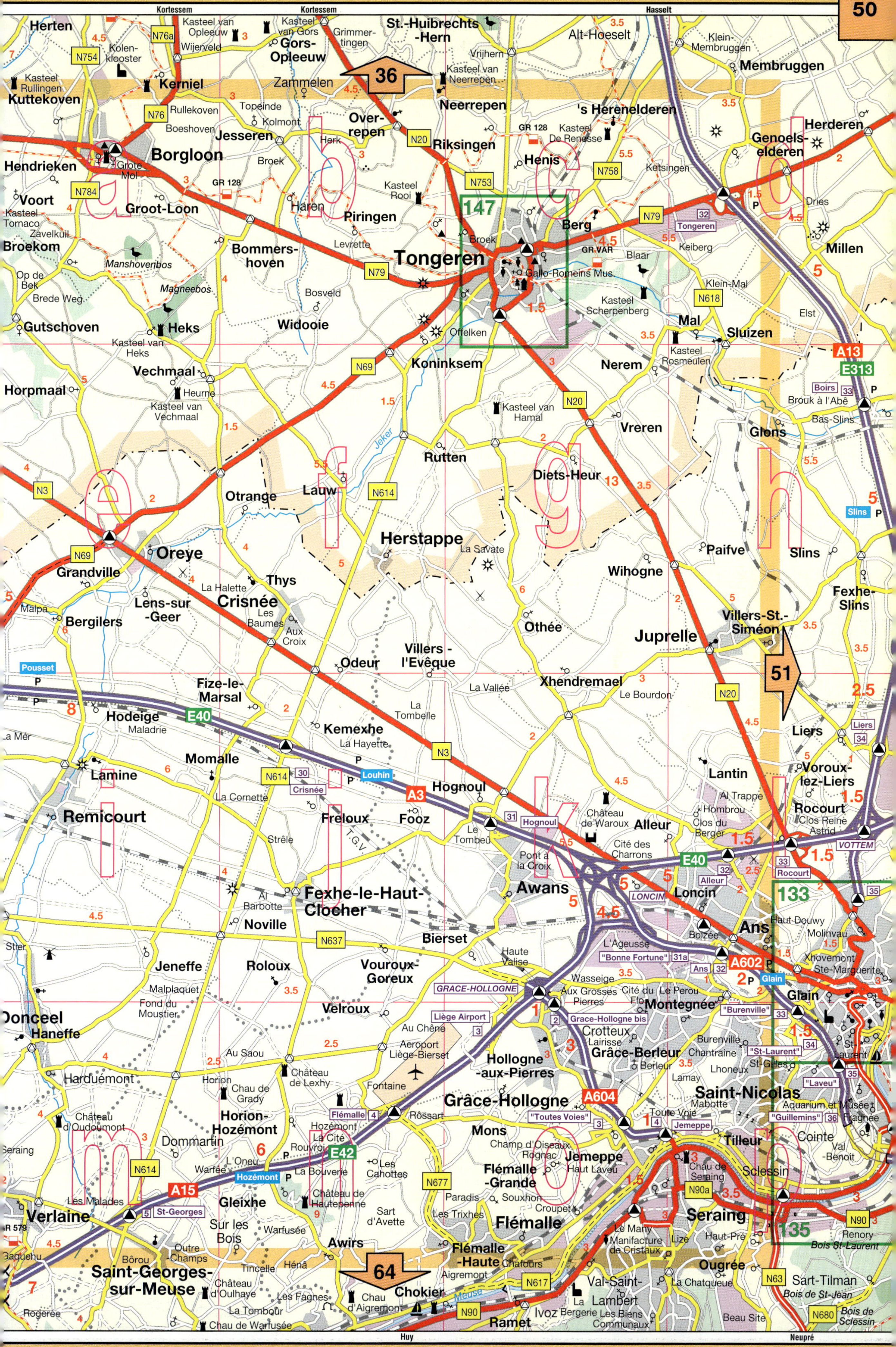
Kortessem
Kortessem
Hasselt
Herten
Kasteel van Opleeuw
Kasteel van Gors
Gors-Opleeuw
Grimmertingen
St.-Huibrechts-Hern
Alt-Hoeselt
Klein-Membruggen
Membruggen
Kolenklooster
Wijerveld
Vrijhern
Kasteel van Neerrepen
Kasteel Rullingen
Kuttekoven
Kerniel
Zammelen
36
Neerrepen
's Herenelderen
Genoelselderen
Herderen
Rullekoven
Topeinde
Kolmont
Overrepen
Boeshoven
Jesseren
Herk
GR 128
Kasteel De Renesse
Riksingen
Henis
Ketsingen
Hendrieken
Grote Mol
Borgloon
Broek
N758
Dries
Voort
Kasteel Tornaco
Zavelkuil
Broekom
Groot-Loon
Haren
Piringen
Kasteel Rooi
147
Berg
N79
Tongeren
Keiberg
Millen
Levrette
Broek
GR.VAR
Blaar
Bommershoven
Tongeren
Gallo-Romeins Mus.
Manshovenbos
Op de Bek
Brede Weg
Magneebos
Bosveld
Klein-Mal
N618
Kasteel Scherpenberg
Elst
Gutschoven
Heks
Widooie
Offelken
Mal
Sluizen
Kasteel van Heks
Kasteel Rosmeulen
A13
E313
Vechmaal
Koninksem
Nerem
Heurne
Kasteel van Vechmaal
Horpmaal
Kasteel van Hamal
N20
Boirs
Brouk à l'Abé
Bas-Slins
Glons
Vreren
Rutten
Jeker
N3
Otrange
Lauw
N614
Diets-Heur
Slins
Herstappe
La Savate
Oreye
N69
Grandville
Paifve
Slins
Wihogne
La Halette
Thys
Lens-sur-Geer
Crisnée
Les Baumes
Aux Croix
Fexhe-Slins
Malpa
Bergilers
Othée
Villers-St.-Siméon
Juprelle
Pousset
Odeur
Villers-l'Evêque
51
Xhendremael
Le Bourdon
Fize-le-Marsal
La Vallée
Hodeige
Maladrie
E40
La Tombelle
Liers
Kemexhe
La Hayette
La Mer
Momalle
Lamine
Louhin
Voroux-lez-Liers
N614
Crisnée
A3
Lantin
Hognoul
Al Trappe
Hombrou
Remicourt
La Cornette
Freloux
Fooz
Château de Waroux
Alleur
Rocourt
Clos Reine Astrid
Clos du Berger
Hognoul
Le Tombeu
Strêle
Cité des Charrons
VOTTEM
Pont à la Croix
Rocourt
T.G.V.
Alleur
Loncin
133
Fexhe-le-Haut-Clocher
Awans
LONCIN
Al Barbotte
Haut-Douwy
Noville
Molinvau
Ans
Bolzée
N637
Bierset
L'Ageusse
Xhovemont
Stier
Haute Valise
"Bonne Fortune"
Ste-Marguerite
Jeneffe
Roloux
Vouroux-Goreux
Ans
A602
Glain
Wasseige
Malplaquet
GRACE-HOLLOGNE
Aux Grosses Pierres
Cité du Flo
Le Perou
Glain
Fond du Moustier
Velroux
Montegnée
"Burenville"
Liège Airport
Grace-Hollogne bis
Donceel
Haneffe
Au Chêne
Crotteux
Lairisse
Burenville
Aeroport Liège-Bierset
Grâce-Berleur
Chantraine
"St-Laurent"
Au Saou
Berleur
Lhoneux
St-Gilles
St-Laurent
Harduémont
Horion
Château de Lexhy
Hollogne-aux-Pierres
Lamay
"Laveu"
Chau de Grady
Fontaine
Saint-Nicolas
A604
Château d'Oudoumont
Grâce-Hollogne
Mabotte
Aquarium et Musée
Horion-Hozémont
Flémalle
Rossart
"Toutes Voies"
Toute Voie
Jemeppe
"Guillemins"
Fragnée
Hozémont
Mons
Tilleur
Cointe
Seraing
Dommartin
La Cité
E42
Champ d'Oiseaux
Val-Benoit
L'Oneu
Rouvroi
Rognac
Jemeppe
Chau de Seraing
Sclessin
N614
Warfée
La Bouverie
Les Cahottes
Haut Laveu
N677
Flémalle-Grande
N90a
A15
Hozémont
Les Malades
Château de Hautepenne
Paradis
Souxhon
Seraing
Verlaine
Gleixhe
Croupet
N90
St-Georges
Sart d'Avette
Les Trixhes
135
Sur les Bois
Warfusée
Flémalle
Le Many Manufacture de Cristaux
Lize
Haut-Pré
Renory
Bois St-Laurent
Outre Champs
Awirs
Flémalle-Haute
Bôrou
Chafours
Ougrée
Hénâ
64
Aigremont
Val-Saint-Lambert
Sart-Tilman
Saint-Georges-sur-Meuse
Tincelle
N617
La Chatqueue
N63
Château d'Oulhaye
Chokier
Bois de St-Jean
Les Fagnes
Chau d'Aigremont
Meuse
La Bergerie
Les Biens Communaux
Bois de Sclessin
Rogerée
La Tombour
N90
Ivoz
Beau Site
N680
Chau de Warfusée
Ramet
Huy
Neupré

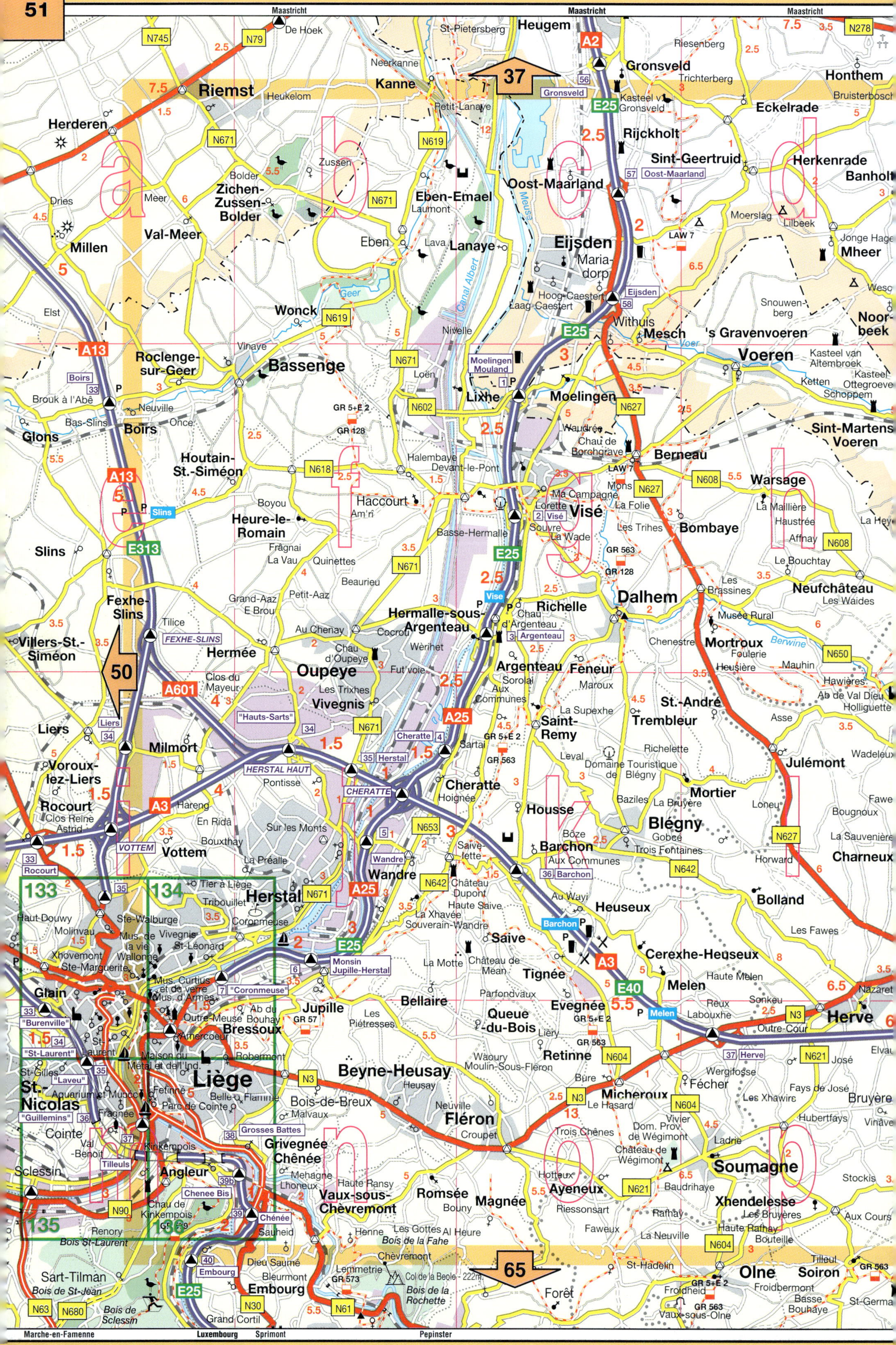
Maastricht
De Hoek
St-Pietersberg
Heugem
Maastricht
Riesenberg
Maastricht
N745
N79
Riemst
Heukelom
Neerkanne
Kanne
37
A2
Gronsveld
Trichterberg
Honthem
Bruisterbosch
Herderen
Petit-Lanaye
Gronsveld
Kasteel v. Gronsveld
E25
Eckelrade
N671
N619
Rijckholt
Sint-Geertruid
Herkenrade
Banholt
Zussen
Bolder
Zichen-Zussen-Bolder
Eben-Emael
Laumont
N671
Oost-Maarland
Oost-Maarland
Dries
Meer
Val-Meer
Moerslag
Lilbeek
Jonge Hage
Millen
Eben
Lava
Lanaye
Eijsden
Maria-dorp
LAW 7
Mheer
Elst
Geer
Canal Albert
Maas
Hoog-Caestert
Laag-Caestert
Eijsden
Wesch
Snouwen-berg
Noor-beek
Wonck
N619
Nivelle
Withuis
Mesch
's Gravenvoeren
A13
Roclenge-sur-Geer
Vinaye
Bassenge
N671
Loën
Moelingen Mouland
E25
Voer
Voeren
Kasteel van Altembroek
Ketten
Kasteel Ottegroeven
Schoppem
Boirs
Brouk à l'Abê
Neuville
GR 5+E 2
GR 128
N602
Lixhe
Moelingen
N627
Glons
Bas-Slins
Boirs
Once
Waudrée
Chau de Borghgrave
Sint-Martens-Voeren
Berneau
Houtain-St.-Siméon
N618
Halembaye
Devant-le-Pont
LAW 7
N608
Warsage
A13
Slins
Boyou
Heure-le-Romain
Haccourt
Am'ri
Mons
N627
Ma Campagne
Lorette
Visé
Visé
Souvré
La Wade
La Folie
La Mallière
Haustrée
Affnay
La Heyd
N608
Bombaye
Les Trihes
E313
Slins
Fragnai
La Vau
Quinettes
Basse-Hermalle
E25
GR 563
GR 128
Le Bouchtay
N671
Beaurieu
Les Brassines
Neufchâteau
Les Waides
Fexhe-Slins
Grand-Aaz
E Brou
Petit-Aaz
Visé
Richelle
Dalhem
Hermalle-sous-Argenteau
Chau d'Argenteau
Argenteau
Musée Rural
Villers-St.-Siméon
Tilice
FEXHE-SLINS
Au Chenay
Cocroh
Wérihet
Chau d'Oupeye
Chenestre
Mortroux
Berwine
Foulerie
N650
Hermée
Argenteau
Feneur
Heusière
Mauhin
50
Oupeye
Fut'voie
Sorolai
Maroux
Hawières
Ab de Val Dieu
Holliguette
A601
Clos du Mayeur
Les Trixhes
Vivegnis
Aux Communes
St.-André
"Hauts-Sarts"
A25
La Supexhe
Trembleur
Asse
Liers
Liers
N671
Saint-Remy
Milmort
Cheratte
GR 5+E 2
GR 563
Sartal
Richelette
Wadeleux
Voroux-lez-Liers
HERSTAL HAUT
Herstal
Leval
Domaine Touristique de Blégny
Julémont
Pontisse
CHERATTE
Cheratte
Hoignée
Mortier
Rocourt
Clos Reine Astrid
A3
Hareng
Housse
Bazilles
La Bruyère
Loneu
Fawe
Bougnoux
En Ridâ
Blégny
N653
Bolland
Sur les Monts
Boze
La Sauvenière
Bouxthay
Barchon
Gobcé
Trois Fontaines
Aux Communes
Horward
N627
Charneux
VOTTEM
Vottem
Saive-lette
Barchon
N642
La Préalle
Rocourt
Wandre
Tier à Liège
Wandre
A25
N642
Château Dupont
Au Wayi
133
134
Tribouillet
Herstal
N671
Haute Saive
Heuseux
Haut-Douwy
Ste-Walburge
Coronmeuse
La Xhavée
Souverain-Wandre
Barchon
Les Fawes
Molinvau
Mus. de la vie Wallonne
Vivegnis
St-Léonard
Saive
Cerexhe-Heuseux
Xhovemont
Ste-Marguerite
E25
Monsin Jupille-Herstal
La Motte
Château de Mean
A3
Tignée
Haute Melen
Mus. Curtius et du verre
Mus. d'Armes
"Coronmeuse"
Melen
Nazaret
Glain
Parfondvaux
Evegnée
E40
Reux
Labouxhe
Sonkeu
"Burenville"
Jupille
GR 57
Ab du Bouhay
Outre-Meuse
Bellaire
Les Piétresses
Queue-du-Bois
GR 5+E 2
Melen
N3
Outre-Cour
Herve
Bressoux
Amercoeur
Liery
GR 563
"St-Laurent"
Maison du Métal et de l'Ind.
Robermont
Retinne
N604
Herve
N621
José
Elvaux
St-Gilles
"Laveu"
Liège
Beyne-Heusay
Heusay
Waoury
Moulin-Sous-Fléron
Bure
Wergifosse
Fécher
St-Nicolas
Aquarium et Musée
Fetinne
Belle
Flamme
N3
Bois-de-Breux
Malvaux
N3
Micheroux
Le Hasard
Les Xhawirs
Fays de José
Bruyère
"Guillemins"
Fragnée
Parc de Cointe
Neuville
Fléron
Croupet
N604
Hubertfays
Vivier
Dom. Prov. de Wégimont
Vinave
Cointe
Val-Benoit
Grosses Battes
Grivegnée
Trois Chênes
Ladrie
Kinkempois
Chênée
Château de Wégimont
Soumagne
Sclessin
Tilleuls
Angleur
Mehagne
Lhoneux
Haute Ransy
Hotteux
Baudrihaye
Stockis
Chenee Bis
Vaux-sous-Chèvremont
Romsée
Bouny
Magnée
Ayeneux
N621
Xhendelesse
Les Bruyères
Aux Cours
N90
Chau de Kinkempois
Chênée
Riessonsart
Rafhay
135
Renory
Sauheid
Henne
Les Gottes
Al Heure
Faweux
Haute Rafhay
Bouteille
Bois St-Laurent
Bois de la Fahe
La Neuville
N604
Tilleul
Dieu Sauvé
Chèvremont
65
St-Hadelin
Olne
Soiron
GR 563
Sart-Tilman
Embourg
Lemmetrie
Col de la Beole - 222m
Bois de St-Jean
Bleurmont
Embourg
GR 573
Bois de la Rochette
Froidheid
GR 5+E 2
Froidbermont
Basse-Bouhaye
St-Germain
E25
N30
Forêt
GR 563
Vaux-sous-Olne
N63
N680
Bois de Sclessin
Grand Cortil
N61
Marche-en-Famenne
Luxembourg
Sprimont
Pepinster

Valkenburg
Heerlen
Maastricht / Eindhoven
Heerlen
Margraten
Ingber
Gulpen
Gracht Burggraaf
Wittem
Wahlwiller
Baneheide
Nijswiller
Bocholtzerheide
Vetschau
Richterich
Schloß Schönau
Hasenwald
A.-Laurensberg
Vetschauer Berg
Ternaar
De Hut
Gulperberg
Berghem
Partij
38
Mamelis
Laurensberg
Euverem
Kasteel Neubourg
Pesaken
Hilleshagen
Reijmerstok
Schloß Rahe
Wagelerbosch
Mechelen
Aachen
Billinghuizen
Crapoel
Vijlen
Seffent
Kruisbosch
Harles
Terhorst
Terlinden
Waterop
Landsrade
Schweiberg
Kosberg
Lemiers
Schneeberg
Medizin. Einricht. der R.W.T.H Aachen
Beutenaken
N278
Hörn
De Molt
Bergenhuizen
Heijenrath
Eperheide
Schey
Hoogcruts
Schilberg
Epen
Holse
Vaals
Malensbosch
Kasteel Vaalsbroek
Vaalserquartier
Slenaken
Onderste Bosch
Raren
Vroelen
Terziet
Wolfhaag
Vaalserberg
Ulvend
Nurop
Cottessen
Kuttingen
Drielandenpunt
GR 563
Terstraten
GR 128
Teuven
Schimperbos
264
Swinten
Plank
Sinnich
Château de Beusdal
Sippenaeken
Terbruggen
Gerardsbroek
GR 128
Terhagen
Botzelaar
Knap
Bovenste Bosch
Plombières
N608
Gemmenich
Nouvelaar
Berg
N648
Lattenheuer
Völkerich
Preusswald
Bois de Preuss
Brandenberg
Veurs
Kasteel van Obsinnich
Geheut
Roerberg
Sint-Pieters-Voeren
Dal
Commanderie
Hindel
Bamisch
Wind
Chapelle
Bildchen
Aachener Wald
Remersdaal
Laschet
N608
Teneiken
Zier
Buschhausen
Platzegel
Brandenhövel
Wolfsberge
Peerds
Kultje
Moresnet
Grüntal
Rullen
Col d'Hagelstein 278m.
Hombourg
Schwarzenberg
Teufelskaul
N613
Col du Sart 257m.
Kijs
Mabroek
Belven
Wolfskaul
N3
Kelmis
Flog
Hagelstein
Bach
Flonnes
GR 563
Reesberg
Chèvremont
Bertolf
Neer-Aubel
N608
Te Berg
Kaul
Saint-Jean-Sart
GR 128
Gulpen
Kosenbergerheid
Neu-Moresnet
Hergenrath
Stöcko
Merkhof
Montzen
Hirtz
Hauset
Aubel
Château Eyneburg
Schloß Neuhaus
N649
Berg
Birken
53
N642
Château Graaf
Schmalgraf
Astenet
E40
N648
Siegel
Mützhagen
Lontzen
Messitert
La Clouse
Heistern
Walhornheide
Johberg
Bruyère
N650
Birven
N3
Busch
Tieheide
Froidthier
Crawhez
La Vlamerie
Henri-Chapelle
Langmüs
Walhorn
Renouprez
Chapelle-des-Anges
N67
Merolser Heide
Halleux
Roiseleux
Blockhouse
Wilcour
Dickenbusch
A3
N648
Clermont
Ski Club Charlemagne
Hockelbach
Welkenraedt
La Bruyère
Rabothrath
Herbesthal
GR 563
Waldenburghaus
Warrimont
La Minerie
Bèfve
Tivoli
N68
Alt-Herbesthal
Klosei
Lantzenberg
Trois Bourdons
Kaulen
Walhornerheide Rastplatze
Château de Libermé
Bouxhmont
Stockis
Hoof
Battice
Pierreux
Thimister
A3
E40
38bis
Welkenraedt
Gemehret
Battice
N3
Elsaute
Meuschemen
Kettenis
Haut Vent
Heggen
Nereth
38
Eupen
37b
Houyoux
Schöne Aussicht
Haut Regard
BATTICE
Thimister-Clermont
Quatre-Chemins
Viller
Brackvenn Sattel
Wo
Hauzeur
Les Plenesses
Baelen
Nispert
Xheneumont
Houlteau
St-Roch
N61
Overoth
Medal
Vulfeld
N627
Chaîneux
Chaîneux Herve
Hontem
Les Forges
Steinroth
Stockem
Eupen
E42
Bilstain
Tier de Villers
Mazarinen
Manaihant
A27
Haute Saurée
Mont
GR 563
Rünschen
Membach
N629
Bellmerin
Dolhain
Bonvoisin
Sous le Château
Limbourg
Hütte
Vesdre
Bellevau
Petit-Rechain
Dison
Andrimont
Sur les Fourneaux
Goé
La Béverie
Husquet
Wesny
Renoupre
Tillet
Dison
Betane
GR AE-NORD
Surdants
Hâlou
GR 56
Grand-Rechain
N61
Ottomont
Stembert
Hévremont
GR 573
Tribomont
Hodimont
150
Lambermont Verviers
N620
Haute Tribomont
Bois de Hevremont
Barrage de la Gileppe
Verviers
66
Lac de la Gileppe
Lambermont
Bois de la Borchêne
Ensival Verviers-centre
Sècheval
GR 573
Arboretum
Vegnez
Wasay
Heusy (Verviers-Sud)
Westhertogenwald
Pepinster
Malmedy
Malmedy

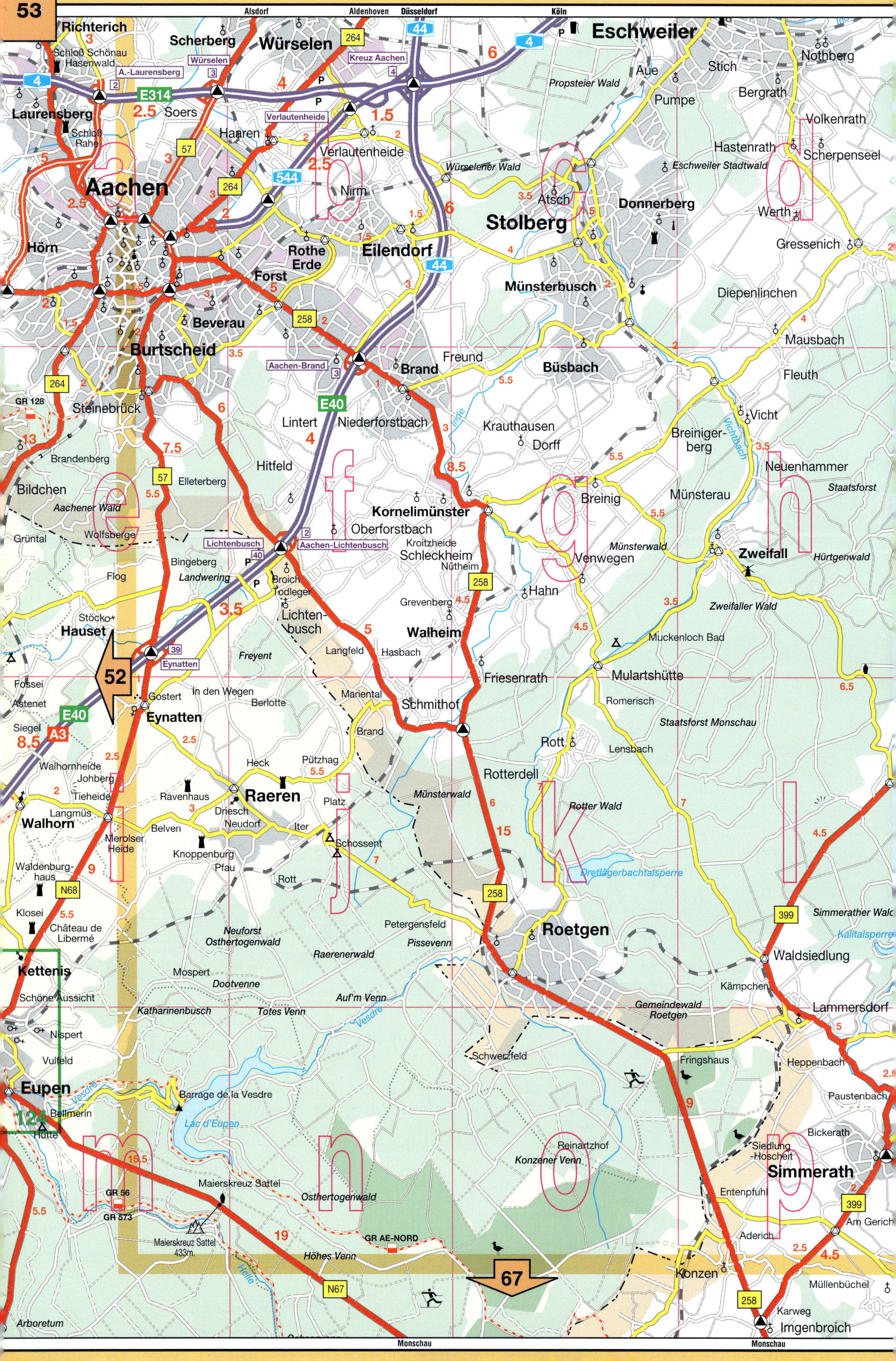

Alsdorf
Aldenhoven
Düsseldorf
Köln
Richterich
Schloß Schönau
Hasenwald
A.-Laurensberg
Scherberg
Würselen
Würselen
Kreuz Aachen
Eschweiler
Nothberg
Aue
Stich
Propsteier Wald
Pumpe
Bergrath
Laurensberg
Schloß Rahe
Soers
Verlautenheide
Haaren
Verlautenheide
Volkenrath
Hastenrath
Scherpenseel
Eschweiler Stadtwald
Würselener Wald
Aachen
Nirm
Atsch
Donnerberg
Werth
Stolberg
Hörn
Rothe Erde
Eilendorf
Gressenich
Forst
Münsterbusch
Diepenlinchen
Beverau
Mausbach
Burtscheid
Aachen-Brand
Freund
Brand
Büsbach
Fleuth
Steinebrück
Lintert
Niederforstbach
Krauthausen
Dorff
Vicht
Breiniger-berg
Brandenberg
Hitfeld
Neuenhammer
Staatsforst
Bildchen
Elleterberg
Breinig
Münsterau
Aachener Wald
Kornelimünster
Oberforstbach
Grüntal
Wolfsberge
Lichtenbusch
Aachen-Lichtenbusch
Kroitzheide
Schleckheim
Nütheim
Münsterwald
Venwegen
Zweifall
Hürtgenwald
Bingeberg
Landwering
Flog
Broich
Todleger
Lichten-busch
Grevenberg
Hahn
Zweifaller Wald
Stöckor
Hauset
Walheim
Muckenloch Bad
Eynatten
Freyent
Langfeld
Hasbach
Fossei
Astenet
Gostert
In den Wegen
Berlotte
Mariental
Friesenrath
Mulartshütte
Romerisch
Siegel
Eynatten
Schmithof
Staatsforst Monschau
Brand
Rott
Lensbach
Walhornheide
Johberg
Tieheide
Heck
Pützhag
Rotterdell
Langmüs
Walhorn
Ravenhaus
Raeren
Dreisch
Neudorf
Platz
Münsterwald
Rotter Wald
Merolser Heide
Belven
Iter
Schossent
Knoppenburg
Pfau
Waldenburg-haus
Rott
Dreilägerbachtalsperre
Klosei
Château de Libermé
Simmerather Wald
Kalltalsperre
Neuforst
Osthertogenwald
Petergensfeld
Pissevenn
Roetgen
Raerenerwald
Waldsiedlung
Kettenis
Mospert
Dootvenne
Kämpchen
Schöne Aussicht
Auf'm Venn
Katharinenbusch
Totes Venn
Vesdre
Gemeindewald Roetgen
Lammersdorf
Nispert
Vulfeld
Schwerzfeld
Fringshaus
Heppenbach
Eupen
Barrage de la Vesdre
Paustenbach
Bellmerin
Hütte
Lac d'Eupen
Bickerath
Reinartzhof
Siedlung Hoscheit
Konzener Venn
Simmerath
Maierskreuz Sattel
GR 56
GR 573
Osthertogenwald
Entenpfuhl
Am Gerich
Maierskreuz Sattel 433m
GR AE-NORD
Aderich
Höhes Venn
Helle
Konzen
Müllenbüchel
Arboretum
Karweg
Imgenbroich
Monschau
Monschau
52
67

Langerwehe
Jülich
Kerpen
Mariaweiler
Girbelsrath
Düren
D'horn
Schlich
Schönthal
Heistern
Gürzenich
Derichsweiler
Rölsdorf
Binsfeld
Binsfelderburg
Rommelscheim
Hamich
Meroder Wald
Knosterberg
Boisdorfer Siedlung
Burg Birgel
Birgel
Krauthausen
Lendersdorf
Schloß Bubenheim
Stepprath
Schevenhütte
Laufenburger Wald
Schloß Burgau
Niederau
Jakobwüllesheim
Katzenknipp
Berzbuir
Hürtgenwald
Binnesburg
Stockheim
Wehebachstausee
Der Hochwald
Gey
Horm
Kufferath
Kreuzau
Straß
Bergheim
Großhau
Winden
Soller
Bilstein
Bogheim
Drove
Untermaubach
Udingen
Kleinhau
Gieschhardt
Frangenheim
Schlagstein
Obermaubach
Leversbach
Boich
Hürtgenwald
Rondsberg
Mausauel
Bovenberg
Hürtgen
Stausee Obermaubach
Thum
Rath
Brandenberg
Burgberg
Zerkall
Thuir
Katzenhardt
Bergstein
Nideggen
Heidkopf
Muldenau
Vossenack
Raffelsbrand
Berg
Kevelaerberg
Froitscheidt
Roßberg
Abenden
Peterberg
Vossenacker Wald
Kallbach
Kommerscheidt
Lüppenau
Rödelsberg
Schmidt
Blens
Brengberg
Hausen
Vlatten
Kalltal
Silberscheidt
Rursee
Hasenfeld
Schilsberg
Deffertsfeld
Am Zäunchen
Weidenbroich
Hechelscheidt
Heimbach
Heimbachtal
Rollesbroich
Steckenborn
Woffelsbach
Altenberg
Strauch
Abtei Mariawald
Hergarten
Wachberg
Rurberg
Honigberg
Witzerath
Düttling
Kesternich
Hellberg
GR AE
Obersee
Staatsforst Schleiden
Bergbuir
Tiefenbachtal
Urftsee
Wolfgarten
Huppenbroich
Burg Vogelsang
Rauchenauel
GR AE
Wollseifen
Forst Schleiden
Einruhr
Dedenborn
Urft
Mauelter Berg
Eicherscheid
Malsbenden
Gemünd
Helingsberg
Auf der Eck
Mauel
Gemünd
Simmerath
Schleiden
Mechernich
Erftstadt
Köln
264
399
56
265
266
68
12.5
14.5
11.5
34
9.5
6.5
13
3.5
10.5
4.5
20

Lille
Lille
Ronchin
Faches-Thumesnil
Lesquin
Cité Scientifique Villeneuve-d'Ascq
Le Grd. Sainghin
Sainghin-en-Mélantois
Gruson
Rue Verte
Camphin-en-Pévèle
Haudion
Lamain
41
Ferrière
Merchin
Gamand
Bouvines
La Place
Créplaine
La Brouette
L'Amiteuse
Vendeville
Templemars
Autoroute du Nord
Lille-Lesquin
Centre régional de transport
Centre de Gros
Bas Sainghin
Melchamez
La Vache Bleue
Le Peuvil
Cysoing
Le Tonkin
Wannehain
Bourghelles
Maraiche
Bruenne
Esplechin
Pont d'Eau
Le Sart
Quennaumont
Les Récreuils
Pit. Ennetières
Marais-du-Leu
Fretin
Huvet
Louvil
Le Chêne
Les Pâtures
Le Parc
Les 3 Baraques
Bachy
Rumes
Grand Ennetières
La Frête
Bois des Lagues
Has
Le Maresquel
La Verte Rue
Bonnance
Bois-Le-Ville
Croisette
Séclin-Pont à Marcq
La Broye
Avelin
Ennevelin
Helin
Le Paradis
Wachemy
La Bertellerie
Le Mazet
La Posterie
Cobrieux
Sartaine
Hôtel
Couture de Bray
Avelin
Antreuil
Le Pont Thibault
Moulin d'Eau
Les Planques
Le Fay
Martinsart
La Quiozo
L'Hardinière
Le Riez
Genech
La Bassée
Le Riez
La Croix
Montifaut
Le Chin du Moulin
La Gare
Le Crinquet
La Glanerie
Haute Rue
Le Noir Riez
La Fèverie
La Becq
La Planque
Templeuve
La Caillière
Le Plumont
Fournes
La Belle Porte
Bercu
Bas Préau
Cence Montury
Attiches
Le Croquet
Pont-à-Marcq
Bois d'Huquin
La Blonde Rue
B. de Bercu
Le Roseau
Prez
La Quinguette
Le Tilleul Apoux
Hau du Bois
Mouchin
Le Crinquet
Pit. Attiches
Cappelle-en-Pévèle
La Picoterie
Le Quimberge
La Rue Verte
Rue du Moulin
Mérignies
Rupilly
Hautefois
La Commune
Rue du Crambion
Tourmignies
Molpas
Ouvignies
La Hte Rue
Le P. du Nid
La Verderie
La Gambette
Le Rotoir
La Rosière
La Coquerie
Elmez
Nomain
Lannay
Ht Hameau
La Neuville
Thouart
L'Aqueduc
Villecasseau
Grd. Wémy
Lobeau
La Visterie
Le Roupion
Drumez
Martinval
Le Frêne
Pit. Wémy
Le Paradis
Herbaumé
L'Offrande Deux Villes
Le Pavé
La Froidure
Le Vert Bois
Le Bas Hameau
Rue de Pronel
Bassin de décantation
La Grde. Rue
Le Dieu de Pierre
Aix
Le Pont
Le Chapitre
La Justice
Mons-en-Pévèle
Bersée
Le Bar
Le Ponceau
Le Quennelet
Le Neuf Pont
Le Quêne
Guivarmez
Ricarderie
Auchy-lez-Orchies
Le Chin Rousseau
La Verue
Guillaucour
le Wacca
Déregnaucourt
Manneville
Rue J. Rieu
Orchies
Le Mortier
La Pétrie
Sec Mont
Le Hem
Le Rossignol
Landas
Le Cerve
Le Thélu
La Broderie
Manneville
Le Maroc
La Lajette
Haras de Hennoy
Olizier
La Vacquerie
Fbg de Douai
Le Hennoy
Rue Colette
Saulsoir
B. de Offlarde
Gorguechon
Le Riez
Grd Camp
Beuvry-La-Forêt
Bouvincourt
Faumont
Les Arcins
Moncheaux
Rue de Moncheaux
Marquette
La Picterie
Coutiches
Rue du Moulin
Rue de Quennery
L'Ermitage
Cité du Bois
Rue du Debout
Le Bourgage
Jacques Varlet
Ghien
La Bourgogne
La Jonquière
Le Molinel
Leforest
Le Boujon
Rue des Bois
Rue de Louez
Court-au-Bois
Malbois
Raimbeaucourt
B. de Flines
Bouvignies
Les 3 Pucelles
Le Bru
Forêt Domle. de Marchiennes
Cité du Planty
Le Bray
Pt. Hem
Bas Liez
Le Hem
Les Pronelles
Courant des Vanneaux
Flines-lez-Râches
La Grande Rue
Roost-Warendin
Warendin
la Placette
Le Marais
Deûle
Râches
le Marichon
le Câtelet
Le Pt. Pré
Montreuil
Chau. de Frenelles
GR 121
Auby
le Marais
les Asturies
Anhiers
Marchiennes
Frais Marais
Courant du Décours
Scarpe
Pont-de-la-Deûle
Scarpe
B. de Faux
Hamage
Wandignies-Hamage
la Templerie
Flers-en-Escrebieux
Mrs. d'Auchy
Vred
La Tourberie
Dorignies
Rue du Moulin
Waziers
la Ferronnière
Lallaing
Fbg Morelle
le Nouveau Monde
Cité du Bois Duriez
Rieulay
Marchiennes Campagne
Cité des Jardins
le Marais de Sin
Mrs. de Dechy
Cité du Moucheron
Pecquencourt
GR 121
Fenain
Cité de Montigny
Cité de Sessevalle
Douai
Fbg N. Dame
Montigny-en-Ostrevant
Cité Barrois
Luyo
Marécaux
Bruille-lez-Marchiennes
Somain
Sin-le-Noble
Dechy
Cambrai
Cambrai
Cambrai
Paris
Lens
Lens
Arras
A1
E17
A23
A23
D917
D146
D955
D19
D54
D549
D954
D8
D938
D957
D35
D47
N455
N43
N50
D500
Faches-Th.
Lesquin
Lesquin
Orchies

Tournai
Tournai
Tournai
Alain
Bourgambray
Bourgambray
Caumont
Faubourg St-Martin
Bateau-Mouches
Faubourg de Valenciennes
Centre de Loisirs de l'Orient
Wirie
Mansart
Lorquenoi
Gaurain-Ramecroix
Maroc
GR 122
Vaulx
42
Chercq
Les Wiots
Bois de St-Marc
N7
Haut Trieu
Coron de Lorquenoi
Pont à Rieu
Barges
Château Desclée
Les Vignobles
Chapelle N-D au Bois
La Louvière
Bois d'Antoing
Bois Notre-Dame
Bonneau
Barry
Pipaix
Froidmont
Ere
Moulin à Eau
Hameau de l'Almanach
Les Cinq Rocs
Cornuau
Petit Paris
N507
La Cavée
Ghissegnies
Haudion
Calonne
Guéronde
Antoing
Château de Ghissegnies
Bas Donjon
Château Duphénieux
Willemeau
Mont au Gris
Saint-Maur
Les Roquettes
La Muche
Quennezie
Ponange
Le Préau
Longue Sau
N52
Antoing
Bertincroix
Wéaux
Lignette
L'Aventure
Château d' Antoing
A16
Vezon
N508
T.G.V.
Gentilhommière de la Haute-Appartenance
Fontenoy
Bouchegnette
Pont Jean Dieu
N50
Bourgeon
Wasmes-Audemez-Briffoeul
Baugnies
Florain
Wailli
Château de Merlin
Merlin
Bruyelle
Vezonchéau
E42
Petit Briffoeil
Château Crombez
Hameau du Bas Bout
Château de Lannoy
Maubray
Chau.de Wadergnies
Taintignies
Ecau
GR 122
Péronnes
Braffe
El Baille
Wattimé
Rosoir
Chef-Lieu
Briffoeil
La Poterie
Velvain
Guignies
Wez-Velvain
Les Plantis
N503
Maubray
Paradis Robin
Coeur Joyeux
Le Large
Bois de Fouage
Grand Camp
Brasmenil
Petit Rumes
Hollain
Bois de Péronnes
Morlies
Robertbuse
Les Quatre Dreves
Haudion
Buriziau
Audemez
Roidepré
Château de Bitremont
Jollain-Merlin
Le Fort Debout
Bois de Lanchon
Bois du Mainil
La Dérodérie
Callenelle
Château de Mainil
Château de Flines
Bois de la Sucrerie
N507
Le Sart Colin
Noire Terre
Brunehaut
Bois des Moines
L'Aumiror
Ft Domaniale de Flines
Ancien Château de Callenelle
Bois de Flines
Lesdain
Laplaigne
Jérusalem
Bois de Wiers
Zelvas
La Garenne
Gros Mont
La Roë
Bois de Logneroeul
Fors Debout
Le Chêneau
N504
Bois du Temple
Petit Howardries
Espain
Sin
Gille Savoie
Gourgues
Chassaudrie
Bois Houplière
Mortelet
Roeux
Rouillon
D955
Bois de Rongy
Les Quatre Chemins
Verquesies
Planard
Rongy
Bléharies
La Baraque
La Brelière
Legies
Neu Moulin
Bas Hameau
La Bougrie
Howardries
Quènoi
Mortagne -du-Nord
Wiers
N504
Fosse Soret
Malgré-Tout
Les 3 Magots
Le Cul du Four
Aimoncamp
Fournes
Maulde
Péruwelz
Château de Rongy
Flines-Lès -Mortagne
Belzanois
Rue Prévost
Ribaucamp
La Trinquette
La Grivardrie
Ringies
Cerfontaine
Rue du Fort
Rodignies
Château de Bié
Rue Angele Lecat
Le Marais
Dombrie
Rouge Porte
Rivage
Trieu
Pres de l'Elnon
Mt de Ligne
Château de Vergne
Les Trieux de Rengis
Rumegies
Choques
Le Maroc
Château-L'Abbaye
Le Grd Marais
Grimaumez
Vergne
Rue des Haies
Wabempre
Le Grd Manoir
Cité de L'Ermitage
Vx Condé
Le Grd Chemin
Chorette
Le Rieu Flagnies
Noe à Houes
Rue Bias
D169
La Rue de Villars
Margelle
Mt de Copiemont
Les Masures
Poquin
Le Roteleux
Coutan
Rue Bouchard
Pit Marais
Rue de Morimetz
Cense du Plus Fin
Marais des Noes
57
La Motte du Moulin
Rue des Masures
Frechy
Robreux
Rue des Fèves
Fresnoy
Rue du Corbeau
Ht Mansart
Sameon
Rue de la Quièze
D955
Le Pavé
Rue de Cavenne
Buridon
Le Long Buhot
Hergnies
L'Ecarlate
Rue Lélier
Lecelles
Thun-St-Amand
Bertinquesne
Bourbetin
Merdinchon
La Vlle Eglise
Mt. du Proy
Brulle-St -Amand
Quênoy
Rieu de Condé
Le Noir Coron
Rue de la Place
Rue de Beaumetz
Le Doignon
Pulmez
Grd Rosult
Rue Baudoin
Nivelle
Etang d'Amaury
Le Coron Vert
Hauterive
Le Talbot
Rue de Balory
Rosult
Le Point du Jour
Rue des Fèves
La Taillette
Forêt
Le Panchelet
Rue du Caillou
Centre d'Animations
Le Loir
Vieux-Condé
Pt. Brillon
Cubray
Galmont
L'Ecuelle
Le Saubois
Fbg de Tournay
St-Amand-les-Eaux
St-Antoine
Rue de Bouteau
Forêt N-D au Bois
N-D au Bois
Odomez
St.-Amand Centre
La Wembergue
Le Sarteau
Le Marais à Chêne
La Caterie
La Croisette
D954
Sars-et-Rosieres
L'Alène d'Or
La Hte Ville
Coron Rougette
Mal d'Accord
Le Lièvre
Canton Courin
Le Bout du Trieu
La Vallée
D955
Le Mln Blanc
La Fne Bouillon
Basse Rue
St-Amand -Thermal
Le Trieux de Fresnes
Le Barrage
La Bruyère
La Croisette
Le Wez
Nouveau Jeu
D169
Min des Loups
Parc régional du Nord-Pas de Calais
Brillon
Bousignies
Millonfosse
Fresnes-Sur-Escaut
La Colinière
Grd Pipart
Bois le Prince
Rue du Marais
Pt. Hasnon
Pt. Pipart
Les Trieux d'Escautpont
Trieu Polette
Tilloy-lez-Marchiennes
L'Anguille
D151
Hasnon
Denain
Escautpont
Escaut
Decours
F. Dom. de Raismes-St. Amand-Wallers
Cataine
Les Viviers
Les Faux
D169a
Thiers
Buverlot
Bois Payen
D50
Warlaing
D169
Les Bruilles
Alnes
GR 121
St.-Amand Tournai
B. des Eclusettes
Cité du Pinson
Hautière
D935
Cité du Rivage
D40
Raismes
La Folie
Rue du Marais
Bruay-sur-l'Escaut
Le Pit Diable
Mare à Goriaux
Marais de Beuvrages
Le Pinson
D935
Navie
Raismes
D75
Cité Voltaire
Maraicaux
Les Ruelles
B. St. Amand
L' Ermitage
Beuvrages
La Goulée
Arenberg
Le Pavé
Le Bas Marais
Rue Jean Duez
Rue Blanquart
Petite Forêt
Anzin
Le Gras Bois
N30
Wallers
St. Saulve
Hertain
Aubry-du-Hainaut
A23
Hornaing
D13
Bellaing
Petite-Forêt
Hélesmes
D13
St. Roch
Erre
La Louvière
Oisy
Valenciennes Nord
Valenciennes
Cambrai
Cambrai

Ronse
Bois de la Catoire
Mansart
Lorquènoi
N7
Leuze-en-Hainaut
St-Martin
Quartier Bon Air
Mont d'Or
Chapelle-à-Oie
Mont
Hérie
Le Chapitre
Moulbaix
N527
Bétissart
Ormeignies
Hameau du Jardin
Noir Voie
43
Baraque
Autreppe
Ladrerie
Coron de Lorquènoi
Barry
Pipaix
La Dime
Vieux-Leuze
La Planche
Haut Donjon
Reveau
Blicquy
Quenoi
Tongre-Notre-Dame
Tongre-St-Martin
Ghissegnies
Bas Donjon
Château de Ghissegnies
Lignette
Ponange
N526
N60
Le Pré
Martimont
Archéosite
Aubechies
Tourpes
Coron du Bois
N537
Le Gard
Coron
Planquette
Le Hameau
Ladeuze
N525
Haut Coron
Willaupuis
N50
Faubourg
N526
Vert Marais
Ellignies-Sainte-Anne
Le Grand Trieu
Huissignies
Bois de Ville
Baugnies
Petit Briffoeil
St. Anne
Aunoi-Marlière
Roumont
Chau. de Wadergnies
Braffe
Hoyau
La Sarte
Château de Courrière
Au Bourrelier
Canteleu
Château de Beloeil
Beloeil
Les Ruelles
Rue du Bois
Vaudignies
Paradis Robin
Bocarmé
La Croix
Ramegnies
Mon Plaisir
Robertsart
Le Bois Rond
N527
La Cauchie
Le Piquet
GR 121
Grosage
Bury
Genotte
Feuilli
Thumaide
Bas Coron
Roidepré
Château de Bitremont
29
Péruwelz
Wadelincourt
Favarque
Basses Rues
Brun Culot
Château de la Motte
Bois du Mainil
Château de Mainil
Forêt de Beloeil
La Biderie
Noire Terre
Roucourt
Mont de Roucourt
Belle-Vue
N60
Le Pâturage
Coron d'en Haut
Les Ecacheries
Neufmaison
Bois de Wiers
Gros Mont
La Roë
Basècles
Quevaucamps
Aux Quatre Paves
Casse-Cailloux
Bois de la Berlière
N526
Château Genevois
L'Aulnois
Bois de Neufmaison
La Loquette
La Boitrie
Buissière
La Hurtrie
Bois de Stambruges
Romecamp
Château de la Prévôté
Chassaudrie
Verquesies
Neu Moulin
Blaton
28
N50
Le Lancier
Coron de la Station
Trieux Bouleux
Au Grand Point du Jour
Tri Maquette
Au Noir Bonnet
Fosse Soret
Château de Péruwelz
N60e
Canal d'Antoing-Pommeroeul
Stambruges
Gorier
Les Cavins
Marais
Péruwelz
Malibourg
N505
Maison de la Forêt
N506
Grandglise
Le Happart
Sirault
Ringies
Cerfontaine
Bas Coron
N505
Bon-Secours
Blaton
Le Banc de Sable
La Bruyère
Le Congo
Le Cahot
Les Trieux de Rengis
Trieu
Tapis-Vert
Mont des Groseilliers
Bois du Carnoi
Bois de Ville
Moulin à Papier
Grimaumez
Bois de Bon-Secours
Grande Bruyère
Les Bruyères
Coron
Culot
N525
Cité de L'Ermitage
Mt de Péruwelz
Haie Donsart
Bois d'Imberchies
Coron Lagache
N505
Rond du Bois de Ville
Bois des Poteries
Les Bachelleries
Mt de Copiemont
D935
GR 121
27
Bernissart
Risque-à-Tout
Villerot
GR 121
56
Forêt Dom. de Bonsecours-France
GR 122
Lac de Bernissart
GR 121
A16
Bois des Huissières
Chaufours
Hautrage
Les Viviers
Le Catignier
E42
Lambiez
Cité de la Solitude
Cité du Defriche
Le Calvaire
Préau
Harchies
Ville Pommeroeul
Le Jonquoi
St-Jean
Malempré
N50
La Chaussiette
L'Ecarlate
Bernissart
Cité des Aulnois
Corbouis
Rivage
Les Burdiaux
Rieu de Condé
Le Noir Coron
Lorette
Les Mauvais Fonds
Rue de Ville
N547
Le Coron Vert
Le Coq
Cité du Gras Boeuf
Réserve Ornithologique
Petit Villerot
26
Pommeroeul
Vieux-Condé
GR 122
Pommeroeul
Les Herbières
Dour
Le Sarteau
Etg Chabaud-Latour
Au Corbeau
Pont de Thulin
26
La Hamaide
Le Bout du Trieu
Coron Rougette
Condé-sur-l'Escaut
St-Aybert
La Neuville
Les Sartis
A7
HAUTRAGE
Le Trieux de Fresnes
Belleuse
Frontalière de Hensies
E19
Coron Franoé
Noyelle
Haine
A Débihan
Le Wez
Crespin
Paradis
Montroeul-sur-Haine
Bois d'Hainin
La Haine
Thivencelle
26
Le Sardon
Fresnes-Sur-Escaut
Hogneau
Marchelle
Poningue
Trieu Polette
La Folie
Hensies
N552
Hainin
Escaut
A2
Cité Nouvelle
Le Jonquoi
Thulin
Couture du Moulin
Boussu
Coron
Escautpont
Crespin
Le Séminaire
Le Ragodo
La Croix
Haneton
Cornet
Le Coron
N51
Chaudes Terres
N550
Les Viviers
Thiers
D50
La Marais
Le Congo
La Fourquette
La Taule
Champré
E19
GR 122
13
Vieille Barrière
Bois St Antoine
Boussu-Bois
Plate Veine
D935
Les Bruilles
Vicq
N51
Quiévrain
La Belle Vue
Les Quatre Pavés
Quiévrechain
Dour
Champ des Sarts
Cité du Rivage
25
D50
Carochette
Elouges
Bisoi
La Folie
Le Pit Diable
Les Qautre Chasses
N30
Blanc Misseron
Au Casino
Le Cheval Blanc
Cité Sainte Odile
N552
Petit Hornu
D935
Onnaing
Cité Voltaire
Les Marais
Le Village
Quarouble
Cité Willems
Petit Baisieux
N553
Monceau
Bois de Cocard
Petit Hainin
L'Epine
Plantis
Coin du Bois
D59
Baisieux
Cité H. Harmignies
Le Bas Marais
Le Gras Bois
N30
La Cavée
Onnaing
Al Bilaude
Audregnies
Wihéries
La Sucrerie
A St-Eloi
Le Petit St-Saulve
24
D50
Le Cul de Sac
Marchipont
Grande Honnelle
Bois d'Audregnies
N549
St. Saulve
La Bascule
Les Gribaumonts
69
Montignies-sur-Roc
Château de la Motte
Blaugies
Rombies-et-Marchipont
Les Bruyères
Onnezies
Angre
Les Hallettes
Athis
La Garde
A2
Le Plois
Petite Honnelle
Erquennes
Valenciennes
Valenciennes

Lessines
Enghien
Maubeuge
Erquelinnes
44
59
70
Brugelette
Les Montis
Lombise
Le Caillou
L'Ardoisier
Neusart
Hubeaumel
Valet Maquet
Biamont
Bois de la Provision
Chaussée-N-D-Louvignies
Froidmont
Monbriau
Genestrier
Long Pont
La Guelenne
Les Carmes
Bollignies
Cambron-Casteau
Chièvres
Le Pavé
Les Bouloux
Château de Cambron
Parc Paradiso
Sainte-Anne
Haute Rue
Cambron-St-Vincent
Potraye
Hembise
Hameau des Bois
La Rouge
La Houlette
Gailly
Quierbise
Maulamée
St-Anne
Spodiau
Les Cerisiers
La Tortue
Soignies
Bergeries
GR 129
Les Trieux
Clipot
Le Calais
Hoves
Bauffe
La Roche
Le Quênïau
Hubermont
Montignies-lez-Lens
Garnisteau
Neufvilles
Le Wareché
Bois des Billettes
Horimé
Le Grand Trieu Leisele
Le Long Pont
La Cavée
Moulignean
Bagenrieu
Thi
Lens
Bailles à Bauffe
Petit Coroi
Bruyère
Grand Hameau
Rivage
Ouillies
Horimetz
Bois de Lens
Le Masi
La Ramée
Cognebeau
Bois d'Irchon
Colroy
Les Rateleurs
La Cage
La Coulbrie
Long Aulnois
Rue des Juifs
Le Moustier
Masnuy-Saint-Pierre
Les Sarts
Basse Gage
Thieudonsart
Col del Saux - 85m.
Barberie
Bois des Planques
L'Augrenée
Herchies
Franquegnies
Hambi
Erbaut
Masnuy-Saint-Jean
Pile de Bauffe
Piet-en-Vau
Bois de la Haie-Le-Comte
Gernante
Château d' Egmont
Plouyi
Jurbise
Bois d'Hanon
Le Cul-Du-Four
La Saisine
Sirieux
Petite Vacresse
Château Dupuis
Mont Spéloir
Hameau du Vivier Roland
Hameau d'en-Haut
Bois d'Hasnon
Les Bruyeres
Thieusies
Champ de la Garde
Culot
Grande Vacresse
Belle Vue
Château du Mont Garni
Les Garennes
Le Canard
Bon Air
Brûlotte
Erbisoeul
Carache
Pave d'Ath
Bruyère de Broqueroi
Dincq
Bruyère
Casteau
Les Fontaines
La Barrière
Les Vallées
La Motte
Le Quenoi
S.H.A.P.E.
Bois des Hauts Aunois
Bois d'Hayon
Vert Chemin
La Brisée
N524
Le Longfau
Bois de la Haye
GR 129A
Royal Golf Club du Hainaut
Le Rissori
Bois d'Hasnon
Bois de Baudour
Bois de Ghlin
GR 129
Bois des Dames
Bois du Gard
Etangs de St-Denis
Gottignies
Le Mont Coupé
Les Fonds
Rouge Fontaine
Quartier de l'Europe
Harquefosse
Bois Brule
Maisières
La Petite Bruyère
Saint-Denis
Obourg
VILLE-SUR-HAINE
Baudour
La Verrerie
Bois du Gard
Ville-sur-Haine
Pré Fleuri
Bustiau
Nimy
Taille Coleau
Cité des Sartiaux
Coron du Bois
Les Bruyeres
Bosquetiau
Le Marais
Marais Ste-Anne
Ghlin
Nimy-Maisières Paradisio
Havré "Ghislage"
Ghislage
Les Criquillons
Marais à Criquelions
Le Grand Large
Trieu
La Ferrière
Cité des Cuves
Le Long Coron
La Quewette
Obourg
Douvrain
Cité Wauters
Marais à Chardons
Le Casino
Petit Nimy
Faubourg Ste Lazare
Havré
Tertre
Robertsarts
La Masure
La Clé du Bois
Bon Vouloir
Bois du Rapois
Mons
St-Antoine
Boussoit
JEMAPPES A
Le Marais
Le Rivage
Vieille Haine
Faubourg du Parc
Centre Inter Univ. Ambroise Paré
La Bruyère
Le Riau
St.-Ghislain
Saint-Ghislain
Faubourg d'Havre
Bois d'Havre
Les Quatre Chemins
Petit Havré
Jericho
Mont Panis
Crémerie
La Poudrière
Cerneau
Chau de Beaulieu
Saint-Ghislain
La Courbeterie
Jemappes
Wasmuel
Les Quatres Pavés
La Poire d'Or
Faubourg de Bertaimont
Hyon
Saint-Symphorien
Point du Jour
Bois du Foyau
Cité des Bas Courtils
La Morette
Le Campiau
Petit Bruxelles
Quaregnon
Flénu
Bois la Haut
Au Vieux Moulin
La Panneterie
Le Levant de Mons
Hornu
Site Archéologique "Grand Hornu"
Sans Calotte
Cuesmes
Mont Panisel
A la Belle Vue
Le Nouveau Quartier
Le Champ d'Hyon
Point du Jour
La Barrière de Spiennes
Monsville
Le Calvaire
Chasse Royale
Villers-Saint-Ghislain
Cité du Foyer Moderne
Cité des Cascades
Six Chemins
Ostène
Mesvin
Spiennes
Le Cambri
Wasmes
La Malogne
Château de Bélian
Courte de Wasmes
Le Castillon
Le Pass
Petit Spiennes
Anc Ab
Cité de la Croix Rouge
Tranoy
Crachet
Ciply
Parc St Gobain
Colfontaine
La Garde
Piquerí
Frameries
Nouvelles
Le Berchon
Petit Wasmes
Le Quênoi
La Cereuse
Chau de Beugnies
Pâturages
La Chasse
Montavau
Carrefour de La Mort
Tout Vent
Harmignies
Vellereille-le-Sec
A Tous Vents
Le Point du Jour
Le Poteau
Cul du Qu'vau
Cité Germinal
La Bouverie
Asquillies
Warquignies
Le Champ Perdu
L'Aisette
Grands Saules
Noirchain
Maladrie
Warichère
La Belle Maison
Genly
Cheval Blanc
Harveng
Petit Harveng
Bois l'Eveque
La Forêt Noire
Eugies
Château Bonaert
Bois de Saint-Ghislain
La Paneterie
Le Culot
Bois de Colfontaine
Coquelet
Tout Vent
Bougnies
Les Chaufours
Cauderlot
Le Cange
Haulchin
Petit-Dour
Bois de Sars-La-Bruyere
Ronce
Chau du Petit Cambrai
Le Blairon
Givry
Planquette
Ropaix
Pont-Troué
Sars-la-Bruyère
Bois du Tilleul
Wagonfontaine
L'Aubette
Bois de Sars-la-Bruyere
Bonneteau
Quévy-le-Petit
Les Montliaux
Croix-lez-Rouveroy
Hardré
Coron de l'Amour
Le Rambour
Ihy
Trouille
Bois de Blaugies
Quévy
Havay
Esquerbion
Frameries
Asquillies
Cuesmes
Jemappes
Mons
E19
E42
A7
R5
R5A
R50
N56
N525
N524
N57
N6
N552
N526
N50
B510
N51
N545
N550
N544
N543
N546
N540
N539
N538
N90
N40
N563

Tubize
Bruxelles/Brussel
Bois de la Houssière
Henripont
45
Bornival
Le Castia
Monstreux
Les Wailles
Bois de l'Hôpital
Valet Maquet
Faubourg de Mons
Château Salmonsart
Barrières d'Ecaussinnes
Plan Incliné
GR 12
Biamont
La Guelenne
Bois de Salmonsart
Otribu
La Dîme
Poirier
Nivelles-Sud
N57
Les Cerisiers
La Tortue
Soignies
N532
Hameau des Bois
Bois d'Harpe
De la Roque
Bon Conseil
Les Carrières
Baraque de Planche Waugenée
Château Fort
Ecaussinnes d'Enghien
Bas Rouge
N534
Scarbotte
ARQUENNES
Arquennes
St-Vincent
Profond Rieu
Belles-Têtes
Ecaussinnes-Lalaing
La Mi-Pré
N27
Feluy
Restaumont
Tilleul
Château De La Folie
Hubersart
N6
Glatimont
La Belle Julie
Ecaussinnes
Thiarmont
Scoufleni
Château de Feluy
Le Dauphin
St-Ethon
Grinfau
L'Avedelle
Hubaumont
Cognebeau
Naast
Le Castia
Coq
Pré Sabot
Le Douaire
Le Péruwé
La Ravisée
La Garenne
GR 12
Montauban
La Haute Folie
Moulin Avaux
Marche-lez-Ecaussinnes
La Claire Haie
Les Queues
Feluy
Scoumont
La Coulbrie
Courrière la Ville
Thieudonsart
Bois des Planques
N55
Les Tris de Mignault
Le Boulan
Le Pelerin
Terre Pelée
Hameau Favresse
L'Augrenée
Au Quatre Sous
Château de l'Espinette
Profond Rieu
Lalue
A7
Château de Buisseret
Seneffe
Petite Hollande
Sirieux
Mignault
FAMILLEUREUX
Bois de Buisseret
Les Rivages
Bois de Nauwes
L'Enfer
Familleureux
Cité Jardin des Tris
Chau de Seneffe
Belle
La Saisine
Tiberchamp
Le Gripia
Le Fiévet
Soudromont
Thieusies
Le Coron
Canal du Centre
Les Trieux
Rouges Terres
E19
A501
Bois-d'Haine-Nord
Canal Bruxelles-Charleroi
Bois de la Haie du Roeulx
Bois de la Muchotte
Houdeng
Besonrieu
Brique d'Or
La Barrière
Ancien Ab. St. Feuillien
Faubourg de Mignault
Sur les Bois
La Motte
Besonrieux
Champ du Moulin
Bois-d'Haine
Bois du Sart
Houdeng
BOIS D'HAINE
Manage
Pont Dewitte
Godène
Le Roeulx
Le Roeulx
Mahipré
Gottignies
Maloteau
N538
Faubourg de Binche
E42
Longsart
Lumechon
Godarville
HOUDENG-GOUGNIES
Lait Beurré
Trieu-à-Vallée
Thieu
Coron de Thieu
Pont Canal
La Louvière
La Pasture
A15
Le Mont Coupé
Houdeng-Goegnies
Haie du Roeulx
La Troupette
Manage
Chapelle-lez-Herlaimont
L'Espinette
Les Fonds
Obourg
Hauts Bois
Le Kèniau
Houdeng-Aimeries
Cantine des Italiens
Fayt-lez-Manage
Le Congo
Belle-court
Ville-sur-Haine
58
Ascenseur à Bateaux
N535
Point de Départ des Excursions
La Croyère
Centre de Faïence
L'Argilière
La Basse Hestre
Centre de délassement de Claire-Fontaine
Le Tordoir
N55
Musée Flotant de la Batellerie Wallonne
Royal Boch
Chapelle-lez-Herlaimont
Strépy-Bracquegnies
Cité Roland
Centre
Croix Philippe
Le Marais
Vent de Bise
d.l. Gravure et de l'image Imprimée
La Hestre
Bois des Maîtres
Mon Delval
Les Viviers
Ghislage
Thieu
St-Alexandre
La Louvière
Jolimont
Chau du Pachy
Chapelle-lez-Herlaimont
Tirpon
Trieu
La Ferrière
Chantier des Ascenseurs
Cité Reine Astrid
Cité le Corbeau
Musée de la Mine
Bois-du-Luc
Baume
Houssu
Le Bouli
Trau à Cats
Fond de la Hestre
Musée Royal de Mariemont
Le Douaire
N538
St-Jean
Cité Reine Elisabeth
N583
Havré
Cité la Renaissance
Chau Fagnart
Quartier Glassens
Cité Bellez
Mariemont
L'Etoile
Cité de la Paix
L'Espinette
Bois du Rapois
Les Huberts
La Brogne
Cité du Home Familial
Morlanwelz
Bascoup
Grand Bois
Le Riau
Boussoit
Les Haïwis
Wazoir
Fond Coppée
Sept Maisons
Strépy
Haine-St-Paul
Cité Berlinger
GR 12
Petit Havré
Maurage
Champ Perdu
Saint-Vaast
Haine-St-Pierre
Grattine
Bois Cola
Cité Leburton
Trivières
Coron Paulette
Le Fin Debout
Grands-Trieux
Malplaquet
Chau de Beaulieu
Blanches Terres
Les Queuemonts
Houssu
Beauregard
Fontaine-L'Evêque
Cité Marie-José
St-Eloi
La Provia
N27
Cité de la Case
Bois du Foyau
N563
Les Trois Arbres
Carnières
Cronfestu
Capron
N59
Piéton
Tambour
Pont St-Vaast
Péronnes
Bois des Faux
Cité Bougard
Cité des Charbonnages
Cité Ste-Marguerite
Bois des Vallées
La Panneterie
Le Levant de Mons
Bray
Cité Vandervelde
La Joncquière
Collarmont
Les Trieux de Piéton
Cité du Moustier
N27
Cité Max Buzet
Mont-Ste-Aldegonde
Villers-Saint-Ghislain
Cité Reine Elisabeth
Leval-Trahegnies
Timonprea
Pierre à Bray
Ressaix
Warnié
L'Alû
Battignies
Chau de la Hutte
Bois de Sapins
Les Prés
Cité Lison
La Courte
Cité des Boulois
N90
Le Caufour
Bois de Warimé
Belle Fontaine
Le Congo
Waudrez
Les Pastures
Cité Noël Lustre
Cité des Scailleux
La Croix Favresse
L'Enfer
Estinnes-au-Val
Binche
Trieu
L'Arbiette
Cron Ri
Bois d'Hamal
Cité des Aunias
La Cressonière
Berceau
Parsignies
Le Coin du Bois
Trahegnies
Le Calvaire
N563
Mus. int. du carnaval et du masque
N90
Sarti
Anderlues
Vellereille-le-Sec
Transvaal
Priches
Epinois
Gognie
La Violette
La Chapelle
Estinnes
Mahifau
Chau de Jolimé
La Fuwée
Bois du Roi
La Taillette
Bruyère Polvée
Froidmont
Cour Morneau
Anc. Chau de Clerfays ou les Pères Blancs
Brûle
La Guinguette
Chau d'Epinois
Bois Tonnin
Herchies
Parapette
Marais
Estinnes-au-Mont
La Gare
GR 129B
Cité Jardin du Fief
N54
Les Trieux
Les Viviers
Ansuelle
Bouchenies
Menu Bois
La Cornette
Le Chêneau
Brisé
Le Luce
Buvrinnes
Vaneria
Blancs Trieux
Bois de l'Hougarde
Bonne Espérance Anc Ab
Bois le Comte
Château des Loges
La Hutte
Le Tombou
Grands Trieux
Haulchin
Cour de Badi
La Jonquière
Montifaux
Froid Manteau
Les Drodés
Les Prés
La Loge
Bois de Wauhu
Vellereille-les-Brayeux
N55
Bois de Fontaine
Mont-Ste-Geneviève
Bois du Baron
N59
Bois de Leernes
Ferchompré
71
Cour du Mont
Chêne à Mouches
Fauroeulx
Cinq Etoiles
GR 129
Les Bonniers
Bois des Communes
Bois de Pincemaille
Bois d'Howis
Liseroeul
Croix-lez-Rouveroy
Le Saussoi
Les Baraques
Les Quatre Chemins
N559
Bois du Couria
Hourpes
Erquelinnes
Merbes-le-Château
Thuin

Braine-l'Alleud
Genappe
Genappe
Nivelles
Thines
Fonteni
Loupoigne
46
Loncée
Houtain-le-Val
Baisy-Thy
Dernier Patard
Château Bois-St.-Jean
La Croisette
Cheniat
Hattain
Le Fosti
La Falise
Bois d'He
Bois du Sartage
Bois de Haute Heuval
Bois de l'Ermitage
Basse Heuval
Ab de Villers
Bois de Bachet
Ri d'Hé
Bois de Berines
Villers-la-Ville
Mellery
Le Culot
Strichon
Gentissart
Tilly
Jerusalem
Houtain-le-Mont
Bois de Houtain-Le-Mont
Le Hututu
Petit-Roeulx
Bois de Nivelles
Les Bois
Les Quatre-Bras
Sart-Dames-Avelines
Tienne St-Roch
Pierrot d'Bo
Paradis
Tri Cokia
Rigenée
Dreumont
Luxensart
La Haute Rue
Commune
Lisbet
La Coquinette
Thil
Bois de Bordeau
Marbisou
Petit-Roeulx-lez-Nivelles
Sart-à-Rèves
Watinmé
Le Balcan
Petit Mont
Le Bosquet
Marbais
Beussart
La Catologne
St-Joseph
Rosseignies
Le Marais
Buzet
Buscaille
Commune
Le Lûtia
Rèves
Le Rou
Le Marais
Jumerée
Les Galochis
Petit Marbais
Bois de Renissart
Ronce
La Couturelle
Obaix
Maillemont
Odoumont
Frasnes-lez-Gosselies
Petit Marais
Warchai
Le Faubourg
Villers-Perwin
Philippebourg
Wagnelée
Brye
Tige
Fromiée
Biernimont
Quatre Chemins
Hériamont
L'Ob'jou
Le Grand Arbre
Luttre
Les Bons Villers
La Couronne
Le Spinoi
Chassart
Bûr
Ligny
Le Mont del Chive
Morimmont
Le Tilleul
L'Aunoi
Les Marlières
Pestelin
Liberchies
Brunehaut
Mellet
Longpré
Les Culots
Pont-à-Celles
Chantraine
Bois Renaud
Baudoû
Le Petit Chêne
A Sotiaux
Le Bî
Saint-Amand
Malloteau
La Commune
La Flechère
La Chaussée
Larmoulin
Les Tiènes
St-Fiacre
Chèn'sée
Bois du Couria
La Chaussée
Viesville
Thiméon
La Maladrie
Le Long Pré
Wayaux
Bon Dieu de Pitié
Jeumont
Gouy-lez-Piéton
Le Rivage
Commune Estienne
Robesse
Malgré-Tout
Heppignies
Fleurus
61
Le Marais
Courcelles
Grands Sarts
Petits Sarts
Haut-Bois
Les Marlières
Azèbois
Gosselies
Wangenies
Les Amoudries
Chapelle Ste-Claire
Fond de Corbeau
Le Braibant
Thimeon
Petit Pièrsoû
Amoudries
Heppignies
La Marcelle
Queue Del Me
Le Bati
Fastoumont
Wartonlieu
Motte
Le Champ
Scaude
Spinoi
Gosselies
Grand Pierson
Zone industr. "Le Cerisier"
Bon Air
Martinrou
La Baraque
Trazegnies
Quartier St-Joseph
L'Yser
Courcelles Mandat
Hulet
Tri
Gosselies-Ouest
Trevisse
Les Charnues
Ransart
Capilone
La Croix
Couturelle
Trazegnies
Croix Sabeau
La Coupe
Miaucourt
Courcelles
Le Mazi
Chef-Lieu
Soquoi
Mien'son
Jean Froie
Le Vigneron
Le Philosophe
Vieux Campinaire
Lambusart
La Potte
La Croisette
Les Sartis
Bois du Sart
Jumet-Nord
Sart les Moines
La Bruhaute
Gosselies-Aeroport
Leausurelle
Tailleni
La Poudrière
Bois Communal de Fleurus
Petit Try
Carajoli
Rianwelz
Bois d'Heigne
St-Ghislain
Belle Vue
Le Fricot
Le Bois
Bois de Soleilmont
Ab de Soleilmont
Bois du Moncia
Les Aunais
Le Warnage
Le Marache
Souvret
Nôlichamp
Forière
Le Prieuré
Jumet
L'Altrée
Houbois
Bois Noël
Cayauderie
Croix Tourne
Les Ruelles
La Longue Haie
Bois de Rianwe
Roux
St-Roch
Les Hamindes
Jumet-Est
Soleilmont
Ransart
Tallis Prés
Le Vieux Saule
Tergnée
Le Moncia
Grand Champs
Forchies-la-Marche
Forchies-la-Marche
Les Sarts
Hûbe
Les Aiselies
La Coupe
Le Tri Charli
La Haut
Etang
Au Pont d'Arcole
Les Masuirs
Le Mouligna
Les Quatre Seigneuries
Bois du Quatorze
Plom'co
La Bassée
Gohissart
Lodelinsart
Gros Fayi
Lodelinsart
Trieu al Barre
Sart-Culpart
Louvy
Pironchamps
Farciennes
Coron du Bois
Les Tris
Nouvelle Cité
La Bretagne
St-Pierre
Le Coucou
Bayemont
Bon Air
L'Alouette
Les Haies
Gilly
Maladrie
L'Ile
Le Ban
Roselies
Jolibois
Bois de Goutroux
St-Charles
La Warcha
La Broucheterre
Le Fayi
Gilly
Les Amuges
Grand Chêne
Le Grand Jardin
Henrichamps
Les Més
Trou Barbeau
Ruau
Le Bougnou
La Violette
28 Ouest
Charleroi Nord
Les Récollets
Le Corbeau
Les Hayettes
Le Campinaire
Mastoque
Le Petoy
Nouveau port de la prayé
Fontaine-l'Evêque
Les Piges
Mus. de l'Ind.
Dampremy
Goutroux
Monceau-sur-Sambre
28 Est
Mus. des Beaux-Arts et J. Destrée
Les Corvées
Châtelineau
Pont-de-Loup
Anc. Chau de Monceau Sur les Gaux
Cité Terienne
Fontaine-l'Evêque
30 Ouest
Beau Sart
29 Ouest
Charleroi
29 Est
St-Charles
Les Trieux
La Duchère
Le Rocthau
Châtelineau
Châtelet
Wérchа
Mahau
La Joncquière
Beaulieusart
Cité des Oiseaux
Morgnies
Marchienne-au-Pont
"Porte de Philippeville"
30 Est
La Galoperie
Le Fonteni
Le Bouli
Le Faubourg
Le Paradis
Tout Vent
La Plagne
Leernes
Hameau
Forêt
Marcinelle Centre
Le Beau Site
Marcinelle
Montignies-sur-Sambre
Le Moria
Marcinelle Sud
Le Cherbois
Les Hauchies
Le Village
Le Culot
La Patte d'Oie
Poterie Dubois
Carnelle
L'Hougarde
La Brûlotte
La Grosse Haie
Matadi
Mont-sur-Marchienne
Bois du Cure
Les Closières
La Barbotterie
La Chenevière
Centre
Couillet
La Citadelle
La Sibérie
Châtelet
Bouffioulx
Dessus Faya
A l'Image
Wespes
L'Ermitage
Montigny-le-Tilleul
Mus. de la Photographie
Mont-sur-Marchienne
Lûtia
Quartier la Grange
Blanche-Borne
La Goulette
Sébastopol
Les Binches
Charmoi
Péchant
La Malaise
Marcinelle
Marcinelle Est
Marcinelle "Hublinbu"
Couillet
La Queue
Station d'Epuration Au Long Bois
Le Sau
Long des Bois
Landelies
Les Haies
Germaine
Les Sablières
Les Haies
La Ferme
Bal
L'Amérique
B.de la Bierlere
Loverval
Les Marlières
Chambergneau
La Sarte
Col de Landelies 177m.
Warchais
Montigny-le-Tilleul
72
Centre Social de Délassement
Taille à l'Auniau
Bômerée
Bois de la Magneroule
Le Champ de Courses
Bois du Prince
Bois de Joncret
Bois de Roumont
Lausprelle
Quartier des Nations
Centre Hospit. Univ. de Mont.-le-Tilleul
Beaumont
Philippeville

Wavre
Jodoigne
Wavre
47
60
73
Philippeville
Bois du Sartage
Bois de Haute Heuval
Bois de l'Ermitage
Haute-Heuval
Chastre-Villeroux-Blanmont
Noirmont
Ernage
Baudecet
Les Cinq Etoiles
Taravisée
Aische-en-Refail
Warichet
Laid Culot
Petit Manil
Sauvenière
Grand-Leez
Le Corbeau
Petit-Leez
Basse Heuval
La Boulette
Cortil-Noirmont
Cortil
Le Culot
Gentinnes
Saint-Géry
Mellery
Strichon
Gentissart
Altiau
Gembloux
Buisson St-Guibert
Tilly
Dreumont
Les Communes
Au Coin du Bois
Ardenelle
Bertinchamps
Chau de la Tour
Grand-Manil
Harton
Auzèmonts
Goyette
Le Bossu
Lonzée
Les Sept Voleurs
Les Six Chemins
Al Vau
Chenia
Laustaille
Meux
Bawtia
Marbisou
Le Bosquet
La Catologne
Beussart
Les Bruyères
Vivier Anon
L'Encombrie
Pont-au-Rieux
Vieille Maison
Ottiamont
GR 126
Le Monti
Bois de Pucet
Chapelle-Dieu
Bois Henri
Les Spinées
Les Villés
Corroy-le-Château
Château de Corroy
La Ronce
Bois de Chenemont
Haute Bise
Férot
Bois des Vieilles Ferrières
Beuzet
Saint-Denis
Le Noli
La Spaumerie
Canneveau
Hoyoux
Philippebourg
La Croix Brulée
Humerée
Sombreffe
Mont
Le Sombu
Le Docq
Brye
Tige
Le Sart Malet
Potria
Le Pont
Bothey
Château d'Acosse
Al Vau
Vichenet
Le Fustroi
Golzinne
Bossière
Les Etoiles
Château de Golzinne
Bois d'Hermoye
Isnes-Sauvage
Isnes
Isnes-Les-Dames
Marette
Bovesse
Chenoi
Les Dames Blanches
Le Chêmia
Rhisnes
Ligny
La Cornaille
Tongrenelle
Tongrinne
St-Pierre
Mazy
Le Péca
Le Ranil
Longpré
Saint-Amand
Malloteau
Les Dottias
Saint-Martin
La Chapelle
Bois de Mielmont
Spy
Namur-Ouest
Livoi
Les Tiènes
Le Laid Trou
Boignée
Balâtre
E42
A15
Onoz
Casino
Bon Dieu de Pitié
Fleurus
Sambreville
Vau
Le Chaufour
Le Mégornot
Bois de Betche aux Roches
Les Saussis
Suarlée
Temploux
Le Bout du Village
Le Ri
Les Tombales
Grand Taillis
Chapelle Ste-Claire
La Barrière
Wanfercée
Queue Del Me
Velaine
Keumiée
Wanfercée-Baulet
Les Ornias
Goyet
Bois des Golettes
L'ornia
La Sauvenière
Alnoir
Jemeppe-sur-Sambre
Bois des Monts
Bois Royal du Fayi
Bois de Poujou
Bois des Terres Holles
Bois de Namur
Bois du Roi
Les Comognes
Plangeoi
Chau David
Bois de la Flache
Martinrou
La Baraque
Prahi
Werichet
Les Comognes
La Duve
Pre Fleuri
Moustier
Les Falizes
Fontenelle
Jodion
Comogne
Bois de Soye
Mornimont
Soye
Hérissau
Bosquet
Floriffoux
Bauce
Les Golettes
Bois de Masuis
Bois du Cure
Les Pindants
Le Prêle
Le Foriet
Grand Bois
Les Brulés
Petit Tri
Caraloli
Bois du Moncia
Les Aulnais
Le Wainage
Malonne
Les Allous
Auvelais
Ham-sur-Sambre
Bois des Dames
Floreffe
Clincham
Le Tombo
Malonne
Coria
Tergnée
Le Moncia
Grand Champs
Farciennes
Moignelée
Seuri
Tamines
Le Gultia
Surmont
Bois Gillet
Franière
Bois Roly
Bois du Trou des Chats
Grand Bois de Ham
Deminche
Tremonrou
Préya
Abbaye
Chau des Grottes
Sovinont
Insevaux
Le Malpa
L'Ile
Le Ban
Roselies
Le Grand Jardin
Ménonri
Oignies
Aujère
Arsimont
Clé d'Or
Château ferme de Taravisée
Le Petoy
Nouveau port de la praye
Pont-de-Loup
Wércha
Falisolle
Gai
Buzet
Juramont
Inzepré
Le Pitois
Maulène
Les Saucis
Aiseau-Presles
Bois des Hutois
Névremont
Mahau
La Jonquière
Bois des Eulies
Aisemont
Bois Madame
Bois Grady
Sart-Saint-Laurent
Bois Haie des Chenées
R. de Fosse
Les Trois Bras
Musée Le Pt. Chapitre
Chau de l'Abbaye
Le Chès'lon
Le Bouli
Carnelle
Lotria
Là D'zous
Vitrival
Le Roux
Les Champias
Les Lèches
Fosses-la-Ville
Les Bergeries
Hautvent
Bois du Tri Al Hutte
Tri al Hutte
Chevauchoir
Bati des Foulons
Château de Presles
Presles
Dessus Faya
A l'Image
Les Binches
Charmoi
Bolia
Cocriamont
Bois des Masuis
Colonri
GR 125
Bati
La Levée
Les Fosses
Trou de Nutons
Le Sau
La Sarte
Sart-Eustache
Cripia
Le Parc
Lolisart
Quartier des Nations
Genicot
Bambois
Gônoi
Haie Mayet
Grand Etang de Fosses
Maison
Fond de Biauri
Lesve
La Bouverie
Herdau
Besinne
N4
N29
N93
N273
N912
N98
N988
N90
N570
N922
N940
N573

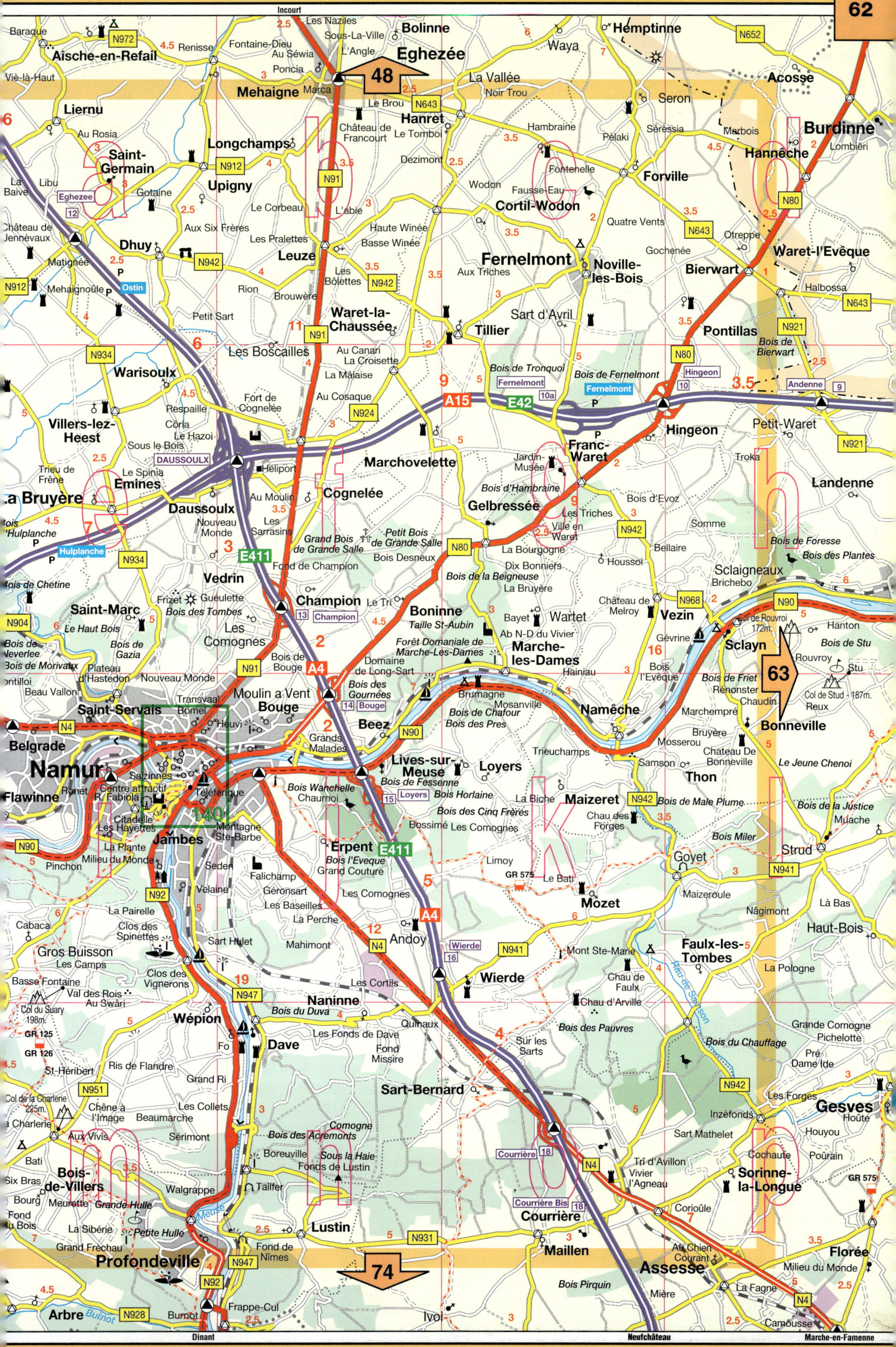

Incourt
Baraque
Aische-en-Refail
Renisse
Fontaine-Dieu
Au Sèwia
Poncia
Les Nazlies
Sous-La-Ville
L'Angle
Bolinne
Eghezée
48
Waya
Hemptinne
N652
Acosse
Vièt-là-Haut
Mehaigne
Marca
La Vallée
Noir Trou
Seron
Le Brou
N643
Hanret
Château de Francourt
Le Tomboi
Liernu
Au Rosia
Longchamps
Hambraine
Pèlaki
Sèressia
Marbois
Burdinne
Lombièri
Hannêche
Saint-Germain
N912
Upigny
Dezimont
Fontenelle
Forville
Libu
La Baive
Gotaine
Eghezee
12
N91
Wodon
Fausse-Eau
Cortil-Wodon
Le Corbeau
L'abie
N80
Château de Jennèvaux
Aux Six Frères
Les Pralettes
Haute Winée
Basse Winée
Quatre Vents
Otreppe
Dhuy
Matignée
N942
Leuze
Fernelmont
Noville-les-Bois
Gochenée
Bierwart
Waret-l'Evêque
N912
Mehaignoule
Ostin
Rion
Brouwère
Les Bolettes
Aux Triches
Halbosa
N643
Petit Sart
Waret-la-Chaussée
Sart d'Avril
Tillier
Pontillas
N921
Bois de Bierwart
N934
Les Boscailles
Au Canari
La Croisette
La Malaise
Bois de Tronquoi
Bois de Fernelmont
N80
Hingeon
Warisoulx
Fernelmont
Fernelmont
10a
10
Andenne
9
Fort de Cognelée
Au Cosaque
N924
A15
E42
Respaille
Cória
Le Hazoi
Villers-lez-Heest
Sous le Bois
DAUSSOULX
Hingeon
Petit-Waret
Franc-Waret
N921
Trieu de Frêne
Le Spinia
Emines
Héliport
Marchovelette
Jardin-Musée
Troka
Landenne
La Bruyère
Daussoulx
Au Moulin
Cognelée
Bois d'Hambraine
Gelbressée
Les Triches
Bois d'Evoz
Hulpianche
Hulpanche
Nouveau Monde
Les Sarrasins
Ville en Waret
N942
Somme
Bois de Foresse
Bois des Plantes
N934
E411
Grand Bois de Grande Salle
Petit Bois de Grande Salle
Bois Desneux
N80
La Bourgogne
Bellaire
Dix Bonniers
Houssoi
Sclaigneaux
Brichebo
Bois de Chetine
Vedrin
Fond de Champion
Bois de la Beigneuse
La Bruyère
Frizet
Gueulette
Bois des Tombes
Champion
13
Champion
Le Tri
Boninne
Taille St-Aubin
Bayet
Wartet
Château de Melroy
N968
Vezin
N90
Cor de Rouvroi 172m.
Hanton
Saint-Marc
N904
Le Haut Bois
Bois de Gazia
Les Comognes
Ab N-D du Vivier
Forêt Domaniale de Marche-Les-Dames
Marche-les-Dames
Gèvrine
Sclaye
Bois de Stu
Rouvroy
Stu
Bois de Neverlee
Bois de Morivaux
Plateau d'Hastedon
Bois de Bouge
N91
A4
Domaine de Long-Sart
Hainiau
Bois l'Evêque
Bois de Friet
Rénonster
63
Col de Stud - 187m.
Reux
Beau Vallon
Nouveau Monde
Transvaal
Moulin a Vent
Bois des Gournées
Brumagne
Mosanville
Chaudin
Bonneville
Saint-Servais
Bomel
Heuvi
Bouge
14
Bouge
Bois de Chafour
Bois des Pres
Namêche
Marchempré
Belgrade
N4
Grands Malades
Beez
N90
Bruyère
Mosserou
Chateau De Bonneville
Namur
Flawinne
Ronet
Salzinnes
Centre attractif R. Fabiola
Citadelle
Téléférique
Lives-sur-Meuse
Bois de Fessenne
Loyers
Trieuchamps
Samson
Thon
Le Jeune Chenoi
Bois Wanchelle
Chaurnoi
15
Loyers
Bois Horlaine
La Biche
Maizeret
N942
Bois de Male Plume
Bois de la Justice
Mulache
Les Hayettes
Montagne Ste-Barbe
140
Bois des Cinq Frères
Les Comognes
Bossimé
Chau des Forges
N90
La Plante
Jambes
Erpent
E411
Bois Miler
Strud
Pinchon
Milieu du Monde
Seden
Bois l'Eveque
Grand Couture
Limoy
GR 575
Goyet
N941
Falichamp
Géronsart
Le Bati
Mozet
Maizeroule
Velaine
N92
Les Baseilles
Les Comognes
Nâgimont
Là Bas
La Pairelle
La Perche
A4
Haut-Bois
Cabaca
Clos des Spinettes
Sart Hulet
N4
Andoy
Wierde
16
N941
Mont Ste-Marie
Faulx-les-Tombes
Gros Buisson
Les Camps
Mahimont
La Pologne
Basse Fontaine
Clos des Vignerons
Les Cortils
Wierde
Chau de Faulx
Val des Rois
Au Swâri
N947
Naninne
Chau d'Arville
Col du Suary 198m.
Wépion
Bois du Duva
Quinaux
Bois des Pauvres
Grande Comogne
Pichelotte
GR 125
Les Fonds de Dave
Sur les Sarts
Bois du Chauffage
GR 126
Fo
Dave
Fond Missire
Pré Dame Ide
St-Héribert
Ris de Flandre
Grand Ri
Sart-Bernard
N942
N951
Les Forges
Gesves
Houte
Col de la Charlerie 225m.
Chêne à l'Image
Beaumarche
Les Collets
Comogne
Inzèfonds
La Charlerie
Sérimont
Bois des Acremonts
Sart Mathelet
Houyou
Aux Vivis
Boreuville
Sous la Haie
Fonds de Lustin
Courrière
18
Tri d'Avillon
Cochaute
Pourain
Bati
Bois-de-Villers
Vivier l'Agneau
N4
Sorinne-la-Longue
GR 575
Six Bras
Tailfer
Walgrappe
Bourg
Meurette
Grande Hulle
Courrière Bis
18
Corioûle
Fond du Bois
La Sibérie
Petite Hulle
Meuse
Lustin
Courrière
Florée
Grand Fréchau
Fond de Nîmes
N931
Maillen
Au Chien Courant
Milieu du Monde
Profondeville
N947
74
Assesse
N92
Bois Pirquin
Mière
La Fagne
N4
Frappe-Cul
Arbre
Burnot
N928
Burnot
Ivoi
Camousse
Dinant
Neufchâteau
Marche-en-Famenne

Hannut
Hannut
Waremme
49
62
75
128
Acosse
Vissoul
Lamontzée
Hannêche
Burdinne
Oteppe
Marneffe
Fumal
Warnant-Dreye
Villers-le-Bouillet
Fize-Fontaine
Jehay-Bodegnée
Huccorgne
Vinalmont
Wanzoul
Waret-l'Evêque
Héron
Lavoir
Moha
Wanze
Antheit
Amay
Ampsin
Couthuin
Bas-Oha
Petit-Waret
Landenne
Huy
Tihange
Neuville-sous-Huy
Ben-Ahin
St.-Léonard
Seilles
Andenne
Andenelle
Gives
Les Forges
Régissa
Vierset-Barse
Solières
Bohisseaux
Marchin
Fourneau
Bonneville
Groynne
Coutisse
Perwez
Haltinne
Strud
Haillot
Ohey
Jallet
Goesnes
Vyle-et-Tharoul
Bonne
Haut-Bois
Libois
Pailhe
Evelette
St.-Fontaine
Ossogne
Gesves
Sorée
Flostoy
Havelange
Barsy
Florée
Miécret
Verlée
Marche-en-Famenne
Ciney
N652
N80
N643
N921
N64
N65
N684
N90
N641
N698
N636
N941
N946
N942
N983
N97
N4
N66
N643a
GR 575
GR 564
GR 576
Bodegnée
Huy-Braives
Huy-Heron
Andenne
Frenia
Meuse
Hoyoux

Liège
Liège
Liège
Saint-Georges-sur-Meuse
Flémalle-Haute
Awirs
Chokier
Seraing
Ougrée
Sart-Tilman
Bois de St-Jean
Val-Saint-Lambert
Ivoz
Ramet
Engis
Stockay
50
La Mallieule
Chaumont
Flône
Hermalle-sous-Huy
Clermont-sous-Huy
Neuville-en-Condroz
Neupré
Boncelles
Plainevaux
Esneux
Ehein
Ombret-Rawsa
St.-Séverin
Rotheux-Rimière
Yernée-Fraineux
Fraineux
Villers-le-Temple
Nandrin
Outrelouxhe
Rawsa
Strée
Tavier
Hody
Villers-aux-Tours
Anthisnes
Comblain-au-Pont
65
Soheit-Tinlot
Tinlot
Abée
Fraiture
Ellemelle
Xhos
Ramelot
Seny
Linchet
Terwagne
Modave
Warzée
Ouffet
Pair
Comblain-Fairon
Xhignesse
Hamoir
Filot
Ochain
Bende
Clavier
Les Avins
Atrin
Bois-et-Borsu
Ocquier
Grand-Houmart
Verlaine-sur-Ourthe
Vieuxville
Borsu
Odet
Borlon
Tohogne
Bomal
Bonsin
76
Warre
Méan
Palenge
Marche-en-Famenne
Marche-en-Famenne

Liège
Liège
Liège
Sart-Tilman
Bois de St-Jean
Dieu Sauvé
Bleurmont
Embourg
Chèvremont
Lemmetrie
Col de la Beole - 222m.
Bois de la Rochette
Forêt
51
St-Hadelin
Olne
Soiron
Tilleul
Froidbermont
Basse Bouhaye
Vaux-sous-Olne
Grihanster
Cornesse
Chaudfontaine
Ninane
La Brouck
Prayon
Château de la Fenderie
Hansez
Gelivaux
Nessonvaux
Halinsart
Goffontaines
Transenster
Chau des Masures
Bois de Scléssin
Château de Colonster
Le Bol d'Air
Centre Hospitalier Universitaire de Sart-Tilman
Enclos Robiet
Sainval
Sur-le-Mont
Tilff
Brialmont
Chau de Werihet
Sur Cortil
Aux Oies
Les Cours
Chau de Tiège
Château de l'Abbaye
Sous l'Abbaye
Beaufays
Trooz
Basse Fraipont
Fraipont
Château de Fraipont-Haut
Haute Fraipont
Bois de Famelette
La Clawire
Beauregard
Bois de Nomont
Avister
Nomont
Fécheresse
Ab N-D de Brialmont
Bois de Monceau
Les Croisettes
Péry
Croix Michel
Bois de Longtrat
Bois de Fraipont
Bois de Tancrémont
Château de Tancrémont
Col de Trancremont - 302m.
Pouillou Fourneau
Col de Han 141m.
Han
Château de Strivay
Hôni
Esneux
Chau de Monceau
Bois de la Haie de Fecheroux
Méry
Hayen
Bois-le-Comte
Gomzé-Andoumont
Bois de Rolémont
Bois Brûlé
Banneux
Bois de Banneux
Haut'gné
Chau d'Avionpuits
Dolembreux
Stinval
Col d'Esneux 117m.
Amostrenne
La Sâte
Fontin
Bèt'gné
Col de la Haie des Pauvres - 237m.
Louveigné
Sindrogne
Blindhef
Mont
Parc à Gibier de la Reid
Hodbomont
Adzeu
Fagne St-Remacle
Col de Comémont - 302m.
Flagotier
Château du Rond-Chêne
Bois d'Esneux
Monfort
Poulseur
Souverain-Pré
Chaply
Le Fayî
Les Hornais
Lincé
Higné
Ogné
Château de Sprimont
Noidré
Fond de Lèval
Cornémont
Rouge Tier
Hé de Chession
Deigné
Monde Sauvage Safari
Bois Renard
Becco
Bois de Halleux
Richopré
Chanxhe
Lillé
Sprimont
Dam'ré
Hot'champ
Plâye
Hassoûmont
Bois d'Anthines
Col de Mont 240m.
Col de Fraiture 237m.
Presseux
Bois de Warnoumont
Remouchamps
Régoût Fagne
Menoxbu
Col de Haut-Regard 357m.
Bellevaux
La Reid
Fraiture
Rouvreux
Florzé
Sècheval
Hautregard
Mont
Rivage
Ourthe
Amblève
Sougné-Remouchamps
Bois de la Porallée
Jehoster
64
Carrières Souterraines de Géromont
Géromont
Bois de Comblain
Pont de Scay
Oneu
Martinrive
Seprtoux
Aywaille
Hénumont
Dieupart
Le Grand Bois
Comblain-au-Pont
Hoyemont
Bois de Grand-Hé
Stokeu
Nonceveux
Hé Jaminet
Awan
Niaster
Hé des Graviers
Comblain-la-Tour
Comblinai
Château de Fanson
En Chirmont
Pierreux
La Grange
En Jehoge
Bois de Winhisté
Bois Carré
Arbres Napoleon
Bois d'Aywaille
Bois Bablette
Quarreux
Comblain-Fairon
Xhoris
Château de Harzé
Musée de la meunerie et de la boulangerie
Harzé
Bois du Moulin
Le Fi
Havelange
Chefnâ
Bois de Quârreux
Xhignesse
Le Mont
Les Batis
Hamoir
Col des Rixhalles 312m.
Col de Saint Roch 337m.
Bois de Xhoris
Bois Royal de Lorcé
Inzégottes
Houssonloge
Bois Bernard
Bois du Pouhon
Harzé Aywaille
Filot
Bois de Ville
Bois de Bernardfagne
Bois Renimont
Paradis
Arbres Bonaparte
Bois de la Sûreté
Château de Ville
Ville
La Rouge Minière
Lorcé
Bois des Fagnes
Targnon
Férot
Bois de l'Airu
Trou de Bosson
Chession
Landreci
Malacord
My
Bois Madame
Grand Bois de Berleur
Bois de Bouillon
Xhierfomont
Musée du jouet
Lognoule
Houpet
Ernonheid
Franc Bois
Bois Royal de Renière
Meuville
Les Minières
Le Chêne Bois
Vieuxville
Ferrières
Bois des Hovas
Bierleu-Haut
Chau-Fort de Logne
Fagnoule
Bosson
Martinville
Col de Malboutee 340m.
Col de la Chapelle Sainte Barbe ou de Picherotte - 379m.
Grand Trihe
Renière
Col de Werbomont 450m.
Château de la Neuville
Rahier
Bois de Fermine
Au Pent Bois
Chevron
Izier
Picherotte
Raumont
Ferrières (Werbomont)
Werbomont
Oufny
Froidville
Bois de Rahier
Burnontige
Les Forges
La Levée
Chauvehé
Ozo
Bois d'Ozo
Vieux Fourneau
Hâbièmont
Neûci
Bois de Grimbièmont
Bretaye
St-Antoine
Harre
77
Laide Fontaine
Grand Bru
Le Fayi
Bois de St-Antoine
Taille Martin
Villers-Sainte-Gertrude
Fainage
Grand Heid
Coreu
Hourlai
La Fagne
Champs de Harre
Freneu
Manhay Bastogne

Liège/Aachen
Eupen
Eupen
Lambermont Verviers
Haute Tribomont
Lambermont
Ensival Verviers-centre
Verviers
Heusy (Verviers-Sud)
Sècheval
52
Bois de Hevremont
Bois de La Borchène
Barrage de la Gileppe
Lac de la Gileppe
N620
Arboretum
Vegnez
Wasay
Ensival
Mangombroux
Heusy
Rouheid
Purgatoire
La Raye
Hodister
La Vovegnez
Hameau du Bois
GR 573
La Bouquette
Pepinster
N672
N679
Westhertogenwald
Hestreux
N68
Foyir
N629
Herbôfôrire
Herbiester
GR AE-NORD
Froidfontaine
La Boverie
Jehanster
N657
N690
Château de Sohan
GR 573
Transvaal
Surister
Jalhay
Bolinpont
Château Sagehomme
Bois de Mofa
Gileppe
N657
Theux
L'Eweréville
N629
N672
Drossart
28
Oneux
Le Rocheux
Fays
Le Tier
Chameux
GR 573
Juslenville
Col de Sassore 281m.
Polleur
Neufmarteau
Pont de Polleur
Royompré
Polleur
Bois des Gattes
Bois de Tiège
Theux
Sassore
Sasserotte
Spa
Belle-Croix
E42
A27
Franchimont
Trois Fontaines
Croupets du Moulin
Solwaster
N68
Baraque Michel
Rainonfosse
Devant Staneu
GR AE-NORD
Arbespine
Tiège
Sart
N62
Hé du Wèyai
Sart Jalhay
N640
Les Rus Rondfahai
Bois de Staneu
GR V
Bois de Belle Hé
Wihenfagne
Bois de la Longue Hé
Stokai
Hé Lousberg
Balmoral
Lac de Warfa
Le Wayai
Bois Domanial de la Hogne
Hautes Fagnes
Bois de Rohaimont
Bois de dans le Sart
Nivezé -Bas
Sart Station
Hestroumont
Col d'Annette et Lubin 337m.
Pré Fayehai
Nivezé
Bois de la Fagne de Nivezé
Fagne de Lonlou
Fagne de Xhoffraix
Col du Maquisard 367m.
Bois du Chineul
Bois Raquet
Cokaifagne
Bois de Hatrai
Fagne Rècheurs
GR 573
Spa
Géronstère
Pouhons
Marteau
de Spa
Bois Fagne Richehomme
Hogne
Les Combes
Baronhé
Bois de la Belle Hé
Fagne de Salmon
Francorchamps
Hockai
Fagne Tirifaye
Les Cours
Col de Creppe 380m.
Haie du Meunier
Winamplanche
Hoctaisart
146
Bois des Vieilles Fagnes
67
N68
Bois de Véqueterre
GR 5-E 2
Barisart
Bois de la Picherotte
N62
GR AE-NORD
Banoyard
GR 5
Creppe
E 2
Basse Desnié
16
Cronchamps
Ster
Bois de Mambaye
Bois de Géronstère
Les Consous
Mont
Piste Thier des Rexhons
GR 5
Le Tier des Réhons
Francorchamps
Mont Spinette
Bois de Lhez
N68
Haute Desnié
Col du Rosier 556m.
A27
Piste S.N.C.
La Hez
Francorchamps
Bois de Plein Fayi
GR 5
E2
Col de Francorchamps - 530m.
Eau-Rouge
Basse Hasse
N62c
8.5
Beverce
La Fagne
Chevrouhé
Andrimont
Neuville
Bois de Hourt
Circuit de Francorchamps
N62
Livremont
Chôdes
Bernister
Cour
Ruy
Col de la Haute Levée - 492m.
N622
Bois de Lafreuster
Burnenville
Musées du Carnaval et du Papier
Malmédy
La Fagne
Roumé
Mont des Brumes
N605
Bois Jacques Mathieu
Egbomont
N640
Mé
N68b
Winbomont
Arimont
Belle-Vue
Moulin du Ruy
Heilrimont
Bois de la Ville
Mont Bijou
Floriheid
Borgoumont
Pont de Warche
Préai
Gohimont
Bois de Bassenge
Moustier
Roanne
Rivage
Bas Rivage
Montoûyet
Piste Mont des Brumes
Col de la Fagne de Bellaire - 502m.
Ma Campagne
Gérômont
Amermont
Mâsta
Cheneux
N68
Hausta
Malmédy
Bois de la Borzeu
N62
Hurdebise
Roua
La Gleize
N664
Otaimont
Hédomont
Stoumont
Piste du Stockeu
Wavreumont
Cligneval
Roanne-Coo
La Venne
Télécoo
Challes
E42
Chevau Fosse
Ronhî
GR 56
Renardmont
Grand Coo
Abbaye de Stavelot
Mus. du Circuit de Francorchamps
Mus. Guillaume Apollinaire
Le Centre d'Interprétation de la principauté de Stavelot
Ster
Stavelot
Cheneux
Bois de Stalons
Bois du Layinster
Petit-Coo
Bassin Supérieur
Tiou
Bellevaux
Lamonriville
Lasninville
Amblève
Planche
Warche
GR 571
Parfondruy
Vau Richard
Villers
Reculémont
N633
Le Fa
Ramonster
Brume
Coreu
Bois Dit Monti
11
Col de Sur le Stockeu - 506m.
Bûtai
Lodomez
Beaumont
Ligneuville
N62
Bois de l'Abbaye
Bois de la Vau
Bois de la Ronde Haie
Hé du Moulin
Grand Faye
Somagne
A27
Bois du Toirbaileu
Trois-Ponts
Bois de Lusnié
Bellevaux-Ligneuville
Aisomont
Hénumont
Piste Val de Wanne
Henrimoulin
Mont de Fosse
N66
Hautes Fagnes
Sur l'Oneu
Mahister
Francheville
GR 56
Basse-Bodeux
78
Wanneranval
Werhai
Hoppon
Les Bois Magis
La Bouhaye
En Dur
GR 572
Wanne
GR 5
E2
Houvegné
Recht-B.
aute-Bodeux
Les Gottais
Vielsalm

Eupen
Roetgen
Simmerath
N67
53
Brackvennsattel 622m.
Konzen
258
Karweg
Müllenbüchel
Imgenbroich
Arboretum
Ochsenvenn
Mützenich
Laufenthal
Wiesenthal
Hargard
Menzerath
Rur
Haßgensweg
Weilersbroich
Haag
Monschau
Rohren
Hohlenbornsvenn
Eschweide
Dreistegen
Heidgen
Perlenau
Höfen
N68
Drossart
Geitzbusch
Heckenvenn
Bovelsvenn
Schwingsborn
Perlenbach Talsperre
GR 56
GR 573
Belle-Croix
Réserve naturelle des Hautes Fagnes
399
258
Alzen
Ruitzhof
Geisberg
Kalterherberg
Baraque Michel
Col du Mont Rigi - 676m.
Küchelscheid
Breitenberg
Leykaul
Fagne Rasquin
Küchelscheider Wald
Mont Rigi
Hautes Fagnes
Petit Troupa
Die Gemeinde
Signal de Botrange
Rurbusch
Grand Troupa
N676
Bois de Sourbrodt
Averscheid
N699
Staatsforst Hofen
Fagne de Xhoffraix
Cwène Do Bwès
Staatsforst Elsenborn
Fagne Tirifaye
Les Tailles
Sourbrodt
Bosfagne
Col de la Gare de Sourbrodt - 567m.
Longfaye
Les Censes
N647
66
Noupré
Ovifat
Andrifosse
Weywertzer Heck
Herzebösch
Piste d'Ovifat
Nidrumer Heck
Elsenborn
Elsenbüchel
Mont
Xhoffraix
le Burg
Metternich
Reinhardstein
Robertville
N677
Piste Zosterbach
Lac de Robertville
Outrewarche
Plattenberg
Brückberg
Nidrum
Giesberg
Walk
Agister
Warche
Grünenberg
Beverçé
N681
Hinterberg
Berg
Rocherath
Weywertz
Stausee Bütgenbach
Chôdes
Gdoûmont
Bruyères
Moussire
Col de Monsonru - 555m.
Champagne
Wirtzfeld
Livremont
Gueuzaine
Sportplatz Worricken
Bütgenbach
Mühlenberg
N658
Boussire
Libomont
Malmédy
Sankersborn
Monsonru
Bel Air
Oberweywertz
Winbomont
N632
Arimont
Brand
Plattscheid
Belle-Vue
Wégifa
Mon Bijou
Waimes
Mon Antone
Hohenberg
Floriheé
Préai
Hasse
Gohimont
Géromont
Col de Rue - 552m.
Rue
Au Moulin
Klingesberg
Büllingen
N62
Steinbach
Faymonville
N658
N692
Hédomont
Baugnez
Col de Waimes-Haute 512m.
Bütgenbacher Heck
Hünningen
Crope
GR VAR
Remonval
Morschheck
Col de la Croix de Thirimont - 498m.
Richelsbusch
Lamonriville
Mühlenbusch
Thirimont
Ondenval
Schoppen
Bambusch
Honsfeld
Reculémont
Bambusch
N658
Ligneuville
Rohrbusch
Möderscheid
Hepscheid
Schwalert
Eibertingerheide
Kuckerell
Am Kreuz
Amel
A la Haye
Wendelberg
Durt
Wolfsbusch
Iveldingen
Heppenbach
Rotenberg
Schürbusch
N676
Mirfeld
Dreierberg
Eibertingen
79
Halenfeld
Montenau
Köscheberg
Fagne au Bois
Château de Holzheim
Amel
Dickheck
Auf der Bracht
Sart Bastin
Wolfsbusch
Holzheim
Valender
Wendelberg
Sankt-Vith

Simmerath
Zülpich
Einruhr
Wollseifen
Dedenborn
Eicherscheid
54
Helingsberg
Malsbenden
Gemünd
Forst Schleiden
Maueler Berg
Mauel
266
Auf der Eck
Erkensruhr
Ritzenberg
Hammer
Widdau
Morsbach
Nierfeld
Funkenberg
Olefer Kirchenwald
Nachtberg
Rathberg
Hagg Burg
Dreiborn
Olef
Kall
Kindshardt
265
Wintzen
Scheuren
Berescheid
Ettelscheid
Schleiden
Golbach
Staatsforst Monschau
Sötenich
Broich
Pferdekopf
Schöneseiffen
258
Harperscheid
Bronsfeld
Wiesgen
Hunderberg
Rinnen
Kerperscheid
Oberhausen
Kalenberg
Frohnrath
28
Eichen
Steinfeld
Oleftalsperre
Ingersberg
Steinfelder-heistert
Blumenthal
Kirchenberg
Dommersbach
Sistig
Wiesenhardt
Hellenthal
Diefenbach
Kirschseiffen
Mäusköpfchen
Wahlen
Wollenberg
N658
Hönningen
Forst Schleiden
Staatswald Hasselpat
Reifferscheid
Krekel
Rüth
Dickerscheid
Zingscheid
Benenberg
Roder
Volpertberg
Staatsforst Schleiden
Oberreifferscheid
Wiesen
Gringelsberg
GR AE
Manscheid
Wirtzfelder Loch
Rathsberg
Hollerath
Heiden
Winten
Hecken
Dreiherrenwald
Sieberath
Kreuzberg
Ramscheid
Giescheid
Unterwolfert
Oberwolfert
Oberschömbach
Zehnstelle
Olefterberg
Gemeindewald Rocherath
Rescheid
Kamberg
Mieschied
Forst Schmidtheim
Gemeindewald Krinkelt
Schnorrenberg
Enkelberg
Bärbelkreuz
Dahlemer Wald
Udenbreth
GR 56
Mürringen
Weißer Stein
Neuhof
Kronenburger Wald
N632
Staatsforst Schleiden
Maria Frieden
Metziger Berg
Ducksiefen
Ehrend
Dahlem
Berk
Biert
Losheimergraben
Eichenbusch
Frauenkron
Baasem
N626
Höhen-Berg
Buchholz
Schopphof
Kronenburg
Hammerhütte
Gilbuschheck
Losheim
Konnertsbusch
Scheid
Hollenborn
Losheimerstraße
Kronenburgersee
Kronenburger-hütte
80
Lanzerath
Hallschlag
Köppheck
Aspeln
Steinert
Leumersberg
Merscheid
GR 56
Kerschenbach
Stadtkyll
Prüm
Prüm
Euskirchen
Adenau
Bad Münstereifel
Daun

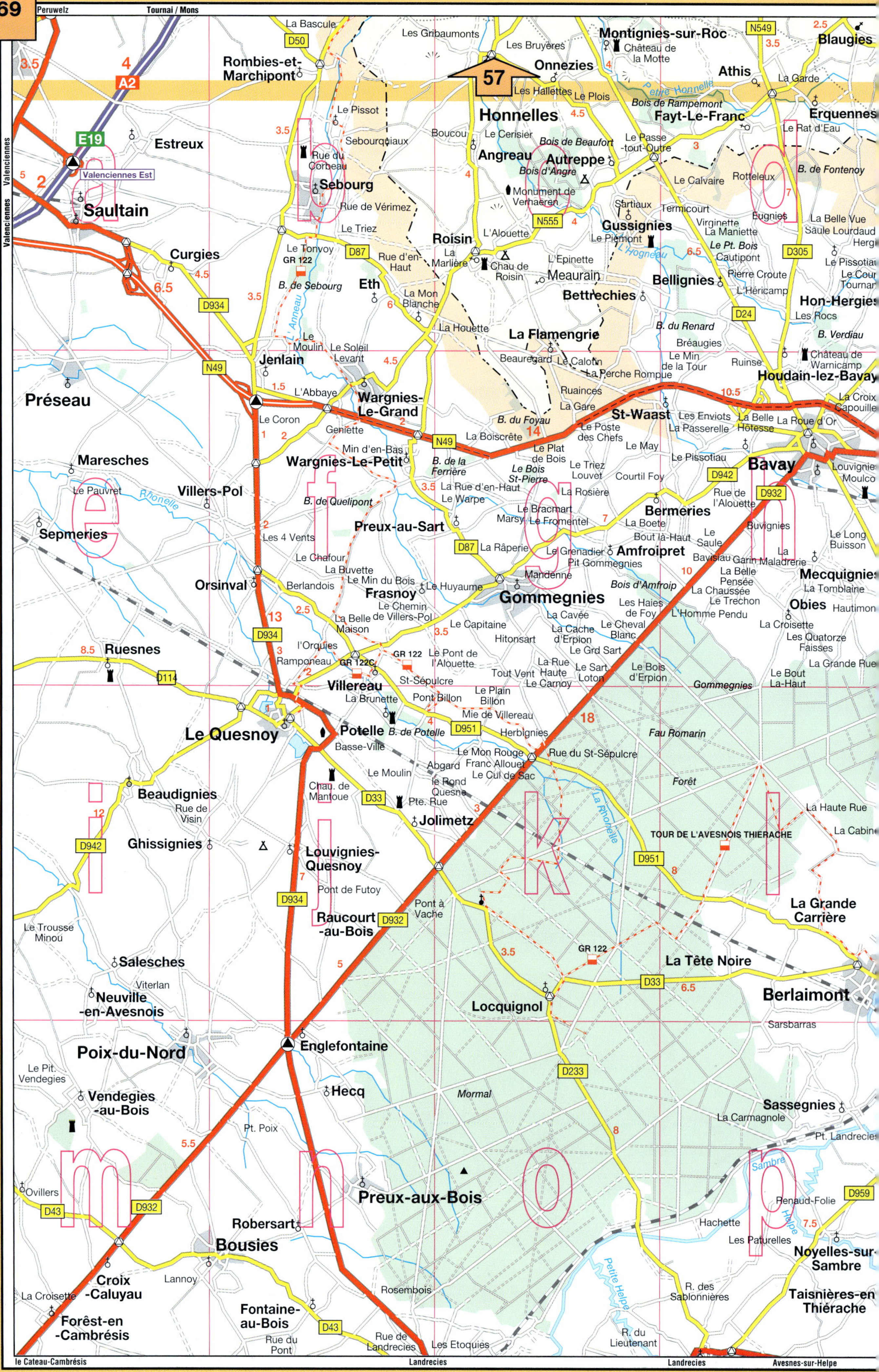

Peruwelz
Tournai / Mons
Valenciennes
57
La Bascule
Rombies-et-Marchipont
Les Gribaumonts
Les Bruyères
Onnezies
Montignies-sur-Roc
Château de la Motte
Blaugies
Athis
La Garde
Les Hallettes
Le Plois
Petite Honnelle
Bois de Rampemont
Fayt-Le-Franc
Erquennes
Le Rat d'Eau
Honnelles
Le Pissot
Estreux
E19
A2
Valenciennes Est
Sebourquiaux
Rue du Corbeau
Sebourg
Rue de Vérimez
Boucou
Le Cerisier
Angreau
Bois de Beaufort
Autreppe
Le Passe -tout-Outre
Bois d'Angre
Monument de Verhaeren
Le Calvaire
Rotteleux
B. de Fontenoy
Saultain
Sartiaux
Termicourt
Virginette
Eugnies
La Belle Vue
Saule Lourdaud
Gussignies
La Maniette
Le Piémont
Le Pt. Bois
Cautipont
L'Hogneau
Le Triez
L'Alouette
Roisin
Curgies
Le Tonvoy
GR 122
Rue d'en-Haut
La Marlière
Chau de Roisin
L'Epinette
Meaurain
Bellignies
Pierre Croute
L'Héricamp
Le Pissotiau
Hon-Hergies
Les Rocs
B. Verdiau
B. de Sebourg
Eth
La Mon Blanche
Bettrechies
B. du Renard
Bréaugies
La Houette
La Flamengrie
Le Moulin
Le Soleil Levant
Beauregard
Le Calotin
Le Min de la Tour
Ruinse
Château de Warnicamp
Houdain-lez-Bavay
Jenlain
La Perche Rompue
Préseau
L'Abbaye
Wargnies-Le-Grand
Ruaines
La Gare
St-Waast
Les Envoits
La Passerelle
La Belle Hôtesse
La Roue d'Or
La Croix Capouille
Le Coron
Geniette
B. du Foyau
La Boiscrête
Le Poste des Chefs
Le May
Min d'en-Bas
Wargnies-Le-Petit
B. de la Ferrière
Le Plat de Bois
Le Bois St-Pierre
Le Triez Louvet
Le Pissotiau
Bavay
Louvignies Moulco
Maresches
Le Pauvret
Rhonelle
Villers-Pol
B. de Quelipont
La Rue d'en-Haut
Le Warpe
La Rosière
Courtil Foy
Rue de l'Alouette
Bermeries
Sepmeries
Preux-au-Sart
Le Bracmart
Marsy
Le Fromentel
La Boete
Buvignies
Le Long Buisson
Les 4 Vents
Le Chafour
La Râperie
Le Grenadier
Pit Gommegnies
Bout la-Haut
Amfroipret
Le Saule
Bavisiau
Garin Maladrerie
La Belle Pensée
Mecquignies
La Buvette
Le Min du Bois
Le Huyaume
Mandenne
Bois d'Amfroip
La Chaussée
La Tomblaine
Orsinval
Berlandois
Frasnoy
Le Chemin de Villers-Pol
Gommegnies
Les Haies de Foy
Le Trechon
Obies
Hautimon
La Belle Maison
Le Capitaine
La Cavée
Le Cheval Blanc
L'Homme Pendu
La Croisette
Les Quatorze Faisses
Ruesnes
l'Orquies
Ramponeau
GR 122C
Le Pont de l'Alouette
Hitonsart
La Cache d'Erpion
Le Grd Sart
La Grande Rue
La Rue Haute
Le Sart Loton
Le Bois d'Erpion
Le Bout La-Haut
Villereau
St-Sépulcre
Tout Vent
Le Carnoy
Gommegnies
La Brunette
Pont Billon
Le Plain Billon
Mie de Villereau
Le Quesnoy
Potelle
B. de Potelle
Herbignies
Fau Romarin
Basse-Ville
Le Mon Rouge
Franc Alloeut
Rue du St-Sépulcre
Le Moulin
Abgard
Le Cul de Sac
Forêt
Chau. de Mantoue
le Rond Quesne
Pte. Rue
La Haute Rue
Beaudignies
Rue de Visin
Jolimetz
La Rhonelle
La Cabine
TOUR DE L'AVESNOIS THIÉRACHE
Ghissignies
Louvignies-Quesnoy
Pont de Futoy
Pont à Vache
La Grande Carrière
Raucourt -au-Bois
Le Trousse Minou
GR 122
La Tête Noire
Salesches
Viterlan
Berlaimont
Neuville -en-Avesnois
Locquignol
Sarsbarras
Poix-du-Nord
Englefontaine
Le Pit. Vendegies
Vendegies -au-Bois
Hecq
Mormal
Sassegnies
La Carmagnole
Pt. Poix
Pt. Landrecies
Sambre
Ovillers
Preux-aux-Bois
Renaud-Folie
Robersart
Hachette
Les Paturelles
Noyelles-sur-Sambre
Helpe
Bousies
Lannoy
Croix -Caluyau
Petite Helpe
R. des Sablonnières
Taisnières-en Thiérache
La Croisette
Rosembois
Forêt-en -Cambrésis
Fontaine-au-Bois
Rue de Landrecies
Les Etoquies
R. du Lieutenant
Rue du Pont
le Cateau-Cambrésis
Landrecies
Landrecies
Avesnes-sur-Helpe
N549
D50
N555
D87
D934
D305
D24
N49
D942
D932
D114
D951
D33
D233
D43
D959

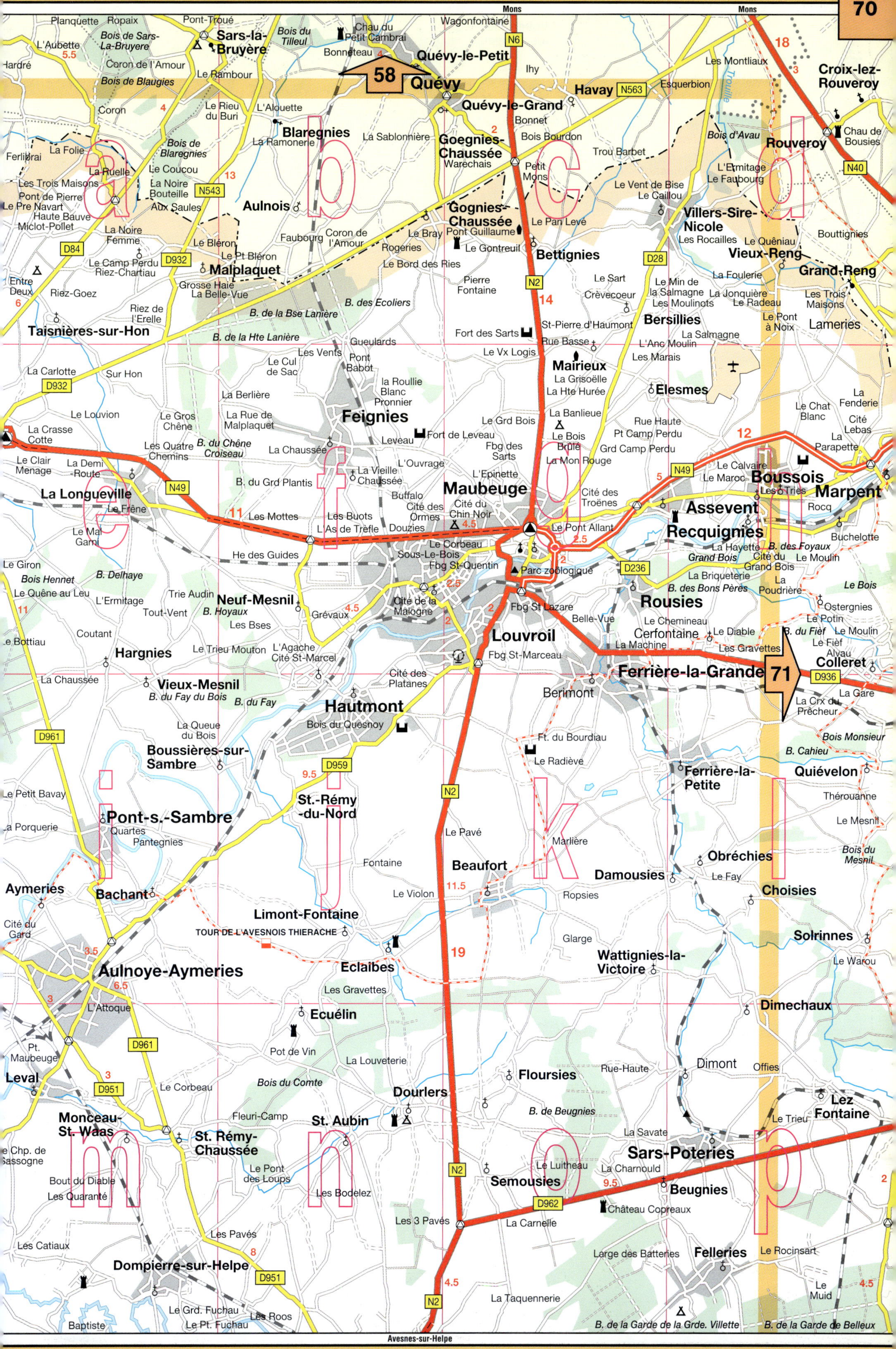
Mons
Mons
Planquette
Ropaix
Pont-Troué
L'Aubette
Bois de Sars-La-Bruyere
Sars-la-Bruyère
Bois du Tilleul
Chau du Petit Cambrai
Wagonfontaine
N6
Hardré
Coron de l'Amour
Le Rambour
Bonneteau
Quévy-le-Petit
Ihy
Les Montliaux
18
Croix-lez-Rouveroy
Bois de Blaugies
58
Quévy
Havay
N563
Esquerbion
Trouille
Coron
Le Rieu du Buri
L'Alouette
Quévy-le-Grand
Bonnet
Bois d'Avau
Chau de Bousies
Blaregnies
La Sablonnière
Goegnies-Chaussée
Bois Bourdon
Rouveroy
Ferlibrai
La Folie
Bois de Blaregnies
La Ramonerie
Warechais
Trou Barbet
L'Ermitage
La Ruelle
Le Coucou
13
Petit Mons
Le Faubourg
N40
Les Trois Maisons
La Noire Bouteille
N543
Le Vent de Bise
Le Caillou
Pont de Pierre
Le Pre Navart
Aux Saules
Aulnois
Gognies-Chaussée
Villers-Sire-Nicole
Haute Bauve
Miclot-Pollet
Pont Guillaume
Le Pan Levé
Les Rocailles
Le Quêniau
Bouttignies
La Noire Femme
Le Bléron
Faubourg
Coron de l'Amour
Le Bray
Vieux-Reng
D84
Le Pt Bléron
Rogeries
Le Gontreuil
Bettignies
D28
Le Camp Perdu
Riez-Chartiau
D932
Malplaquet
Le Bord des Ries
La Foulerie
Grand-Reng
Entre Deux
Grosse Haie
La Belle-Vue
Pierre Fontaine
N2
Le Sart
Le Min de la Salmagne
Riez-Goez
Crèvecoeur
La Jonquière
Les Trois Maisons
Les Moulinots
Le Radeau
Riez de l'Erelle
B. de la Bse Lanière
B. des Ecoliers
14
Bersillies
Le Pont à Noix
Lameries
Taisnières-sur-Hon
St-Pierre d'Haumont
La Salmagne
B. de la Hte Lanière
Gueulards
Fort des Sarts
Rue Basse
L'Anc Moulin
Les Vents
Pont Babot
Le Vx Logis
Les Marais
La Carlotte
Sur Hon
Le Cul de Sac
Mairieux
D932
La Grisoëlle
La Roullie
Blanc Pronnier
La Hte Hurée
Elesmes
La Berlière
La Fenderie
Le Chat Blanc
Le Louvion
Le Gros Chêne
La Rue de Malplaquet
Feignies
La Banlieue
Rue Haute
Cité Lebas
La Crasse Cotte
Le Grd Bois
Le Bois Brûlé
Pt Camp Perdu
La Parapette
Les Quatre Chemins
B. du Chêne Croiseau
La Chaussée
Leveau
Fort de Leveau
Fbg des Sarts
12
Grd Camp Perdu
Le Clair Menage
La Demi-Route
L'Ouvrage
La Mon Rouge
Le Calvaire
La Vieille Chaussée
L'Epinette
N49
Le Maroc
Boussois
N49
B. du Grd Plantis
Cité des Troënes
Les Tries
Marpent
La Longueville
Buffalo
Maubeuge
Assevent
Le Frêne
11
Les Mottes
Les Buots
Cité des Ormes
Cité du Chin Noir
Rocq
L'As de Trèfle
Douzies
Le Pont Allant
Recquignies
Le Mal Garni
Le Corbeau
La Hayette
B. des Foyaux
Buchelotte
He des Guides
Sous-Le-Bois
Grand Bois
Le Moulin
Fbg St-Quentin
Parc zoologique
Le Giron
D236
Le Grd Bois
Bois Hennet
B. Delhaye
La Briqueterie
Le Quêne au Leu
Trie Audin
Neuf-Mesnil
Cité de la Malogne
Rousies
B. des Bons Pères
La Poudrière
Le Bois
L'Ermitage
Tout-Vent
B. Hoyaux
Grévaux
Fbg St Lazare
Ostergnies
Les Bses
Belle-Vue
Le Potin
Le Bottiau
Coutant
Le Chemineau
Cerfontaine
Le Diable
B. du Fief
Le Moulin
Hargnies
Le Trieu Mouton
L'Agache
Louvroil
La Machine
Le Fief
Alvau
Cité St-Marcel
Fbg St-Marceau
Les Gravettes
Colleret
La Chaussée
Vieux-Mesnil
Cité des Platanes
Ferrière-la-Grande
71
D936
B. du Fay du Bois
B. du Fay
Berlimont
La Gare
Hautmont
La Crx du Prêcheur
Bois du Quesnoy
La Queue du Bois
Ft. du Bourdiau
Bois Monsieur
D961
Boussières-sur-Sambre
Le Radiève
B. Cahieu
D959
Ferrière-la-Petite
Quiévelon
9.5
Le Petit Bavay
St.-Rémy-du-Nord
N2
Thérouanne
Pont-s.-Sambre
Le Mesnil
La Porquerie
Quartes
Le Pavé
Pantegnies
Marlière
Bois du Mesnil
Obréchies
Fontaine
Beaufort
Aymeries
Le Violon
Damousies
Le Fay
Choisies
Bachant
11.5
Ropsies
Cité du Gard
Limont-Fontaine
TOUR DE L'AVESNOIS THIERACHE
Solrinnes
Glarge
19
Wattignies-la-Victoire
Le Warou
Aulnoye-Aymeries
Eclaibes
Les Gravettes
L'Attoque
Ecuélin
Dimechaux
Pt. Maubeuge
D961
Pot de Vin
La Louveterie
Dimont
Offies
Rue-Haute
Floursies
Leval
Le Corbeau
Bois du Comte
D951
Dourlers
Lez Fontaine
Monceau-St. Waas
Fleuri-Camp
B. de Beugnies
Le Trieu
St. Aubin
St. Rémy-Chaussée
La Savate
Le Chp. de Sassogne
Sars-Poteries
Le Pont des Loups
Le Luitheau
La Charnould
Bout du Diable
Semousies
Beugnies
Les Quaranté
Les Bodelez
D962
Château Copreaux
Les 3 Pavés
La Carnelle
Les Pavés
Les Catiaux
Large des Batteries
Felleries
Le Rocinsart
Dompierre-sur-Helpe
D951
Le Muid
4.5
La Taquennerie
Le Grd. Fuchau
Les Roos
Baptiste
Le Pt. Fuchau
B. de la Garde de la Grde. Villette
B. de la Garde de Belleux
Avesnes-sur-Helpe

Binche
Charleroi
Chimay
59
70
81
La Loge
Fauroeulx
Bois de Wauhu
Ferchompré
Vellereille-
les-Brayeux
Bois des
Communes
Mont-Ste-Geneviève
Cinq Etoiles
Cour du Mont
Les Prés
Bois du Baron
Chêne à Mouches
GR 129
Bois de Lernes
Les Bonniers
Bois du Couriau
Hourpes
Croix-lez-
Rouveroy
Le Saussoi
Liseroeul
Bois de Pincemaille
Les Baraques
Le Coron
Ramegnies
Bois d'Howis
Bois Feron
Les Quatre
Chemins
Chau du
Bois d'Angre
Le Vivier Coulon
Merbes-Ste-Marie
Marais
Bois d'Angre
Sebastopol
La Prêle
Chau de
Bousies
Rouveroy
La Noire
Bouteille
Peissant
Le Cul de Fer
GR 129B
Bienne-lez-
Happart
A Julienne
Portelette
Forestaille
Lobbes
Au Nesperia
Grand Courant
Thuin
Gerzî
La Chapelle
Rubignies
Anc Min du Sart
Sars-la-Buissière
Chevesne
Heuleu
Les Marwèles
La Maladrie
Les Tri
Forestaille
Bois du Lujeu
Brûliau
Bois du Chêne
Houdiez
Ram'quin
Bouttignies
Vieux-Reng
Grand-Reng
Les Trois
Maisons
Pont de Grand-Reng
Le Pont
à Noix
Lameries
La Porte
de France
Vent de
Bise
Boustaine
Merbes-le-Château
Rôsières
Les Six Chemins
Mon Plaisir
Malarme
Bouveries
Ste-Anne
Labuissière
St-Pierre
Tcharnia
Bois de Viller
Fontaine-Valmont
Biercée
Brûlée
Vieux Biercée
Trieu Vichot
Biesme-sous-
Thuin
La Rochelle
Fontaine-Haute
Bois Lyon
Tourne Bride
Chau de
Fosteau
Lirée
Ragnies
Le Taburin
La Roquette
Saucelle
L'Epinette
Les Marzelles
Erquelinnes
Sambre
Solre-sur-
Sambre
Chau-Fort
Hantes-
Wihéries
Pont
d'Hantes
Carrefour
de la Poule
Leers-et-Fosteau
Bois des Agaises
Le Chat
Blanc
Cité
Lebas
La
Fenderie
La
Parapette
Quewette
Boussois
Les Tries
Jeumont
Bois du Comte
Wihéries
Les Hayettes
Grande Mêe
Dansonspène
Tacfesse
Quatre Chemins
de Tasnière
Rocq
Marpent
Buchelotte
Rue de
Bersilliers
La Türe
Bois d'Avesnes
Bois de la Loge
La Croix
Bois de la
Princelle
Hurtebise
Bois Gaillard
Bois de Fontaine-Valmont
Barrière d'Amierson
La Malaise
Bois des Menus
La Praye
Strée
B. des Foyaux
Le Moulin
B. de
Marpent
Bois de Solre
Montignies-St.-
Christophe
Bois de Beumont
La Carrière
B. de Fefu
Sartiau
Tri du Chêne
La
Poudrière
Le Bois
Ostergnies
Bois de
Jeumont
Bois de
Bersillies
La Masure
La Belle
Vue
Le Moulin
Le Vivier Loir
Bois de Strée
La Marzelle
Le Potin
B. du Fief
Le Moulin
Le Fief
Alvau
Le Noisier
Colleret
Bersillies
-L'Abbaye
Bustiau
Bousignies-sur-Roc
Landignies
Les Routures
Le Tomboi
Petit Sartiau
Thirimont
Martinpré
Tourivet
Bois du Tronquoy
La Folie
L'Ermitage
B. de Branleux
Gerard-Croix
Buchot
Comagne
Malplaquet
Paradis
Hurimont
La Gravelinne
Le Pachis
Hiboussart
Bois de Blimont
Le Hututu
La Crx du
Prêcheur
La Gare
Cayaut
Le Pavé
Les Quatre
Bras
Cousolre
Ville de
Gand
Fondrieux
La Scierie
B. de la Pte Comagne
Lolrinchamps
Chaudeville
Bon Air
Croix du
Fief
Bois Monsieur
B. Cahieu
Coulmie
Le Gars.
Bleu
Le Bosquet
Rond Bois
Le Terne
Siroué
Le Moulin
à Vent
Reugnies
Le Choléra
Tour
Salamandre
Quiévelon
Aibes
Therouanne
Le Coron
Les Vingt
Bonniers
Les Haies de
Cousolre
La Forge
d'en Haut
Leval-Chaudeville
La Chevalerie
Tinmont
La Plaquette
Beaumont
La Barrière
La Duise
Le Mesnil
La Perche
Marcigny
Longue Haie
Le Falin
Le Bout
d'en Haut
Bois du
Mesnil
La Brique
Le Chette
Leugnies
Ste-Audegonde
Trieu
St-Martin
Barbençon
Fayi
Bois de Boutignie
Bois de Forêt
La Ratière
Vieux Moulin
Saint-Joseph
Brun Fayi
Bérelles
Le Bout La-Haut
B. de Warennes
Solre-Saint-Géry
Tri de Flayau
Le Mazy
Haie des Saules
Les Quatre Vents
Pont
Crotte
B. de Chaumont
Bois de la Briqueterie
Bois d'Hestrud
Le Tomboi
Solrinnes
Le Warou
Eccles
Le Moulin
La Carrière
Grandrieu
Les Rocs
Belle Vue
Laisette
Le Bosquet
Vergnies
Bois de Barbencon
Hetroy d'Eccles
Rue d'En Haut
Le Hameau
La Plagne
Moulinia
Les Champs
-Elysées
La Folie
Bois de Nielles
Hestrud
Viveriaux
Renlies
Géramont
Grand Lutiau
Terniau
Bois Adam
Les Nielles
Bois du Parc
Les Carrières
Berzie
Etg de Borzie
B. de la Lorette
B. de Beaurieux
Frasies
Le Fribou
Offies
Malakoff
L'Ecrevisse
La Rue
Là-Haut
Gènèstriaux
Observatoire
de Centre
Couture
Bois de Martinsart
Cuquegnies
Bois de la Fourchette
Lez
Fontaine
Le Trieu
Le Moulin
Beaurieux
Permanent
de la Nature
Etangs du Mont Rose
Sivry
L'Hargime
Musée de
la Nature et
du Jouet
La Carrauterie
Les Bosquets Lamblot
Bonicourt
Fourbechies
Solre-le-Château
La Fau
Les Culots
Sivry-Rance
Epinoy
La Motte
Moulard
Sautin
L'Ermitage
St-Pierre
L'Epine
Le Bosquet
Le Quartier
Le Cromboulie
La Sansuyere
Blagnies
Forêt de Rance
La Ronce
Clairfayts
B. de la Franoye
Mont Jumont
Champ Martin
La Pierre qui tourne
Barrière Marc
Le Rocinsart
Les
Auniaux
Fond
Chaud
Bois de Fetru
Trieu-Bouchaux
Vieux Sart
Le Canon
La Verrerie
Mus. Nat.
du Marbre
La Boëtte
Ri de Fromont
Le
Muid
Le Neuf
Moulin
Pisselotte
Le Bois
Cotiau
Rance
La Marzelle
B. de la Garde de Belleux
B. de la Garde de Willies
Montbliart
Le Planiau
N55
N562
N40
N561
N559
N53
N596
N597
N59
D963
D936
D80
D962
D104
GR 129

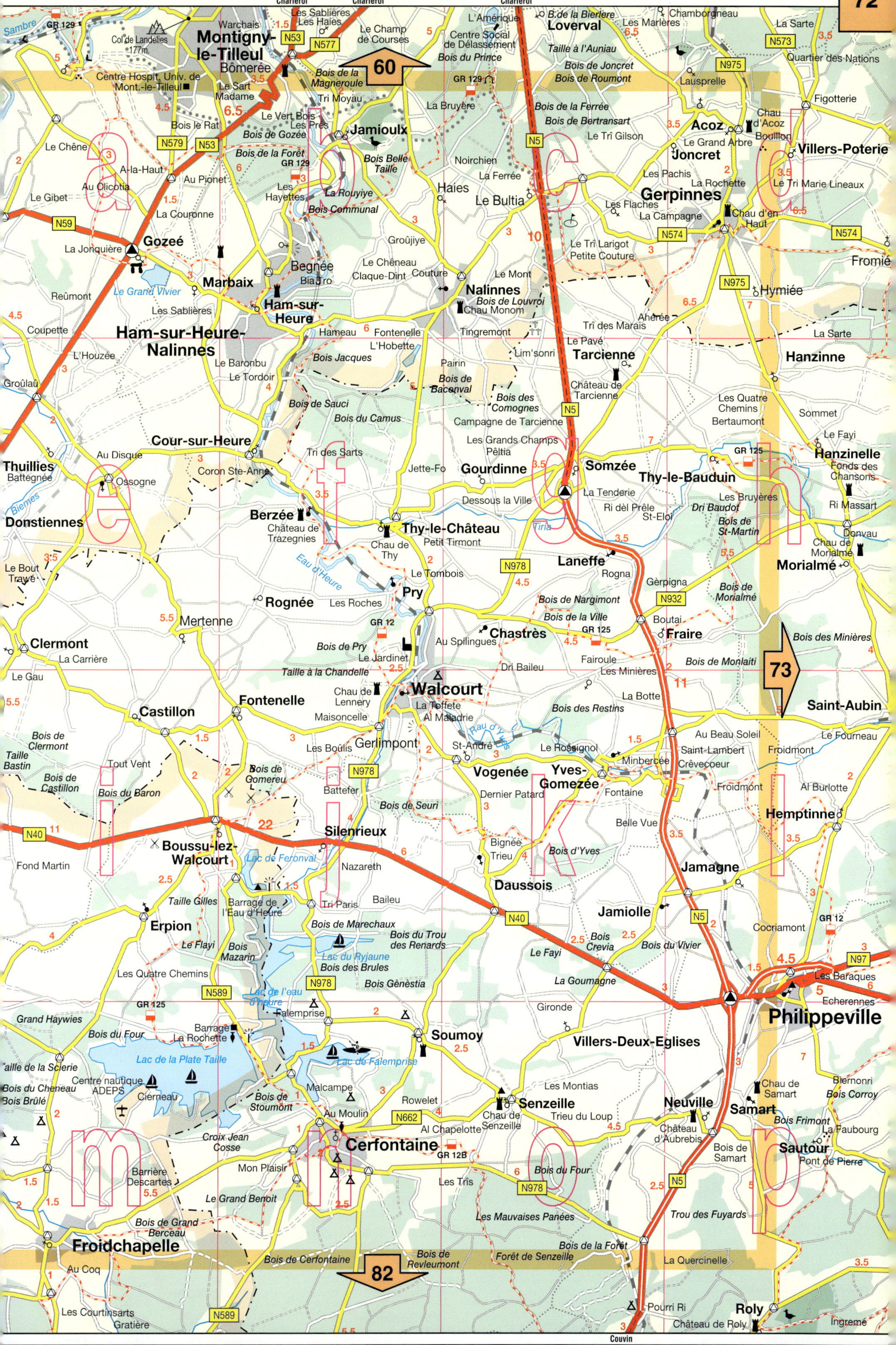

Charleroi
Charleroi
Charleroi
60
73
82
Couvin
Montigny-le-Tilleul
Bômerée
Warchais
Les Sablières
Les Haies
Le Champ de Courses
Col de Landelies 177m.
Centre Hospit. Univ. de Mont.-le-Tilleul
Le Sart Madame
Sambre
Bois de la Magneroule
Tri Moyau
Le Vert Bois
Les Prés
Bois de Gozée
Jamioulx
Bois Belle Taille
Bois de la Forêt
Les Hayettes
La Rouyiye
Bois Communal
Bois le Rat
Le Chêne
A-la-Haut
Au Olicotia
Au Pionet
Le Gibet
La Couronne
La Jonquière
Gozeé
Marbaix
Le Grand Vivier
Reûmont
Les Sablières
Ham-sur-Heure
Begnée
Biatro
Ham-sur-Heure-Nalinnes
Coupette
L'Houzée
Groûlau
Le Baronbu
Le Tordoir
Hameau
Fontenelle
L'Hobette
Bois Jacques
Bois de Sauci
Bois du Camus
Cour-sur-Heure
Au Disque
Thuillies
Battegnée
Ossogne
Coron Ste-Anne
Tri des Sarts
Donstiennes
Berzée
Château de Trazegnies
Eau d'Heure
Le Bout Trawé
Rognée
Les Roches
Mertenne
Clermont
La Carrière
Le Gau
L'Amérique
Centre Social de Délassement
Bois du Prince
La Bruyère
Noirchien
La Ferrée
Haies
Le Bultia
Groûjiye
Le Chêneau
Claque-Dint
Couture
Nalinnes
Bois de Louvroi
Chau Monom
Tingremont
Pairin
Bois de Baconval
Jette-Fo
Gourdinne
Dessous la Ville
Thy-le-Château
Petit Tirmont
Chau de Thy
Le Tombois
Pry
Au Spilingues
Chastrès
Le Jardinet
Bois de Pry
Taille à la Chandelle
Walcourt
Chau de Lennery
Maisoncelle
La Toffete
Al Maladrie
Gerlimpont
Les Boûlis
Loverval
B.de la Bierière
Taille à l'Auniau
Bois de Joncret
Bois de Roumont
Bois de la Ferrée
Bois de Bertransart
Le Tri Gilson
Les Marlères
Chambourgneau
Lausprelle
Acoz
Chau d'Acoz
Bouillon
Le Grand Arbre
Joncret
Gerpinnes
Les Pachis
La Rochette
Les Flaches
La Campagne
Chau d'en Haut
Le Tri Larigot
Petite Couture
Le Mont
Hymiée
Ahérée
Tri des Marais
Le Pavé
Tarcienne
Lim'sonri
Château de Tarcienne
Bois des Comognes
Campagne de Tarcienne
Les Grands Champs
Pêltia
Somzée
La Tenderie
Ri dèl Prêle
St-Eloi
Thy-le-Bauduin
Les Bruyères
Dri Baudot
Bois de St-Martin
Tiria
Laneffe
Rogna
Gèrpigna
Bois de Nargimont
Bois de la Ville
Boutai
Fraire
Fairoule
Les Minières
Dri Baileu
Bois de Morialmé
Bois de Monlaiti
La Botte
Bois des Restins
La Sarte
Quartier des Nations
Figotterie
Villers-Poterie
Le Tri Marie Lineaux
Fromié
La Sarte
Hanzinne
Les Quatre Chemins
Bertaumont
Sommet
Le Fayi
Hanzinelle
Fonds des Chansons
Ri Massart
Donvau
Chau de Morialmé
Morialmé
Bois des Minières
Saint-Aubin
Le Fourneau
Froidmont
Castillon
Fontenelle
Bois de Clermont
Taille Bastin
Bois de Castillon
Tout Vent
Bois du Baron
Bois de Gomereu
Battefer
Bois de Seuri
Boussu-lez-Walcourt
Fond Martin
Silenrieux
Lac de Feronval
Nazareth
Barrage de l'Eau d'Heure
Tri Paris
Baileu
Taille Gilles
Erpion
Le Flayi
Bois Mazarin
Bois de Marechaux
Bois du Trou des Renards
Lac du Ryjaune
Bois des Brules
Bois Gènèstia
Les Quatre Chemins
Lac de l'eau d'Heure
Falemprise
Grand Haywies
Bois du Four
Barrage La Rochette
Lac de la Plate Taille
Soumoy
Lac de Falemprise
Taille de la Scierie
Centre nautique ADEPS
Cierneau
Bois du Cheneau
Bois Brûlé
Bois de Stoumont
Malcampe
Au Moulin
Rowelet
Croix Jean Cosse
Cerfontaine
Mon Plaisir
Barrière Descartes
Le Grand Benoit
Bois de Grand Berceau
Froidchapelle
Au Coq
Bois de Cerfontaine
Bois de Revleumont
Les Courtinsarts
Gratière
St-André
Vogenée
Rau d'Yves
Le Rossignol
Yves-Gomezée
Minbercée
Fontaine
Dernier Patard
Belle Vue
Bignée
Trieu
Bois d'Yves
Daussois
Jamiolle
Bois Crevia
Bois du Vivier
Le Fayi
La Goumagne
Gironde
Villers-Deux-Eglises
Les Montias
Senzeille
Chau de Senzeille
Trieu du Loup
Al Chapelotte
Les Tris
Bois du Four
Les Mauvaises Panées
Forêt de Senzeille
Bois de la Forêt
Au Beau Soleil
Saint-Lambert
Crêvecoeur
Froidmont
Al Burlotte
Hemptinne
Jamagne
Cocriamont
Les Baraques
Echerennes
Philippeville
Chau de Samart
Samart
Biernonri
Bois Corroy
Bois Frimont
La Faubourg
Sautour
Pont de Pierre
Neuville
Château d'Aubrebis
Bois de Samart
Trou des Fuyards
La Quercinelle
Pourri Ri
Roly
Château de Roly
Ingremé
N53
N577
N579
N59
N5
N573
N975
N574
N978
N932
N40
N589
N662
N97
GR 129
GR 125
GR 12
GR 12B

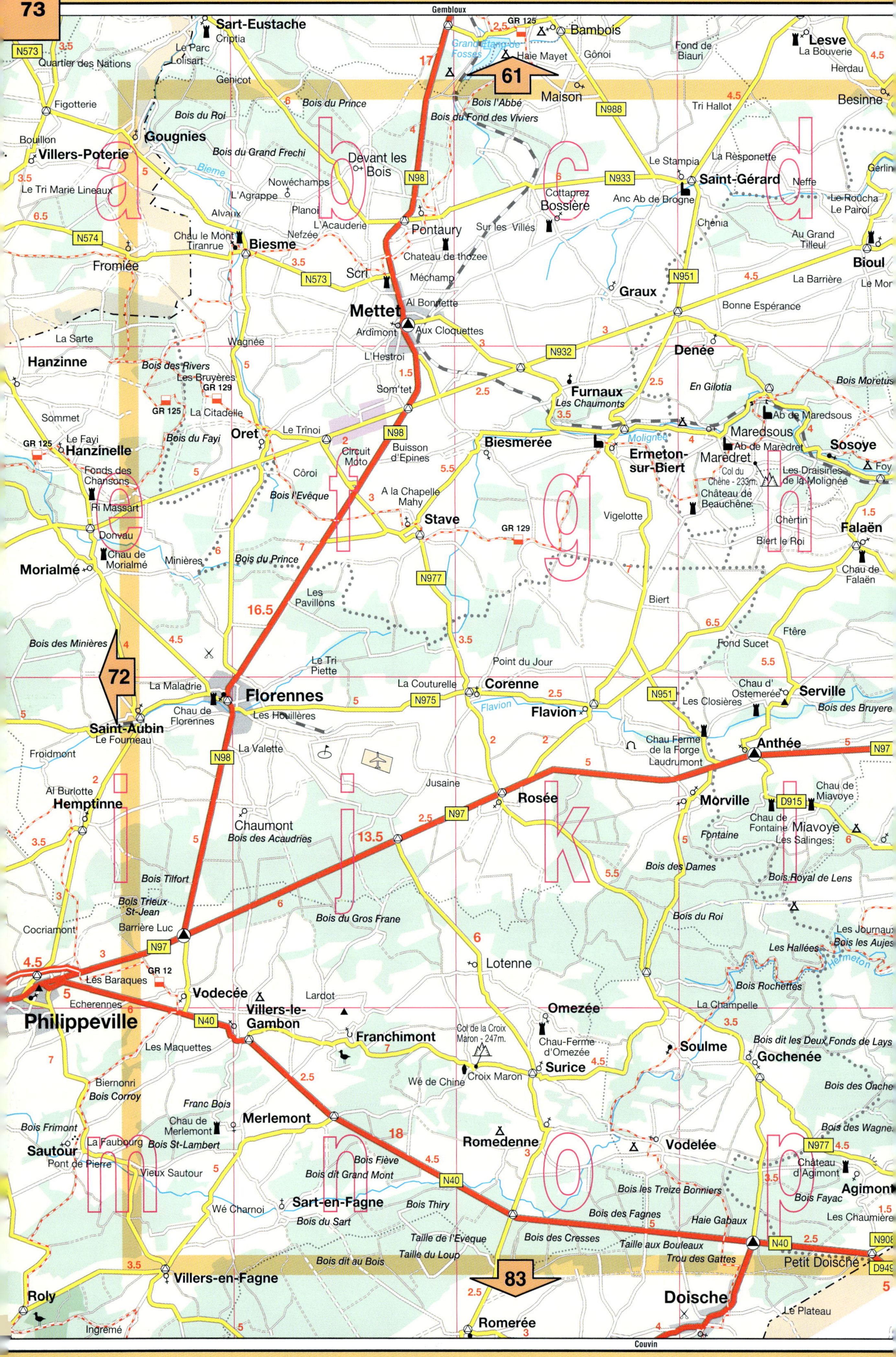
Gembloux
Sart-Eustache
Criptia
Le Parc
Lolisart
Genicot
Quartier des Nations
N573
Figotterie
Bouillon
Villers-Poterie
Gougnies
Bois du Roi
Bois du Prince
Bois du Grand Frechi
Bierne
Le Tri Marie Lineaux
L'Agrappe
Alvaux
Nowéchamps
Planoi
Devant les Bois
N98
L'Acauderie
Pontaury
Chateau de thozee
N574
Chau le Mont
Tiranrue
Biesme
Nefzée
N573
Scri
Méchamp
Fromiée
Al Bonnette
Mettet
Ardimont
Aux Cloquettes
L'Hestroi
La Sarte
Wagnée
Hanzinne
Bois des Rivers
Les Bruyères
GR 129
GR 125
La Citadelle
Sommet
Le Fayi
Hanzinelle
Bois du Fayi
Oret
Le Trinoi
Som'tet
Circuit Moto
Buisson d'Epines
Côroi
Fonds des Chansons
Ri Massart
Bois l'Evêque
A la Chapelle
Mahy
Stave
Donvau
Chau de Morialmé
Morialmé
Minières
Bois du Prince
Les Pavillons
N977
Bois des Minières
72
La Maladrie
Florennes
Chau de Florennes
Les Houillères
Saint-Aubin
Le Fourneau
Froidmont
La Valette
Al Burlotte
Hemptinne
Chaumont
Bois des Acaudries
Bois Tilfort
Bois Trieux St-Jean
Barrière Luc
Cocriamont
N97
Les Baraques
GR 12
Echerennes
Philippeville
Vodecée
Villers-le-Gambon
N40
Lardot
Franchimont
Les Maquettes
Biernonri
Bois Corroy
Franc Bois
Chau de Merlemont
Merlemont
Bois Frimont
La Faubourg
Bois St-Lambert
Sautour
Pont de Pierre
Vieux Sautour
Bois Fiève
Bois dit Grand Mont
Wé Charnoi
Sart-en-Fagne
Bois du Sart
Bois Thiry
Villers-en-Fagne
Bois dit au Bois
Taille de l'Eveque
Taille du Loup
Roly
Ingrémé
83
Romerée
Couvin
Bois du Gros Frane
Lotenne
Col de la Croix Maron - 247m.
Wé de Chine
Croix Maron
Romedenne
Omezée
Chau-Ferme d'Omezée
Surice
Bois des Cresses
Jusaine
Rosée
Les Tri Piette
La Couturelle
Corenne
Flavion
Point du Jour
N975
Grand Etang de Fosses
GR 125
Bambois
Haie Mayet
Gônoi
61
Maison
Bois l'Abbé
Bois du Fond des Viviers
N988
Cottaprez
Bossière
Sur les Villés
N933
Anc Ab de Brogne
Saint-Gérard
Le Stampia
Graux
N951
N932
Furnaux
Les Chaumonts
Denée
En Gilotia
Biesmerée
Ermeton-sur-Biert
Molignée
Vigelotte
GR 129
Biert
Fond de Biauri
Tri Hallot
Lesve
La Bouverie
Herdau
Besinne
La Rèsponette
Neffe
Le Roucha
Le Pairoi
Chenia
Au Grand Tilleul
Bioul
La Barrière
Le Mor
Bonne Espérance
Bois Moretus
Ab de Maredsous
Maredsous
Maredret
Ab de Maredret
Col du Chêne - 233m.
Château de Beauchêne
Sosoye
Foy
Les Draisines de la Molignée
Chèrtin
Biert le Roi
Falaën
Chau de Falaën
Ftère
Fond Sucet
Chau d' Ostemerée
Serville
Bois des Bruyere
Les Closières
Chau Ferme de la Forge Laudrumont
Anthée
N97
Morville
Fontaine
D915
Chau de Fontaine
Miavoye
Chau de Miavoye
Les Salinges
Bois des Dames
Bois Royal de Lens
Bois du Roi
Les Journaux
Bois les Aujes
Les Hallées
Hermeton
Bois Rochettes
La Champelle
Soulme
Gochenée
Bois dit les Deux Fonds de Lays
Bois des Onche
Bois des Wagne
Vodelée
N977
Château d'Agimont
Agimont
Bois Fayac
Les Chaumière
Bois les Treize Bonniers
Bois des Fagnes
Haie Gabaux
Taille aux Bouleaux
Trou des Gattes
N40
Petit Doische
N908
D949
Doische
Le Plateau
Gerlin

Namur
Bruxelles - Brussel
Namur
Profondeville
Fond de Nîmes
Assesse
Au Chien Courant
Milieu du Monde
Mière
La Fagne
Bois Pirquin
62
Arbre
Burnot
Frappe-Cul
Ivoi
Le Hameau
Camousse
Lez Fontaines
Rivière
Le Bois Laiterie
Fraichau
Point de Vue des Sept Meuses
Col du Marly 205m.
Bois du Fond des Vaux
Rouillon
Chau et Jardins d'Annevoie
Annevoie-Rouillon
Godinne
Clin. Univ.(U.C.L.) de Mont-Godinne
Mont
Col de Ronchinne 240m.
Venatte
Chaumont
Hôyemont
Crupet
Jassogne
Bois du Ri D'vèsse
Inzès Fis
Herbèfayi
Bois sur la Ville
Juplet
Francesse
B. Dememont
Les Quérées
Natoye
Mianoye
La Gozée
Linni
Comogne de Crupet
Bois des Loges
GR 575
Herlevaux
Durnal
La Haute Bise
Aux Crucifix
Mossia
Gros Bois
Col de la Plate Pierre - 237m.
Hun
Tricointe
Gayolle
Fumy
Bauche
Yvoir Carrière
Grotte tout le monde
Herbois
La Breujette
Sources minérales
Le Bailoi
Chau de Spontin
Spontin
Vincon
Bois Henrard
Moûfrin
Reuleau
Gémenne
Chansin
Bocq
Yvoir
Djauvia
Niersant
Chaumont
Pipeti
Senenne
Tronoi
Warnant
La Bossière
Evrehailles
Dorinne
Braibant
Ferme d'Ohet
Salet
Ohet
Tropical Butterfly Center
Réserve naturelle de Champalle
Purnode
Salazinne
Halloy
Sovet
Haut-le-Wastia
Anhée
Houx
Mont d'Anhée
Tiennes des Morts
Le Caillou
Col de la Chapelle Saint-Antoine - 158m.
Grange
Mont de Houx
Bois Wuilmotte
Awagne
Aux Fagnoules
Le Freche Tri
Croix
Jet
Le Marteau
Ontaine
GR 126
GR 125
Loyers
Romerée
Thynes
Lisogne
Les Hayettes
Sommière
Barbion
Grognau
Bois Jacques
Au Poteau
Rostène
Montorgueil
Chau de Chession
Lisonette
Bois des Bruyeres
Achêne
Fayt
Le Chêne
Les 4 Bras
Bouvignes-sur-Meuse
Ab de Leffe
Gemmechenne
Taviet
Bois Fayat
La Forge
St-Roch
Fonds de Bouvignes
Parc familial de Mont-Fat
Le Chèneu
Sorinnes
La Grosse Bôle
Chau de Weillen
Weillen
Longue Haie
Chèstruvin
Chau de Herlème
Saint-Médard
Citadelle
Dinant
St-Nicolas
Taravisée
Les Quatre Bôles
Kayaks, Bateaux
Wèspin
La Merveilleuse
Foy-Notre-Dame
75
Chauquenée
Conneux
Herbuchenne
St-Paul
Neffe
Rocher Bayard
Bois du Seminaire
Brochamps
Gérin
Four à Chaux
Chau de Mélin
Monia
Gailaipont
Onhaye
Clavia
En Pènant
Kayaks,bateaux
Col de Tchafor - 255m.
Boisseilles
Hubaille
Conjoux
Frumont
Grotte des Moines
Anseremme
Tassenière
Dréhance
Hordène
Al Novèlle
Col du Charreau de Dréhance - 160m.
Celles
Bois des Priesses
Petite Trussogne
Grande Trussogne
Maurenne
Grottes du Pont d'Arcole
Tahau
Hastière
Grotte de Freyr
Freyr
Pont à Lesse
Trou Magritte
Walzin
Hubermont
Château de Noisy
Ermitage St-Hadelin
En Soine
Bois du Mauvais Mont
Hastière-Lavaux
Inzémonts
La Tilère
Hastière-par-delà
Bois du Lait
Trou du Chien
Chau de Walzin
Lesse
Chaleux
Furfooz
Gratte-Cul
Chau de Veves
Parc naturel de Furfooz
Veves
Lavys
Col de Malavisée 240m.
Payenne
Custinne
Colébi
Chesion
Crétia
Col des Cretias - 217m.
Col de la Ferme d'en Haut - 203m.
Trou Paucot
Les Spineuses
Les Montants
Falmignoul
Waulsort
Champ de Reux
Puit des Vaux
Col de Gendron 232m.
Gendron
Bois des Sanzinne
Les Bôles
Les Cascatelles
Au Tilleul
Hulsonniaux
En Sovène
Chérau
Herhet
Lwene
Col d'Al Flige 247m.
Sanzine
Verre
La Justice
Marais
Hermeton-sur-Meuse
Verzène
Falmagne
Grande Agaisse
Blaimont
Bois Del Priesse
GR 577
Col del Fosse du R'naud - 252m.
Houyet
Férage
Lissoir
Hérock
Les Virées
Plantis de Mesnil
En Seche Fau
Col de la Fontaine du Fond Dal Bol - 273m.
Heer-Agimont
Court-Vite
Bennuit
Mesnil-St.-Blaise
Moulin de Mahou
Mahou
Hour-la-Petite
Le Pètrie
Rochefort
Chau de Wanlin
Heer
Massembré
Mesnil-Eglise
Hour
Hour-la-Grande
Havenne
Wanlin
Petit Wanlin
Faubourg
Village de Vacances
Bois des Firmandes
Finnevaux
Sandrenne
Les Canards
Mon Bijou
Les Trois Fourchettes
Feschaux
Le Cheneau
Bois du Roi
Bon Secours
Maisoncelle
Wiesme
84
Givet
Tivoli
St-Hilaire
Notre-Dame
Focant
Fumay
Beauraing
Beauraing
Beauraing
Spontin
Achêne
Custinne
Rochefort
E411
A4
N947
N92
N928
N932
N937
N971
N96
N948
N936
N938
N94
N97
D936
N95
N910
N929
N989
N915
N909
N51
D46
N946
N4

Havelange
Florée
GR 575
Maibe
Frisée
Bois du Bocq
Rempache
Bourmenville
Bois d'Offou
Miécret
Verlée
La Fagne
Camousse
Lez Fontaines
Maibelle
Pré del Loye
Schaltin
Buresse
63
Bois Brûlé
Bois de Jeneffe
Buzin
N983
Bois Pirlot
Francesse
L'Etoile
Champion
Bois Poncelet
Jeneffe
N946
B. Dememont
Les Quérées
N4
Skeûve
Philippeville
Bois de Porcheresse
Poncia
Bois Fauconpre
Bois du Tige
N938
Natoye
Linni
N921
Alvaux
Hubine
Hamois
Achet
Porcheresse
Failon
Bois Henrard
La Belle Maison
Chau de Fontaine
La Fouleri
Bois du Troneu
Gémenne
Moufrin Reuleau
Stée
Emptinne
N97
Bois de Rémont
Rémont
Barvaux-Condroz
Bois des Aunes
Mohiville
Fontenau
Bois d'Invie
Emptinnal
Grand Bois du Moulin
Monin
Champ du Bois
Tronoi
Braibant
Halloy
Château de Halloy
Bois de la Portale
Bois d'Alne
Bois d'Avennes
N937
Scy
Château de Ry
N938
Ciney
Sur Pierreux
Sovet
St-Quentin
Biron
Bois de la Soke
Bois de a Bouchire
Bois des Sarts
Heure
Croix
GR 577
Bois de Chevenia
Nettinne
N929
Ontaine
Jet
N957
Château de Massogne
Jannée Chau
Parc à gibier
Mehogne
Le Fourneau
GR 577
Fonds
Le Grand Vivier
Au Tige
Pessoux
L'Etoile
Lincia
Tiègne
Sinsin
Fayt
N97
Bois de Pessoux
Achêne
Le Chêne
N949
Chau de Leignon
Leignon
N938
Bois de l'Abîme
Les Bayaux
Grande Sinsin
Achêne
N938
Chapois
Bois des Six Frères
N4
20bis
Achêne
Corbion
La Grosse Bôle
Peri Rosette
N929
Bois d'Alvau
Bois de Franc-Lieu
74
Liroux
N949
Haid
Les Basses
Li Pachi
Hogne
Chauquenée
GR 577
Ychippe
Bois des Cresses
Haversin
Ste Anne
Conneux
Reux
GR 575
A la Croix
Bois des Carmes
Tilleul de Ronvaux
Rabanage
Bois de Longuire
Bois d'Aye
Conjoux
Chau de Haversin
Bois de la Folie
Ronvaux
Serinchamps
Bois des Fourneaux
En Hir
Gros Bois
Bois de Moyifoi
Petite Trussogne
Chevetogne
Bois du Halleu
Bois de Colais
Devant les Bois
Grande Trussogne
Enhet
Domaine provincial Valery Cousin
Bois des Dames
Aye
Bois du Mauvais Mont
Custinne
Ab de Chevetogne
Forzée
Buissonville
Bois du Comble
Jamodenn
Payenne
Navaugle
Bois des Deffes
Au Moulin
Custinne
GR 577
Mont-Gauthier
N949
Humain
Bois des Sanzinne
Bois de St-Remy
Havrenne
Sanzinne
N929
Tiss
Verre
Cocrai
La Justice
Bois de l'Abie
Chasse d'Hérôk
Frandeux
Col del Fosse du Renaud - 252m
Bois du Vesti
GR 577
GR 577
Laloux
Fenffe
Briquemont
Bois des Aujes
Hérock
Lissoir
Bois de Behogne
Ab de St-Remy
N836
Forêt de Feche
Kerwée
On
Le Pètrie
Ciergnon
N911
Vachau
N911
Bois du Bar
Rochefort
Chau de Ciergnon
Jamjoule
La Briqueterie
Dewoin
Rochefort
Les Tiers
N86
Maladrie
Wanlin
Chau de Wanlin
Havenne
Bois Monsieur
Train touristique
Corbois
Jemelle
Bois de On
Hour
Vignée
Jamblinne
Plantis de Jamblinne
Ruines du Chât. Comtal
Grotte de Rochefort
Lomme
Wanlin
Trou Maulin
Bois de Lamsoul
Villers-sur-Lesse
Chau du Beauregard
Bois Villers
Montrival
N849
Petit Wanlin
Les Espèches
Grotte du Bois de Wérimont
Hamerenne
Grotte d'Eprave
85
Bois de Noulaiti
N94
Lessive
Eprave
Grotte aux Chandelles
Sa Hère
Forrières-Notre-Dame
Lomme
A4
E411
N803
Focant
Forrières
Neufchâteau
Wellin
Wellin

Tinlot
Aywaille
Bonsin
Méan
Maffe
Bois des Rotteux
N641
64
Palenge
Quatre Bras
Bois d'Air
Septon
N833
Warre
Ourthe
Durbuy
N806
La Rote
GR 57
Bretaye
Coreu
Petit Barvaux
Mont des Pins,
Home de Vacances
Tour
Aisne
Barvaux
Inzès Prés
Fouyeu
Belle Vue
Lohère
Col du Rideux
370m.
Gros-Chêne
Belle Vue
Petite Somme
Bois des Quarelles
Bois de Somal
N63
N983
Chevraie
Eau de Somme
Pays du Roi
Bois de Chapli
N983
Rome
Morville
Bois Gérard
Barrière de Petit-Han
Petit-Han
N841
Vesin
Aux Ecoulées
GR 57
Bois de Wéris
Aux Tilleuls
Somme-Leuze
Chêne à Han
Grandhan
Leuze
N953
Tour de Justice,
Chau Ferme
Les Hazalles
Les Mignées
Wéris
Somal
Bois de Failon
Bosseret
Mizagrawe
Bois Favereau
Grande Eneille
Vivier Madame
Petite-Eneille
Bois de Petit Han
Vieilles Hayes
Col du pas Bayard - 329m.
Pas-Bayard
A la Plate
Eveux
Aisne
A la Croix d'Evreux
Wénin
Bois d'Eneille
Sur Somont
Monteûville
Le Stokeu
Bois de Grandhan
Freumont
Biron
Oppagne
Haie d'Oppagne
N876
Plein Holset
En Hèrmifosse
Derrière l'Armont
Moressée
Château de Deulin
N86
Bois de Nalogne
Oster
Horzée
Noiseux
N929
Deulin
Sur le Bati
N833
Champagne
Hayettes
N841
Erezée
Cornuchamps
Fronville
Plome Mohon
Grandes Fosses
Sobi
Eau d'Heure
La Barrière
GR 577
N807
Fisenne
Château de Fisenne
Herboufa
Hazeilles
Baillonville
Monville
Melreux
Ny
Soy
Ferré-Chêne
Mélines
Blier
Bois d'Heure
Rabosée
La Marchette
Hotton
Grotte de la Porte Aive
Wy
Le Pierreux
Amonines
Ol Fagne
GR 57
Ourthe
Vaillet
N63
GR 577
Grottes des 1001 Nuits
Trinal
Werpin
Cocraimont
77
Magoster
Hampteau
N833
Virée des Maçons
Lahiste
Lapion
Bois du Mont
Bourdon
Fasol
Menil-Favay
Bois de Hampteau
Hamoul
Nohaipré
Rendeux-Bas
Beffe
N86
Marenne
Les Bois d'en Bas
Famenne
Sartage près les Bois
Village du Bois d'Arlogne
Bois Monseu
Rendeux-Haut
Château de Rendeux
La Briqueterie
A la Haie Abannée
Devantave
La Justice
Bois du Fond du Grand Pouhon
Haute Corai
N4
Borchamps
Verdenne
Rendeux
Waharday
Sur Hapinée
Basse Corai
Sur Saumont
Grosse Haie
Ronzon
Brulée Fagne
Musée de la Dentelle
Marche-en-Famenne
Bois de Grimbièmont
Bois del Core
Colni
La Fôle
Le Chaufour
Bois de Chardonne
Bois de la Grande Namuroise
Cheoux
A Faye He
Aux Fraîches Aires
Le Sarteau
Château de Waha
Hollogne
Champlon-Famenne
Les Chézeaux
Ri des Bages
Marcourt
Marcouray
Waha
Château d'Hassonville
Le Bas Bois
Bois des Spiroux
Au Gros Chêne
Cresse de Roubiereu
Jupille
Au Gros Wari
Bois de la Rochette
Baya Fontaine
La Boverie
Grimbièmont
A la Grande Virée
Hodister
A Trinchevaux
N888
Bois de la Hèrnière
4 Bras de Lignières
Sur le Tier
N833
Marloie
Bois de Labori
Bois de Waha
Bois de So Fagne
Warizy
Bois de Sauvage
Hèdrée
Bois de Nolaumont
Le Hârdjôste
Cielle
N86
Hedrée
Lignières
Bois de Bièrnonvau
Roy
N888
Hargimont
Jemeppe
Bois de Hedrée
Rechaye
N856
Bois de Binte
Charneux
Gène
Col de Halleux
393m.
N896
Petit Halleux
Bois de l'Hôpital
Harsin
Chavanne
GR 57
Beausaint
Tier de Roy
Halleux
Bois de Froidmont
Bande
Evelette
Bois de la Mouchonnière
Col de Sur les Goffes
349m.
La Tayée
Bois des Fagnes
Bois de Vecmont
Bois Trinau
N89
Ri de Bronze
Bois Tayenne
Grune
Chau de Grune
N4
Wamme
Bois Javingue
Col de Thier Saint 359m.
Haie du Creugenou
Ronchamp
Vecmont
Col de la Barrière Blanche 452m.
Bois de Bande
Ambly
Col de la Deffe des Nonnains - 331m.
Haies de Grune
86
Mierchamps
N889
Bosteubois
La Chavée
Haie de Bai Djowai
Bois de Journal
GR 14
Bois des Eyis
Nassogne
Bastogne
Saint-Hubert

Liège Aywaille
Hamoir
Trois-Ponts
Hamoir
Luxembourg
65
76
87
Bretaye
Villers-Sainte-Gertrude
Coreu
Grand Bru
Hourlai
St-Antoine
Le Fayi
Bois de St-Antoine
La Fagne
Harre
Al Maison
Bois de Grimbièmont
Laide Fontaine
Taille Martin
Champs de Harre
Bois du Grand Mont
Fagne
Basse Monchenoûle
Les Trous de Bra
Haute Monchenoûle
La Fourche
Hé de Grand Ru
Neûci
Grand Heid
Freneu
Mierdeux
Trou de Bra
Fagne d'Erria
Tour
Aisne
Lohere
Heyd
Ninane
Lignely
Col du Rideux 370m.
Hé des Pourceaux
Morville
Bois Gérard
Aux Ecoulées
Bois de Wéris
Wéris
Col de la Roche à Frène - 361m.
Roche-à-Frène
Deux Rys
Bois de Harré
Intinchera
Bois del Moule
Trou des Luttons
Trou Périlleux
Petite Hoursinne
Mon Bihin
Au Hêtre
Chêne al Pierre
Sol Hé
Bra
En Dergita
En Ramont
Erria
Les Villettes
Hé de Hierlot
Hé Devant le Cresta
Hierlot
En Floret
Sur Romont
La Forge
Mossaire
Mormont
Fanzel
Eveux
A la Plate
A la Croix d'Evreux
Grande Hoursinne
So Plinmont
Mon Derieux
Fagne Lomba
Les Hés Henri
Hé de Mayeni
Fagne Licot
Hesse Qui Louke
Fastreval
Col du Trou du Loup 464m.
Bois du Pays
Bois de Nalogne
Oster
Baudrissarts
Erezée
Clerheid
Awez
Estine
La Faleye
Briscol
Masta
Entre les Deux Fagnes
Grandmenil
Vaux-Chavanne
Manhay
Col de Chevomont 433m.
Bois de la Tour
Col du Manhay 444m.
Xhoute-si-Plout
Bois du Fays
Lanzival
Jevigné
Baneux
Lierneux
Fisenne
Château de Fisenne
Herboufa
Hazeilles
Blier
Le Pierreux
Sadzot
Erpigny
Fagne Renard
La Fosse
Les Racailles
Le Batti
Oster
Malempré
Col du Fond de la Justice - 535m.
Bois de Groumont
En Houbi
Amonines
Hé de Monine
Hé du Pouhon
Odeigne
Freyneux
Lamormenil
Bènâ-Bwès
Col de Lamormenil 467m.
Sur le Lierre
Fraiture
Regné
Coteau St.-Hilaire
Bonhomme Di Pîre
Baraque de Fraiture
Baraque Fraiture
Hé des Pourceaux
Piste ADEPS Outdoor Ski Relais
Le Pierri
Mignonfa
Hé Clossard
Magoster
Bois de Freyeneu
Bois de Tave
Petites Hés
Col de la Croix Ramette 626m.
Bois d'Odeigne
Laid Bois
Sur le Piret
Au Noir Ru
As Massotais
Petites Tailles
Petit Bois
Fagne Poncelet
Village du Bois d'Arlogne
Devantave
Tirolle
Dochamps
Bois du Fayi
Chaienai
Devant les Bois
Chabrehez
Tailles
Haute Corai
Basse Corai
Sur Hapinée
Brulée Fagne
Bois Maya
Col de Dochamps 491m.
L'Alu
Au Sentier Paul
Les Censes
Les Colas
Les Coulées
Bois del Core
Roubieste
Gros Bouleau
Queue du Veau
Nashé
Fagne de Samrée
Château du Bois St-Jean
Au Défrichement
Fagne de Bati
Marcourt
Marcouray
Samrée
Col d'Haussire - 498m.
Falhi
Les Haquets
Bois de Villc
Arboretum
Tier du Sart
Jupille
La Boverie
Le Grand Bois
Col de Samrée - 549m.
Les Grands Quartiers
Bois de Fili
Bois St-Jean Chanoine
Bois de Belhé
Bois de Cedrogne
Haie du Maire
Navrimont
Belva
Tayis
Bouillet
Bois de la Roche
Hé de Harzé
Borzée
Clémont
Bois de Wibrin
Devant le Bois
Cielle
Parc à Gibier
Béolin
Broye
Mesty
Hé de Lonai
Bois d'Achouffa
La Pavée
Musée de la Bataille des Ardennes
Harzé
Rechaye
La Roche-en-Ardenne
Bois du Sart
Bois de St-Jean
"Ardenne Aventures"
Ruines du Chau Féodal
Gorumont
Bérisménil
Bois de Martin Moulin
Col du bois de Martin Moulin - 432m.
Petit Halleux
Beausaint
Poterie-Musée "Les Grés de la Roche"
Bois de la Gueule
Col de l'Onai 424m.
Dinez
Wilogne
Col de Nadrin 402m.
Wibrin
Col de la Chapelle de Wibrin - 397m.
Fontenaille
Maboge
Nadrin
Ollômont
Col d'Achouffe 393m.
Col de Mont - 475m.
Mont
Bois Tayenne
Bois du Champ Thomas
Col de la Petite Mormont - 393m.
Col de Filly - 405m.
Col de la Longue Virée - 387m.
Vecmont
Col de la Croix-Saint-Thibaut - 396m.
Hives
Le Hérou
Filly
Achouffe
Thimont
Roupage
Petite Mormont
Buisson
Barrage et Lac de Nisramont
Mormont
Mont (Houffalize)
Mierchamps
Lavaux
Hubermont
Nisramont
Col des Haies d'Ortho 450m.
Hodrifosse
Manhay
Harre
N30
N651
N876
N807
N822
N645
N841
N89
N833
N860
N843
E25
A26
GR AE
GR 57
GR 578
VAR
48b
49
50
51
16
6.5
13.5
30

Trois-Ponts
Trois-Ponts
Verviers
Malmédy
A27
Basse-Bodeux
N66
Henrimoulin
Mont de Fosse
La Bouhaye
En Dur
GR 572
66
Wanne
Wanneranval
Werhai
Hautes Fagnes
Sur l' Oneu
Mahister
Francheville
Les Bois Magis
Hoppon
Hauvegné
GR 56
Haute-Bodeux
Bergeval
Saint-Jacques
La Hé-l'Echevin
GR 5
E2
Les Gottais
Bambusch
Hunnert
Tier de la Cognée
Spineu
Logbiermé
Recht-B.
Dairomont
Le Hamba
Reharmont
Matrinfa
Rochelinval
Neuville
Lavau
Hé de la Roche Michelot
Fond de Mafa
In der Grof
N660
N659
Fosse
Hé de Badrichamp
Coquaimont
Bois de Reuland
In der Eicht
Im Wart
Recht
Sur les Fagnes
Les Quartiers
Sur les Gottes
Hé Brédo
Hé Lambert
N68
Tigeonville
Büchel
An der Mühle
Meilvenn
Wieschen
Les Fagnes de Fosse
Fagne Adam
Petit-Halleux
Ennal
Bois de l'Hospice
Sur Clair Fa
La Cuve
Huppertsberg
Pierreuse
GR 578
Legnai Tier
Grand-Halleux
Feckelsborn
Rosister
Mont
Moldenberg
N659
Am Traumborn
Aux Ases Fagnes
Ol Sate
Mont-le-Soie
L'Assain
Tier d'Arsi
GR 56
Banal Bois
Hourt
Parc à Gibier "Domaine du Monti"
Le Tier
Poteau
Emmelserwald
Amcomont
Rechtervenn
La Chapelle
Farnières
Le Chenue
Blanche Fontaine
N675
Bois Hodinfosse
Devant Trasseni
Petit-Thier
Tinseubois
Odrimont
Sur les Sarts
Bois Lemaire
Bois Communal de Petit-Thier
Pré Carnet
Wolkeshart
Arbrefontaine
Raspaille
N68
Priesmont
Sunparks
N675
Les Gottales
Buchenberg
Point du Jour
Le Bru
Menil
Rencheux
Ville-du-Bois
Musée de l'Histoire et de la Vie Salmienne
Rottervenn
La Vaux
Goronne
GR 572
Vielsalm
Burtonville
Meisenberg
Oberst-Crombach
Piste Le Monty
Cahay
Neuville
Forêt Domaniale du Grand Bois
Hinderhausen
Verleumont
Grand Sart
Le Bonalfa
Kapellen
La Comté
Salmchâteau
N823
Petit-Sart
N89
Musée du Coticule
Sur Calanhan
Les Sarts
Bêche
Mühlenberg
Jubiéval
Grand Bois Communal de Bovigny
Derrière les Roches
GR 5
E2
Weisten
Sol Monti
Hébronval
Provedroux
Commanster
Hestreu
Fagne de Mirenne
Elenberg
Kuckeberg
Ottré
N68
Cierreux
Rogery
79
Fagne du Claire Chêne
Hé de Provédroux
Bois-La-Haie
Braunlauf
Bihain
Bois dit Bertrand Chêneu
Château de Cierreux
Honvelez
Petite Langlire
Bois des Roches
Langire
Maldingen
Sur la Combe
Fagne de Longfa
Bois dit St-Pierre Hé
Bovigny
Long-champs
La Combe
L'Ajemince
Poteau de Baclain
N878a
N68
Beho
Aldringen
Rouge Fagne
Bois de Ronce
Tournée Del Fate
GR 572
Fagne de Gayet
Courtil
Dans la Fagne
Fagne Dambrogne
Tournée del Combe
L'Acins
GR 578
Heckenberg
Au Flochet
La Vieille Taille
Dri les Roches
N827
Espeler
L'Ajemince
Bouchons de Baclain
N892
Lomré
Au Tilleul
Deiffelt
Lengelerberg
Halconreux
St-Jans-Hart
Baclain
Ourthe
N815
N68
Sol Hé
Montleban
N878
N827
Steinemann
Hallonru
GR 57
Gouvy
Sterpigny
Wattermal
Cherain
Lengeler
Gaessert
Vaux
Navelbierg
N7
Dischfenn
Gericht
Huldange
Huldangermillen
P Nutons
Rettigny
N838
Logen
Buurgplaatz
Sommerain
341
Geidingerboesch
Kneiff
N827
Brisy
Limerlé
Hautbellain (Oberbesslingen)
Goedange
N12
Basbellain (Niederbesslingen)
Ourthe Or
Grande Cope
Conzefenn
Kokelbierg
Taverneux
Steinbach
Col de Taverneux - 423m
Gaalgebierg
Zangelt
Bois de Liherin
Greinbierg
Wilwerdange
Huschte
88
Drinklange
Houffalize
GR 57
Kircher Hecken
Pasterknapp
Holler
Les Blancs Bois
Bois de Biwisch
Welzer
Cèturu
Bois de Rouvroy
Nonneboesch
Troisvierges
Bastogne
Bastogne

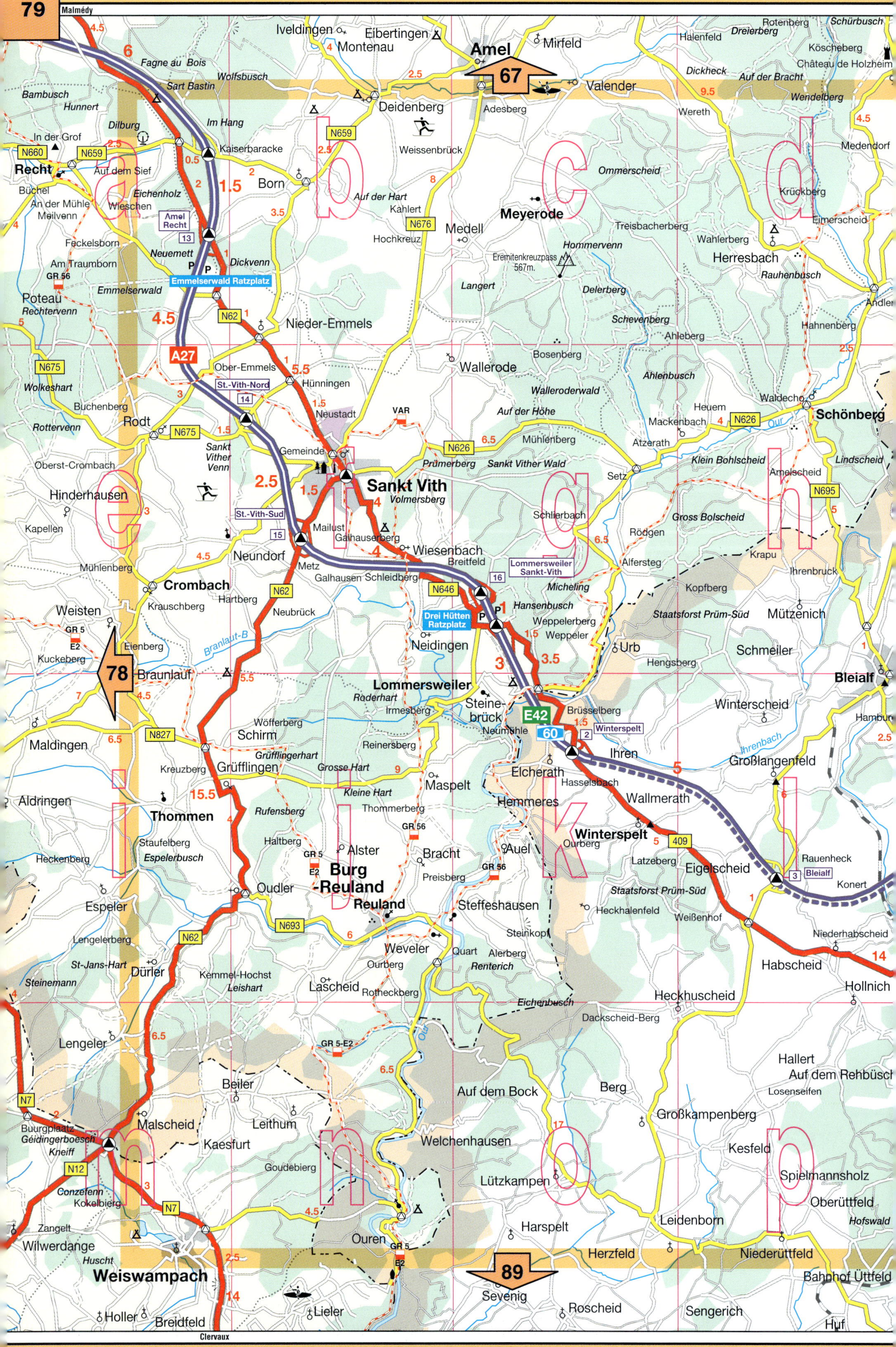
Malmédy
Iveldingen
Eibertingen
Montenau
Amel
67
Mirfeld
Halenfeld
Dreierberg
Rotenberg
Schürbusch
Köscheberg
Château de Holzheim
Fagne au Bois
Sart Bastin
Wolfsbusch
Deidenberg
Adesberg
Valender
Dickheck
Auf der Bracht
Wendelberg
Wereth
Bambusch
Hunnert
Im Hang
Dilburg
Weissenbrück
Medendorf
In der Grof
N660
N659
Recht
Auf dem Sief
Kaiserbaracke
Born
Ommerscheid
Büchel
An der Mühle
Meilvenn
Eichenholz
Wieschen
Amel Recht
13
Auf der Hart
Kahlert
Meyerode
Krückberg
Eimerscheid
N676
Medell
Treisbacherberg
Wahlerberg
Feckelsborn
Neuemett
Hochkreuz
Hommervenn
Herresbach
Am Traumborn
GR 56
Dickvenn
Eremitenkreuzpass 567m.
Rauhenbusch
Emmelserwald Ratzplatz
Emmelserwald
Langert
Delerberg
Andler
Poteau
Rechtervenn
N62
Schevenberg
Hahnenberg
4.5
Nieder-Emmels
Ahleberg
A27
Bosenberg
Ober-Emmels
Wallerode
N675
Wolkeshart
St.-Vith-Nord
14
Hünningen
Ahlenbusch
Walleroderwald
Buchenberg
Neustadt
VAR
Auf der Höhe
Heuem
Waldecho
Schönberg
Rottervenn
Rodt
N675
N626
Mackenbach
N626
Our
Sankt Vither Venn
Gemeinde
Mühlenberg
Atzerath
Oberst-Crombach
N626
Prümerberg
Sankt Vither Wald
Klein Bohlscheid
Lindscheid
Hinderhausen
Sankt Vith
Volmersberg
Setz
Amelscheid
N695
Kapellen
St.-Vith-Sud
15
Mailust
Galhauserberg
Schlierbach
Gross Bolscheid
Rödgen
Mühlenberg
Neundorf
Wiesenbach
Krapu
Metz
Galhausen
Schleidberg
Breitfeld
Lommersweiler Sankt-Vith
16
Alfersteg
Ihrenbruck
Crombach
N646
Micheling
Kopfberg
Krauschberg
Hartberg
N62
Neubrück
Drei Hütten Ratzplatz
Hansenbusch
Weisten
GR 5
E2
Weppelerberg
Weppeler
Staatsforst Prüm-Süd
Mützenich
Eiterberg
Neidingen
Urb
Schmeiler
Kuckeberg
78
Braunlauf
Branlaut-B
Hengsberg
Bleialf
Lommersweiler
Roderhart
Steinebrück
Brüsselberg
Winterscheid
Irmesberg
Hambur
Maldingen
N827
Wöfferberg
E42
Winterspelt
Schirm
Reinersberg
Neumühle
60
2
Ihren
Ihrenbach
Großlangenfeld
Kreuzberg
Grüfflingerhart
Grüfflingen
Grosse Hart
Maspelt
Elcherath
Hasselsbach
Aldringen
Kleine Hart
Wallmerath
Thommen
Rufensberg
Thommerberg
Hemmeres
Winterspelt
GR 56
Ourberg
409
Staufelberg
Espelerbusch
Haltberg
Alster
Auel
Latzeberg
Rauenheck
Heckenberg
Burg-Reuland
Bracht
Eigelscheid
3
Bleialf
Konert
Preisberg
Staatsforst Prüm-Süd
Espeler
Oudler
Reuland
Steffeshausen
Heckhalenfeld
Weißenhof
N693
Steinkopf
Niederhabscheid
Lengelerberg
N62
Weveler
Quart
Alerberg
Habscheid
St-Jans-Hart
Dürler
Kemmel-Hochst
Ourberg
Renterich
Steinemann
Leishart
Lascheid
Rotheckberg
Hollnich
Eichenbusch
Heckhuscheid
Dackscheid-Berg
Lengeler
GR 5-E2
Hallert
Auf dem Rehbüsch
Beiler
Auf dem Bock
Berg
Losenseifen
N7
Malscheid
Leithum
Großkampenberg
Buurgplaatz
Géidingerboesch
Kneiff
Kaesfurt
Welchenhausen
Kesfeld
N12
Goudebierg
Spielmannsholz
Lützkampen
Oberüttfeld
Conzefenn
Kokelbierg
N7
Hofswald
Zangelt
Ouren
Harspelt
Leidenborn
Wilwerdange
GR 5
E2
Herzfeld
Niederüttfeld
Huscht
Weiswampach
89
Bahnhof Üttfeld
Sevenig
Holler
Breidfeld
Lieler
Roscheid
Sengerich
Huf
Clervaux

Schleiden
Dahlem
Dahlem Dahlem
Hillesheim
Gerolstein
Clervaux
Bitburg
Bitburg
68
90
Lanzerath
Merischeid
Holzheim
GR 56
Manderfeld
N634
N626
Afst
Petersberg
Romerberg
Krewinkel
Engelsberg
Piste Frankental
Weckerath
Verscheid
Verschneider B.
Schnapert
Roth bei Prüm
Steinberg
Wilpert
Hollenborn
Losheimerstraße
Köppheck
Aspeln
Hallschlag
Kronenburgersee
Kronenburgerhütte
Steinert
Leumersberg
Kerschenbach
Stadtkyll
Hasenberg
Auf dem Gericht
Lichtenberg
Weidenhöchst
Kehr
Auf der Hardt
Neuert
Goldberg
Erlenphenn
Ormont
Auf dem Lückenbüsch
Auf der Wart
Forst Arenberg
Auf Zimmers
Staatsforst Hillesheim
Eichenbüsch
Steinberg
Hilz
Schönfeld
Auf dem Gericht
Neuenstein
Neureuth
Hasenberg
Weiters-Berg
Glasfeld
Schlehnenheck
Staatsforst Prüm-Nord
Wischeid
Kantenkopf
Schmitzknopf
Auw bei Prüm
Rölchelsberg
Kobscheid
Laudesfeld
Radsberg
Huscheid
Staatsforst Prüm-Nord
Heldenberg
Lascheid
Reuth
Premerkopf
Leiwerberg
Astenberg
Knaufspesch
Olzheimerwald
Neuendorf
Epenberg
Linn
Olzheimer B.
Kleinlangenfelder Wald
Aueler Wald
Bodert
Herescheid
Kleinlangenfeld
Siedlung
Olzheim
Kalberberg
Herzfenn
Schlausenbach
Schlausenbacher Wald
Kammerwald
Hühnerknopf
Staatsforst Halenfelder
Lauzenberg
Koppig
Hohlscheid
Prümer Kopf
Leekopp
Radscheid
Oberlascheid
Zum Schwarzen Mann
Kirchenberg
Lückebüsch
Flirkert
Seimers-Berg
Staatsforst Prüm
Schwarzer Mann
Bertscheid
Halenfeld
Richelberg
Niederlascheid
Eicheldell
Wascheid
Hallerich
Hirschberg
Willwerath
Steinbach
Steingert
Richelsberg
Buchet
Wirbelkopf
Dickenberg
Hermespand
Bolz
Gondelsheim
Fröhn
Gondenbrett
Schwirzheim
Alferberg
Feriendorf Schnee-Eifel
Hontheim
Sellericherhöhe
Thomasberg
Obermehlen
Weinsheim
Bongert
Schneifel
Sellerich
Knieberg
Am Kopp
Dausfeld
Brühlborn
Basselt
Brandscheid
Herscheid
Niedermehlen
Tafel
Prüm
Fleringen
Heister-Berg
Warmendell
Kalvarien-Berg
Merteshübel
Wallersheim
Steinmehlen
Watzerather Kopf
Rommersheim
Loch
Weinsfeld
Niederprüm
Auf Roth
Prüm
Hüscheideberge
Auf der Kopp
Watzerath
Ellwerath
Giesdorf
Hernackberg
Prüm
Oberhersdorf
Pittenbach
Hartkopf
Schloßheck
Debert
Oberlauch
Hexler
Boxert
Jakobsknopp
Winringen
Niederlauch
Schönecken
Pronsfeld
Orlenbach
Forst-Berg
Masthorn
Dingdorf
Wetteldorf
Seiwerath
Rother-Berg
Tonne-Berg
Matzerath
Euels-Berg
Webbüsch
Hofswald
Strickscheid
Gleicht
Lünebach
Euscheid
Lierfeld
Heisdorf
Nimsreuland
Eilscheid
Hecks-Berg
Wickert
Merlscheid
Stalbach
Kinzenburg
Bielenhof
Wawern
Neustraßburg
Fuchswiese
Dackscheid
265
410
410u
51
E29
E42
60
4

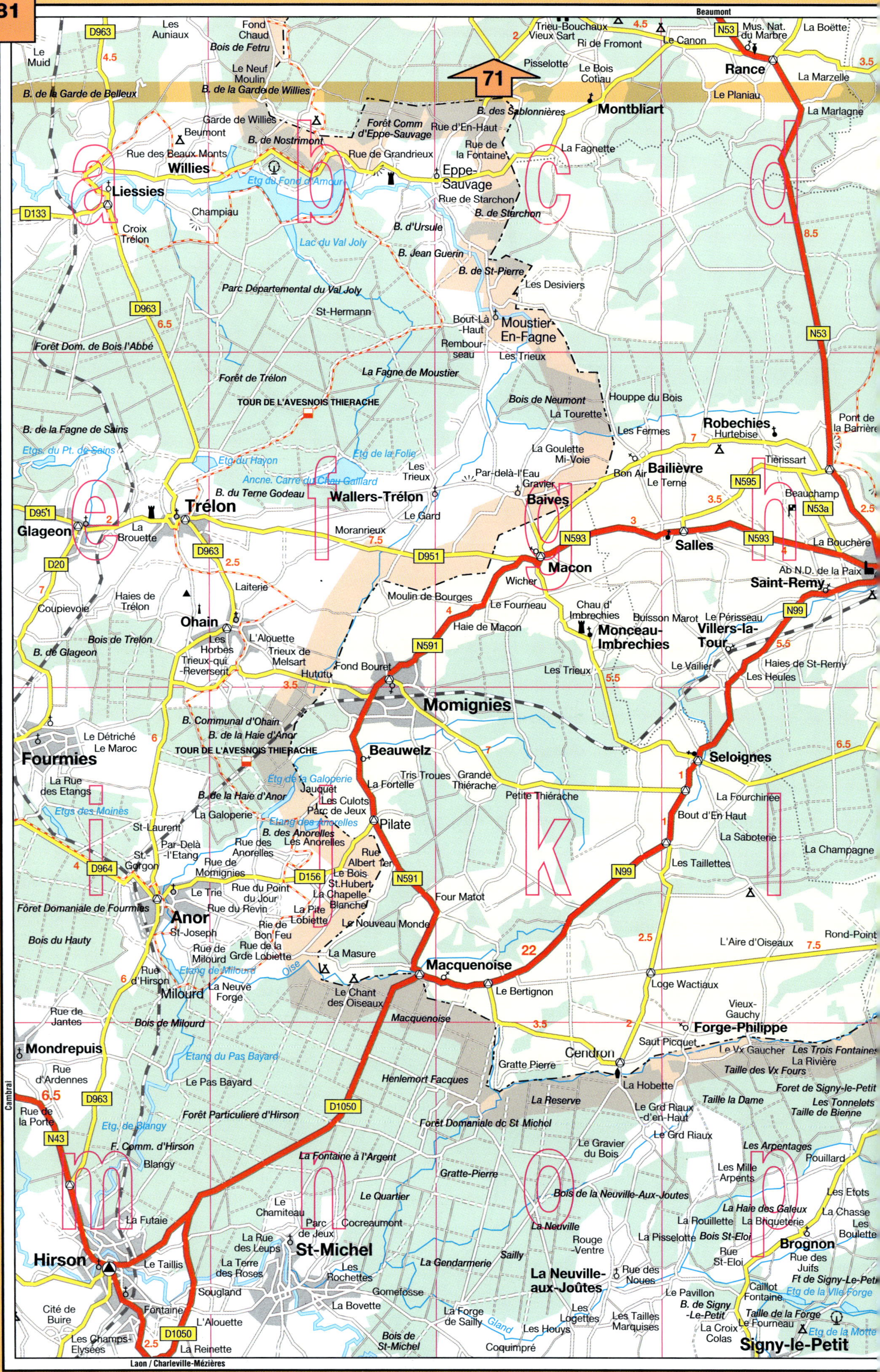
Beaumont
71
Le Muid
Les Auniaux
Fond Chaud
Bois de Fetru
Le Neuf Moulin
B. de la Garde de Belleux
B. de la Garde de Willies
Trieu-Bouchaux
Vieux Sart
Ri de Fromont
Le Canon
Mus. Nat. du Marbre
La Boëtte
Rance
La Marzelle
Pisselotte
Le Bois Cotiau
Le Planiau
Montbliart
La Marlagne
B. des Sablonnières
Forêt Comm d'Eppe-Sauvage
Rue d'En-Haut
Garde de Willies
Beumont
B. de Nostrimont
Rue de la Fontaine
La Fagnette
Rue des Beaux Monts
Willies
Rue de Grandrieux
Eppe-Sauvage
Etg du Fond d'Amour
Liessies
Rue de Starchon
B. de Starchon
Champiau
D133
Croix Trélon
B. d'Ursule
Lac du Val Joly
B. Jean Guerin
B. de St-Pierre
Les Desiviers
Parc Départemental du Val Joly
St-Hermann
D963
Bout-Là -Haut
Moustier-En-Fagne
Rembour-seau
Les Trieux
N53
Forêt Dom. de Bois l'Abbé
La Fagne de Moustier
Forêt de Trélon
TOUR DE L'AVESNOIS THIERACHE
Bois de Neumont
Houppe du Bois
La Tourette
B. de la Fagne de Sains
Robechies
Hurtebise
Pont de la Barrière
Les Fermes
Etgs du Pt. de Sains
Etg du Hayon
Etg de la Folie
Les Trieux
La Goulette
Mi-Voie
Bon Air
Bailièvre
Le Terne
Tiérissart
N595
Ancne. Carre du Chau Gaillard
Par-delà-l'Eau
Gravier
Beauchamp
N53a
B. du Terne Godeau
Wallers-Trélon
Baives
D951
Trélon
Glageon
La Brouette
Le Gard
Moranrieux
N593
Salles
La Bouchère
D963
D951
Macon
Ab N.D. de la Paix
D20
Wicher
Saint-Remy
Laiterie
Coupievoie
Haies de Trélon
Moulin de Bourges
Le Fourneau
Chau d' Imbrechies
Buisson Marot
Le Périsseau
N99
Ohain
Haie de Macon
Monceau-Imbrechies
Villers-la-Tour
Bois de Trelon
Les Horbes
L'Alouette
Trieux de Melsart
B. de Glageon
Trieux-qui -Reversent
N591
Le Vailier
Haies de St-Remy
Les Heules
Fond Bouret
Les Trieux
Hututu
Momignies
B. Communal d'Ohain
Le Détriché
Le Maroc
B. de la Haie d'Anor
Fourmies
TOUR DE L'AVESNOIS THIERACHE
Beauwelz
Seloignes
La Rue des Etangs
Etg de la Galoperie
Jauquet
Tris Troues
La Fortelle
Grande Thiérache
B. de la Haie d'Anor
Petite Thiérache
La Fourchinée
Etgs des Moines
Les Culots
Parc de Jeux
La Galoperie
Bout d'En Haut
St-Laurent
Etang des Anorelles
Pilate
La Saboterie
B. des Anorelles
Les Anorelles
Par-Delà -l'Etang
Rue des Anorelles
La Champagne
St-Gorgon
Rue de Momignies
Rue Albert 1er
Les Taillettes
D964
D156
Le Bois St.Hubert
N591
N99
Le Trie
Rue du Point du Jour
La Chapelle Blanche
Four Matot
Fôret Domaniale de Fourmies
Anor
Rue du Revin
La Pite Lobiette
St-Joseph
Rie de Bon Feu
Le Nouveau Monde
Rond-Point
Bois du Hauty
Rue de Milourd
Rue de la Grde Lobiette
L'Aire d'Oiseaux
La Masure
22
Macquenoise
Rue d'Hirson
Etang de Milourd
Oise
Milourd
La Neuve Forge
Le Chant des Oiseaux
Le Bertignon
Loge Wactiaux
Rue de Jantes
Macquenoise
Vieux-Gauchy
Bois de Milourd
Forge-Philippe
Saut Picquet
Le Vx Gaucher
Les Trois Fontaines
La Rivière
Mondrepuis
Etang du Pas Bayard
Gendron
Gratte Pierre
Taille des Vx Fours
Rue d'Ardennes
Le Pas Bayard
Henlemort Facques
La Hobette
Foret de Signy-le-Petit
Cambrai
Rue de la Porte
D963
La Reserve
Le Grd Riaux -d'en-Haut
Taille la Dame
Les Tonnelets
Taille de Bienne
Forêt Particuliere d'Hirson
D1050
Forêt Domaniale de St Michel
Le Grd Riaux
Etg. de Blangy
N43
F. Comm. d'Hirson
Le Gravier du Bois
Les Arpentages
Blangy
La Fontaine à l'Argent
Pouillard
Gratte-Pierre
Les Mille Arpents
Bois de la Neuville-Aux-Joutes
Les Etots
Le Chamiteau
Le Quartier
La Haie des Galeux
La Chasse
La Futaie
Parc de Jeux
Cocreaumont
La Neuville
La Rouillette
La Briqueterie
Les Boulette
La Rue des Leups
Rouge -Ventre
La Pisselotte
Bois St-Eloi
Brognon
Hirson
Le Taillis
St-Michel
La Gendarmerie
Sailly
Rue St-Eloi
Rue des Juifs
La Terre des Roses
Les Rochettes
La Neuville-aux-Joûtes
Rue des Noues
Ft de Signy-le-Petit
Sougland
Gomefosse
Caillot Fontaine
Etg de la Vlle Forge
Cité de Buire
Fontaine
La Bovette
La Forge de Sailly
Les Logettes
Le Pavillon
B. de Signy -Le-Petit
Taille de la Forge
L'Alouette
Gland
Les Houys
Les Tailles Marquises
Le Fourneau
Etg de la Motte
Les Champs-Elysées
D1050
Bois de St-Michel
La Croix Colas
Signy-le-Petit
La Reinette
Coquimpré
Laon / Charleville-Mézières

Philippeville
Froidchapelle
Au Coq
Bois de Cerfontaine
Bois de Revleumont
Forêt de Senzeille
La Quercinelle
72
Pourri Ri
Roly
Château de Roly
Ingremé
Les Courtinsarts
Gratière
Etang de Prand'lage
Etang du Fraity
GR 12
St-Hubert
N589
Culot-du-Bois
Les Géronsarts
GR 12B
Fagnolle
Chau de Tromcourt
Masures Huart
Karting des Fagnes
Mariembourg
Chemin de Fer à Vapeur des 3 Vallées
N939
Les Forrières
Bout du Walestru
N5
Manoir de la Motte
Frasnes
Nismes
Col de Sainte Agapithe 214m.
Lac de Virelles
Le Troc
Eau Blanche
Chau de Boussu-en-Fagne
Boussu-en-Fagne
Les Quartiers
Pavillon Tallien
Château de Lompret
Aublain
Grottes de l'Adujoir
Nieumont
St-Joseph
Viroinval
Château de Virelles
Virelles
Lompret
Vaulx
Les Roches
Château de Chimay
Les Neuf Maisons
Dailly
Le Faubourg
Sous les Mòries
N99
Savari
Petigny
R55
Couvin
Dessus la Ville
Cavernes préhistoriques de l'Abime
Chimay
Tri Père Leclercq
Wérivaux
Pesche
St-Roch
Le Gibet
La Planchette
Boutonville
Gonrieux
Les Trieux
La Taillette
Pré Seury
La Platinerie
Barrage du Ry de Rome
83
Bas du Village
Les Quatre Maisons
Poterie
Bourlers
Baileux
Le Culot
La Poyeu
Pèrnelle
Paradis
La Gressière
Presgaux
Forges
La Colotterie
Eau Noire
N920
Lahonri
Le Bas Brûly
Brûly-de-Pesche
Chau du Pont-St-Nicolas
Le Haut Brûly
Les Parsoniers
N964
La Prise
Poteaupré
Scourmont
Ab N-D de Scourmont
La Flamande
Bois de Gonrieux
La Forge du Prince
La Queue de l'Etang
Tri Pochaux
Brûly
Moulin Manteau
Petit Canton
Les Parçonniers
Les Riezes
Passée du Risque-Mout
La Bouverie
Le Bout. d'en Bas
Les Bondes
Taille de la Passe de Chimay
Cul-des-Sarts
Basse Nimelette
Haute Nimelette
Riezes
Bois Communaux
Gué d'Hossus
Lisbonne
La Tauminerie
D10
La Gruerie
L'Escaillère
Le Gué des Bagniaux
La Verte Place
Min Lacaille
La Huquette
N51
La Prise Parisot
Bois du Juge
Petite-Chapelle
Four Gérard
Bois de Suzanne
Taille Chocq
Les Differends
La Petite Chaudière
D985
L'Etoile
Les Quatre Chemins
La Grande Chaudière
La Hutte
Pt. Bois Jacques
Taille Marlette
La Loge Rosette
Regniowez
Le Beau-regard
La Crx Pesset
Rue Royale
Bois Communaux
B. de Grondelle
Le Sart Moreaux
Min Bouvier
B. Beauron et Genotte
D32
B. de la Hutte
Etg de la Fermiere
Taillette
Hiraumont
Crx Blondeau
La Fermière
Taille Beaume
La Croix Majot
Rocroi
Gland
Etg de Gland
La Songière
GR 12
Le Rouilly
Le Grd Etang
Bois des Hingues
D877
Les Bernes
Bois Communaux de Rocroi
Bois Jacques
B. d'Horte
Bois Gerbeau
La Guinguette
La Croix de Fer
Bois de Signy
Riez de Taillette
Le Petit Hongreau
Laon
Charleville-Mézières

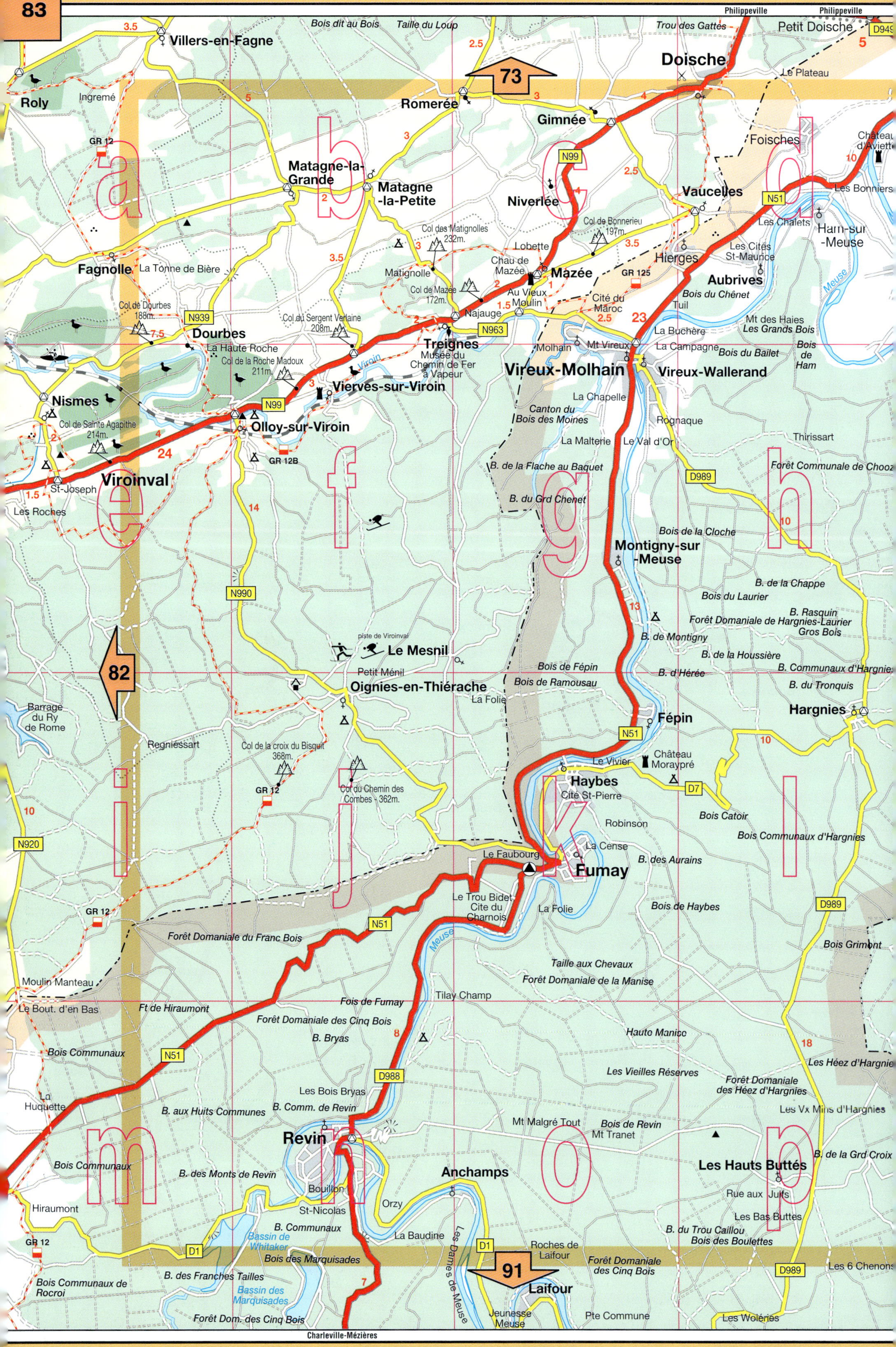
Philippeville
Philippeville
Bois dit au Bois
Taille du Loup
Trou des Gattes
Petit Doische
D949
Villers-en-Fagne
73
Doische
Le Plateau
Roly
Ingremé
Romerée
Gimnée
Foisches
Château d'Aviette
GR 12
N99
Matagne-la-Grande
Matagne -la-Petite
Niverlée
Vaucelles
N51
Les Bonniers
Les Chalets
Ham-sur -Meuse
Col des Matignolles 232m.
Col de Bonnerieu 197m.
Lobette
Les Cités St-Maurice
Hierges
Fagnolle
La Tonne de Bière
Matignolle
Chau de Mazée
Mazée
GR 125
Aubrives
Col de Mazée 172m.
Au Vieux Moulin
Bois du Chênet
Col de Dourbes 188m.
Cité du Maroc
Tuil
N939
Najauge
Mt des Haies
Les Grands Bois
Col du Sergent Verlaine 208m.
N963
La Buchère
Dourbes
Treignes
Musée du Chemin de Fer à Vapeur
Molhain
Mt Vireux
La Campagne
Bois du Bailet
Bois de Ham
La Haute Roche
Col de la Roche Madoux 211m.
Viroin
Vireux-Molhain
Vireux-Wallerand
Nismes
Vierves-sur-Viroin
La Chapelle
N99
Canton du Bois des Moines
Col de Sainte Agapithe 214m.
Olloy-sur-Viroin
Rognaque
La Malterie
Le Val d'Or
Thirissart
GR 12B
Viroinval
B. de la Flache au Baquet
D989
Forêt Communale de Chooz
St-Joseph
Les Roches
B. du Grd Chenet
Bois de la Cloche
Montigny-sur -Meuse
B. de la Chappe
N990
Bois du Laurier
B. Rasquin
Forêt Domaniale de Hargnies-Laurier
Gros Bois
B. de Montigny
piste de Viroinval
Le Mesnil
B. de la Houssière
82
Bois de Fépin
B. Communaux d'Hargnies
Petit Ménil
B. d'Hérée
Bois de Ramousau
Oignies-en-Thiérache
B. du Tronquis
Barrage du Ry de Rome
La Folie
Fépin
Hargnies
N51
Regniessart
Col de la croix du Bisquit 368m.
Le Vivier
Château Morayprė
Haybes
Cite St-Pierre
D7
GR 12
Col du Chemin des Combes - 362m.
Robinson
Bois Catoir
Bois Communaux d'Hargnies
N920
La Cense
Le Faubourg
Fumay
B. des Aurains
Le Trou Bidet
Cite du Charnois
La Folie
GR 12
Bois de Haybes
D989
N51
Forêt Domaniale du Franc Bois
Meuse
Bois Grimont
Taille aux Chevaux
Forêt Domaniale de la Manise
Moulin Manteau
Tilay Champ
Fois de Fumay
Le Bout. d'en Bas
Ft de Hiraumont
Forêt Domaniale des Cinq Bois
Hauto Manico
B. Bryas
Bois Communaux
N51
Les Vieilles Réserves
Les Héez d'Hargnies
D988
Forêt Domaniale des Héez d'Hargnies
Les Bois Bryas
La Huquette
B. aux Huits Communes
B. Comm. de Revin
Les Vx Mins d'Hargnies
Mt Malgré Tout
Bois de Revin
Mt Tranet
Revin
B. de la Grd Croix
Bois Communaux
Les Hauts Buttés
Anchamps
B. des Monts de Revin
Bouillon
Rue aux Juifs
Hiraumont
St-Nicolas
Orzy
Les Bas Buttes
B. Communaux
B. du Trou Caillou
La Baudinė
Bois des Boulettes
GR 12
Bassin de Whitaker
Les Dames de Meuse
D1
Roches de Laifour
D1
Forêt Domaniale des Cinq Bois
Bois des Marquisades
91
D989
Les 6 Chenons
B. des Franches Tailles
Laifour
Bois Communaux de Rocroi
Bassin des Marquisades
Jeunesse Meuse
Pte Commune
Les Woléries
Forêt Dom. des Cinq Bois
Charleville-Mézières

Dinant
Dinant
D46
Les Trois Fourchettes
Bon Secours
Tivoli
t-Hilaire
Givet
Notre-Dame
Les Grds Jardins
Mt d'Haurs
La Chapelle
Les Trois Fontaines
D949
Au Petit Caporal
A l'Espérance
Niche
Fosselette
Fromelennes
Grottes de Nichet
La Manufacture
Nichet
Dion-Le-Val
Rancennes
Mt de Fromelennes
Flohimont
Bel-Air
Dion
A la Valette
B. Rigaux
B. des Dames
Charnois
F. Indivise de Fromelennes
Chooz
B. Maguin
Petit-Chooz
B. Flimant
Bois de Fromelennes
Winenne
Olenne
Bois des Hamions
Landrichamps
B. de Chaumont
Cité des Metaux
Le Moulin
N981
Bois d'Egneaux
Felenne
Bois de Licot
Bois du Roi
B. Briot
Bourseigne-Neuve
St-Roch
Bourseigne-Vieille
D7
Bohée
Sart-Custinne
Rond Prayai
Le Château
Rienne
Willerzie
Gedinne
La Brasserie
Louette-St-Pierre
Louette-St-Denis
Les Vx Mins de Thilay
Forêt Domaniale de Château Regnault
La Neuville-aux-Haies
Les Hubiets
Linchamps
Col de la Barrière de Mointerne 382m.
Nafraiture
92
Houdremont
N935
GR 126
Château de Charneuse
Bellefontaine
N914
N914
Rafontaine
Monceau-en-Ardenne
N945
N95
Bouillon
N929
74
N95
Maisoncelle
Wiesme
Château de Baronville
Baronville
GR 126
GR 577
Gozin
N911
Focant
Biran
Martouzin
Neuville
N40
Beauraing
GR 126
L'Hierdau
Castel Ste-Marie
N40
Eclaye
Pondrôme
N981
Chau Ferme de Sevry
Javingue
Les Versaines
Wancennes
GR 577
Mossia
N40
Revogne
Col de Honnay 235m.
Froidlieu
Honnay
Tanville
N95
Wimbe
Col du Tienne de Flinvau - 336m.
Sohier
Col des Cinquantes Bonniers - 347m.
Vonêche
Froidfontaine
Château de Vonêche
Col des Virées 336m.
GR 126
N95
Vencimont
85
Les Quatre Seigneurs
N835
Les Scottons
Malvoisin
La Galette
Haut-Fays
Au Douaire
Gembes
Patignies
N835
Sclassin
Le Mont
N935
N952
N952
Col de la Virée d'Herboi 367m.
N95
Col des Hautes Boules 402m.
Graide
Culot
Bièvre
N913
N913
Graide-Station
N913
Beauchamp
Rondia
Lhomme
Biran
Ilewe
Houille

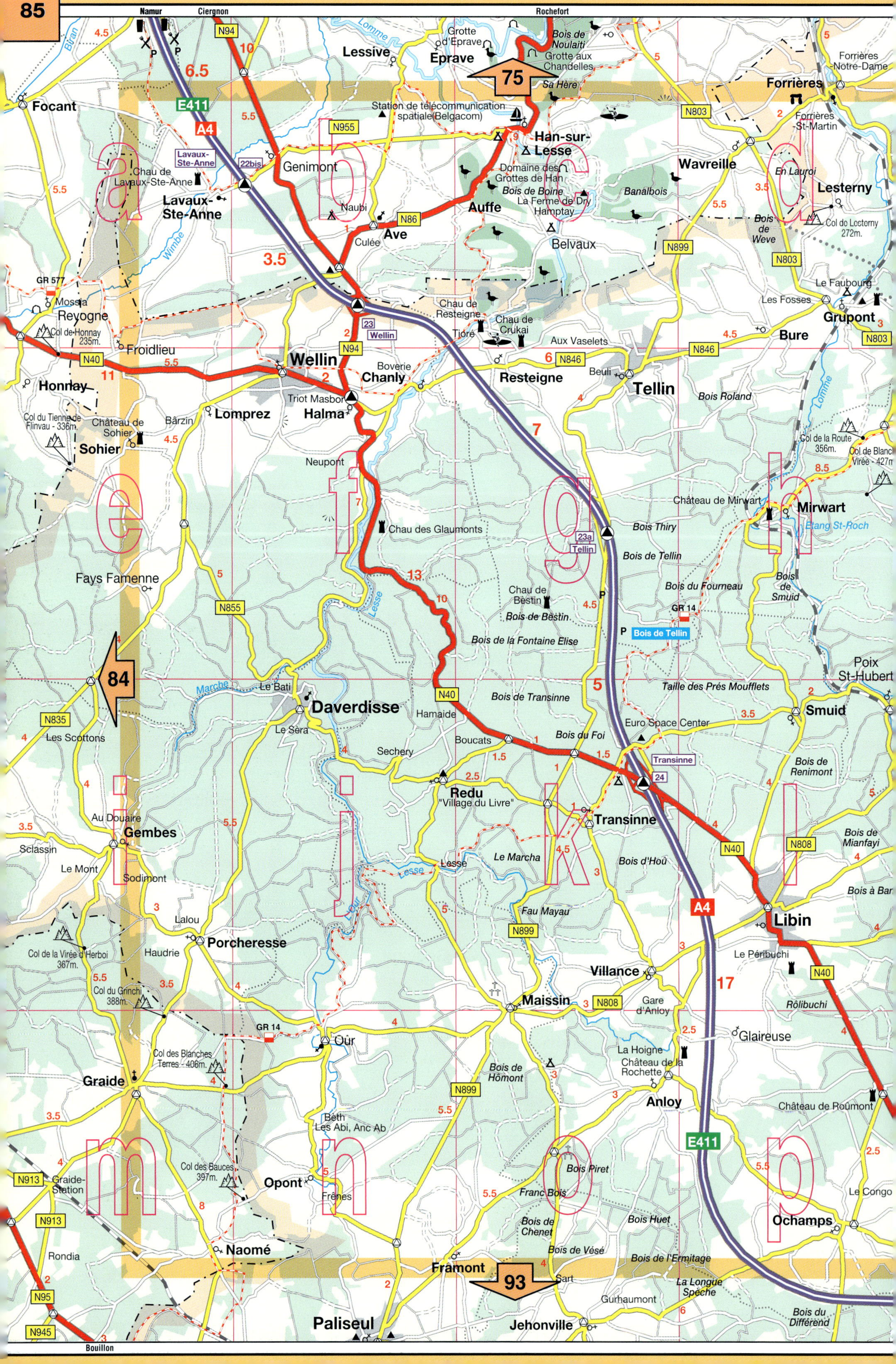

Namur
Ciergnon
Rochefort
Focant
Lessive
Grotte d'Eprave
Eprave
75
Bois de Noulaiti
Grotte aux Chandelles
Sa Hère
Forrières Notre-Dame
Forrières
Forrières -St-Martin
Station de télécommunication spatiale(Belgacom)
Han-sur-Lesse
Domaine des Grottes de Han
Genimont
Chau de Lavaux-Ste-Anne
Lavaux-Ste-Anne
Naubi
Ave
Culée
Auffe
Bois de Boine
La Ferme de Dry Hamptay
Belvaux
Banalbois
Wavreille
En Lauroi
Lesterny
Bois de Weve
Col do Lecterny 272m.
Le Faubourg
Les Fosses
Grupont
Bure
Mossia
Reyogne
Col de Honnay 235m.
Froidlieu
Honnay
Wellin
Chau de Resteigne
Tiore
Chau de Crukai
Aux Vaselets
Boverie
Chanly
Resteigne
Beuli
Tellin
Bois Roland
Triot Masbor
Halma
Lomprez
Bârzin
Col du Tienne de Flinvau - 336m.
Château de Sohier
Sohier
Neupont
Col de la Route 356m.
Col de Blanche Virée - 427m
Château de Mirwart
Mirwart
Etang St-Roch
Bois Thiry
Bois de Tellin
Chau des Glaumonts
Bois du Fourneau
Bois de Smuid
Fays Famenne
Chau de Bestin
Bois de Bestin
GR 14
Bois de Tellin
Bois de la Fontaine Elise
84
Poix St-Hubert
Le Bati
Daverdisse
Le Sera
Hamaide
Bois de Transinne
Taille des Prés Moufflets
Smuid
Les Scottons
Euro Space Center
Boucats
Bois du Foi
Sechery
Bois de Renimont
Redu
"Village du Livre"
Transinne
Au Douaire
Gembes
Sclassin
Le Mont
Sodimont
Lesse
Le Marcha
Bois d'Hoû
Bois de Mianfayi
Bois à Bar
Fau Mayau
Libin
Lalou
Porcheresse
Haudrie
Col de la Virée d'Herboi 367m.
Le Péribuchi
Villance
Col du Grinchi 388m.
Maissin
Gare d'Anloy
Rôlibuchi
Oûr
Glaireuse
Col des Blanches Terres - 406m.
La Hoigne
Château de la Rochette
Bois de Hômont
Graide
Anloy
Château de Roûmont
Bèth
Les Abi, Anc Ab
Bois Piret
Col des Bauces 397m.
Opont
Graide-Station
Frênes
Franc Bois
Le Congo
Bois Huet
Ochamps
Rondia
Bois de Chenet
Naomé
Bois de Vésé
Bois de l'Ermitage
Framont
93
Sart
La Longue Spèche
Gurhaumont
Paliseul
Jehonville
Bois du Différend
Bouillon
E411
A4
N94
N955
N86
N803
N899
N846
N40
N855
N835
N808
N913
N95
N945
Wellin
Tellin
Transinne

Marche-en-Famenne
La Roche-en-Ardenne
Ambly
Col de la Deffe des Nonnains - 331m.
Col de Thier Saint 359m.
Haies de Grune
Col de la Barrière Blanche 452m.
Mierchamps
N889
4.5
La Chavée
Bosteubois
76
Haie de Bai Djowai
Bois des Eyis
Nassogne
Bois de Journal
GR 14
Château de Grainchamps
Col Aux Cresses 335m.
Bois de Grune
Bois des Moines
En Naw'chin
Journal
Col de la Gueule du Sanglier - 538m.
Bois de Champlon
Erneuville
N843
Masbourg
N889
Bois de Ste-Gertrude
Bois des Dames
N889
Champlon
Barrière de Champlon
Hédeûmont
Col d'En Hautbin 372m.
Col de Stoquache 348m.
Môchamps
Bois Ste-Gertrude
GR 14
Ramont
Wembay
Tenneville
Château de Grupont
N849
Meleri
Wyompont
N4
Mormont
Forêt St-Michel
Fayi de Luci
Baconfoy
Bois de Machi
Musées provinciaux du "Fourneau St-Michel"
Col de Mormont - 367m.
Laneuville-au-Bois
Col de la Comène - 337m.
Fourneau-Saint-Michel
Berguème
Awenne
Bois Gimbes
Ortheuville
Roumont
Col de Wasse - 366m.
Bois St-Hubert
N89
Bois d'Awenne
Freyr Septentrional
Freyr Méridional
Château de Gelly
Bois de Lesterny
Forêt du Roi Albert
Bois de Freyir
Bois de Herbaimont
Bois St-Michel
Lavacherie
Forêt de Freyir
Sainte-Ode
Aviscourt
Bois de Ri Bellerose
Freyr Royal
Col du Bois du Ri Belle Rose - 496m.
N849
N829
Centre des Vacances Ste-Ode
Bois de Coyermont
Parc à Gibier
Bois de Hazeille
Sprimont
Bois Cousin
N803
Orreux
Arville
Amberloup
Lorcy
Le Fayi
Hurtebise
Fosset
Saint-Hubert
Col d'Hurtebise 525m.
Col de Plastrai - 549m.
87
Col Azes Fosses - 417m.
Basilique de St.-Hubert
N848
N826
Le Ménil
N808
Le Chenet
Haies de Tillet
Rau de Leupont
Ourthe Occ.
Le Chènet
Bois de Lambert Fays
N848
Bois de Poix
Bonnerue
Tillet
Chisogne
Bois de la Charbonnerie
Bois de Vesqueville
Hatrival
Vesqueville
Bois du Canton
Bois du Chênet
Gérimont
Le Bôle du Miot
Pirompré
Bois des Chip'teuses
Jenneville
Bois de Freux
Renâchenet
Bois de Bertaumont
Moircy
N89
Château de Freux-Menil
Bois des Haies de Magery
Tier du Mont
Remagne
Château de Banal Bois
La Haute Bras
Sassoûe
N848
La Héye
Petit Bois
Bras
Freux
Freux-La-Rue
Arfaye
Lomme
Freux Suzerain
Château de Freux
La Basse Bras
Nimbermont
Rolichène
Domaine de Waransart
Rondu
Séviscourt
Chênet
Devant la Hé
Bois de Hambeau
Bois du Golô
Bois de la Chapelle Ricaille
Bois Brûlé
Bois de Chiwé
Bois de Séviscourt
Bois Voltaire
Fagne du Loup
La Hèye
Bois de Waransart
Bougnimont
Fagne du Petit Pont
N89
Bois de Bèlègne
Bois de Môchamp
Fagne de la Cressenière
Le Sérpont
Le Côré
Château de Remau
Laneuville
Bois de Waffe
Bois de Bèrnihè
Ourthe Occ.
Château de Romfay
N826
La Hé
Renaumont
Wideumont
Bois Mignotte
Libramont-Chevigny
Libramont
Ourt
Sainte-Marie-Chevigny
La Spèche
Bois de Bâne
Bonance
Planchipont
Prèsseu
94
Bernimont
Recogne
Flohimont
N85
Château de Recogne
N40
Saint-Pierre
Bois de Hêtre
Bercheux
Arlon
Neufchâteau
Neufchâteau

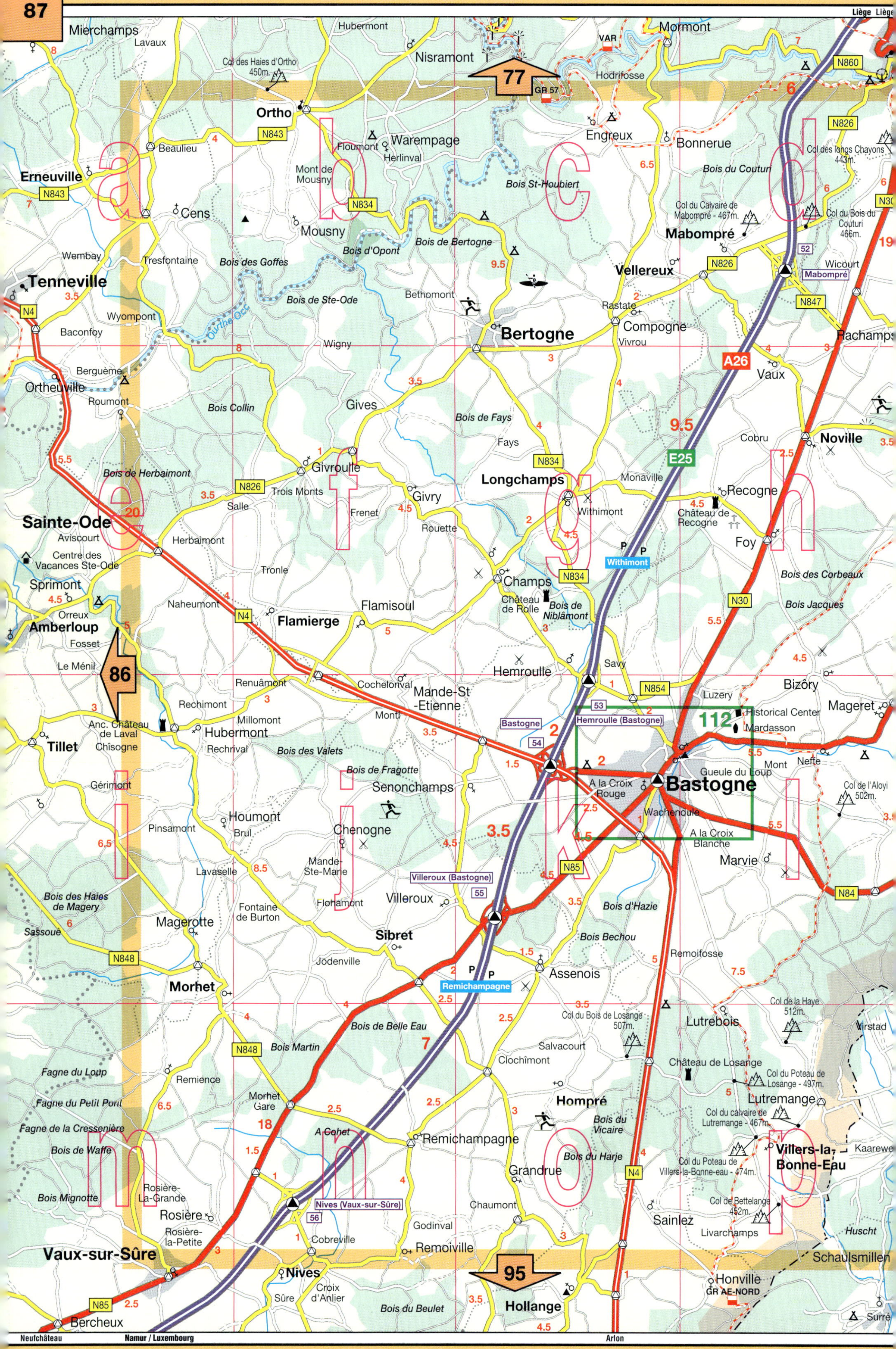
Liège
Mierchamps
Lavaux
Hubermont
Nisramont
77
Mormont
VAR
Hodrifosse
N860
Col des Haies d'Ortho 450m.
Ortho
N843
GR 57
Engreux
Bonnerue
N826
Col des longs Chayons 443m.
Beaulieu
Floumont
Warempage
Herlinval
Bois du Couturi
Erneuville
Mont de Mousny
Bois St-Houbiert
N843
Cens
N834
Col du Calvaire de Mabompré - 467m.
Col du Bois du Couturi 466m.
Mousny
Mabompré
Wembay
Bois d'Opont
Bois de Bertogne
N826
52
Trefontaine
Bois des Goffes
Vellereux
Wicourt
Mabompré
Tenneville
Bethomont
Rastate
N847
Bois de Ste-Ode
Compogne
N4
Wyompont
Bertogne
Vivrou
Rachamps
Baconfoy
Wigny
A26
Berguème
Vaux
Ortheuville
Roumont
Gives
Bois Collin
Bois de Fays
Fays
Cobru
Noville
E25
N834
Monaville
Bois de Herbaimont
Givroulle
Longchamps
N826
Trois Monts
Givry
Recogne
Salle
Withimont
Château de Recogne
Sainte-Ode
Frenet
Rouette
Foy
Aviscourt
Herbaimont
Centre des Vacances Ste-Ode
Withimont
Tronle
Champs
Bois des Corbeaux
Sprimont
Château de Rolle
N834
Bois de Niblâmont
N30
Bois Jacques
Naheumont
Orreux
Flamisoul
N4
Flamierge
Amberloup
Fosset
Savy
Le Ménil
86
Hemroulle
Bizory
Renuâmont
Cochelonval
Mande-St -Etienne
N854
Luzery
Mageret
Rechimont
53
Anc. Château de Laval
Millomont
Monti
Bastogne
Hemroulle (Bastogne)
112
Historical Center
Mardasson
Tillet
Chisogne
Hubermont
Rechrival
Bois des Valets
54
Mont
Neffe
Bois de Fragotte
Gueule du Loup
Gérimont
Senonchamps
A la Croix Rouge
Bastogne
Col de l'Aloyi 502m.
Houmont
Wachenoule
Pinsamont
Brul
Chenogne
A la Croix Blanche
Mande-Ste-Marie
Marvie
Lavaselle
Villeroux (Bastogne)
N85
Bois des Haies de Magery
55
Fontaine de Burton
N84
Flohamont
Villeroux
Bois d'Hazie
Magerotte
Sassoue
Sibret
Bois Bechou
N848
Jodenville
Remoifosse
Assenois
Morhet
Remichampagne
Col de la Haye 512m.
Col du Bois de Losange 507m.
Lutrebois
Virstad
Bois de Belle Eau
Salvacourt
Bois Martin
N848
Clochimont
Château de Losange
Fagne du Loup
Col du Poteau de Losange - 497m.
Remience
Hompré
Lutremange
Fagne du Petit Pont
Morhet Gare
Bois du Vicaire
Col du calvaire de Lutremange - 467m.
Fagne de la Cressenière
A Cahet
Remichampagne
Bois du Harje
Villers-la-Bonne-Eau
Kaarewe
Bois de Waffe
Col du Poteau de Villers-la-Bonne-eau - 474m.
Grandrue
N4
Rosière-La-Grande
Nives (Vaux-sur-Sûre)
Bois Mignotte
Chaumont
Col de Bettelange 452m.
Rosière
56
Sainlez
Rosière-la-Petite
Godinval
Livarchamps
Huscht
Cobreville
Remoiville
Vaux-sur-Sûre
Schaulsmillen
95
Nives
Honville
GR AE-NORD
Croix d'Anlier
Sûre
N85
Bois du Beulet
Hollange
Bercheux
Surré
Neufchâteau
Namur / Luxembourg
Arlon

Sankt-Vith
Houffalize
Les Blancs Bois
Cèturu
78
Bois de Rouvroy
Greinberg
Wilwerdange
Drinklange
GR 57
Pasterknapp
Kircher Hecken
Bois de Biwisch
Troisvierges
Holler
Welzer Nonneboesch
Kouler
Lou
Pfood
Binsfeld
Alhoumont
Col du Sacré-Cœur de Tavigny 457m.
GR AE
N838
Helzerboesch
Klaus
Farel
Biwisch
Masser
Rossmillen
Iewechte Wald
Cowan
Vissoule
Tavigny
Hachiville
Gringgaas
333
Cinqfontaines
Hoffelt
Weiler
N12
Sassel
Hupperdange
Wandebourci
Buret
Jongeboesch
Drlicht
Emeschbach
Asselborn
Maulusmillen
Wattech
Wolz
Bois de la Hé
Kamp
Moulin d'Asselborn
Bois Brûlé
Boeur
Galgeknupp
Béicheriech
GR 57
339
Hardigny
Boxhorn
Sporbech
Stockem
Rumlange
Remelgerboesch
Merwe
Herich
Kiemel
Gisel
N18
Urspelt
Bois Regné
Monty
Felsbierg
Antoniushaff
Lëgler Kamp
Deiffelt
Lenzweiler
Stengemann
Troine
Petzelt
Tretterbaach
Doennange
Sang
Eselborn
N838
Reuler
Gros Bois
Lullange
Abbaye St.-Maurice
N18
Bourcy
Hinterhassel
Crendal
Ale Kimele
Gesseler
Schaed
Clervaux
Bois du Maister
Troine-Route
Wincrange
Eschend
N838
Boevange
Gebrantebierg
Strunk
Hamiville
Michamps
Moinet
Patzerat
Segdenbuch
Mecher
Baamboesch
Op der Haard
Horitine
Lou
Allerborn
Schock
Weicherdange
Munshausen
Oubourcy
Féitsch
N20
Buedem
Milleboesch
GR AE-E3
Al Hé
Beiger Haard
Poler
Neidhauserwald
Arloncourt
Walber
Bechelburn
325
GRAE-E3
Neiewe
Macher
N874
Longvilly
Schaed
Leisert
Schalper
Bierg
Brachtenbach
Roudeboesch
Kleinhoscheid
Routheck
Oberwampach
Haard
Schlaedebierg
Selscheid
Drauffelt
89
Richt
Op Bockholtz
Bierg
Derenbach
Bockholz
Knaphoscheid
Siebenaler
Boelzknapp
Niederwampach
Schimpach
Groestaen
Naassheck
Milleboesch
Plakig
Lay
Wald
Groendchesboesch
Lou
Frëng
Siebenalerwald
Wiltz
Schafes
Staemel
Toteler
Benonchamp
Kamp
Weweschter
Knap
Escherange
Kreiz
Eschweiler
Honnert
Eerplesch
Seitert Wald
Deid Schlaedchen
Komp
Stae Rueder
Fall
Tom
Gronn
Pintsch
Op Baerel
Harzy
Col des Trois Sources 507m.
Teischleid
325
Bredig
Penzebierg
Schleif
Lay
Kemel
Hongerbierg
Bierg
Wilwerwiltz
Wardin
Bierg
GR AE-E3
Fennekamp
Lellingen
Nock
Bräs
Grumelscheid
Aérodrome de Wiltz-Noertrange
N12
Vannar
Col de Crimoge 522m.
Col de Bras 527m.
Sak
Geischlaed
Noertrange
Ramerich
Erpeldange
Mecheleck
Consthum
Bois de Fives
Bohey
Retschent
Joupicht
Weidingen
Alscheid
Doncols
Niederwiltz
Tutschemillen
Wenkel
Beim Haff
sur le Mont
Winseler
Wiltz
Heicht
Koenerhaff
Kleibierg
Haed
Sonlez
Lameschmillen
Ieweschten Sess
Merkholz
Boescheid
Wal
Jongeboesch
Pommerloch
Wurzel
Hielschent
Huuscht
Baamboesch
Ueweschlaed
Poteau
N15
Gehaelach
N26
Roullingen
Staerzel
N25
Kautenbach
Tarchamps
Buurgknapp
Berlé
Grousse Boesch
N12
Nocher-Route
Nocher
Kopp
Espert
Maison Schuman
Girschend
Baeschent
Vatrange
Jongeboesch
Nothum
Henschelt
Piedeboesch
Biergerboesch
Holzal
Kakschlaed
Huscht
Fierel
Iewescht
Knupp
Raemesbierg
Schreideschheck
Breimebierg
Harderbach
Harlange
St.-Pirmin
N15
Buderscheid
Dahl
Lor
Masseler
Aschtert
Harschent
Delerbierg
Aalschleckt
Lac de la Haute-Sûre
E3
Bockholtz
Bouschtert
Schaed
Mecher
Bavigne
Kaundorf
Goesdorf
N27
Dirbach
Lambertsbierg
Knapp
Ringel
Iwescht
Ascht
Espert
N26
Schlaedchen
Castell
Tadler
Weeltgeskapp
Lultzhausen
Esch-sur-Sûre
Roudeweldchen
Milscht
Kaalemt
Liefrange
96
Lac de la Haute-Sûre
Buurgknapp
Bonnal
Heischtergronn
Pootschent
Uesper
GR AE-E3
Kuelescht
Kehmen
Biirchen
Rannerknapp
Bauschelterbierg
Baschleiden
Insenborn
Baamboesch
Poelleschboesch
Baach
Flebour
Bichel
Ewent
Martelange
Luxembourg

Trois-Ponts
Huscht
Weiswampach
Holler
Breidfeld
Binsfeld
Lausdorn
Weitfenn
Rossmillen
Ieweschte Wald
E421
Alkirch
Hupperdange
Kaesfurt
Heinerscheid
N7
339
Grindhausen
Drei Hiwelen
Fischbach
Urspelt
Kocherei
Bouch
Abbaye St.-Maurice
Reuler
Marnach
Bombatsch
Roder
Clervaux
N18
Eschend
GRAE-E3
Strunk
Burschend
Baamboesch
Dorscheirhaischen
Op der Haard
Munshausen
Dorscheid
GR AE-E3
Neidhausen
Neidhauserwald
Neiewe
Macher
Kassels
Schalper
Routheck
Richt
Op Bockholtz
Bockholz
Siebenaler
Boelzknapp
Freng
Siebenalerwald
88
Hosingen
Sielschent
Beirescht
Staemauer
Banert
Reicherhei
Fennbierg
Heicht
Leeresboesch
Weweschter
Eerplesch
Op Baerel
Penzebierg
Hongerbierg
Holzthum
Lellingen
Nock
322
Consthum
um Kiemel
Joupicht
Beim Haff
Kleibierg
Boeschfeld
Hammescht
Jongeboesch
Wurzel
Ueweschlaed
Kautenbach
Hoscheid
Friedbusch
Kopp
Girschend
Rëmmelescht
Henschelt
Bergerboesch
Holzal
Huscht
Fierel
Heicht
Unterschlinder
Knapp
Harderbach
Schlindermanderscheid
Schënnbierg
Aalschleckt
Masseler
Haed
Goebelsmuhle
Huscht
N27
Rouschtert
Dirbach
Lipperscheid
Schlaedboesch
Ewent
Bourscheid
Weeltgeskapp
Roudeweldchen
Bechel
Kehmen
Uesper
308
Baach
Ewent
Lieler
GR 5
E2
Jansschleid
Kalborn
Tintesmillen
Marbourg
N10
Schwarzenhiwel
Radio Luxembourg
Rodershausen
Stenrich
Ketschbichsbierg
Falbichsbaach
Sang
Huscht
Werboesch
Kohnenhaff
An Den Holzbech
Obereisenbach
Untereisenbach
Op der Kopp
Dickt
Kaendel
Bredendreisch
Wahlhausen
Weisse Wak
Hoscheiderdickt
Noeli
Weiler
Um Hiwel
Merscheid-les-Putscheid
Hiwel
Nachtmanderscheid
Hoelzen
Bidescht
Op der Hei
Bicheboesch
Gralingen
Markenbach
Sauschlaedchen
Hei
Kokae
Kokaeboesch
Burschtermillen
GR 57
Fleboun
Wekeschbur
Michelau
Hougericht
Haedeboesch
Closdelt
Mechelsbierg
Sevenig
79
Roscheid
Mühle Wehrbüsch
Königs-Berg
Wehrbüsch
Kopp
Eschfeld
Karschelt
Dahnen
Daleiden
Eisberg
Laschet
Kasselbierg
Hohe Kuppe
Dasburg
410
Staatsforst Schwabert
Preischeid
Olverhof
Huscherich-Berg
Affler
Übereisenbach
Gemünd
Akescht
Purpelescht
Klingelsboesch
Anc. Mine
Laangert
Stolzembourg
Putscheid
Kuelbierg
Usine Hydro-Electr.
GR 5-E2-E3-A5
Riedcherboesch
Poul
Groëstaen
Route de Vianden
Ronneboesch
Bassins Supérieurs
Mont St-Nicolas (Neklosbierg)
Houschterhaff
Schaed
Landscheid
Walsdorf
Brandenbourg
Hamboesch
97
Grousseboesch
Hooldaer
Tomm
Diekirch
Herzfeld
Niederüttfeld
Bahnhof Üttfeld
Sengerich
Huf
Banzenhof
Binscheid
Halenbach
Hickeshausen
Eulenbruch
Reiff
Auf Holbert
Arzfeld
23
18
Reipeldingen
Irrhausen
Neurath
Olmscheid
Kickeshausen
Auf der Höh
Emmelbaum
Jucken
Ammeldingen bei Neuerburg
Bommert
Isen
Engelsdorf
Zweifelscheid
Grimbach
Falkenauel
Wolperdorf
Sevenig bei Neuerburg
Karlshausen
Leimbach
Hütten
Neuhütten
Scheitenkorb
Dauwelshausen
Kahlen-Berg
Herbstmühle
Rodershausen
Koxhausen
Muxerath
Gaymühle
Bierscheid
Ennendelisknopp
Nasingen
Waldhof-Falkenstein
Hennscheid
Auf der Nonn
Bauler
Kop
Bivels
Our
50
Geichlingen
Bratzboesch
Bildchen
Mont St-Nicolas
Bassin Inférieur
Scheierhaff
Kammerwald
Vianden
E2 E3
GR 5
Obersgegen
Knupp
Poschend
Houwald
Fouhren
Bettelerboesch
N10
Roth an der Our
Körperich
N17
Bettel
Seimerich
Tomm
Aepfel-Berg
Halbaachsbierg
Hahnenkopf
Haanze
Knaeppchen
Marxberg
Gentingen
Blooch
Longsdorf
Runnich
Rommersheim
Tandel
Diekirch

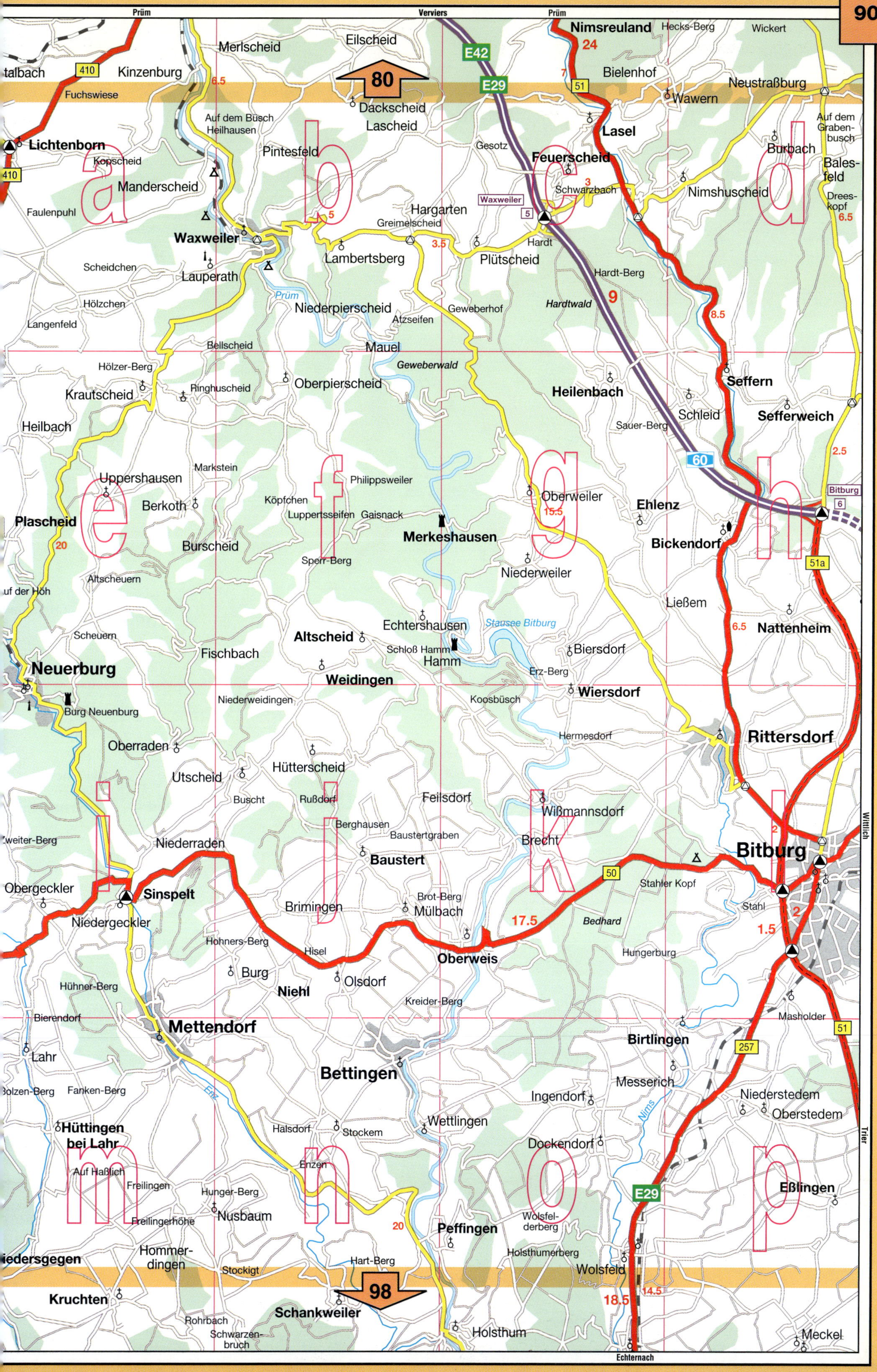

Prüm
Verviers
Prüm
Nimsreuland
Hecks-Berg
Wickert
E42
E29
80
talbach
410
Kinzenburg
Merlscheid
Eilscheid
Bielenhof
Neustraßburg
Fuchswiese
Dackscheid
Lascheid
Wawern
Auf dem Büsch
Heilhausen
Lasel
Auf dem Graben-busch
Lichtenborn
Kopscheid
Pintesfeld
Gesotz
Feuerscheid
Burbach
Bales-feld
Manderscheid
Schwarzbach
Nimshuscheid
Drees-kopf
Faulenpuhl
Waxweiler
Hargarten
Greimelscheid
Hardt
Waxweiler
Lambertsberg
Plütscheid
Scheidchen
Lauperath
Hardt-Berg
Prüm
Hölzchen
Niederpierscheid
Gewerberhof
Hardtwald
Atzseifen
Langenfeld
Bellscheid
Mauel
Geweberwald
Hölzer-Berg
Seffern
Krautscheid
Ringhuscheid
Oberpierscheid
Heilenbach
Schleid
Sefferweich
Heilbach
Sauer-Berg
60
Markstein
Uppershausen
Philippsweiler
Bitburg
Berkoth
Köpfchen
Oberweiler
Ehlenz
Plascheid
Luppertsseifen
Gaisnack
Merkeshausen
Bickendorf
Burscheid
Sperr-Berg
Niederweiler
51a
Altscheuern
uf der Höh
Ließem
Echtershausen
Stausee Bitburg
Scheuern
Altscheid
Nattenheim
Schloß Hamm
Hamm
Biersdorf
Fischbach
Neuerburg
Weidingen
Erz-Berg
Wiersdorf
Burg Neuenburg
Niederweidingen
Koosbüsch
Hermesdorf
Rittersdorf
Oberraden
Hütterscheid
Utscheid
Feilsdorf
Buscht
Rußdorf
Wißmannsdorf
weiter-Berg
Berghausen
Baustertgraben
Wittlich
Niederraden
Brecht
Bitburg
Baustert
Obergeckler
Sinspelt
Brot-Berg
Stahler Kopf
Niedergeckler
Brimingen
Mülbach
Stahl
Bedhard
Hohners-Berg
Hisel
Hungerburg
Burg
Oberweis
Hühner-Berg
Niehl
Olsdorf
Kreider-Berg
Masholder
Bierendorf
Mettendorf
Birtlingen
257
51
Lahr
Bettingen
Messerich
Bolzen-Berg
Fanken-Berg
Ingendorf
Niederstedem
Oberstedem
Enz
Nims
Hüttingen bei Lahr
Halsdorf
Stockem
Wettlingen
Dockendorf
Trier
Auf Haßlich
Enzen
Freilingen
Hunger-Berg
E29
Eßlingen
Nusbaum
Freilingerhöhe
Peffingen
Wolsfel-derberg
Hommer-dingen
iedersgegen
Holsthumerberg
Stockigt
Hart-Berg
Wolsfeld
98
Kruchten
Schankweiler
Rohrbach
Schwarzen-bruch
Holsthum
Meckel
Echternach

Dinant
Hirson
Reims
83
Laifour
Roches de Laifour
Forêt Domaniale des Cinq Bois
Les 6 Chenor
Bois des Marquisades
Bois Communaux de Rocroi
B. des Franches Tailles
Bassin des Marquisades
Forêt Dom. des Cinq Bois
Bois Huet
Jeunesse Meuse
Les Dames de Meuse
Bois Amis
Pte Commune
La Grde Commune
Les Woiéries
Bois des Aisances
Forêt Domaniale de Château Régnault
Bois des Cerceaux
Neuve-Forge
Bois Rabadet
les Moulins
B. de Revin
B. Pechenard
Les Mazures
Monthermé
La Rova
La Longue Haie
Laval Dieu
Phade
Le Champ du Trou
Bois des Waibes
Deville
Vieille Forge
Lac des Vieilles Forges
Forêt Dom. des Fourmis
La Malavisée
Tournavaux
Haulmé
Levrézy
Semois
Bois de Levrezy
le Paquis
Sécheval
Chateau-Regnault
Cense de Roma
Bogny
Braux
Forêt Dom. du Bois de l'Or
Bogny-sur-Meuse
B. des Beaux Sarts
Bois du Triage de Renwez
Le Mont-Lieu
Bois des Houdelimonts
Joigny-Sur-Meuse
Harcy
Renwez
Onchamp
Meillier-Fontaine
Montcornet
Arreux
Solférino
Bogny
Lonny
Sormonne
Cliron
Charoué
Houldizy
Sorel
Bois de la Havetière
Nouzonville
Neufman
Bois de Gesly
Tournes
Damouzy
Ham-les-Moines
La Culbute
Meuse
Haudrecy
Simonelle
Etion
Les Vieux Prés
La Villette
Le Waridon
Montcy-St-Pierre
Aiglemont
Bois de la Haye
Hardoncelle
La Mal Campée
Famiémont
Montcy-N.-D.
La Grandville
Vieux Moulin
Belval
Chau Grange aux Bois
Warcq
La Greye
Thin
Le Fond de l'Epine
St.-Marcel
Sury
Vivier-Guyon
St.-Laurent
Giraumont
Clavy-Warby
B. de Charnois
Le Theux
La Californie
Ville-sur-Lumes
Prix-les-Mézières
Romery
This
Les Ronces
Mohon
Semeuse
Anc. Abb. des Sept Fontaines
Le Charme
Villers-Semeuse
Neuville-lès-This
Charleville-Mézières
La Croisette
Lumes
Fagnon
Evigny
BOULZICOURT
Grde. Ayvelle
Forge Maillard
Warnécourt
Villers
La Hobette
La Francheville
B. de Clavy
Beauséjour
St.-Ponce
Les Ayvelles
B. de la Hamelle
Pte. Ayvelle
Vence
F. Dom. de Froidmont
St.-Marceau
Gruyères
Mondigny
La Belle-Volée
Elaire
Chalandry-Elaire
Manicourt
Nouvion-sur-Meuse
Champigneul-sur-Vence
Merale
Flize
B. Communaux de Jaudun
Boulzicourt
St.-Pierre-sur-Vence
L'Orangeri
Franclieu
Guignicourt-sur-Vence
Risquetout
Etrépigny
Boutancourt
D1
D989
D988
D88
D31
D898
D1
D978
N43
E44
E3
GR 12
D989
N43
E44
D979
D5
D3
N51
E46
D764
D864
N51
D3
6
7

Dinant
Bellefontaine
Nafraiture
84
Les Hubiets
Linchamps
Col de la Barrière de Mointerne 382m.
N914
Rafontaine
Monceau-en-Ardenne
N945
N95
Col de Petit-Fays - 372m.
Petit-Fays
Col de Conrad 372m.
Orchimont
Achi
Baillamont
La Core
Oizy
Rennevaux
N973
Hérisson
Conrade
N935
Les Hautes-Rivieres
Naux
Nohan
La Roya
D31
Col du Hérisson 350m.
GR 126
Col de Six-Planes 372m.
Six Planes
L'Esperance
Sorendal
Le Châtelet
Col des Fraigés du Châtelet - 235m.
N914
Gros-Fays
Semois
Falloue
Col de la Haizette - 277m.
hilay
B. Communal dit des Hazelles
Membre
Vresse-sur-Semois
Laforêt
Chairière
Vivy
Navaux
GR AE-E3
GR AE
E3
Cornimont
Col de Cornimont 407m.
Bois Nagasse
Col des Dolimarts 372m.
Les Dolimarts
Bohan
N935
Mogimont
Col de Mogimont 422m.
Bois des Grandes Hazelles
Col du Bois Chenet 317m.
Mouzaive
N945
Col de Rochehaut 375m.
Col de Suette 382m.
Alle-sur-Semois
N819
Rochehaut
Les Vannes
Col d'Ucimont 372m.
Ucimont
Forêt Domaniale de Château Regnault
Col des Hauts-Quartiers 322m.
Col du Fays - 327m.
L'Aplet
Laviô
Frahan
Bois des Petites Hazelles
N935
Galerie d'Ardoisière et Musée
Col de Bonne Idée 341m.
Bagimont
Descente de la Semois en Kayak
Gespunsart
Bois Fauzay
Botassart
Sugny
Rogissart
D979
Pussemange
Col de Sugny 370m.
N810
N945
Poupehan
GR AE
E3
Mt. de Core
Bouillon
ois du Chêne Ferré
Le Ban d'Alle
Chaire-à-Prêcher
Ab N-D de la Claire Fontaine
Bois des Poules
Corbion
93
Chau Fort de Bouillon
N810
Col de Corbion 392m.
Centre Recréatif "Moulin de la Falize"
D777
B. de la Grandville
D6
D29
Gernelle
Bois Mazarin
Bois de Donchery
Bois d'Illy
Taille Madame
Les Bois de Sedan
GR 14
Rumel
Le Mazy
Ferme du Rossignol
Bosseval-et-Briancourt
Château du Sautou
. de Ville
Issancourt-et-Rumel
Forêt Domaniale de Sedan
N58
La Claire
Le Charme
Rume
Bois du Dos le Loup
Bellevue
Le Moulin
D6
Fleigneux
D129
La Chapelle
Bois de Givonne
Tumécourt
Vivier-au-Court
La Grève
La Forge
St.-Menges
Illy
B. de Woayagnie
B. de Mohimont
Zone de Loisirs du Bannet
E46
Fôret Domaniale de Sedan
Virigne-aux-Bois
D5
St. Albert
Iges
Le Laminoir
B. de la Virée
Moraimont au Court
Montimont
D129
A203
5 Viviers
Maraucourt
Le Mazet
B. de la Fosse
Fleigneux
Mt. d'Iges
Floing
Les Pres St Remy
B. des Minières
E44
Villers-Cerney
Château le Faucon
Tour à Glaire
Givonne
E46
4 Donchery
Haybes
Bois du Fond Collet
La Crayonnerie
Villette
D5
Sedan
Bois de Haybes
Glaire
La Laverie
Le Dancourt
Daigny
Vrigne-Meuse
La Foulerie
Le Coteau
Sedan-Ouest
4
Fond de Givonne
La Fenderie
N58
Francheval
Donchery
Petite Moncelle
Bois Chevalier
Meuse
La Ramorie
La Marbrerie
Dom-le-Mesnil
N43
La Moncelle
La Jonquette
D764
Le Faubourg
Frénois
Balan
Rubécourt-et-Lamécourt
Magne
Wadelincourt
E44
3
Villers -sur-Bar
La Croix Piot
D977
E46
Bazeilles
E44
Ferme Lamécourt
D6
Meuse
Bois de Lamécourt
Vouziers
Luxembourg

Namur
Rondia
Framont
Sart
Bois de l'Ermitage
La Longue Spèche
Gurhaumont
Bois du Différend
Forêt de Luch
85
Paliseul
Jehonville
Baillamont
Merny
Bour
Les Soquettes
Carlsbourg
La Core
Gros Bois
Bois du Fa
Le Banai
Offagne
Blanche Oreille
La Haie
Ménifayi
Les Corettes
Les Assenois
Bois d'Outrou
Bois du Nouveau Ba
Launoy
St-Eloi
Grande Ambly
Petite Ambly
Fays-les-Veneurs
Nollevaux
Al Mache
Vivy
Plainevaux
Bois de St Hubert
Bois de Monti
La Girgaine
Sur la Scayire
Burhémont
Bertrix
Renaumont
Le Culot
Le Saupont
Menuchenet
Mogimont
Col de Mogimont 422m.
Bois de Bertrifontaine
Gros Bois
Bellevaux
Col d'Ucimont 372m.
GR 14
Ucimont
Sensenruth
Briahan
Botassart
Curfoz
Col de Noirefontaine 382m.
Noirefontaine
Le Couroi
La Cornette
Rau des Neines
Col d'Auby - 381m.
Plat Bois
Bois de la Haie
La Huiler
Col de Chapelle Sainte-Barbe - 432m.
Bois Plat
Bois de Babinaye
Les Hayons
Col des Hayons - 383m.
Auby-sur-Semois
GR AE
E3
Col de la Sentinelle - 382m.
Cugnon
Mortehan
Ab N-D de la Claire Fontaine
92
Bouillon
Karting-piste
Chau Fort de Bouillon
Col du Saty - 373m.
Dohan
Bas Dohan
Les Burzais
Poursumont
La Ramonette
Parc Animalier "La crête des cerfs"
Centre Recréatif "Moulin de la Falize"
Semois
Bois Grande Dansau
Herbeumont
Forêt d'Herbeumont
Col de la Wigerie - 312m.
Col du Monument Dubois - 417m.
Bois Haumont Fèchère
Ancien Prieuré de Conques
Bois de Conques
Les Epiou
Taille Madame
Les Quatre -Chemins
Les Trois Ruisseaux
Château des Amerois
Bois de Ste-Cécile
B. de Bazeilles
Bois du Dos le Loup
Bois de Givonne
Bois de Douzy
Bois de l'Aire des Oiseaux
Forêt de Muno
Bois de Remy
Bois de Meus
Fôret Domaniale de Sedan
B. de Villers-Cernay
B. de la Moncelle
B. de Rubecourt
Bois de Francheval
Ste.-Cécile
Bois des Douze Cents
Le Bois de la Hart
Chau de Grand He
Villers-Cerney
B. de la Fortelle
B. de Charlemoine
Muno
Watrinsart
Fontenoille
Azi
Le Mer
Laich
La Crayonnerie
Bois d'Escombres
Bois de Messincourt
Lambermont
Chassepierre
Le Coteau
Pouru-aux-Bois
Les Bois Harouty
Francheval
B. de Chesnois
Bois de Fontenoille
Bois la Darne
Bois de Habausau
La Jonquette
Escombres-et-le-Chenois
B. de Guinchaye
Bois de Pure
Magne
Pouru-St-Rémy
La Fenderie
99
B. Brulé
B. la Dame
B. Hanoff
Bois du Banel
Château Banel
Bois de Mogues
Chau de Reméhan
Messincourt
Messempré
N945
N95
N853
N899
N89
N819
N816
N845
N884
N824
N865
N828
N58
N83
N818
D19
E3

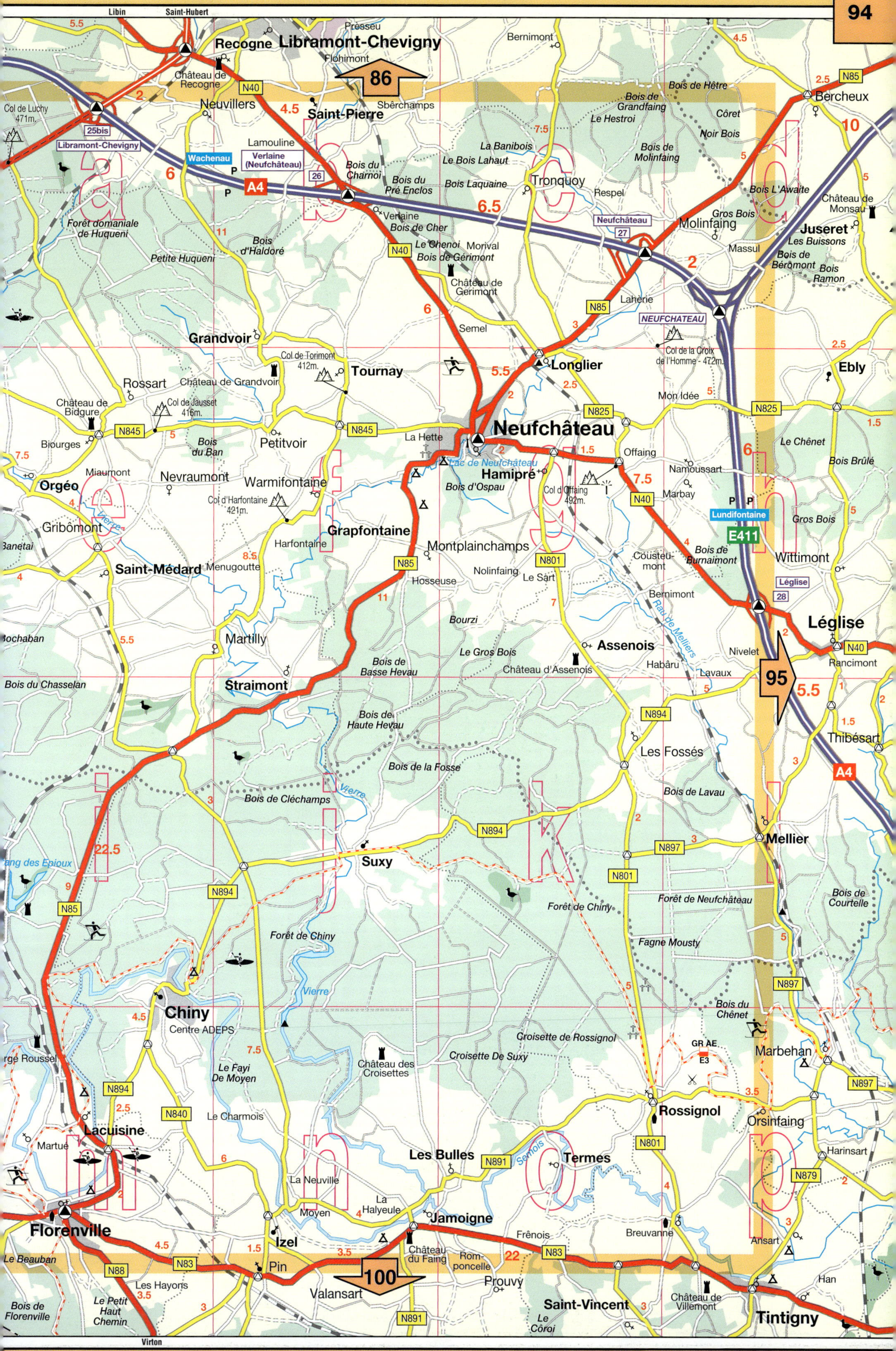

Libin
Saint-Hubert
Recogne
Libramont-Chevigny
Presseu
Flohimont
Château de Recogne
Neuvillers
Saint-Pierre
Sberchamps
86
Col de Luchy 471m.
25bis
Libramont-Chevigny
Wachenau
Verlaine (Neufchâteau)
Lamouline
26
A4
Bois du Charnoi
Bois du Pré Enclos
Verlaine
Bois de Cher
Forêt domaniale de Huqueni
Petite Huqueni
Bois d'Haldoré
Le Chenoi
Morival
Bois de Gérimont
Château de Gerimont
Semel
Bernimont
La Banibois
Le Bois Lahaut
Bois Laquaine
Tronquoy
Respel
Bois de Grandfaing
Le Hestroi
Bois de Hêtre
Côret
Noir Bois
Bois de Molinfaing
Bercheux
N85
Bois L'Awaite
Château de Monsau
Juseret
Les Buissons
Bois de Bêromont
Bois Ramon
Molinfaing
Gros Bois
Massul
Neufchâteau
27
Laherie
NEUFCHATEAU
Col de la Croix de l'Homme - 472m.
Grandvoir
Col de Torimont 412m.
Tournay
Rossart
Château de Grandvoir
Château de Bidgure
Col de Jausset 416m.
N845
Biourges
Bois du Ban
Petitvoir
Longlier
Neufchâteau
La Hette
Lac de Neufchâteau
Hamipré
Bois d'Ospau
N825
Mon Idée
Offaing
Col d'Offaing 492m.
Namoussart
Marbay
Ebly
Le Chênet
Bois Brûlé
Orgéo
Miaumont
Nevraumont
Warmifontaine
Col d'Harfontaine 421m.
Gribômont
Vierre
Grapfontaine
Harfontaine
Montplainchamps
N40
Lundifontaine
E411
Gros Bois
Wittimont
Léglise
28
Bois de Burnaimont
Cousteumont
Bernimont
Ruisseau de Melliers
Banetai
Saint-Médard
Menugoutte
N801
Nolinfaing
Le Sart
Hosseuse
Bourzi
Le Gros Bois
Assenois
Château d'Assenois
Habâru
Nivelet
Lavaux
Léglise
Rancimont
95
Bochaban
Martilly
Bois du Chasselan
Straimont
Bois de Basse Hevau
Bois de Haute Hevau
N894
Les Fossés
Thibésart
Bois de la Fosse
Bois de Lavau
A4
Bois de Cléchamps
Mellier
N897
Suxy
Forêt de Chiny
Forêt de Neufchâteau
Bois de Courtelle
Etang des Epioux
Fagne Mousty
Chiny
Centre ADEPS
Bois du Chênet
Croisette de Rossignol
Croisette De Suxy
Château des Croisettes
Le Fayi De Moyen
Forge Roussel
GR AE
E3
Marbehan
N840
Le Charmois
Rossignol
Orsinfaing
Lacuisine
Martue
Les Bulles
N891
Semois
Termes
Harinsart
N879
La Neuville
Moyen
La Halyeule
Jamoigne
Florenville
Izel
Breuvanne
Ansart
Frênois
Château du Faing
Rom-poncelle
N83
Le Beauban
N88
Pin
100
Valansart
Prouvy
Han
Les Hayons
Bois de Florenville
Le Petit Haut Chemin
Saint-Vincent
Le Côroi
Château de Villemont
Tintigny
Virton

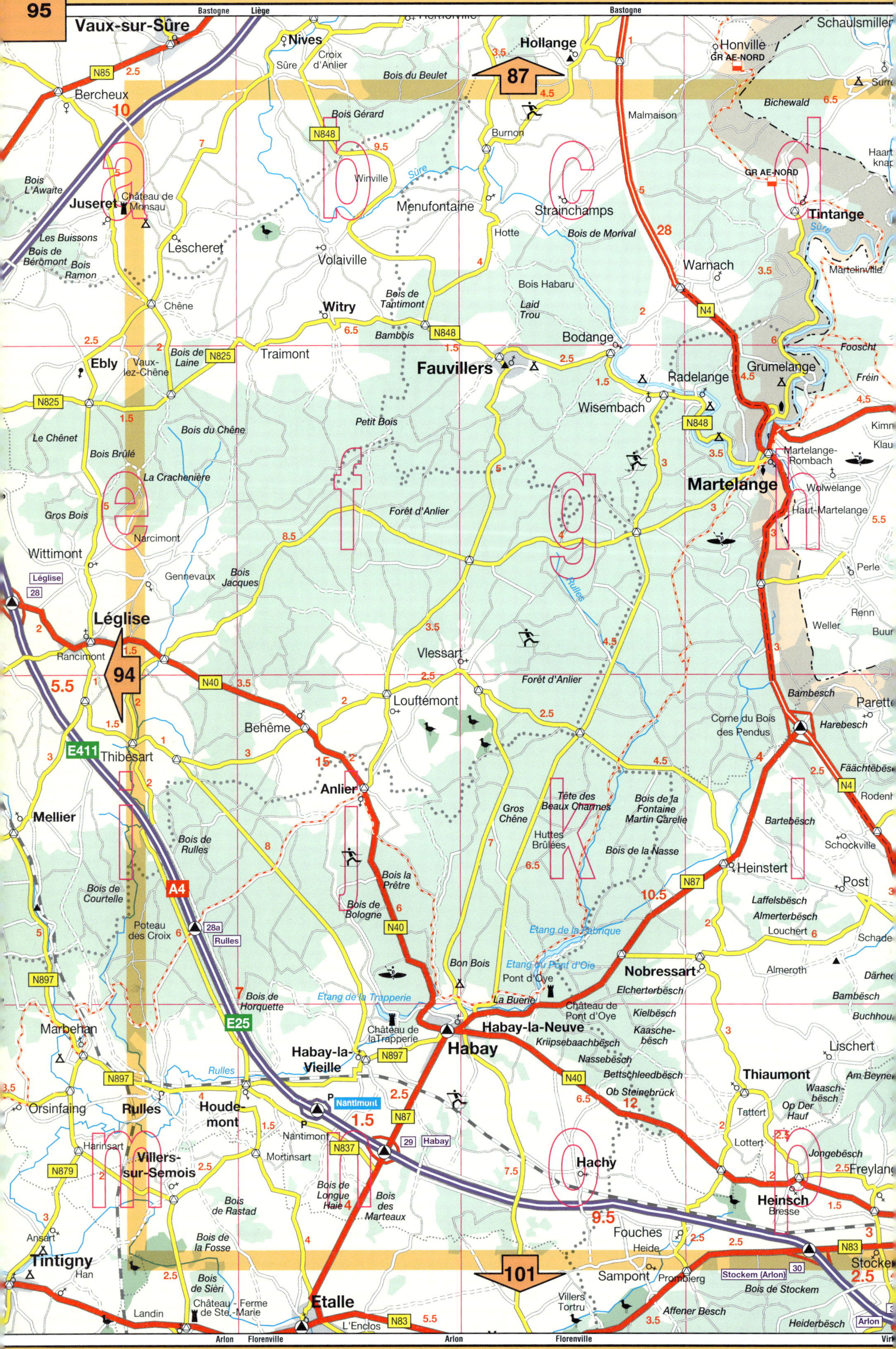
Bastogne
Liège
Bastogne
Vaux-sur-Sûre
Nives
Sûre
Croix d'Anlier
Hollange
Honville
GR AE-NORD
Schaulsmiller
87
Bois du Beulet
Bercheux
N85
Bois Gérard
N848
Burnon
Malmaison
Bichewald
Winville
Menufontaine
Strainchamps
Bois de Morival
Tintange
Sûre
Juseret
Château de Monsau
Bois L'Awaite
Les Buissons
Bois de Béromont
Bois Ramon
Lescheret
Volaiville
Hotte
Warnach
Martelinville
Bois Habaru
Laid Trou
Chêne
Witry
Bois de Tantimont
Bambois
Bodange
N4
Fooscht
Ebly
Vaux-lez-Chêne
Bois de Laine
N825
Traimont
Fauvillers
Radelange
Grumelange
Frëin
Wisembach
N848
Petit Bois
Le Chênet
Bois Brûlé
Bois du Chêne
La Cracheniere
Martelange-Rombach
Martelange
Wolwelange
Haut-Martelange
Gros Bois
Forêt d'Anlier
Narcimont
Wittimont
Gennevaux
Bois Jacques
Rulles
Perle
Léglise
28
Léglise
Weller
Renn
Rancimont
94
Vlessart
N40
Forêt d'Anlier
Louftémont
Bambesch
Behême
Corne du Bois des Pendus
Harebesch
E411
Thibésart
Anlier
Fäächtebësch
N4
Mellier
Tête des Beaux Charmes
Gros Chêne
Huttes Brûlées
Bois de la Fontaine Martin Carelie
Bartebësch
Bois de Rulles
Bois de la Nasse
Schockville
Heinstert
Post
Bois la Prêtre
Bois de Courtelle
A4
Bois de Bologne
N87
Laffelsbësch
Almerterbësch
Louchert
Poteau des Croix
28a
Rulles
N40
Etang de la Fabrique
Bon Bois
Etang du Pont d'Oie
Pont d'Oye
Nobressart
Elcherterbësch
Almeroth
Schade
N897
Bois de Horquette
Etang de la Trapperie
La Buerie
Château de Pont d'Oye
Bambësch
Kielbësch
Buchhou
Marbehan
E25
Château de la Trapperie
Habay-la-Neuve
Habay
Kriipsebaachbësch
Kaaschebësch
Nassebësch
Lischert
Habay-la-Vieille
N897
Bettschleedbësch
Thiaumont
Am Beyner
N897
Rulles
N40
Ob Steinebrück
Waaschbësch
Orsinfaing
Rulles
Houdemont
Nantimont
Tattert
Op Der Hauf
N87
Nantimont
29
Habay
N837
Harinsart
Lottert
Jongebësch
N879
Villers-sur-Semois
Mortinsart
Hachy
Freylan
Bois de Rastad
Bois de Longue Haie
Bois des Marteaux
Heinsch
Bresse
Ansart
Bois de la Fosse
Fouches
Heide
N83
Tintigny
Han
101
Sampont
Prombierg
Stockem (Arlon)
30
Stocke
Bois de Sièri
Villers Tortru
Bois de Stockem
Château - Ferme de Ste.-Marie
Landin
Etalle
Affener Bësch
L'Enclos
N83
Heiderbësch
Arlon
Arlon
Florenville
Arlon
Florenville

Bastogne
Bourscheid
Milscht
Liefrange
Kaalemt
Burgknapp
Bonnal
Lac de la Haute-Sûre
Kuelescht
Heischtergronn
Pootschent
Roudeweldchen
Kehmen
Uesper
88
Baschleiden
Flebour
Bauschelterbierg
GR AE-E3
Insenborn
Bichel
Staenréck
Ruyarsbierg
Baamboesch
Poelleschboesch
Rannerknapp
308
Ewent
Baach
Scheidel
Uecht
Rélber
Boulaide
Daerent
N27
Dotzebierg
Ningserboesch
Eschdorf
Dickeschbour
Heiderscheid
Biedemschock
Weideschdelt
Jongewald
Quatre Vents
Keizkoepchen
Antelbur
Neunhausen
Streitzknapp
N12
Virboesch
Hierchen
N15
Félenerhecken
Hierheck
Merscheid
Birbechel
Lensterfrein
Moulin de Bigonville
Pont de Misère
Felleschboesch
Kuborn
Wark
Aetz
Bierg
Bouknapp
Rommelerbierg
Bëll
13.5
Arsdorf
Dellen
Klengen Levent
Feulen
Bill
Loorbierg
Lehrhaff
Niederfeulen
Bilsdorf
Kaalwerbur
Heispelt
Brattert
Jardin Napoléon
Ueschdrefferboesch
Rindschleiden
Boesch
Oberfeulen
Huuscht
Grevels
Aleboesch
Wald
Zingschtguerf
N27
308
Merschaederboesch
N21
Kinnikshaff
Frein
N23
Gebranteboesch
Wahl
Turelbaach
Koetschette
Birkeneppchen
N12
Routseit
Flatzbour
Rambrouch
Seitert
Wald
Grousseboesch
Schwiedelbrouch
Bureboesch
Buschrodt
Mertzig
Houscht
Eschette
Grosbous
Giedchesboesch
Michelbouch
Goeldt
Ongeboesch
Houscht
Buscht
Iedert
Haard
Seitert
Peckelshaff
Folschette
Wiltgeshaff
Gielebierg
Haard
Hostert
Horas
N12
Schanke
Holtz
Pull
Pratz
Buchefeld
Lei
Vichten
Schielheck
N23
Lentgen
Fleerchers-Seitert
Lannenerbierg
Bettborn
Geichboesch
Roodt
Langekiesgen
Nogemerbierg
Weipel
Reimberg
Scheierboesch
Platen
Schandel
Haerenhecken
97
Duel
Lannen
Nagem
Haed
Riesel
Schlaefknapp
Aleschbierg
Ospern
Oenneschteboesch
Eltz
11.5
Huuscht
Attert
Petit Nobressart
Reitscht
Rodbach
Everlange
Boevange-sur-Attert
Reichlange
Hardknapp
N22
Nothomb
Colpach-Haut
2.5
Useldange
Ell
N22
N12
Koulbich
Knuppebierg
Redange-sur-Attert
Grevenknapp
Leembierg
Bill
Houneg
Colpach-Bas
Fensterdall
Grendel
Rommelsboesch
Niederpallen
Helperknapp
Jenkenhaff
Obenthalt
Attert
Rippweiler
Urbaach
Buschdorf
Weldboesch
Stiefesch-boesch
Gemengebësch
Schwebach
Gaalgebierg
Bricherknapp
Därebësch
Noerdange
Kloeppel
Dürgeboesch
Kapweiler
Kneppchen
Levelange
Huttange
Krëngelbësch
Schwebich
Schënnbierg
Langenbusch
Brouch
Jongebësch
Ditzebierg
N24
N8
Oberpallen
Beckerich
Metzert
Tontelange
Diggel
Saeul
Elvange
Bierg
Calmus
Hovelange
Schweich
Hasselbaach
N12
Saitertbusch
Schlad
Lëtscher
Moulin de la Platinerie
Guirsch
Château de Guirsch
Kasselbierg
Ehner
Tuntange
Hollenfels
Büchelbesch
Houbierg
N4
Greisch
Kampebësch
Heckbus
Gebranntebësch
Letzert
Clauhaff
Ansembourg
Bonnert
Grossen wald
Kreizerbuch
Septfontaines
N882
Egebësch
N8
Leesbech
Bour
Frassem
Eisch
Schelerschläffer
Grousseboesch
Gaichel
105
Simmerschmelz
Viville
N844
Mierschgronn
Dondelange
Arlon
Gallgebierg
Seymerich
Hobscheid
Roodt-sur-Eisch
N40
Posterie
Eischen
N12
Waltzing
102
Haereboesch
Centre Sportif Provincial
Val Vert
Faubourg
Dondelbierg
106
Neimillen
Nospelt
Aechels
Spëtz
Haffboesch
Groussebësch
Koerich
Goeblange
Kehlen
Luxembourg
Aubange

Vielsalm
Vianden
Luxembourg
Luxembourg
Luxembourg
89
96
103
152
Kehmen
Uesper
Rannerknapp
Baach
Ewent
Scheidel
Uecht
Béchel
Wekeschbur
Flebour
GR 57
Michelau
Closdelt
Hougericht
Rengelschleid
Haedeboesch
Scharflay
Mechelsbierg
E421
Hooldaer
Hamboesch
Grousseboesch
Haanze
Knaeppchen
Blooch
Tomm
Bastendorf
Tandel
Marxberg
Longsdorf
Runnich
Halbaachsbierg
Hahnenkopf
Gentingen
Rommersberg
Ammeldinger an der Our
Kleiboesch
Niderbierg
Fridhaff
Welscheid
Biedemschock
Weideschdelt
Keizkoepchen
Bourgknapp
Félenerhecken
Stengeschlaed
Lensterfrein
Bürden
Maacher
Fridboesch
Braedschent
Seitert
Schmittenhaff
Selz
Haerebierg
Blees
Kleck
Bleesbreck
Kuerdeboesch
Gruef
Unterfohs
Leiboesch
Bettendorfer Bierg
Muergeflessgen
Runnich
Wallendorf Pont
Bettendorf
Galgebierg
Reisdorf
Erpeldange
Kirchbeck
Fridboesch
Diekirch
Gilsdorf
Moestroff
Hirzenhaff
An der Gro
Goberhaff
Feulen
Fiischterbierg
Ingeldorf
Goldknapp
Gemengeboesch
Jongeboesch
Niederfeulen
Warken
Lopert
Broderbour
Schroedeschhaff
Hessemillen
Keiwelbach
Oberfeulen
Heinenhaff
Ettelbruck
Kaasselsboesch
Kémpchen
Aecheboesch
Moserhaff Section
Tschiddeschmillen
Eppeldorf
Reisermillen
Masselter
Clemenshaff
Folkendange
Neimillen
Schmuelebierg
Esselbur
Kochert
Wellerboesch
Nuck
Hooboesch
Haupeschhaff
Leibierg
Kuelebierg
Brücherhaff
Spirberich
Wald
Grentzingen
Gebrannte Boesch
Stegen
Brucherheck
Ermsdorf
Schanzheck
Seitert
Car-Ishaff
Nieder
Schieren
Ober
Schlaed
Braedert
Gilcher
Bloën-Eck
Bouchwald
Chau de Birtrange
Seitert
An der Laach
Wandsheck
Kieselsheicht
Giedchesboesch
Brosiushaff
Schierenerhaff
Birkenhaff
Firtgeshaff
Pletschette
Michelbouch
Haardstouss
Welsdorf
Colmar-Brack
Seylerhaff
Schrondweilerboesch
Seitert
Héicht
Medernach
Savelborn
Peckelshaff
B. Biischtert
Colmar-Berg
Klenge-Bourghaff
Bongersboesch
Espen
Kelleschhaff
Haerenhecken
Schleiderhaff
Bourghaff
Schrondweiler
Laangerterkopp
Schwanterhaff
Kohn
Staenaecken
Schielheck
Fleerchers-Seitert
Bonnert
Lellerhaff
Cruchten
Nommern
Aechelbour
Schleifmillen
Kengert
Scheierkopp
Niederglabach
Leidenbach
Kitzebur
Geichboesch
Scheierboesch
Haerenhecken
Bissen-Forges
Bissen
Roost
Brongeshaff
Peffeschbierg
Faascht
Schaedchen
Oberglabach
Noumerlayen
Knappboesch
Larochette
Weydert
Scherfenhaff
Scherbach
Goudelt
Attert
Boevange-sur-Attert
Rouscht
Essingen
Vugelsfank
Chateau Meysembourg
Steinborn
Laangheck
Pettingen
Scheierhaff
Beringerbierg
Ernzerbierg
Ernzen
Heffingen
Hingerhaff
Moesdorf
Iewescht Boesch
Angelsberg
Meysembourg
Soup
Furels
Grevenknapp
Bill
Wellerbaach
Mierscherbierg
Goudelt
Laangert
Beringen
Elenter
Mierscherbierg
Helperknapp
Fensterdall
Hosbich
Mersch
Oberthalt
Bënzert
Reuland
Buschdorf
Reckange-Les-Mersch
Schoos
Fischbach
Koon
Berschbach
Ernz
Bricherknapp
Kloeppel
Rollingen
Kannerduerf
Schiltzbierg
Jang-Haris
Schoenfels
Seitert
Breedschet
Godbrange
Behlenbush
Haard
Letzert
Koedange
Behlen
Brouch
Reckenerwald
Haerdgen
Hunnebour
Gosseldange
Plankenhaff
Boesenberg
Mamerlayen
Mierscherwald
Weyer
Altlinster
Radio Luxembourg
Kuelbecherhaff
Lintgen
Houwald
Junglinster
Tuntange
Claushaff
Schoenfels
Prettingen
Hollenfels
Marientahl
Mierscherwald
Blaschette
Rashaff
Prévent
Kneppchen
Welmeric
Marienthallerhaff
Scheiferei
Schwunnendall
Bourglinster
Bour
Ansembourg
Hünsdorf
Lorentzweiler
Imbringen
Aechholz
Keispelt
Helmdange
Eisenborn
Gonderange
Dondelange
Meispelt
Direndall
Asselscheier
Scheiferei
Bofferdange
Ielzert
Judesbierg
Ernster
Dondelbierg
Mullendorf
Steinsel
Quatre Vents
Schoofliels
Ernsterbaach
Engelsh
Nospelt
Gebrannteboesch
Heisdorf
Kehlen
Alzette
Sûre
Erz Blanche
Erz Noire
Ernz
Mamer
Wark
N7
N27
N27a
B7
N17
N19
N15
N21
N22
N14
N8
N9
N12
A7
E421
E29
E2 E3
GR 5
308
348
358
119
105
102
101
Erpeldange
Ingeldorf
Ettelbruck
Schieren
Colmar-Berg
Mierscherbierg
Mersch
Schoenfels
Lorentzweiler

Bitburg
90
Kruchten
Schankweiler
Hart-Berg
Stockigt
Wolsfeld
Holsthum
Meckel
Rohrbach
Schwarzen-bruch
Alsdorf
Biesdorf
Hoesdorf
BocksBerg
Wallendorf
Oberkopf
Prümzurlay
Prümer-burg
Kaschenbach
Niederweis
Gilzem
Ferschweiler
Hermeswis
Hanse Schlaff
Schaedheck
Haard
Dillingen
Dillinger-knaeppchen
Bollendorf
Bollendorf-Pont
Döllenberg
Eisenach
Irrel
Kimmelsberg
Ernzen
Menningen
Fleibierg
Beforterhead
Millebach
Beaufort
Grundhof
Lafewier
Hamhaff
Pennefter Spelzboesch
Weilerbach
Seitert
Langent
Halsbaach
Birkelt
Köningsberg
Merteshof
Langenberg
Minden
Kreiwenkel
Vugelsmillen
Berdorf
Bel Air
Fölkenbach
Echternacherbrück
Galgen-berg
Edingen
Steinheim
Godendorf
Haller
Laangeboesch
Harthaff
Heisbich
Friemholz
Erelchen
Mélick
Echternach
Beer-wenkel
Howelek-slach
Giesenburg
Ralingen
Rosport
Ellbich
Haber
Schleiterhaff
Thoul
Cité Manertchen
Houwald
Schnellert
Dosterterhaff
Kalkesbach
Loetzert
Schwaarzuecht Centre Recréatif
Manertchen
Honboesch
Lemper-echer-boesch
Höngerhaff
Lëschen
Michelsbierg
Petzbierg
Winter-dorf
Waldbillig
Mullerthal
Osterholz
Juckefeld
Lauterbour
Rouden-haff
Eelkapp
Osweiler
Dickweiler
Girsterklaus
Christnach
Mélicksheck
Scheidgen
Uelígs-millen
Seitert
Breidweiler
Consdorf
Alrodeschhaff
Haard
Michels-haff
Frombourg
Héicht
Girst
Katzen-bach
Rosswinkler-haff
Stoppelhaff
Colbette
Marscher-wald
Wolpert
Geyershaff
Pafe-bierg
Bassert
Born-Min
Rampels-bierg
Boursdorf
Born
Staebierg
Kobenhour
Hers-berg
Hirzbierg
Jacobsbierg
Bois de Herborn
Lilien
Bech
Kéiwé
Mompach
Givenich
Metzdorf
Marscherwald
Kreizenhéicht
Altrier
Herborn
Moersdorf
Zittig
Härebboesch
Graulinster
Rippig
Hemstal
Schepp-bierg
Aessen
Wasserbillig
Mesenich
Kinsicker-haff
Beidweilerbaach
Berbourg
Herberbierg
Langsur
Beidweiler
Brouch
Bois de Burberg
Weiler
Bocksbierg
Wollefsmillen
Schaeferreder
Wasser-billig
Boudler
Lellig
Scheidbierg
Oberbillig
Eschweiler
Boudlerbach
Weydig
Breinert-baach
Breinertknupp
Breinert
Berbur-gerhaff
Manternach
Fielsmillen
Mertert
Biwer
Gare
Münschecker
Dekt
Bois de Biwer
Wecker
Groestaen
Manter-nacherbierg
Hagelsdorf
Bierg
Temmels
Rosen-berg
Rodenbourg
Betzdorf
Weckergronn
Schorenshaff
Fellerich
Berg
Gedeis
Potaschberg
Olingen
Nurris
Grevenmacher
Tawern
104
Gebranntebierg
Berger Grousscboesch
Banzelt
Greiven-maacherbierg
Röler-höcht
Flaxweiler
Roodt-sur-Syre
Buchholz
Houwald
Wellen
Pflau-Berg
Luxembourg
Luxembourg
Remich
Trier
Grevenmacher Echternach
Sauer
Sûre
Prüm
Ernz Noire
Schlambaach
N10
N11
N14
N1
E29
E44
A1
257
364
121
418
419
49
48
Mertert 14
Potaschberg 13
Wasserbillig 15
153
AE
E2 E3
GR 5

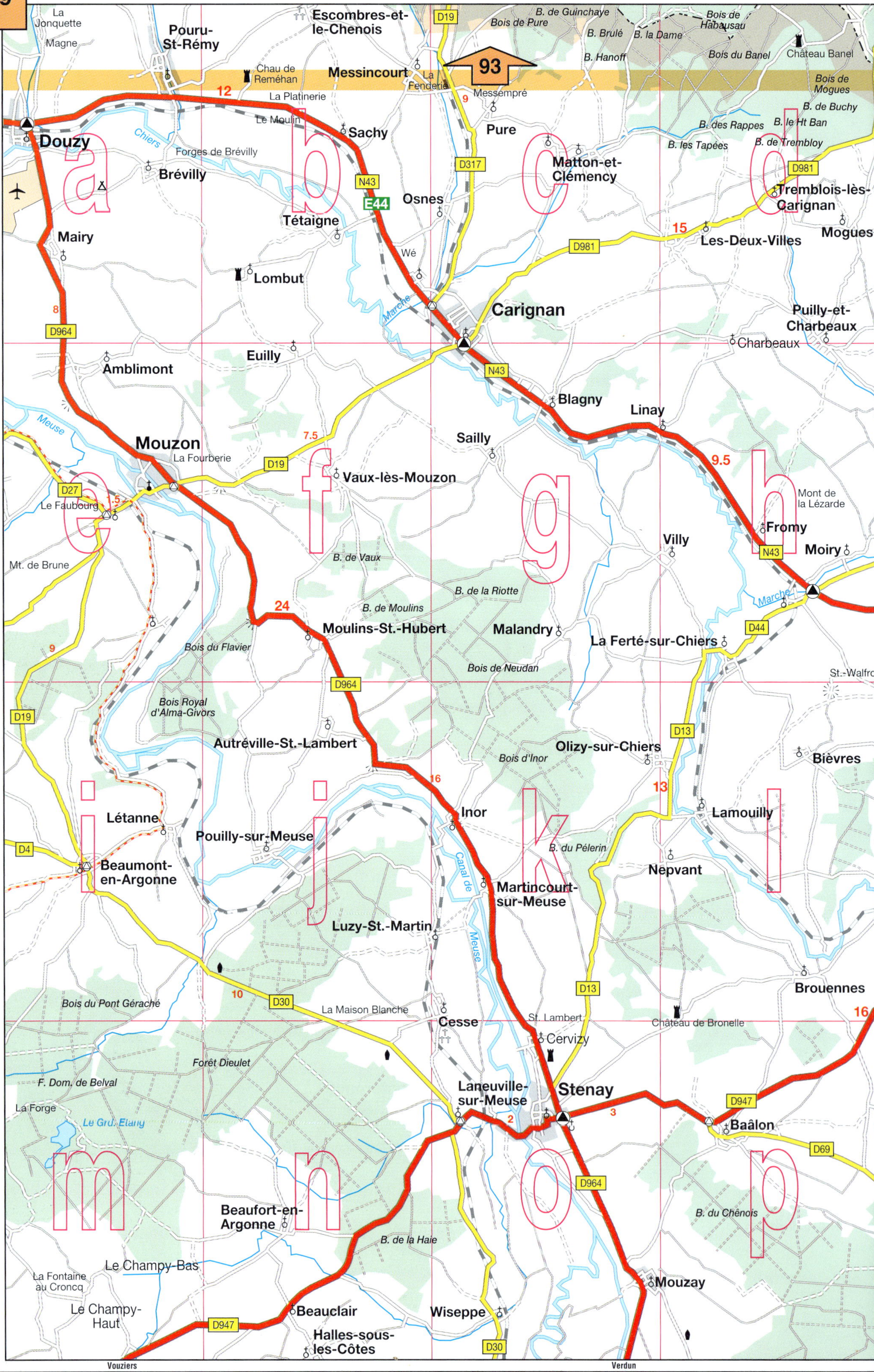
93
Seden
Vouziers
Verdun
La Jonquette
Magne
Pouru-St-Rémy
Escombres-et-le-Chenois
Chau de Reméhan
Messincourt
La Fenderie
Messempré
Bois de Pure
B. de Guinchaye
B. Brulé
B. la Dame
B. Hanoff
Bois de Habausau
Bois du Banel
Château Banel
Bois de Mogues
B. de Buchy
B. le Ht Ban
B. des Rappes
B. les Tapées
B. de Trembloy
La Platinerie
Le Moulin
Sachy
Pure
Douzy
Chiers
Forges de Brévilly
Brévilly
Matton-et-Clémency
Tremblois-lès-Carignan
Osnes
Tétaigne
Mairy
Les-Deux-Villes
Mogues
Wé
Lombut
Carignan
Marche
Puilly-et-Charbeaux
Charbeaux
Amblimont
Euilly
Blagny
Linay
Meuse
Mouzon
La Fourberie
Sailly
Vaux-lès-Mouzon
Le Faubourg
Mont de la Lézarde
Fromy
Moiry
Villy
Mt. de Brune
B. de Vaux
B. de la Riotte
B. de Moulins
Moulins-St.-Hubert
Malandry
La Ferté-sur-Chiers
Bois du Flavier
Bois de Neudan
St.-Walfroy
Bois Royal d'Alma-Givors
Autréville-St.-Lambert
Olizy-sur-Chiers
Bois d'Inor
Bièvres
Létanne
Inor
Lamouilly
Pouilly-sur-Meuse
B. du Pélerin
Beaumont-en-Argonne
Nepvant
Martincourt-sur-Meuse
Canal de Meuse
Luzy-St.-Martin
Brouennes
Bois du Pont Gérachê
La Maison Blanche
Cesse
St. Lambert
Cervizy
Château de Bronelle
Forêt Dieulet
F. Dom. de Belval
Laneuville-sur-Meuse
Stenay
La Forge
Le Grd. Elang
Baâlon
Beaufort-en-Argonne
B. du Chênois
B. de la Haie
Le Champy-Bas
La Fontaine au Croncq
Mouzay
Le Champy-Haut
Beauclair
Wiseppe
Halles-sous-les-Côtes
D19
D317
N43
E44
D981
D964
D27
D4
D13
D44
D30
D947
D69
a
b
c
d
e
f
g
h
i
j
k
l
m
n
o
p
12
9
15
8
7.5
1.5
9.5
24
16
13
10
2
3

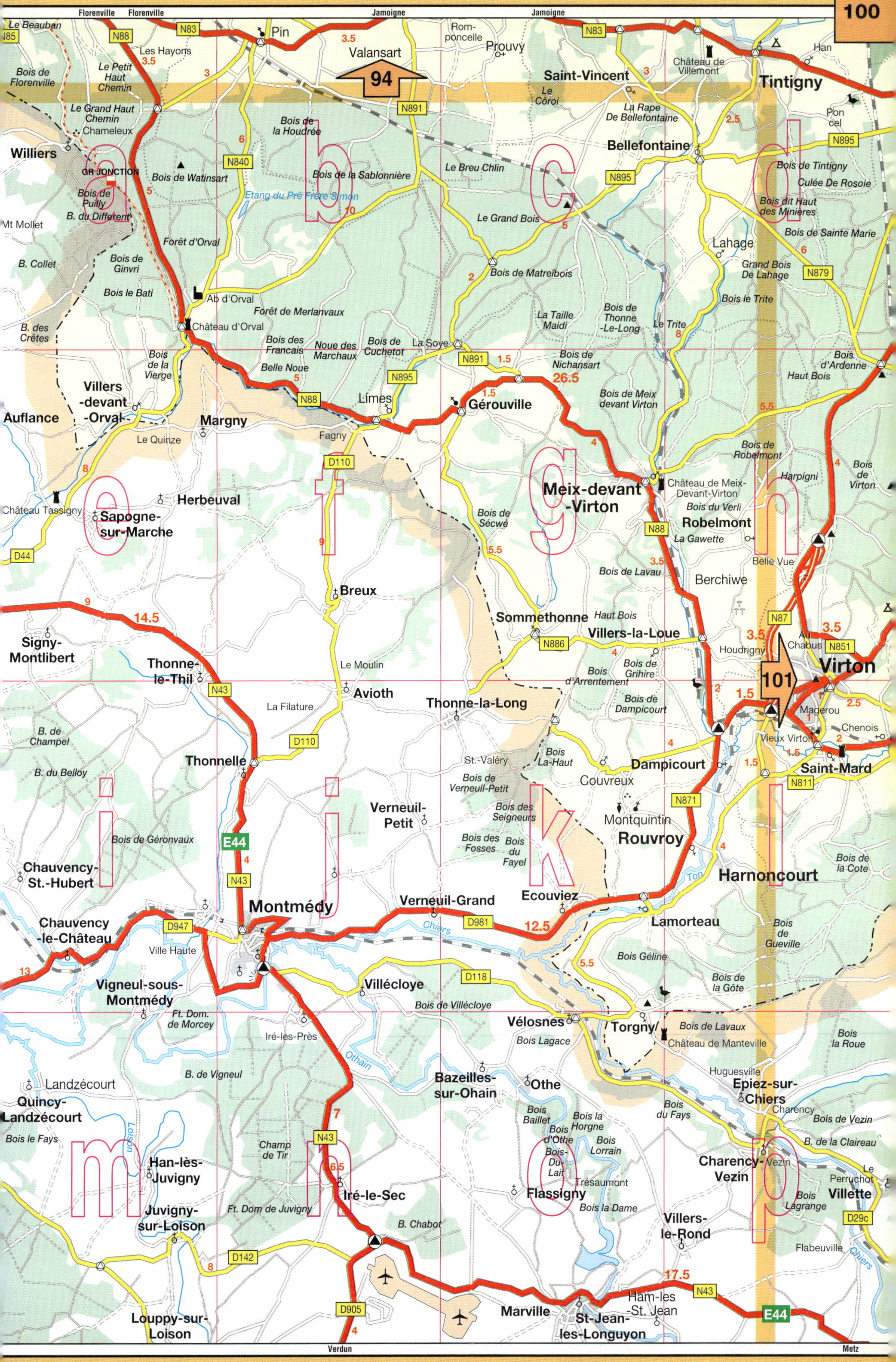
Florenville
Florenville
Jamoigne
Jamoigne
Le Beauban
N85
N88
N83
Pin
3.5
Valansart
Rom-poncelle
Prouvy
N83
Château de Villemont
Tintigny
Han
Les Hayons
3.5
Le Petit Haut Chemin
Bois de Florenville
3
94
N891
Saint-Vincent
3
Le Coroi
La Rape De Bellefontaine
2.5
Pon cel
N895
Le Grand Haut Chemin
Chameleux
Williers
Bois de la Houdrée
6
Bellefontaine
GR JONCTION
Bois de Watinsart
N840
Bois de la Sablonnière
Le Breu Chlin
N895
Bois de Tintigny
Culée De Rosoie
Bois de Puilly
B. du Different
5
Etang du Pré Frère Simon
10
Bois dit Haut des Minières
Mt Mollet
Le Grand Bois
5
Lahage
Bois de Sainte Marie
6
Forêt d'Orval
B. Collet
Bois de Ginvri
Bois de Matreibois
2
Grand Bois De Lahage
N879
Bois le Bati
Ab d'Orval
Bois le Trite
Forêt de Merlanvaux
La Taille Maidi
Bois de Thonne -Le-Long
Le Trite
8
B. des Crêtes
Château d'Orval
Bois des Francais
Noue des Marchaux
Bois de Cuchetot
La Soye
Bois de la Vierge
N891
1.5
Bois de Nichansart
26.5
Bois d'Ardenne
Belle Noue
5
N895
Haut Bois
Villers -devant -Orval
Limes
1.5
Gérouville
Bois de Meix devant Virton
5.5
N88
Auflance
Margny
Fagny
4
Bois de Robelmont
4
Bois de Virton
Le Quinze
D110
Harpigni
8
Meix-devant -Virton
Château de Meix-Devant-Virton
Château Tassigny
Herbeuval
Bois du Verli
Robelmont
Sapogne-sur-Marche
Bois de Sécwé
N88
La Gawette
9
5.5
3.5
Belle Vue
D44
Bois de Lavau
Berchiwe
Breux
9
14.5
Haut Bois
Sommethonne
N87
3.5
3.5
Signy-Montlibert
Villers-la-Loue
N886
4
Houdrigny
Au Chabus
N851
Thonne-le-Thil
Le Moulin
Bois d'Arrentement
Bois de Grihire
Virton
101
2
1.5
N43
Avioth
La Filature
Thonne-la-Long
Bois de Dampicourt
Magerou
2.5
B. de Champel
Chenois
Vieux Virton
2
Thonnelle
D110
St.-Valéry
Bois La-Haut
Dampicourt
4
1.5
1.5
B. du Belloy
Bois de Verneuil-Petit
Couvreux
Saint-Mard
N811
Verneuil-Petit
Bois des Seigneurs
N871
Montquintin
Bois de Géronvaux
E44
Bois des Fosses
Bois du Fayel
Rouvroy
Bois de la Cote
4
4
Chauvency-St.-Hubert
N43
Ton
Harnoncourt
Ecouviez
Montmédy
Verneuil-Grand
Chauvency -le-Château
D947
Chiers
D981
12.5
Lamorteau
Bois de Gueville
Ville Haute
13
5.5
Bois Géline
Vigneul-sous-Montmédy
Villécloye
D118
Bois de la Gôte
Ft. Dom. de Morcey
Bois de Villécloye
Vélosnes
Torgny
Bois de Lavaux
Bois la Roue
Iré-les-Près
Bois Lagace
Château de Manteville
Othain
Huguesville
Landzécourt
Bazeilles-sur-Ohain
Othe
Epiez-sur-Chiers
B. de Vigneul
Charency
Quincy-Landzécourt
7
Bois Baillet
Bois la Horgne
Bois du Fays
Bois de Vezin
Bois le Fays
Champ de Tir
N43
Bois d'Othe
Bois Lorrain
B. de la Claireau
Loison
Han-lès-Juvigny
6.5
Bois-Du-Lait
Charency-Vezin
Le Perruchot
Tresaumont
Vezin
Iré-le-Sec
Flassigny
Bois Lagrange
Villette
Juvigny-sur-Loison
Ft. Dom de Juvigny
Bois la Dame
D29c
B. Chabot
Villers-le-Rond
8
D142
Flabeuville
Chiers
17.5
Ham-les -St. Jean
N43
D905
Marville
St-Jean-les-Longuyon
E44
Louppy-sur-Loison
4
Verdun
Metz

Neufchâteau / Bastogne
Bruxelles - Brussel
Arlon
Heide
N83
Sampont
Prombierg
Stockem (Arlon)
30
Stockem
2.5
Bois de Stockem
Han
Tintigny
2.5
Bois de Sièri
Château - Ferme de Ste.-Marie
Landin
Villers Tortru
95
5.5
3.5
Affener Besch
Heiderbësch
31
Arlon
L'Enclos
Sivry
N83
Vance
11.5
Poncel
N895
Sainte-Marie
Etalle
Termezart
6.5
Le Faubourg
A Nalbochamp
Landbruch
Baartelsbësch
Kuesper
Bois de Tintigny
Culée De Rosoie
Fratin
2.5
Bois dit Haut des Minières
A la Croix de la Femme
Chantemelle
Sart Macré
Haut des Loges
Wëdbësch
Château de Barbançon
Toernich
Bois d'Etallo
6.5
Bois de Sainte Marie
N87
Trou de Longwy
N82
Buzenol
Weidbusch
5.5
6
6.5
Au Laveu
3
Bois Brûlé
Grand Bois De Lahage
Bois de Buzenol
8.5
Haie De Han De Chantenelle
Bois de Vance
Gehannenbusch
Udange
N879
Montauban
Haie De Han De St-Léger
Bois de Lagland
10.5
Bois de Châtillon
4
Bois de l'Acquet
Bois d'Etalle
Bois des Vaux
Bois Leugnon
5.5
Bois d'Ardenne
Croix-Rouge
N82
23
Châtillon
2
Haut Bois
3
Bois des Lisières
Bois de St-Léger
4.5
Bois du Bar
Meix-le-Tige
Habergy
5.5
Bois du Bon Lieu
Bois de Signeulx
Les Buissons
Les Potelles
Saint-Léger
Landsbusch
Bois de Robelmont
2.5
Pignaumont
Bois de Virton
Bois de Prire
4
Gelf
Harpigni
N870
3
Bois de Brandiesbusch
Rechauvaux
Klärbusch
Bredebesch
Bois Lefort
Hapri-fosses
3.5
Etang de Laclaireau
Bois de Willancourt
Rachecourt
Laclaireau
N879
Belle Vue
Bois des Perchis
7
7.5
Proschbusch
Le Bonau Bois
Bois de Peronchenoi
Trou du Beau Bois
Battincourt
Belmont
N82
N800
4
Willancourt
Bois Pertot
N87
3.5
3.5
Ethe
Au Chabus
Jeune Bois
N870
N851
3
Bois des Loges
Bois d'Hussigny
Mussy-la-Ville
Genne-vaux
4.5
Virton
100
Château de Bleid
Bleid
N879
N88
Halanzy
3.5
Château de Gomery
Gomery
Magerou
2.5
Baranzy
2.5
Bois de la Pralle
Cité Maubonne
2.5
N88
1
2
N88
Bois de Gomery
2.5
Chenois
N88
24
Musson
Vieux Virton
Latour
Signeulx
2
1.5
Trou des Fées
Piedmont
Saint-Mard
N811
Vivre
4.5
Ascou
Ville Houdlémont
Le Plateau
N811
5
N890
Le Plainsart
Bois Haut
2
Saint-Remy
N52
Le Paquis
Bois de Musson
Bois Genot
Bois la-Haut
Ruette la Grande
Cussigny
Forêt des Monts
Bellevue
Houd-lémont
Le Breuil
Le Tropeage
Bois de Chadelle
Bois de la Cote
Au Laid Bois
Ruette
Gorcy
Vaux
Bois de Romain
Ruette la Petite
N879
Buré la Ville
Bois la Dame
Warnimont
Tivoli
Grand-court
7
Le Moulin
2.5
St-Pancré
Bois de Ville-Houdlémont
Bois de Gorcy
Romain
La Redoute
Longwy Haut
Bois de la Côre
Haut de la Saul
Bois de Gueville
Haut de la Picotte
5
Fomballe
Bois de Parivaux
Cosnes-Et-Romain
Haut de Douau
Bois de Cosnes
2
La Malmaison
Bois de Grandcourt
Les Maragoles
N18
Bois de la Ville
Bois du Pas Bayard
Longwy Bas
Bois de Villers-la-Chèvre
2.5
1
Allondrelle-La-Malmaison
D29
Tellancourt
8.5
E44
Romain Fontaine
La Naue
Cité-Merlin
Haut des Forges
6
Virvaux
Haut de Cosnes
4
Bois la Roue
Bois des Débats
Bois de Lollieux
Villers-La-Chèvre
Bois de la Vairine
Le Grand Bois
Bois d'Orval
Bois d'Allondrelle
Lexy
Bois des Hachettes
Buré la Forge
Bois de Pléfé
Fresnois-la-Montagne
Bois le Moine
Le Val Clair
Bois de Harange
F. Dom. De Bure D'Orval
Bois de Harpel
Réhon
Cité d' Heumont
Villancy
Bois de la Culette
Les Forges
Charency
Haut des Martyro
Le Geai
Bois de Rabus
Bois de Vezin
Bois de Buré
Bois des Dames
Haut de Fleura
Bois Marchal
Bois de Chenières
B. de la Clairreau
Cons-La-Grandville
Vezin
7.5
Haut des Scieries
Montigny-sur-Chiers
7.5
Cutry
La Bouvrie
Charency-Vezin
Le Perruchot
Braumont
La Roche
Bois des Moines
Haut d'Ermigny
La Croix Migette
Mont Désir
Bois Champion
Haut de Chusse
Bois Lagrange
Villette
Viviers-sur-Chiers
Le Gros Bois
Bois d'Ermigny
La Volette
6
Chenières
N18
Ugny
D18
D29c
Fermont
Flabeuville
D172
Revémont
Haut de Jalaumont
Golmey
La Machine
Le Ht. de l'Anguille
Haut de la Vigne
Chiers
E44
Longuyon
Doncourt Cités
Metz
Verdun
Metz

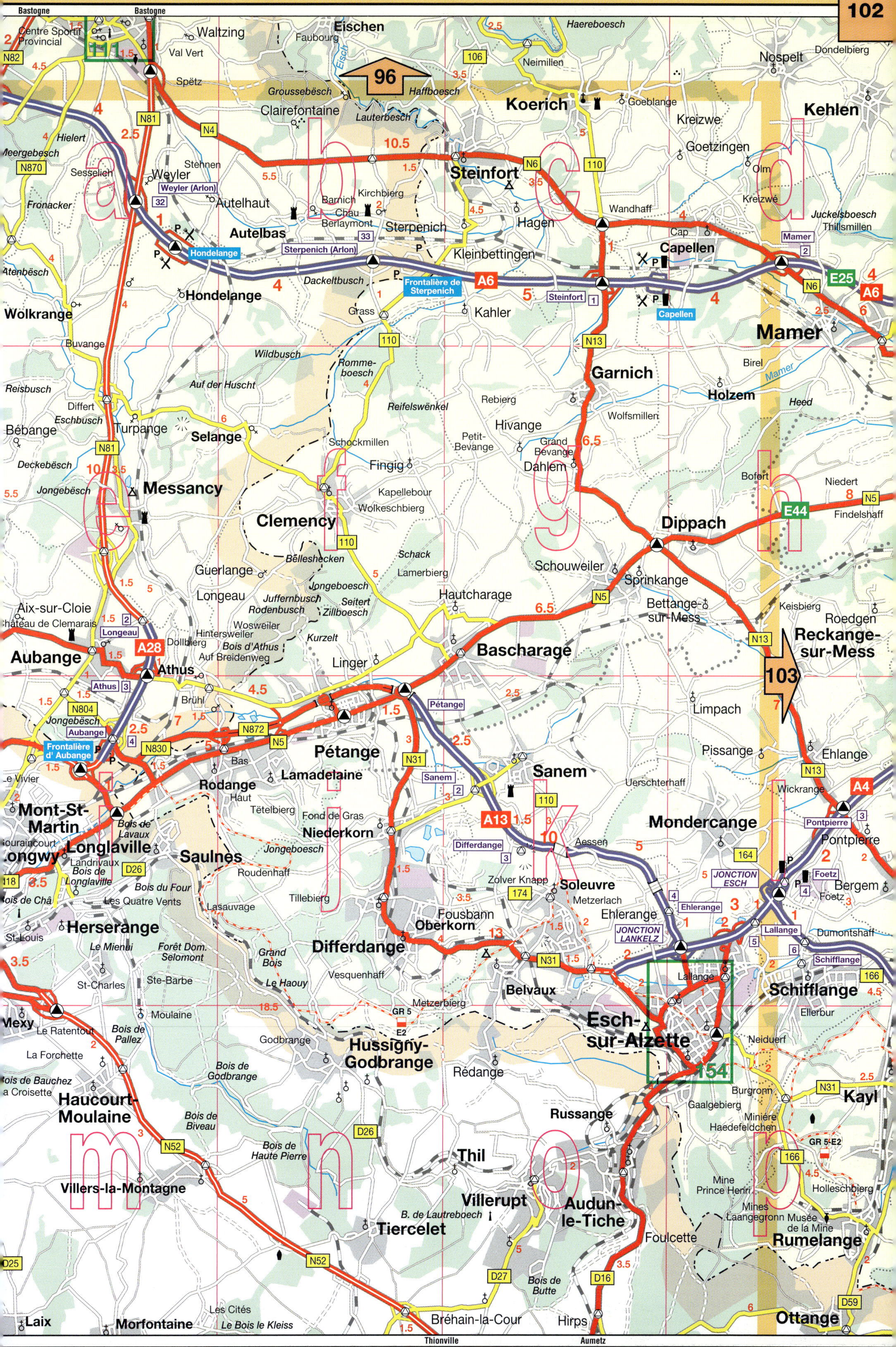

Bastogne
Bastogne
Centre Sportif Provincial
Waltzing
Eischen
Haereboesch
Faubourg
Val Vert
Neimillen
Nospelt
Dondelbierg
Spëtz
96
Groussebësch
Haffboesch
Koerich
Goeblange
Kehlen
Clairefontaine
Lauterbesch
Kreizwe
Hielert
Meergebesch
Weyler
Stehnen
Steinfort
Goetzingen
Olm
Sesselich
Weyler (Arlon)
Autelhaut
Barnich
Kirchbierg
Kreizwe
Juckelsboesch
Thillsmillen
Fronacker
Chau
Berlaymont
Sterpenich
Hagen
Wandhaff
Autelbas
Cap
Capellen
Mamer
Hondelange
Sterpenich (Arlon)
Kleinbettingen
Atenbësch
Dackeltbusch
Frontalière de Sterpenich
Steinfort
Capellen
Hondelange
Kahler
Wolkrange
Grass
Mamer
Buvange
Wildbusch
Rommeboesch
Garnich
Birel
Reisbusch
Auf der Huscht
Holzem
Differt
Eschbusch
Reifelswënkel
Rebierg
Heed
Bébange
Turpange
Selange
Hivange
Wolfsmillen
Schockmillen
Petit-Bevange
Grand Bevange
Deckebësch
Fingig
Dahlem
Bofort
Niedert
Jongebësch
Messancy
Kapellebour
Wolkeschbierg
Findelshaff
Clemency
Dippach
Bëlleshecken
Schack
Lamerbierg
Schouweiler
Guerlange
Sprinkange
Jongeboesch
Keisbierg
Aix-sur-Cloie
Longeau
Juffernbusch
Seitert
Hautcharage
Bettange-sur-Mess
Roedgen
Château de Clemarais
Rodenbusch
Zillboesch
Longeau
Wosweiler
Kurzelt
Reckange-sur-Mess
Hinterswelier
Dollbierg
Bois d'Athus
Bascharage
Aubange
Athus
Auf Breidenweg
Linger
103
Athus
Brühl
Limpach
Jongebësch
Pétange
Aubange
Pétange
Pissange
Ehlange
Frontalière d' Aubange
Bas
Lamadelaine
Sanem
Le Vivier
Rodange
Haut
Sanem
Uerschterhaff
Wickrange
Tëtelbierg
Mont-St-Martin
Bois de Lavaux
Fond de Gras
Mondercange
Pontpierre
Niederkorn
Aessen
Pontpierre
Longwy
Longlaville
Jongeboesch
Differdange
Landrivaux
Saulnes
JONCTION ESCH
Bois de Longlaville
Roudenhaff
Zolver Knapp
Soleuvre
Foetz
Bergem
Bois du Four
Tillebierg
Metzerlach
Foetz
Bois de Châ
Les Quatre Vents
Lasauvage
Fousbann
Ehlerange
Ehlerange
Dumontshaff
Oberkorn
St-Louis
Herserange
JONCTION LANKELZ
Lallange
Le Mienbi
Forêt Dom. Selomont
Grand Bois
Differdange
Schifflange
Belvaux
Lallange
St-Charles
Ste-Barbe
Le Haouy
Vesquenhaff
Schifflange
Metzerbierg
Ellerbur
Moulaine
Mexy
Le Ratentout
Bois de Pallez
Esch-sur-Alzette
Neiduerf
La Forchette
Godbrange
Hussigny-Godbrange
154
Bois de Godbrange
Rédange
Burgronn
Bois de Bauchez
La Croisette
Haucourt-Moulaine
Russange
Gaalgebierg
Kayl
Bois de Biveau
Minière
Haedefeldchen
Bois de Haute Pierre
Thil
Villers-la-Montagne
Mine Prince Henri
Holleschbierg
Villerupt
Audun-le-Tiche
Mines Laangegronn
Musée de la Mine
B. de Lautreboech
Tiercelet
Foulcette
Rumelange
Bois de Butte
Laix
Les Cités
Bréhain-la-Cour
Hirps
Ottange
Morfontaine
Le Bois le Kleiss
Thionville
Aumetz

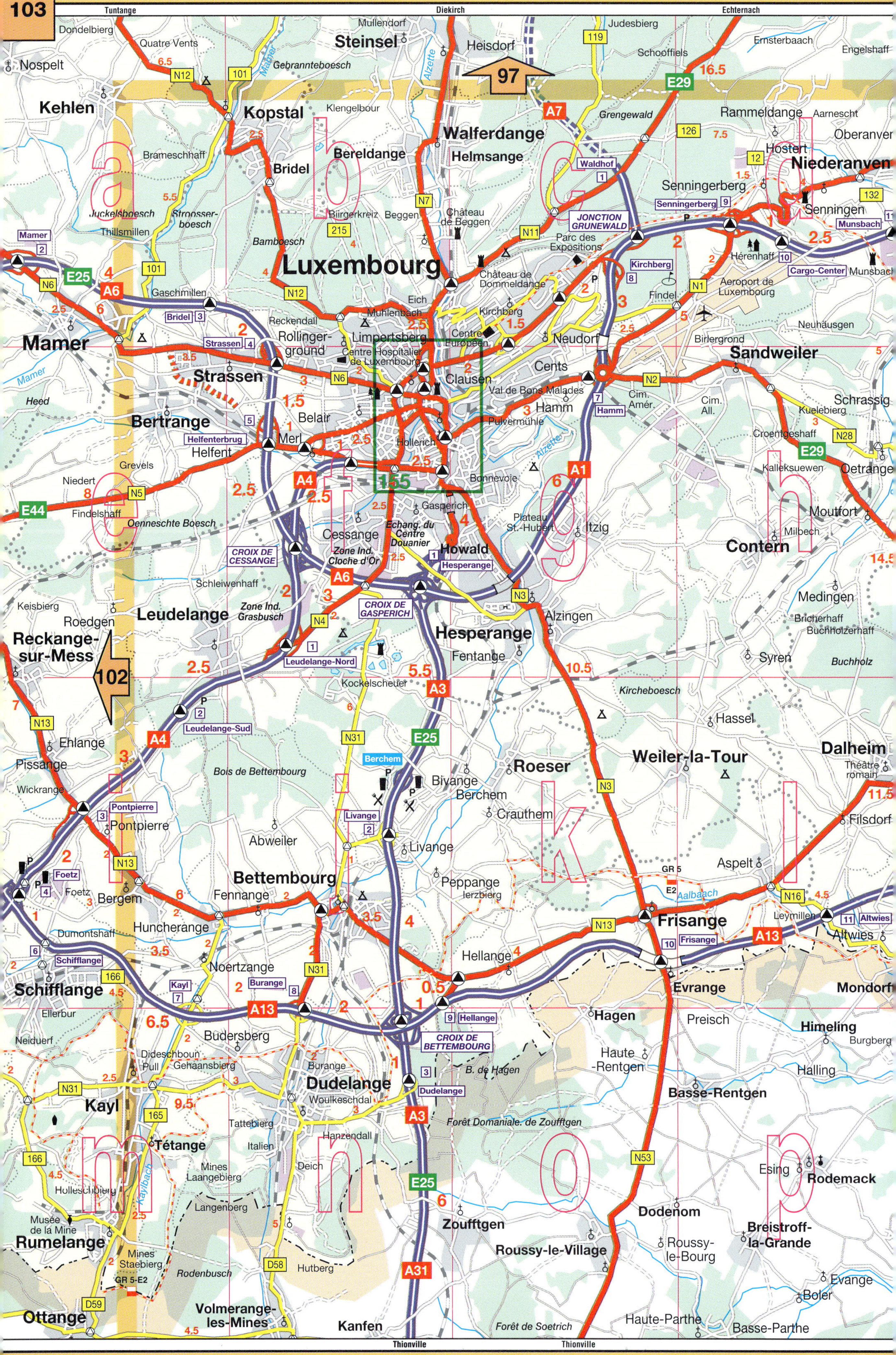
Tuntange
Diekirch
Echternach
Dondelbierg
Quatre Vents
Nospelt
Mullendorf
Steinsel
Heisdorf
97
Judesbierg
119
Schoofflels
Ernsterbaach
Engelshaff
Gebrannteboesch
N12
101
Kehlen
Kopstal
Klengelbour
Walferdange
Helmsange
A7
Grengewald
E29
Rammeldange
Aarnescht
Oberanven
Hostert
Niederanven
Brameschhaff
Bridel
Bereldange
Waldhof
Senningerberg
Senningen
Jucke sboesch
Stroosser-boesch
Thillsmillen
Bamboesch
Birgerkreiz
Beggen
Château de Beggen
N7
215
N11
JONCTION GRUNEWALD
Parc des Expositions
Kirchberg
Munsbach
Mamer
E25
A6
Gaschmillen
Luxembourg
Château de Dommeldange
Hérenhaff
Aeroport de Luxembourg
Cargo-Center
Findel
Eich
Muhlenbach
Reckendall
Rollinger-grund
Limpertsberg
Kirchberg
Centre Européen
Neudorf
Birelergrond
Neuhäusgen
Sandweiler
Bridel
Strassen
Centre Hospitalier de Luxembourg
Clausen
Cents
Heed
Bertrange
Belair
Val de Bons Malades
Hamm
Cim. Amér.
Cim. All.
Schrassig
Kuelebierg
Helfentbrug
Helfent
Merl
Pulvermühle
Hollerich
Croentgeshaff
N28
Grevels
Niedert
E44
Findelshaff
N5
Oenneschte Boesch
A4
155
Bonnevoie
A1
Kalleksuewen
Oetrange
Gasperich
Plateau St.-Hubert
Itzig
Moutfort
Milbech
Cessange
Echang. du Centre Douanier
Howald
Hesperange
Contern
CROIX DE CESSANGE
Zone Ind. Cloche d'Or
A6
Schleiwenhaff
N3
Keisbierg
Roedgen
Leudelange
Zone Ind. Grasbusch
CROIX DE GASPERICH
Hesperange
Alzingen
Medingen
Bricherhaff
Buchholzerhaff
Reckange-sur-Mess
102
N4
Leudelange-Nord
Fentange
Syren
Buchholz
Kockelscheuer
A3
Kircheboesch
N13
Leudelange-Sud
Hassel
Ehlange
A4
N31
E25
Pissange
Bois de Bettembourg
Berchem
Roeser
Weiler-la-Tour
Dalheim
Théâtre romain
Wickrange
Biyange
Berchem
N3
Pontpierre
Crauthem
Filsdorf
Abweiler
Livange
Livange
Aspelt
Foetz
N13
Bettembourg
Peppange
GR 5
Fennange
Iersbierg
Aalbaach
N16
Leymillen
Altwies
Bergem
Frisange
Dumontshaff
Huncherange
N13
Frisange
A13
Hellange
Schifflange
Noertzange
N31
Evrange
Mondorf
Schifflange
166
Kayl
Burange
Hellange
Ellerbur
A13
Hagen
Preisch
Himeling
Burgberg
Neiduerf
Budersberg
CROIX DE BETTEMBOURG
Haute-Rentgen
Dideschboun
Pull
Gehaansberg
Burange
B. de Hagen
Halling
Dudelange
Dudelange
Basse-Rentgen
N31
Kayl
Woulkeschdal
165
A3
Forêt Domaniale de Zoufftgen
Tattebierg
Tétange
Italien
Hanzendall
166
N53
Mines Laangebierg
Deich
Esing
Rodemack
Hollesch bierg
E25
Langenberg
Musée de la Mine
Dodenom
Zoufftgen
Breistroff-la-Grande
Rumelange
Roussy-le-Village
Roussy-le-Bourg
Mines Staebierg
D58
Hutberg
Rodenbusch
Evange
GR 5-E2
A31
Boler
D59
Volmerange-les-Mines
Ottange
Kanfen
Forêt de Soetrich
Haute-Parthe
Basse-Parthe
Thionville
Thionville

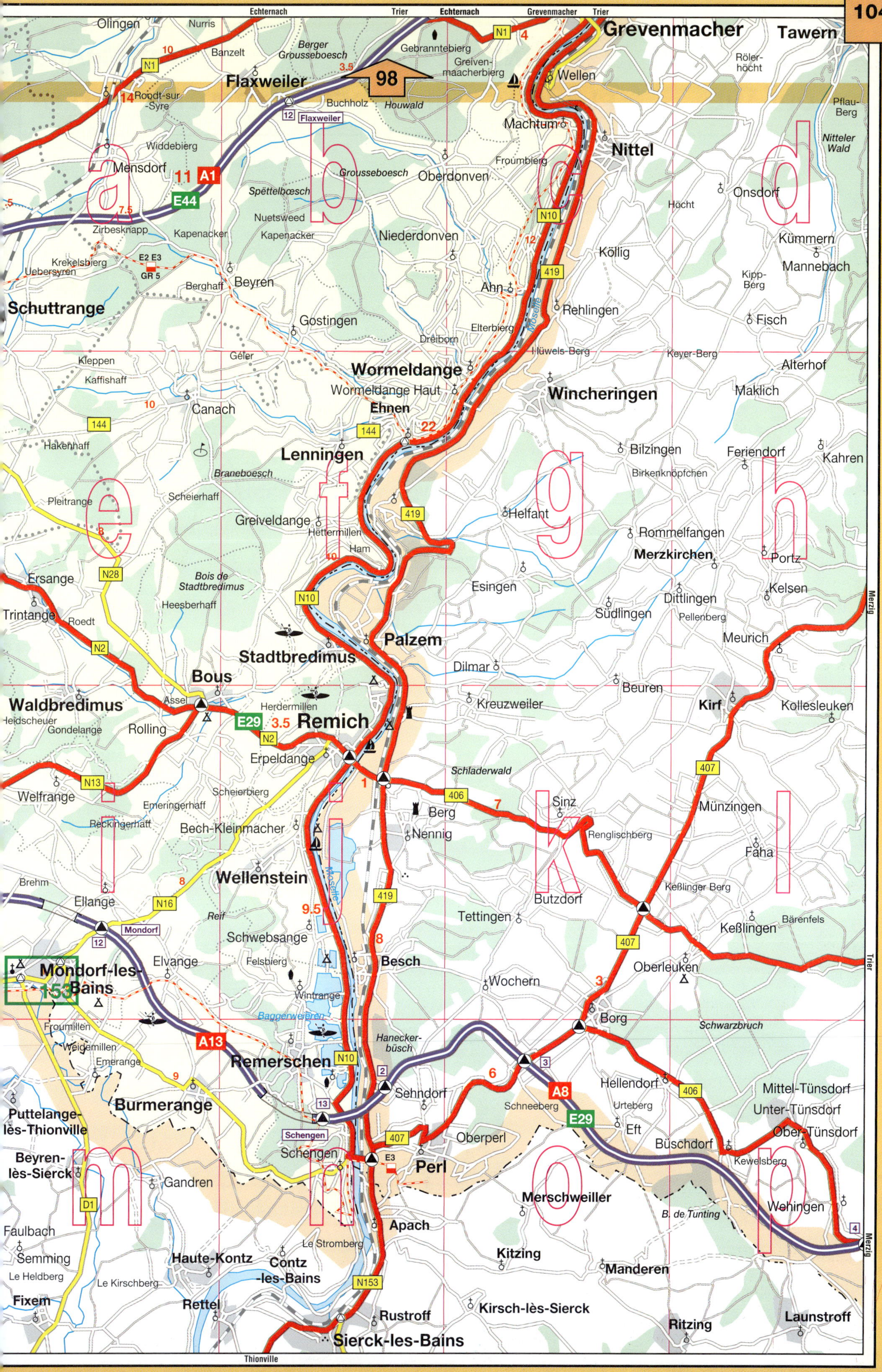

Echternach
Trier
Echternach
Grevenmacher
Trier
Grevenmacher
Tawern
Olingen
Nurris
Banzelt
Berger Grousseboesch
Gebranntebierg
Greiven-maacherbierg
Wellen
Röler-höcht
Pflau-Berg
Roodt-sur-Syre
Flaxweiler
98
Buchholz
Houwald
Flaxweiler
Machtum
Nittel
Nitteler Wald
Widdebierg
Mensdorf
A1
E44
Grousseboesch
Oberdonven
Froumbierg
Spëttelbœsch
Onsdorf
Höcht
Nuetsweed
Zirbesknapp
Kapenacker
Kapenacker
Niederdonven
Kümmern
Krekelsbierg
Uebersyren
E2 E3
GR 5
Köllig
Mannebach
Berghaff
Beyren
Ahn
Kipp-Berg
Schuttrange
Rehlingen
Gostingen
Elterbierg
Fisch
Dreiborn
Mosel
Hüwels-Berg
Keyer-Berg
Kleppen
Géler
Alterhof
Kaffishaff
Wormeldange
Wormeldange Haut
Wincheringen
Maklich
Canach
Ehnen
Hakenhaff
Lenningen
Bilzingen
Feriendorf
Kahren
Birkenknöpfchen
Braneboesch
Pleitrange
Scheierhaff
Helfant
Greiveldange
Hettermillen
Rommelfangen
Ham
Merzkirchen
Portz
Ersange
Bois de Stadtbredimus
Esingen
Kelsen
Heesberhaff
Dittlingen
Südlingen
Trintange
Roedt
Pellenberg
Palzem
Meurich
Merzig
Stadtbredimus
Dilmar
Bous
Beuren
Waldbredimus
Assel
Herdermillen
Kreuzweiler
Kirf
Kollesleuken
Remich
Heidscheuer
Gondelange
Rolling
E29
Erpeldange
Schladerwald
Welfrange
Scheierbierg
Sinz
Münzingen
Emeringerhaff
Berg
Reckingerhaff
Bech-Kleinmacher
Nennig
Renglischberg
Faha
Brehm
Wellenstein
Keßlinger Berg
Ellange
Butzdorf
Reif
Tettingen
Bärenfels
Mondorf
Keßlingen
Schwebsange
Elvange
Felsbierg
Besch
Oberleuken
Trier
Mondorf-les-Bains
153
Wintrange
Wochern
Borg
Baggerweieren
Schwarzbruch
Froumillen
Hanecker-büsch
Weidemillen
A13
Emerange
Remerschen
Hellendorf
Mittel-Tünsdorf
Sehndorf
Schneeberg
Urteberg
Unter-Tünsdorf
Burmerange
A8
E29
Eft
Ober-Tünsdorf
Puttelange-lès-Thionville
Schengen
Oberperl
Büschdorf
Schengen
E3
Kewelsberg
Beyren-lès-Sierck
Perl
Gandren
Merschweiler
B. de Tunting
Wehingen
Apach
Faulbach
Le Stromberg
Semming
Kitzing
Haute-Kontz
Contz-les-Bains
Manderen
Merzig
Le Heldberg
Le Kirschberg
Fixem
Rettel
Rustroff
Kirsch-lès-Sierck
Ritzing
Launstroff
Sierck-les-Bains
Thionville

STADSPLANNEN — PLANS DE VILLE — CITY MAPS
STADPLÄNE — PLANOS DE CIUDADES — PIANTE DI CITTA

Legende stadsplattegronden / Zeichenerklärung stadtplan / Leyenda planos de ciudades
Légende plans de ville / Legend city maps / Legenda piante di città

Kerk / Kirche	Eglise / Church
Kapel / Kapelle	Chapelle / Chapel
Federale Politie / Föderative Polizei	Police Fédérale / Federal Police
Brandweer / Feuerwehr (B F SP)	Pompiers / Fire-brigade
School / Schule (S E)	Ecole / School
Ziekenhuis / Krankenhaus	Hôpital / Hospital
Parking / Parkpatz (P)	Parking / Parking
Gemeentehuis / Rathaus	Maison communale / Municipal office
Postkantoor / Postamt	Bureau de poste / Post-office
Informatiekantoor / Information	Bureau d'Information / Information office
Jeugdherberg / Jugendherberge	Auberge de jeunesse / Youth hostel
Kampeerplaats / Camping	Camping / Camping
Vakantiepark / Ferienheime	Villégiatures / Holiday villages

Monument / Denkmal	Monument / Monument
Museum / Museum	Musée / Museum
Bezienswaardigheid / Sehenswürdigkeit	Curiosité / Curiosity
Militaire begraafplaats / Militarische Friedhof	Cimetière militaire / Militar cemetary
Historische begraafplaats / Historische Friedhof	Cimetière historique / Historical cemetary
Ruïne / Ruine	Ruine / Ruin
Kasteel / Schloss	Château / Castle
Vuurtoren / Leuchtturm	Phare / Lighthouse
Watertoren / Wasserturm	Château d'eau / Water tower
Watermolen / Wassermühle	Moulin à eau / Watermill
Windmolen / Windmühle	Moulin à vent / Windmill
Golfterrein / Golfplatz	Terrain de golf / Golf-links

Sporthal / Sporthalle	Salle omnisports / Sports hall
Overdekt zwembad / Hallenbad	Piscine couverte / Indoor swiming-pool
Voetgangersgebied / Fußgängerzone	Zone piétonne / Pedestrian area
Recreatiezone / Erholungsgebiet	Zone de loisirs / Recreation area
Industriegebied / Industriegebiet	Zone industrielle / Industrial area
Militair gebied / Militärgebiet (M)	Zone militaire / Military area
Natuurreservaat / Naturschutzgebiet	Réserve naturelle / Nature reserve
Park / Park	Parc / Park
Begraafplaats / Friedhof	Cimetière / Cemetery
Serre / Gewächshaus	Serre / Greenhouse

Belfort - Grote Markt 3
☎ 053 / 73.22.70

9300 AALST *(ALOST)*

Index : p.165

Grote Markt 13
☎ 03 / 232.01.03

2000 ANTWERPEN *(ANVERS)*

Index : p.165

107 108
109 110

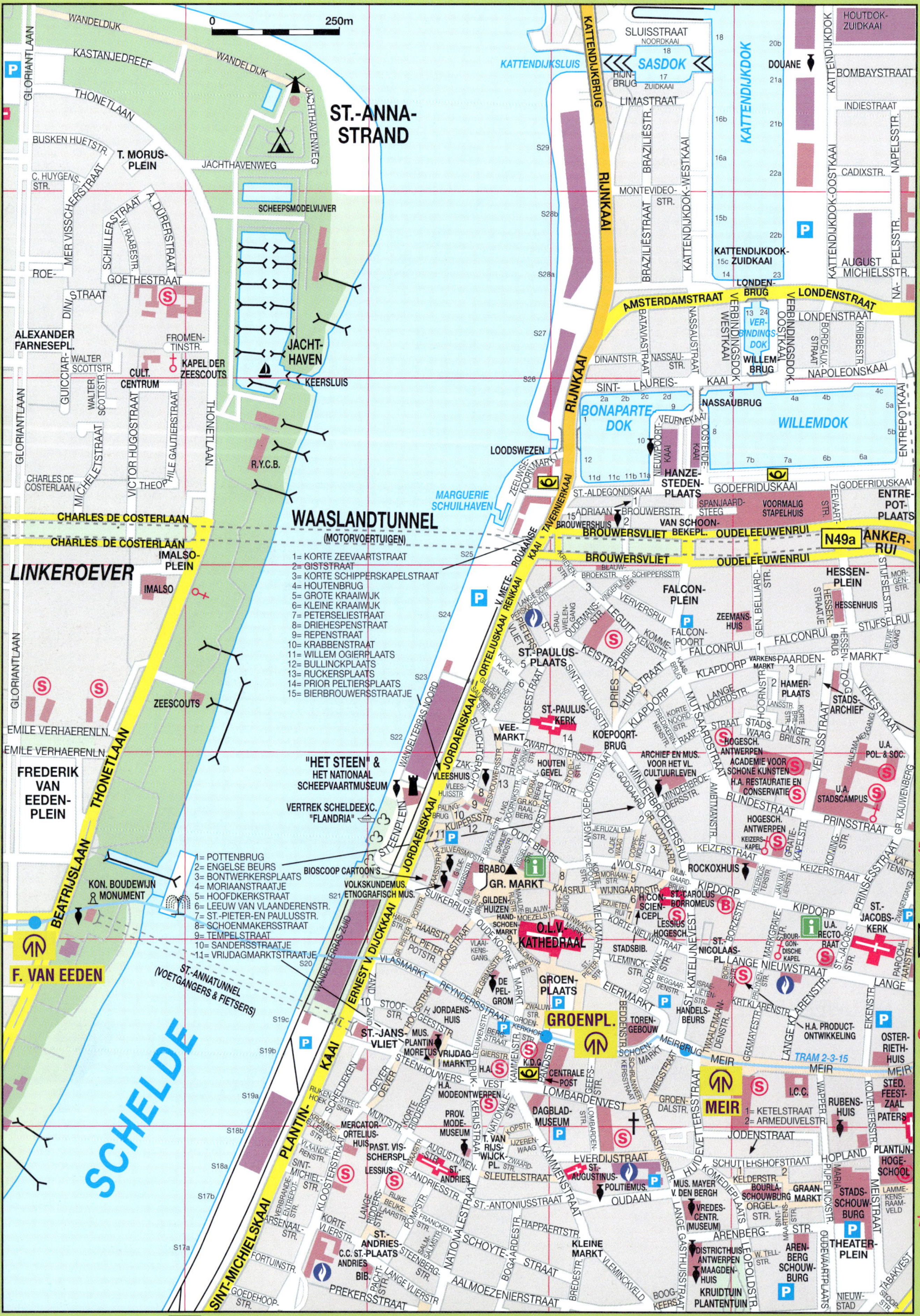

Grote Markt 13
☎ 03 / 232.01.03

2000 ANTWERPEN *(ANVERS)*

Index : p.165

107 108
109 110

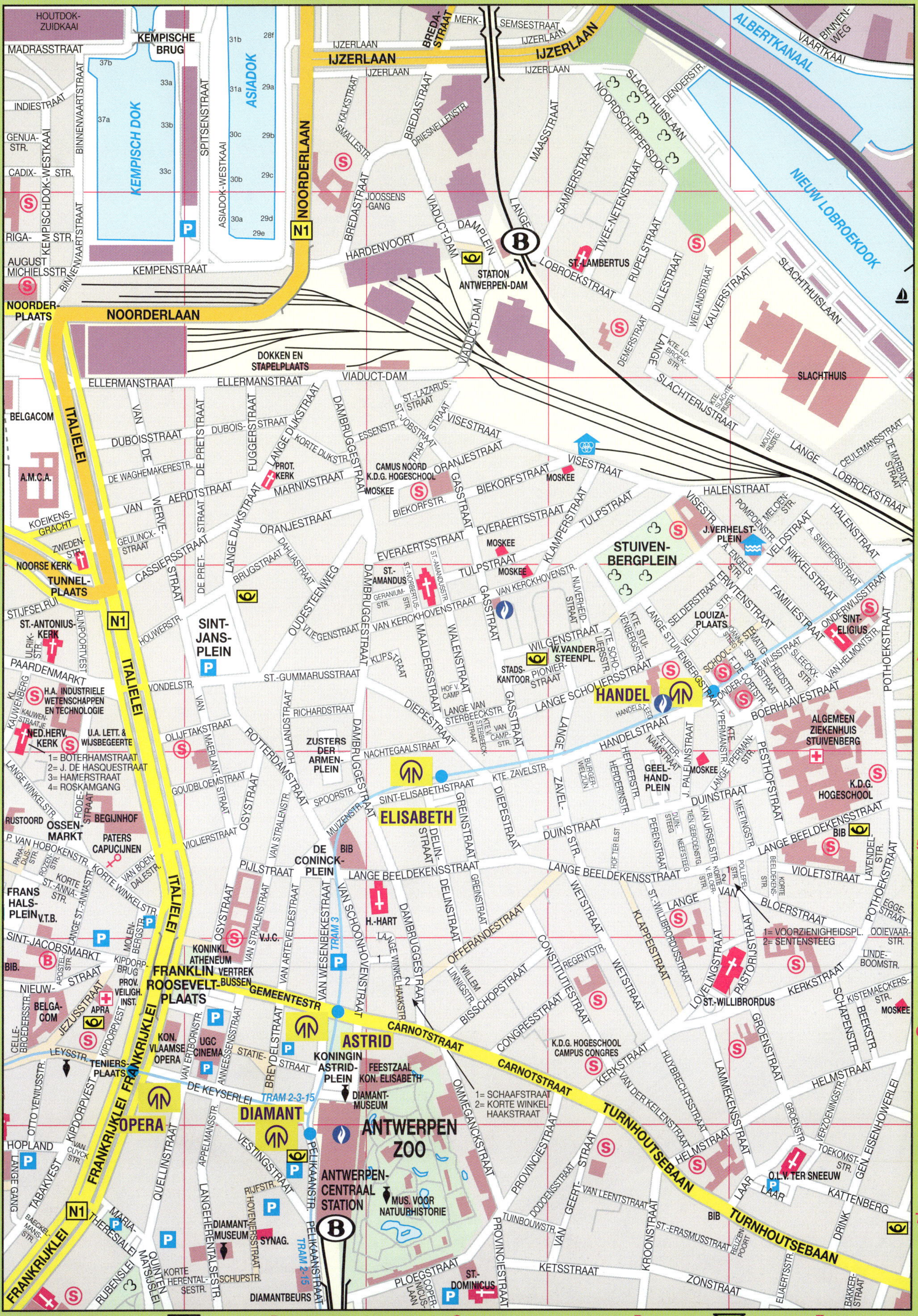

Grote Markt 13
☎ 03 / 232.01.03

2000 ANTWERPEN *(ANVERS)*

Index : p.165

107 108 109 110

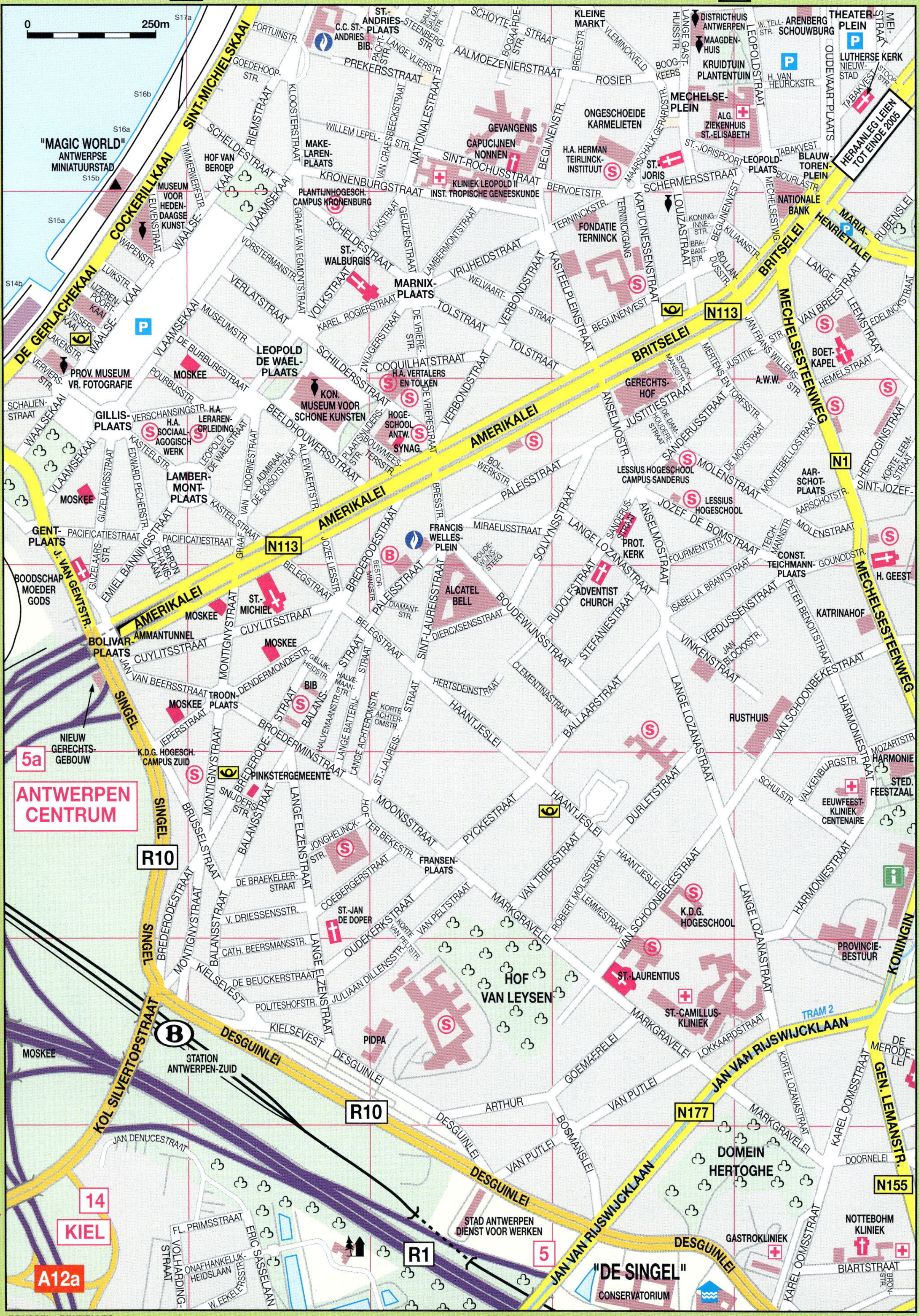

Grote Markt 13
☎ 03 / 232.01.03

2000 ANTWERPEN *(ANVERS)*

Index : p.165

107 108 109 110

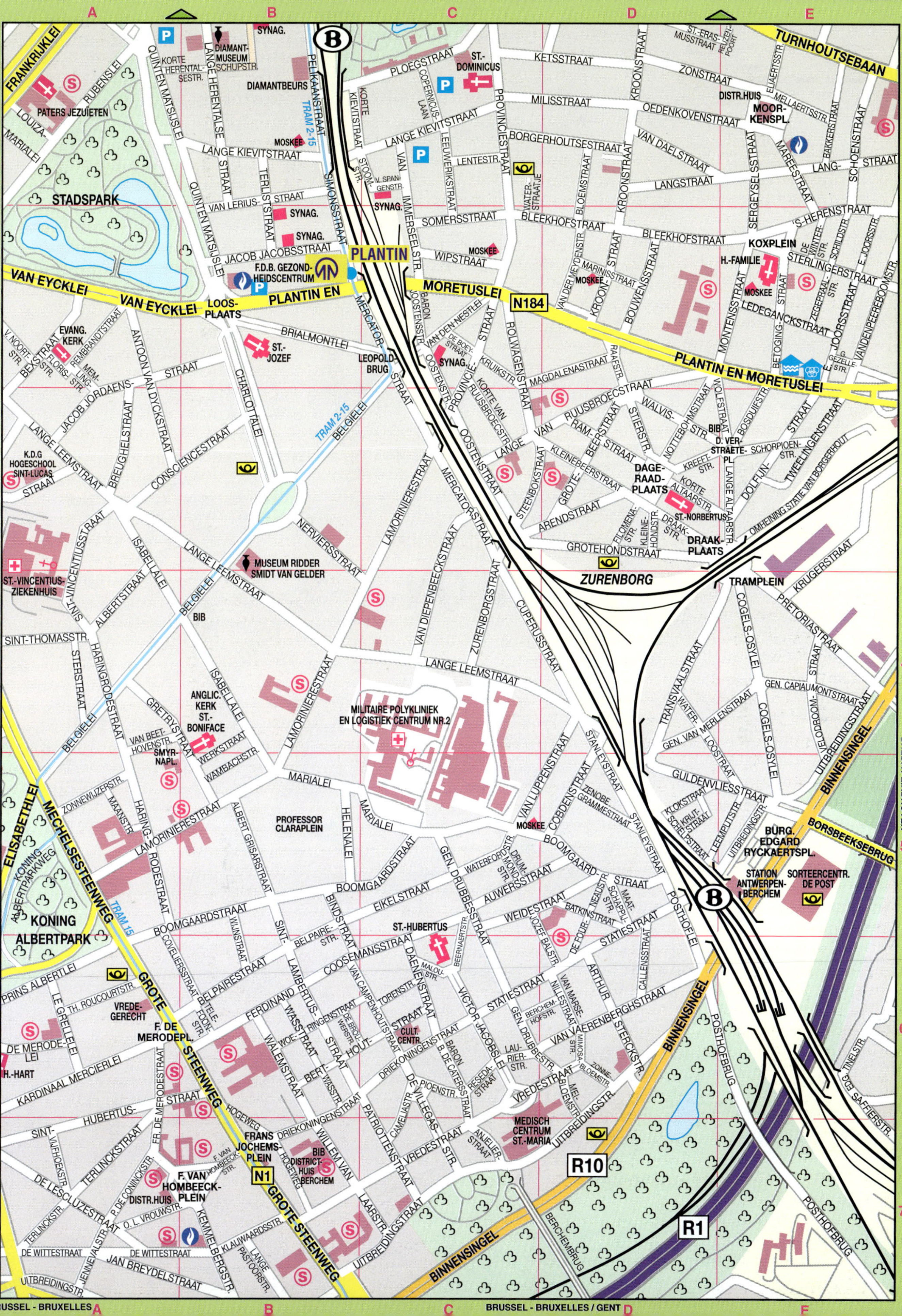

Rue des Faubourgs 2
☎ 063 / 21.63.60

6700 ARLON *(AARLEN)*

Index : p.167

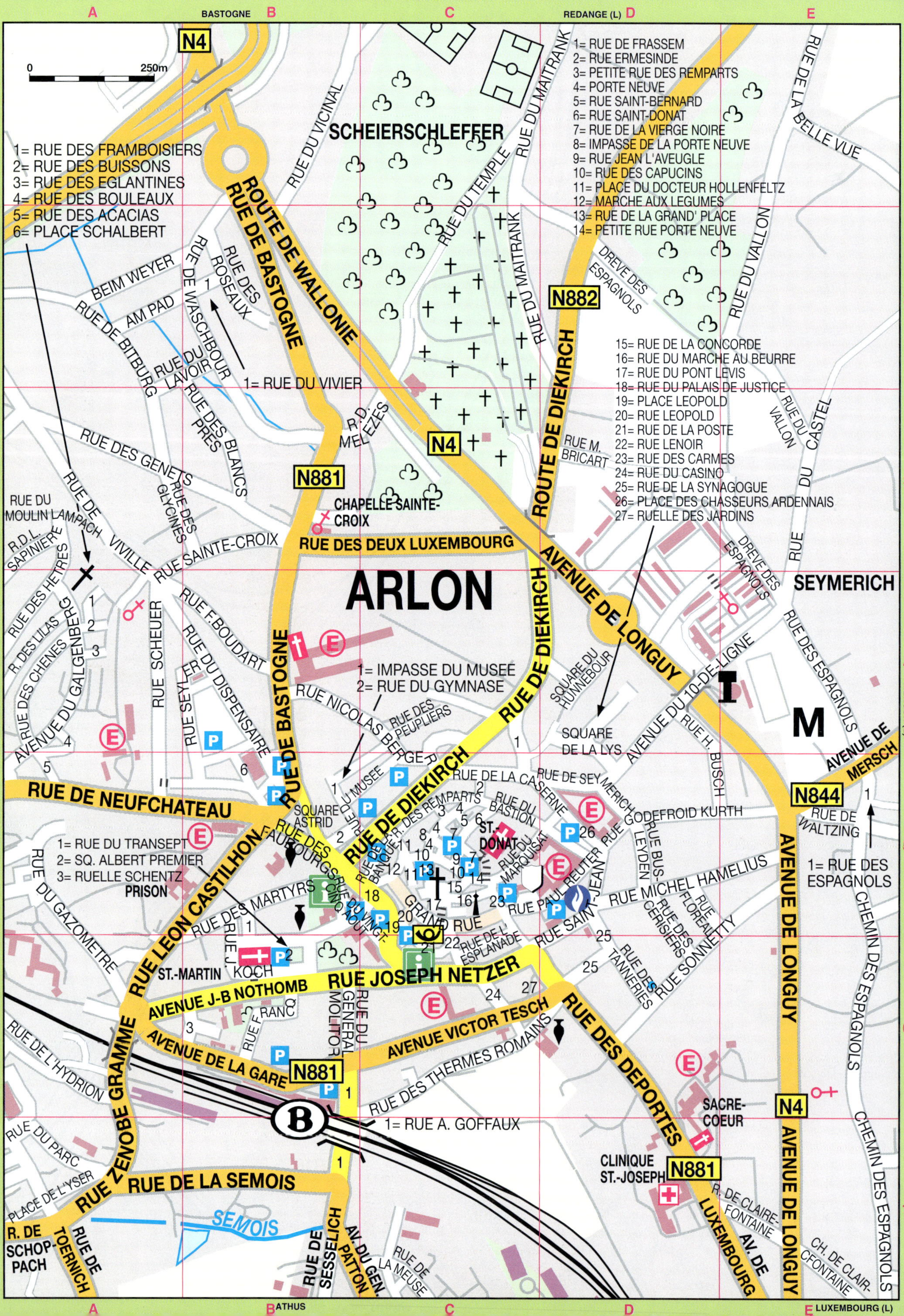

Place Mac Auliffe 24
☎ 061 / 21.27.11

6600 BASTOGNE *(BASTENAKEN)*

Index : p.167

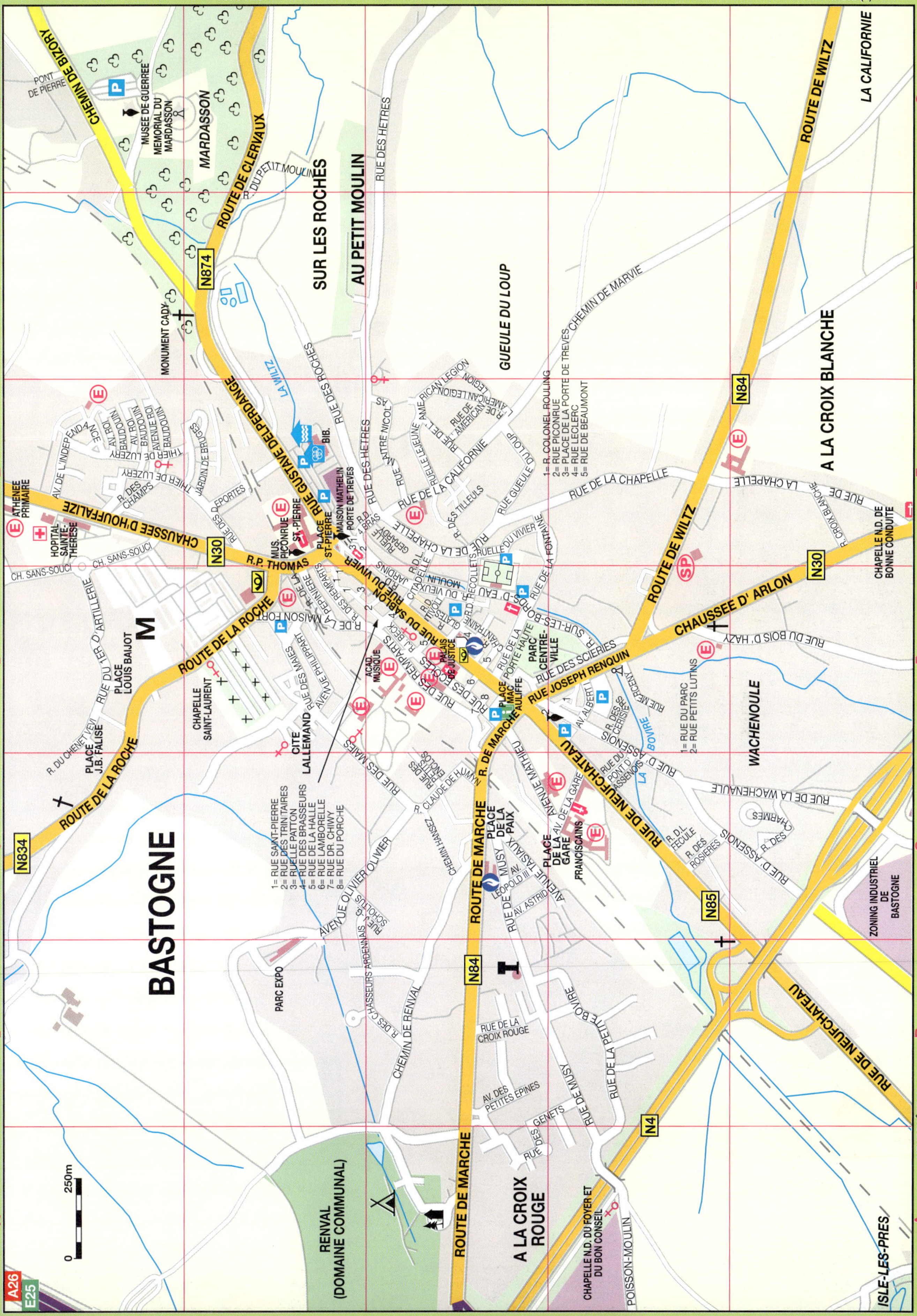

Burg 11
☎ 050 / 44.86.86

8000 BRUGGE *(BRUGES)*

Index : p.167

113 114

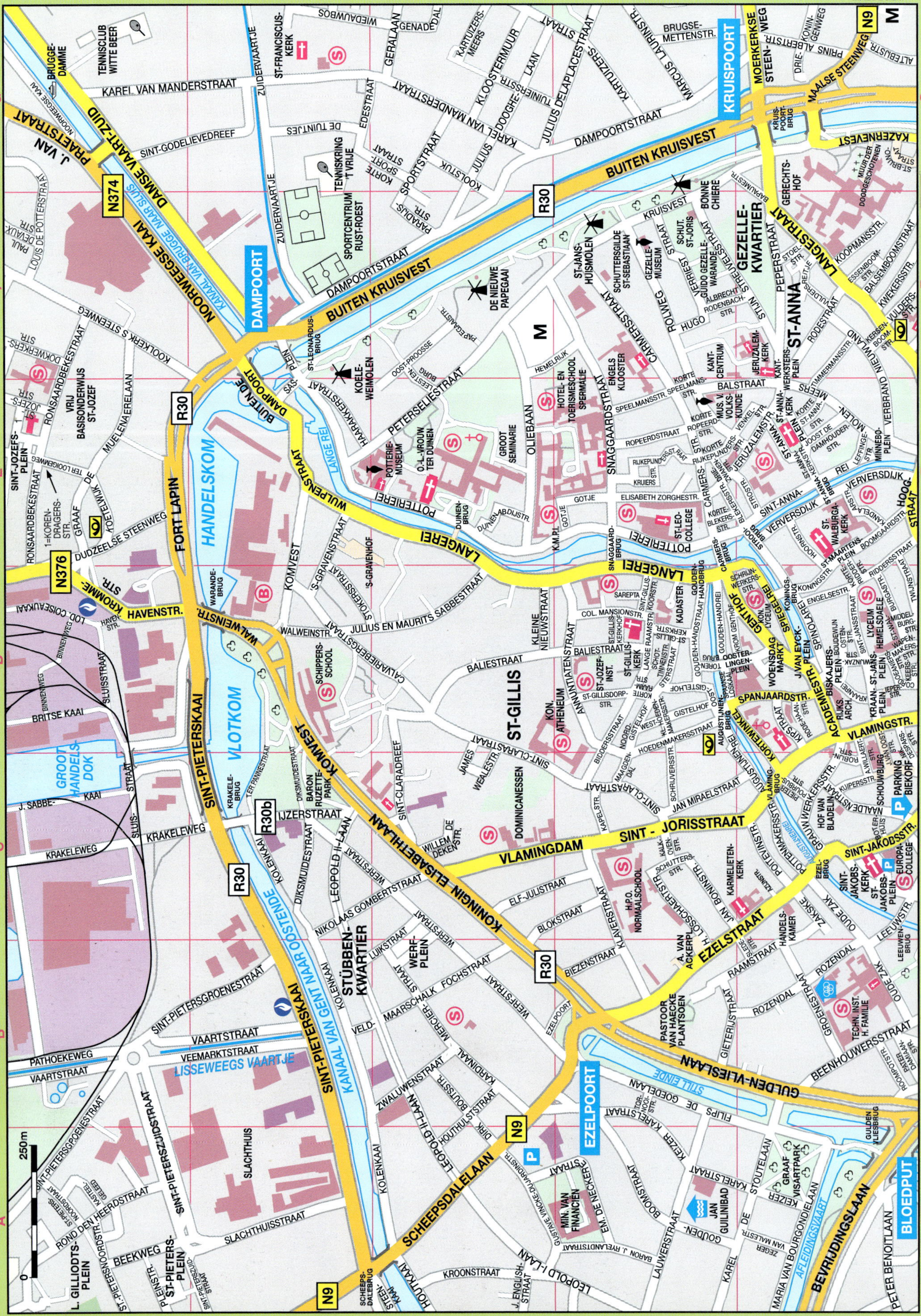

Burg 11
☎ 050 / 44.86.86

8000 BRUGGE *(BRUGES)*

Index : p.167 | 113 | 114

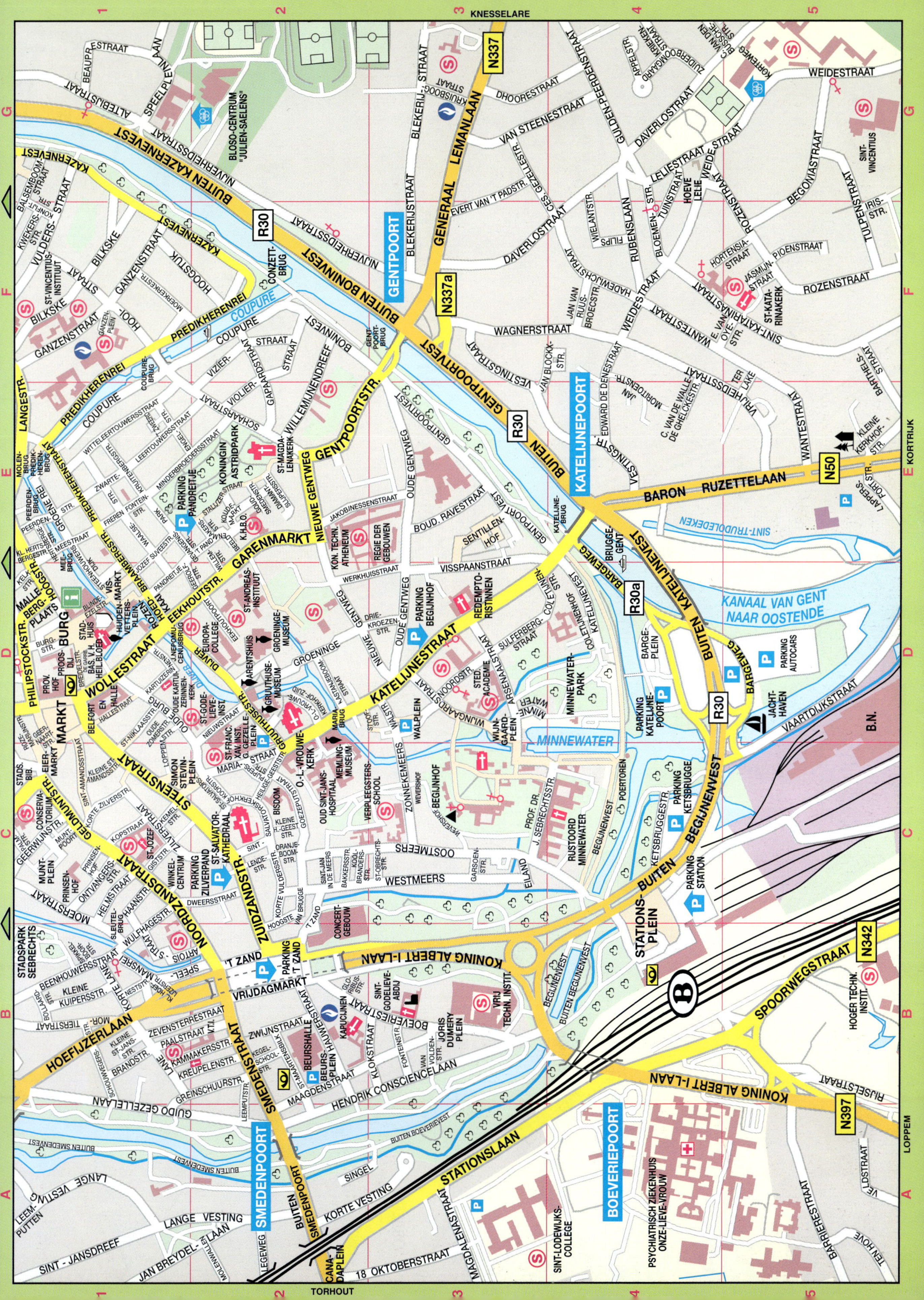

Grote Markt
☎ 02 / 513.89.40

1000 BRUSSEL - BRUXELLES

Index : p.168

115	117	119
	116	118	120

Grand Place
☎ 02 / 513.89.40

1000 BRUXELLES - BRUSSEL

Index : p.168

115 117 119
116 118 120

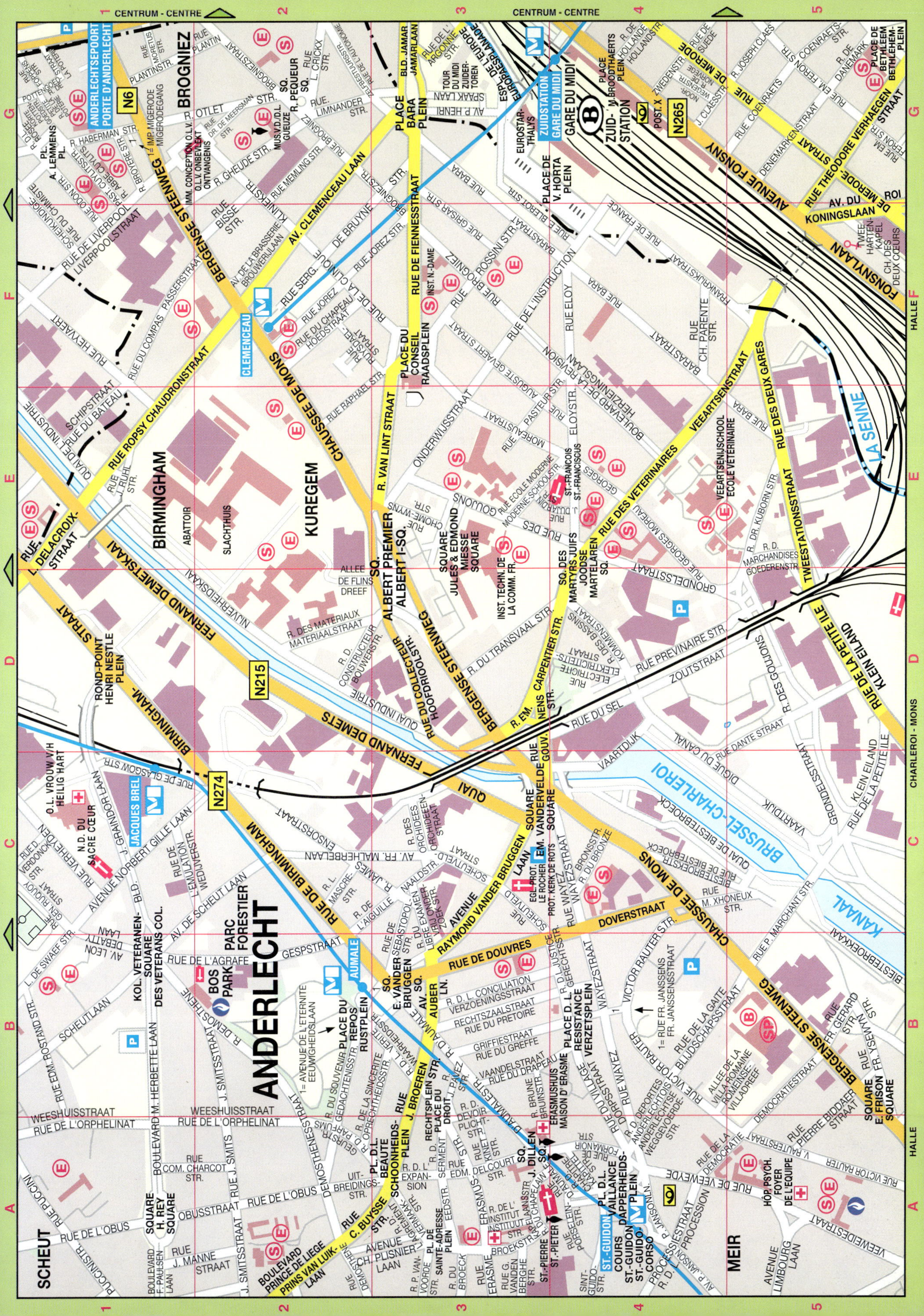

Grote Markt
☎ 02 / 513.89.40

1000 BRUSSEL - BRUXELLES

Index : p.168

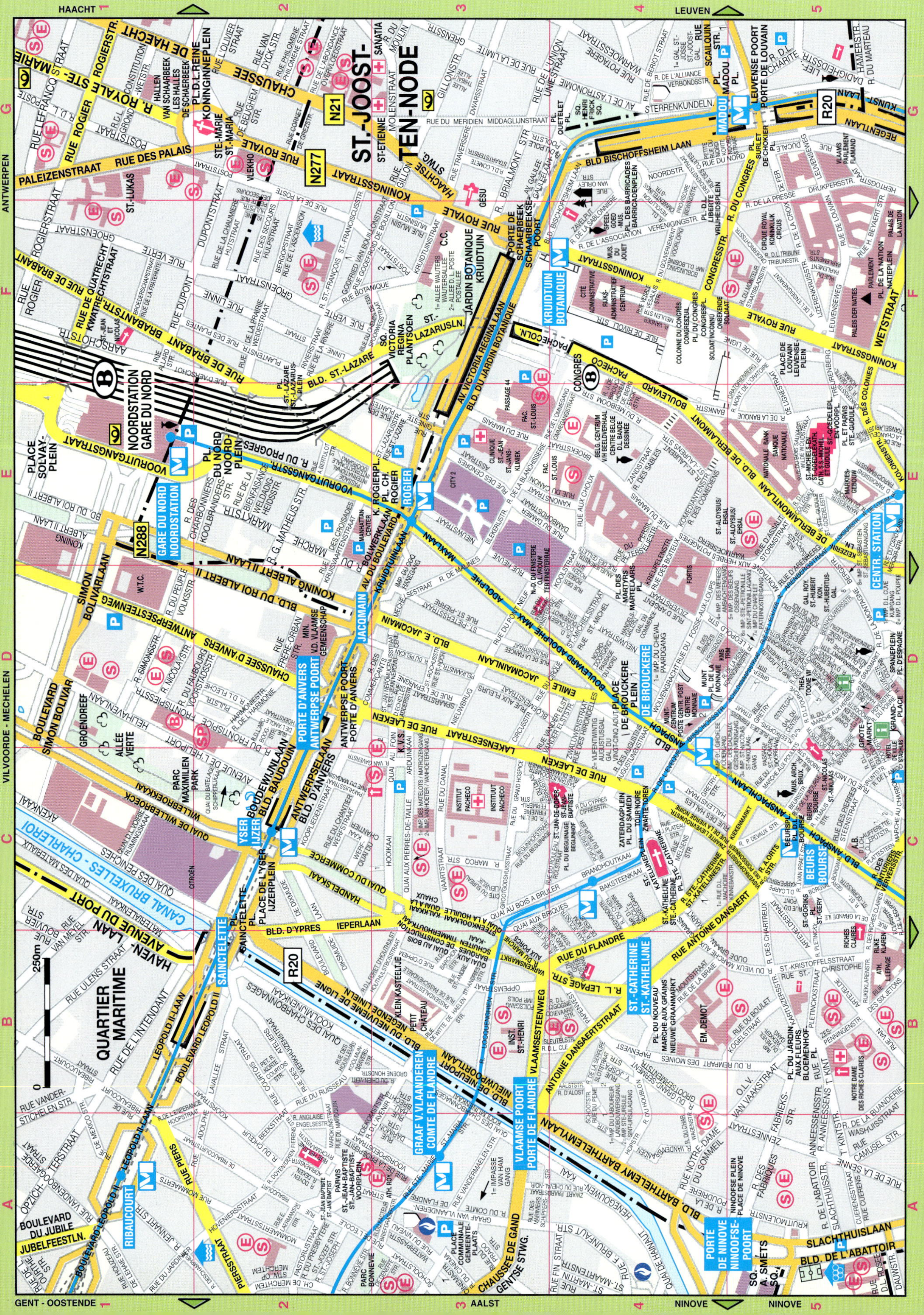

Grand Place
☎ 02 / 513.89.40

1000 BRUXELLES - BRUSSEL

Index : p.168

115	117	119
116	118	120

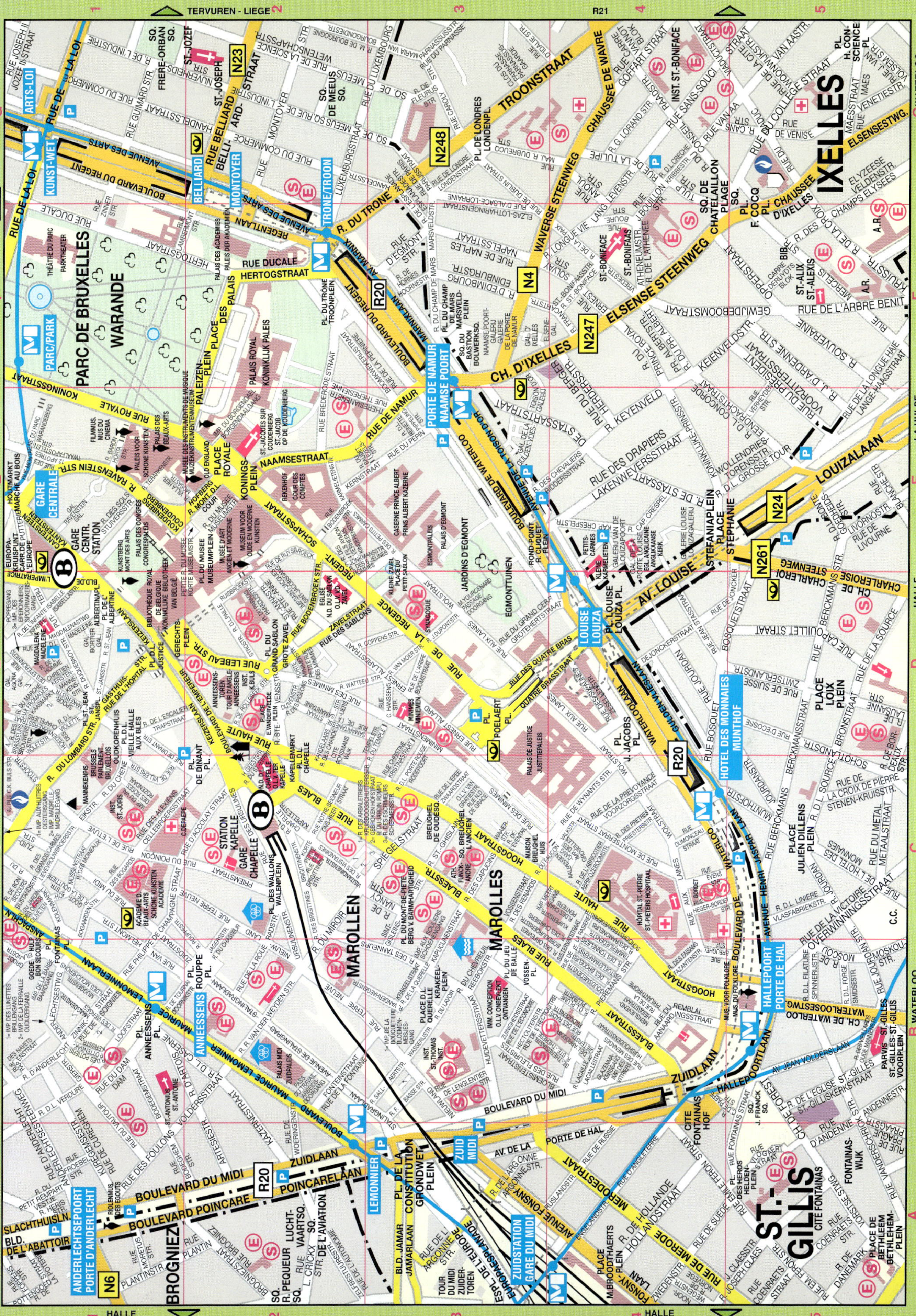

Grote Markt
☎ 02 / 513.89.40

1000 BRUSSEL - BRUXELLES

Index : p.168

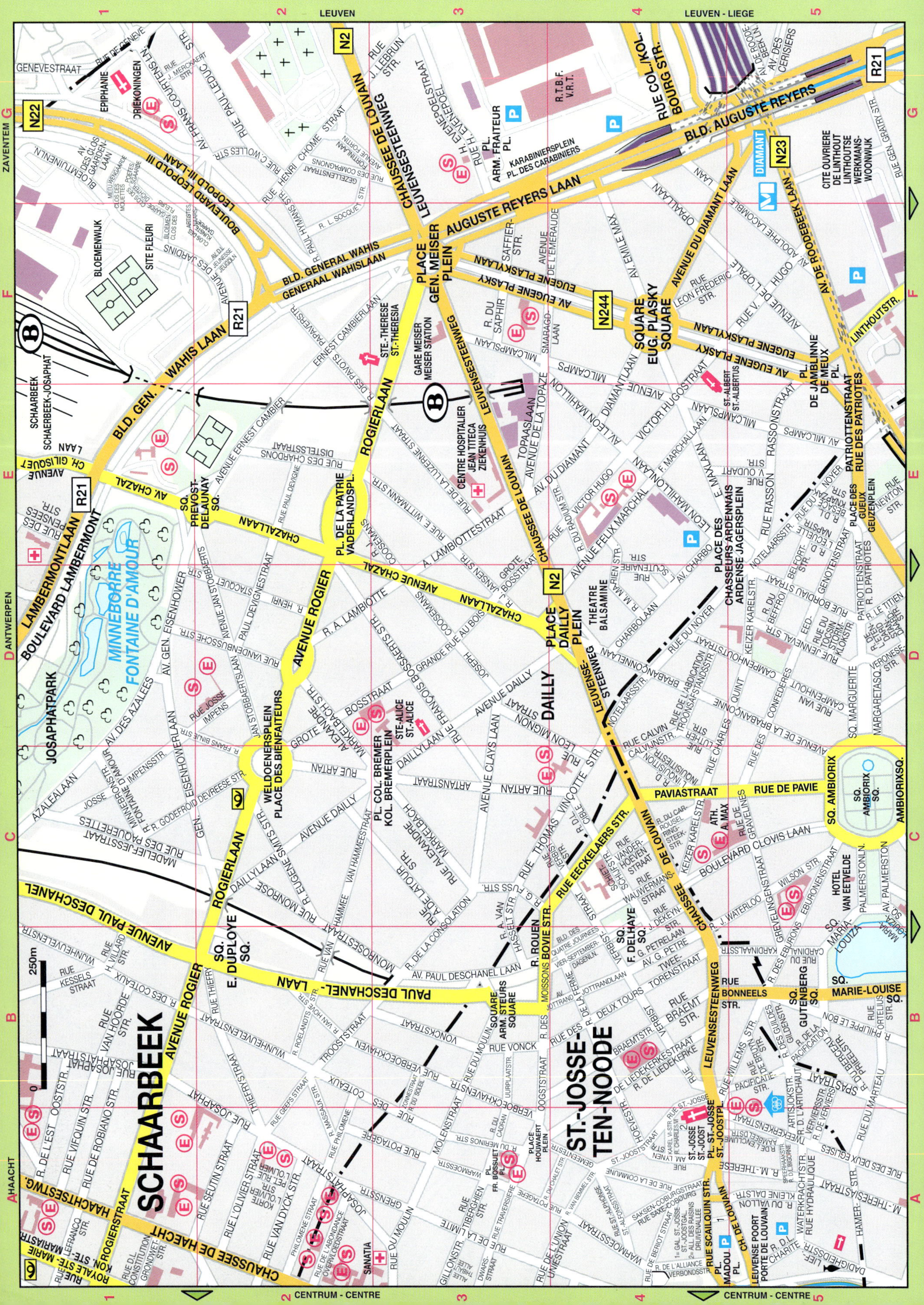

Grand Place
☎ 02 / 513.89.40

1000 BRUXELLES - BRUSSEL

Index : p.168

115	117	119
116	118	120

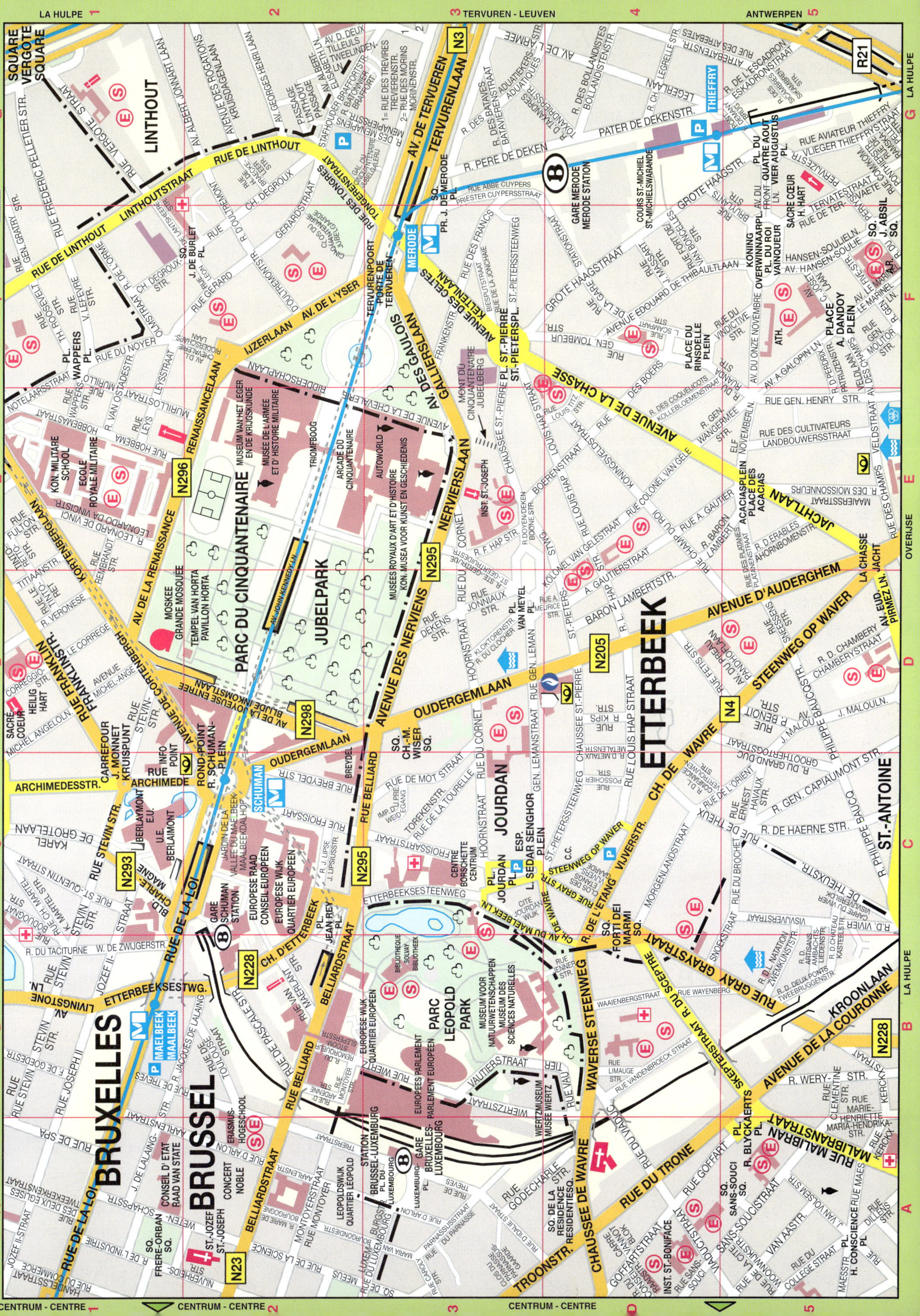

Av. Mascaux 100
☎ 071 / 86.61.52

6000 CHARLEROI

Index : p.173

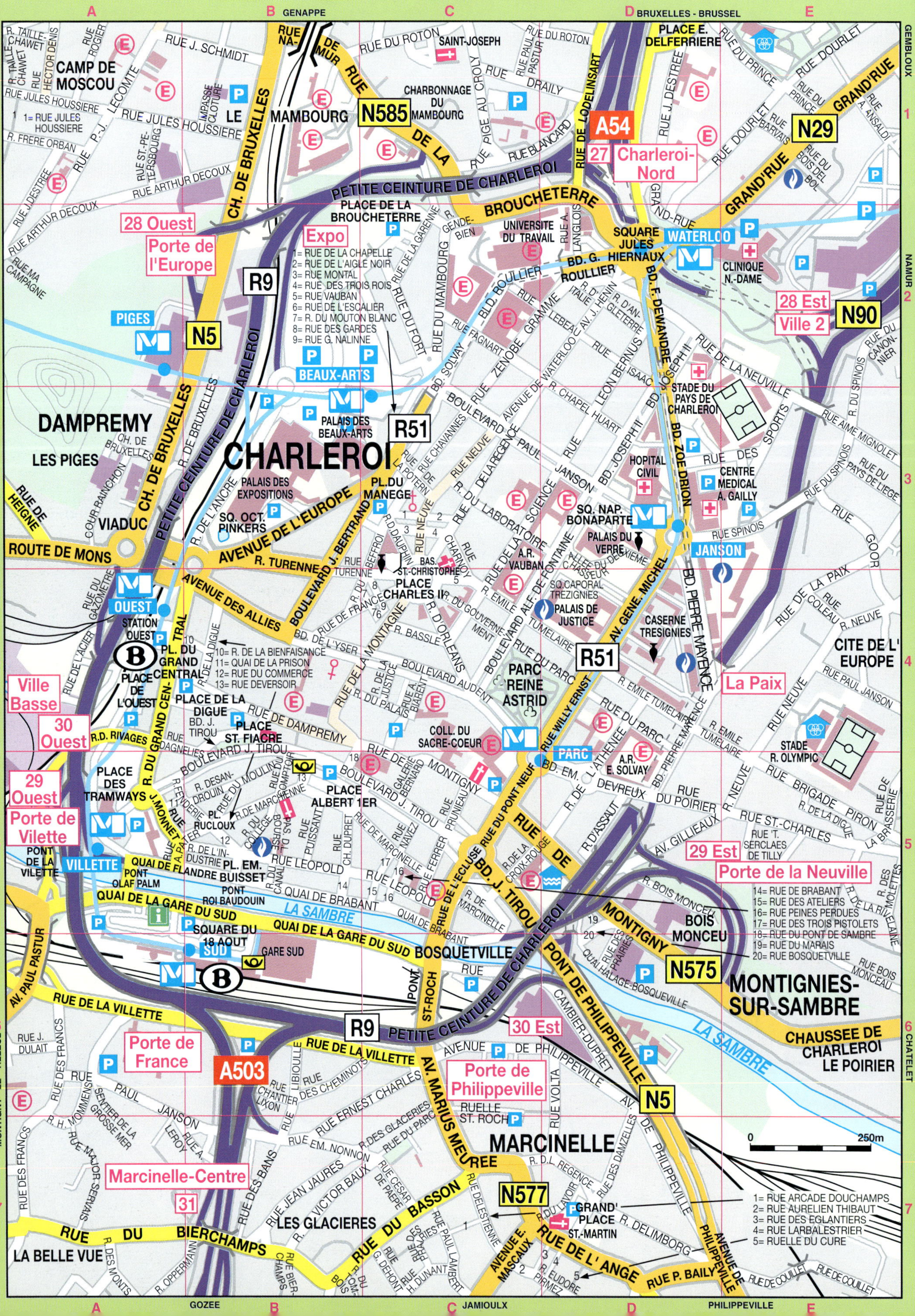

Grote Markt 1
☎ 013 / 35.32.73

3290 DIEST

Index : p.174

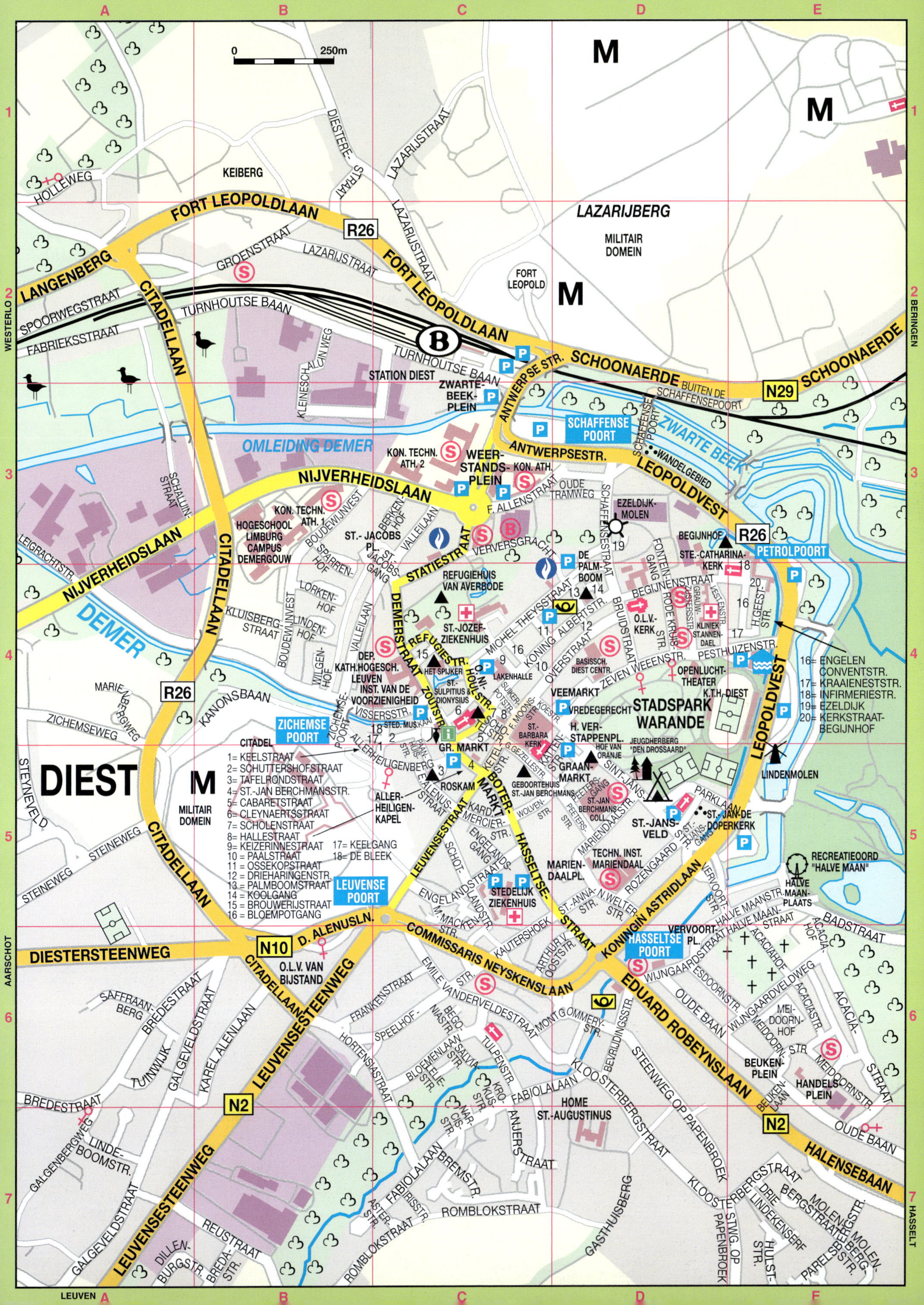

Avenue Colonel Cadoux 8
☎ 082 / 22.28.70

5500 DINANT

Index : p.174

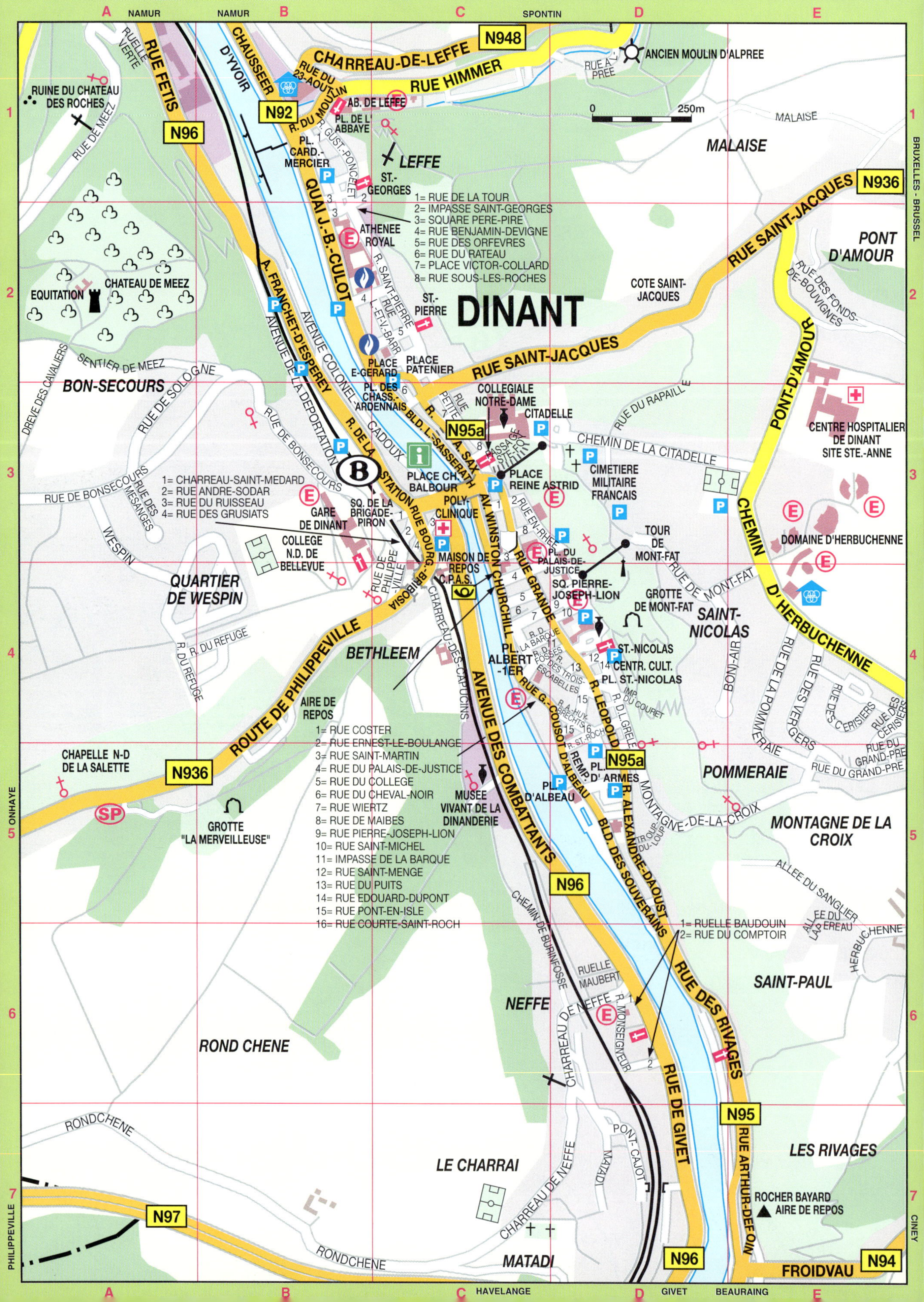

Marktplaz / Place du Marché 7
☎ 087 / 55.34.50

4700 EUPEN

Index : p.174

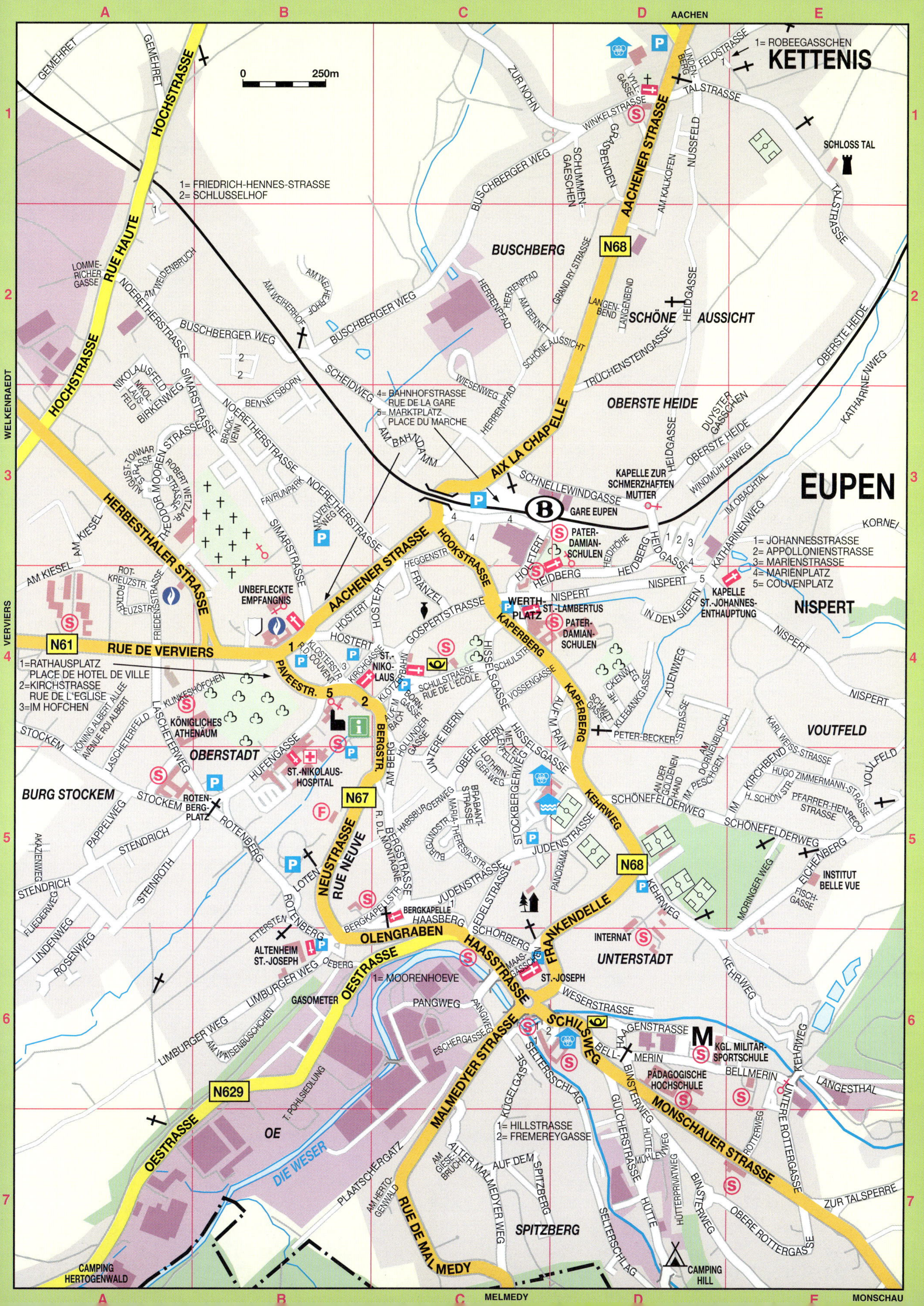

Crypte van het Belfort-Botermarkt 17A
☎ 09 / 266.52.32

9000 GENT *(GAND)*

Index : p.175

125 126

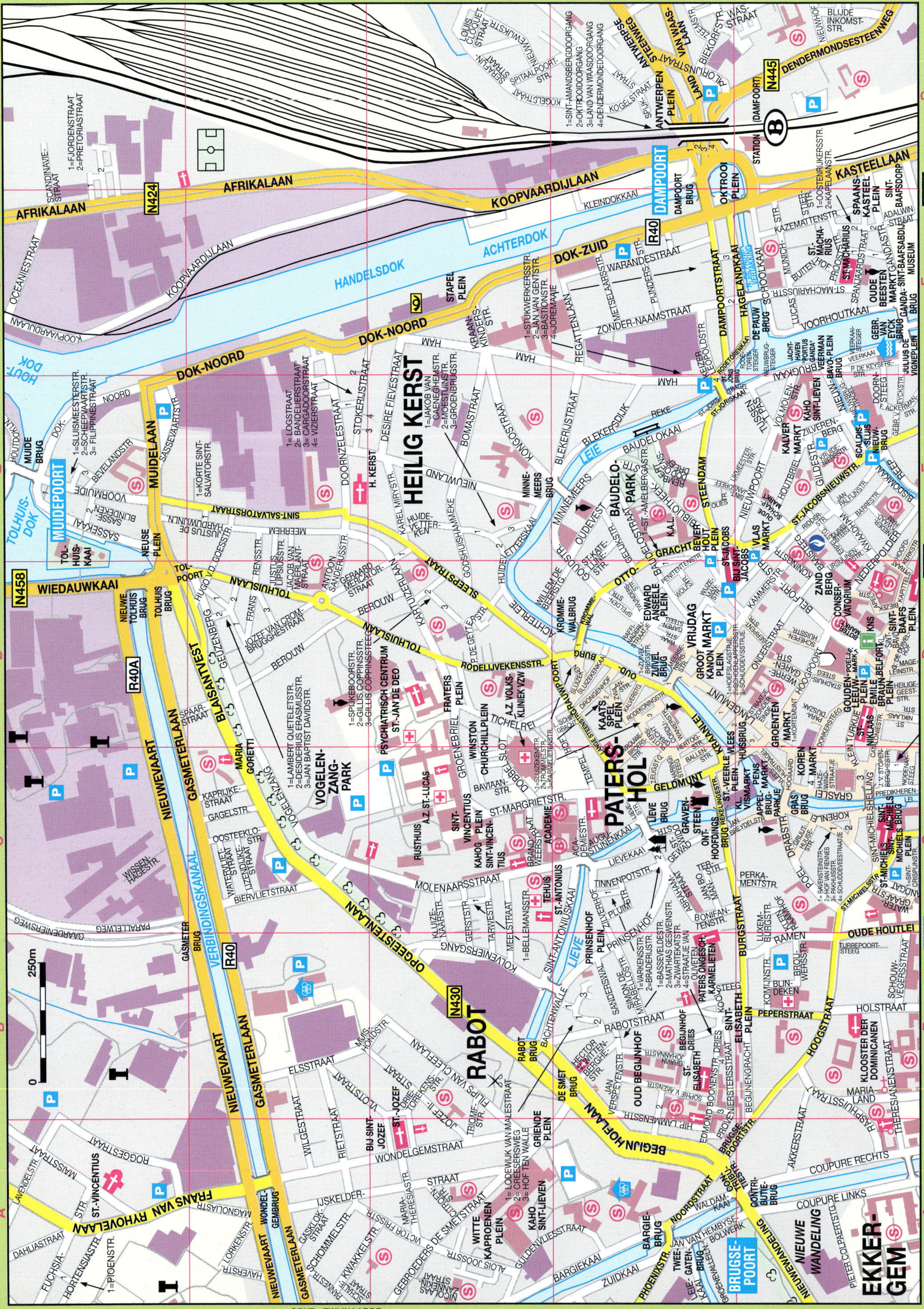

Crypte van het Belfort-Botermarkt 17A
☎ 09 / 266.52.32

9000 GENT *(GAND)*

Index : p.175

125 126

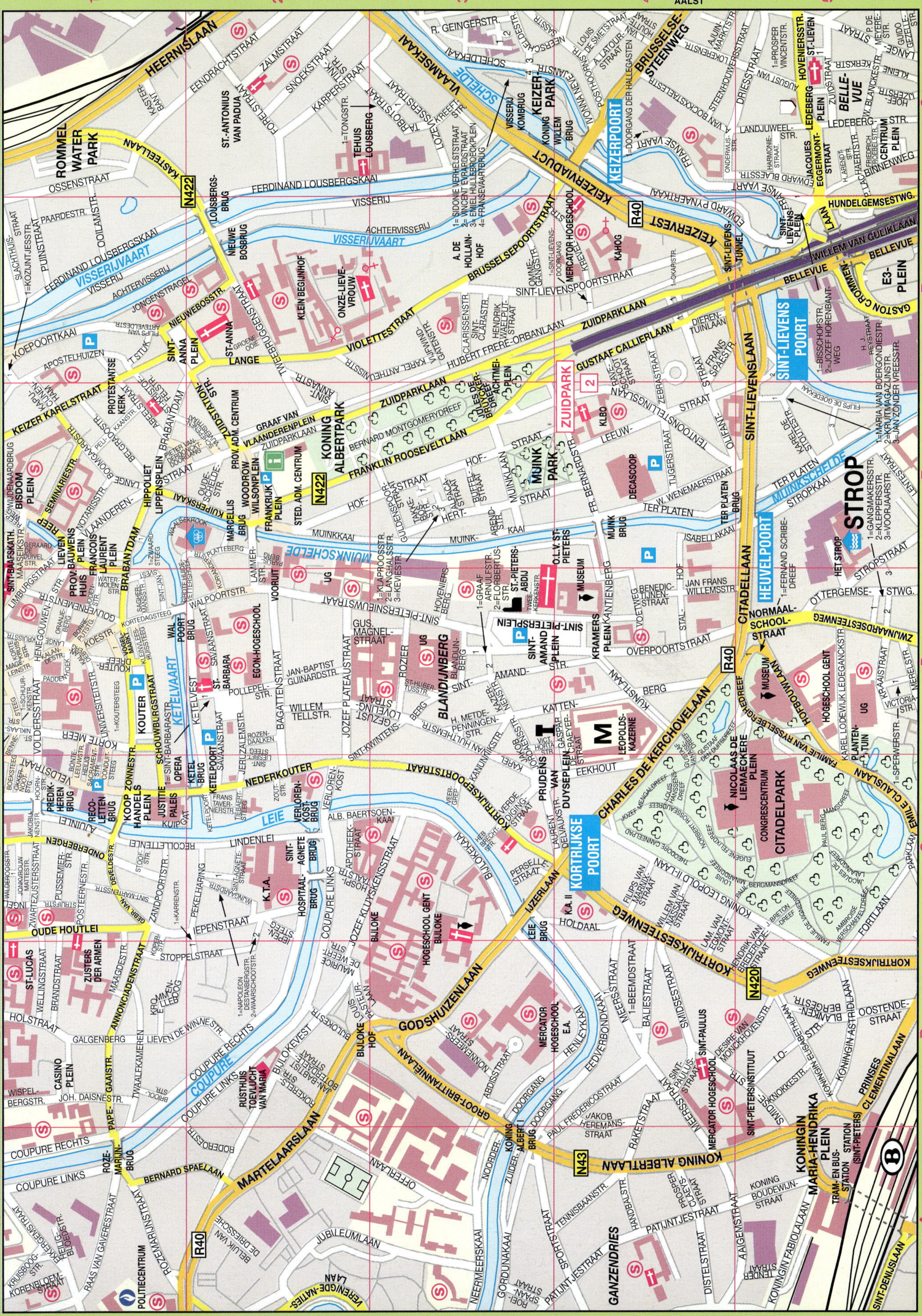

Lombaardstraat 3
☎ 011 / 23.95.40

3500 HASSELT

Index : p.176

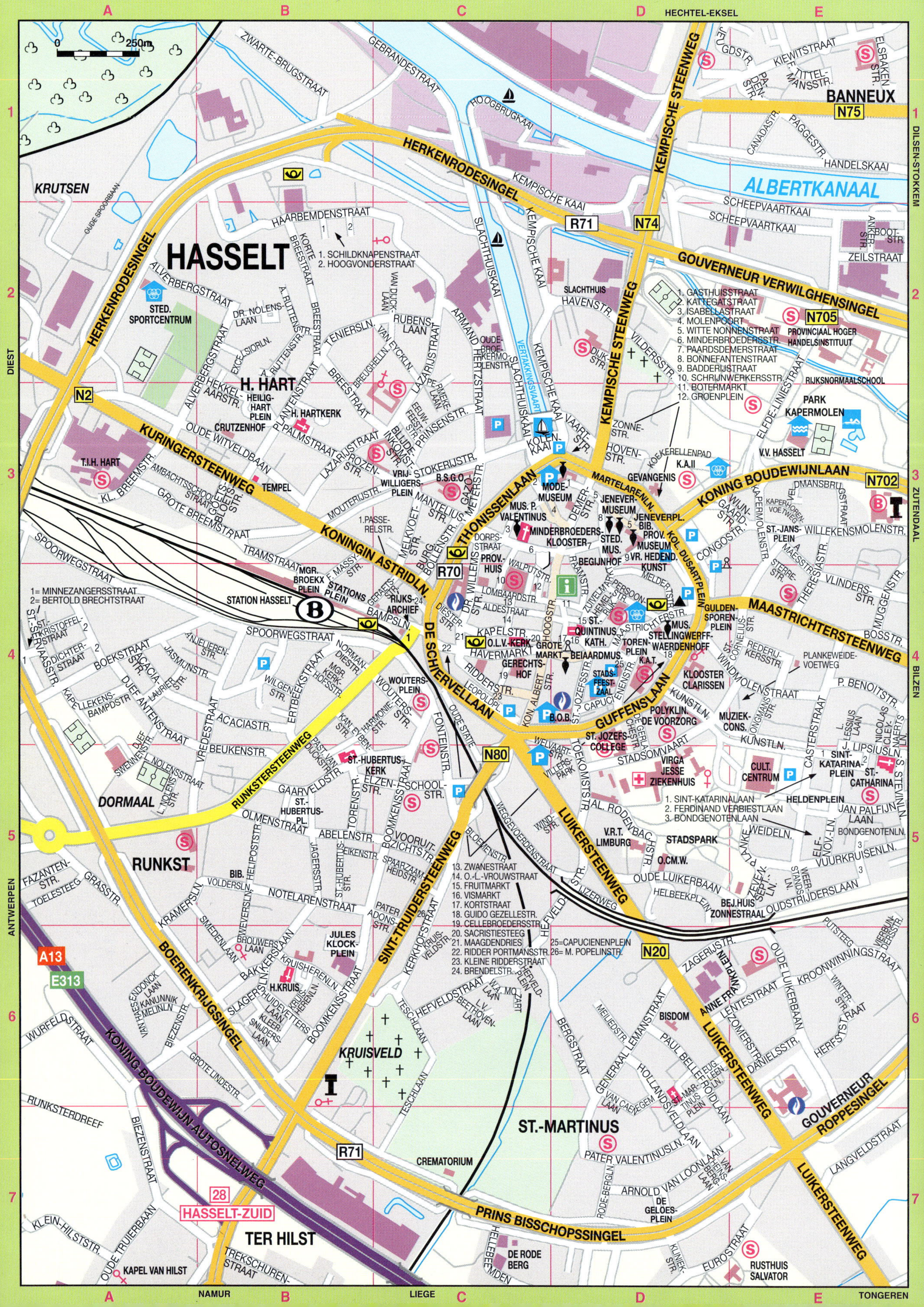

Quai de Namur 1
☎ 085 / 21.29.15

4500 HUY *(HOEI)*

Index : p.177

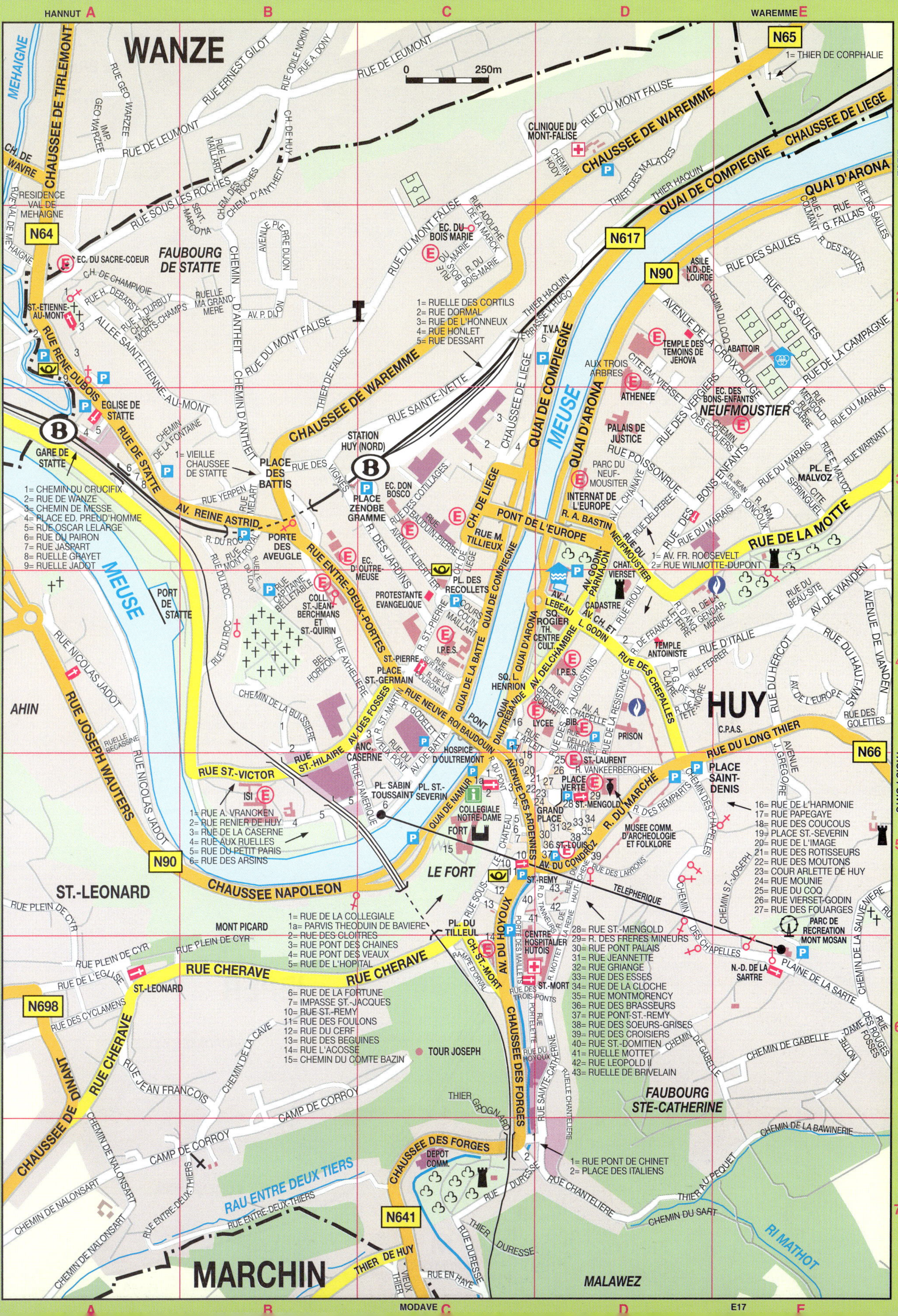

Stadhuis, Grote Markt 34
☎ 057 / 22.85.84

8900 IEPER *(YPRES)*

Index : p.177

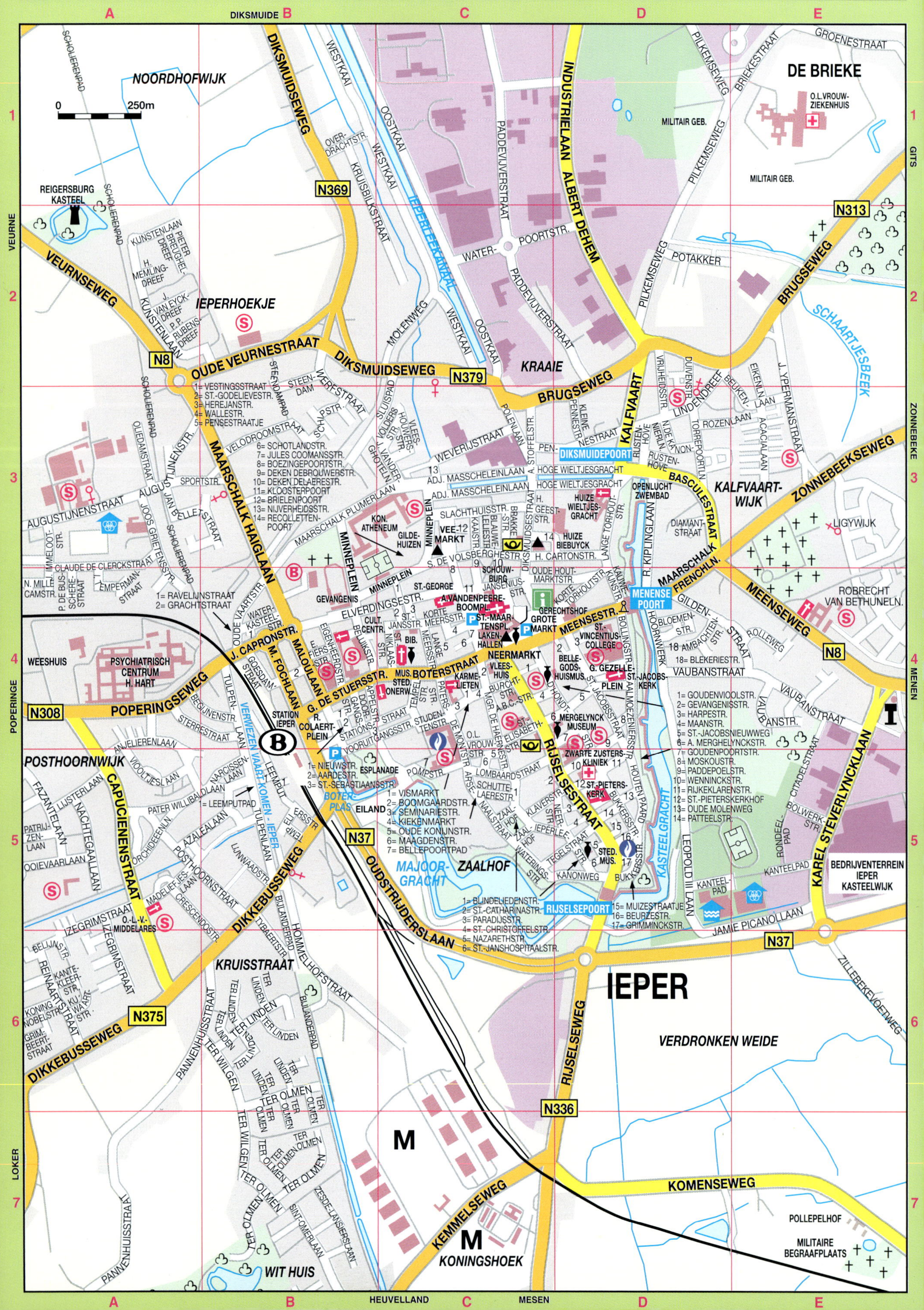

Zeedijk 660
☎ 050 / 63.03.80

8300 KNOKKE

Index : p.178

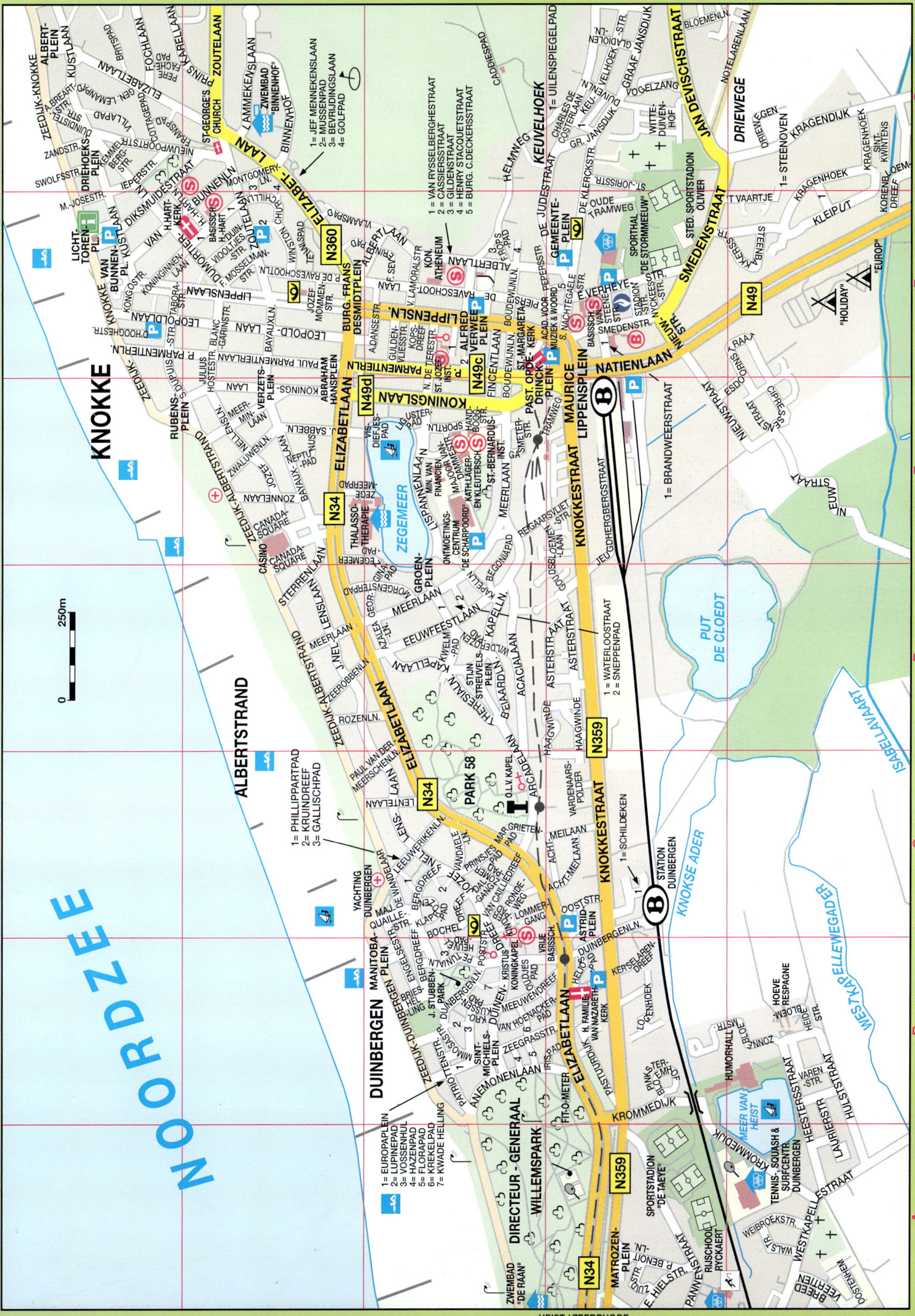

Sint-Michielsplein 5
☎ 056 / 27.28.40

8500 KORTRIJK *(COURTRAI)*

Index : p.178

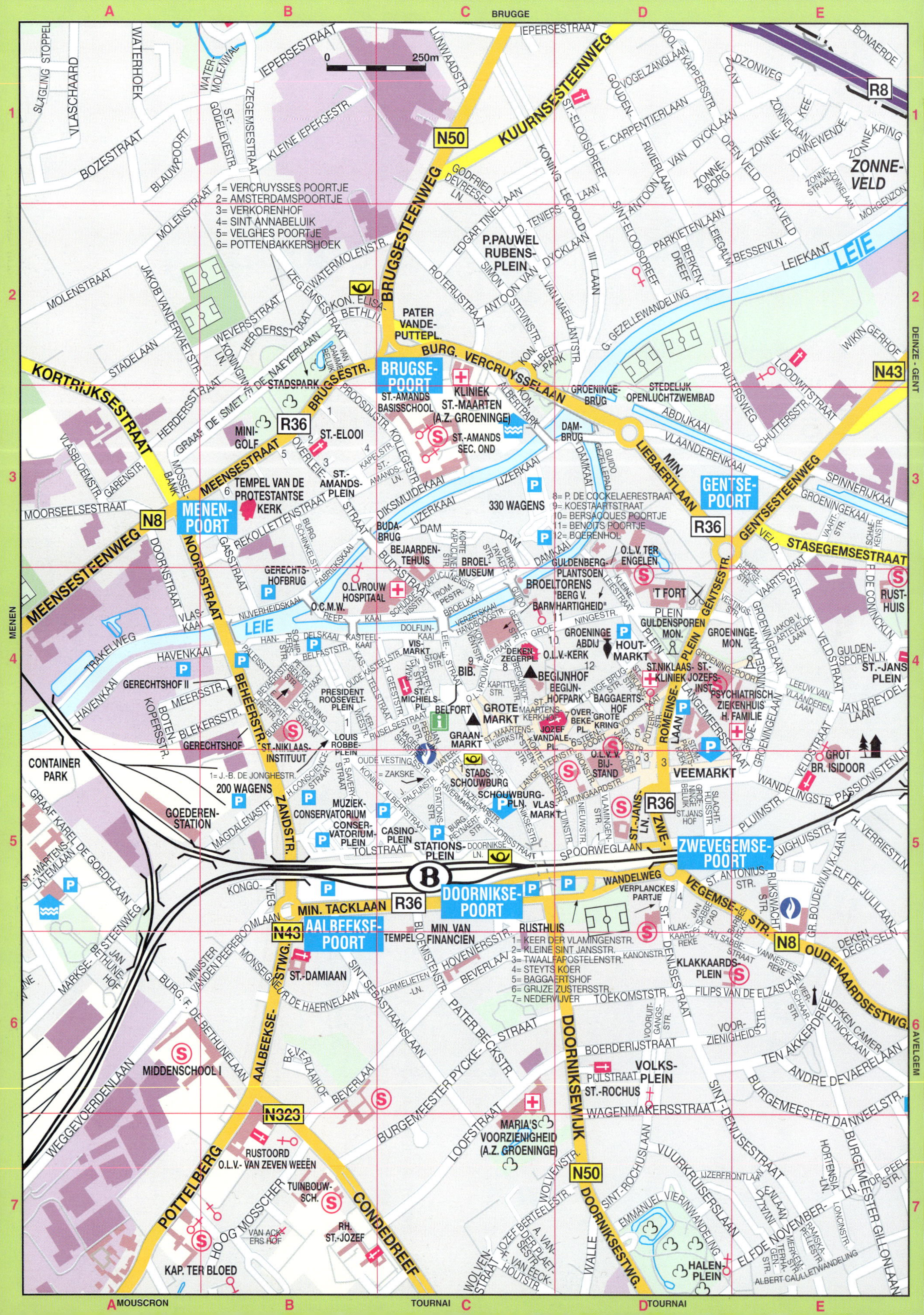

Grote Markt 9
☎ 016 / 21.15.39

3000 LEUVEN *(LOUVAIN)*

Index : p.178

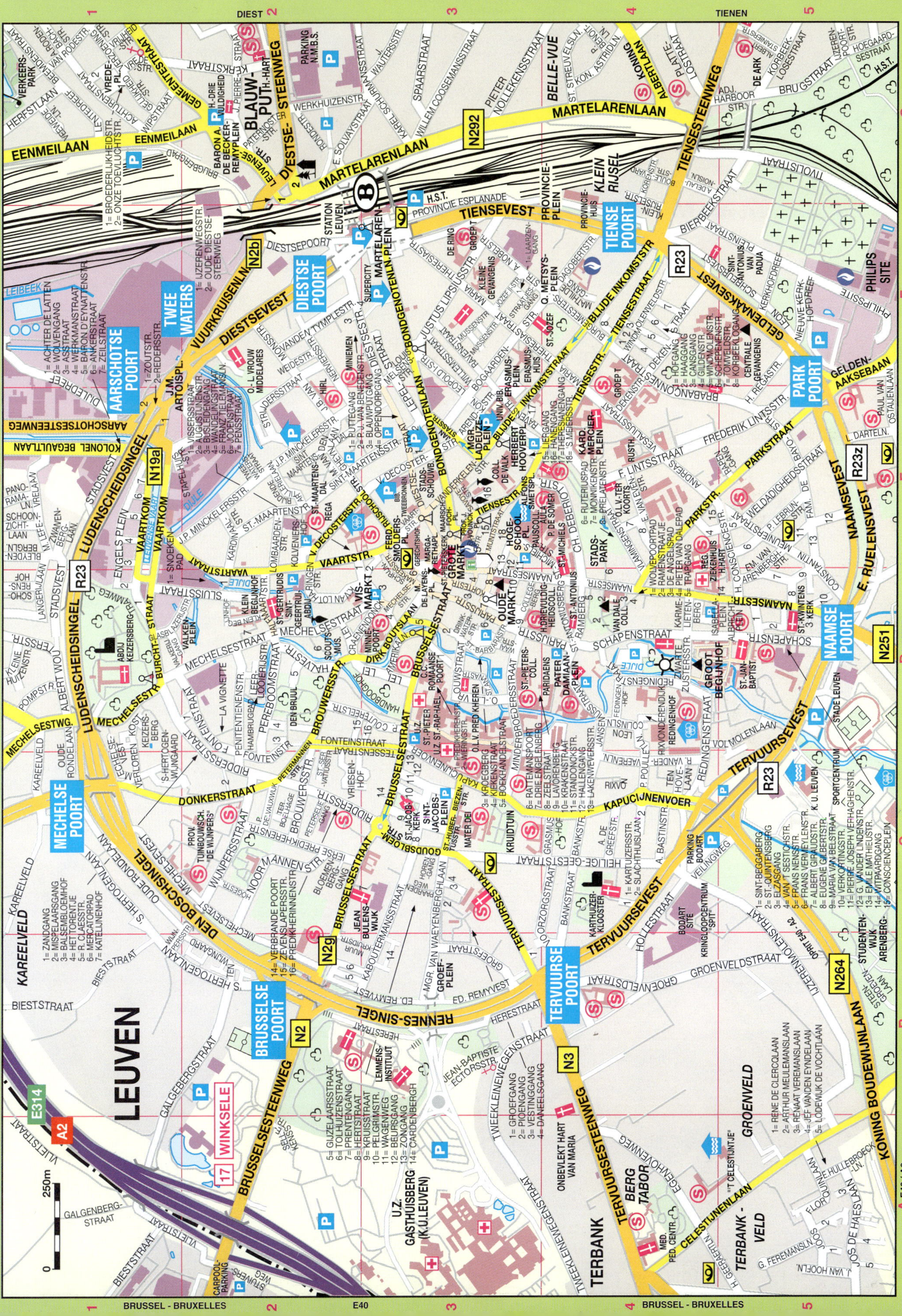

En Feronstrée 92
☎ 04 / 221.92.21

4000 LIEGE *(LUIK)*

Index : p.179

133 134 135 136

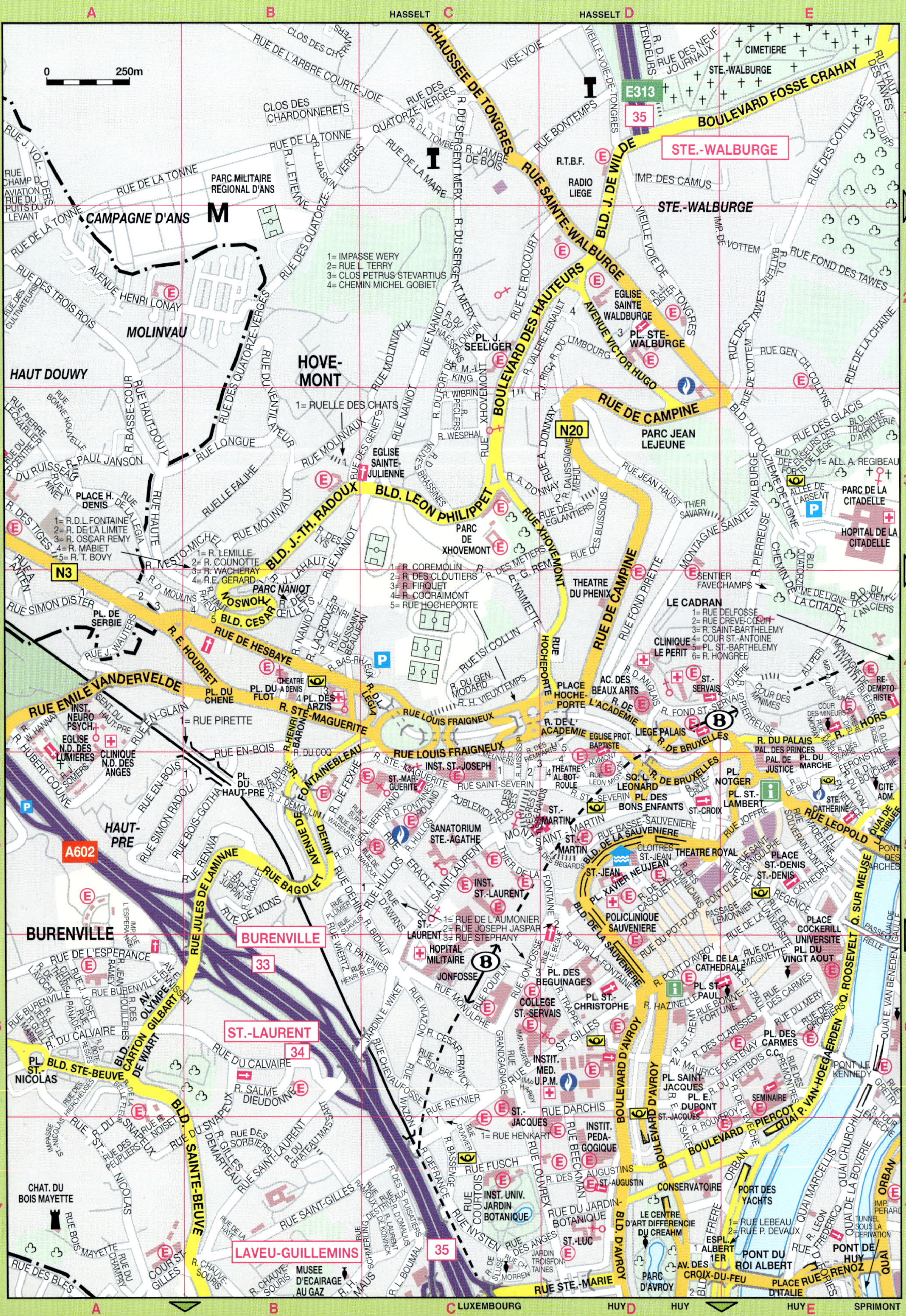

En Feronstrée 92
☎ 04 / 221.92.21

4000 LIEGE *(LUIK)*

Index : p.179

133	134
135	136

En Feronstrée 92
☎ 04 / 221.92.21

4000 LIEGE *(LUIK)*

Index : p.179

133 134 135 136

A B BRUSSEL - BRUXELLES C HERVE D HERVE E MAASTRICHT

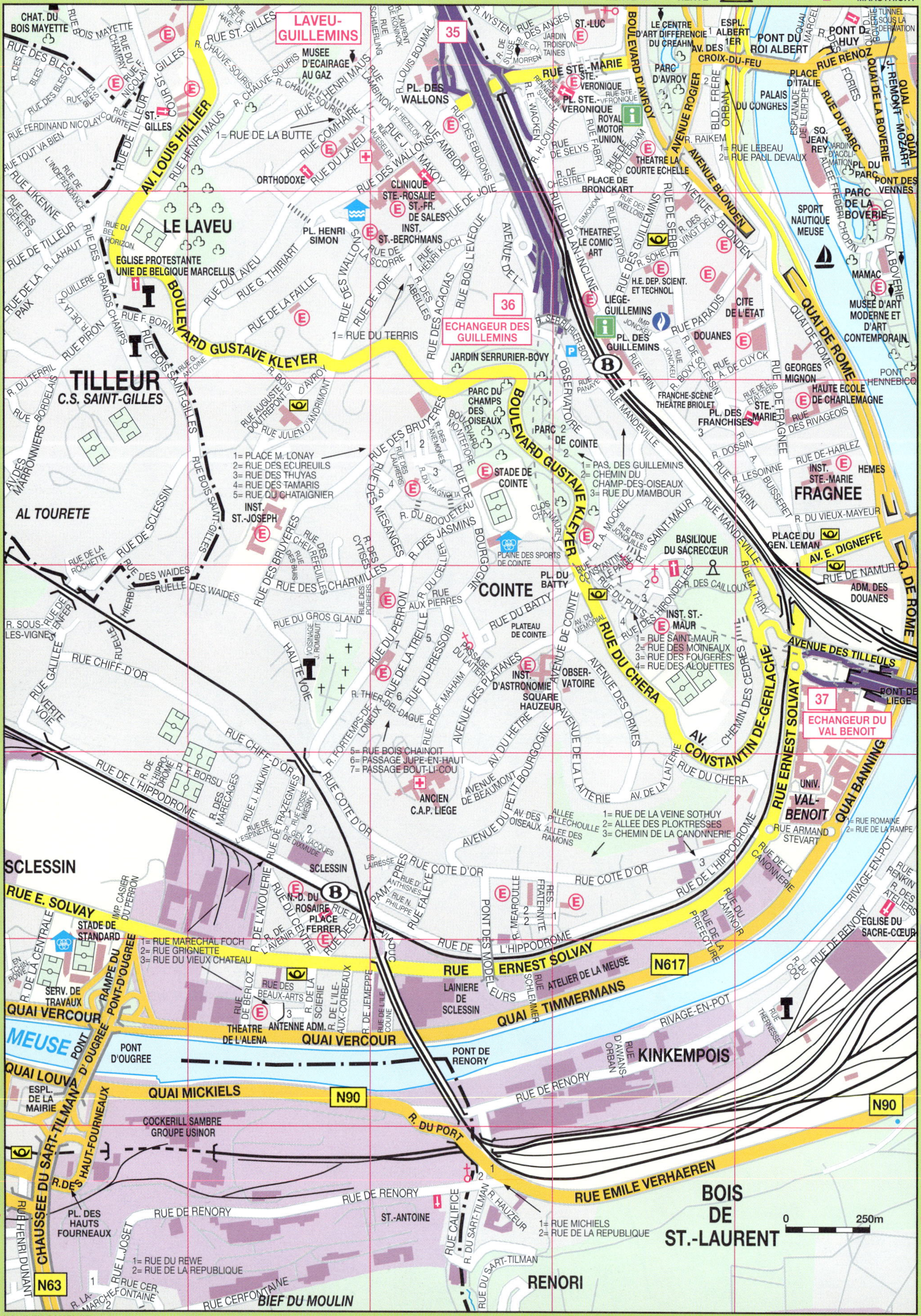

MARCHE-EN-FAMENNE A B C D E

En Feronstrée 92
☎ 04 / 221.92.21

4000 LIEGE *(LUIK)*

Index : p.179

133 134
135 136

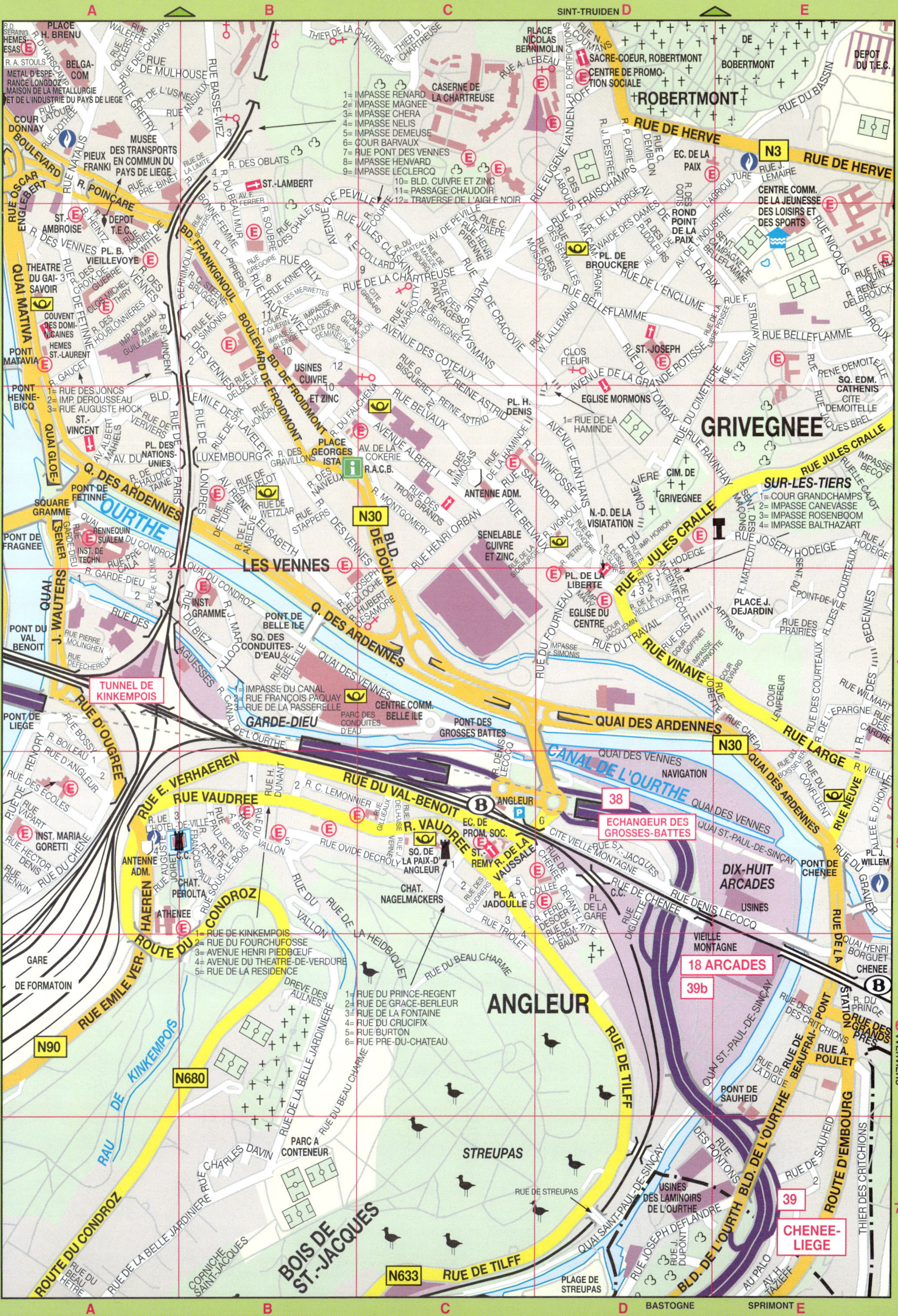

Grote Markt 57
☎ 03 / 4800.03.93

2500 LIER (LIERRE)

Index : p.182

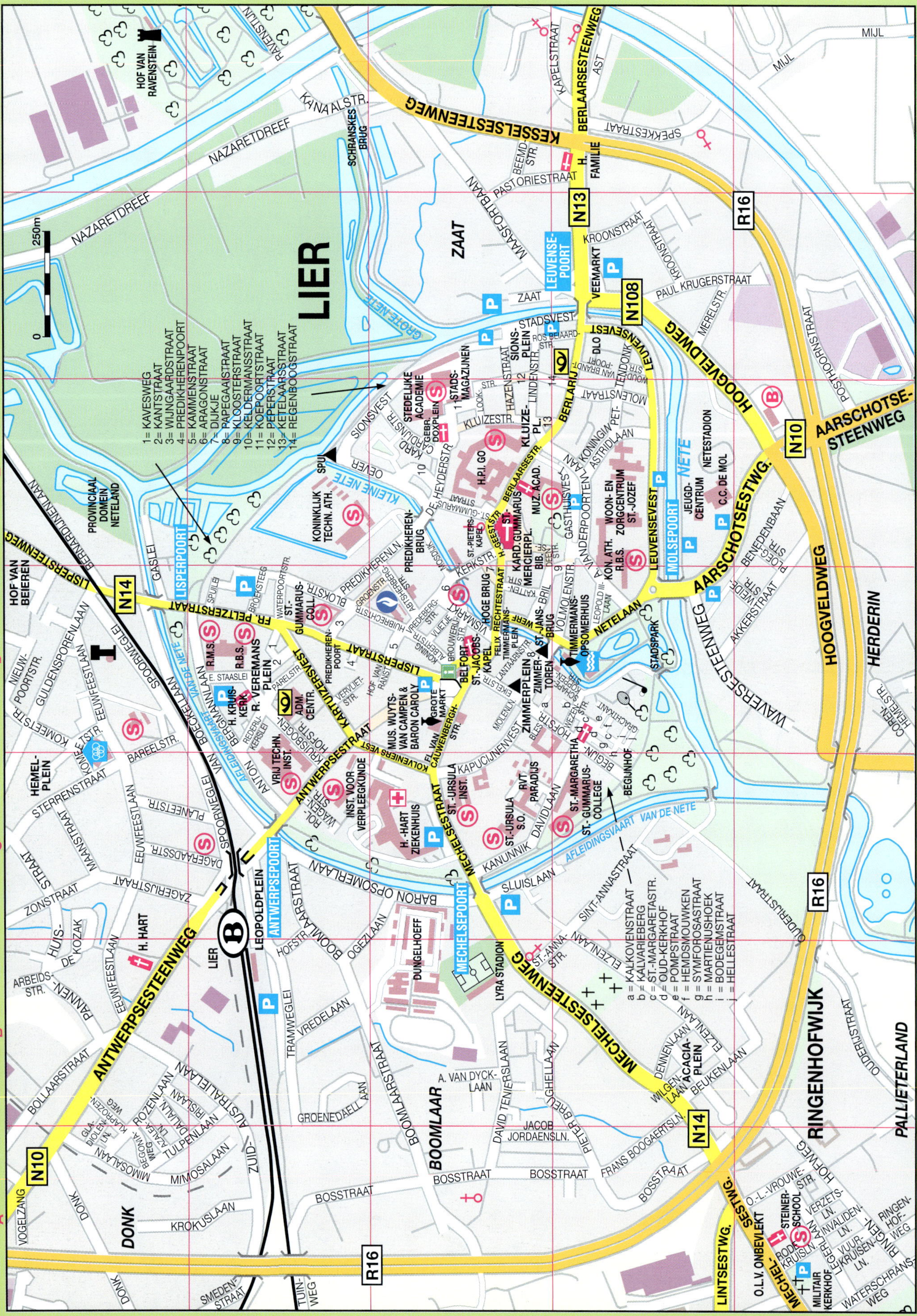

Hollestraat 2-4
☎ 015 / 29.76.55

2800 MECHELEN *(MALINES)*

Index : p.182

Grand-place 22
☎ 065 / 33.55.80

7000 MONS *(BERGEN)*

Index : p.183

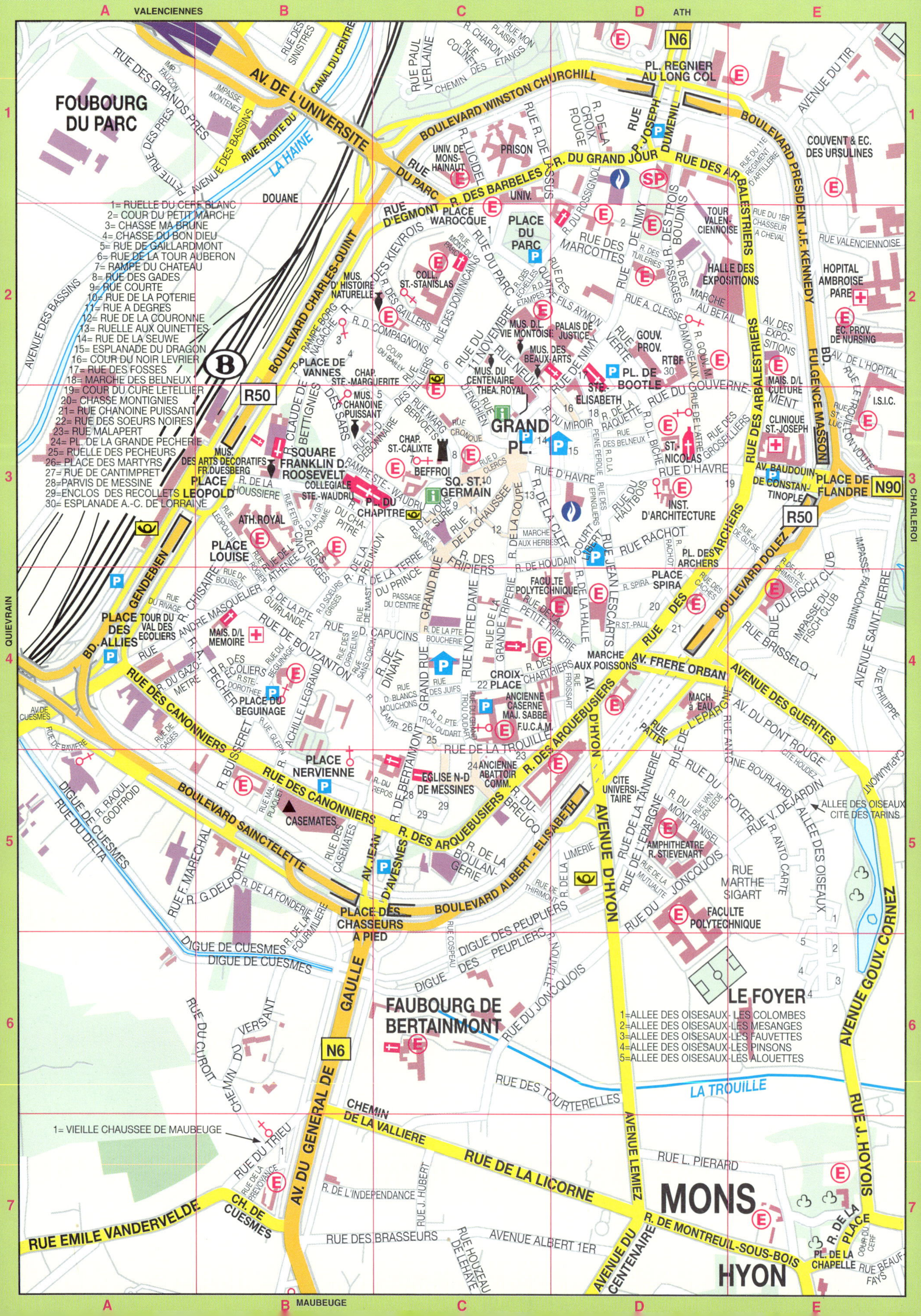

Hôtel de ville
☎ 081 / 24.64.44

5000 NAMUR *(NAMEN)*

Index : p.183

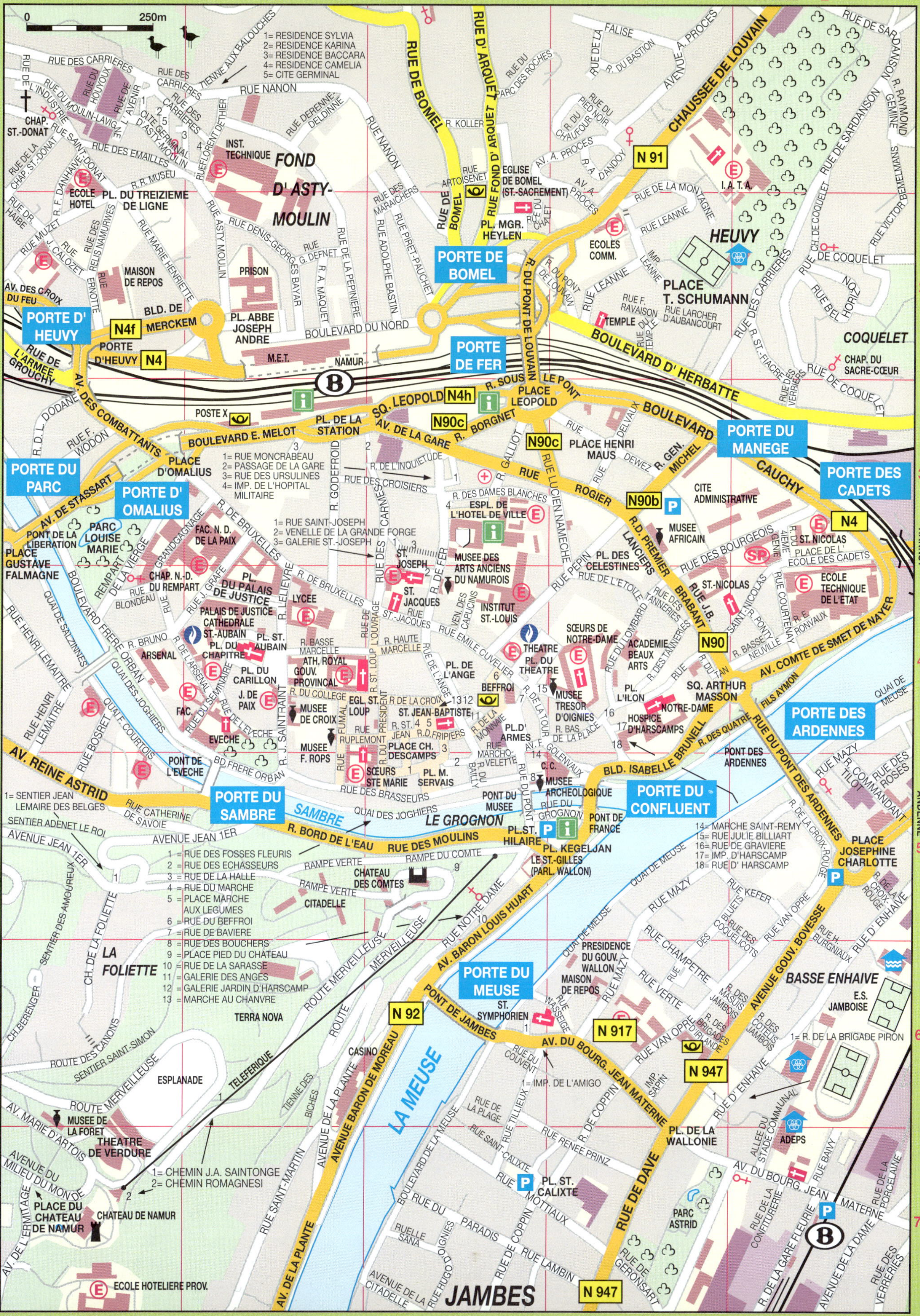

Rue de Charleroi 25
☎ 067 / 21.54.13

1400 NIVELLES *(NIJVEL)*

Index : p.184

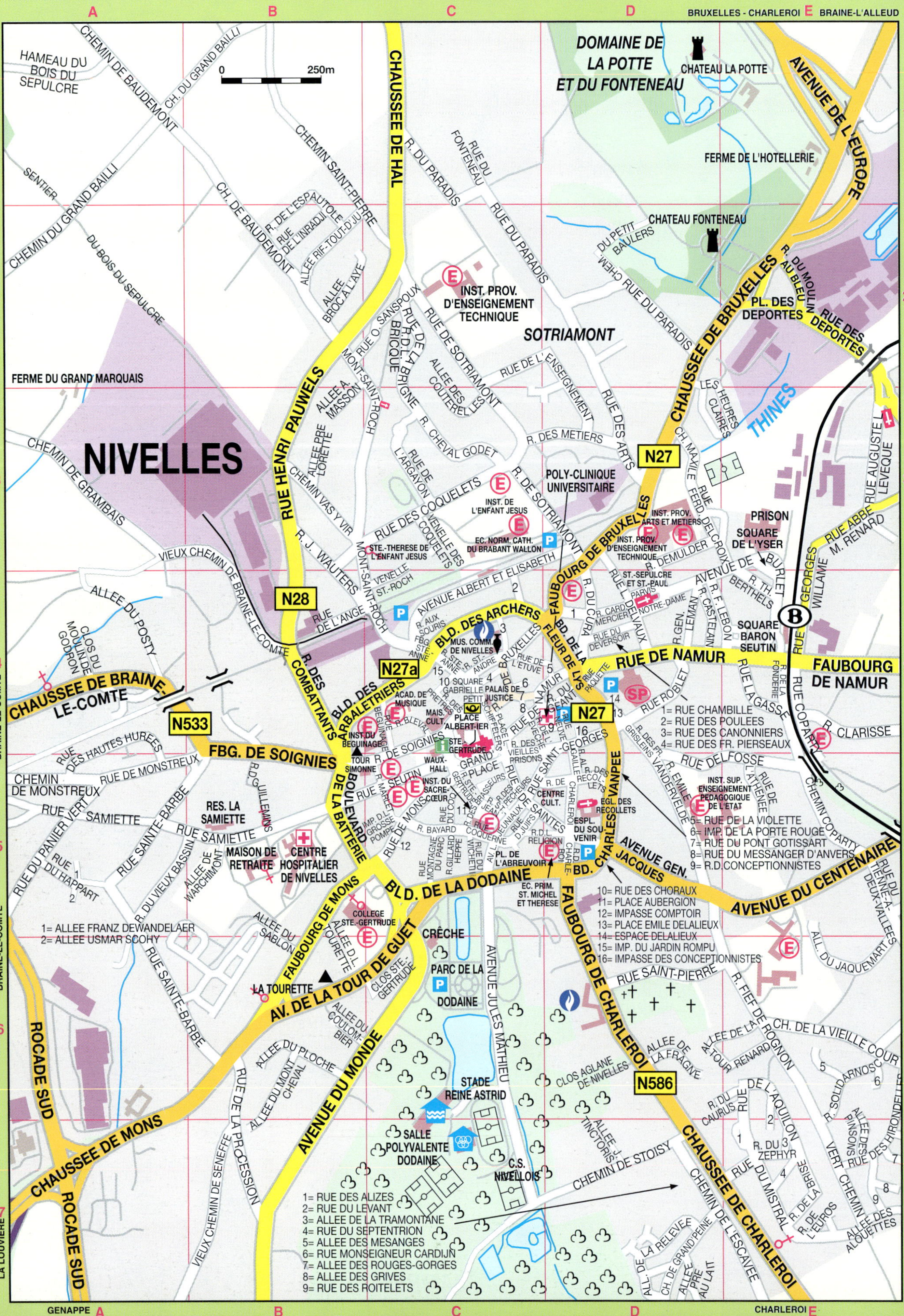

Monacoplein 2
☎ 059 / 70.11.99

8400 OOSTENDE *(OSTENDE)*

Index : p.184

Stadhuis, Markt 1
☎ 055 / 31.72.51

9700 OUDENAARDE *(AUDENARDE)*

Index : p.185

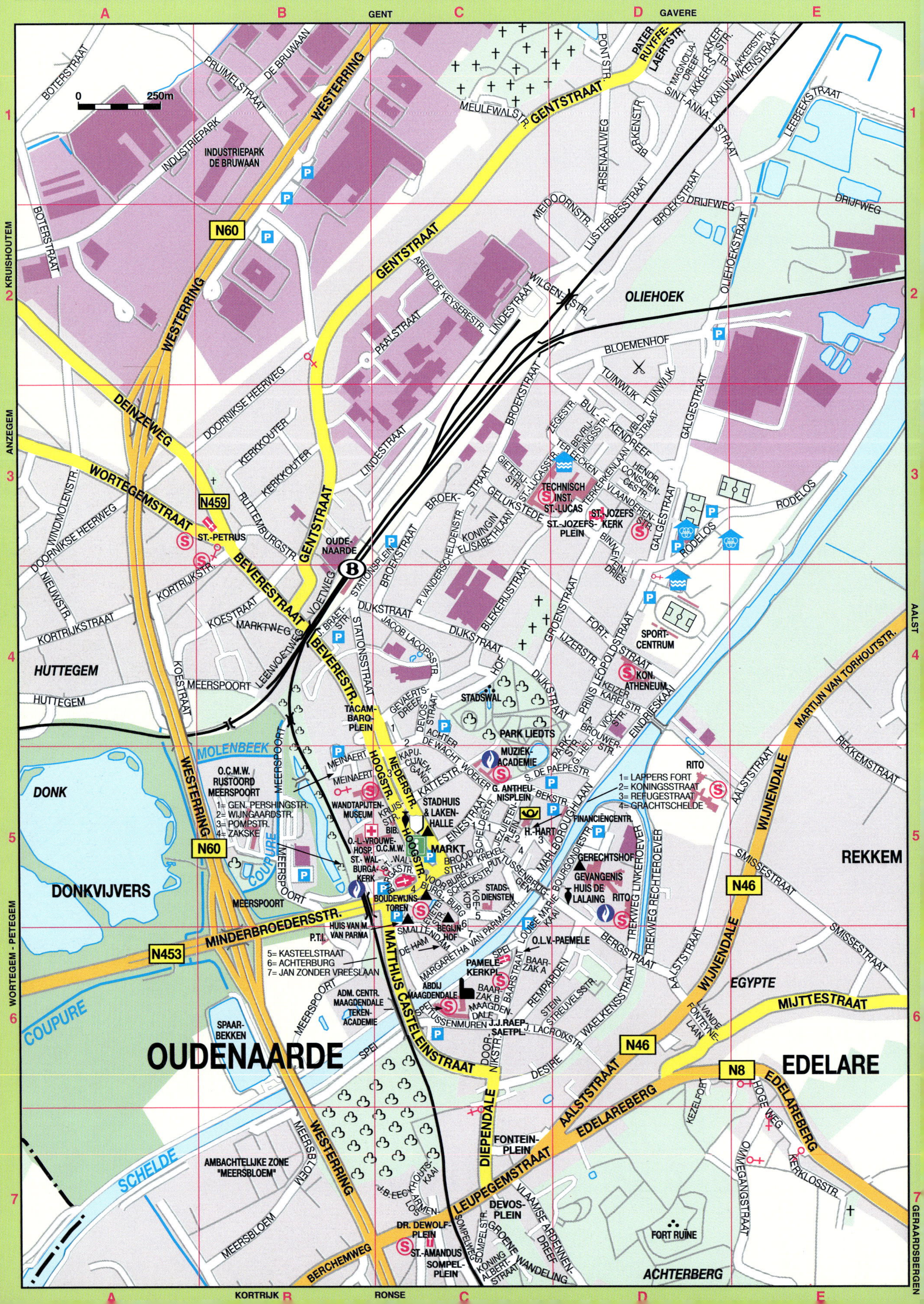

Grote Markt 45
☎ 03 / 777.26.81

9100 SINT-NIKLAAS *(ST.-NICOLAS)*

Index : p.185

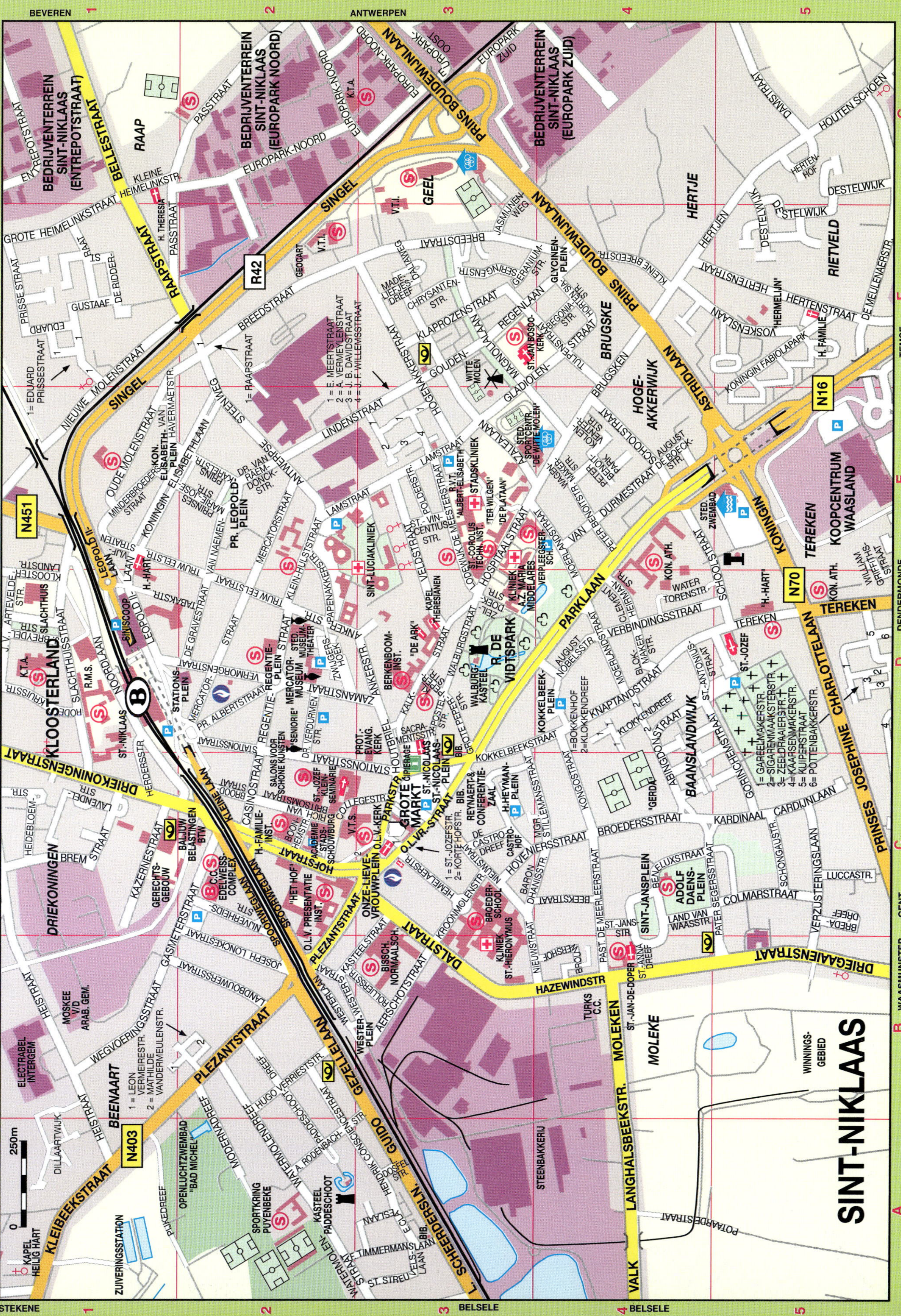

Stadhuis - Grote Markt
☎ 011 / 70.18.18

3800 SINT-TRUIDEN

Index : p.185

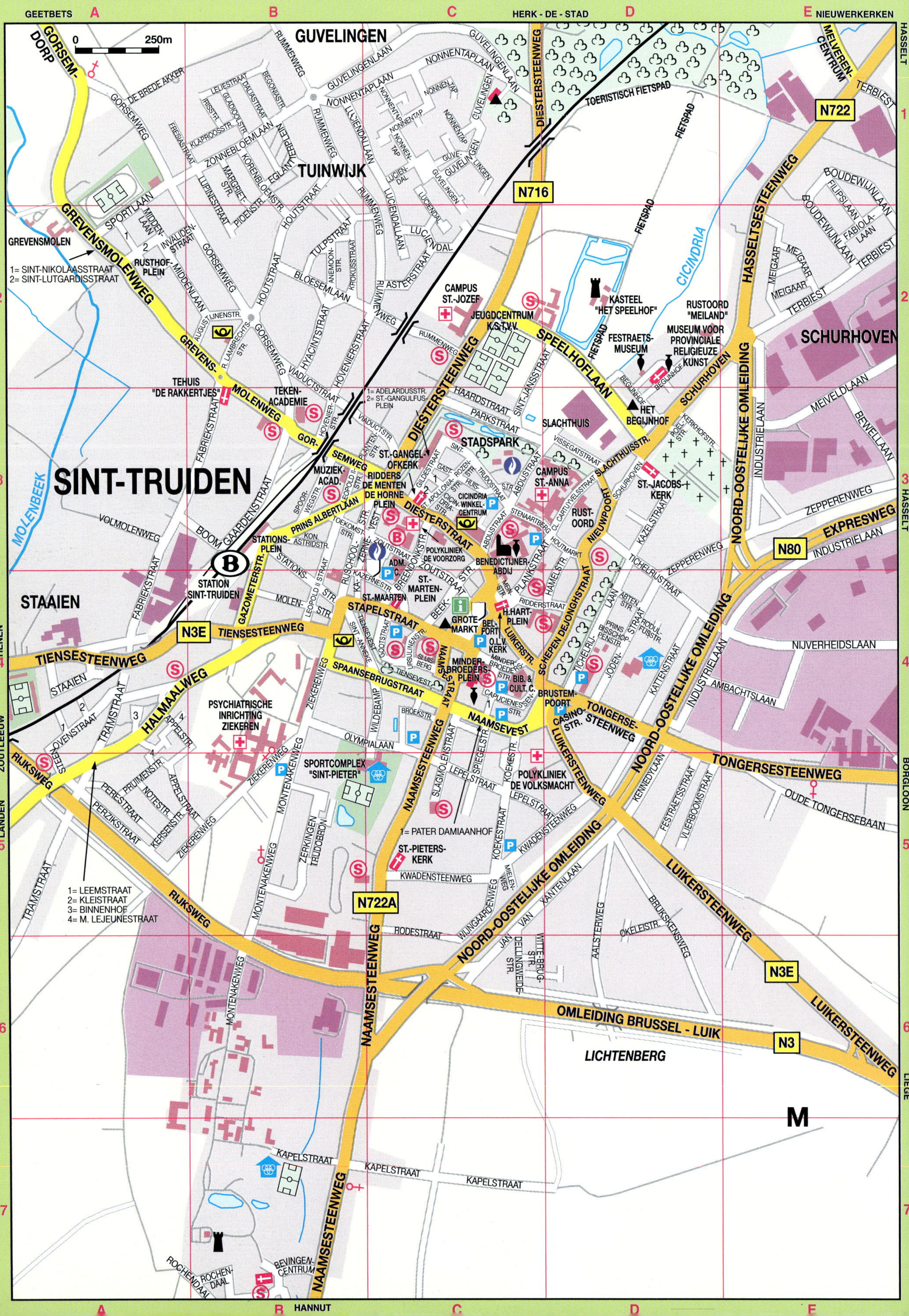

Place Royale 41
☎ 087 / 79.53.53

4900 SPA

Index : p.186

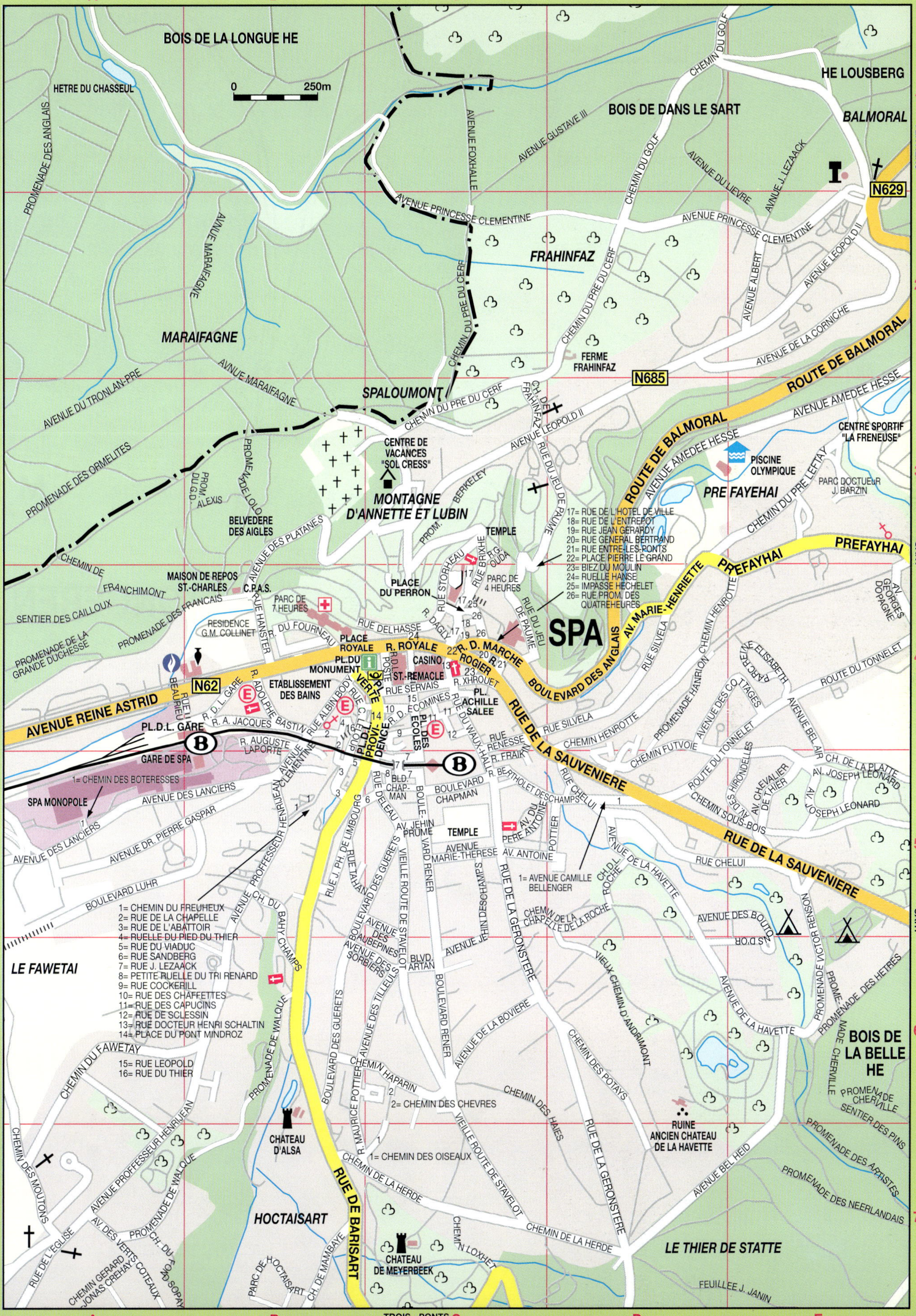

Stadhuisplein 9
☎ 012 / 39.02.55

3700 TONGEREN *(TONGRES)*

Index : p.186

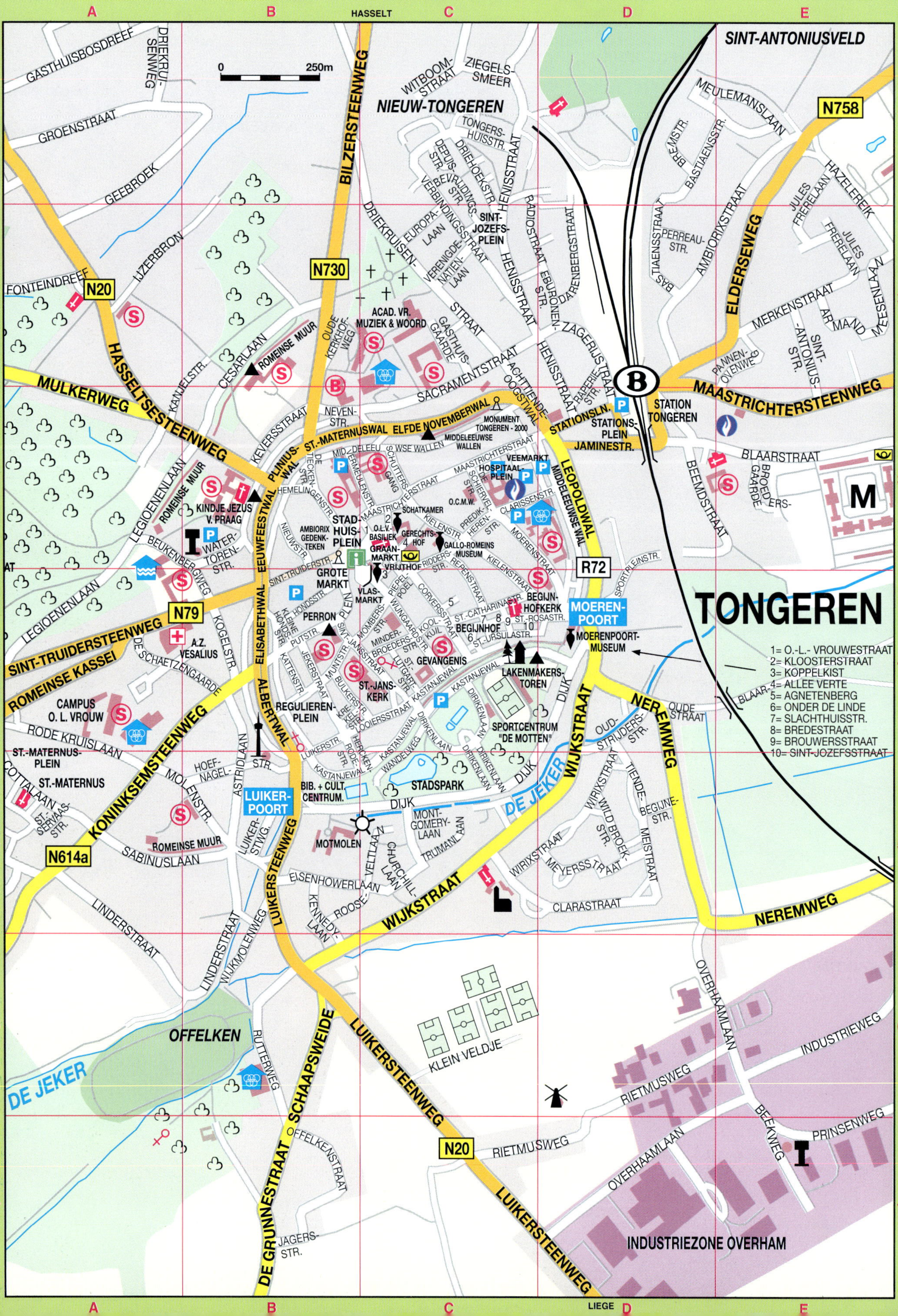

Vieux Marché-aux-Poteries 14
☎ 069 / 22.20.45

7500 TOURNAI *(DOORNIK)*

Index : p.186

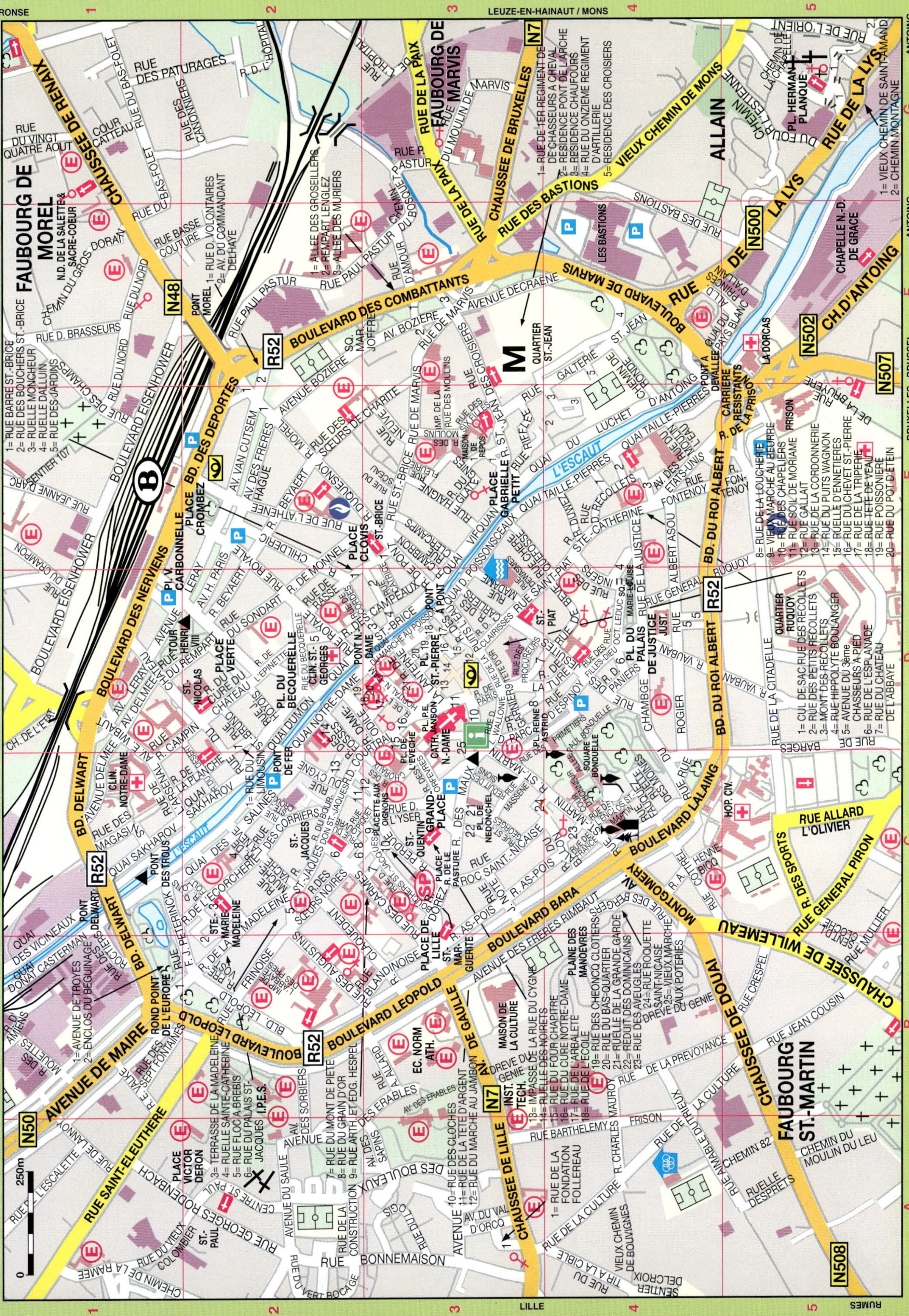

Grote Markt 44
☎ 014 / 44.33.55

2300 TURNHOUT

Index : p.187

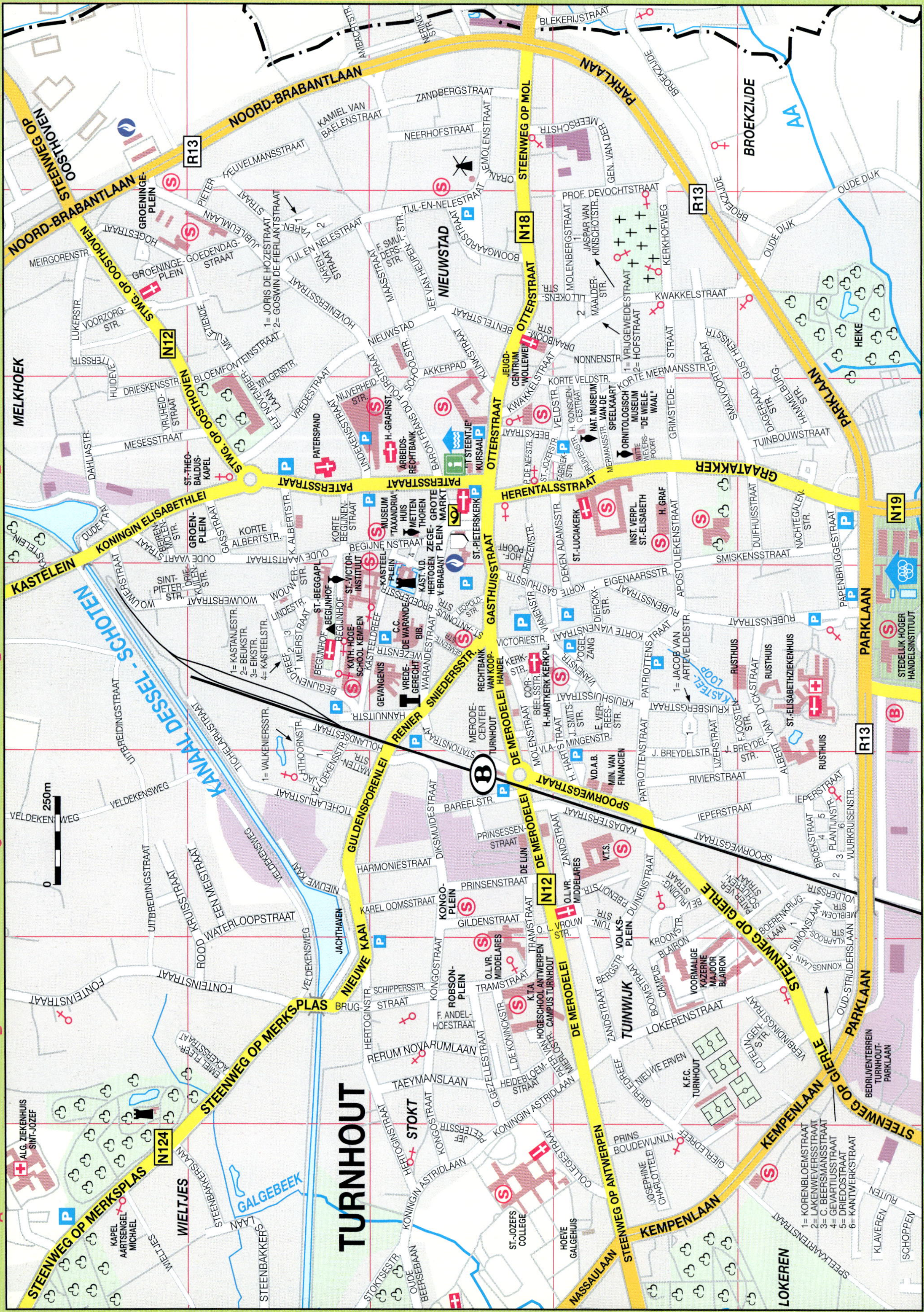

Place du marché 41
☎ 087 / 32.52.75

4800 VERVIERS

Index : p.187

Place de l'hôtel de ville
☎ 010 / 23.03.52

1300 WAVRE *(WAVER)*

Index : p.188

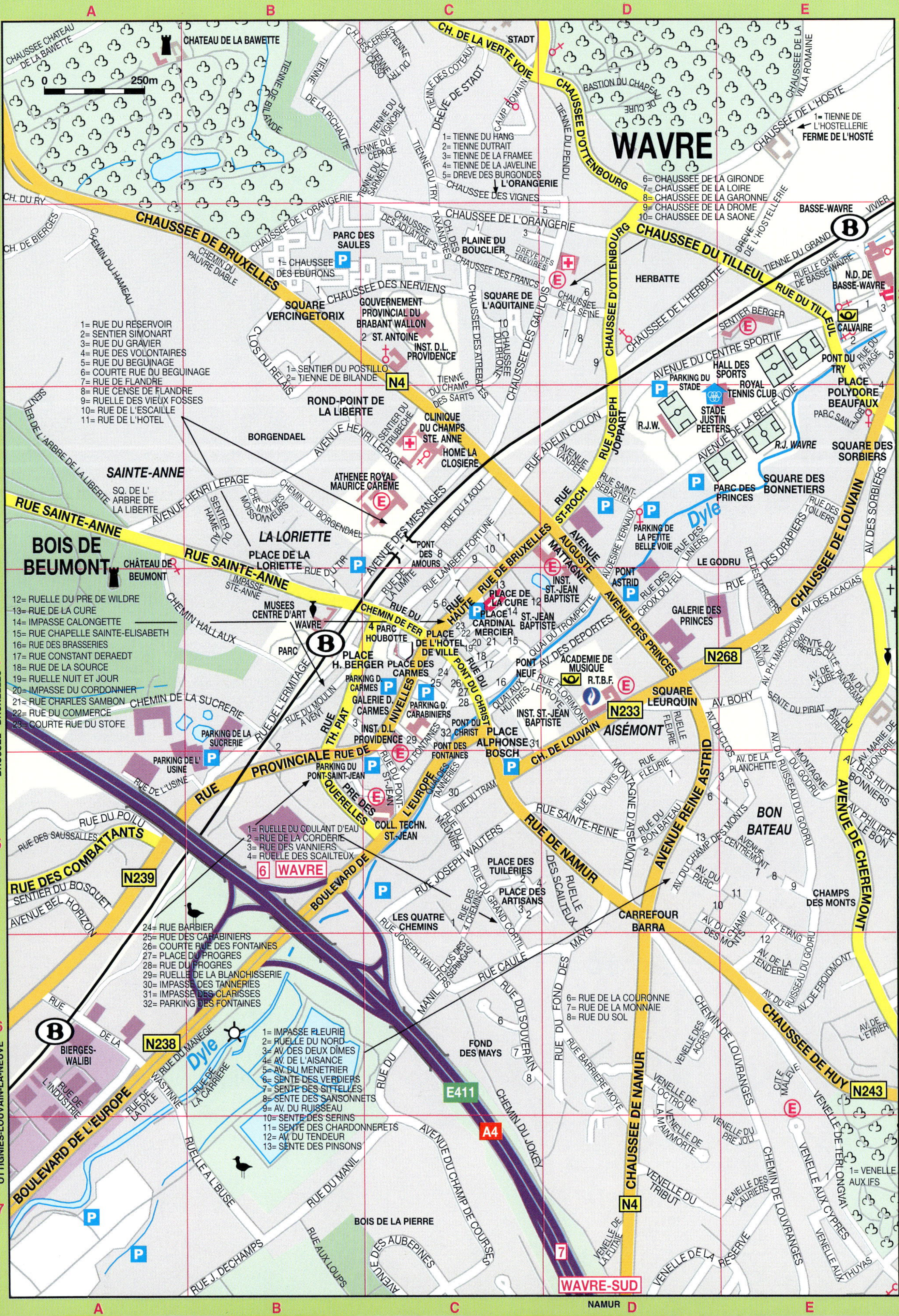

Place de la libération 3
☎ 00 352/ 80.30.23

9201 DIEKIRCH

Index : p.188

Parvis de la Basilique 9-10
☎ 00 352 / 72.02.30

6401 ECHTERNACH

Index : p.189

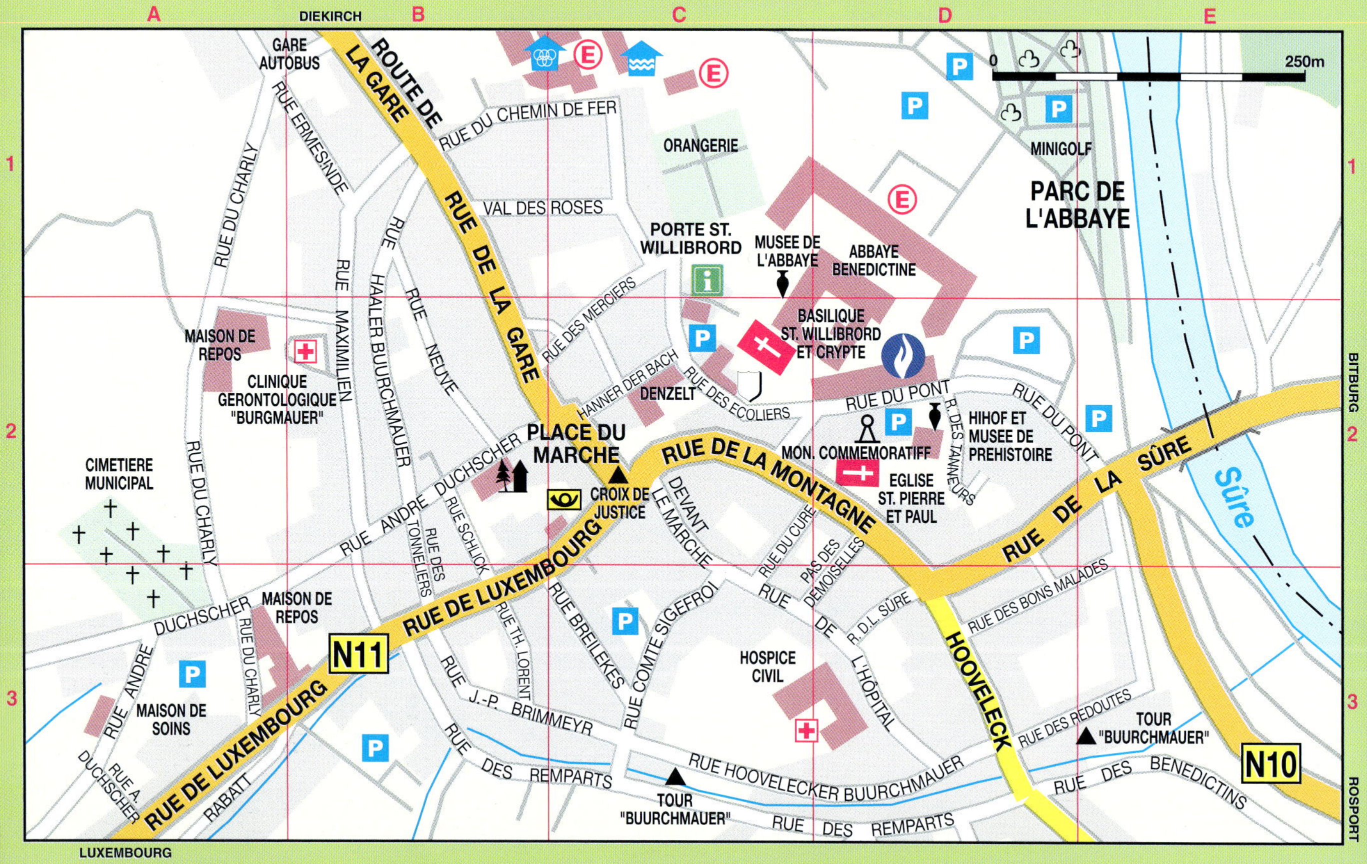

Route de Luxembourg
☎ 00 352 / 66.75.75

5601 MONDORF-LES-BAINS

Index : p.189

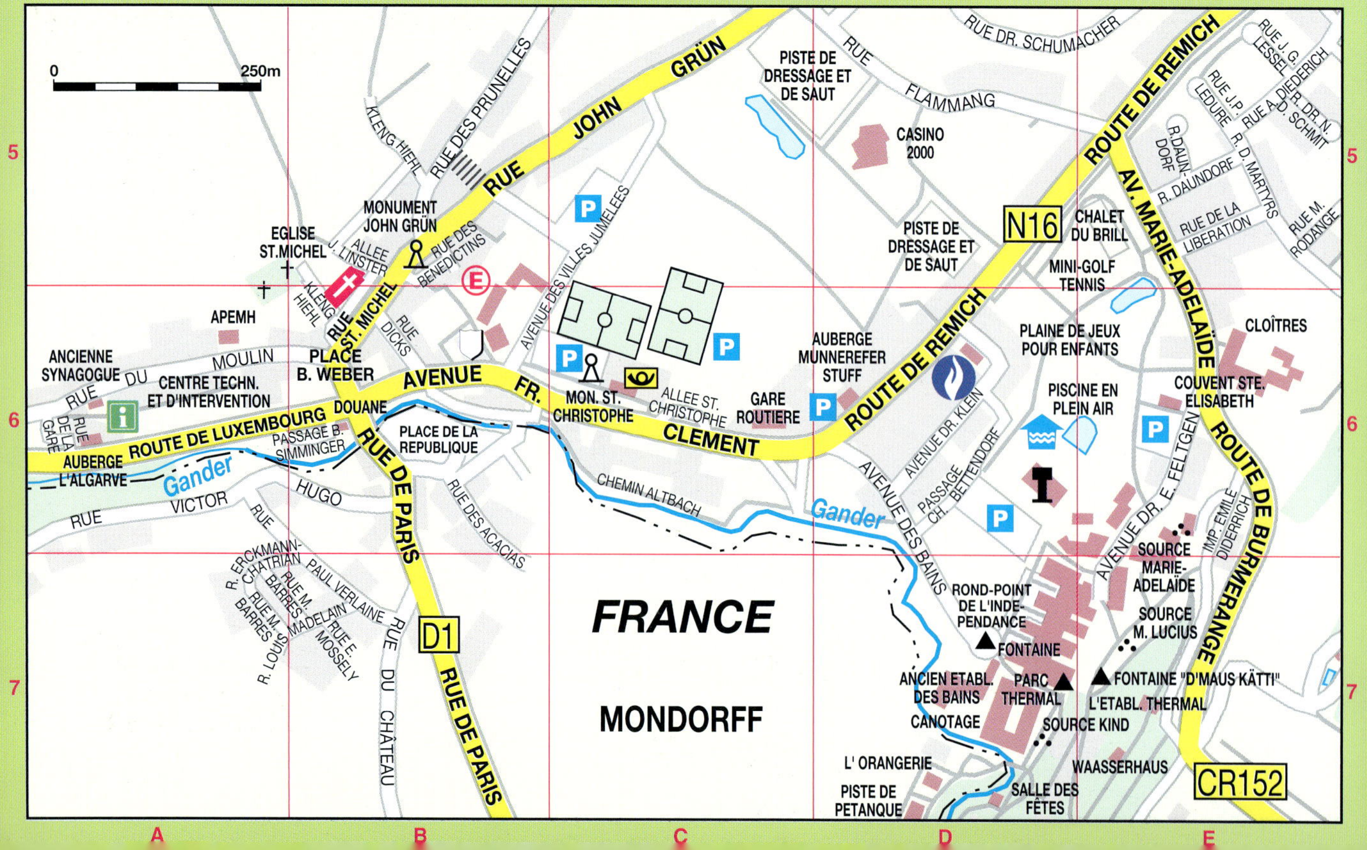

Hôtel de Ville
☎ 00 352 / 54.73.83-246

4004 ESCH-SUR-ALZETTE

Index : p.189

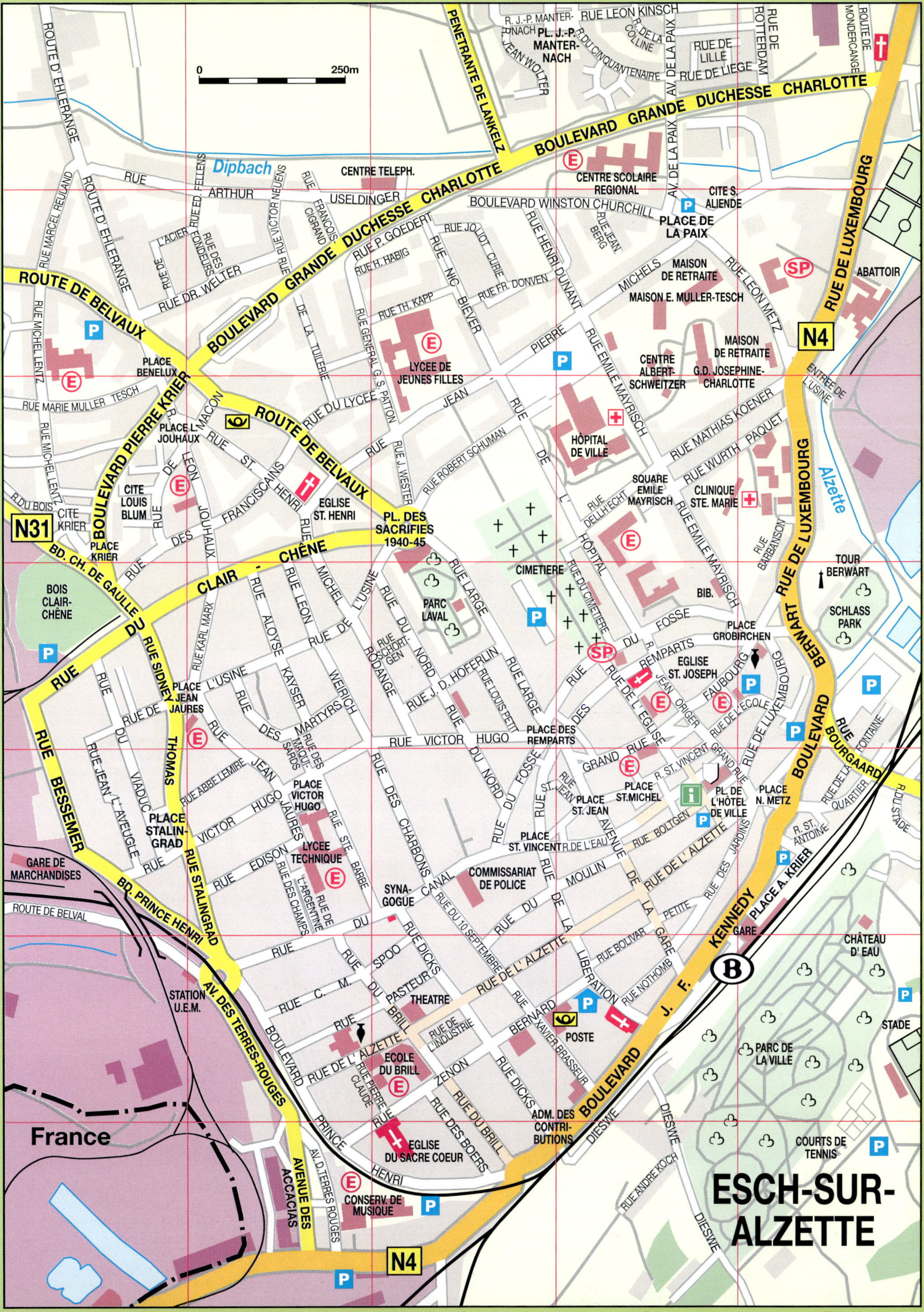

Place d'Armes
☎ 00352 / 22.28.09

2011 LUXEMBOURG *(LUXEMBURG)*

Index : p.189

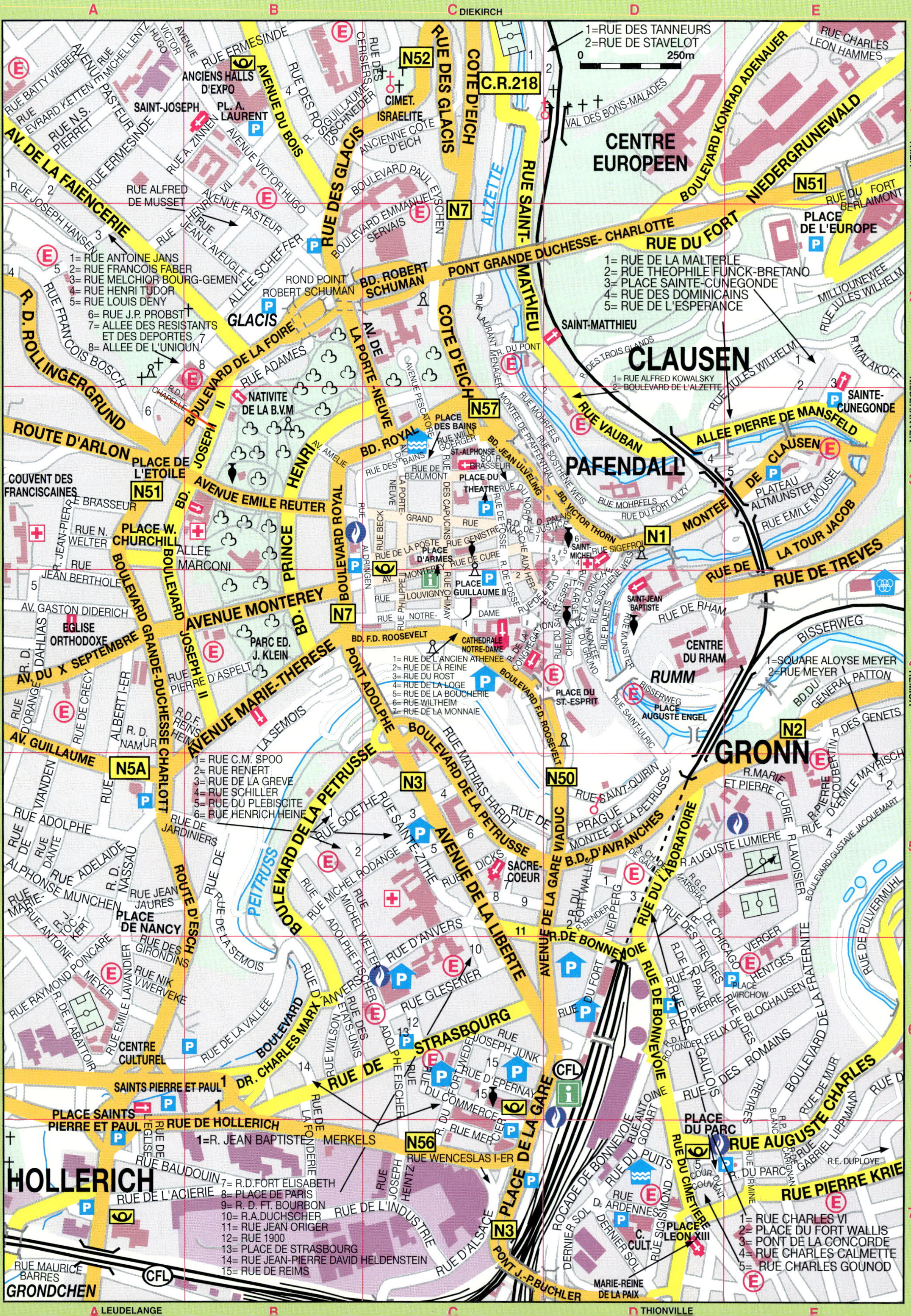

INHOUD

Plaatsnamenregister ... 157-164
Straatnamenregister ... 165-189

SOMMAIRE

Index des localités ... 157-164
Index des noms des rues ... 165-189

SUMMARY

Index of place names ... 157-164
Index of street names ... 165-189

INHALT

Ortsverzeichnis ... 157-164
Straßenverzeichnis ... 165-189

SUMARIO

Indice de localidades ... 157-164
Indice de calles ... 165-189

SOMMARIO

Indice nomi contenuti nell'Atlante ... 157-164
Stradario ... 165-189

STEDEN - VILLES - CITIES - STÄDTE - CIUDADES - CITTÀ

Aalst ... 165
Antwerpen ... 165
Arlon ... 167
Bastogne ... 167
Brugge ... 167
Brussel ... 168
Bruxelles ... 168
Charleroi ... 173
Diest ... 174
Dinant ... 174
Eupen ... 174
Gent ... 175
Hasselt ... 176
Huy ... 177
Ieper ... 177
Knokke ... 178
Kortrijk ... 178
Leuven ... 178
Liège ... 179
Lier ... 182
Mechelen ... 182
Mons ... 183
Namur ... 183
Nivelles ... 184
Oostende ... 184
Oudenaarde ... 185
Sint-Niklaas ... 185
Sint-Truiden ... 185
Spa ... 186
Tongeren ... 186
Tournai ... 186
Turnhout ... 187
Verviers ... 187
Wavre ... 188
L.-Diekirch ... 188
L.-Echternach ... 189
L.-Esch-sur-Alzette ... 189
L.-Luxembourg ... 189
L.-Mondorf ... 189

A

Aachen (D) - 52 d - 53 a
Aaigem (B) - 30 j
Aalbeek (NL) - 38 i
Aalbeke (B) - 41 c
Aalst (NL) - 10 g
Aalst (B) - 30 h - 31 e
Aalst (B) - 49 c
Aalter (B) - 14 o
Aalterbrug (B) - 14 j
Aard (B) - 20 g
Aardenburg (B) - 14 c
Aardenburg (NL) - 2 o
Aarle (B) - 8 d
Aarlen (B) - 96 m - 102 a
Aarschot (B) - 34 e
Aarsele (B) - 28 b
Aartrijke (B) - 13 i
Aartselaar (B) - 18 j
Abdissenbosch (NL) - 38 l
Abée (B) - 64 i
Abele (B) - 25 n
Abenden (D) - 54 k
Abolens (B) - 49 j
Absdale (NL) - 16 c
Abweiler (L) - 103 j
Achel (B) - 22 c
Achêne (B) - 74 h - 75 e
Achet (B) - 75 c
Acht (NL) - 10 b
Achterbos (B) - 21 e
Achterbroek (B) - 6 g
Achterse Brug (NL) - 10 n
Achterste Brug (NL) - 22 b
Achtmaal (NL) - 7 a
Acosse (B) - 48 p - 49 m - 62 d - 63 a
Acoz (B) - 72 d
Adegem (B) - 14 g
Adinkerke (B) - 11 n
Affligem (B) - 31 i
Afsnee (B) - 29 b
Agimont (B) - 73 p
Ahn (L) - 104 c
Aibes (F) - 71 i
Aiglemont (F) - 91 l
Aineffe (B) - 49 o
Ainières (B) - 42 l
Aische-en-Refail (B) - 48 m - 62 a
Aiseau-Presles (B) - 61 m
Aisemont (B) - 61 n
Aix-sur-Cloie (B) - 102 e
Alain (B) - 42 n - 56 b
Aldeneik (B) - 23 l
Aldringen (B) - 78 l - 79 i
Alken (B) - 35 l
Allerborn (L) - 88 f
Alle-sur-Semois (B) - 92 g
Alleur (B) - 50 k
Allondrelle-La-Malmaison (F) - 101 i
Alphen (NL) - 8 b
Alphen-Boshoven (NL) - 8 c
Alphen-Oosterwijk (NL) - 8 c
Alscheid (L) - 88 l
Alsdorf (D) - 90 o - 98 c
Alsemberg (B) - 46 e
Alster (B) - 79 j
Alterhof (D) - 104 h
Alt-Hoeselt (B) - 36 o - 50 c
Altlinster (L) - 97 p
Altscheid (D) - 90 f
Altweert (NL) - 23 b
Altweerterheide (NL) - 23 b
Altwies (L) - 103 l
Alveringem (B) - 25 c
Alzingen (L) - 103 g
Amay (B) - 63 d
Amberloup (B) - 86 h - 87 e
Amblimont (F) - 99 e
Ambly (B) - 76 m - 86 a
Ambresin (B) - 48 p - 49 m
Amby (NL) - 37 o
Amel (B) - 67 o - 79 c
Amfroipret (F) - 69 g
Ammeldingen bei Neuerburg (D) - 89 h
Amonines (B) - 76 h - 77 e
Amougies (B) - 42 g
Ampsin (B) - 63 d
Amstenrade (NL) - 38 f
Anchamps (F) - 83 n
Andenelle (B) - 63 f
Andenne (B) - 63 e
Anderlecht (B) - 32 m
Anderlues (B) - 59 p
Andoy (B) - 62 j
Andrimont (B) - 52 n
Angelsberg (L) - 97 k
Angleur (B) - 51 m
Angre (B) - 57 o - 69 c
Angreau (B) - 69 c
Anhée (B) - 74 e
Anhiers (F) - 55 n
Anières (B) - 43 i
Anlier (B) - 95 j
Anloy (B) - 85 o
Annevoie-Rouillon (B) - 74 a
Anor (F) - 81 i
Ans (B) - 50 l
Ansembourg (L) - 96 p - 97 m
Anseremme (B) - 74 j
Anseroeul (B) - 42 h
Anstaing (F) - 41 n
Anthée (B) - 73 l
Antheit (B) - 63 d
Anthisnes (B) - 64 g
Antoing (B) - 56 b
Antwerpen (B) - 18 b
Anvaing (B) - 42 l - 43 i
Anzegem (B) - 28 o
Anzin (F) - 56 o
Apach (F) - 104 n
Aphoven (D) - 24 p
Appels (B) - 30 d - 31 a
Appelterre-Eichem (B) - 30 o - 44 c
Arbre (B) - 44 m
Arbre (B) - 62 m - 74 a
Arbrefontaine (B) - 78 e
Arc (B) - 42 l
Archennes (B) - 47 f
Ardooie (B) - 27 g
Arendonk (B) - 8 p - 9 m
Argenteau (B) - 51 g
Arlon (B) - 96 m - 102 a
Armentières (F) - 40 j
Arnemuiden (NL) - 3 c
Arquennes (B) - 59 d
Arreux (F) - 91 f
Arsdorf (L) - 96 a
Arsimont (B) - 61 j
Arville (B) - 86 e
Arzfeld (D) - 89 d
As (B) - 36 d - 37 a
Asenray (NL) - 24 h
Aspelare (B) - 30 n
Aspelt (L) - 103 l
Asper (B) - 29 j
Asquillies (B) - 58 n
Asse (B) - 31 k
Assebroek (B) - 13 h
Asselborn (L) - 88 c
Asselt (NL) - 24 c
Assenede (B) - 15 c
Assenois (B) - 87 k
Assenois (B) - 94 g
Assent (B) - 34 h
Assesse (B) - 62 o - 74 c
Asse-ter-Heide (B) - 31 j
Assevent (F) - 70 h
Astene (B) - 28 h - 29 e
Atembeke (B) - 44 f
Ath (B) - 43 p
Athis (B) - 57 p - 69 d
Athus (B) - 102 e
Atrin (B) - 64 m
Atsch (D) - 53 c
Attenhoven (B) - 49 e
Attenrode (B) - 34 j
Attert (B) - 96 i
Attiches (F) - 55 e
Attre (B) - 44 m
Aubange (B) - 102 e
Aubechies (B) - 57 c
Aubel (B) - 52 e
Aubers (F) - 40 m
Aublain (B) - 82 f
Aubrives (F) - 83 d
Aubry-du-Hainaut (F) - 56 n
Auby (F) - 55 m
Auby-sur-Semois (B) - 93 g
Auchy-lez-Orchies (F) - 55 g
Auderghem (B) - 32 n - 46 b
Audignies (F) - 70 e
Audregnies (B) - 57 o
Audun-le-Tiche (F) - 102 p
Aue (D) - 53 c
Auel (B) - 79 k
Auf dem Bock (D) - 79 o
Auf dem Rehbüsch (D) - 79 p
Auffe (B) - 85 c
Auflance (F) - 99 h
Aulnois (B) - 70 b
Aulnoye-Aymeries (F) - 70 i
Autelbas (B) - 102 b
Autelhaut (B) - 102 a
Autre-Eglise (B) - 48 j
Autreppe (B) - 57 c - 69 c
Autréville-Saint-Lambert (F) - 99 j
Auvelais (B) - 61 j
Auw Bei Prüm (D) - 80 e
Ave (B) - 85 b
Avekapelle (B) - 11 o
Avelgem (B) - 42 b
Avelin (F) - 55 e
Avennes (B) - 49 m
Averbode (B) - 34 c
Avernas-le-Bauduin (B) - 48 l
Avernas-le-Bauduin (B) - 49 i
Avin (B) - 48 p
Avin (B) - 49 m
Avioth (F) - 100 j
Awagne (B) - 74 f
Awan (B) - 65 j
Awans (B) - 50 k
Awenne (B) - 86 e
Awirs (B) - 50 n
Awirs (B) - 64 b
Axel (NL) - 16 b
Axel (NL) - 4 n
Axelsche Sassing (NL) - 4 m - 16 a
Aye (B) - 75 l
Ayeneux (B) - 51 o
Aymeries (F) - 70 i
Aywaille (B) - 65 j

B

Baaigem (B) - 29 k
Baal (B) - 33 h
Baâlon (F) - 99 p
Baardegem (B) - 31 f
Baarland (NL) - 4 f
Baarle-Hertog (B) - 8 f
Baarle-Nassau (NL) - 8 b
Baarschot (NL) - 9 b
Baarsdorp (NL) - 4 a
Baasem (D) - 68 o
Baasrode (B) - 31 b
Bachant (F) - 70 i
Bachte-Maria-Leerne (B) - 29 a
Bachy (F) - 55 d
Baclain (B) - 78 i
Baelen (B) - 52 o
Baexem (NL) - 24 a
Bagimont (B) - 92 f
Bahnhofüttfeld (D) - 79 p
Bahnhof Üttfeld (D) - 89 d
Baileux (B) - 82 i
Bailièvre (B) - 81 g
Baillamont (B) - 92 d - 93 a
Bailleul (F) - 39 g
Bailleul (B) - 42 i
Baillonville (B) - 76 e
Baisieux (F) - 41 p
Baisieux (B) - 57 n
Baisy-Thy (B) - 46 o - 60 c
Baives (F) - 81 g
Bakendorp (NL) - 4 f
Balan (F) - 92 o
Balâtre (B) - 61 f
Balegem (B) - 29 l
Balen (B) - 21 f
Balesfeld (D) - 90 d
Balgerhoeke (B) - 14 h
Baliebrugge (B) - 13 n
Bambecque (F) - 25 i
Dambois (D) - 61 o - 73 c
Bambrugge (B) - 30 j
Bande (B) - 76 n
Baneheide (NL) - 38 o - 52 c
Banholt (NL) - 51 d
Bank (D) - 38 p
Banneux (B) - 65 d
Baraque Fraiture (B) - 77 l
Baraque Michel (B) - 66 h - 67 e
Barbançon (B) - 71 l
Barchon (B) - 51 k
Baronville (B) - 84 c
Barrière de Champlon (B) - 86 c
Barry (B) - 56 d - 57 a
Barsy (B) - 63 n
Barvaux (B) - 76 c
Barvaux-Condroz (B) - 75 d
Basbellain (Niederbesslingen) (L) - 78 o
Bascharage (L) - 102 g
Baschleiden (L) - 88 m - 96 a
Bascoup (B) - 59 l
Basécles (B) - 57 f
Baselt (D) - 80 l
Bas-Oha (B) - 63 g
Basse-Bodeux (B) - 66 m
Basse-Bodeux (B) - 78 a
Basse Gage (B) - 58 h
Bassenge (B) - 51 f
Basse-Parthe (F) - 103 p
Basse-Rentgen (F) - 103 o
Bassevelde (B) - 15 c
Bassilly (B) - 44 j
Bastendorf (L) - 89 o - 97 c
Bastogne (B) - 87 k
Bas-Warneton (B) - 40 g
Batadorp (NL) - 10 b
Bath (NL) - 5 g
Batsheers (B) - 49 h
Battel (B) - 32 b
Battice (B) - 52 i
Battignies (B) - 59 j
Battincourt (B) - 101 h
Bauche (B) - 74 b
Baudour (B) - 58 e
Bauffe (B) - 58 a
Baugnies (B) - 56 d - 57 a
Bauler (D) - 89 k
Baulers (B) - 46 m
Baustert (D) - 90 j
Bavay (F) - 69 h
Bavegem (B) - 30 e
Bavigne (L) - 88 m
Bavikhove (B) - 28 i
Bazeilles (F) - 92 o
Bazeilles-Sur-Ohain (F) - 100 o
Bazel (B) - 17 l
Beaucamps-Ligny (F) - 40 n
Beauclair (F) - 99 n
Beaudignies (F) - 69 i
Beaufays (B) - 65 b
Beaufort (F) - 70 k
Beaufort (L) - 98 e
Beaufort-en-Argonne (F) - 99 n
Beaumont (B) - 71 k
Beaumont-en-Argonne (F) - 99 i
Beauraing (D) - 04 c
Beaurieux (F) - 71 n
Beausaint (B) - 76 p - 77 m
Beauvechain (B) - 47 d
Beauwelz (B) - 81 j
Bébange (B) - 102 e
Becco (B) - 65 h
Bech (L) - 98 j
Bèche (B) - 78 f
Beckerich (L) - 96 n
Beclers (B) - 42 o
Beegden (NL) - 24 f
Beek (B) - 23 i
Beek (NL) - 37 h
Beerlegem (B) - 29 k
Beernem (B) - 14 i
Beerse (B) - 8 m
Beersel (B) - 46 e
Beerst (B) - 12 n
Beert (B) - 45 f
Beervelde (B) - 16 n
Beerzel (B) - 19 n - 33 b
Beesel (NL) - 24 d
Beez (B) - 62 j
Beffe (B) - 76 l
Begijnendijk (B) - 33 d
Begnée (B) - 72 b
Behême (B) - 95 j
Beho (B) - 78 l
Beidweiler (L) - 98 i
Beigem (B) - 32 e
Beiler (L) - 79 m
Beitem (B) - 27 i
Bekegem (B) - 12 h - 13 e
Bekkerzeel (B) - 31 k
Bekkevoort (B) - 34 g
Bel (B) - 20 l - 21 i
Belgrade (B) - 62 i
Bellaing (F) - 56 n
Bellaire (B) - 51 n
Bellecourt (B) - 59 h
Bellefontaine (B) - 100 c
Bellefontaine (B) - 84 o - 92 c
Bellegem (B) - 41 d
Bellem (B) - 14 o
Bellevaux (B) - 66 p
Bellevaux (B) - 93 f
Bellignies (F) - 69 c
Bellingen (B) - 45 f
Beloeil (B) - 57 c
Belsele (B) - 17 i
Belval (F) - 91 j
Belvaux (L) - 102 k
Belvaux (B) - 85 c
Belzanois (F) - 56 e
Belzele (B) - 15 n
Bemelen (NL) - 37 p
Ben-Ahin (B) - 63 g
Bende (B) - 64 n
Benenberg (D) - 68 h
Bononchamp (B) - 88 i
Bentille (B) - 15 a
Benzenrade (NL) - 38 k
Berbourg (L) - 98 j
Berbroek (B) - 35 g
Berchem (L) - 103 k
Berchem (B) - 18 f
Berchem (B) - 42 d
Berchem-Sainte-Aghate (B) - 31 p
Bercheux (B) - 86 p
Bercheux (B) - 94 d - 95 a
Berdorf (L) - 98 e
Bereldange (L) - 103 b
Bérelles (F) - 71 i
Berendrecht (B) - 6 i
Berescheid (D) - 68 b
Berg (D) - 104 j
Berg (B) - 23 n
Berg (B) - 32 l - 33 i
Berg (NL) - 37 d
Berg (NL) - 37 o
Berg (NL) - 37 p
Berg (B) - 50 c
Berg (D) - 54 l
Berg (B) - 67 k
Berg (D) - 79 o
Berg (L) - 97 e
Bergbuir (D) - 54 p
Bergem (L) - 102 l - 103 i
Bergen op Zoom (NL) - 5 d
Bergeyk (NL) - 10 m
Bergheim (D) - 54 g
Bergilers (B) - 50 e
Bergom (B) - 20 n
Bergrath (D) - 53 d
Bergstein (D) - 54 j
Berik (NL) - 24 c
Berimont (F) - 70 k
Beringen (B) - 21 o - 35 c
Beringen (L) - 97 j
Beringen-Mijn (B) - 21 o
Bérisménil (B) - 77 n
Berk (D) - 68 o
Berkelaar (NL) - 24 i
Berkoth (D) - 90 e
Berlaar (B) - 19 j
Berlaimont (F) - 69 l
Berlare (B) - 30 c
Berlingen (B) - 35 p - 49 d
Berloz (B) - 49 k
Bermeries (F) - 69 g
Berneau (B) - 51 g
Bernissart (B) - 57 j
Berscheid (D) - 89 l
Bersée (F) - 55 f
Bersillies (F) - 70 c
Bersillies-L'Abbaye (B) - 71 f
Bertem (B) - 33 n
Berthen (F) - 39 c
Bertogne (B) - 87 c
Bertrange (L) - 103 e
Bertrée (B) - 49 i
Bertrix (B) - 93 h
Berzbuir (D) - 54 c
Berzée (B) - 72 f
Besch (D) - 104 j
Beselare (B) - 26 p
Besinne (B) - 61 p - 73 d
Besonrieu (B) - 59 g
Best (NL) - 10 a
Betekom (B) - 33 h
Bettange-Sur-Mess (L) - 102 h
Bettborn (L) - 96 f
Bettel (L) - 89 p
Bettembourg (L) - 103 j
Bettendorf (L) - 97 d
Bettignies (F) - 70 c
Bettincourt (B) - 49 g
Bettingen (D) - 90 n
Bettrechies (F) - 69 c
Betzdorf (L) - 98 n
Beugnies (F) - 70 p
Beuren (D) - 104 k
Beuvrages (F) - 56 o
Beuvry-La-Forêt (F) - 55 l
Beuzet (B) - 61 h
Bevel (B) - 19 j
Bever (B) - 44 f
Beverau (D) - 53 a
Beverce (B) - 66 l - 67 i
Bevere (B) - 29 m
Beveren (B) - 17 h
Beveren (B) - 25 f
Beveren (B) - 27 f
Beveren (B) - 28 m
Beverlo (B) - 21 o
Beverst (B) - 36 k
Bevingen (B) - 49 c
Beyne-Heusay (B) - 51 n
Beyren (L) - 104 b
Beyren-lès-Sierck (F) - 104 m
Bickendorf (D) - 90 g
Bielenhof (D) - 80 o - 90 c
Bienne-lez-Happart (B) - 71 c
Bierbeek (B) - 33 o - 47 d
Biercée (B) - 71 d
Bierges (B) - 47 i
Bierghes (B) - 45 j
Biersdorf (D) - 90 g
Bierset (B) - 50 j
Biervliet (NL) - 3 k
Bierwart (B) - 62 d
Biesdorf (D) - 98 a
Biesme (B) - 73 b
Biesmerée (B) - 73 g
Biesme-sous-Thuin (B) - 71 d
Biest-Houtakker (NL) - 9 b
Bièvre (B) - 84 o
Bièvres (F) - 99 l
Biez (B) - 47 g
Biezelinge (NL) - 4 c
Biezen (B) - 14 c
Bigelbach (L) - 98 a
Biggekerke (NL) - 2 d - 3 a
Bigonville (L) - 96 a
Bihain (B) - 78 i
Rijsterveld (NL) - 10 e
Bikschote (B) - 26 i
Bildchen (D) - 52 h - 53 e
Bilsdorf (L) - 96 a
Bilstain (B) - 52 n
Bilstein (D) - 54 g
Bilzen (B) - 36 k
Bilzingen (D) - 104 g
Binche (B) - 59 n
Binderveld (B) - 35 n
Bingelrade (NL) - 38 f
Binkom (B) - 34 n
Binscheid (D) - 89 d
Binsfeld (D) - 54 d
Binsfeld (L) - 88 d - 89 a
Bioul (B) - 73 d
Birgden (D) - 38 d
Birgel (D) - 54 b
Biron (B) - 76 g
Birtlingen (D) - 90 o
Bissegem (B) - 27 o - 41 c
Bissen (L) - 97 i
Bitburg (D) - 90 l
Bivange (L) - 103 j
Biwer (L) - 98 n
Biwisch (L) - 88 c
Bizet (B) - 40 e
Bizôry (B) - 87 l
Blaasveld (B) - 18 m - 32 b
Bladel (NL) - 9 k
Blagny (F) - 99 g
Blaimont (B) - 74 m
Blanc-Four (F) - 41 e
Blandain (B) - 41 p
Blanden (B) - 33 o - 47 c
Blankenberge (B) - 1 n
Blanmont (B) - 47 n
Blaregnies (B) - 70 b
Blaschette (L) - 97 o
Blaton (B) - 57 f
Blaugies (B) - 57 p - 69 d
Blauwberg (B) - 20 n - 34 b
Blauwe Klei (B) - 21 c
Blauwenhoek (B) - 18 p - 19 m
Blégny (B) - 51 k
Bléharies (B) - 56 f
Blehen (B) - 49 j
Bleialf (D) - 79 l
Bleid (B) - 101 f
Blens (D) - 54 k
Bleret (B) - 49 l
Blicquy (B) - 43 n - 57 b
Blumenthal (D) - 68 g
Bochholtz (NL) - 38 o - 52 c
Bocholt (B) - 22 h - 23 e
Bocholtzerheide (NL) - 38 o - 52 c
Bocket (D) - 24 o
Bockholtz (L) - 88 l - 89 i
Bodange (B) - 95 c
Boechout (B) - 18 k
Boekhout (B) - 49 g
Boekhoute (B) - 15 c
Boekt (B) - 35 d
Boëlhe (B) - 49 j
Boerengat (NL) - 3 l
Boerenhol (NL) - 3 i
Boeschèpe (F) - 39 c
Boeur (B) - 88 a
Boevange (L) - 88 g
Boevange-Sur-Attert (L) - 96 l - 97 i
Boezinge (B) - 26 i
Bofferdange (L) - 97 o
Bogaarden (B) - 45 f
Bogheim (D) - 54 f
Bogny (F) - 91 h
Bogny-sur-Meuse (F) - 91 g
Bohan (B) - 92 b
Bohissaux (B) - 63 j
Boich (D) - 54 g
Boignée (B) - 61 f
Boirs (B) - 51 e
Bois-de-Breux (B) - 51 n
Bois-de-Lessines (B) - 44 j
Bois-de-Villers (B) - 62 m
Bois-d'Haine (B) - 59 g
Boisdorfer (D) - 54 c
Bois-du-Luc (B) - 59 j
Bois-et-Borsu (B) - 64 m
Bois-Grenier (F) - 40 i
Bokrijk (B) - 36 f
Boksheide (NL) - 9 p
Bokt (NL) - 10 c
Bolderberg (B) - 35 h
Boler (F) - 103 p
Bolinne (B) - 48 n - 62 b
Bolland (B) - 51 l
Bollebeek (B) - 31 k
Bollendorf (D) - 98 b
Bomal (B) - 48 i
Bomal (B) - 64 p
Bombaye (B) - 51 g
Bômerée (B) - 60 m
Bommershoven (B) - 50 b
Boncelles (B) - 64 d
Bondues (F) - 41 e
Boneffe (B) - 48 o
Bonheiden (B) - 32 d - 33 a
Boninne (B) - 62 f
Bonlez (B) - 47 k
Bonnal (L) - 88 n - 96 b
Bonne (B) - 63 l
Bonnert (B) - 96 m
Bonnerue (B) - 86 k - 87 c
Bonneville (B) - 62 l - 63 i
Bon-Secours (B) - 57 e
Bonsin (B) - 64 n - 76 b
Booischot (B) - 19 p - 33 d
Booitshoeke (B) - 11 p
Boom (B) - 18 n
Boord (NL) - 10 c
Boorsem (B) - 37 g
Boorsem a/d Maas (NL) - 37 g
Boortmeerbeek (B) - 32 h - 33 e
Borchtlombeek (B) - 31 n
Borg (D) - 104 o
Borgerhout (B) - 18 f
Borgharen (NL) - 37 k
Borgloon (B) - 50 a
Borkel (NL) - 10 n
Borlez (B) - 49 p
Borlo (B) - 49 g
Borlon (B) - 64 n
Born (NL) - 37 d
Born (B) - 79 b
Born (L) - 98 l
Bornem (B) - 17 o
Bornival (B) - 45 p - 59 d
Borre (F) - 39 e
Borsbeek (B) - 18 g
Borsbeke (B) - 30 j
Borssele (NL) - 3 h
Borsu (B) - 64 m
Borteldonk (NL) - 6 c
Boscheind (NL) - 9 p - 21 d
Boshoven (NL) - 10 i
Boshoven (NL) - 10 l
Boshoven (NL) - 23 b
Bosschenhuizen (NL) - 38 n
Bosseval-et-Briancourt (F) - 92 j
Bossière (B) - 61 g - 73 c
Bossuit (Avelgem) (B) - 42 f
Bossut-Gottechain (B) - 47 g
Bost (B) - 48 b
Botassart (B) - 92 h - 93 e
Bothey (B) - 61 f
Bottelare (B) - 29 h
Bouffioulx (B) - 60 p
Bouge (B) - 62 j
Bougnies (B) - 58 n
Bougnimont (B) - 86 o
Bouillon (B) - 92 h - 93 i
Boukoul (NL) - 24 h
Boulaide (L) - 96 a
Boulzicourt (F) - 91 o
Bour (L) - 96 p - 97 m
Bourcy (B) - 88 e
Bourdon (B) - 76 j
Bourghelles (F) - 55 c
Bourglinster (L) - 97 p
Bourlers (B) - 82 i
Bourscheid (L) - 89 m - 97 a
Bourseigne-Neuve (B) - 84 i
Bourseigne-Vieille (B) - 84 j
Bous (L) - 104 e
Bousbecque (F) - 40 d - 41 a
Bousies (F) - 69 n
Bousignies (F) - 56 i
Bousignies-sur-Roc (F) - 71 g
Boussières-sur-Sambre (F) - 70 i
Boussois (F) - 70 h - 71 e
Boussoit (B) - 58 l - 59 i
Boussu (B) - 57 l
Boussu-en-Fagne (B) - 82 g
Boussu-lez-Walcourt (B) - 72 i
Bousval (B) - 46 o
Boutancourt (F) - 91 p
Boutersem (B) - 34 m
Boutonville (B) - 82 f
Bouvignes-sur-Meuse (B) - 74 f
Bouvignies (B) - 43 l
Bouvignies (F) - 55 k
Bouvincourt (F) - 55 i
Bouvines (F) - 55 c
Bouwberg (NL) - 38 g
Bouwel (B) - 19 g
Bovekerke (B) - 12 o
Bovenistier (B) - 49 l
Bovesse (B) - 61 h
Bovigny (B) - 78 j
Boxbergheide (B) - 36 f
Boxhorn (L) - 88 d
Bra (B) - 77 d
Braambosch (NL) - 10 i
Bracht (B) - 79 j
Brachtenbach (L) - 88 f
Brachterbeek (NL) - 24 j
Braffe (B) - 56 d - 57 a
Braibant (B) - 74 d - 75 e
Braine-l'Alleud (B) - 46 i
Braine-le-Château (B) - 45 l
Braine-le-Comte (B) - 45 n
Braives (B) - 49 n
Brakel (B) - 43 d
Branchon (B) - 48 o
Brand (D) - 53 f
Brandenberg (D) - 54 f
Brandenbourg (L) - 89 n
Brandscheid (D) - 80 i
Branst (B) - 17 o
Bras (B) - 86 j
Brasmenil (B) - 56 d - 57 e
Brasschaat (B) - 6 o
Braumont (F) - 101 n
Braunlauf (B) - 78 l - 79 i
Braunsrath (D) - 24 p
Bray (B) - 59 i
Breberen (D) - 38 c
Brecht (B) - 7 j
Brecht (D) - 90 k
Bredene (B) - 12 c
Bredene aan zee (B) - 12 b
Bredestraat (B) - 15 g
Bree (B) - 23 i
Breedhout (B) - 45 g
Breehees (NL) - 8 d - 9 a
Breendonk (B) - 18 m - 32 a

Bréhain-la-Cour (F) - 102 n
Breidfeld (L) - 79 m - 89 a
Breinig (D) - 53 g
Breinigerberg (D) - 53 h
Breistroff-la-Grande (F) - 103 p
Breskens (NL) - 2 l - 3 e
Bressoux (B) - 51 m
Breux (F) - 100 f
Brévilly (F) - 99 a
Bridel (L) - 103 b
Briel (B) - 16 j
Briel (B) - 31 c
Brielen (B) - 26 i
Brillon (F) - 56 i
Brimingen (D) - 90 j
Briquemont (B) - 75 n
Brisy (B) - 78 m
Broechem (B) - 19 e
Broekenseind (NL) - 9 h
Broekhoven (NL) - 10 i
Broekom (B) - 50 a
Brognon (F) - 81 p
Broich (D) - 68 g
Brommelen (NL) - 37 k
Bronsfeld (D) - 68 g
Brouch (L) - 96 l - 97 i
Brouennes (F) - 99 l
Bruay-Sur-L'escaut (F) - 56 o
Brugelette (B) - 44 m - 58 a
Brugge (B) - 13 h
Bruggewijk (B) - 14 o
Brühlborn (D) - 80 k
Bruille-lez-Marchiennes (F) - 55 o
Bruinbeke (B) - 30 g
Brûly (B) - 82 l
Brûly-de-Pesche (B) - 82 j
Brunehaut (B) - 56 e
Brunssum (NL) - 38 g
Brussegem (B) - 31 l
BRUSSEL (B) - 32 n - 46 b
Brustem (B) - 49 c
BRUXELLES (B) - 32 m - 46 a
Bruyelle (B) - 56 b
Bruyére (B) - 57 g
Bruyères (B) - 51 p
Bruyères (B) - 67 i
Brye (B) - 60 h - 61 e
Buchet (D) - 80 e
Buchten (NL) - 23 p - 37 d
Budel (NL) - 10 p - 22 d - 23 a
Budel-Dorpplein (NL) - 22 d - 23 a
Budel-Schoot (NL) - 22 d - 23 a
Budersberg (L) - 103 m
Budingen (B) - 35 m
Buggenhout (B) - 31 c
Buggenum (NL) - 24 c
Buissenal (B) - 43 j
Buisson (B) - 77 m
Buissonville (B) - 75 k
Buizingen (B) - 45 h
Buken (B) - 33 i
Büllingen (B) - 67 p
Bulskamp (B) - 11 n - 25 b
Bunde (NL) - 37 k
Bunsbeek (B) - 34 o
Burbach (D) - 90 d
Burcht (B) - 18 e
Burden (L) - 97 b
Burdinne (B) - 62 d - 63 a
Bure (B) - 85 d
Buret (B) - 88 b
Burg (D) - 90 j
Burg-Reuland (B) - 79 j
Burmerange (L) - 104 m
Burnenville (B) - 66 k
Burscheid (D) - 90 e
Burst (B) - 30 j
Burtonville (B) - 78 g
Burtscheid (D) - 53 e
Bury (B) - 57 e
Büsbach (D) - 53 g
Büschdorf (D) - 104 o
Buschdorf (L) - 96 l - 97 i
Buschrodt (L) - 96 g
Bussereind (NL) - 24 d
Bütgenbach (B) - 67 k
Butzdorf (D) - 104 k
Buvingen (B) - 49 f
Buvrinnes (B) - 59 o
Buzenol (B) - 101 b
Buzet (B) - 60 e - 61 p

C

Cadier en Keer (NL) - 37 p
Cadzand (NL) - 2 j
Cadzand-Bad (NL) - 2 j
Caëstre (F) - 39 a
Calfven (NL) - 6 e
Callenelle (B) - 56 h
Calmus (L) - 96 o
Calonne (B) - 56 b
Calonne-sur-Lys (F) - 39 m
Cambron-Casteau (B) - 44 n - 58 b
Cambron-Saint-Vincent (B) - 58 b
Camphin-en-Pévèle (F) - 41 o - 55 c
Canach (L) - 104 e
Capellen (L) - 102 c
Capinghem (F) - 40 n
Cappelle-en-Pévèle (F) - 55 f
Carignan (F) - 99 c
Carnières (B) - 59 k
Casteau (B) - 58 g
Castelre (NL) - 7 h
Casteren (NL) - 9 g
Castillon (B) - 72 i
Catsop (NL) - 37 h
Cayaut (F) - 71 i
Celie (B) - 14 c
Celles (B) - 42 g
Celles (B) - 49 l
Celles (B) - 74 l
Cendron (B) - 81 o
Cens (B) - 87 a
Cerexhe-Heuseux (B) - 51 k
Cerfontaine (F) - 70 g
Cerfontaine (B) - 72 n
Céroux-Mousty (B) - 46 k
Cervizy (F) - 99 o
Cessange (L) - 103 f
Cesse (F) - 99 o
Cèturu (B) - 78 m - 88 a
Chaam (NL) - 8 a
Chaîneux (B) - 52 m
Chairière (B) - 92 c
Chalandry-Elaire (F) - 91 p
Champagne (B) - 67 j
Champigneul-sur-Vence (F) - 91 n
Champion (B) - 62 f
Champlon (B) - 86 d
Champlon-Famenne (B) - 76 j
Champs (B) - 87 g
Chanly (B) - 85 f
Chantemelle (B) - 101 b
Chanxhe (B) - 65 e
Chapelle (B) - 52 g
Chapelle-à-Oie (B) - 43 n - 57 b
Chapelle-à-Wattines (B) - 43 n
Chapelle-lez-Herlaimont (B) - 59 l
Chapelle-Saint-Laurent (B) - 47 g
Chapois (B) - 75 f
Chapon-Seraing (B) - 49 p
Charbeaux (F) - 79 e
Chardeneux (B) - 64 m
Charency-Vezin (F) - 100 p - 101 m
Charleroi (B) - 60 o
Charleville-Mézières (F) - 91 k
Charneux (B) - 51 l
Charneux (B) - 76 n
Charnois (F) - 84 a
Chassepierre (B) - 93 p
Chastre (B) - 47 n
Chastrès (B) - 72 g
Chastre-Villeroux- (B) - 47 n
Chastre-Villeroux-Blanmont (B) - 61 b
Château-L'abbaye (F) - 56 g
Châtelet (B) - 60 p
Châtelineau (B) - 60 p
Châtillon (B) - 101 g
Chaudfontaine (B) - 65 b
Chaumont (B) - 73 i
Chaumont-Gistoux (B) - 47 k
Chaussée-N-D-Louvignies (B) - 44 o - 58 c
Chauvency-le-Château (F) - 100 i
Chauvency-Saint-Hubert (F) - 100 i
Chêne al Pierre (B) - 77 c
Chênée (B) - 51 n
Cheneux (B) - 66 m
Chenières (F) - 101 p
Chenogne (B) - 87 j
Cheoux (B) - 76 k
Cherain (B) - 78 n
Cheratte (B) - 51 j
Chercq (B) - 42 n - 56 b
Chéreng (F) - 41 o
Chevetogne (B) - 75 j
Chevron (B) - 65 o
Chièvres (B) - 43 p - 58 a
Chimay (B) - 82 e
Chiny (B) - 94 m
Choisies (F) - 70 l
Chokier (B) - 50 n
Chokier (B) - 64 b
Chooz (F) - 84 a
Christnach (L) - 98 c
Cielle (B) - 76 l - 77 i
Ciergnon (B) - 75 m
Cierreux (B) - 78 g
Ciney (B) - 75 e
Ciplet (B) - 49 m
Ciply (B) - 58 n
Cité de L'Ermitage (F) - 56 h - 57 e
Clabecq (B) - 45 k
Clairefontaine (B) - 102 b
Clairfayts (F) - 71 n
Clavier (B) - 64 m
Clavy-Warby (F) - 91 i
Clemency (L) - 102 f
Clermont (B) - 52 j
Clermont (B) - 72 e
Clermont-sous-Huy (B) - 64 b
Clervaux (L) - 88 h - 89 e
Clinge (NL) - 17 a
Cliron (F) - 91 e
Cobrieux (F) - 55 c
Cognelée (B) - 62 f
Cointe (B) - 50 p
Cointe (B) - 51 m
Colfontaine (B) - 58 m
Colleret (F) - 70 h - 71 e
Colmont (NL) - 38 n
Colpach-Bas (L) - 96 i
Comblain-au-Pont (B) - 65 i
Comblain-Fairon (B) - 64 l - 65 i
Comblain-la-Tour (B) - 65 i
Comines (F) - 40 h
Comines-Warneton (B) - 40 c
Commanster (B) - 78 h
Compogne (B) - 87 c
Conjoux (B) - 74 l - 75 i
Conneux (B) - 74 l - 75 i
Consdorf (L) - 98 j
Cons-La-Grandville (F) - 101 p
Consthum (L) - 88 l - 89 i
Contern (L) - 103 h
Contz-les-Bains (F) - 104 n
Corbais (B) - 47 n
Corbion (B) - 75 f
Corbion (B) - 92 l
Cordes (B) - 42 l
Corenne (B) - 73 k
Cornémont (B) - 65 g
Cornesse (B) - 65 d
Cornimont (B) - 92 g
Corroy-le-Château (B) - 61 f
Corroy-le-Grand (B) - 47 k
Corswarem (B) - 49 g
Cortil-Noirmont (B) - 61 b
Cortil-Wodon (B) - 62 c
Cosnes-Et-Romain (F) - 101 l
Couillet (B) - 60 o
Courcelles (B) - 60 j
Courrière (B) - 62 o
Cour-sur-Heure (B) - 72 e
Courtil (B) - 78 j
Court-St-Etienne (B) - 46 p - 47 m
Cousolre (F) - 71 j
Couthuin (B) - 63 f
Coutiches (F) - 55 k
Coutisse (B) - 63 j
Couture-Saint-Germain (B) - 46 k
Couvin (B) - 82 g
Couvreux (B) - 100 k
Cranendonk (NL) - 10 p
Cras-Avernas (B) - 49 j
Craubeek (NL) - 38 j
Crauthem (L) - 103 k
Crehen (B) - 48 l - 49 i
Crendal (L) - 88 f
Creppe (B) - 66 i
Crisnée (B) - 50 e
Croix (F) - 41 j
Croix-Caluyau (F) - 69 m
Croix du Bac (F) - 39 l
Croix-lez-Rouveroy (B) - 58 p - 59 m - 70 d - 71 a
Crombach (B) - 79 e
Cronfestu (B) - 59 k
Crotteux (B) - 50 o
Cruchten (L) - 97 f
Crupet (B) - 74 c
Cuesmes (B) - 58 j
Cugnon (B) - 93 g
Cul-des-Sarts (B) - 82 o
Curfoz (B) - 93 e
Curgies (F) - 69 a
Custinne (B) - 74 l - 75 i
Cutry (F) - 101 p
Cysoing (F) - 55 c

D

Dackscheid (D) - 80 n - 90 b
Dadizele (B) - 27 m
D'Aesten (B) - 19 d
Dahl (L) - 88 o
Dahlem (L) - 102 g
Dahlem (D) - 68 p
Dahnen (D) - 89 f
Daigny (F) - 92 o
Dailly (B) - 82 f
Daknam (B) - 16 k
Daleiden (D) - 89 g
Dalem (NL) - 9 k
Dalheim (L) - 103 l
Dalhem (B) - 51 g
Damme (B) - 13 d
Damousies (F) - 70 k
Damouzy (F) - 91 k
Dampicourt (B) - 100 k
Dampremy (B) - 60 n
Darion (B) - 49 k
Dasburg (D) - 89 f
Dassemus (NL) - 8 a
Dausfeld (D) - 80 k
Daussois (B) - 72 k
Daussoulx (B) - 62 e
Dauwelshausen (D) - 89 k
Dave (B) - 62 n
Daverdisse (B) - 85 j
Dedenborn (D) - 54 m - 68 a
Deerlijk (B) - 28 m
Deftinge (B) - 44 a
De Griete (NL) - 4 j
De Haan (B) - 1 m - 12 d - 13 a
De Heuvel (NL) - 10 f
De Horck (NL) - 24 a
De Horst (NL) - 23 g
Deidenberg (B) - 79 b
Deiffelt (B) - 78 l
Deigné (B) - 65 g
Deinze (B) - 28 h - 29 e
De Klinge (B) - 17 a
De Knol (NL) - 4 m
Dellen (L) - 96 c
De Moeren (B) - 11 n - 25 b
Denderbelle (B) - 31 a
Denderhoutem (B) - 30 o
Denderleeuw (B) - 30 l - 31 i
Dendermonde (B) - 31 a
Denderwindeke (B) - 44 d
Denée (B) - 73 g
Dentergem (B) - 28 f
De Panne (B) - 11 i
De Pinte (B) - 29 b
Derenbach (L) - 88 j
Dergneau (B) - 42 h - 43 e
Derichsweiler (D) - 54 b
Dessel (B) - 21 a
Desselgem (B) - 28 i
Destelbergen (B) - 15 p - 29 d
Desteldonk (B) - 15 l
Deûlémont (F) - 40 f
Deulin (B) - 76 f
Deurle (B) - 29 b
Deurne (B) - 18 g
Deurne (B) - 35 a
Deux-Acren (B) - 44 e
De Val (NL) - 4 j
Devantave (B) - 76 l - 77 i
Devant les Bois (B) - 73 b
Deville (F) - 91 c
D'horn (D) - 54 b
Dhuy (B) - 62 a
Dickerscheid (D) - 68 f
Dickweiler (L) - 98 h
Diefenbach (D) - 68 h
Diegem (B) - 32 j
Diekirch (L) - 97 b
Diepenbeek (B) - 36 j
Diepenlinchen (D) - 53 d
Diessen (NL) - 9 b
Diest (B) - 34 h - 35 e
Dieteren (NL) - 24 m
Diets-Heur (B) - 50 g
Differdange (L) - 102 j
Dijkerstraat (NL) - 23 c
Dikkebus (B) - 26 m - 40 a
Dikkele (B) - 29 l
Dikkelvenne (B) - 29 j
Diksmuide (B) - 12 m - 26 a
Dilbeek (B) - 31 p
Dilmar (D) - 104 g
Dilsen (B) - 23 o - 37 c
Dimechaux (F) - 70 p
Dimont (F) - 70 p
Dinant (B) - 74 f
Dinez (B) - 77 p
Dingdorf (D) - 80 o
Dion (B) - 84 b
Dion-Valmont (B) - 47 j
Dippach (L) - 102 g
Dirbach (L) - 88 p - 89 m
Dishoek (NL) - 2 d
Dison (B) - 52 m
Dittlingen (D) - 104 g
Dochamps (B) - 77 j
Dockendorf (D) - 90 o
Dodenom (F) - 103 o
Doel (B) - 5 p
Doennange (L) - 88 g
Doenrade (NL) - 38 f
Dohan (B) - 93 j
Doiceau (B) - 47 f
Doische (B) - 73 o - 83 c
Dolembreux (B) - 65 b
Dom-le-Mesnil (F) - 92 m
Dommartin (B) - 50 m
Dommelen (NL) - 10 j
Dommersbach (D) - 68 g
Dompierre-sur-Helpe (F) - 70 m
Donceel (B) - 50 m
Donchery (F) - 92 m
Dondelange (L) - 96 p - 97 m
Dongelberg (B) - 48 i
Donk (B) - 14 f
Donk (B) - 21 e
Donk (B) - 30 c
Donk (B) - 35 f
Donk (NL) - 9 h
Donnerberg (D) - 53 c
Donstiennes (B) - 72 e
Doornzele (B) - 15 l
Doorselaar (B) - 16 j
Dorff (D) - 53 g
Dorignies (F) - 55 m
Dorinne (B) - 74 c
Dormaal (B) - 49 a
Dorne (B) - 23 n - 37 b
Dorscheid (L) - 89 e
Dottignies (B) - 41 h
Douai (F) - 55 m
Dour (B) - 57 p
Dourbes (B) - 83 a
Dourlers (F) - 70 n
Douvergenhout (NL) - 38 f
Douvrain (B) - 58 i
Douzy (F) - 99 a
Dranouter (B) - 39 d
Drauffelt (L) - 88 l
Dréhance (B) - 74 k
Dreiborn (D) - 68 b
Drie Hoefijzers (NL) - 16 c
Driehuizen (NL) - 8 c
Driesch (D) - 24 p
Drieslinter (B) - 34 p - 35 m
Driewegen (NL) - 3 j
Driewegen (NL) - 4 e
Drinklange (L) - 78 p - 88 d
Droeshout (B) - 31 g
Drogenbos (B) - 46 a
Drongen (B) - 15 n - 29 b
Drove (D) - 54 h
Dudelange (L) - 103 n
Dudzele (B) - 1 o - 13 c
Duffel (B) - 18 o
Duinbergen (B) - 1 l
Duisburg (B) - 32 p - 46 d - 47 a
Duizel (NL) - 9 l
Duizend Appels (B) - 16 l - 17 i
Duras (B) - 35 n
Durbuy (B) - 76 c
Düren (D) - 54 c
Dürler (B) - 79 i
Durmen (B) - 16 p - 17 m
Durnal (B) - 74 c
Düttling (D) - 54 p
Dworp (B) - 45 h

E

Eben (B) - 51 b
Eben-Emael (B) - 51 b
Ebly (B) - 94 h - 95 e
Ecaussinnes (B) - 59 b
Ecaussinnes d'Enghien (B) - 59 b
Ecaussinnes-Lalaing (B) - 59 c
Eccles (F) - 71 i
Echt (NL) - 24 i
Echterbosch (NL) - 24 n
Echternach (L) - 98 g
Echternacherbrück (D) - 98 f
Echtershausen (D) - 90 f
Eckelrade (NL) - 51 d
Eclaibes (F) - 70 j
Ecouviez (F) - 100 k
Ecuélin (F) - 70 n
Ede (B) - 30 k
Edegem (B) - 18 j
Edelare (B) - 29 n
Edewalle (B) - 12 p
Eecke (F) - 39 a
Eede (B) - 14 b
Eeklo (B) - 14 h - 15 e
Eel (B) - 8 k
Eernegem (B) - 12 l
Eersel (NL) - 9 l
Eft (D) - 104 o
Egem (B) - 27 d
Egenhoven (B) - 33 n
Eggewaartskapelle (B) - 11 o
Eghezée (B) - 48 n - 62 b
Ehein (B) - 64 b
Ehlange (L) - 102 l - 103 i
Ehlenz (D) - 90 g
Ehlerange (L) - 102 k
Ehnen (L) - 104 f
Eibertingen (B) - 67 n - 79 b
Eichen (D) - 68 g
Eigelscheid (D) - 79 l
Eigenbilzen (B) - 37 i
Eijsden(NL) - 51 c
Eikevliet (B) - 17 p
Eikske (NL) - 38 k
Eiland (NL) - 24 i
Eilendorf (D) - 53 b
Eilscheid (D) - 80 n - 90 b
Eind (NL) - 23 d
Eindewege (NL) - 4 a
Eindhout (B) - 20 o
Eindhoven (NL) - 10 g
Eine (B) - 29 n
Einighausen (NL) - 38 a
Einruhr (D) - 54 n - 68 b
Eischen (L) - 96 n
Eisden (B) - 37 g
Eisenach (D) - 98 d
Eisenborn (L) - 97 o
Eizeringen (B) - 31 n
Eke (B) - 29 f
Ekeren (B) - 6 n - 18 b
Eksaarde (B) - 16 k
Eksel (B) - 22 i
Elcherath (D) - 79 k
Elen (B) - 23 o
Elene (B) - 30 i
Elesmes (F) - 70 g
Elewijt (B) - 32 g
Eliksem (B) - 48 c
Elingen (B) - 45 b
Elkenrade (NL) - 38 n
Ell (NL) - 23 d
Ell (L) - 96 j
Ellange (L) - 104 i
Elle (B) - 26 d - 27 a
Ellemelle (B) - 64 j
Ellewoutsdijk (NL) - 4 e
Ellezelles (B) - 43 g
Ellignies-lez-Frasnes (B) - 43 i
Ellignies-Sainte-Anne (B) - 57 b
Ellikom (B) - 22 l
Ellwerath (D) - 80 k
Elouges (B) - 57 o
Elsbrug (B) - 30 g
Elsegem (B) - 28 p - 42 d
Elsenborn (B) - 67 k
Elsene (B) - 32 m - 46 a
Elsloo (NL) - 37 h
Elst (B) - 29 o
Elvange (L) - 96 o - 104 i
Elverdinge (B) - 26 i
Elversele (B) - 17 j
Elzen (B) - 20 g
Elzendamme (B) - 25 g
Elzestraat (B) - 18 o - 32 c
Emblem (B) - 19 i
Embourg (B) - 51 n - 65 b
Emelgem (B) - 27 k
Emines (B) - 62 e
Emmaberg (NL) - 38 i
Emmadorp (NL) - 5 n
Emmelbaum (D) - 89 h
Emmerin (F) - 40 o
Emptinnal (B) - 75 b
Emptinne (B) - 75 b
Ename (B) - 29 n
Engelmanshoven (B) - 49 c
Enghien (B) - 44 k - 45 i
Engis (B) - 64 b
Englefontaine (F) - 69 n
Englos (F) - 40 n
Engreux (B) - 87 c
Engsbergen (B) - 34 d
Enines (B) - 48 j
Ennal (B) - 78 b
Ennetières-en-Weppes (F) - 40 n
Ennevelin (F) - 55 b
Enscherange (L) - 88 l
Ensival (B) - 66 a
Epen (NL) - 52 b
Epiez-sur-Chiers (F) - 100 p
Epinois (B) - 59 o
Eppegem (B) - 32 g
Eppeldorf (L) - 97 h
Eppe-Sauvage (F) - 81 c
Eprave (B) - 75 n - 85 b
Erbaut (B) - 58 e
Erbisoeul (B) - 58 f
Ere (B) - 56 a
Erembodegem (B) - 30 l - 31 i
Erezée (B) - 76 h - 77 e
Erkensruhr (D) - 68 a
Ermeton-sur-Biert (B) - 73 g
Ermsdorf (L) - 97 h
Ernage (B) - 47 n - 61 b
Erneuville (B) - 86 d - 87 a
Ernonheid (B) - 65 n
Ernzen (D) - 98 g
Erondegem (B) - 30 g
Erpe (B) - 30 k
Erpekom (B) - 22 k
Erpeldange (L) - 88 k - 97 b
Erpeldange-Lez-Bous (L) - 104 j
Erpe-Mere (B) - 30 g
Erpent (B) - 62 j
Erpion (B) - 72 i
Erps-Kwerps (B) - 32 l - 33 i
Erquelinnes (B) - 71 e
Erquennes (B) - 57 p - 69 d
Erquinghem-le-Sec (F) - 40 n
Erquinghem-Lys (F) - 40 i
Erre (F) - 56 m
Ersange (L) - 104 e
Ertvelde (B) - 15 h
Erwetegem (B) - 30 m
Esbeek (NL) - 9 b
Escanaffles (B) - 42 g
Escautpont (F) - 56 l - 57 i
Eschdorf (L) - 96 b
Eschfeld (D) - 89 c
Esch-Sur-Alzette (L) - 102 o
Esch-Sur-Sûre (L) - 88 n - 96 c
Eschweiler (D) - 53 c
Eschweiler (L) - 88 k - 98 m
Escobecques (F) - 40 n
Escombres-et-Le-Chenois (F) - 93 n - 99 b
Eselborn (L) - 88 h
Esen (B) - 26 b
Esing (F) - 103 p
Esingen (D) - 104 g
Esneux (B) - 64 d - 65 a
Espeler (B) - 78 l - 79 i
Esplechin (B) - 55 d
Esquelmes (B) - 42 i
Essen (B) - 6 c
Essenbeek (B) - 45 h
Essene (B) - 31 j
Essenhoek (B) - 6 f
Esslingen (D) - 90 p
Estaimbourg (B) - 42 i
Estaimpuis (B) - 41 h
Estaires (F) - 39 k
Estinnes (B) - 59 m
Estinnes-au-Mont (B) - 59 m
Estinnes-au-Val (B) - 59 m
Estreux (F) - 69 a
Etalle (B) - 95 n - 101 b
Etenaken (NL) - 38 m
Eth (F) - 69 b
Ethe (B) - 101 e
Etikhove (B) - 43 b
Etion (F) - 91 k
Etrépigny (F) - 91 p
Ettelbruck (L) - 97 e
Ettelgem (B) - 12 h - 13 e
Ettelscheid (D) - 68 c
Etterbeek (B) - 32 m
Eugies (B) - 58 m
Euilly (F) - 99 f
Eupen (B) - 52 p - 53 m
Euscheid (D) - 80 m - 90 a
Euverem (NL) - 52 a
Evange (F) - 103 p
Evegnée (B) - 51 o
Evelette (B) - 63 o
Everbeek (B) - 43 h
Everberg (B) - 32 l - 33 m
Evere (B) - 32 n
Evergem (B) - 15 k
Everlange (L) - 96 k
Eversel (B) - 35 c
Evigny (F) - 91 n
Evrange (F) - 103 k
Evregnies (B) - 41 h
Evrehailles (B) - 74 b
Eygelshoven (NL) - 38 l
Eynatten (B) - 52 l - 53 i
Eys (NL) - 38 n
Ezemaal (B) - 48 c

F

Faches-Thumesnil (F) - 40 p - 41 m - 55 a
Fagnolle (B) - 82 d - 83 a
Fagnon (F) - 91 n
Faha (D) - 104 l
Failon (B) - 75 d
Faimes (B) - 49 l
Falaën (B) - 73 h
Falisolle (B) - 61 n
Fallais (B) - 49 o
Falmagne (B) - 74 j
Falmignoul (B) - 74 i
Familleureux (B) - 59 g
Fanzel (B) - 77 a
Farciennes (B) - 60 l - 61 i
Faulbach (F) - 104 m
Faulx-les-Tombes (B) - 62 l
Faumont (F) - 55 j
Fauquissart (F) - 39 p
Fauroeulx (B) - 59 n - 71 b
Fauvillers (B) - 95 f
Faymonville (B) - 67 n
Fays Famenne (B) - 85 e
Fays-les-Veneurs (B) - 93 c
Fayt-le-Franc (B) - 69 c
Fayt-lez-Manage (B) - 59 g
Fécher (B) - 51 p
Feignies (F) - 70 f
Feilsdorf (D) - 90 j
Felenne (B) - 84 e
Fellerich (D) - 98 p
Felleries (F) - 70 p
Feluy (B) - 59 d
Fenain (F) - 55 p
Feneur (B) - 51 k
Fennange (L) - 103 i
Fennbierg (L) - 89 j
Fentange (L) - 103 g
Fépin (F) - 83 k
Feriendorf (D) - 104 h
Fermont (F) - 101 o
Fernelmont (B) - 62 c
Fèrot (B) - 61 g
Ferrière-la-Grande (F) - 70 k
Ferrière-la-Petite (F) - 70 l
Ferrières (B) - 65 m
Ferschweiler (D) - 98 b
Feschaux (B) - 74 n
Feuerscheid (D) - 90 c
Feulen (L) - 96 d - 97 a
Fexhe-le-Haut-Clocher (B) - 50 j
Fexhe-Slins (B) - 50 h - 51 e
Filly (B) - 77 o
Filot (B) - 64 l - 65 i
Filsdorf (L) - 103 l
Fingig (L) - 102 f
Finnevaux (B) - 74 o

Fintele (B) - 25 h
Fisch (D) - 104 d
Fischbach (L) - 89 e - 97 k
Fischbach (D) - 90 e
Fixem (F) - 104 m
Fize-Fontaine (B) - 63 d
Fize-le-Marsal (B) - 50 j
Flamierge (B) - 87 f
Flamisoul (B) - 87 f
Flassigny (F) - 100 o
Flavion (B) - 73 k
Flawinne (B) - 62 i
Flaxweiler (L) - 98 n - 104 b
Fleigneux (F) - 92 k
Flémalle (B) - 50 o
Flémalle-Grande (B) - 50 o
Flémalle-Haute (B) - 50 o - 64 c
Flénu (B) - 58 j
Fleringen (D) - 80 l
Fléron (B) - 51 n
Flers-en-Escrebieux (F) - 55 m
Flêtre (F) - 39 f
Fleurbaix (F) - 40 i
Fleur d'Ecosse (F) - 40 j
Fleurus (B) - 60 h - 61 e
Fleuth (D) - 53 h
Flines-Les-Mortagne (F) - 56 g
Flines-lez-Râches (F) - 55 j
Flize (F) - 91 p
Flobecq (B) - 43 h
Floing (F) - 92 n
Flône (B) - 64 a
Florée (B) - 62 p - 63 m - 75 a
Floreffe (B) - 61 k
Florennes (B) - 73 j
Florenville (B) - 94 m
Floriffoux (B) - 61 l
Florzé (B) - 65 g
Flostoy (B) - 63 o
Floursies (F) - 70 o
Focant (B) -
74 p - 75 m - 84 d - 85 a
Foisches (F) - 83 d
Folkendange (L) - 97 g
Folschette (L) - 96 f
Folx-les-Caves (B) - 48 j
Fontaine-au-Bois (F) - 69 n
Fontaine-l'Evêque (B) - 60 m
Fontaine-Valmont (B) - 71 c
Fontenaille (B) - 77 p
Fontenelle (B) - 72 j
Fonteni (B) - 46 n - 60 b
Fontenoille (B) - 93 o
Fontenoy (B) - 56 c
Fontin (B) - 65 e
Fooz (B) - 50 j
Forchies-la-Marche (B) - 60 i
Forest (B) - 42 l
Forest (B) - 46 a
Forêst-en-Cambrésis (F) - 69 m
Forest-Sur-Marque (F) - 41 o
Forêt (B) - 65 c
Forge-Philippe (B) - 81 p
Forges (B) - 82 i
Forrières (B) - 75 p - 85 d
Forst (D) - 53 b
Fortem (B) - 25 c
Forville (B) - 62 c
Forzée (B) - 75 j
Fosse (B) - 78 a
Fosses-la-Ville (B) - 61 o
Fouches (B) - 95 o
Fouhren (L) - 89 o
Foulcette (F) - 102 o
Fouleng (B) - 44 n
Fourbechies (B) - 71 p
Fourmies (F) - 81 i
Fourneau (B) - 63 l
Fournes (F) - 55 g
Fournes-en-Weppes (F) - 40 m
Fousbann (L) - 102 j
Foy (B) - 87 h
Foy-Notre-Dame (B) - 74 k
Frahan (B) - 92 g
Fraineux (B) - 64 f
Fraipont (B) - 65 c
Fraire (B) - 72 g
Frais Marais (F) - 55 n
Fraiture (B) - 64 j - 65 e
Frameries (B) - 58 n
Framont (B) - 85 n - 93 c
Francheval (F) - 92 p - 93 m
Francheville (B) - 66 p - 78 d
Franchimont (B) - 73 n
Francorchamps (B) - 66 j
Franc-Waret (B) - 62 g
Frandeux (B) - 75 k
Frangenheim (D) - 54 h
Franière (B) - 61 k
Franse Hoef (NL) - 9 j
Frasnes (B) - 82 g
Frasnes-lez-Anvaing (B) - 43 i
Frasnes-lez-Gosselies (B) - 60 f
Frasnoy (F) - 69 f
Frassem (B) - 96 m
Fratin (B) - 101 a
Frauenkron (D) - 68 n
Frelinghien (F) - 40 f
Freloux (B) - 50 j
Frénois (F) - 92 n
Fresnes-Sur-Escaut (F) - 56 l - 57 i
Fresnois-La-Montagne (F) - 101 o
Fretin (F) - 55 b
Freund (D) - 53 f
Freux (B) - 86 k
Freylange (B) - 95 p
Freyr (B) - 74 j
Friesenrath (D) - 53 k
Frisange (L) - 103 k
Frohnrath (D) - 68 h
Froidchapelle (B) - 72 m
Froidfontaine (B) - 84 g
Froidlieu (B) - 84 d - 85 e
Froidmont (B) - 56 a
Froitscheidt (D) - 54 j
Fromelles (F) - 40 m
Fromiée (B) - 72 d - 73 a
Fromy (F) - 99 h
Fronville (B) - 76 f
Froyennes (B) - 42 m
Fumal (B) - 63 c
Fumay (F) - 83 k
Furfooz (B) - 74 k
Furnaux (B) - 73 g

G

Gaasbeek (B) - 45 c
Gages (B) - 44 n
Galder (NL) - 7 d
Gallaix (B) - 42 p - 43 m
Galmaarden (B) - 44 g
Gandren (F) - 104 m
Gangelt (D) - 38 c
Ganshoren (B) - 31 l
Garnich (L) - 102 g
Gastel (NL) - 10 p
Gasthuis (NL) - 37 p
Gastuche (B) - 47 f
Gaurain-Ramecroix (B) - 42 o - 56 c
Gavere (B) - 29 j
Gebroek (NL) - 24 m
Gedinne (B) - 84 k
Geel (B) - 20 g
Geer (B) - 49 j
Geest-Gérompont-
Petit-Rosières (B) - 48 i
Geetbets (B) - 35 j
Geichlingen (D) - 89 l
Geistingen (B) - 23 l
Geite (B) - 26 d
Geite (B) - 27 a
Gelbressée (B) - 62 g
Geldrop (NL) - 10 h
Geleen (NL) - 38 e
Gelf (B) - 101 h
Gelinden (B) - 49 h
Gellik (B) - 37 i
Gelrode (B) - 33 h
Geluveld (B) - 26 o
Geluwe (B) - 27 m - 41 a
Gembes (B) - 84 l - 85 i
Gembloux (B) - 61 b
Gemmenich (B) - 52 g
Gemünd (D) - 54 o - 68 c
Genappe (B) - 46 n
Gendijk (NL) - 24 c
Gendron (B) - 74 k
Gêne (B) - 76 o
Genech (F) - 55 g
Genenbos (B) - 35 c
Genendijk (B) - 21 m
Genimont (B) - 85 b
Genk (B) - 36 g
Genly (B) - 58 n
Genoelselderen (B) - 50 d
Gent (B) - 15 o - 29 d
Gentbrugge (B) - 15 p - 29 d
Gentingen (D) - 89 p - 97 d
Gentinnes (B) - 61 a
Genval (B) - 46 g
Geraardsbergen (B) - 44 e
Gerdingen (B) - 22 l - 23 i
Gérin (B) - 74 i
Gerlimpont (B) - 72 j
Gernelle (F) - 92 i
Gérouville (B) - 100 g
Gerpinnes (B) - 72 c
Gerwen (NL) - 10 d
Gespunsart (F) - 92 e
Gestel (B) - 19 j - 21 i
Gesves (B) - 62 p - 63 m
Geulle (NL) - 37 l
Geverik (NL) - 37 l
Gey (D) - 54 f
Ghislenghien (B) - 44 i
Ghissignies (F) - 69 i
Ghlin (B) - 58 j
Ghoy (B) - 43 h
Gibecq (B) - 44 n
Gierle (B) - 20 a
Giescheid (D) - 68 j
Giesdorf (D) - 80 k
Gijverinkhove (B) - 25 f
Gijzegem (B) - 30 h - 31 e
Gijzelbrechtegem (B) - 28 o - 42 c
Gijzenzele (B) - 30 e
Gillrath (D) - 38 h
Gilly (B) - 60 k
Gilsdorf (L) - 97 c
Gimnée (B) - 83 c
Gingelom (B) - 49 f
Giraumont (F) - 91 i
Girsterklaus (L) - 98 h
Gistel (B) - 12 g
Gistoux (B) - 47 k
Gits (B) - 27 a
Givenich (L) - 98 l
Gives (B) - 63 f
Gives (B) - 87 f
Givet (F) - 74 m - 84 a
Givonne (F) - 92 o
Givroule (B) - 87 f
Givry (B) - 58 p
Givry (B) - 87 f
Glabais (B) - 46 n
Glabbeek (B) - 34 n
Glabbeek-Zuurbemde (B) - 34 k
Glageon (F) - 81 e
Glain (B) - 50 l - 51 i
Glaire (F) - 92 n
Glaireuse (B) - 85 p
Gleixhe (B) - 50 m
Glimes (B) - 48 i
Glons (B) - 50 h - 51 e
Gochenée (B) - 73 p
Godarville (B) - 59 h
Godbrange (L) - 97 l
Godewaersvelde (F) - 39 b
Godinne (B) - 74 b
Godsheide (B) - 36 e
Godveerdegem (B) - 30 m
Goé (B) - 52 o
Goedange (L) - 78 p
Goeferdinge (B) - 44 e
Goegnies-Chaussée (B) - 70 b
Goes (NL) - 4 b
Goesdorf (L) - 88 o
Goesnes (B) - 63 k
Goetsenhoven (B) - 48 g
Goetzingen (L) - 102 d
Gognies-Chaussée (F) - 70 c
Gohimont (B) - 66 p - 67 i
Golbach (D) - 68 d
Golmey (F) - 101 m
Gomery (B) - 101 j
Gommegnies (F) - 69 g
Gompel (B) - 21 f
Gomzé-Andoumont (B) - 65 c
Gondelsheim (D) - 80 h
Gondenbrett (D) - 80 j
Gonderange (L) - 97 p
Gondregnies (B) - 44 n
Gonrieux (B) - 82 f
Gontrode (B) - 29 h
Gooik (B) - 45 b
Goor (B) - 19 o - 33 c
Gooreind (B) - 6 l - 7 i
Gorcy (F) - 101 k
Goronne (B) - 78 f
Gorp (NL) - 8 d - 9 a
Gorsem (B) - 35 n
Gors-Opleeuw (B) - 36 n - 50 b
Gosseldange (L) - 97 j
Gosselies (B) - 60 j
Gostingen (L) - 104 b
Gotem (B) - 49 d
Gottechain (B) - 47 g
Gottem (B) - 28 g
Gottignies (B) - 58 h - 59 e
Gougnies (B) - 72 d - 73 a
Gourdinne (B) - 72 g
Goutroux (B) - 60 m
Gouvy (B) - 78 o
Gouy-lez-Piéton (B) - 60 e
Goyet (B) - 62 l
Gozée (B) - 72 a
Graauw (NL) - 5 m
Grâce-Berleur (B) - 50 o
Grâce-Hollogne (B) - 50 o
Graetheide (NL) - 37 d
Graide (B) - 84 p - 85 m
Gralingen (L) - 89 n
Grammene (B) - 28 g
Grand-Axhe (B) - 49 k
Grand Coo (B) - 66 n
Grandcourt (B) - 101 j
Grande Eneille (B) - 76 b
Grandglise (B) - 57 g
Grand-Hallet (B) - 48 k
Grand-Halleux (B) - 78 b
Grandhan (B) - 76 b
Grand-Houmart (B) - 64 o
Grand-Leez (B) - 61 d
Grand-Manil (B) - 61 b
Grandmenil (B) - 77 f
Grandmetz (B) - 43 n
Grand Monchau (B) - 43 f
Grand-Rechain (B) - 52 m
Grand-Reng (B) - 70 d - 71 a
Grandrieu (B) - 71 j
Grand-Rosière-Hottomont (B) - 48 n
Grandrue (B) - 87 o
Grands-Trieux (B) - 59 l
Grandville (B) - 50 e
Grandvoir (B) - 94 a
Grapfontaine (B) - 94 f
Grathem (NL) - 24 e
Graty (B) - 44 o
Graux (B) - 73 c
Grazen (B) - 35 j
Grd. Sec Bois (F) - 39 e
Greisch (L) - 96 o
Greiveldange (L) - 104 f
Grembergen (B) - 17 m - 31 a
Grendel (B) - 96 i
Gressenich (D) - 53 d
Grevels (L) - 96 f
Grevenbricht (NL) - 23 p - 37 d
Grevenmacher (L) - 98 p - 104 d
Grez-Doiceau (B) - 47 g
Gribômont (B) - 94 e
Grijzegrubben (NL) - 38 i
Grimbergen (B) - 32 j
Grimbièmont (B) - 76 j
Grimminge (B) - 44 b
Grindhausen (L) - 89 a
Grivegnée (B) - 51 n
Grobbendonk (B) - 19 g
Groede (NL) - 2 l
Groenendaal (B) - 46 f
Groenendijk (NL) - 4 k
Groenendijk-Bad (B) - 11 k
Groenlaren (B) - 35 c
Groenstraat (NL) - 9 b
Groesgoor (B) - 21 b
Gronsveld (NL) - 37 o - 51 c
Groot Abeele (NL) - 3 b
Groot-Bijgaarden (B) - 31 o
Groot-Gelmen (B) - 49 d
Groot Genhout (NL) - 38 i
Groot Haasdal (NL) - 38 i
Grootlo (B) - 33 c
Groot-Loon (B) - 50 a
Groot-Welsden (NL) - 37 p
Grosage (B) - 57 h
Grosbous (L) - 96 g
Gros Buisson (B) - 62 i
Gros-Fays (B) - 92 c
Grosshau (D) - 54 e
Grosskampenberg (D) - 79 o
Grosslangenfeld (D) - 79 l
Grote Barrier (B) - 22 a
Grote-Brogel (B) - 22 k
Grote Heide (B) - 22 b
Grote Meers (NL) - 37 g
Grotenberge (B) - 30 m
Grotenrath (D) - 38 h
Grote-Spouwen (B) - 36 p - 37 m
Groynne (B) - 63 i
Grüfflingen (B) - 79 i
Gruitrode (B) - 22 p - 23 m
Grumelange (B) - 95 h
Grune (B) - 76 n
Grupont (B) - 85 d
Gruson (F) - 41 o - 55 c
Gruyères (F) - 91 n
Gué d'Hossus (F) - 82 p
Guerlange (B) - 102 e
Guignicourt-sur-Vence (F) - 91 n
Guignies (B) - 56 a
Guigoven (B) - 36 m
Guirsch (B) - 96 m
Gullegem (B) - 27 o
Gulpen (NL) - 38 m - 52 a
Gürzenich (D) - 54 b
Gussignies (F) - 69 c
Gutschoven (B) - 50 a
Guttecoven (NL) - 37 d

H

Haacht (B) - 33 f
Haaltert (B) - 30 k
Haaren (D) - 24 o
Haaren (D) - 53 a
Haasdonk (B) - 17 g
Haasrode (B) - 33 o - 47 c
Habay (B) - 95 n
Habay-la-Neuve (B) - 95 o
Habay-la-Vieille (B) - 95 n
Habergy (B) - 101 h
Habscheid (D) - 79 l
Haccourt (B) - 51 f
Hachiville (L) - 88 b
Hachy (B) - 95 o
Hacquegnies (B) - 43 i
Haelen (NL) - 24 b
Hagen (L) - 102 c
Hagen (F) - 103 o
Haghorst (NL) - 9 c
Hahn (D) - 53 g
Haid (B) - 75 k
Haies (B) - 72 b
Haillot (B) - 63 j
Haine-St-Paul (B) - 59 j
Haine-St-Pierre (B) - 59 k
Hainin (B) - 57 l
Haink (NL) - 6 b
Hakendover (B) - 48 c
Halanzy (B) - 101 l
Halen (B) - 35 e
Halenfeld (D) - 80 e
Haler (NL) - 23 h
Hallaar (B) - 19 o
Halle (B) - 19 b
Halle (B) - 45 h
Halle-Booienhoven (B) - 49 b
Hallennes-lez-Haubourdin (F) - 40 n
Haller (L) - 98 e
Hallert (D) - 79 p
Halles-sous-les-Côtes (F) - 99 n
Halleux (B) - 76 p
Halling (F) - 103 p
Hallschlag (D) - 68 o - 80 c
Halluin (F) - 41 a
Halma (B) - 85 f
Halmaal (B) - 49 b
Haltinne (B) - 63 i
Halveweg (B) - 36 a
Ham (B) - 21 j
Hamerenne (B) - 75 o
Hamich (D) - 54 a
Hamipré (B) - 94 g
Hamiville (L) - 88 f
Ham-Les-Moines (F) - 91 i
Ham-les-Saint-Jean (F) - 100 o
Hamm (L) - 103 g
Hamm (D) - 90 f
Hamme (B) - 17 n - 31 l
Hamme-Mille (B) - 47 c
Hammerhütte (D) - 68 p
Hamoir (B) - 64 l - 65 i
Hamois (B) - 75 c
Hamont (B) - 22 d
Hamont-Achel (B) - 22 c
Hampteau (B) - 76 g
Ham-sur-Heure (B) - 72 b
Ham-sur-Heure-Nalinnes (B) - 72 a
Ham-sur-Meuse (F) - 83 d
Ham-sur-Sambre (B) - 61 k
Handzame (B) - 26 c
Haneffe (B) - 50 m
Han-lès-Juvigny (F) - 100 m
Hannêche (B) - 62 d
Hannêche (B) - 63 a
Hannut (B) - 48 l - 49 i
Hanret (B) - 62 b
Hansbeke (B) - 14 p - 15 m
Han-sur-Lesse (B) - 85 c
Hansweert (NL) - 4 g
Hantes-Wihéries (B) - 71 g
Hanzinelle (B) - 72 h - 73 e
Hanzinne (B) - 72 h - 73 e
Hapert (NL) - 9 l
Harchies (B) - 57 j
Harcy (F) - 91 e
Hardigni (B) - 88 a
Harduémont (B) - 50 m
Harelbeke (B) - 28 m
Haren (B) - 32 j
Haren (B) - 50 b
Hargarten (D) - 90 b
Hargimont (B) - 76 m
Hargnies (F) - 69 h
Hargnies (F) - 83 l
Harlange (L) - 88 m
Harles (NL) - 52 c
Harlue (B) - 48 n
Harmignies (B) - 58 p
Harnoncourt (B) - 100 l
Harperscheid (D) - 68 f
Harre (B) - 77 b
Harsin (B) - 76 m
Harspelt (D) - 79 o
Harveng (B) - 58 o
Harzé (B) - 65 j
Harzelt (D) - 38 c
Hasenfeld (D) - 54 j
Hasnon (F) - 56 i
Hassel (L) - 103 l
Hasselt (B) - 36 e
Hastenrath (D) - 38 c - 53 d
Hastière (B) - 74 i
Hastière-Lavaux (B) - 74 i
Hastière-par-delà (B) - 74 i
Hatrival (B) - 86 i
Haubourdin (F) - 40 o
Haucourt-Moulaine (F) - 102 m
Haudrecy (F) - 91 j
Haulchin (B) - 58 p - 59 m
Haulmé (F) - 91 h
Hausen (D) - 54 k
Hauset (B) - 52 h - 53 e
Hautbellain (Oberbesslingen) (L) -
78 o
Haut-Bois (B) - 62 l - 63 i
Hautcharage (L) - 102 f
Haute Desnié (B) - 66 i
Haute-Kontz (F) - 104 m
Haute-Parthe (F) - 103 o
Haute-Rentgen (F) - 103 o
Haute-Sûre (L) - 88 m
Haut-Fays (B) - 84 k
Haut'gné (B) - 65 e
Haut-Ittre (B) - 45 l
Haut-le-Wastia (B) - 74 e
Hautmont (F) - 70 j
Hautrage (B) - 57 h
Havay (B) - 58 o - 70 c
Havelange (B) - 63 p
Haversin (B) - 75 k
Haverskerque (F) - 39 m
Havinnes (B) - 42 o
Havré (B) - 58 l - 59 i
Havrenne (B) - 75 k
Haybes (F) - 83 k
Hazeldonk (NL) - 7 c
Hazenhurk (NL) - 10 l
Hechelscheidt (D) - 54 j
Hecht (B) - 7 j
Hechtel (B) - 22 i
Hechtel-Eksel (B) - 22 i
Heckbus (B) - 96 n
Hecken (D) - 68 l
Heckhuscheid (D) - 79 k
Hecq (F) - 69 n
Heek (NL) - 38 i
Heel (NL) - 24 e
Heer (NL) - 37 o
Heer (B) - 74 m
Heerlen (NL) - 38 k
Heerlerbaan (NL) - 38 k
Heerlerheide (NL) - 38 k
Heers (NL) - 10 f
Heers (B) - 49 h
Heerweg (B) - 28 o
Hees (B) - 37 m
Heestert (B) - 42 b
Heesvelde (B) - 30 b
Heeze (NL) - 10 l
Heezerenbosch (NL) - 10 k
Heffen (B) - 18 n - 32 b
Heffingen (L) - 97 l
Hei (NL) - 23 g
Heide (B) - 17 i
Heide (NL) - 24 f
Heide (NL) - 24 m
Heide (B) - 6 k
Heiden (D) - 68 k
Heiderscheid (L) - 96 d
Heiende (B) - 16 o
Heiereind (NL) - 10 j
Heijenrath (NL) - 52 a
Heikant (NL) - 16 d
Heikant (B) - 19 n
Heikant (B) - 23 k
Heikant (NL) - 9 f
Heikruis (B) - 45 f
Heilbach (D) - 90 e
Heilenbach (D) - 90 g
Heille (B) - 14 b
Heimbach (D) - 54 k
Heimbachtal (D) - 54 o
Heindonk (B) - 18 n
Heinerscheid (L) - 89 b
Heinkenszand (NL) - 4 a
Heinsberg (D) - 24 p
Heinsch (B) - 95 p
Heinstert (B) - 95 l
Heischtergronn (L) - 88 o - 96 c
Heisdorf (L) - 97 o - 103 c
Heisdorf (D) - 80 o
Heispelt (L) - 96 b
Heist (B) - 1 l
Heistern (D) - 54 a
Heist-op-den-Berg (B) - 19 o
Hekelgem (B) - 31 j
Heks (B) - 50 a
Helchteren (B) - 22 m - 36 a
Heldergem (B) - 30 j
Hélécine (B) - 48 g
Helen-Bos (B) - 35 m - 49 a
Hélesmes (F) - 56 m
Helfant (D) - 104 g
Helkijn (B) - 42 e
Hellange (L) - 103 k
Hellebecq (B) - 44 j
Hellebroek (NL) - 38 i
Hellendorf (D) - 104 o
Hellenthal (D) - 68 f
Helmdange (L) - 97 o - 103 c
Hem (F) - 41 j
Hemelveerdegem (B) - 44 a
Hemiksem (B) - 18 i
Hemmeres (D) - 79 k
Hemptinne (B) - 48 o - 62 c
Hemptinne (B) - 72 l - 73 i
Hemroulle (B) - 87 k
Hendrieken (B) - 50 a
Hengstdijk (NL) - 4 k
Henis (B) - 50 c
Hennuyères (B) - 45 n
Henri-Chapelle (B) - 52 j
Henripont (B) - 45 o - 59 c
Hensies (B) - 57 k
Heppen (B) - 21 k
Heppenbach (B) - 67 o
Heppignies (B) - 60 k
Herbais (B) - 48 f
Herbeumont (B) - 93 l
Herbeuval (F) - 100 e
Herbiester (B) - 66 c
Herborn (L) - 98 k
Herbstmühle (D) - 89 l
Herchies (B) - 58 e
Herderen (B) - 50 d - 51 a
Herdersem (B) - 30 h - 31 e
Herent (B) - 22 f
Herent (B) - 33 k
Herentals (B) - 20 e
Herenthout (B) - 19 l
Herfelingen (B) - 45 e
Hergarten (D) - 54 p
Hergenrath (B) - 52 h
Hergnies (F) - 56 l
Herhet (B) - 74 k
Herk-de-Stad (B) - 35 f
Herkenbosch (NL) - 24 h
Herkenrade (NL) - 51 d
Hermalle-sous-Argenteau (B) - 51 f
Hermalle-sous-Huy (B) - 64 a
Hermée (B) - 51 e
Hermelgem (B) - 29 k
Hermespand (D) - 80 g
Hermeton-sur-Meuse (B) - 74 i
Herne (B) - 44 h
Hérock (B) - 74 p - 75 m
Héron (B) - 63 a
Herquegies (B) - 42 p - 43 m
Herresbach (B) - 79 d
Herscheid (D) - 80 i
Herseaux (B) - 41 g
Herselt (B) - 20 n - 34 b
Herserange (F) - 102 i
Herstal (B) - 51 j
Herstappe (B) - 50 f
Hertain (B) - 41 p
Herten (NL) - 24 f
Herten (B) - 36 m
Hertsberge (B) - 13 l
Herve (B) - 51 l
Herzele (B) - 30 i
Herzfeld (D) - 79 o - 89 c
Hestrud (F) - 71 j
Het Bosch (NL) - 9 k
Het Kalf (B) - 17 a
Het Punt (B) - 20 j
Het Zoute (B) - 2 i
Heugem (NL) - 37 o
Heule (B) - 27 o
Heultje (B) - 20 m
Heure (B) - 75 h
Heure-le-Romain (B) - 51 f
Heurne (B) - 29 j
Heusden (B) - 29 d
Heusden-Zolder (B) - 35 d
Heuseux (B) - 51 k
Heusy (B) - 66 a
Heuvel (B) - 6 k
Heuvel (NL) - 9 h
Heuvelland (B) - 40 a
Hever (B) - 32 h - 33 e
Heverlee (B) - 33 o
Hévillers (B) - 47 n
Hévremont (B) - 52 n
Heyd (B) - 77 a
Heythuysen (NL) - 24 a
Hèze (B) - 47 g
Hickeswinkel (D) - 24 l
Hierges (F) - 83 c
Hijfte (B) - 16 i
Hille (B) - 13 o - 27 c
Hillegem (B) - 30 i
Hillensberg (D) - 38 f
Hilleshagen (NL) - 52 b
Hilvarenbeek (NL) - 9 a
Himeling (F) - 103 p
Hinderhausen (B) - 78 h - 79 e
Hingen (NL) - 24 j
Hingene (B) - 17 p
Hingeon (B) - 62 h
Hirps (F) - 102 o
Hirson (F) - 81 m
Hitfeld (D) - 53 f
Hivange (L) - 102 g
Hives (B) - 77 m
Hobbelrade (NL) - 38 e
Hoboken (B) - 18 e
Hobscheid (L) - 96 o
Hockai (B) - 66 g
Hodbomont (B) - 65 h
Hodeige (B) - 50 i
Hodimont (B) - 52 m
Hodister (B) - 76 k
Hody (B) - 64 g
Hoedekenskerke (NL) - 4 f
Hoegaarden (B) - 48 a
Hoeilaart (B) - 46 c
Hoek (NL) - 3 p
Hoeke (B) - 2 m
Hoelbeek (B) - 36 p - 37 i
Hoeleden (B) - 34 o
Hoensbroek (NL) - 38 j
Hoepertingen (B) - 35 p - 49 d
Hoeselt (B) - 36 o
Hoevenen (B) - 6 n
Hofen (D) - 67 d
Hoffelt (L) - 88 b
Hofstade (B) - 30 h
Hofstade (B) - 32 g
Hofswald (D) - 80 m
Hogen (B) - 34 l - 35 i
Hogne (B) - 75 l

Hognoul (B) - 50 j
Hoksem (B) - 48 a
Hollain (B) - 56 f
Hollange (B) - 87 o - 95 c
Hollebeek (B) - 17 k
Hollebeke (B) - 40 b
Hollenfels (L) - 96 p - 97 m
Holler (L) - 78 p - 79 m - 88 d - 89 a
Hollerath (D) - 68 j
Hollnich (D) - 79 l
Hollogne-aux-Pierre (B) - 50 o
Hollogne-sur-Geer (B) - 49 k
Hollonge (B) - 76 i
Holsbeek (B) - 33 l
Holse (NL) - 52 c
Holsthum (D) - 90 o - 98 c
Holtum (NL) - 24 m - 38 a
Holzem (L) - 102 h
Holzheim (B) - 68 m - 79 d
Holzthum (L) - 89 i
Hombeek (B) - 32 b
Hombourg (B) - 52 f
Hommerdingen (D) - 90 m
Hommert (NL) - 38 f
Hompré (B) - 87 o
Hondelange (B) - 102 a
Hondschoote (F) - 25 e
Hondseind (NL) - 8 c
Höngen (D) - 38 b
Hon-Hergies (F) - 69 d
Hôni (B) - 65 a
Honnay (B) - 84 h - 85 e
Honnelles (B) - 69 c
Hönningen (D) - 68 g
Honsfeld (B) - 67 p
Hontem (D) - 24 p
Hontheim (D) - 80 i
Honthem (NL) - 37 p - 51 d
Honville (B) - 87 p - 95 d
Hoofdplaat (NL) - 3 j
Hoogcasteren (NL) - 9 h
Hooge Berkt (NL) - 10 m
Hoogeind (NL) - 9 d - 10 e
Hoogeloon (NL) - 9 h
Hooge Mierde (NL) - 9 j
Hoogerheide (NL) - 6 e
Hooglede (B) - 27 e
Hoogstade (B) - 25 g
Hoogstraten (B) - 7 g
Hoort (B) - 17 n
Horbach (D) - 38 p
Horebeke (B) - 29 o
Horendonk (B) - 6 c
Horion-Hozémont (B) - 50 n
Horm (D) - 54 f
Horn (NL) - 24 f
Hörn (D) - 52 d - 53 a
Hornaing (F) - 56 m
Hornu (B) - 58 i
Horpmaal (B) - 50 e
Horrues (B) - 44 p - 45 m
Hoscheid (L) - 89 m
Hoscheiderdickt (L) - 89 j
Hosingen (L) - 89 i
Hostert (L) - 103 d
Hotton (B) - 76 g
Houdain-Lez-Bavay (F) - 69 h
Houdemont (B) - 95 m
Houdeng-Aimeries (B) - 59 f
Houdeng-Goegnies (B) - 59 f
Houdremont (B) - 84 o
Houffalize (B) - 78 m - 88 a
Houldizy (F) - 91 f
Houmont (B) - 87 i
Houplines (F) - 40 j
Hour (B) - 74 p - 75 m
Housse (B) - 51 k
Houssonloge (B) - 65 j
Hout (B) - 8 m
Houtaing (B) - 43 n
Houtain-le-Val (B) - 60 b
Houtain-Saint-Siméon (B) - 51 e
Houtave (B) - 13 b
Houtbroek (NL) - 23 g
Houtem (B) - 25 a
Houtem (B) - 32 g
Houtem (B) - 48 a
Houtgoor (NL) - 8 a
Houthalen (B) - 36 a
Houthalen-Helchteren (B) - 22 m - 36 b
Houthem (B) - 40 c
Houthulst (B) - 26 g
Houtkerque (F) - 25 i
Houtvenne (B) - 33 d
Houwaart (B) - 34 i
Houx (B) - 74 f
Houyet (B) - 74 p
Hove (B) - 18 k
Hoves (B) - 44 l
Howald (L) - 103 f
Howardries (B) - 56 e
Hoyemont (B) - 65 j
Hubermont (B) - 87 i
Huccorgne (B) - 63 b
Huf (D) - 79 p - 89 d
Huijbergen (NL) - 6 e
Huise (B) - 29 i
Huissignies (B) - 57 d
Huizingen (B) - 45 h
Huldange (L) - 78 p
Huldenberg (B) - 47 a
Huls (NL) - 38 o
Hulsberg (NL) - 38 i
Hulsel (NL) - 9 f
Hulsen (B) - 21 i
Hulshout (B) - 19 p
Hulsonniaux (B) - 74 k
Hulst (B) - 21 n
Hulst (NL) - 4 p - 5 m - 16 d - 17 a
Hulste (B) - 27 l
Humain (B) - 75 l
Humbeek (B) - 32 e
Humcoven (NL) - 37 l
Huncherange (L) - 103 i
Hundelgem (B) - 29 l
Hunnecum (NL) - 38 i
Hunningen (B) - 67 p
Hunsdorf (L) - 97 n
Hunsel (NL) - 23 h
Huppaye (B) - 48 j
Hupperdange (L) - 88 d - 89 a
Hürtgen (D) - 54 f
Hürtgenwald (D) - 54 e
Hushoven (NL) - 23 b
Hussenberg (NL) - 37 k
Hussigny-Godhrange (F) - 102 n
Huttange (L) - 96 j
Hütterscheid (D) - 90 j
Hüttingen bei Lahr (D) - 90 m
Huy (B) - 63 h
Huygevoort (NL) - 9 c
Hymiée (B) - 72 d
Hyon (B) - 58 k

I

Ichtegem (B) - 12 k
Iddergem (B) - 30 l - 31 i
Idegem (B) - 44 b
Ieper (B) - 26 m
Iges (F) - 92 n
Ihren (D) - 79 k
IJzendijke (NL) - 3 n
IJzeren (NL) - 38 m
Illikhoven (NL) - 23 p
Illy (F) - 92 o
Imbringen (L) - 97 o
Imgenbroich (D) - 53 p - 67 d
Impde (B) - 31 h
Impe (B) - 30 f
Incourt (B) - 47 l
Ingber (NL) - 38 m - 52 a
Ingeldorf (L) - 97 b
Ingelmunster (B) - 27 l
Ingendorf (D) - 90 o
Ingersberg (D) - 68 g
Ingooigem (B) - 28 n - 42 b
Inor (F) - 99 k
Irchonwelz (B) - 43 p
Iré-le-Sec (F) - 100 n
Irrel (D) - 98 g
Irrhausen (D) - 89 c
Isenborn (L) - 88 n - 96 b
Isières (B) - 44 i
Isnes (B) - 61 g
Issancourt-et-Rumel (F) - 92 i
Itegem (B) - 19 k
Itterbeek (B) - 31 p
Itteren (NL) - 37 k
Ittervoort (NL) - 23 h
Ittre (B) - 45 p
Itzig (L) - 103 g
Iveldingen (B) - 67 n - 79 b
Ivoi (B) - 74 b
Ivoz (B) - 50 o - 64 c
Ivoz-Ramet (B) - 50 o
Ixelles (B) - 32 m - 46 a
Izegem (B) - 27 k
Izel (B) - 94 n
Izenberge (B) - 25 b
Izier (B) - 65 m

J

Jabbeke (B) - 13 e
Jabeek (NL) - 38 f
Jakobsknopp (D) - 80 p
Jakobwüllesheim (D) - 54 d
Jalhay (B) - 66 c
Jallet (B) - 63 k
Jamagne (B) - 72 l
Jambes (B) - 62 i
Jamblinne (B) - 75 n
Jamiolle (B) - 72 k
Jamioulx (B) - 72 b
Jamoigne (B) - 94 n
Jandrain-Jandrenouille (B) - 48 k
Jandrenouille (B) - 48 k
Jauche (B) - 48 k
Jauchelette (B) - 48 i
Javingue (B) - 84 b
Jehanster (B) - 66 b
Jehay-Bodegnée (B) - 63 d
Jehonville (B) - 85 o - 93 c
Jemappes (B) - 58 j
Jemelle (B) - 75 p
Jemeppe (B) - 50 o
Jemeppe-sur-Sambre (B) - 61 k
Jeneffe (B) - 50 i
Jeneffe (B) - 75 d
Jenlain (F) - 69 f
Jenneville (B) - 86 k
Jesseren (B) - 50 a
Jette (B) - 32 m
Jeuk (B) - 49 g
Jeumont (F) - 71 e
Jevigné (B) - 77 h
Jezus-Eik (B) - 46 c
Jodion (B) - 61 k
Jodoigne (B) - 48 f
Jodoigne-Souveraine (B) - 48 i
Joli-Bois (B) - 46 j
Jolimetz (F) - 69 j
Jollain-Merlin (B) - 56 f
Joncret (B) - 72 d
Jonkershove (B) - 26 f
Journal (B) - 86 d
Jucken (D) - 89 g
Julémont (B) - 51 l
Jumet (B) - 60 j
Junglister (L) - 97 p
Jupille (B) - 51 n
Juprelle (B) - 50 g
Jurbise (B) - 58 f
Juseret (B) - 94 d - 95 a
Juvigny-sur-Loison (F) - 100 m

K

Kaaskerke (B) - 12 m - 26 a
Kachtem (B) - 27 g
Kaggevinne (B) - 34 h
Kahler (L) - 102 c
Kahren (D) - 104 h
Kain (B) - 42 n
Kakert (NL) - 38 k
Kalborn (L) - 89 b
Kalken (B) - 30 b
Kall (D) - 68 d
Kallo (B) - 17 d
Kalmthout (B) - 6 k
Kalterherberg (D) - 67 g
Kamberg (D) - 68 j
Kämpchen (D) - 53 a
Kampenhout (B) - 32 g - 33 e
Kanegem (B) - 28 b
Kanfen (F) - 103 n
Kanne (B) - 37 n - 51 b
Kapelle (NL) - 4 c
Kapellebrug (NL) - 16 d - 17 a
Kapellen (B) - 34 j
Kapellen (B) - 6 n
Kapelle-op-den-Bos (B) - 32 a
Kaprijke (B) - 15 f
Karken (D) - 24 l
Karlshausen (D) - 89 h
Kasen (NL) - 37 k
Kastel (B) - 17 n - 31 b
Kaster (Anzegem) (B) - 28 o - 42 c
Kasterlee (B) - 20 c
Kattenbos (B) - 21 h
Kaudenborn (B) - 16 g
Kaulen (B) - 52 k
Kaulille (B) - 22 g
Kaundorf (L) - 88 n
Kautenbach (L) - 88 p - 89 m
Kayl (L) - 102 p - 103 m
Keent (NL) - 23 c
Keerbergen (B) - 33 b
Keersop (NL) - 10 j
Kehlen (L) - 96 p - 97 m - 102 d - 103 a
Kehmen (L) - 88 p - 89 m - 96 d - 97 a
Kehr (D) - 80 b
Keiem (B) - 12 n
Keispelt (L) - 97 m
Kelmis (B) - 52 g
Kelmond (NL) - 37 l
Kelpen (NL) - 23 d
Kelsen (D) - 104 h
Kemexhe (B) - 50 j
Kemzeke (B) - 17 e
Kerensheide (NL) - 37 h
Kerkhof (NL) - 10 l
Kerkhove (B) - 42 c
Kerkhoven (B) - 21 l
Kerkhoven (B) - 22 i
Kerkom (B) - 34 m
Kerkom-bij-Sint-Truiden (B) - 49 c
Kerkrade (NL) - 38 l
Kerksken (B) - 30 k
Kermt (B) - 35 g
Kerniel (B) - 36 m - 50 a
Kerperscheid (D) - 68 g
Kersbeek-Miskom (B) - 34 k
Kerschenbach (D) - 68 o - 80 c
Kesfeld (D) - 79 p
Kessel (B) - 19 j
Kessel-Lo (B) - 33 k
Kesselt (B) - 37 n
Kessenich (B) - 24 i
Kesslingen (D) - 104 l
Kester (B) - 45 f
Kesternich (D) - 54 m
Kettenis (B) - 52 l - 53 i
Keumiée (B) - 61 i
Kickeshausen (D) - 89 h
Kieldrecht (B) - 5 o
Kiewit (B) - 36 e
Kiezegem (B) - 34 j
Killem (F) - 25 e
Kinkhoven (NL) - 24 b
Kinrooi (B) - 23 k
Kinzenburg (D) - 80 m - 90 a
Kirchhoven (D) - 24 p
Kirf (D) - 104 l
Kirsch-lès-Sierck (F) - 104 o
Kirschseiffen (D) - 68 g
Kisfurt (L) - 79 m
Kitzing (F) - 104 o
Kleinbettingen (L) - 102 c
Klein Doenrade (NL) - 38 f
Kleine Bareel (B) - 18 b
Kleine-Brogel (B) - 22 f
Kleine Meers (NL) - 37 h
Kleine-Spouwen (B) - 36 p - 37 m
Klein-Gelmen (B) - 49 d
Klein Genhout (NL) - 37 h
Klein Haasdal (NL) - 37 l
Kleinhau (D) - 54 f
Kleinhoscheid (L) - 88 g
Kleinlangenfeld (D) - 80 g
Kleinmacher (L) - 104 i
Klein Oekel (NL) - 7 c
Klein-Sinaai (B) - 16 g
Klein Vorst (B) - 20 p - 21 m
Klein Welsden (NL) - 37 p
Klein Zundert (NL) - 7 b
Kleit (B) - 14 g
Klemskerke (B) - 12 d - 13 a
Klerken (B) - 26 b
Klimmen (NL) - 38 i
Kloetinge (NL) - 4 b
Kloosterzande (NL) - 4 k
Kluisbergen (B) - 42 c
Kluizen (B) - 15 k
Knaphoscheid (L) - 88 k
Knaufspesch (D) - 80 f
Knegsel (NL) - 10 e
Knesselare (B) - 14 j
Knokke (B) - 1 l
Knokke (B) - 42 a
Knokke-Heist (B) - 2 i
Kobbegem (B) - 31 l
Kobscheid (D) - 80 f
Koekelare (B) - 12 o
Koekelberg (B) - 32 m
Koerich (L) - 96 o - 102 c
Koersel (B) - 21 p
Koewacht (NL) - 16 c
Koewacht (B) - 16 g
Koksijde (B) - 11 j
Koksijde-Bad (B) - 11 j
Kollesleuken (D) - 104 l
Köllig (D) - 104 c
Kolonie (B) - 22 a
Kommerscheidt (D) - 54 i
Koningsbosch (NL) - 24 n
Koningshooikt (B) - 19 m
Koninksem (B) - 50 f
Kontich (B) - 18 k
Kontich Kazerne (B) - 18 k
Konzen (D) - 53 p - 67 c
Kooigem (B) - 42 e
Koolkerke (B) - 13 d
Koolskamp (B) - 27 c
Kopstal (L) - 97 n - 103 b
Korbeek-Dijle (B) - 33 n
Korbeek-Lo (B) - 33 p
Kornelimünster (D) - 53 f
Körperich (D) - 89 p
Korspel (B) - 21 o
Kortemark (B) - 26 d - 27 a
Kortenaken (B) - 34 l - 35 i
Kortenberg (B) - 32 l - 33 i
Kortenbos (B) - 35 o
Kortessem (B) - 36 m
Korteven (NL) - 6 e
Kortijs (B) - 49 j
Kortrijk (B) - 27 p - 41 d
Kortrijk-Dutsel (B) - 33 l
Kotem (B) - 37 g
Koudekerke (NL) - 2 d - 3 a
Koxhausen (D) - 89 l
Kozen (B) - 35 k
Kraainem (B) - 32 o
Kraan (NL) - 23 d
Krabbendijke (NL) - 5 f
Krauthausen (D) - 53 g - 54 c
Krautscheid (D) - 90 e
Kreijl (NL) - 10 h
Kreiwe (L) - 102 d
Krekel (D) - 68 h
Kreuzau (D) - 54 g
Kreuzberg (D) - 68 l
Kreuzrath (D) - 38 c
Kreuzweiler (D) - 104 k
Krijt (B) - 36 j
Krokegem (B) - 31 k
Krombeke (B) - 25 j
Kronenburg (D) - 68 o
Kronenburgerhutte (D) - 68 o - 80 c
Kruchten (D) - 90 m - 98 a
Kruibeke (B) - 17 h
Kruiningen (NL) - 4 h - 5 a
Kruis (NL) - 10 l
Kruisdijk (NL) - 2 l - 3 i
Kruisdorp (NL) - 4 l - 5 i
Kruiseke (B) - 26 p - 40 d
Kruishoutem (B) - 28 k
Kruiskalsijde (B) - 27 b
Kruiskerke (B) - 14 n
Kruisstraat (B) - 16 f
Kuborn (L) - 96 b
Kufferath (D) - 54 g
Kuikseind (NL) - 9 c
Kuilenrode (NL) - 9 f
Kuitaart (NL) - 4 l
Kümmern (D) - 104 d
Kumtich (B) - 34 n - 48 b
Kunrade (NL) - 38 j
Kuringen (B) - 35 h
Kuttekoven (B) - 50 a
Kuurne (B) - 27 p
Kwaadmechelen (B) - 21 n
Kwadendamme (NL) - 4 f
Kwaremont (B) - 42 d
Kwatrecht (B) - 30 e

L

Laak (NL) - 24 i
Laakdal (B) - 20 o
Laar (NL) - 23 c
Laar (B) - 32 f
Laar (B) - 48 h
Laarne (B) - 30 a
L'Abliau (B) - 44 k
La Bouverie (B) - 58 m
La Bruyère (B) - 47 h - 62 e
Labuissière (B) - 71 f
La Chapelle (B) - 78 a
La Chapelle (F) - 92 k
La Chapelle d'Armentières (F) - 40 j
La Cornette (B) - 93 f
La Couture (F) - 39 o
La Crèche (F) - 39 h
La Croisette (F) - 56 k
La Croissette (F) - 91 o
Lacuisine (B) - 94 m
Ladeuze (B) - 57 d
La Ferté-sur-Chiers (F) - 99 g
Laffeld (D) - 24 p - 38 d
La Flamengrie (F) - 69 c
Laforêt (B) - 92 b
La Fosse (B) - 77 f
La Francheville (F) - 91 o
Lage Berkt (NL) - 10 m
Lage Mierde (NL) - 9 f
La Glanerie (B) - 55 h
La Gleize (B) - 66 m
La Gorgue (F) - 39 o
La Grande Carrière (F) - 69 l
La Grande Rue (F) - 55 k
La Grandville (F) - 91 l
Lahage (B) - 100 d
Lahamaide (B) - 43 k
La Hestre (B) - 59 k
Lahr (D) - 90 m
La Hulpe (B) - 46 g
Laiche (B) - 94 m
Laifour (F) - 83 o - 91 c
Laix (F) - 102 m
Laken (B) - 32 m
Lallaing (F) - 55 n
La Longueville (F) - 70 e
La Louvière (B) - 59 k
Laloux (B) - 75 n
Lamadelaine (L) - 102 j
La Madeleine (F) - 40 l - 41 i
Lamain (B) - 41 p - 55 d
La Mallieule (B) - 64 a
La Malmaison (F) - 101 i
Lambermont (B) - 52 m - 66 a
Lambermont (B) - 93 o
Lambersart (F) - 40 l
Lambertsberg (D) - 90 b
Lambusart (B) - 60 l
Lameries (F) - 70 d - 71 a
Lamine (B) - 50 i
Lammersdorf (D) - 53 p
La Moncelle (F) - 92 o
Lamontzée (B) - 49 m - 63 a
Lamormenil (B) - 77 f
Lamorteau (B) - 100 k
La Motte-au-Bois (F) - 39 i
Lamouilly (F) - 99 l
Lampernisse (B) - 25 d
Lamswaarde (NL) - 4 l - 5 i
Lanaken (B) - 37 j
Lanaye (B) - 51 b
Landegem (B) - 14 p - 15 m
Landelies (B) - 60 m
Landen (B) - 48 h - 49 e
Landenne (B) - 62 h - 63 e
Landgraaf (NL) - 38 l
Landorp (NL) - 9 k
Landrichamps (F) - 84 a
Landscheid (L) - 89 n
Landskouter (B) - 29 h
Landzécourt (F) - 100 m
Laneffe (B) - 72 g
La Neuville (F) - 55 e
Laneuville (B) - 86 p
Laneuville-au-Bois (B) - 86 g
La Neuville-Aux-Joûtes (F) - 81 o
Laneuville-sur-Meuse (F) - 99 o
Langbroich (D) - 38 c
Langdorp (B) - 34 e
Langemark (B) - 26 j
Langemark-Poelkapelle (B) - 26 j
Langerbrugge (B) - 15 k
Langeweegje (NL) - 4 f
Langsur (D) - 98 l
Lanklaar (B) - 37 c
Lannen (L) - 96 i
Lanquesaint (B) - 43 l
Lansdijk (B) - 15 b
Lantin (B) - 50 l
Lantremange (B) - 49 h
Lanzerath (B) - 68 m
Laplaigne (B) - 56 f
Lapscheure (B) - 2 m - 14 a
La Reid (B) - 65 h
La Roche-en-Ardenne (B) - 77 m
Larochette (L) - 97 k
Larum (B) - 20 f
Lascheid (B) - 79 j
Lascheid (D) - 90 b
Lasel (D) - 90 c
Lasne (B) - 46 k
Lasne-Chapelle-Saint-Lambert (B) - 46 k
La Templerie (F) - 55 n
La Tête Noire (F) - 69 l
Lathuy (B) - 48 e
Latinne (B) - 49 n
LaTombe (B) - 42 n
Latour (B) - 101 i
Laudesfeld (D) - 80 e
Launstroff (F) - 104 p
Lauperath (D) - 90 a
Laurensberg (D) - 52 d - 53 a
Lauw (B) - 50 f
Lauwe (B) - 41 c
Lavacherie (B) - 86 g
La Vallée (B) - 48 o - 62 c
Lavaux-Sainte-Anne (B) - 85 a
Laventie (F) - 39 p
La Vigne (F) - 40 h - 41 e
Lavoir (B) - 63 b
Lebbeke (B) - 31 b
Le Bru (F) - 55 k
Le Bultia (B) - 72 c
Le Câttelet (F) - 55 o
Le Champy-Bas (F) - 99 m
Le Champy-Haut (F) - 99 m
Le Chenoi (B) - 46 i
L'Ecluse (B) - 48 a
Lede (B) - 28 l - 29 i
Lede (B) - 30 g
Ledeberg (B) - 29 d - 31 m
Ledegem (B) - 27 n
Le Doulieu (F) - 39 k
Leefdaal (B) - 33 m
Leende (NL) - 10 l
Leenderstrijp (NL) - 10 l
Leerbeek (B) - 45 b
Leernes (B) - 60 m
Leers (F) - 41 l
Leers-et-Fosteau (B) - 71 g
Leest (B) - 32 b
Leeuwen (NL) - 24 g
Leeuwergem (B) - 30 i
Leffinge (B) - 12 f
Leforest (F) - 55 i
L'église (B) - 94 h
Léglise (B) - 95 e
Le Grand Trieu Leisele (B) - 57 d
Le Happart (B) - 57 g
Leidenborn (D) - 79 o
Leignon (B) - 75 f
Leimbach (D) - 89 h
Leisele (B) - 25 f
Leithum (L) - 79 n
Leke (B) - 12 j
Lellig (L) - 98 o
Lellingen (L) - 88 l
Le Maisnil (F) - 40 n
Le Maroc (F) - 56 f
Lembeek (B) - 45 g
Lembeke (B) - 15 f
Lemberge (B) - 29 h
Le Mesnil (B) - 83 f
Lemiers (NL) - 52 c
Lendelede (B) - 27 k
Lendersdorf (D) - 54 c
Lengeler (B) - 78 p - 79 m
Lennik (B) - 45 b
Lenningen (L) - 104 f
Lens (B) - 58 b
Lens-Saint-Remy (B) - 49 j
Lens-Saint-Servais (B) - 49 j
Lens-sur-Geer (B) - 50 e
Leopoldsburg (B) - 21 l
L'Epine (F) - 70 p - 71 m
Le Pitois (B) - 61 p
Le Quesnoy (F) - 69 i
Le Roeulx (B) - 59 e
Lerop (NL) - 24 g
Le Roux (B) - 61 n
Le Sart (F) - 39 i
Les Assenois (B) - 93 c
Les Asturies (F) - 55 m
Les Avins (B) - 64 m
Les Ayvelles (F) - 91 o
Les Bons Villers (B) - 60 g
Les Boscailles (B) - 62 f
Les Bulles (B) - 94 n
L'Escaillère (B) - 82 n
Lescheret (B) - 95 a
Les Comognes (B) - 62 f
Lesdain (B) - 56 f
Les-Deux-Villes (F) - 99 d
Les Ecacheries (B) - 57 g
Les Forges (B) - 63 g
Les Fosses (B) - 61 p
Les Fossés (B) - 94 k
Les Hautes-Rivieres (F) - 92 a
Les Hauts Buttés (F) - 83 p
Les Hayons (B) - 93 f
Les Hornais (B) - 65 f
Les Mazures (F) - 91 b
Les Moëres (F) - 25 a
Lesquin (F) - 41 m - 55 a
Lessines (B) - 44 e
Lessive (B) - 75 n - 85 b
Lesterny (B) - 85 d
Lestrem (F) - 39 n
Lesve (B) - 61 p - 73 d
Les Waleffes (B) - 49 o
Létanne (F) - 99 i
Le Theux (F) - 91 l
Le Trieu de Fresnes (F) - 56 l - 57 i
Letterhoutem (B) - 30 i
Leudelange (L) - 103 e
Leugnies (B) - 71 j
Leuken (NL) - 23 c
Leupegem (B) - 29 m
Leut (B) - 37 g
Leuven (B) - 33 k
Leuze (B) - 62 b
Leuze-en-Hainaut (B) - 43 n - 57 b
Leval (F) - 70 m
Leval-Chaudeville (B) - 71 j
Leval-Trahegnies (B) - 59 k
Levelange (L) - 96 j
Leveroy (NL) - 24 a
Leversbach (D) - 54 g
Lewedorp (NL) - 3 d
Lexy (F) - 101 p
Lezennes (F) - 41 m
Lez Fontaine (F) - 70 p - 71 m
Liberchies (B) - 60 f
Libin (B) - 85 l
Libois (B) - 63 o
Libramont (B) - 86 n
Libramont-Chevigny (B) - 86 n - 94 b
Lichtaart (B) - 20 f
Lichtenborn (D) - 90 a
Lichtenbusch (D) - 53 f
Lichtervelde (B) - 27 b
Lieck (D) - 24 p
Liedekerke (B) - 31 m
Lieferinge (B) - 44 d - 45 a
Liefrange (L) - 88 n - 96 b
Liège (B) - 51 m
Lieler (L) - 79 n - 89 b
Lier (B) - 18 l - 19 i
Lierde (B) - 44 a
Lierfeld (D) - 80 n
Lierneux (B) - 77 h
Liernu (B) - 62 a
Liers (B) - 50 l - 51 i
Liessem (D) - 90 g
Liessies (F) - 81 a
Liezele (B) - 17 p
Ligne (B) - 43 o
Ligneuville (B) - 66 p - 67 m
Ligney (B) - 49 k
Lignières (B) - 76 j
Ligny (B) - 60 h - 61 e
Lille (B) - 20 a
Lille (F) - 40 p - 41 m
Lillo (B) - 5 p
Lillois-Witterzée (B) - 46 m
Limal (B) - 46 l - 47 i
Limbourg (B) - 52 o
Limbricht (NL) - 38 a
Limelette (B) - 46 l - 47 i
Limerlé (B) - 78 n
Limes (B) - 100 f
Limmel (NL) - 37 n
Limont (B) - 49 l - 64 g
Limont-Fontaine (F) - 70 j
Limpach (L) - 102 l
Linay (F) - 99 g
Lincé (B) - 65 f

Lincent (B) - 48 l
Linchet (B) - 64 i
Linde (B) - 22 n
Lindel (B) - 22 f
Linden (B) - 33 l
Lindenheuvel (NL) - 37 h
Linger (L) - 102 f
Linkebeek (B) - 46 e
Linkhout (B) - 35 f
Linne (NL) - 24 f
Linselles (F) - 40 h - 41 e
Linsmeau (B) - 48 g
Lint (B) - 18 k
Linter (B) - 34 p - 35 m
Lintert (D) - 53 f
Lintgen (L) - 97 n
Lippelo (B) - 31 d
Lipperscheid (L) - 89 m
Lischert (B) - 95 p
Lisogne (B) - 74 g
Lissewege (B) - 1 o
Livange (L) - 103 j
Lives-sur-Meuse (B) - 62 j
Lixhe (B) - 51 g
Lo (B) - 33 p
Lobbes (B) - 71 d
Loch (D) - 80 l
Lochristi (B) - 16 i
Löcken (D) - 24 p
Locquignol (F) - 69 k
Lodelinsart (B) - 60 j
Loenhout (B) - 7 f
Loker (B) - 39 d
Lokeren (B) - 16 k
Loksbergen (B) - 34 h - 35 i
Lombardsijde (B) - 11 l
Lombardsijde-Bad (B) - 11 g
Lombise (B) - 44 n - 58 b
Lombut (F) - 99 b
Lomme (F) - 40 o
Lommel (B) - 21 d
Lommel Werkplaatsen (B) - 21 g
Lommersweiler (B) - 79 j
Lompret (F) - 40 k
Lompret (B) - 82 f
Lomprez (B) - 85 e
Loncée (B) - 46 n - 60 b
Loncin (B) - 50 l
Londerzeel (B) - 31 d
Longchamps (B) - 62 a
Longchamps (B) - 87 g
Longeau (B) - 102 e
Longlaville (F) - 102 i
Longlier (B) - 94 g
Longueville (B) - 47 k
Longuyon (F) - 101 n
Longvilly (B) - 88 e
Longwy (F) - 101 l
Lonny (F) - 91 e
Lontzen (B) - 52 k
Lonzée (B) - 61 c
Loo (NL) - 10 m
Loon (NL) - 10 j
Loonbeek (B) - 47 b
Loos (F) - 40 o
Loppem (B) - 13 k
Lorcé (B) - 65 o
Lorcy (B) - 86 e
Lo-Reninge (B) - 25 h
Lorentzweiler (L) - 97 o
Losheim (D) - 68 n
Lot (B) - 45 h
Lotenhulle (B) - 14 o - 28 c
Lotenne (B) - 73 k
Louette-Saint-Denis (B) - 84 o
Louette-Saint-Pierre (B) - 84 n
Louftémont (B) - 95 j
Louise-Marie (B) - 43 b
Loupoigne (B) - 46 n
Loupoigne (B) - 60 b
Louppy-sur-Loison (F) - 100 m
Louvain-la-Neuve (B) - 47 i
Louveigné (B) - 65 g
Louvignies-Quesnoy (F) - 69 j
Louvil (F) - 55 b
Louvroil (F) - 70 g
Louwel (B) - 23 m - 37 a
Lovendegem (B) - 15 n
Lovenjoel (B) - 33 p
Loveren (NL) - 10 j
Loverval (B) - 60 o - 72 c
Loyers (B) - 62 k - 74 f
Lozen (B) - 22 h - 23 e
Lozer (B) - 28 l - 29 i
Lubbeek (B) - 34 i
Luchtbal (B) - 18 b
Luingne (B) - 41 g
Lullange (L) - 88 g
Lultzhausen (L) - 88 n - 96 b
Lümbach (D) - 24 p
Lumes (F) - 91 p
Lummen (B) - 35 g
Lünebach (D) - 80 m
Lüppenau (D) - 54 k
Lustin (B) - 62 n
Lutlommel (B) - 22 a
Lutrebois (B) - 87 p
Lutremange (B) - 87 p
Luttre (B) - 60 f
Lützkampen (D) - 79 o
Luxembourg (L) - 103 b
Luyksgestel (NL) - 10 m
Luzy-Saint-Martin (F) - 99 j
Lys-Les-Lannoy (F) - 41 k

M

Maagd van Gent (NL) - 3 o
Maaijkant (NL) - 8 a
Maalbroek (NL) - 24 h
Maarkedal (B) - 43 c
Maarke-Kerkem (B) - 29 n - 43 b
Maarle (B) - 8 d
Maasband (NL) - 37 g
Maasbracht (NL) - 24 i
Maaseik (B) - 23 k
Maasmechelen (B) - 37 f
Maastricht (NL) - 37 n
Maboge (B) - 77 n
Mabompré (B) - 87 d
Machelen (B) - 28 g
Machelen (B) - 32 j
Machtum (L) - 104 c
Macon (B) - 81 g
Macquenoise (B) - 81 j
Madonna (B) - 26 f
Maffe (B) - 76 a
Maffle (B) - 43 p
Mageret (B) - 87 l
Magerotte (B) - 87 i
Magnée (B) - 51 o
Magrette (NL) - 4 n
Mahou (B) - 74 n
Maillen (B) - 62 o
Mainvault (B) - 43 k
Mairieux (F) - 70 g
Mairy (F) - 99 a
Maisières (B) - 58 g
Maison (B) - 61 o - 73 c
Maissin (B) - 85 k
Maizeret (B) - 62 k
Maklich (D) - 104 h
Mal (B) - 50 d
Malandry (F) - 99 g
Maldegem (B) - 14 f
Malderen (B) - 31 c
Maldingen (B) - 78 l - 79 i
Male (B) - 14 e
Maleizen (B) - 46 g
Malempré (B) - 77 g
Malèves-Sainte-Marie-
Wastines (B) - 47 l
Malle (B) - 7 o
Malmédy (B) - 66 l - 67 i
Malonne (B) - 61 l
Malplaquet (F) - 70 a
Malsbenden (D) - 54 o - 68 c
Malscheid (B) - 79 m
Malvoisin (B) - 84 k
Mamelis (NL) - 52 c
Mamer (L) - 102 d - 103 a
Manage (B) - 59 g
Manderen (F) - 104 o
Manderfeld (B) - 80 a
Manderscheid (D) - 90 a
Mande-Saint-Etienne (B) - 87 j
Manhay (B) - 77 g
Mannebach (D) - 104 d
Mannekensvere (B) - 12 i
Manscheid (D) - 68 k
Manternach (L) - 98 o
Maransart (B) - 46 j
Marbais (B) - 60 h
Marbaix (B) - 72 a
Marbehan (B) - 94 p
Marbehan (B) - 95 m
Marbisou (B) - 60 d
Marbisou (B) - 61 a
Marbourg (L) - 89 e
Marche-en-Famenne (B) - 76 i
Marche-les-Dames (B) - 62 g
Marche-lez-Ecaussinnes (B) - 59 c
Marchienne-au-Pont (B) - 60 n
Marchiennes (F) - 55 o
Marchin (B) - 63 k
Marchipont (B) - 57 n
Marchovelette (B) - 62 f
Marcinelle (B) - 60 o
Marcourt (B) - 76 l
Marcq (B) - 44 k
Marcq-en-Barœul (F) - 41 i
Marèdret (B) - 73 h
Marenne (B) - 76 j
Maresches (F) - 69 e
Margny (F) - 100 e
Margraten (NL) - 38 m - 52 a
Maria-Aalter (B) - 14 n
Mariadorp (NL) - 51 c
Mariahoop (NL) - 24 o
Mariakerke (B) - 12 f
Mariakerke (B) - 15 o
Marialoop (B) - 28 e
Maria ter Heide (B) - 6 o
Mariaweiler (D) - 54 b
Mariekerke (B) - 17 o
Mariembourg (B) - 82 d
Mariemont (B) - 59 k
Mariënwaard (NL) - 37 k
Marilles (B) - 48 g
Marke (B) - 41 c
Markegem (B) - 28 f
Marloie (B) - 76 i
Marnach (L) - 89 e
Marneffe (B) - 63 b
Marolle (B) - 28 l - 29 i
Marpent (F) - 70 h - 71 e
Marquain (B) - 42 m
Marquette-lez-Lille (F) - 40 l - 41 i
Martelange (B) - 95 h
Martenslinde (B) - 36 p
Martilly (B) - 94 f
Martincourt-sur-Meuse (F) - 99 k
Martinrive (B) - 65 j
Martinsart (F) - 55 e
Martouzin-Neuville (B) - 84 d
Marvie (B) - 87 l
Marville (F) - 100 o
Marxberg (L) - 89 o - 97 c
Masbourg (B) - 86 a
Masnuy-Saint-Jean (B) - 58 f
Masnuy Saint-Pierre (B) - 58 f
Maspelt (B) - 79 j
Massemen (B) - 30 f
Massenhoven (B) - 19 f
Masthorn (D) - 80 m
Matagne (B) - 63 j
Matagne-la-Grande (B) - 83 b
Matagne-la-Petite (B) - 83 b
Mater (B) - 29 n
Matton-et-Clémency (F) - 99 c
Matzerath (D) - 80 n
Maubeuge (F) - 70 f
Maubray (B) - 56 c
Maubrou (B) - 46 g
Mauel (D) - 54 p - 68 d
Mauel (D) - 90 f
Maulde (B) - 42 p - 43 m
Maulde (F) - 56 f
Maurage (B) - 59 i
Mauritsfort (NL) - 3 p
Mausbach (D) - 53 d
Maxet (NL) - 24 a
Mazée (B) - 83 c
Mazenzele (B) - 31 f
Mazy (B) - 61 g
Méan (B) - 76 a
Mechelen (B) - 32 c
Mechelen (NL) - 62 b
Mechelen-Bovelingen (B) - 49 h
Mecher (L) - 88 h - 89 e
Mecher (L) - 88 n
Meckel (D) - 90 p - 98 d
Mecquignies (F) - 70 e
Medell (B) - 79 b
Medernach (L) - 97 h
Medingen (L) - 103 h
Meeffe (B) - 48 p
Meemortel (NL) - 22 d - 23 a
Meensel-Kiezegem (B) - 34 j
Meer (B) - 7 g
Meerbeek (B) - 33 i
Meerbeke (B) -
30 p - 31 m - 44 d - 45 a
Meerdonk (B) - 17 b
Meerhoeven (B) - 19 h
Meerhout (B) - 20 l - 21 i
Meerle (B) - 7 d
Meerlebroek (NL) - 24 d
Meers (NL) - 37 g
Meersel (B) - 7 d
Meerssen (NL) - 37 l
Meeswijk (B) - 37 c
Meetkerke (B) - 13 b
Meeuwen (B) - 22 p
Meeuwen-Gruitrode (B) - 22 k
Mehaigne (B) - 48 m - 62 b
Meigem (B) - 28 d - 29 a
Meilegem (B) - 29 k
Meillier-Fontaine (F) - 91 g
Meise (B) - 32 i
Meix-devant-Virton (B) - 100 g
Meix-le-Tige (B) - 101 h
Melden (B) -
28 p - 29 m - 42 d - 43 a
Meldert (B) - 31 j
Meldert (B) - 35 b
Meldert (B) - 48 a
Melen (B) - 51 k
Melick (NL) - 24 g
Mélin (B) - 48 e
Melkwezer (B) -
34 p - 35 m - 48 d - 49 a
Melle (B) - 29 d
Mellery (B) - 60 d - 61 a
Melles (B) - 42 k
Mellet (B) - 60 g
Mellier (B) - 94 l
Mellier (B) - 95 i
Melreux (B) - 76 g
Melsbroek (B) - 32 k
Melsele (B) - 17 h
Melsen (B) - 29 g
Melveren (B) - 35 o
Membach (B) - 52 o
Membre (B) - 92 b
Membruggen (B) - 36 p - 50 d
Mendonk (B) - 16 i
Menen (B) - 41 b
Menningen (D) - 98 h
Mensdorf (L) - 104 a
Menuchenet (B) - 93 e
Menufontaine (B) - 95 b
Merbes-le-Château (B) - 71 b
Merbes-Sainte-Marie (B) - 71 b
Merchtem (B) - 31 g
Merdorp (B) - 48 o
Mere (B) - 30 k
Merelbeke (B) - 29 h
Merendree (B) - 15 m
Mérignies (F) - 55 e
Merkelbeek (NL) - 38 f
Merkem (B) - 26 e
Merkeshausen (D) - 90 f
Merkholz (L) - 88 k
Merksem (B) - 18 b
Merksplas (B) - 8 i
Merl (L) - 103 f
Merlemont (B) - 73 n
Merlscheid (D) - 80 n - 90 b
Merny (B) - 93 b
Merris (F) - 39 f
Mersch (L) - 97 j
Merscheid (L) - 96 c
Merscheid-Les-Putscheid (L) - 89 j
Merschweiller (F) - 104 o
Mertenne (B) - 72 e
Mertert (L) - 98 p
Mertzieg (L) - 96 h
Merum (NL) - 24 f
Merville (F) - 39 j
Merzkirchen (D) - 104 g
Mesch (B) - 51 c
Mesen (B) - 40 b
Mesenich (D) - 98 l
Meslin-l'Evêque (B) - 44 i
Mesnil-Eglise (B) - 74 o
Mesnil-Saint-Blaise (B) - 74 n
Mespelare (B) - 30 h - 31 e
Messancy (B) - 102 e
Messelbroek (B) - 34 f
Messerich (D) - 90 o
Messincourt (F) - 93 n - 99 b
Mesvin (B) - 58 k
Meteren (F) - 39 g
Mettekoven (B) - 49 d
Mettendorf (D) - 90 m
Mettet (B) - 73 b
Metzdorf (D) - 98 l
Metzert (B) - 96 m
Meulebeke (B) - 27 h
Meulenberg (B) - 36 b
Meurich (D) - 104 h
Meux (B) - 61 d
Meuzegem (B) - 31 h
Mévergnies-lez-Lens (B) - 44 m
Mexy (F) - 102 m
Meyerode (B) - 79 c
Meysembourg (L) - 97 k
Mheer (NL) - 51 d
Miavoye (B) - 73 l
Michamps (B) - 88 e
Michelau (L) - 89 n - 97 b
Michelbeke (B) - 29 p
Michelbouch (L) - 96 h - 97 e
Micheroux (B) - 51 o
Middelbeers (NL) - 9 c
Middelburg (B) - 14 b
Middelburg (NL) - 3 b
Middelkerke (B) - 12 e
Middelkerke-Bad (B) - 12 e
Miécret (B) - 63 p - 75 d
Mielen-Boven-Aalst (B) - 49 g
Mierchamps (B) -
76 p - 77 m - 86 d - 87 a
Miescheid (D) - 68 j
Mignault (B) - 59 f
Millegem (B) - 20 h - 21 e
Millen (B) - 50 d - 51 a
Millonfosse (F) - 56 j
Milmort (B) - 51 i
Milourd (F) - 81 i
Minden (D) - 98 g
Minderhout (B) - 7 g
Min des Loups (F) - 56 j
Mirfeld (B) - 67 o - 79 c
Mirwart (B) - 85 h
Miskom (B) - 34 k
Mispeleind (NL) - 9 f
Mittel-Tünsdorf (D) - 104 p
Modave (B) - 64 i
Möderscheid (B) - 67 o
Moelingen (B) - 51 g
Moen (B) - 42 b
Moerbeke (B) - 16 f
Moerbeke (B) - 44 f
Moerbrugge (B) - 13 h
Moere (B) - 12 k
Moerkerke (B) - 14 a
Moersdorf (L) - 98 l
Moershoofde (B) - 14 c
Moerzeke (B) - 17 n
Moesdorf (L) - 97 j
Moesel (NL) - 23 c
Moeskroen (B) - 41 g
Moestroff (L) - 97 d
Mogimont (B) - 92 h - 93 e
Mogues (F) - 99 d
Moha (B) - 63 b
Mohiville (B) - 75 c
Mohon (F) - 91 k
Moignelée (B) - 61 i
Moinet (B) - 88 e
Moircy (B) - 86 k
Moiry (F) - 99 h
Mokker (B) - 12 o
Mol (B) - 21 f
Molenbaix (B) - 42 j
Molenbeek-SAint-Jean (B) - 32 m
Molenbeek-Wersbeek (B) - 34 j
Molenbeersel (B) - 23 g
Molenhoek (B) - 19 j
Molenstede (B) - 34 c
Molinfaing (B) - 94 d
Mollem (B) - 31 k
Mollendaal (B) - 47 d
Molsberg (NL) - 38 o
Momalle (B) - 50 i
Momignies (B) - 81 j
Mompach (L) - 98 k
Monceau-en-Ardenne (B) -
84 o - 92 c
Monceau-Imbrechies (B) - 81 g
Monceau-Saint-Waas (F) - 70 m
Monceau-sur-Sambre (B) - 60 m
Moncheaux (F) - 55 i
Mondercange (L) - 102 k
Mondigny (F) - 91 n
Mondorff (F) - 103 l
Mondorf-Les-Bains (L) - 104 i
Mondrepuis (F) - 81 m
Mons (B) - 50 o - 58 k
Monschau (D) - 67 d
Mons-en-Barœul (F) - 41 m
Mons-en-Pévèle (F) - 55 e
Monstreux (B) - 45 p - 59 d
Monsville (B) - 58 i
Mont (B) - 64 h - 65 e
Mont (B) - 66 l - 67 i
Mont (B) - 74 b
Mont (B) - 77 p
Mont-Bernachon (F) - 39 m
Montbliart (B) - 71 o - 81 c
Montcornet (F) - 91 f
Montcy-Notre-Dame (F) - 91 l
Montcy-St-Pierre (F) - 91 k
Mont-de-l'Enclus (B) - 42 g
Montegnée (B) - 50 o
Montenaken (B) - 49 f
Montenau (B) - 67 n - 79 b
Montfort (NL) - 24 j
Mont-Gauthier (B) - 75 j
Monthermé (F) - 91 c
Montignies-lez-Lens (B) - 58 c
Montignies-Saint-Christophe (B) -
71 g
Montignies-sur-Roc (B) - 57 o - 69 c
Montignies-sur-Sambre (B) - 60 o
Montigny-en-Ostrevant (F) - 55 n
Montigny-le-Tilleul (B) - 60 m - 72 a
Montigny-sur-Chiers (F) - 101 o
Montigny-sur-Meuse (F) - 83 g
Montleban (B) - 78 i
Montmédy (F) - 100 j
Mont Noir (F) - 39 c
Montplainchamps (B) - 94 f
Montquintin (B) - 100 k
Mont Rigi (B) - 67 e
Montroeul-au-Bois (B) - 42 p - 43 m
Montroeul-sur-Haine (B) - 57 k
Mont-Saint-André (B) - 48 i
Mont-Saint-Aubert (B) - 42 j
Mont-Sainte-Aldegonde (B) - 59 k
Mont-Sainte-Geneviève (B) -
59 o - 71 c
Mont-Saint-Guibert (B) - 47 n
Mont-Saint-Jean (B) - 46 j
Mont-Saint-Martin (F) - 102 i
Mont-sur-Marchienne (B) - 60 n
Montzen (B) - 52 f
Monville (B) - 76 f
Moorsel (B) - 31 e - 32 p
Moorsele (B) - 27 n
Moorslede (B) - 26 l - 27 i
Moortsele (B) - 29 h
Moorveld (NL) - 37 l
Mopertingen (B) - 36 p - 37 m
Moregem (B) - 28 p - 29 m
Moresnet (B) - 52 g
Morfontaine (F) - 102 m
Morhet (B) - 87 i
Morialmé (B) - 72 h - 73 e
Morkhoven (B) - 20 i
Morlanwelz (B) - 59 k
Morlies (B) - 56 g
Mormont (B) - 77 a
Mormont (B) - 77 o
Mormont (B) - 86 a
Mornimont (B) - 61 k
Morsbach (D) - 68 c
Mortagne-Du-Nord (F) - 56 g
Mortehan (B) - 93 g
Mortier (B) - 51 l
Mortroux (B) - 51 h
Mortsel (B) - 18 k
Morville (B) - 73 l
Mostheuvel (NL) - 9 d
Mouchin (F) - 55 h
Moulbaix (B) - 43 o - 57 c
Moulin a Vent (B) - 62 j
Moulin du Ruy (B) - 66 j
Moulins-Saint-Hubert (F) - 99 f
Mourcourt (B) - 42 j
Mouscron (B) - 41 g
Mousny (B) - 87 b
Moustier (B) - 43 j
Moustier (B) - 61 k
Moustier-En-Fagne (F) - 81 c
Mousty (B) - 46 l - 47 i
Moutfort (L) - 103 h
Mouvaux (F) - 41 j
Mouzaive (B) - 92 g
Mouzay (F) - 99 o
Mouzon (F) - 99 e
Moxhe (B) - 48 p - 49 m
Mozet (B) - 62 k
Muizen (B) - 32 d
Muizen (B) - 49 g
Mulartshütte (D) - 53 k
Mülbach (D) - 90 j
Muldenau (D) - 54 l
Mullem (B) - 29 i
Munkzwalm (B) - 29 k
Muno (B) - 93 o
Munschecker (L) - 98 o
Munshausen (L) - 88 h - 89 e
Münsterau (D) - 53 g
Munsterbilzen (B) - 36 l
Münsterbusch (D) - 53 c
Munstergeleen (NL) - 38 e
Munte (B) - 29 h
Münzingen (D) - 104 l
Mürringen (B) - 68 i
Musson (B) - 101 k
Mussy-la-Ville (B) - 101 g
Mützenich (D) - 67 c - 79 h
Muxerath (D) - 89 l
My (B) - 65 m

N

Naast (B) - 59 a
Nachbarheid (D) - 24 o - 38 c
Nachtmanderscheid (L) - 89 n
Nadrin (B) - 77 o
Nafraiture (B) - 84 n - 92 b
Nagelbeek (NL) - 38 e
Nagem (L) - 96 j
Nalinnes (B) - 72 c
Namêche (B) - 62 k
Namur (B) - 62 i
Nandrin (B) - 64 f
Naninne (B) - 62 n
Naomé (B) - 85 m
Nasingen (D) - 89 l
Nassogne (B) - 76 m - 86 a
Natoye (B) - 74 d - 75 a
Nattenheim (D) - 90 h
Nattenhove (NL) - 37 d
Navelbierg (L) - 78 o
Nazareth (B) - 29 e
Néchin (B) - 41 l
Nederboelare (B) - 44 a
Nederbrakel (B) - 43 c
Nederename (B) - 29 n
Nederhasselt (B) - 30 o
Nederokkerzeel (B) - 32 l - 33 i
Neder-Over-Heembeek (B) - 32 j
Nederwetten (NL) - 10 c
Nederzwalm (B) - 29 j
Neer (NL) - 24 c
Neerbeek (NL) - 37 h
Neerglabbeek (B) - 23 m
Neerharen (B) - 37 k
Neerhespen (B) - 48 d - 49 a
Neerheylissem (B) - 48 g
Neerhoven (B) - 23 j
Neerijse (B) - 33 m - 47 a
Neeritter (NL) - 23 h
Neerlanden (B) - 48 d - 49 a
Neerlinter (B) - 34 p
Neeroeteren (B) - 23 o
Neerpelt (B) - 22 b
Neerrepen (B) - 50 b
Neervelp (B) - 33 p - 47 d
Neerwinden (B) - 48 h
Neidhausen (L) - 89 e
Neidingen (B) - 79 f
Neigem (B) - 44 d - 45 a
Nennig (D) - 104 j
Nepvant (F) - 99 k
Nerem (B) - 50 g
Nerenhoek (B) - 16 i
Nessonvaux (B) - 65 c
Netersel (NL) - 9 g
Nethen (B) - 47 c
Nettinne (B) - 75 h
Neuendorf (D) - 80 g
Neuenhammer (D) - 53 h
Neuenstein (D) - 80 c
Neuerburg (D) - 90 e
Neuf-Berquin (F) - 39 k
Neufchâteau (B) - 94 g
Neufchâteaux (B) - 51 h
Neufmaison (B) - 57 h
Neufmanil (F) - 91 h
Neuf-Mesnil (F) - 70 e
Neufvilles (B) - 58 c
Neuhof (D) - 68 n
Neu-Moresnet (B) - 52 g
Neundorf (B) - 79 f
Neunhausen (L) - 96 b
Neupré (B) - 64 c
Neureuth (D) - 80 d
Neustrassburg (D) - 80 p - 90 d
Neuve-Chapelle (F) - 39 p
Neuville (B) - 72 o
Neuville (B) - 78 g
Neuville-en-Avesnois (F) - 69 i
Neuville-en-Condroz (B) - 64 b
Neuville-En-Ferrain (F) - 41 f
Neuville-lès-This (F) - 91 i
Neuvillers (B) - 94 a
Neuville-sous-Huy (B) - 63 h
Nevele (B) - 28 d - 29 a
Nevraumont (B) - 94 e
Nideggen (D) - 54 k
Nidrum (B) - 67 k
Niederanven (L) - 103 d
Niederau (D) - 54 c
Niederbusch (D) - 38 h
Niedercorn (L) - 102 j
Niederdonven (L) - 104 b
Nieder-Emmels (B) - 79 b
Niederforstbach (D) - 53 f
Niedergeckler (D) - 90 i
Niederlauch (D) - 80 o
Niedermehlen (D) - 80 j
Niederpallen (L) - 96 k
Niederpierscheid (D) - 90 b
Niederprüm (D) - 80 j
Niederraden (D) - 90 i
Niedersgegen (D) - 89 p
Niederstedem (D) - 90 p
Niederüttfeld (D) - 79 p
Niederwampach (L) - 88 i
Niederweiler (D) - 90 g
Niederwiltz (L) - 88 j
Niehl (D) - 90 j
Niel (B) - 18 i
Niel-bij-As (B) - 37 a
Niel-Sint-Truiden (B) - 49 f
Nieppe (F) - 40 i
Nierfeld (D) - 68 c
Nierhoven (NL) - 38 i
Nieuw-Abeele (NL) - 3 a
Nieuwdorp (NL) - 3 c
Nieuwemolen (NL) - 16 b
Nieuwenhage (NL) - 38 k
Nieuwenhove (B) - 44 c
Nieuwenrode (B) - 32 e
Nieuw en Sint-Joosland (NL) - 3 c
Nieuwerkerken (B) - 30 l
Nieuwerkerken (B) - 35 o
Nieuwkapelle (B) - 25 d
Nieuwkerke (B) - 40 e
Nieuwkerken-Waas (B) - 17 g
Nieuw-Limburg (B) - 36 c
Nieuwmoer (B) - 6 g
Nieuwmunster (B) - 1 n - 13 b
Nieuw-Namen (NL) - 5 n
Nieuwpoort (B) - 11 l
Nieuwrode (B) - 34 e
Nieuwstadt (NL) - 24 m - 38 a
Nieuwvliet (NL) - 2 k
Nijlen (B) - 19 f
Nijswiller (NL) - 38 o - 52 c
Nil-Saint-Vincent-Saint-Martin (B) -
47 o
Nimshuscheid (D) - 90 d
Nimsreuland (D) - 80 o - 90 c
Nimy (B) - 58 k
Ninane (B) - 65 b
Ninove (B) - 30 p - 44 c
Nirm (D) - 53 b
Nismes (B) - 82 h - 83 e
Nispen (NL) - 6 b
Nisramont (B) - 77 n - 87 b
Nisse (NL) - 4 a
Nittel (D) - 104 c
Nivelles (B) - 46 m - 60 a
Niverlée (B) - 83 c
Nives (B) - 87 n - 95 b
Nivezé (B) - 66 f
Nobressart (B) - 95 k
Nocher (L) - 88 o
Nodebais (B) - 47 g
Nodrenge (B) - 48 j
Noduwez (B) - 48 g
Noerdange (L) - 96 k
Noertrange (L) - 88 j - 103 i
Noirchain (B) - 58 n
Noirefontaine (B) - 93 f
Noirha (B) - 46 p
Noiseux (B) - 76 e

Nokere (B) - 28 k
Nollevaux (B) - 93 b
Nomain (F) - 55 g
Nommern (L) - 97 g
Nonceveux (B) - 65 k
Noorbeek (NL) - 51 d
Noorderwijk (B) - 20 i
Noordschote (B) - 26 e
Noordstraat (NL) - 4 k
Nospelt (L) - 96 p - 97 m - 102 d - 103 a
Nossegem (B) - 32 k
Nothberg (D) - 53 d
Nothomb (B) - 96 i
Nothum (L) - 88 n
Nouvelles (B) - 58 o
Nouvion-sur-Meuse (F) - 91 p
Nouzonville (F) - 91 h
Noville (B) - 50 j
Noville (B) - 87 h
Noville-les-Bois (B) - 62 c
Noville-sur-Mehaigne (B) - 48 m
Noyelles-sur-Sambre (F) - 69 p
Nuenen (NL) - 10 d
Nukerke (B) - 43 a
Nummer Een (NL) - 3 j
Nunhem (NL) - 24 b
Nusbaum (D) - 90 n
Nuth (NL) - 38 i
Ny (B) - 76 g

O

Obaix (B) - 60 e
Obbicht (NL) - 37 d
Oberanven (L) - 103 d
Oberbillig (D) - 98 p
Obercorn (L) - 102 j
Oberdonven (L) - 104 b
Obereisenbach (L) - 89 j
Oberfeulen (L) - 96 h - 97 e
Oberforstbach (D) - 53 f
Obergeckler (D) - 90 i
Oberglabach (L) - 97 k
Oberhausen (D) - 68 g
Oberhersdorf (D) - 80 l
Oberlascheid (D) - 80 e
Oberlauch (D) - 80 o
Oberleuken (D) - 104 k
Obermaubach (D) - 54 f
Obermehlen (D) - 80 j
Oberpallen (L) - 96 n
Oberperl (D) - 104 o
Oberpierscheid (D) - 90 f
Oberraden (D) - 90 i
Oberreifferscheid (D) - 68 f
Oberschömbach (D) - 68 k
Obersgegen (D) - 89 p
Oberstedem (D) - 90 p
Ober-Tünsdorf (D) - 104 p
Oberüttfeld (D) - 79 p
Oberwampach (L) - 88 j
Oberweiler (D) - 90 g
Oberweis (D) - 90 j
Oberwolfert (D) - 68 k
Obies (F) - 69 h
Obigies (Pecq) (B) - 42 i
Obourg (B) - 58 k
Obréchies (F) - 70 l
Obspringen (D) - 24 p
Ochain (B) - 64 i
Ochamps (B) - 85 p
Ocquier (B) - 64 n
Odeigne (B) - 77 g
Odet (B) - 64 m
Odeur (B) - 50 f
Odomez (F) - 56 l
Oedelem (B) - 14 e
Oekel (NL) - 7 c
Oekene (B) - 27 j
Oelegem (B) - 19 e
Oensel (NL) - 37 l
Oeren (B) - 25 c
Oerle (NL) - 10 e
Oeselgem (B) - 28 f
Oetingen (B) - 44 d - 45 a
Oetrange (L) - 103 h
Oeudeghien (B) - 43 k
Oevel (B) - 20 j
Oevereind (NL) - 23 p
Offagne (B) - 93 c
Ogy (B) - 43 h
Ohain (B) - 46 k
Ohain (F) - 81 e
Ohé (NL) - 24 i
Ohey (B) - 63 j
Oignies (B) - 61 i
Oignies-en-Thiérache (B) - 83 j
Oirsbeek (NL) - 38 f
Oirschot (NL) - 9 d
Oisquercq (B) - 45 k
Oisy (F) - 56 n
Oizy (B) - 92 c
Okegem (B) - 30 p - 31 m
Okselaar (B) - 34 c
Olef (D) - 68 c
Olen (B) - 20 i
Oleye (B) - 49 h
Olingen (L) - 98 m - 104 a
Olizy-sur-Chiers (F) - 99 k
Ollignies (B) - 44 i
Olloy-sur-Viroin (B) - 83 f
Olmen (B) - 21 j
Olmscheid (D) - 89 g
Olne (B) - 51 p - 65 d
Olsdorf (D) - 90 j
Olsene (B) - 28 k
Olzheim (D) - 80 g
Omal (B) - 49 k
Ombret-Rawsa (B) - 64 a
Omezée (B) - 73 o
On (B) - 75 p
Ondenval (B) - 67 n
Onderbanken (NL) - 38 g
Oneu (B) - 64 n - 65 i
Oneux (B) - 66 a
Onhaye (B) - 74 i
Onkerzele (B) - 44 b
Onnaing (F) - 57 m
Onnezies (B) - 57 o
Onnezies (B) - 69 c
Onoz (B) - 61 f
Onsdorf (D) - 104 d
Onze-Lieve-Vrouw-Lombeek (B) - 31 m - 45 a
Onze-Lieve-Vrouw-Olen (B) - 20 e
Onze-Lieve-Vrouw-Waver (B) - 18 p - 19 m
Ooigem (B) - 28 i
Ooike (B) - 28 p - 29 m
Ool (NL) - 24 f
Oombergen (B) - 30 i
Oorbeek (B) - 48 b
Oordeel (NL) - 8 g
Oordegem (B) - 30 f
Oorderen (B) - 6 m - 18 a
Oostakker (B) - 15 p
Oostburg (NL) - 2 l
Oost-Cappel (F) - 25 i
Oostdijk (NL) - 5 e
Oostduinkerke (B) - 11 k
Oostduinkerke-Bad (B) - 11 j
Oosteeklo (B) - 15 g
Oostelbeers (NL) - 9 d
Oostende (B) - 12 b
Oosterik (NL) - 10 l
Oosterlo (B) - 20 k
Oosterwijk (B) - 20 i
Oosterzele (B) - 29 h
Oostham (B) - 21 n
Oosthoven (B) - 8 k
Oostkamp (B) - 13 l
Oostkerke (B) - 11 p - 25 d
Oostkerke (B) - 1 p - 13 d
Oost-Maarland (NL) - 51 c
Oostmalle (B) - 7 o
Oostnieuwkerke (B) - 26 h - 27 e
Oostrozebeke (B) - 28 i
Oost-Souburg (NL) - 3 b
Oostveld (B) - 14 j
Oostvleteren (B) - 25 h
Oostwinkel (B) - 14 l
Opbrakel (B) - 43 d
Opdorp (B) - 31 c
Opglabbeek (B) - 22 p - 23 m - 36 d - 37 a
Opgrimbie (B) - 37 f
Ophain-Bois-Seigneur-Isaac (B) - 46 i
Ophasselt (B) - 30 n - 44 b
Opheers (B) - 49 h
Opheylissem (B) - 48 g
Ophoven (B) - 23 l
Opitter (B) - 23 j
Oplinter (B) - 34 o - 48 c
Opoeteren (B) - 23 n
Opont (B) - 85 n
Oppagne (B) - 76 d
Oppem (B) - 31 h
Opprebais (B) - 47 l
Oppuurs (B) - 17 o
Opstal (B) - 31 g
Opvelp (B) - 47 d
Opwetten (NL) - 10 d
Opwijk (B) - 31 f
Orbais (B) - 47 p
Orchies (F) - 55 k
Orchimont (B) - 92 b
Orcq (B) - 42 m
Ordingen (B) - 49 c
Oret (B) - 73 e
Oreye (B) - 50 e
Orgéo (B) - 94 e
Orlenbach (D) - 80 n
Ormeignies (B) - 43 p - 57 d
Ormont (D) - 80 b
Orp-Jauche (B) - 48 k
Orp-le-Grand (B) - 48 k
Orroir (B) - 42 g
Orsinfaing (B) - 94 p - 95 m
Orsinval (F) - 69 e
Orsmaal (B) - 48 d - 49 a
Orsmaal-Gussenhoven (B) - 48 d - 49 a
Ortheuville (B) - 86 h - 87 e
Ortho (B) - 87 b
Osnes (F) - 99 b
Ospern (L) - 96 j
Ossel (B) - 31 l
Ossendrecht (NL) - 6 e
Ossenisse (NL) - 4 k
Ossogne (B) - 63 o
Ostiches (B) - 43 l
Osweiler (L) - 98 g
Otegem (B) - 42 b
Oteppe (B) - 63 b
Othe (F) - 100 o
Othée (B) - 50 g
Othene (NL) - 4 m
Otrange (B) - 50 f
Ottange (F) - 102 p - 103 m
Ottenburg (B) - 47 f
Ottergem (B) - 30 k
Ottignies (B) - 46 l - 47 i
Ottignies-Louvain-la Neuve (B) - 46 l - 47 i
Ottré (B) - 78 e
Oudegem (B) - 30 d - 31 a
Oudekapelle (B) - 26 a
Oudelande (NL) - 4 e
Oude Molen (NL) - 16 c
Oudenaarde (B) - 29 m
Oudenaken (B) - 45 c
Oudenburg (B) - 12 h
Oudergem (B) - 32 n - 46 b
Oud-Heverlee (B) - 33 n
Oudler (B) - 79 j
Oud-Roosteren (NL) - 24 m
Oud-Turnhout (B) - 8 o
Oud-Valkenburg (NL) - 38 m
Oud-Waterschei (B) - 36 h
Oud Winterslag (B) - 36 g
Ouffet (B) - 64 k
Ougrée (B) - 50 p - 64 d
Oupeye (B) - 51 j
Our (B) - 85 n
Ouren (B) - 79 n
Ourt (B) - 86 n
Ourthe (B) - 78 k
Outer (B) - 30 o
Outgaarden (B) - 48 f
Outrelouxhe (B) - 64 e
Outrijve (B) - 42 f
Outtersteene (F) - 39 f
Ouwegem (B) - 29 i
Overboelare (B) - 44 e
Overbroek (B) - 7 i
Overeys (NL) - 38 n
Overhaelen (NL) - 24 b
Overhespen (B) - 48 c
Overijse (B) - 46 d
Overmere (B) - 16 o - 30 c
Overpelt (B) - 22 f
Overpelt-Werkplaatsen (B) - 22 a
Overrepen (B) - 50 b
Overslag (B) - 16 f
Overwinden (B) - 48 h - 49 e
Ovezande (NL) - 4 e
Ovifat (B) - 67 j
Ozo (B) - 64 p - 65 m

P

Paal (B) - 16 d - 17 a
Paal (B) - 35 b
Paal (NL) - 5 i
Paifve (B) - 50 h
Pailhe (B) - 63 l
Pair (B) - 64 j
Palemig (NL) - 38 k
Palenge (B) - 64 n
Palenge (B) - 76 b
Paliseul (B) - 85 n - 93 b
Palzem (D) - 104 f
Pamel (B) - 30 p - 31 m
Panheel (NL) - 24 e
Pannesheide (D) - 38 p
Papenhoven (NL) - 23 p - 37 d
Papignies (B) - 44 i
Paradis (F) - 39 n
Parette (B) - 95 l
Parike (B) - 43 d
Partij (NL) - 38 n - 52 b
Passendale (B) - 26 l
Patignies (B) - 84 k
Pâturages (B) - 58 m
Paulatem (B) - 29 k
Pecq (B) - 42 i
Pecquencourt (F) - 55 o
Peer (B) - 22 j
Peffingen (D) - 90 n
Peissant (B) - 71 a
Peizegem (B) - 31 g
Pellaines (B) - 48 g
Pellenberg (B) - 33 p
Pepingen (B) - 45 f
Pepinster (B) - 66 a
Peppange (L) - 103 j
Perenchies (F) - 40 k
Perk (B) - 32 k
Perkpolder (NL) - 4 h
Perl (D) - 104 n
Péronnes (B) - 56 c
Péronnes (B) - 59 j
Péruwelz (B) - 56 h - 57 e
Pervijze (B) - 11 p
Perwez (B) - 48 m
Perwez (B) - 63 k
Pesche (B) - 82 g
Pessoux (B) - 75 f
Pétange (L) - 102 j
Petegem-aan-de-Leie (B) - 28 h
Petegem-aan-de-Schelde (B) - 28 p - 29 m
Petigny (B) - 82 h
Petit Avin (B) - 63 p
Petit Doische (B) - 73 p - 83 d
Petit-Dour (B) - 58 m
Petite-Chapelle (B) - 82 o
Petite-Forêt (F) - 56 o
Petit-Enghien (B) - 45 i
Petite-Somme (B) - 76 b
Petite Wanze (B) - 63 g
Petit-Fays (B) - 92 c
Petit-Hallet (B) - 48 l
Petit-Han (B) - 76 b
Petit-Han (B) - 76 c
Petit Nobressart (L) - 96 i
Petit-Rechain (B) - 52 m
Petit-Roeulx-lez-Braine (B) - 45 m
Petit-Roeulx-Lez-Nivelles (B) - 60 a
Petit-Rosière (B) - 48 m
Petit Rumes (B) - 56 e
Petit-Sart (B) - 78 e
Petit-Thier (B) - 78 c
Petitvoir (B) - 94 f
Petit-Waret (B) - 62 h - 63 e
Pettingen (L) - 97 j
Peulis (B) - 33 a
Peutie (B) - 32 k
Pey (NL) - 24 m
Philippeville (B) - 72 p - 73 m
Philippine (NL) - 3 o - 15 c
Piéton (B) - 59 l
Piétrain (B) - 48 f
Piétrebais (B) - 47 h
Pijpelheide (B) - 33 c
Pin (B) - 94 n - 100 b
Pintesfeld (D) - 90 b
Pintsch (L) - 88 l
Pipaix (B) - 56 d - 57 a
Piringen (B) - 50 b
Pironchamps (B) - 60 k
Pissange (L) - 102 l - 103 i
Pittem (B) - 27 d
Pittenbach (D) - 80 m
Plainevaux (B) - 64 d
Plainevaux (B) - 93 b
Plançenoit (B) - 46 j
Planchipont (B) - 86 p
Plank (B) - 52 e
Plascheid (D) - 90 e
Plassendale (B) - 12 h
Platen (L) - 96 k
Platheule (B) - 14 a
Ploegsteert (B) - 40 f
Plombières (B) - 52 f
Plütscheid (D) - 90 c
Pocheresse (B) - 85 i
Poederlee (B) - 20 a
Poeke (B) - 14 o - 28 c
Poelkapelle (B) - 26 k
Poesele (B) - 28 d
Poix-du-Nord (F) - 69 m
Poix Saint-Hubert (B) - 85 h
Pollare (B) - 30 o - 44 c
Polleur (B) - 66 b
Pollinkhove (B) - 25 g
Pommeroeul (B) - 57 k
Pondrôme (B) - 84 d
Pont-à-Celles (B) - 60 e
Pont-à-Chin (B) - 42 m
Pont-à-Marcq (F) - 55 f
Pontaury (B) - 73 b
Pont-de-la-Deûle (F) - 55 m
Pont-de-Loup (B) - 60 p - 61 m
Pont d'Estaires (F) - 39 k
Pont-du-Hem (F) - 39 p
Pontillas (B) - 62 d
Pont Logis (F) - 39 o
Pontpierre (L) - 102 l - 103 i
Pont-sur-Sambre (F) - 70 i
Poperinge (B) - 25 o
Poppel (B) - 8 g
Popuelles (B) - 42 k
Porcheresse (B) - 64 m - 75 d
Portz (D) - 104 h
Post (B) - 95 l
Postel (B) - 9 o
Posterholt (NL) - 24 k
Poteau (B) - 78 d - 79 a
Potelle (F) - 69 j
Pottebezemhoek (B) - 13 n
Pottes (B) - 42 f
Poucet (B) - 49 j
Pouilly-sur-Meuse (F) - 99 i
Poulseur (B) - 65 e
Poupehan (B) - 92 h
Pouru-Aux-Bois (F) - 93 n
Pouru-Saint-Remy (F) - 93 m - 99 a
Pousset (B) - 49 l
Pradelles (F) - 39 e
Pratz (L) - 96 g
Prayon (B) - 65 b
Preisch (F) - 103 p
Preischeid (D) - 89 g
Prémesques (F) - 40 k
Préseau (F) - 69 e
Presgaux (B) - 82 j
Presles (B) - 61 m
Presseux (B) - 65 f
Preux-au-Sart (F) - 69 f
Preux-aux-Bois (F) - 69 n
Prickart (NL) - 38 o
Prix-les-Mézières (F) - 91 j
Profondeville (B) - 62 m - 74 a
Pronsfeld (D) - 80 m
Prosper (B) - 5 o
Prouvy (B) - 94 o - 100 c
Provedroux (B) - 78 f
Proven (B) - 25 j
Prüm (D) - 80 j
Prümzurlay (D) - 98 c
Pry (B) - 72 f
Puilly-et-Charbeaux (F) - 99 d
Puivelde (B) - 16 h - 17 e
Pulderbos (B) - 19 g
Pulle (B) - 19 g
Pumpe (D) - 53 d
Pure (F) - 99 c
Purnode (B) - 74 g
Pussemange (B) - 92 f
Puth (NL) - 38 e
Putkapel (B) - 33 k
Putscheid (L) - 89 j
Pütt (D) - 38 d
Putte (B) - 19 n - 33 b
Putte (NL) - 6 j
Puttelange-lès-Thionville (F) - 104 m
Puurs (B) - 17 p
Pyramide (NL) - 3 n

Q

Quabeek (NL) - 38 f
Quaregnon (B) - 58 i
Quarouble (F) - 57 n
Quartes (B) - 42 l
Quenast (B) - 45 j
Quennaumont (F) - 55 c
Quesnoy-sur-Deûle (F) - 40 g
Queue-du-Bois (B) - 51 o
Quevaucamps (B) - 57 f
Quévy (B) - 58 n - 70 b
Quévy-le-Grand (B) - 70 c
Quévy-le-Petit (B) - 58 n - 70 b
Quiévelon (F) - 70 l - 71 i
Quiévrain (B) - 57 o
Quiévrechain (F) - 57 n
Quincy-Landzecourt (F) - 100 m

R

Raar (NL) - 37 l
Rabosée (B) - 76 e
Rachamps (B) - 87 d
Rachecourt (B) - 101 h
Râches (F) - 55 n
Racour (B) - 48 h
Radelange (B) - 95 g
Radinghem-en-Weppes (F) - 40 n
Radscheid (D) - 80 e
Raeren (B) - 53 j
Raffelsbrand (D) - 54 i
Ragnies (B) - 71 h
Rahier (B) - 65 p
Raimbeaucourt (F) - 55 i
Raismes (F) - 56 o
Ralingen (D) - 98 h
Rambrouch (L) - 96 e
Ramegnies (B) - 57 b
Ramegnies-Chin (B) - 42 i
Ramelot (B) - 64 i
Ramet (B) - 64 c
Ramillies (B) - 48 n
Ramillies-Offus (B) - 48 n
Rammeldange (L) - 103 d
Ramscheid (D) - 68 j
Ramsdonk (B) - 32 a
Ramsel (B) - 34 a
Ramskapelle (B) - 1 p - 11 l
Rance (B) - 71 p - 81 d
Rancennes (F) - 84 a
Ransart (B) - 60 k
Ransbèche (B) - 46 j
Ransberg (B) - 34 l
Ransdaal (NL) - 38 n
Ranst (B) - 18 h - 19 e
Rapertingen (B) - 36 i
Raren (NL) - 52 c
Rath (D) - 54 g
Rauchenauel (D) - 54 m - 68 a
Raucourt-au-Bois (F) - 69 j
Rauw (B) - 21 g
Ravels (B) - 8 k
Raversijde (B) - 12 e
Rawsa (B) - 64 e
Rebaix (B) - 43 l
Rebecq (B) - 45 j
Rebecq-Rognon (B) - 45 j
Rechange-Sur-Mess (L) - 102 l - 103 e
Recht (B) - 78 d - 79 a
Reckange-Les-Mersch (L) - 97 i
Recogne (B) - 86 n - 87 h - 94 b
Recquignies (F) - 70 g
Rédange (F) - 102 o
Redange (L) - 96 j
Redu (B) - 85 j
Reet (B) - 18 n
Régissa (B) - 63 h
Regné (B) - 77 h
Regniowez (F) - 82 n
Rehlingen (D) - 104 c
Réhon (F) - 101 p
Reichlange (L) - 96 k
Reiff (D) - 89 c
Reifferscheid (D) - 68 g
Reijmerstok (NL) - 52 a
Reimberg (L) - 96 g
Reipeldingen (D) - 89 c
Reisdorf (L) - 97 d
Rekem (B) - 37 k
Rekkem (B) - 41 b
Relegem (B) - 31 l
Remagne (B) - 86 l
Remerschen (L) - 104 n
Remersdaal (B) - 52 f
Remich (L) - 104 j
Remichampagne (B) - 87 n
Remicourt (B) - 50 i
Remoiville (B) - 87 n - 95 b
Rencheux (B) - 78 f
Rendeux (B) - 76 k
Reninge (B) - 25 h
Reningelst (B) - 25 p - 39 d
Renlies (B) - 71 p
Renwez (F) - 91 f
Reppel (B) - 22 h - 23 i
Rescheid (D) - 68 k
Ressaix (B) - 59 k
Ressegem (B) - 30 j
Resteigne (B) - 85 g
Retersbeek (NL) - 38 j
Retie (B) - 8 p - 9 m - 20 d - 21 a
Retinne (B) - 51 o
Retranchement (NL) - 2 j
Rettel (F) - 104 m
Rettigny (B) - 78 n
Reuland (B) - 79 j
Reuler (L) - 88 h - 89 e
Reusel (NL) - 9 j
Reuth (D) - 80 g
Reutje (NL) - 24 k
Reuzenhoek (NL) - 4 n
Revémont (F) - 101 n
Rèves (B) - 60 f
Revin (F) - 83 n
Revogne (B) - 84 d - 85 a
Rexpoëde (F) - 25 e
Rhisnes (B) - 61 h
Richebourg-Saint-Vaast (F) - 39 o
Richelle (B) - 51 g
Richelsberg (D) - 80 e
Richterich (D) - 38 p - 52 d - 53 a
Riel (NL) - 10 g
Rieme (B) - 15 h
Riemst (B) - 37 m - 51 a
Rienne (B) - 84 j
Riethoven (NL) - 10 i
Rieulay (F) - 55 o
Rièzes (B) - 82 m
Rijckholt (NL) - 51 c
Rijkel (NL) - 24 c
Rijkel (B) - 49 d
Rijkevorsel (B) - 7 l
Rijkhoven (B) - 36 p
Rijmenam (B) - 33 a
Rijsbergen (NL) - 7 c
Rijt (NL) - 9 p
Riksingen (B) - 50 b
Rillaar (B) - 34 e
Rilland (NL) - 5 g
Rimburg (NL) - 38 l
Rindschleiden (L) - 96 f
Rinnen (D) - 68 h
Rippweiler (L) - 96 k
Rittersdorf (D) - 90 l
Ritthem (NL) - 3 f
Ritzing (F) - 104 p
Rivière (B) - 74 a
Rixensart (B) - 46 l
Robechies (B) - 81 h
Robecq (F) - 39 m
Robelmont (B) - 100 h
Robersart (F) - 69 n
Robertville (B) - 67 j
Roborst (B) - 29 p
Rochefort (B) - 75 o
Rochehaut (B) - 92 h
Rocherath (B) - 67 l
Roclenge-sur-Geer (B) - 51 e
Rocourt (B) - 50 l - 51 i
Rocroi (F) - 82 o
Rodange (L) - 102 i
Rodemack (F) - 103 p
Rodenbourg (L) - 98 m
Rodenrijt (B) - 10 o - 22 c
Roder (D) - 68 h
Roder (L) - 89 e
Rodershausen (L) - 89 f
Rodershausen (D) - 89 k
Rode Sluis (NL) - 16 f
Rodt (B) - 79 e
Roedgen (L) - 102 h - 103 e
Roermond (NL) - 24 g
Roesbrugge-Haringe (B) - 25 j
Roeselare (B) - 27 f
Roeser (L) - 103 k
Roetgen (D) - 53 k
Roeux (F) - 56 g
Rofessart (B) - 46 l - 47 i
Rogery (B) - 78 k
Roggel (NL) - 24 b
Rognée (B) - 72 f
Roisin (B) - 69 b
Roksem (B) - 12 h - 13 e
Rollegem (B) - 41 h
Rollegem-Kappelle (B) - 27 j
Rollesbroich (D) - 54 m
Rolling (L) - 104 i
Rollingen (L) - 97 j
Roloux (B) - 50 j
Rölsdorf (D) - 54 b
Roly (B) - 72 p - 73 m - 82 d
Rombies-et-Marchipont (F) - 57 n - 69 b
Romedenne (B) - 73 o
Romerée (B) - 73 o - 83 c
Romershoven (B) - 36 n
Rommelfangen (D) - 104 g
Rommelscheim (D) - 54 d
Rommerscheim (D) - 80 k
Romsée (B) - 51 n
Ronchamps (B) - 76 o
Ronchin (F) - 41 m - 55 a
Roncq (F) - 41 e
Rondu (B) - 86 p
Rongy (B) - 56 e
Ronquières (B) - 45 o
Ronse (B) - 43 e
Ronsele (B) - 14 l - 15 i
Ronsevaal (B) - 30 l - 31 i
Ronvaux (B) - 75 j
Roodt-Les Ell (L) - 96 e
Roodt-Sur-Eisch (L) - 96 p
Rooiersheide (B) - 36 j
Roosbeek (B) - 34 m
Roosdaal (B) - 31 m
Roosteren (NL) - 23 p
Roost-Warendin (F) - 55 i
Roscheid (D) - 79 o - 89 c
Rosée (B) - 73 k
Roselies (B) - 60 l - 61 i
Rosière (B) - 87 m
Rosières (B) - 46 h - 47 e
Rosmeer (B) - 37 m
Rosoux-Crenwick (B) - 49 k
Rosport (L) - 98 h
Rossart (B) - 94 e
Rosselaar (B) - 21 f
Rossem (B) - 31 h
Rossignol (B) - 94 o
Rotem (B) - 23 o - 37 c
Roth Bei Prüm (D) - 80 b
Rothe Erde (D) - 53 b
Rothem (NL) - 37 l
Rotheux-Rimière (B) - 64 g
Rotselaar (B) - 33 g
Rott (D) - 53 k
Rotterdell (D) - 53 k
Roubaix (F) - 41 j
Roucourt (B) - 57 e
Roullingen (L) - 88 n
Rousdamme (B) - 11 p
Rousies (F) - 70 g
Roussy-le-Bourg (F) - 103 p
Roussy-le-Village (F) - 103 o
Rouveroy (B) - 70 d - 71 a
Rouvreux (B) - 65 f
Rouvroy (B) - 100 k
Roux (B) - 60 j
Roux-Miroir (B) - 47 h
Roversberg (NL) - 4 l - 5 i
Roy (B) - 76 n
Rozebeke (B) - 29 p
Rozen (B) - 30 h - 31 e
Rubécourt-et-Lamécourt (F) - 92 p
Ruddervoorde (B) - 13 o
Ruesnes (F) - 69 e
Ruette (B) - 101 j
Ruien (B) - 42 c
Ruisbeek (B) - 32 h - 33 e
Ruisbroek (B) - 18 m
Ruisbroek (B) - 45 d
Ruiselede (B) - 14 n - 28 a
Ruiter (B) - 16 l - 17 i
Rukkelingen-Loon (B) - 49 g
Rulles (B) - 95 m
Rumbeke (B) - 27 j

Rumegies (F) - 56 e
Rumelange (L) - 103m
Rumes (B) - 55 d
Rumillies (B) - 42 n
Rumlange (L) - 88 c
Rummen (B) - 35 j
Rumsdorp (B) - 48 h - 49 e
Rumst (B) - 18 n
Runkelen (B) - 35 n
Rupelmonde (B) - 17 l
Rurberg (D) - 54 n
Russange (F) - 102 o
Russeignies (B) - 42 h
Rustroff (F) - 104 n
Rüth (D) - 68 h
Rutten (B) - 50 f

S

Sachy (F) - 99 b
Saeffelen (D) - 38 c
Saeul (L) - 96 p
Sailly (F) - 99 g
Sailly-sur-là-Lys (F) - 39 l
Sainghin-en-Mélantois (F) - 41 o - 55 b
Sainlez (B) - 87 o
Saint-Amand (B) - 60 h - 61 e
Saint-Amand-Les-Eaux (F) - 56 j
Saint-André (F) - 40 l
Saint-André (B) - 51 k
Saint-Aubin (F) - 70 n
Saint-Aubin (B) - 72 l - 73 i
Saint-Aybert (F) - 57 j
Saint-Denis (B) - 58 h
Saint-Denis-Bovesse (B) - 61 h
Sainte-Anne (B) - 57 c
Sainte-Cécile (B) - 93 p
Sainte-Marguerite (F) - 40 g
Sainte-Marie (B) - 101 a
Sainte-Marie-Chevigny (B) - 86 o
Sainte-Marie-Geest (B) - 48 f
Sainte-Ode (B) - 86 h - 87 e
Saintes (B) - 45 j
Saint-Fontaine (B) - 63 o
Saint-Georges-sur-Meuse (B) - 50 m - 64 a
Saint-Gerard (B) - 73 d
Saint-Germain (B) - 62 a
Saint-Géry (B) - 61 b
Saint-Ghislain (B) - 58 i
Saint-Gilles (B) - 32 m - 46 a
Saint-Hubert (B) - 86 e
Saint-Jans-Cappel (F) - 39 c
Saint-Jean-Geest (B) - 48 f
Saint-Jean-Sart (B) - 52 e
Saint-Josse-Ten-Noode (B) - 32 m
Saint-Juan-les-Longuyon (F) - 100 o
Saint-Laurent (F) - 25 m
Saint-Léger (B) - 101 g
Saint-Léger (B) - 42 i
Saint-Léonard (B) - 63 g
Saint-Marc (B) - 62 e
Saint-Marceau (F) - 91 o
Saint-Marcel (F) - 91 i
Saint-Mard (B) - 100 l - 101 i
Saint-Mard (B)
Saint-Martin (B) - 61 f
Saint-Maur (B) - 56 b
Saint-Médard (B) - 94 e
Saint-Menges (F) - 92 n
Saint-Michel (F) - 81 n
Saint-Nicolas (B) - 50 p
Saint-Nicolas (B) - 51 m
Saint-Pancré (F) - 101 j
Saint-Pierre (B) - 86 n - 94 b
Saint-Pierre-sur-Vence (F) - 91 n
Saint-Remy (B) - 101 j
Saint-Remy (B) - 51 k
Saint-Remy (B) - 81 h
Saint-Rémy-Chaussée (F) - 70 m
Saint-Rémy-du-Nord (F) - 70 j
Saint-Remy-Geest (B) - 48 e
Saint-Saulve (F) - 56 p - 57 m
Saint-Sauveur (B) - 43 i
Saint-Servais (B) - 62 i
Saint-Séverin (B) - 64 f
Saint-Sylvestre-Cappel (F) - 39 a
Saint-Symphorien (B) - 58 k
Saint-Vaast (B) - 59 j
Saint-Vincent (B) - 94 o - 100 c
Saint-Waast (F) - 69 g
Saive (B) - 51 k
Salesches (F) - 69 i
Salet (B) - 74 e
Salles (B) - 81 h
Salmchâteau (B) - 78 f
Samart (B) - 72 p
Sambreville (B) - 61 j
Saméon (F) - 56 i
Sampont (B) - 95 o - 101 c
Samrée (B) - 77 j
Sandweiler (L) - 103 h
Sanem (L) - 102 k
Sankt-Vith (B) - 79 f
Santes (F) - 40 o
Sapogne-sur-Marche (F) - 100 e
Sars-et-Rosières (F) - 56 i
Sars-la-Bruyère (B) - 58 m - 70 a
Sars-la-Buissière (B) - 71 c
Sars-Potteries (F) - 70 o
Sart (B) - 66 f
Sart-à-Rêves (B) - 60 b
Sart-Bernard (B) - 62 n
Sart-Custinne (B) - 84 j
Sart-Dames-Avelines (B) - 60 c
Sart d'Avril (B) - 62 c
Sart-en-Fagne (B) - 73 n
Sart-Eustache (B) - 61 m - 73 a
Sart-les-Walhain (B) - 47 o
Sart-Mélin (B) - 47 h
Sart-Messire-Guillaume (B) - 46 p - 47 m
Sart-Risbart (B) - 47 l
Sart-Saint-Laurent (B) - 61 p
Sart-Tilman (B) - 50 p - 51 m - 64 d - 65 a
Sasput (NL) - 3 i
Sassegnies (F) - 69 p
Sassel (L) - 88 c
Sas van Gent (NL) - 15 d
Saulnes (F) - 102 i
Saultain (F) - 69 a
Sautin (B) - 71 o
Sautour (B) - 72 p - 73 m
Sauvegarde (B) - 18 m
Sauvenière (B) - 61 c
Savelborn (L) - 97 h
Scaubec (B) - 43 l
Schaarbeek (B) - 32 m
Schadewijk (NL) - 10 i
Schaerbeek (B) 32 m
Schaesberg (NL) - 38 k
Schaffen (B) - 34 d - 35 a
Schaft (NL) - 10 n
Schalkhoven (B) - 36 o
Schaltin (B) - 75 b
Schandel (L) - 96 k
Schankweiler (D) - 90 n - 98 b
Schapenbout (NL) - 4 n - 16 b
Schapenbrug (B) - 2 m
Scheid (D) - 68 n
Scheidel (L) - 96 d - 97 a
Scheidgen (L) - 98 j
Scheifendahl (D) - 24 p - 38 d
Scheldeoord (NL) - 4 f
Schelderode (B) - 29 g
Scheldewindeke (B) - 29 h
Schelle (B) - 18 i
Schellebelle (B) - 30 b
Schendelbeke (B) - 44 a
Schengen (L) - 104 n
Schepdaal (B) - 31 o
Scherberg (D) - 53 a
Scherpenheuvel (B) - 34 g
Scherpenheuvel-Zichem (B) - 34 g
Scherpenseel (D) - 38 h - 53 d
Scheulder (NL) - 38 m
Scheuren (D) - 68 c
Schevenhütte (D) - 54 a
Schieren (L) - 97 e
Schietecoven (NL) - 37 l
Schifflange (L) - 102 l - 103 i
Schijf (NL) - 6 d - 7 a
Schilberg (NL) - 24 i
Schilde (B) - 18 d - 19 a
Schimmert (NL) - 38 i
Schinnen (NL) - 38 e
Schin op Geul (NL) - 38 m
Schinveld (NL) - 38 g
Schipdonk (B) - 14 p - 15 m
Schiplaken (B) - 32 g
Schirm (B) - 79 j
Schlagstein (D) - 54 g
Schlausenbach (D) - 80 e
Schleckheim (D) - 53 f
Schleid (D) - 90 h
Schleiden (D) - 68 c
Schlich (D) - 54 b
Schlindermanderscheid (L) - 89 m
Schlossheck (D) - 80 n
Schmeiler (D) - 79 h
Schmidt (D) - 54 j
Schmithof (D) - 53 j
Schnorrenberg (D) - 68 k
Schoenfels (L) - 97 n
Schönberg (B) - 79 h
Schönecken (D) - 80 o
Schöneseiffen (D) - 68 e
Schönfeld (D) - 80 d
Schöntal (D) - 54 a
Schoonaarde (B) - 30 d
Schoonbroek (B) - 8 p - 9 m
Schoonbron (NL) - 38 n
Schoonderbuken (B) - 34 g
Schoondijke (NL) - 2 l - 3 i
Schoor (NL) - 23 c
Schoordijk (NL) - 23 a
Schoos (L) - 97 k
Schoot (B) - 20 p
Schoppen (B) - 67 n
Schopphof (D) - 68 n
Schore (B) - 12 i
Schore (NL) - 4 c
Schorebrug (NL) - 4 c
Schorisse (B) - 43 b
Schoten (B) - 18 c
Schouweiler (L) - 102 g
Schrassig (L) - 103 h
Schriek (B) - 33 b
Schrondweiler (L) - 97 g
Schuddebeurs (NL) - 4 p - 5 m
Schuiferskapelle (B) - 28 a
Schulen (B) - 35 f
Schuttrange (L) - 104 a
Schwebach (L) - 96 k
Schwebsange (L) - 104 j
Schweiberg (NL) - 52 b
Schweich (L) - 96 o
Schwirzheim (D) - 80 l
Sclayn (B) - 62 h
Sclessin (B) - 50 p - 51 m
Scri (B) - 73 b
Scy (B) - 75 g
Sebourg (F) - 69 b
Sécheval (F) - 91 f
Sedan (F) - 92 o
Seffent (D) - 52 d
Seffern (D) - 90 h
Sefferweich (D) - 90 h
Sehndorf (D) - 104 n
Seilles (B) - 62 h - 63 e
Seiwerath (D) - 80 p
Sélange (B) - 102 e
Sellerich (D) - 80 i
Sellericherhöhe (D) - 80 j
Seloignes (B) - 81 l
Selscheid (L) - 88 k
Selsten (D) - 24 p - 38 d
Semmerzake (B) - 29 f
Semming (F) - 104 m
Semousies (F) - 70 o
Seneffe (B) - 59 h
Sengerich (D) - 79 p - 89 d
Senningen (L) - 103 d
Senningerberg (L) - 103 c
Senonchamps (B) - 87 j
Sensenruth (B) - 93 e
Seny (B) - 64 j
Senzeille (B) - 72 o
Separatiedijk (NL) - 5 g
Sepmeries (F) - 69 e
Septfontaines (L) - 96 o
Septon (B) - 76 b
Sequedin (F) - 40 o
Seraing (B) - 50 p
Seraing-le-Château (B) - 49 p
Serinchamps (B) - 75 k
Seron (B) - 48 o - 62 c
Serskamp (B) - 30 f
Serville (B) - 73 l
Sevenig (D) - 79 o - 89 c
Sevenig bei Neuerburg (D) - 89 g
Séviscourt (B) - 86 n
's Gravenpolder (NL) - 4 b
's Gravenvoeren (B) - 51 d
's Gravenwezel (B) - 18 d - 19 a
's-Heer-Abtskerke (NL) - 4 b
's Heer Arendskerke (NL) - 4 a
's Heerenhoek (NL) - 3 d
's Heer Hendrikskinderen (NL) - 4 a
's Herenelderen (B) - 50 c
Sibbe (NL) - 38 m
Sibret (B) - 87 j
Siebenaler (L) - 88 l - 89 i
Sieberath (D) - 68 k
Siedlung (D) - 54 c
Sierck-les-Bains (F) - 104 n
Signal de Botrange (B) - 67 e
Signeulx (B) - 101 j
Signy-le-Petit (F) - 81 p
Signy-Montlibert (F) - 100 e
Sijsele (B) - 14 e
Silenrieux (B) - 72 j
Silly (B) - 44 j
Simmerath (D) - 53 p
Simpelveld (NL) - 38 o
Sin (F) - 41 o
Sinaai (B) - 16 l - 17 i
Sin-le-Noble (F) - 55 m
Sinoutskerke (NL) - 4 a
Sinsin (B) - 75 h
Sinspelt (D) - 90 i
Sint-Agatha-Berchem (B) - 31 p
Sint-Agatha-Rode (B) - 47 b
Sint-Amands (B) - 17 o - 31 c
Sint-Amandsberg (B) - 15 p - 29 d
Sint-Andries (B) - 13 g
Sint-Anna (B) - 16 p - 17 m
Sint-Anna ter Muiden (NL) - 2 m
Sint-Antelinks (B) - 30 n
Sint-Antonius (B) - 19 b
Sint-Antoniusbank (NL) - 37 p
Sint-Baafs (B) - 13 g
Sint-Baafs-Vijve (B) - 28 j
Sint-Bernard (B) - 34 i
Sint-Blasius-Boekel (B) - 29 o
Sint-Brixius-Rode (B) - 32 e
Sint-Denijs (B) - 42 e
Sint-Denijs-Boekel (B) - 29 o
Sint-Denijs-Westrem (B) - 29 b
Sint-Eloois-Vijve (B) - 28 j
Sint-Eloois-Winkel (B) - 27 k
Sint-Geertruid (NL) - 51 c
Sint-Genesius-Rode (B) - 46 e
Sint-Gerlach (NL) - 37 l
Sint-Gillis (B) - 32 m - 46 a
Sint-Gillis-Dendermonde (B) - 31 a
Sint-Gillis-Waas (B) - 17 f
Sint-Goriks-Oudenhove (B) - 29 p
Sint-Henricus (B) - 27 a
Sint-Huibrechts-Hern (B) - 36 n - 50 b
Sint-Huibrechts-Lille (B) - 22 c
Sint-Idesbald (B) - 11 i
Sint-Jacobs-Kapelle (B) - 26 a
Sint-Jan (Ieper) (B) - 26 n
Sint-Jan (B) - 14 m
Sint-Jan-in-Eremo (B) - 3 m - 15 a
Sint-Jans-Molenbeek (B) - 32 m
Sint-Jansteen (NL) - 16 d - 17 a
Sint-Jans ter Biezen (B) - 25 n
Sint-Job-in-'t-Goor (B) - 6 p - 7 m
Sint-Joost (NL) - 24 j
Sint-Joost-Ten-Node (B) - 32 m
Sint-Joris (B) - 11 l
Sint-Joris (B) - 14 i
Sint-Joris-Weert (B) - 47 b
Sint-Joris-Winge (B) - 34 i
Sint-Jozef (B) - 31 d
Sint-Jozef (B) - 7 p
Sint-Jozef Olen (B) - 20 f
Sint-Juliaan (B) - 26 j
Sint-Katelijne-Waver (B) - 18 p
Sint-Katherina-Lombeek (B) - 31 n
Sint-Kornelis-Horebeke (B) - 29 o
Sint-Kornelis-Horebeke (B) - 43 c
Sint-Kruis (B) - 13 h - 14 c
Sint-Kruis (NL) - 2 o
Sint-Kruis-Winkel (B) - 16 i
Sint-Kwintens-Lennik (B) - 45 b
Sint-Lambrechts-Herk (B) - 35 l
Sint-Lambrechts-Woluwe (B) - 32 n
Sint-Laureins (B) - 14 d - 15 a
Sint-Laureins-Berchem (B) - 45 c
Sint-Laurent (F) - 91 l
Sint-Lenaarts (B) - 7 k
Sint-Lievens-Esse (B) - 30 m
Sint-Lievens-Houtem (B) - 30 i
Sint-Lodewijk (B) - 28 n - 42 b
Sint-Margriete (B) - 2 p - 3 m - 14 d - 15 a
Sint-Margriete-Houtem (B) - 34 n - 48 b
Sint-Maria-Horebeke (B) - 29 o
Sint-Maria-Latem (B) - 29 k
Sint-Maria-Lierde (B) - 30 m - 44 a
Sint-Maria-Oudenhove (B) - 29 p
Sint-Martens (B) - 34 n
Sint-Martens-Bodegem (B) - 31 n
Sint-Martens-Latem (B) - 29 b
Sint-Martens-Leerne (B) - 29 a
Sint-Martens-Lennik (B) - 45 b
Sint-Martens-Lierde (B) - 44 a
Sint-Martens-Voeren (B) - 51 h
Sint-Michiels (B) - 13 g
Sint-Niklaas (B) - 17 e
Sint-Odiliënberg (NL) - 24 k
Sint-Pauwels (B) - 17 e
Sint-Pieter (NL) - 37 n
Sint-Pieters-Kapelle (B) - 12 i
Sint-Pieters-Kapelle (B) - 44 g
Sint-Pieters-Leeuw (B) - 45 c
Sint-Pieters-op-de-Dijk (B) - 13 c
Sint-Pieters-Rode (B) - 34 i
Sint-Pieters-Voeren (B) - 52 e
Sint-Pieters-Woluwe (B) - 32 o
Sint-Rijkers (B) - 25 c
Sint-Rita De Hoorn (B) - 14 b
Sint-Stevens-Woluwe (B) - 32 n
Sint-Truiden (B) - 35 n - 49 b
Sint-Ulriks-Kapelle (B) - 31 o
Sint-Verone (B) - 33 n
Sinz (D) - 104 k
Sippenaeken (B) - 52 f
Sirault (B) - 57 h
Sistig (D) - 68 h
Sittard (NL) - 38 a
Sivry (B) - 71 n
Sivry-Rance (B) - 71 o
Sledderlo (B) - 36 l
Sleidinge (B) - 15 k
Sleihage (B) - 26 h - 27 e
Slek (NL) - 24 m
Slenaken (NL) - 52 a
Slijkplaat (NL) - 3 j
Slijpe (B) - 12 i
Slins (B) - 50 h - 51 e
Sluis (B) - 21 f
Sluis (NL) - 2 n
Sluiskil (NL) - 4 m - 16 a
Sluizen (B) - 50 h
Smeerebbe-Vloerzegem (B) - 44 b
Smetlede (B) - 30 f
Smuid (B) - 85 l
Snaaskerke (B) - 12 g
Snellegem (B) - 13 f
Sneppel (B) - 7 j
Soerendonk (NL) - 10 p
Soers (D) - 53 a
Soheit-Tinlot (B) - 64 f
Sohier (B) - 84 h - 85 e
Soignies (B) - 58 d - 59 a
Soiron (B) - 51 p - 65 d
Solaigneaux (B) - 62 h
Soleuvre (L) - 102 k
Solières (B) - 63 f
Soller (D) - 54 h
Solre-Le-Château (F) - 71 m
Solre-Saint-Géry (B) - 71 l
Solre-Sur-Sambre (B) - 71 f
Solrinnes (F) - 70 l - 71 i
Solwaster (B) - 66 g
Somain (F) - 55 p
Sombeke (B) - 17 j
Sombreffe (B) - 61 e
Somme-Leuze (B) - 76 a
Sommerain (B) - 78 m
Sommethonne (B) - 100 g
Sommière (B) - 74 e
Somzée (B) - 72 g
Sonnis (B) - 22 n
Sorée (B) - 63 n
Sorinne-la-Longue (B) - 62 p
Sorinnes (B) - 74 g
Sormonne (F) - 91 e
Sosoye (B) - 73 h
Sötenich (D) - 68 d
Sougné-Remouchamps (B) - 65 g
Soulme (B) - 73 o
Soumagne (B) - 51 p
Soumoy (B) - 72 n
Sourbrodt (B) - 67 f
Souvret (B) - 60 i
Sovet (B) - 74 h - 75 e
Soy (B) - 76 h
Soye (B) - 61 k
Spa (B) - 66 f
Spalbeek (B) - 35 g
Spaubeek (NL) - 38 e
Spekholzerheide (NL) - 38 p
Spielmannsholz (D) - 79 p
Spiennes (B) - 58 k
Spiere (B) - 42 e
Spiere-Helkijn (B) - 42 e
Spinolaberg (NL) - 5 d
Spontin (B) - 74 c
Sprimont (B) - 65 f
Sprimont (B) - 86 h - 87 e
Sprinkange (L) - 102 g
Spui (NL) - 4 n
Spy (B) - 61 k
Stabroek (B) - 6 m
Staden (B) - 26 h
Stadenberg (B) - 26 g
Stadtbredimus (L) - 104 e
Stadtkyll (D) - 68 p - 80 d
Stad v. Gerwen (NL) - 10 d
Stahe (D) - 38 h
Stal (B) - 21 p
Stalbach (D) - 79 p - 89 d
Staleikerheide (B) - 21 p
Stalhille (B) - 12 h - 13 e
Stambruges (B) - 57 g
Stave (B) - 73 f
Stavele (B) - 25 g
Stavelot (B) - 66 n
Steckenborn (D) - 54 m
Steenbrugge (B) - 13 h
Steendorp (B) - 17 l
Steenhuffel (B) - 31 h
Steenhuize-Wijnhuize (B) - 30 m
Steenkerke (B) - 11 o
Steenkerque (B) - 44 p - 45 m
Steenokkerzeel (B) - 32 l
Steensel (NL) - 10 i
Steentje (F) - 39 g
Steenvoorde (F) - 25 m - 39 a
Steenwerck (F) - 39 l
Steffeshausen (B) - 79 k
Stegen (L) - 97 g
Stein (NL) - 37 h
Steinbach (B) - 78 n
Steinebrück (D) - 52 h - 53 e
Steinebrück (B) - 79 k
Steinfeld (D) - 68 h
Steinfelderheistert (D) - 68 h
Steinfort (L) - 102 c
Steinmehlen (D) - 80 j
Steinsel (L) - 97 n - 103 b
Stekene (B) - 16 g - 17 e
Stelen (B) - 20 k
Stembert (B) - 52 n
Stenay (F) - 99 o
Stene (B) - 12 f
Stepprath (D) - 54 d
Ster (B) - 66 k
Sterpenich (B) - 102 b
Sterpigny (B) - 78 n
Sterrebeek (B) - 32 p
Stevensweert (NL) - 24 i
Stevoort (B) - 35 l
Stich (D) - 53 d
Stockay (B) - 64 a
Stockem (L) - 88 g
Stockem (B) - 95 p - 101 d
Stockheim (D) - 54 c
Stok (B) - 34 o
Stokhem (NL) - 38 m
Stokkelen (NL) - 9 l
Stokkem (B) - 37 c
Stokrooie (B) - 35 h
Stolberg (D) - 53 c
Stolzembourg (L) - 89 j
Stoumont (B) - 66 m
Strabeek (NL) - 37 p
Straimont (B) - 94 j
Strainchamps (B) - 95 c
Stramproy (NL) - 23 g
Strass (D) - 54 f
Strassen (L) - 103 e
Strée (B) - 64 e
Strée (B) - 71 h
Strépy (B) - 59 i
Strépy-Bracquegnies (B) - 59 j
Strichon (B) - 60 d
Strichon (B) - 61 a
Strickscheid (D) - 80 m
Strijbeek (NL) - 7 d
Strijp (NL) - 10 f
Strijpen (B) - 29 p
Strijtem (B) - 31 n
Strobrugge (B) - 14 c
Strombeek-Bever (B) - 32 i
Stru (B) - 62 l
Strucht (NL) - 38 m
Strud (B) - 63 i
Stuivekenskerke (B) - 12 m
Stuivezand (NL) - 7 c
Suarlée (B) - 61 l
Südlingen (D) - 104 g
Sugny (B) - 92 f
Surice (B) - 73 o
Surister (B) - 66 b
Sur les Bois (B) - 50 n
Sur lez Més (B) - 63 f
Sur-lez-Triches (B) - 63 f
Sury (F) - 91 j
Susteren (NL) - 24 m
Süsterseel (D) - 38 b
Suxy (B) - 94 j
Swalmen (NL) - 24 d
Swartbroek (NL) - 23 c
Sweikhuizen (NL) - 38 e
Swier (NL) - 38 j
Syren (L) - 103 h

T

Tadler (L) - 88 p - 96 d
Tafel (D) - 80 j
Tailles (B) - 77 l
Taillette (F) - 82 o
Taintignies (B) - 56 a
Taisnières-en-Thiérache (F) - 69 p
Taisnières-Sur-Hon (F) - 70 a
Tamines (B) - 61 j
Tandel (L) - 89 o - 97 c
Tangissart (B) - 46 p
Tapis-Vert (B) - 57 e
Tarcienne (B) - 72 g
Targnon (B) - 65 p
Taverneux (B) - 78 m
Tavier (B) - 64 g
Taviers (B) - 48 n
Taviet (B) - 74 g
Tavigny (B) - 88 a
Tawern (D) - 98 p - 104 d
Tellancourt (F) - 101 j
Tellin (B) - 85 g
Temmels (D) - 98 o
Templeuve (B) - 41 p
Templeuve (F) - 55 f
Temploux (B) - 61 l
Temse (B) - 17 k
Ten Ede (B) - 30 a
Ten Esschen (NL) - 38 j
Tenneville (B) - 86 d - 87 a
Teralfene (B) - 31 i
Terbank (B) - 33 n
Terblijt (NL) - 37 p
Terhagen (B) - 18 n
Terhofstede (NL) - 2 j
Ter Hole (NL) - 4 p - 5 m
Terhorst (NL) - 52 a
Terlanen (B) - 47 e
Terlinden (NL) - 52 a
Termaar (NL) - 38 j
Termes (B) - 94 o
Termolen (B) - 36 f
Ternaar (NL) - 38 m - 52 a
Ternat (B) - 31 o
Terneuzen (NL) - 4 m
Terover (NL) - 8 c
Tertre (B) - 57 l
Tervant (B) - 21 n
Tervoorst (NL) - 38 i
Tervuren (B) - 32 o - 46 c
Terwagne (B) - 64 i
Tessenderlo (B) - 20 p - 21 m - 35 a
Testelt (B) - 34 b
Tétaigne (F) - 99 b
Tétange (L) - 103 m
Tettingen (D) - 104 k
Teuven (B) - 52 e
Tharoul (B) - 63 l
't Hasselt (B) - 23 j
Theetuin (NL) - 9 d
Theux (B) - 66 a
Thiarmont (B) - 59 b
Thiaumont (B) - 95 p
Thibessart (B) - 95 i
Thieu (B) - 59 i
Thieulain (B) - 43 m
Thieusies (B) - 58 h - 59 e
Thil (F) - 102 o
Thilay (F) - 92 a
Thiméon (B) - 60 f
Thimister (B) - 52 i
Thimougies (B) - 42 o
Thines (B) - 46 m
Thines (B) - 60 a
Thirimont (B) - 67 m
Thirimont (B) - 71 g
This (F) - 91 j
Thisnes (B) - 48 l
Thisnes (B) - 49 i
Thivencelle (F) - 57 i
Thommen (B) - 79 i
Thon (B) - 62 l
Thonne-la-Long (F) - 100 j
Thonne-le-Thil (F) - 100 e
Thonnelle (F) - 100 i
Thorembais-les-Béguines (B) - 48 i
Thorembais-Saint-Trond (B) - 47 p
Thoricourt (B) - 44 n
Thorn (NL) - 24 e
Thuilles (B) - 72 e
Thuin (B) - 71 d
Thuir (D) - 54 h
Thulin (B) - 57 k
Thull (NL) - 38 f
Thum (D) - 54 h
Thumaide (B) - 57 f
Thun-St-Amand (F) - 56 k
Thuserhof (NL) - 24 h
Thy-le-Bauduin (B) - 72 g
Thy-le-Château (B) - 72 f
Thynes (B) - 74 g
Thys (B) - 50 f
Tiège (B) - 66 f
Tiegem (B) - 42 c
Tielen (B) - 20 b
Tielrode (B) - 17 k
Tielt (B) - 28 e
Tielt-Winge (B) - 34 i
Tienen (B) - 48 b
Tiercelet (F) - 102 n
Tiewinkel (B) - 35 g
Tignée (B) - 51 k
Tihange (B) - 63 h
Tildonk (B) - 33 f
Tilff (B) - 65 a
Tillet (B) - 86 l - 87 i
Tilleur (B) - 50 p
Tillier (B) - 62 c
Tilloy-lez-Marchiennes (F) - 56 i
Tilly (B) - 60 d - 61 a
Tinlot (B) - 64 j
Tintange (B) - 95 d
Tintigny (B)
Tintigny (B)
Tintigny (B) - 94 p - 95 m - 100 d - 101 a
Tisselt (B) - 32 a
't Jagertje (NL) - 4 p - 5 m
Toernich (B) - 102 a
Tohogne (B) - 64 o
Tollembeek (B) - 44 g
Tombeek (B) - 46 h - 47 e
Tongeren (B) - 50 b
Tongerlo (B) - 20 j
Tongerlo (B) - 23 j
Tongre-Notre-Dame (B) - 57 d
Tongre-Saint-Martin
Tongrinne (B) - 57 d
Tongrinne (B) - 61 f
Tontelange (B) - 96 m
Torgny (B) - 100 o
Torhout (B) - 13 m
Toufflers (F) - 41 k
Tourcoing (F) - 41 f
Tourinne (B) - 49 o
Tourinnes-la-Grosse (B) - 47 d
Tourinnes-Saint-Lambert (B) - 47 o
Tourmignies (F) - 55 e
Tournai (B) - 42 m
Tournavaux (F) - 91 d
Tournay (B) - 94 f
Tournes (F) - 91 j
Tourpes (B) - 57 b
Tragel (NL) - 2 l - 3 i
Trahegnies (B) - 59 o
Traimont (B) - 95 f
Transinne (B) - 85 k
Trazegnies (B) - 60 i
Treebeek (NL) - 38 f
Treignes (B) - 83 f
Trélon (F) - 81 e
Trembleur (B) - 51 k
Tremblois-les-Carignan (F) - 99 d
Tremelo (B) - 33 g
Tressin (F) - 41 n
Trintange (L) - 104 e

Trintelen (NL) - 38 n
Trivières (B) - 59 j
Trognée (B) - 49 i
Troine (L) - 88 f
Troine-Route (L) - 88 f
Trois-Ponts (B) - 66 n
Troisvierges (L) - 78 p - 88 c
Tronquoy (B) - 94 c
't Rooth (NL) - 37 p
Trooz (B) - 65 c
Tubize (B) - 45 k
Tuilt (B) - 35 h
Tungelroy (NL) - 23 g
Tuntange (L) - 96 p - 97 m
Turkeye (NL) - 3 m
Turnhout (B) - 8 o
Turpange (B) - 102 e

U

Ubachsberg (NL) - 38 o
Übereisenbach (D) - 89 k
Uccle (B) - 46 a
Ucimont (B) - 92 h - 93 e
Udange (B) - 101 d
Udenbreth (D) - 68 j
Udingen (D) - 54 g
Ugny (F) - 101 o
Uikhoven (B) - 37 k
Uitbergen (B) - 30 c
Uitkerke (B) - 1 n
Ukkel (B) - 46 a
Ulbeek (B) - 35 p
Ulestraten (NL) - 37 l
Ulicoten (NL) - 8 a
Untereisenbach (L) - 89 j
Untermaubach (D) - 54 g
Unter-Tünsdorf (D) - 104 p
Unterwolfert (D) - 68 k
Upigny (B) - 62 a
Uppershausen (D) - 90 e
Urb (D) - 79 g
Urmond (NL) - 37 d
Ursel (B) - 14 k
Urspelt (L) - 88 h - 89 e
Useldange (L) - 96 l
Utscheid (D) - 90 i

V

Vaalbeek (B) - 33 o - 47 c
Vaals(NL) - 52 c
Vaalserquartier (D) - 52 d
Vaesrade (NL) - 38 j
Valansart (B) - 100 b
Valansart (B) - 94 n
Valenciennes (F) - 56 p
Valender (B) - 67 o - 79 c
Valkenburg (NL) - 38 m
Valkenisse (NL) - 2 c
Valkenswaard (NL) - 10 k
Val-Meer (B) - 51 a
Val-Saint-Lambert (B) - 50 o - 64 c
Vance (B) - 101 c
Varendonk (B) - 20 o
Varenwinkel (B) - 34 a
Varsenare (B) - 13 f
Vaucelles (B) - 83 d
Vaudignies (B) - 57 d
Vaulx (B) - 42 n
Vaulx (Tournai) (B) - 56 b
Vaulx (B) - 82 e
Vaux (B) - 87 h
Vaux-Chavanne (B) - 77 g
Vaux-et-Borset (B) - 49 o
Vaux-lès-Mouzon (F) - 99 f
Vaux-sous-Chèvremont (B) - 51 n
Vaux-sur-Sûre (B) - 87 m - 95 a
Vechmaal (B) - 50 e
Vedrin (B) - 62 e
Veerle (B) - 20 o
Velaine (B) - 61 i
Velaines (B) - 42 k
Veldegem (B) - 13 j
Veldhoven (NL) - 10 e
Veldhoven (B) - 20 i
Veldwezelt (B) - 37 n
Vellereille-les-Brayeux (B) - 59 n
Vellereille-le-Sec (B) - 58 p - 59 m
Vellereux (B) - 87 c
Velm (B) - 49 b
Vélosnes (F) - 100 o
Velroux (B) - 50 n
Veltem-Beisem (B) - 33 j
Velzeke-Ruddershove (B) - 29 l
Ven (NL) - 10 l
Vencimont (B) - 84 f
Vendegies-au-Bois (F) - 69 m
Vendeville (F) - 55 a
Venwegen (D) - 53 g
Verbrande Brug (B) - 32 f
Verdenne (B) - 76 j
Vergnies (B) - 71 l
Verlaine (B) - 50 m
Verlaine-sur-Ourthe (B) - 64 p
Verlautenheide (D) - 53 b
Verlée (B) - 63 p - 75 d
Verleumont (B) - 78 e
Verlinghem (F) - 40 k
Verneuil-Grand (F) - 100 j
Verneuil-Petit (F) - 100 j
Verre (B) - 74 l - 75 i
Verrebroek (B) - 17 c
Verschneid (D) - 80 a
Vertrijk (B) - 34 m
Verviers (B) - 52 n - 66 b
Vesqueville (B) - 86 j
Vessem (NL) - 9 h
Vetschau (D) - 38 p - 52 d
Veulen (B) - 49 h
Veurne (B) - 11 n
Vezin (B) - 62 g
Vezon (B) - 56 c
Vianden (L) - 89 o
Viane (B) - 44 f
Vicht (D) - 53 h
Vichte (B) - 28 n
Vichten (L) - 96 h
Vicq (F) - 57 m
Vieille-Chapelle (F) - 39 o
Viel (NL) - 38 f
Vielsalm (B) - 78 f
Viemme (B) - 49 p
Viersel (B) - 19 f
Vierset-Barse (B) - 63 h
Vierves-sur-Viroin (B) - 83 f
Viesville (B) - 60 f
Vieux-Berquin (F) - 39 f
Vieux-Condé (F) - 56 l
Vieux-Condé (F) - 57 i
Vieux Fourneau (B) - 65 n
Vieux-Genappe (B) - 46 n
Vieux-Leuze (B) - 43 m - 57 a
Vieux-Mesnil (F) - 70 i
Vieux-Reng (F) - 70 d - 71 a
Vieuxville (B) - 64 p - 65 m
Vieux-Waleffe (B) - 49 o
Vigneul-sous-Montmédy (F) - 100 i
Vijfhuizen (B) - 30 g
Vijfwegen (B) - 26 g
Vijlen (NL) - 52 c
Vijve Kapelle (B) - 14 a
Villance (B) - 85 k
Villancy (F) - 101 n
Ville (B) - 65 m
Villécloye (F) - 100 j
Ville-du-Bois (B) - 78 g
Ville-en-Hesbaye (B) - 49 n
Ville Houdlémont (F) - 101 k
Villeneuve-d'Ascq (F) - 41 n
Ville Pommeroeul (B) - 57 k
Villereau (F) - 69 j
Villerot (B) - 57 h
Villeroux (B) - 47 m
Villers-aux-Tours (B) - 64 h
Villers-Cerney (F) - 92 p - 93 m
Villers-deux-Eglises (B) - 72 o
Villers-devant-Orval (B) - 100 e
Villers-en-Fagne (B) - 73 m - 83 a
Villers-la-Bonne-Eau (B) - 87 p
Villers-La-Chèvre (F) - 101 o
Villers-la-Loue (B) - 100 g
Villers-La-Montagne (F) - 102 m
Villers-la-Tour (B) - 81 h
Villers-la-Ville (B) - 60 c
Villers-le-Bouillet (B) - 63 d
Villers-le-Gambon (B) - 73 n
Villers-le-Peuplier (B) - 49 i
Villers-le-Rond (F) - 100 p
Villers-le-Temple (B) - 64 f
Villers-l'Evêque (B) - 50 f
Villers-lez-Heest (B) - 62 e
Villers-Notre-Dame (B) - 43 o
Villers-Perwin (B) - 60 g
Villers-Pol (F) - 69 e
Villers-Poterie (B) - 72 d - 73 a
Villers-Saint-Amand (B) - 43 o
Villers-Sainte-Gertrude (B) -
65 m - 77 a
Villers-Saint-Ghislain (B) - 58 l - 59 i
Villers-Saint-Siméon (B) -
50 h - 51 e
Villers-Semeuse (F) - 91 l
Villers-Sire-Nicole (F) - 70 d
Villers-sur-Bar (F) - 92 m
Villers-sur-Lesse (B) - 75 n
Villers-sur-Semois (B) - 95 m
Villerupt (F) - 102 o
Ville-sur-Haine (B) - 58 h - 59 e
Ville-sur-Lumes (F) - 91 l
Villette (F) - 100 p - 101 m
Villy (F) - 99 h
Vilt (NL) - 37 p
Vilvoorde (B) - 32 j
Vinalmont (B) - 63 c
Vinderhoute (B) - 15 n
Vinkem (B) - 25 b
Vinkt (B) - 28 c
Virelles (B) - 82 e
Vireux-Molhain (F) - 83 g
Vireux-Wallerand (F) - 83 g
Virginal-Samme (B) - 45 o
Viroinval (B) - 82 h - 83 e
Virton (B) - 100 h - 101 e
Visé (B) - 51 g
Vissenaken (B) - 34 n
Vissoul (B) - 49 n - 63 b
Vissoule (B) - 88 a
Vitrival (B) - 61 n
Vivegnis (B) - 51 j
Viverse (B) - 35 d
Vivier-au-Court (F) - 92 i
Viviers-Sur-Chiers (F) - 101 n
Viville (B) - 96 m
Vivy (B) - 92 d - 93 a
Vladslo (B) - 12 n - 26 b
Vlake (NL) - 4 d
Vlamertinge (B) - 26 m
Vlassenbroek (B) - 17 n - 31 b
Vlatten (D) - 54 l
Vlekkem (B) - 30 f
Vlessart (B) - 95 f
Vleteren (B) - 25 g
Vleugt (B) - 21 m - 35 a
Vlezenbeek (B) - 45 c
Vliermaal (B) - 36 n
Vliermaalroot (B) - 36 n
Vlierzele (B) - 30 j
Vlijtingen (B) - 37 m
Vlimmeren (B) - 7 p
Vlissegem (B) - 12 d - 13 a
Vlissingen (NL) - 2 d - 3 e
Vlodrop (NL) - 24 l
Vodecée (B) - 73 i
Vodelée (B) - 73 o
Voeren (B) - 51 h
Voerendaal (NL) - 38 j
Vogelwaarde (NL) - 4 o
Vogenée (B) - 72 k
Volaiville (B) - 95 b
Volkegem (B) - 29 n
Volkenrath (D) - 53 d
Vollezele (B) - 44 h
Volmerange-les-Mines (F) - 103 m
Vonêche (B) - 84 g
Voorde (B) - 30 o - 44 c
Voormezele (B) - 26 m - 40 a
Voort (B) - 50 a
Voorteind (NL) - 9 c
Voortkapel (B) - 20 i
Voroux-lez-Liers (B) - 50 l - 51 i
Vorselaar (B) - 19 h
Vorsen (B) - 49 j
Vorst (B) - 20 o
Vorst (B) - 46 a
Vosselaar (B) - 8 m
Vosselare (B) - 28 d - 29 a
Vossem (B) - 32 p - 33 m
Vossenack (D) - 54 i
Vottem (B) - 51 i
Vouroux-Goreux (B) - 50 j
Vrakken (NL) - 23 b
Vrasene (B) - 17 g
Vrebos (B) - 32 p - 33 m
Vred (F) - 55 o
Vremde (B) - 18 h
Vreren (B) - 50 g
Vresse-sur-Semois (B) - 92 b
Vrigne-aux-Bois (F) - 92 m
Vrigne-Meuse (F) - 92 m
Vroenhoven (B) - 37 n
Vucht (B) - 37 g
Vurste (B) - 29 g
Vyle-et-Tharoul (B) - 63 k

W

Waalre (NL) - 10 j
Waanrode (B) - 34 k
Waarbeke (B) - 44 c
Waardamme (B) - 13 k
Waarde (NL) - 4 h - 5 e
Waarloos (B) - 18 o
Waarmaarde (B) - 42 c
Waarschoot (B) - 15 j
Waasmont (B) - 48 h - 49 e
Waasmunster (B) - 16 l - 17 i
Wachtebeke (B) - 16 e
Wadelincourt (B) - 57 f
Wadelincourt (F) - 92 n
Wagnelée (B) - 60 h
Waha (B) - 76 i
Wahl (L) - 96 f
Wahlen (D) - 68 h
Wahlhausen (L) - 89 j
Wahlwiller (NL) - 38 n - 52 b
Waillet (B) - 76 e
Waimes (B) - 67 j
Wakken (B) - 28 j
Wakkerzeel (B) - 33 g
Walcourt (B) - 72 j
Waldbillig (L) - 98 e
Waldbredimus (L) - 104 i
Waldenrath (D) - 38 d
Walderdonk (B) - 16 e
Waldfeucht (D) - 24 o
Waldhof-Falkenstein (D) - 89 k
Waldsiedlung (D) - 53 l
Walem (B) - 18 o
Walem (NL) - 38 m
Walferdange (L) - 103 b
Walhain (B) - 47 n
Walhain-Saint-Paul (B) - 47 o
Walheim (D) - 53 f
Walhorn (B) - 52 l - 53 i
Walik (NL) - 10 i
Walk (B) - 67 j
Wallendorf (D) - 98 a
Wallerode (B) - 79 g
Wallers (F) - 56 m
Wallersheim (D) - 80 l
Wallers-Trélon (F) - 81 f
Wallmerath (D) - 79 k
Walsbets (B) - 49 e
Walsdorf (L) - 89 o
Walshoutem (B) - 49 e
Walsoorden (NL) - 4 l
Waltwilder (B) - 36 p - 37 m
Waltzing (B) - 102 a
Wambeek (B) - 31 n - 32 k
Wambrechies (F) - 40 k - 41 i
Wancennes (B) - 84 c
Wandignies-Hamage (F) - 55 p
Wandre (B) - 51 j
Wanfercée-Baulet (B) - 61 i
Wange (B) - 48 d
Wangenies (B) - 60 k
Wanlin (B) - 74 p - 75 m
Wanne (B) - 66 n - 78 b
Wannebecq (B) - 43 l
Wannegem-Lede (B) - 28 l - 29 i
Wannehain (F) - 55 d
Wansin (B) - 48 l
Wanze (B) - 63 c
Wanzele (B) - 30 g
Wanzoul (B) - 63 c
Warchin (B) - 42 n
Warcoing (B) - 42 i
Warcq (F) - 91 j
Wardin (B) - 88 i
Waregem (B) - 28 j
Waremme (B) - 49 k
Warempage (B) - 87 b
Waret-la-Chaussée (B) - 62 b
Waret-l'Evêque (B) - 62 d - 63 a
Wargnies-Le-Grand (F) - 69 f
Wargnies-Le-Petit (F) - 69 f
Warisoulx (B) - 62 e
Warken (L) - 97 b
Warlaing (F) - 56 m
Warmifontaine (B) - 94 f
Warnach (B) - 95 d
Warnant (B) - 74 a
Warnant-Dreye (B) - 49 o - 63 c
Warnécourt (F) - 91 n
Warneton (B) - 40 f
Warquignies (B) - 58 m
Warre (B) - 64 o - 76 c
Warsage (B) - 51 h
Wartet (B) - 62 g
Warzée (B) - 64 j
Wascheid (D) - 80 f
Wasmes (B) - 58 m
Wasmes-Audemez- Briffoeul (B) -
56 d
Wasmuel (B) - 58 i
Wasquehal (F) - 41 j
Wasseiges (B) - 48 o
Wasserbillig (L) - 98 p
Waterlandkerkje (NL) - 2 p - 3 m
Waterland -Oudeman (B) - 3 n
Waterloo (NL) - 24 d
Waterloo (B) - 46 e
Watermaal-Bosvoorde (B) - 46 b
Watermael-Boitsfort (B) - 46 b
Waterschei (B) - 22 p
Waterschei (B) - 36 c
Waterval (NL) - 37 l
Watervliet (B) - 3 n - 15 b
Watou (B) - 25 n
Wattermal (B) - 78 o
Wattignies (F) - 40 p
Wattignies-la-Victoire (F) - 70 k
Wattrelos (F) - 41 k
Wattripont (B) - 42 h - 43 e
Watzerath (D) - 80 i
Waudrez (B) - 59 n
Waulsort (B) - 74 i
Wauthier-Braine (B) - 45 l
Wavre (B) - 47 e
Wavreille (B) - 85 d
Wawern (D) - 80 p - 90 d
Waxweiler (D) - 90 a
Waya (B) - 48 o - 62 c
Wayaux (B) - 60 g
Ways (B) - 46 o
Waziers (F) - 55 m
Webbekom (B) - 34 h - 35 e
Wechelderzande (B) - 19 d
Wecker (L) - 98 n
Weebosch (NL) - 9 p
Weelde (B) - 8 g
Weelde Station (B) - 8 f
Weerde (B) - 32 g
Weert (B) - 17 o
Weert (NL) - 23 c - 37 k
Wegnez (B) - 66 a
Wehingen (D) - 104 p
Wehr (D) - 38 b
Weicherdange (L) - 88 g
Weidingen (L) - 88 k
Weidingen (D) - 90 j
Weiler (L) - 88 c - 89 j
Weiler-La-Tour (L) - 103 k
Weillen (B) - 74 e
Weinsfeld (D) - 80 j
Weinsheim (D) - 80 k
Weisten (B) - 78 h - 79 e
Weiswampach (L) - 79 m - 89 a
Welchenhausen (D) - 79 n
Welden (B) - 29 j
Welfrange (L) - 104 i
Welkenraedt (B) - 52 k
Welle (B) - 30 l - 31 i
Wellen (B) - 36 m
Wellen (D) - 98 o - 104 c
Wellenstein (L) - 104 i
Wellin (B) - 85 f
Welscheid (L) - 97 a
Wemmel (B) - 31 l
Wenduine (B) - 1 m
Wépion (B) - 62 m
Werbomont (B) - 65 o
Werchter (B) - 33 g
Wéris (B) - 76 d - 77 a
Werken (B) - 26 c
Werm (B) - 36 o
Wernhout (NL) - 7 f
Wersbeek (B) - 34 k
Werth (D) - 53 d
Wervicq-Sud (F) - 40 d - 41 a
Wervik (B) - 40 d - 41 a
Wespelaar (B) - 33 f
Wessem (NL) - 24 e
Westdorpe (NL) - 16 a
Westelbeers (NL) - 9 c
Westende (B) - 11 h
Westende-Bad (B) - 11 h
Westerhoven (NL) - 10 i
Westerlo (B) - 20 n
Westkapelle (B) - 2 m
Westkerke (B) - 12 h
Westmalle (B) - 7 o
Westmeerbeek (B) - 20 m
Westouter (B) - 39 c
Westrem (B) - 30 e
Westrozebeke (B) - 26 l
West-Souburg (NL) - 3 a
Westvleteren (B) - 25 k
Wetteldorf (D) - 80 o
Wetteren (B) - 30 b
Wettlingen (D) - 90 n
Weustenrade (NL) - 38 j
Wevelgem (B) - 27 n - 41 b
Wever (B) - 34 n
Weweler (B) - 79 j
Weyler (B) - 102 a
Weywertz (B) - 67 k
Wezel (B) - 21 g
Wezemaal (B) - 33 h
Wezembeek-Oppem (B) - 32 p
Wezeren (B) - 49 e
Wez-Velvain (B) - 56 b
Wibrin (B) - 77 o
Wichelen (B) - 30 c
Widdau (D) - 68 a
Widooie (B) - 50 b
Wiekevorst (B) - 19 l
Wielsbeke (B) - 28 i
Wiemesmeer (B) - 36 h
Wiemesmeer (B) - 37 e
Wierde (B) - 62 k
Wiers (B) - 56 h
Wiersdorf (D) - 90 k
Wiesen (D) - 68 g
Wiesenbach (B) - 79 f
Wiesgen (D) - 68 g
Wiesme (B) - 74 o - 84 c
Wieze (B) - 31 e
Wihéries (B) - 57 p
Wihogne (B) - 50 g
Wijchmaal (B) - 22 j
Wijer (B) - 35 k
Wijgmaal (B) - 33 k
Wijlre (NL) - 38 n
Wijnandsrade (NL) - 38 i
Wijnegem (B) - 18 h
Wijnendale (B) - 12 p - 13 m
Wijnhuize (B) - 30 m
Wijnveld (B) - 16 l
Wijshagen (B) - 22 l - 23 i
Wijshagerheide (B) - 22 p - 23 m
Wijtschate (B) - 40 b
Wilderen (B) - 35 n - 49 b
Wildert (B) - 6 g
Wilhelminadorp (NL) - 10 a
Willancourt (B) - 100 h - 101 g
Willaupuis (B) - 57 a
Willebringen (B) - 48 a
Willebroek (B) - 18 m
Willemeau (B) - 56 a
Willems (F) - 41 o
Willerzie (B) - 84 i
Williers (F) - 100 a
Willies (F) - 81 a
Willwerath (D) - 80 g
Wilmarsdonk (B) - 18 a
Wilrijk (B) - 18 f
Wilsele (B) - 33 k
Wilskerke (B) - 12 e
Wiltz (L) - 88 j
Wilwerdange (L) - 78 p - 79 m
Wilwerwiltz (L) - 88 k
Wimmertingen (B) - 36 i
Winamplanche (B) - 66 e
Wincheringen (D) - 104 g
Wincrange (L) - 88 f
Winden (D) - 54 g
Windraak (NL) - 38 f
Winenne (B) - 84 b
Wingene (B) - 13 p
Winkelomheide (B) - 20 k
Winksele (B) - 33 j
Winnezeele (F) - 25 m
Winringen (D) - 80 n
Winseler (L) - 88 j
Wintam (B) - 17 l
Wintelre (NL) - 10 e
Winten (D) - 68 k
Winterdorf (D) - 98 h
Winterscheid (D) - 79 l
Wintershoven (B) - 36 n
Winterslag (B) - 36 g
Winterspelt (D) - 79 k
Winthagen (NL) - 38 n
Wintzen (D) - 68 d
Wippelgem (B) - 15 k
Wirtzfeld (B) - 67 l
Wisbecq (B) - 45 j
Wischeid (D) - 80 a
Wisembach (B) - 95 g
Wiseppe (F) - 99 n
Wissekerke (NL) - 4 a
Wissmannsdorf (D) - 90 k
Witgoor (B) - 21 b
Withuis (NL) - 51 c
Witrijt (NL) - 9 p
Witry (B) - 95 b
Wittem (NL) - 38 n - 52 b
Wittimont (B) - 94 h - 95 e
Wochern (D) - 104 k
Wodecq (B) - 43 h
Woensdrecht (NL) - 5 h
Woensel (NL) - 10 c
Woesten (B) - 25 l
Woffelsbach (D) - 54 n
Wolder (NL) - 37 n
Wolfgarten (D) - 54 o
Wolfhaag (NL) - 52 g
Wolfsdonk (B) - 34 b
Wolfshoek (NL) - 10 e
Wolkrange (B) - 102 a
Wollenberg (D) - 68 g
Wollseifen (D) - 54 n - 68 b
Wolsfeld (D) - 90 o - 98 c
Woluwe-
Saint-Lambert (B) - 32 n
Woluwe-Saint-Pierre (B) - 32 o
Wolvertem (B) - 31 h
Wommelgem (B) - 18 g
Wommersom (B) - 48 c
Wonck (B) - 51 b
Wondelgem (B) - 15 o
Wontergem (B) - 28 f
Wormeldange (L) - 104 f
Wormeldange Haut (L) - 104 f
Wortegem (B) - 28 p
Wortegem-Petegem (B) -
28 p - 29 m
Wortel (B) - 7 h
Woubrechtegem (B) - 30 n
Woumen (B) - 26 b
Wouwse Hil (NL) - 6 a
Wouwse Plantage (NL) - 6 b
Wulpen (B) - 11 k
Wulvergem (B) - 40 a
Wulveringem (B) - 25 b
Würselen (D) - 53 b
Wuustwezel (B) - 7 i

X

Xhendelesse (B) - 51 p
Xhendremael (B) - 50 k
Xhignesse (B) - 64 l
Xhignesse (B) - 65 i
Xhoffraix (B) - 67 i
Xhoris (B) - 65 j
Xhos (B) - 64 k
Xhoute-si-Plout (B) - 77 h

Y

Ychippe (B) - 75 j
Yernée-Fraineux (B) - 64 f
Yerseke (NL) - 4 d - 5 a
Yves-Gomezée (B) - 72 k
Yvoir (B) - 74 b
Yzer (B) - 46 d - 47 a

Z

Zaamslag (NL) - 4 n
Zaamslagveer (NL) - 4 n
Zaffelare (B) - 16 i
Zammel (B) - 20 o
Zammelen (B) - 36 n - 50 b
Zandberg (NL) - 5 m
Zandbergen (B) - 44 b
Zande (B) - 12 j
Zandfort (NL) - 6 e
Zandhoven (B) - 19 f
Zandoelre (NL) - 10 e
Zandstraat (NL) - 16 a
Zandvliet (B) - 5 l
Zandvoorde (B) - 12 g
Zandvoorde (B) - 26 o - 40 c
Zarlardinge (B) - 44 e
Zarren (B) - 26 c
Zaventem (B) - 32 k
Zedelgem (B) - 13 j
Zeebrugge (B) - 1 k
Zeedorp (NL) - 4 k
Zeelberg (NL) - 10 k
Zegelsem (B) - 29 o - 43 c
Zehnstelle (D) - 68 k
Zele (B) - 16 p - 17 m
Zelem (B) - 35 e
Zelk (B) - 35 e
Zellik (B) - 31 l
Zelzate (B) - 16 e
Zemst (B) - 32 g
Zepperen (B) - 35 p - 49 d
Zerkall (D) - 54 g
Zerkegem (B) - 13 e
Zétrud-Lumay (B) - 48 e
Zevekote (B) - 12 j
Zeveneken (B) - 16 j
Zeverdonk (B) - 8 n
Zeveren (B) - 28 c
Zevergem (B) - 29 g
Zichem (B) - 34 c
Zichen-Zussen-Bolder (B) - 51 b
Zijpt (B) - 7 p
Zillebeke (B) - 26 n
Zingem (B) - 29 j
Zingscheid (D) - 68 g
Zittaart (B) - 20 l - 21 i
Zittard (NL) - 10 e
Zoerle-Parwijs (B) - 20 m
Zoersel (B) - 7 o - 19 c
Zogge (B) - 17 m
Zolder (B) - 35 d
Zomergem (B) - 14 l - 15 i
Zondereigen (B) - 8 e
Zonhoven (B) - 36 e
Zonnebeke (B) - 26 k
Zonnegem (B) - 30 j
Zoomvliet (NL) - 6 a
Zottegem (B) - 30 m
Zoufftgen (F) - 103 n
Zoutelande (NL) - 2 c
Zoutenaaie (B) - 11 p - 25 d
Zoutleeuw (B) - 35 m
Zuiddorpe (NL) - 16 b
Zuidheikant (B) - 8 g
Zuidschote (B) - 26 i
Zuidwege (B) - 13 j
Zuidzande (NL) - 2 k
Zuienkerke (B) - 1 n - 13 b
Zulte (B) - 28 j
Zulzeke (B) - 42 d - 43 a
Zundert (NL) - 7 b
Zutendaal (B) - 37 e
Zuurbemde (B) - 34 o
Zwalm (B) - 29 k
Zwankendamme (B) - 1 o
Zwartberg (B) - 36 c
Zweifall (D) - 53 h
Zwevegem (B) - 28 m - 42 a
Zwevezele (B) - 27 c
Zwijnaarde (B) - 29 c
Zwijndrecht (B) - 18 e

AALST

ABEELSTRAAT - 106 B2
ACACIASTRAAT - 106 D4
AFSPANNINGSSTRAAT - 106 B3
ALBRECHTLAAN - 106 E3-4
APOSTELSTRAAT - 106 E2
APPESTRAAT - 106 E2-3
ARBEIDSTRAAT - 106 B3 C3
ARENDSVELD - 106 E1
ASSERENDRIES - 106 A2 B2
ASTERSTRAAT - 106 E7
AUTOSTRADELAAN - 106 C7 D7
BAUWENSPLEIN - 106 C2
BEDRIJVIGHEIDSTRAAT - 106 B2-3
BEEKVELDSTRAAT - 106 B4 C4
BEGIJNHOF - 106 D3
BENOITSTRAAT PETER - 106 C2
BERGEMEERSENSTRAAT - 106 E2-3
BEVRIJDINGSSTRAAT - 106 D1-2
BIEKORFSTRAAT - 106 A1-2 B1
BIESTSTRAAT - 106 E3
BIJLSTRAAT J. - 106 D1
BINNENSTRAAT - 106 D2 E1-2
BLANCKAERTDREEF FRANS - 106 D5
BLAUWENBERGSTRAAT - 106 A3 B3
BLEEKVELD - 106 E3
BOCQUESTRAAT VICTOR - 106 C1
BOLLEWEG - 106 D2 E2
BOONSTRAAT LOUIS PAUL - 106 D4
BORLUUTSTRAAT - 106 D2
BOSTEELSSTRAAT EUGEEN - 106 D4 E4
BOTERMARKT - 106 C3
BOTERSTRAAT - 106 C3
BOUDEWIJNLAAN - 106 A2 B1-2
BRECKPOTWIJK FRANS - 106 D1-2
BREDESTRAAT - 106 D1
BROUWERIJSTRAAT - 106 D1
BRUGSTRAAT - 106 A7
BRUSSELSE STEENWEG - 106 E4
BURCHTSTRAAT - 106 D3-4
BURGEMEESTER DE COCKLAAN - 106 E7
BURGEMEESTERSPLEIN - 106 D4
CAPUCIENENLAAN - 106 B3-4 C4
CAUDRONSTRAAT - 106 C2
CHURCHILLSTEENWEG - 106 C6-7
CLASERSTRAAT CH. - 106 C2
COECKESTRAAT P. - 106 C2
CORNELISKAAI PIERRE - 106 D2
CUMONTSTRAAT - 106 C2
DAENSSTRAAT PIETER - 106 D2 E1-2
DE BETHUNELAAN LEO - 106 C4-5
DE BISSCHOPSTRAAT MARCEL - 106 B6 C5-6
DE CONINCKSTRAAT - 106 D3
DE GHEESTSTRAAT - 106 D4
DE HERTSTRAAT FELIX - 106 D4
DE JONGHESTRAAT STEFAAN - 106 C4
DENDERMONDSE STEENWEG - 106 C1-2
DENDERSTRAAT - 106 C2 D2
DENNENLAAN - 106 B7 C7
DE PAEPESTRAAT POLYDOOR - 106 E1-2
DE RIDDERSTRAAT - 106 C3
DE SAEDELEERSTRAAT VAL. - 106 B2 C1-2
DE SCHRIJVERSTRAAT - 106 C2
DE TIERESTRAAT NESTOR - 106 C3
DE VILANDERSTRAAT - 106 D4 E4
DE VISSCHERESTRAAT - 106 C2
DE WINDTSTR. J. - 106 D2
DE WOLFKAAI FRITZ - 106 D2-3
DE WOLFSTRAAT DESIRE - 106 D4 E4
D'HAESELEERSTRAAT LOUIS - 106 D3-4
DIEPESTRAAT - 106 C4-5
DOKTER ANDRE GOFFAERTSSTRAAT - 106 C4-5 D4
DOKTER ANDRE SIERENSSTRAAT - 106 D2
DOKTER DE MOORSTRAAT - 106 D1-2
DOKTER JOZEF KLUYSKENSSTRAAT - 106 B2 C2
DOOLHOFSTRAAT - 106 E2-3
DOORNVELDSTRAAT - 106 A6 B6
DRIE SLEUTELSSTRAAT - 106 D1
D'UITSEWEG - 106 D7 E7
DUIVEKEETSTRAAT - 106 B3 C3
DWARSSTRAAT - 106 A6
EEN MEISTRAAT - 106 D2
EENDRACHTSTRAAT - 106 C1 D1
EIKSTRAAT - 106 C4 D4-5
EREMBODEGEMSTRAAT - 106 E4-5
ERKENDRIES - 106 A7
ESPLANADEPLEIN - 106 C2
ESPLANADESTRAAT - 106 C2 D2
EXPOSTRAAT - 106 A2
FABRIEKSTRAAT - 106 C2
GARENSTRAAT - 106 C1
GASTHUISSTRAAT - 106 D2
GEERINCKX SQUARE JACQUES - 106 A2
GEFUSILLEERDENSTRAAT - 106 E1
GELDHOFSTRAAT - 106 D1 E1
GENTSESTEENWEG - 106 A3 B3
GENTSESTRAAT - 106 B3 C3
GERAARDSBERGSESTEENWEG - 106 C5-6-7
GERAARDSBERGSESTRAAT - 106 C4-5
GHEERAERDTSLAAN LEO - 106 D3 E3-4
GHEERAERDTSSTRAAT - 106 C2
GOUDEN LEEUWSTRAAT - 106 E1
GRAANMARKT - 106 D2-3
GROENENBRIELSTRAAT - 106 E6-7
GROENEWEG - 106 C7 D7
GROENSTRAAT - 106 E2
GROTE MARKT - 106 C3 D3
GULDENBOOMPLEIN - 106 C1
HAELTERMANSTRAAT C. - 106 B1-2
HAZELAARSTRAAT - 106 A5
HEILBORRE - 106 E7
HEILIG HARTLAAN - 106 C1 D1
HERTSHAGE - 106 D1-2
HINNENSVELD - 106 B7
HOEZEKOUTERDREEF - 106 B5-6 C5
HOGE STEENBERG - 106 E1
HOGE VESTEN - 106 D2-3
HOLLEWEG - 106 D7 E7
HOPMARKT - 106 C3
HOSPITAALSTRAAT - 106 D2
HOUTKAAI - 106 D2
HOUTMARKT - 106 D4
HOVENIERSPLEIN - 106 D2
HOVENIERSSTRAAT - 106 D2
IJZERENWEGSTRAAT - 106 E6-7
INGANG BACKAERT - 106 E2
INGANG BONNER - 106 B1
INGANG BORREMAN - 106 D4
INGANG DE NAYER - 106 C4
INGANG DE PREZ - 106 B3
INGANG JELIE - 106 B3
INGANG LAUWEREYS - 106 B3
INGANG LEVIONOIS - 106 D3
INGANG VAN BEMTEN - 106 C2
INGANG VAN WAYENBERGHE - 106 C4
INGANG VAN WIJNENDAELE - 106 C4
IRISSTRAAT - 106 A2
ITALIENWEG - 106 E7
JASMIJNSTRAAT - 106 D1
KAARDEVELDWEG - 106 E6
KALFSTRAAT - 106 C4
KANUNNIK COLINETSTRAAT - 106 C3-4
KAPELLEKENSBAAN - 106 D6 E5-6
KAPITEINTJESSTRAAT - 106 C3-4
KAREELSTRAAT - 106 C5-6
KATOENSTRAAT - 106 C1
KATTESTRAAT - 106 C2-3
KEIENBERG - 106 E2
KEIZERSPLEIN - 106 C3-4
KELDERSSTRAAT ALFRED - 106 C3
KEPPESTRAAT - 106 D7 E7
KERKHOFLAAN - 106 C4-5
KERKSTRAAT - 106 D3
KERREBROEKSTRAAT - 106 B1
KLAPSTRAAT - 106 D3
KLEIN BEGIJNHOF - 106 D2 E2
KLEIN PARKSKEN - 106 B3
KLEINE HOEZEKOUTER - 106 B5 C5
KONINGIN ASTRIDPARK - 106 B3
KOOLSTRAAT - 106 B3 C3
KORTE BINNENSTRAAT - 106 E2
KORTE KEPPESTRAAT - 106 D7
KORTE LINDENSTRAAT - 106 A3
KORTE MOUTSTRAAT - 106 D2
KORTE NIEUWSTRAAT - 106 C3
KORTE SINT JANSTRAAT - 106 D4
KORTE VOORUITZICHTSTRAAT - 106 A2
KORTE ZOUTSTRAAT - 106 C3-4 D3
KRAAIWINKELSTRAAT - 106 A7
KRIEKENLAAN - 106 A3
KWADESTEENSTRAAT - 106 A5
KWALESTRAAT - 106 A4-5 B4
LANDBOUWERSSTRAAT - 106 D1
LANGE ZOUTSTRAAT - 106 D3
LAZARETSTRAAT - 106 D1-2
LEDEBAAN - 106 A1 B1-2
LEFEVRESTRAAT HUGO - 106 C4
LEOPOLDLAAN - 106 D1 E1-2
LIEFDADIGHEIDSTRAAT - 106 D2
LIENARTSTRAAT ALBERT - 106 D2
LINDENSTRAAT - 106 A1-2
LOKERENVELDSTRAAT - 106 C5-6
MAANSTRAAT - 106 D4
MARCELSTRAAT AUGUST - 106 C4
MARKTWEG - 106 B3-4
MARTENSSTRAAT DIRK - 106 C2-3
MATTHIEUSTRAAT HENRI - 106 E1
MEERTWIJK HIPOLITE - 106 D2
MEGANCKSTRAAT JOZEF - 106 B2
MEIDOORNLAAN - 106 B7
MELKWEG - 106 E6
MEULESCHETTESTRAAT - 106 B2 C2-3
MICHELSSTRAAT ALFRED - 106 D4 E4
MIJLBEKELAAN - 106 E1-2
MOLENDREEF - 106 B3-4
MOLENDRIES - 106 D2
MOLENSTRAAT - 106 D3
MOORSELBAAN - 106 D2 E2
MORTELVELD - 106 A6-7 B6
MOUTSTRAAT - 106 D2
NAARSTIGHEIDSTRAAT - 106 A2-3 B3
NEDERSTEENBERG - 106 E1
NIEUWBEEKSTRAAT - 106 B3 C3-4
NIEUWBRUGSTRAAT - 106 D1-2
NIEUWSTRAAT - 106 C3
NINOVESTEENWEG - 106 C5-6-7 D7 E7
ONDERWIJSSTRAAT - 106 D3
ONZE LIEVEVROUWPLEIN - 106 E2
ONZE-LIEVE-VROUWSTRAAT - 106 D4
ORANGERIESTRAAT - 106 D6-7
OSBROEKSTRAAT - 106 D4
OUD STRIJDERSPLEIN - 106 C3
OUDE DENDERMONDSE STEENWEG - 106 D1
OUDE GENTBAAN - 106 A2-3
OUDE VISMARKT - 106 D3
PAPESTRAAT GUSTAAF - 106 B4 C4
PARK TERLINDEN - 106 A2
PARKLAAN - 106 C5 D4-5
PASTOOR LAUWEREYSSTRAAT - 106 E3
PASTORIJSTRAAT - 106 A5
PEPERSTRAAT - 106 C2-3
PIJPENBEEK - 106 A6-7
POLITIEKE GEVANGENENSTRAAT - 106 D1 E1
PONTSTRAAT - 106 D3-4
POSTHOORNSTRAAT - 106 B3-4
PRIESTER DAENSPLEIN - 106 D3
RAFFELGEMSTRAAT - 106 A2
RAPENSTRAAT - 106 E2
REGELSBRUGGESTRAAT - 106 B3-4
RESTERT - 106 A5-6
RINGOIRKAAI JOSSE - 106 D2
ROKLIJF - 106 A2-3
ROOMS-HOFSTRAAT - 106 E5-6-7
ROUCELSTRAAT FRANS - 106 B4-5
ROZEMARIJNSTRAAT - 106 D3
ROZENWEG - 106 E1
SCHERREVELDSTRAAT - 106 D4
SCHUTTERSSTRAAT - 106 D2
SIESEGEMLAAN - 106 A3-4-5 B5
SINT-JANSTRAAT - 106 D4
SINT-JOBSTRAAT - 106 B4 C4
SINT-JORISSTRAAT - 106 C3 D3
SINT-JOZEFSTRAAT - 106 C2-3
SINT-KAMIELSTRAAT - 106 C4 D4
SINT-MARTENSPLEIN - 106 D3
SINT-VINCENTIUSSTRAAT - 106 E2
SINTE ANNALAAN - 106 B2-3
SINTE-GUDULASTRAAT - 106 D2 E2
SLOTSTRAAT - 106 D2 E2
SLUIERSTRAAT - 106 D3
SLUISKEN - 106 B4
SNELSTRAAT ANNA - 106 D3
SPAARZAAMHEIDSTRAAT - 106 A2 B2-3
SPARRENLAAN - 106 B7
SPINNERSSTRAAT - 106 C1
SPOELSTRAAT - 106 E1
STATIEPLEIN - 106 C2 D2
STATIONSSTRAAT - 106 C2
STEENSTRAAT - 106 B3
STERHERENSTRAAT - 106 D3-4
STOOFSTRAAT - 106 D3
TERLINDENDREEF - 106 A2-3
TERLINDENSTRAAT - 106 A2
TERMURENLAAN - 106 E6
'T MAEGELIJNPLEIN - 106 C3
TRAGEL - 106 C1-2
TRAMSTRAAT - 106 D2
TREINSTRAAT - 106 D2-3
TULPSTRAAT - 106 D1
TWEE HAGENSTRAAT - 106 E2
TWEETEGELSTRAAT - 106 E7
TWIJNDERSTRAAT - 106 C1
VAARTSTRAAT - 106 D2-3
VAKSCHOOLSTRAAT - 106 B2-3
VAN AELSTPASSAGE PIETER - 106 C3
VAN DE MAELESTRAAT ALFONS - 106 D7 E7
VAN DER GUCHTLAAN S. - 106 A2
VAN DER NOOTSTRAAT FREDERIC - 106 D4 E4
VAN DE WOESTIJNESTRAAT KAREL - 106 B3-4
VAN GEEMSTRAATJE - 106 C2
VAN HOORICKSTRAAT BERT - 106 C3
VAN LANGENHOVESTRAAT - 106 D4
VAN WAMBEKEKAAI - 106 D3
VARENLAAN - 106 B1 C1-2
VARKENSMARKT - 106 D2
VELDSTRAAT - 106 C2
VERASTENSTRAAT - 106 B3
VERBINDINGSSTRAAT - 106 D7 E7
VERBRANDHOFSTRAAT - 106 D1
VILAINSTRAAT - 106 B1-2 C2
VILLALAAN - 106 C6
VIOLETTESTRAAT - 106 D2
VLAANDERENSTRAAT - 106 C3
VOLDERSSTRAAT - 106 D3
VOLKSPLAATS - 106 B3
VOLKSVERHEFFINGSTRAAT - 106 A3 B2-3
VOORUITGANGSTRAAT - 106 C2
VOORUITZICHTSTRAAT - 106 B2-3
VREDEPLEIN - 106 C3
VRIJHEIDSTRAAT - 106 C2-3
VULCAINSTRAAT - 106 B2
WALSTRAAT - 106 D3
WATERTORENSTRAAT - 106 C4 D4
WEGGEVOERDENSTRAAT - 106 B3
WEIDESTRAAT - 106 E6-7
WELLEKENSSTRAAT - 106 B2 C2
WELLEWEG - 106 D7 E7
WELVAARTSTRAAT - 106 A2-3 B2
WERF - 106 D3
WEVERIJSTRAAT - 106 D1
WINDMOLENSTRAAT - 106 D4
WITHUISSTRAAT - 106 C3
ZAVELBAAN - 106 D1 E1
ZAVELPUT - 106 C4
ZEEBERGKAAI - 106 E4
ZEGEPRAALSTRAAT - 106 D2
ZONNESTRAAT - 106 C4 D4
ZURENDRIES - 106 A5
ZWARTE ZUSTERSSTRAAT - 106 D3
ZWEMBADLAAN - 106 E3

ANTWERPEN

AALMOEZENIERSTRAAT - 107 C7 D7 - 109 C1 D1
AARSCHOTPLAATS - 109 E3
AARSCHOTSTRAAT - 109 E3
ADMIRAAL DE BOISOTSTRAAT - 109 B3
ALBERTKANAAL - 108 E1
ALBERTSTRAAT - 110 A3-4
ALLEWAERTSTRAAT - 109 B3
AMBTMANSTRAAT - 107 D5
AMERIKALEI - 109 A4 B3-4 C3 D2-3
AMSTERDAMSTRAAT - 107 D2
ANJELIERSTRAAT - 110 C7
ANKERRUI - 107 E3 - 108 A3
ANNEESSENSSTRAAT - 108 B6
ANSELMOSTRAAT - 109 D3-4
APOSTELSTRAAT - 108 A6
APPELMANSSTRAAT - 108 B6-7
ARENBERGSTRAAT - 107 D7 E7
ARENDSTRAAT - 110 C3 D3
ARMEDUIVELSTRAAT - 107 E7
ARSENAALSTRAAT - 107 B7
ASIADOK - 108 B1
ASIADOK-WESTKAAI - 108 B1-2
AUGUSTIJNENSTRAAT - 107 C7
AUWERSSTRAAT - 110 C5 D5
BAECKELMANSSTRAAT - 108 A7
BAKKERSTRAAT - 108 E7 - 110 E1
BALANSSTRAAT - 109 B4-5-6
BALLAARSTRAAT - 109 C5 D4-5
BALSTRAAT JOZEF - 110 C5 D5-6
BANNINGSTRAAT EMIEL - 109 A3-4
BARON DE CATERSSTRAAT - 110 C6-7
BARON DHANISLAAN - 109 A3-4
BARON JOOSTENSSTRAAT - 110 C2
BATAVIASTRAAT - 107 D2-3
BATKINSTRAAT - 110 D5
BEATRIJSLAAN - 107 A5-6
BEDDENSTRAAT - 107 D6
BEEKSTRAAT - 108 E6
BEELDHOUWERSSTRAAT - 109 B3
BEERNAERTSTRAAT - 110 C5-6
BEERSMANSSTRAAT CATHARINA - 109 B6
BEGGAARDENSTRAAT - 107 D6
BEGIJNENSTRAAT - 109 C1 D1
BEGIJNENVEST - 109 D1-2 E1
BELEGSTRAAT - 109 B3-4 C4
BELGIELEI - 110 A4-5 B3-4 C2-3
BELPAIRESTRAAT - 110 A6 B5-6
BENOITSTRAAT PETER - 109 E4
BERCHEMBRUG - 110 C7 D7
BERCHEMHOFSTRAAT - 110 C6 D6
BERGSTRAAT - 107 C6
BERTHOUTSTRAAT - 110 B6 C6
BERVOETSTRAAT - 109 C1 D1-2
BESTORMINGSTRAAT - 109 C3-4
BETOGINGSTRAAT - 110 E2
BEXSTRAAT - 110 A2-3
BIARTSTRAAT - 109 E7
BIEKORFSTRAAT - 108 C3 D3
BIERBROUWERSSTRAATJE - 107 D3
BINDSTRAAT - 110 B5-6
BINNENSINGEL - 110 C7 D6-7 E4-5-6
BINNENVAARTSTRAAT - 108 A1-2
BINNENWEG - 108 E1
BISSCHOPSTRAAT - 108 C6
BLAUWBROEKSTRAAT - 107 D4
BLAUWMOEZELSTRAAT - 107 C5 D5
BLAUWTORENPLEIN - 109 E1
BLEEKHOFSTRAAT - 110 C2 D2 E2
BLINDESTRAAT - 107 D5 E5
BLOCKXSTRAAT JAN - 109 D4 E4
BLOEMSTRAAT - 110 D1-2
BLOMSTRAAT JAN - 107 C6
BOERHAAVESTRAAT - 108 D4 E4
BOGAARDESTRAAT - 107 C7 - 109 C1
BOLIVARPLAATS - 109 A4
BOLLANDUSSTRAAT - 109 D2
BOLWERKSTRAAT - 109 C3
BOMBAYSTRAAT - 107 E1 - 108 A1
BONAPARTEDOK - 107 D3
BONTWERKERSPLAATS - 107 D5
BOOGKEERS - 107 D7 - 109 D1
BOOMGAARDSTRAAT - 110 A5-6 B5 C5 D5
BORDEAUXSTRAAT - 107 E2
BORGERHOUTSESTRAAT - 110 C1 D1
BORSBEEKSEBRUG - 110 E5
BORZESTRAAT - 107 D5-6 E5
BOSDUIFSTRAAT - 110 E2-3
BOSMANSLEI - 109 C6 D6-7
BOTERHAMSTRAAT - 107 E4
BOUDEWIJNSSTEEG - 109 C3-4
BOUDEWIJNSSTRAAT - 109 C3-4 D4
BOURLASTRAAT - 109 E1
BOUWENSSTRAAT - 110 D2
BOUWMEESTERSSTRAAT - 109 B3 C3
BRABANTSTRAAT - 109 D2
BRADERIJSTRAAT - 107 C5
BRANTSTRAAT ISABELLA - 109 D4 E3-4
BRAZILIESTRAAT - 107 D1-2
BREDASTRAAT - 108 B1-2 C1
BREDERODESTRAAT - 109 A5-6 B3-4-5 C3
BREDESTRAAT - 107 D7 - 109 D1
BRESSTRAAT - 109 C3
BREUGHELSTRAAT - 110 A2-3
BREYDELSTRAAT - 108 B6
BREYDELSTRAAT JAN - 110 A7 B7
BRIALMONTLEI - 110 B2 C2
BRITSELEI - 109 D2 E2
BROEDERMINSTRAAT - 109 B4-5 C5
BRONSTRAAT - 109 E7
BROUWERSTRAAT ADRIAAN - 107 D3
BROUWERSVLIET - 107 C3 D3
BRUGSTRAAT - 108 B3-4
BRUSSELSTRAAT - 109 A4-5 B5
BULLINCKPLAATS - 107 C5
BURCHTGRACHT - 107 C4-5
BURGEMEESTER E. RYCKAERTSPLEIN - 110 E5
BURGERWELZIJN - 108 D5
BUSKEN HUETSTRAAT - 107 A1
CADIXSTRAAT - 107 E1 - 108 A1
CALLENSSTRAAT - 110 D5-6
CAMELIASTRAAT - 110 C6-7
CARNOTSTRAAT - 108 B6 C6 D6
CASSIERSSTRAAT - 108 A3-4 B3
CELLEBROEDERSSTRAAT - 108 A6
CEULEMANSSTRAAT - 108 E3
CHARLOTTALEI - 110 B2-3
CLEMENTINASTRAAT - 109 C4 D4
COBDENSTRAAT - 110 D4-5
COCKERILLKAAI - 109 A1-2 B1
COEBERGERSTRAAT - 109 B5 C5
COGELS-OSYLEI - 110 E4-5
CONGRESSTRAAT - 108 C6 D6
CONSCIENCEPLEIN HENDRIK - 107 D5
CONSCIENCESTRAAT - 110 A3 B3
CONSTITUTIESTRAAT - 108 C5-6 D6
COOSEMANSSTRAAT FERDINAND - 110 B6 C5-6
COPERNICUSLAAN - 108 C7 - 110 C1
COPPENOLSTRAAT - 107 D5
COQUILHATSTRAAT - 109 B2 C2
COVELIERSSTRAAT - 110 A5-6 B6
CRAUWELENGANG - 107 D4
CUPERUSSTRAAT - 110 C3-4 D4
CUYLITSSTRAAT - 109 A4 B4
DAENENSTRAAT - 110 C6
DAGERAADPLAATS - 110 D3
DAHLIASTRAAT - 108 B3-4
DAMBRUGGESTRAAT - 108 B2-3-4-5 C3-4-5-6
DAMPLEIN - 108 C2
DE BEUCKERSTRAAT - 109 B6
DE BOEYSTRAAT - 110 C2
DE BOMSTRAAT JOZEF - 109 D3 E3
DE BRAEKELEERSTRAAT - 109 B5
DE BROUWERSTRAAT - 110 B6 C6
DE BURBURESTRAAT - 109 A2 B2-3
DE CONINCKPLEIN - 108 B5
DE CONINCKSTRAAT PIETER - 110 A7
DE CORTSTRAAT FRANS - 108 D4 E4
DE COSTERLAAN CHARLES - 107 A3 B3
DE DAMHOUDERESTRAAT - 109 D3
DE FOURNEAUSTRAAT - 110 D5-6
DE GERLACHEKAAI - 109 A2
DE HASQUESTRAAT JOZEF - 107 E4
DE KEYSERLEI - 108 A6 B6
DE LESCLUZESTRAAT - 110 A7
DELINSTRAAT - 108 C5-6
DE MARBAIXSTRAAT - 108 E3
DE MERODELEI - 109 E6 - 110 A6
DE MERODEPLEIN FREDERIK - 110 A6
DE MERODESTRAAT FREDERIK - 110 A6-7
DEMERSTRAAT - 108 D2
DE MOYSTRAAT - 109 D3 E3
DENDERMONDESTRAAT - 109 B4
DENDERSTRAAT - 108 D1
DENUCESTRAAT JAN - 109 A7 B7
DE PRETSTRAAT - 108 B3-4
DESGUINLEI - 109 A6 B6 C6-7 D7 E7
DE VILLEGASSTRAAT - 110 C6-7
DE VRIERESTRAAT - 109 C2-3
DE WAELPLAATS LEOPOLD - 109 B2-3
DE WAELSTRAAT LEOPOLD - 109 B3
DE WAGHEMAKERESTRAAT - 108 A3 B3
DE WINTERSTRAAT - 110 E2
DE WITTESTRAAT - 110 A7 B7
DIAMANTSTRAAT - 109 C4
DIEPESTRAAT - 108 B4 C4-5
DIERCXSENSSTRAAT - 109 C4
DIJLESTRAAT - 108 D2
DILLENSSTRAAT JULIAAN - 109 B6 C6
DINANTSTRAAT - 107 D2
DODOENSSTRAAT - 108 C7 D7
DOLFIJNSTRAAT - 110 E3
DOORNELEI - 109 E7
DRAAKPLAATS - 110 D3 E3
DRAAKSTRAAT - 110 D3
DRIEHESPENSTRAAT - 107 C5
DRIEKONINGENSTRAAT - 110 B6-7 C6
DRIES - 107 D4
DRIESNELLENSTRAAT - 108 C1
DRIESSENSSTRAAT VICTOR - 109 B5
DRINK - 108 E7
DRUKKERIJSTRAAT - 107 C6-7
DRUMMONDSTRAAT - 110 C5
DUBOISSTRAAT - 108 A3 B3
DUINSTEEG - 108 D5
DUINSTRAAT - 108 C5 D5 E5
DURERSTRAAT ALBRECHT - 107 A2
DURLETSTRAAT - 109 D4-5
EDELINCKSTRAAT - 109 E2
EEKELERSSTRAAT WILLEM - 109 A7 B7
EGGESTRAAT - 108 E5
EIERMARKT - 107 D6
EIKELSTRAAT - 110 B5 C5
EIKENSTRAAT - 107 E6
ELIAERTSSTRAAT - 108 E7 - 110 E1
ELLERMANSTRAAT - 108 A3 B2-3
ENGELSE BEURS - 107 D5
ENGELSSTRAAT ALFONS - 108 D3 E3-4
ENTREPOTKAAI - 107 E2-3
ENTREPOTPLAATS - 107 E3 - 108 A3
ERWTENSTRAAT - 108 D3-4 E4
ESSENSTRAAT - 108 B3 C3
EVERAERTSSTRAAT - 108 C3 D3
EVERDIJSTRAAT - 107 D7
FALCONPLEIN - 107 D3-4
FALCONPOORT - 107 D4
FALCONRUI - 107 D4 E4
FAMILIESTRAAT - 108 E4
FARNESEPLEIN ALEXANDER - 107 A2
FILOMENASTRAAT - 110 D3
FLORISSTRAAT - 110 A2
FORTUINSTRAAT - 107 B7 - 109 B1
FOURMENTSTRAAT - 109 D3
FRANCKENSTRAAT - 107 C7
FRANKRIJKLEI - 108 A6-7 - 109 E1-2 - 110 A1
FRANSENPLAATS - 109 C5
FROMENTINSTRAAT - 107 A2 B2
FUGGERSTRAAT - 108 B3
GASSTRAAT - 108 C3-4-5
GAUTIERSTRAAT THEOPHILE - 107 A3
GEEFSSTRAAT - 107 D6
GEELHANDPLAATS - 108 D5
GELIJKHEIDSTRAAT - 109 B4
GEMEENTESTRAAT - 108 B6
GENERAAL BELLIARDSTRAAT - 107 E3-4
GENERAAL CAPIAUMONTSTRAAT - 110 E4
GENERAAL DRUBBELSTRAAT - 110 C5-6 D6
GENERAAL EISENHOWERLEI - 108 E6-7
GENERAAL LEMANSTRAAT - 109 E6-7
GENERAAL VAN MERLENSTRAAT - 110 D4 E4
GENTPLAATS - 109 A3
GENUASTRAAT - 107 E1 - 108 A1
GERANIUMSTRAAT - 108 C4
GEULINCXSTRAAT - 108 A3
GEUZENSTRAAT - 109 C1-2
GEZELLESTRAAT GUIDO - 110 E2
GIERSTRAAT - 107 C6
GIJZELAARSSTRAAT - 109 A3-4
GILDEKAMERSSTRAAT - 107 C5
GILLISPLAATS - 109 A3
GISTSTRAAT - 107 D3
GLORIANTLAAN - 107 A1-2-3-4-5
GODEFRIDUSKAAI - 107 D3 E3
GOEDEHOOPSTRAAT - 107 B7 - 109 B1
GOEMAERELEI ARTHUR - 109 C6 D6
GOETHESTRAAT - 107 A2 B2
GORTERSTRAAT - 107 C4
GOUDBLOEMSTRAAT - 108 A5 B5
GOUNODSTRAAT - 109 E3-4
GRAAF VAN EGMONTSTRAAT - 109 B2

GRAAF VAN HOORNESTRAAT - 109 B3
GRAANMARKT - 107 E7
GRAMAYESTRAAT - 107 E6
GRAMMESTRAAT ZENOBE - 110 D5
GRATIEKAPELSTRAAT - 107 E5
GREINSTRAAT - 108 C5
GRETRYSTRAAT - 110 A4 B4-5
GRISARSTRAAT ALBERT - 110 B5
GROENDALSTRAAT - 107 D6
GROENKERKHOFSTRAAT - 107 C6
GROENPLAATS - 107 C6 D6
GROENSTRAAT - 108 E6-7
GROTEBEERSTRAAT - 110 D3
GROTE GODDAARD - 107 D5
GROTEHONDSTRAAT - 110 C3 D3
GROTE KAUWENBERG - 107 E5
GROTE KORAALBERG - 107 C5
GROTE KRAAIWIJK - 107 C4
GROTE MARKT - 107 C5
GROTE PIETER POTSTRAAT - 107 C5-6
GROTE STEENWEG - 110 A6 B6-7
GUICCIARDINISTRAAT - 107 A2-3
GULDENBERG - 107 C4
GULDENVLIESSTRAAT - 110 D5 E5
HAANTJESLEI - 109 C4-5 D5
HAARSTRAAT - 107 C5-6
HALENSTRAAT - 108 D3 E3
HALFMANENGANG - 107 E4-5
HALSPLEIN FRANS - 108 A5
HALVEMAANSTRAAT - 109 B4
HAMERPLAATS - 107 E4
HAMERSTRAAT - 107 E4
HANDELSTEEG - 108 D4
HANDELSTRAAT - 108 D4-5
HANDSCHOENMARKT - 107 C5
HANZESTEDENPLAATS - 107 D3
HAPPAERTSTRAAT - 107 C7 D7
HARDENVOORT - 108 B2 C2
HARINGRODESTRAAT - 110 A4-5
HARMONIESTRAAT - 109 E4-5
HAVERSTRAAT - 107 C5
HEILIGE GEESTSTRAAT - 107 C6
HELENALEI - 110 B5
HELMSTRAAT - 108 D7 E6-7
HEMELSTRAAT - 109 E2-3
HERDERINSTRAAT - 108 D5
HERDERSTRAAT - 108 D4-5
HERTOGINSTRAAT - 109 E3
HERTSDEINSTRAAT - 109 C4
HESSENBRUG - 107 E4
HESSENPLEIN - 107 E3-4
HESSENSTRAATJE - 107 E4
HOFSTRAAT - 107 C5 D5
HOF TER BEKESTRAAT - 109 B5 C5
HOF TER ELST - 108 D5
HOF VAN CAMP - 108 C4
HOGEWEG - 110 B6-7
HOLLANDSTRAAT - 108 B4-5
HOOFDKERKSTRAAT - 107 D5
HOOGSTRAAT - 107 C5-6
HOORNSTRAAT - 107 E4
HOPLAND - 107 E7 - 108 A7
HOUTDOK-ZUIDKAAI - 107 E1 - 108 A1
HOUTEN BRUG - 107 D4
HOUWERSTRAAT - 108 A4
HOVENIERSSTRAAT - 108 B7
HUGOSTRAAT VICTOR - 107 A3
HUIDEVETTERSSTRAAT - 107 D6-7
HUIKSTRAAT - 107 D4
HUYBRECHTSSTRAAT - 108 D6-7
HUYGENSSTRAAT CONSTANTIJN - 107 A1
IEPERSTRAAT - 109 A4 B4
IJZERENPOORTKAAI - 109 A2
IJZERENWAAG - 107 C7
IJZERLAAN - 108 B1 C1 D1
IMALSOPLEIN - 107 A4
INDIESTRAAT - 107 E1 - 108 A1
ISABELLALEI - 110 A3-4 B4-5
ISRAELIETENSTRAAT - 107 D6
ITALIELEI - 108 A2-3-4-5-6
JACHTHAVEN - 107 B2
JACHTHAVENWEG - 107 A1 B1
JACOBSLEI VICTOR - 110 C6
JACOBSSTRAAT JACOB - 110 B2
JENNEVALSTRAAT - 110 A7
JERUZALEMSTRAAT - 107 D5
JEZUIETENRUI - 107 D5
JEZUSSTRAAT - 108 A6
JOANNASTEEG - 108 E4
JOCHEMSPLEIN FRANS - 110 B7
JODENSTRAAT - 107 D7 E7
JONGHELINCKSTRAAT - 109 B5
JOORSSTRAAT EUGEEN - 110 E2
JOOSSENSGANG - 108 B2 C2
JORDAENSKAAI - 107 C4-5
JORDAENSSTRAAT JACOB - 110 A2-3 B2
JUSTITIESTRAAT - 109 D2-3 E2
KAASBRUG - 107 D4
KAASRUI - 107 C5 D5
KAASSTRAAT - 107 C5
KALKSTRAAT - 108 B1
KALVERSTRAAT - 108 D2 E2
KAMMENSTRAAT - 107 C6-7 D7
KAPUCINESSENSTRAAT - 109 D1-2
KARDINAAL MERCIERLEI - 110 A6
KASTANJEDREEF - 107 A1
KASTEELPLEINSTRAAT - 109 C2 D2
KASTEELSTRAAT - 109 A3 B3
KATTENBERG - 108 E7
KATTENDIJKBRUG - 107 D1
KATTENDIJKDOK - 107 E1
KATTENDIJKDOK-OOSTKAAI - 107 E1-2
KATTENDIJKDOK-WESTKAAI - 107 D1-2
KATTENDIJKDOK-ZUIDKAAI - 107 E2
KATTENDIJKSLUIS - 107 C1 D1
KATTENSTRAAT - 107 E5 - 108 A5
KAUWENSTRAATJE - 108 A4
KEISTRAAT - 107 D4
KEIZERSTRAAT - 107 D5 E5
KELDERSTRAAT - 107 D7 E7
KEMMELBERGSTRAAT - 110 A7 B7
KEMPENSTRAAT - 108 A2 B2
KEMPISCHDOK - 108 A1-2
KEMPISCH DOK-WESTKAAI - 108 A1-2
KEMPISCHE BRUG - 108 A1 B1
KERKSTRAAT - 108 D6 E5-6
KETELSTRAAT - 107 E7
KETSSTRAAT - 108 C7 D7 - 110 C1 D1
KIELSEVEST - 109 A6 B6
KILIAANSTRAAT - 109 D2 E2
KIPDORP - 107 D5 E5
KIPDORPBRUG - 108 A6
KIPDORPVEST - 108 A6-7
KISTEMAECKERSSTRAAT - 108 E6
KLAMPERSTRAAT - 108 C3-4 D3
KLAPDORP - 107 D4 E4
KLAPPEISTRAAT - 108 D5-6
KLAUWAARDSSTRAAT - 110 B7
KLEINEBEERSTRAAT - 110 C3 D3
KLEINE GODDAARD - 107 D5
KLEINEHONDSTRAAT - 110 D3
KLEINE KAUWENBERG - 108 A4
KLEINE KORAALBERG - 107 C5
KLEINE KRAAIWIJK - 107 C4
KLEINE MARKT - 107 D7 - 109 D1
KLEINE PIETER POTSTRAAT - 107 C5-6
KLIPSTRAAT - 108 C4
KLOKSTRAAT - 110 D5
KLOOSTERSTRAAT - 107 B6-7 - 109 B1
KOEIKENSGRACHT - 108 A3
KOEPOORTBRUG - 107 D4
KOLONEL SILVERTOPSTRAAT - 109 A6-7
KOLVENIERSSTRAAT - 107 E6-7
KOMEDIEPLAATS - 107 D7 E7
KOMMEKENSSTRAAT - 107 D4
KONING ALBERTPARKWEG - 110 A5-6
KONINGIN ASTRIDPLEIN - 108 B6
KONINGIN ELISABETHLEI - 109 E5-6 - 110 A5
KONINGINNESTRAAT - 109 D2
KONINGSTRAAT - 107 E5
KOOLKAAI - 107 C4
KOPSTRAATJE - 107 C6-7
KORTE ACHTEROMSTRAAT - 109 B4 C4
KORTE ALTAARSTRAAT - 110 D3 E3
KORTE BEELDEKENSSTRAAT - 108 E5
KORTE BRILSTRAAT - 107 E4
KORTE DIJKSTRAAT - 108 B3
KORTE DOORNIKSTRAAT - 107 C4-5
KORTE GASTHUISSTRAAT - 107 D6-7
KORTE HERENTALSESTRAAT - 108 A7 B7 - 110 A1 B1
KORTE KIEVITSTRAAT - 110 B1
KORTE KLARENSTRAAT - 107 E6
KORTE KOEPOORTSTRAAT - 107 D5
KORTE LEEMSTRAAT - 109 E3 - 110 A3
KORTE LOBROEKSTRAAT - 108 D2
KORTE LOZANASTRAAT - 109 E6-7
KORTE NIEUWSTRAAT - 107 D5-6
KORTE NOORDSTRAAT - 107 D4
KORTE RIDDERSSTRAAT - 107 C6-7
KORTE SCHIPPERSKAPELSTRAAT - 107 D4
KORTE SCHOLIERSSTRAAT - 108 D4
KORTE SINT-ANNASTRAAT - 108 A5
KORTE SLACHTERIJSTRAAT - 108 D3
KORTE STUIVENBERGSTRAAT - 108 D4
KORTE VAN BLOERSTRAAT - 108 D5
KORTE VAN PELTSTRAAT - 109 C5-6
KORTE VAN RUUSBROECSTRAAT - 110 C2-3
KORTE VAN STERBEECKSTRAAT - 108 C4
KORTE VLIERSTRAAT - 107 B7
KORTE WINKELHAAKSTRAAT - 108 C6
KORTE WINKELSTRAAT - 108 A5
KORTE YPERMANSTRAAT - 108 D4-5
KORTE ZAVELSTRAAT - 108 C5 D5
KORTE ZEEVAARTSTRAAT - 107 D3
KOXPLEIN - 110 E2
KRABBENSTRAAT - 107 C5
KREEFTSTRAAT - 110 D3 E3
KRIBBESTRAAT - 107 E2
KRIEKENSTRAAT - 107 D3-4
KRIJTSTRAAT - 110 D5
KROMME ELLEBOOGSTRAAT - 107 B6-7
KRONENBURGSTRAAT - 109 B1 C1-2
KROONSTRAAT - 108 D7 - 110 D1-2
KRUGERSTRAAT - 110 E3-4
KRUIKSTRAAT - 110 C2
KUIPERSSTRAAT - 107 C5
LAAR - 108 D7 E7
LAKENSTRAAT - 109 A2
LAMBERMONTPLAATS - 109 A3 B3
LAMBERMONTSTRAAT - 109 C2
LAMMEKENSRAAMVELD - 107 E7
LAMMEKENSSTRAAT - 108 D6 E6-7
LAMORINIERESTRAAT - 110 A5 B4-5 C3-4
LANGE ACHTEROMSTRAAT - 109 B4-5 C4
LANGE ALTAARSTRAAT - 110 E3
LANGE BATTERIJSTRAAT - 109 B4-5 C4
LANGE BEELDEKENSSTRAAT - 108 B5 C5 D5 E5
LANGE BRILSTRAAT - 107 E4
LANGE DIJKSTRAAT - 108 B3-4
LANGE DOORNIKSTRAAT - 107 C5
LANGE ELZENSTRAAT - 109 B4-5-6
LANGE GANG - 108 A7
LANGE GASTHUISSTRAAT - 107 D7 - 109 D1
LANGE HERENTALSESTRAAT - 108 B7 - 110 B1
LANGE KIEVITSTRAAT - 110 A1 B1 C1
LANGE KLARENSTRAAT - 107 E6
LANGE KOEPOORTSTRAAT - 107 D4-5
LANGE LEEMSTRAAT - 109 E2-3 - 110 A3 B3-4 C4 D4
LANGE LOBROEKSTRAAT - 108 C2 D2-3 E3
LANGE LOZANASTRAAT - 109 D3-4-5 E5-6
LANGE NIEUWSTRAAT - 107 D6 E6 - 108 A6
LANGE NOORDSTRAAT - 107 D4 E4
LANGE PASTOORSTRAAT - 110 B7
LANGE RIDDERSSTRAAT - 107 C7
LANGE SCHIPPERSKAPELSTRAAT - 107 C4 D4
LANGE SCHOLIERSSTRAAT - 108 C4 D4
LANGE SINT-ANNASTRAAT - 108 A5-6
LANGE SLACHTERIJSTRAAT - 108 D2-3 E3
LANGE STUIVENBERGSTRAAT - 108 D4 E4
LANGE VAN BLOERSTRAAT - 108 D5 E5
LANGE VAN RUUSBROECSTRAAT - 110 C3 D2-3
LANGE VAN STERBEECKSTRAAT - 108 C4
LANGE VLIERSTRAAT - 107 C7 - 109 C1
LANGE WINKELHAAKSTRAAT - 108 C5-6
LANGE WINKELSTRAAT - 108 A5
LANGE YPERMANSTRAAT - 108 D5 E4-5
LANGE ZAVELSTRAAT - 108 D4-5
LANGSTRAAT - 110 D1 E1
LANSSTRAAT - 107 E4
LAURIERSTRAAT - 110 C6
LAVENDELSTRAAT - 108 E5
LEDEGANCKSTRAAT - 110 E2
LEEMPUTSTRAAT - 110 D5 E5
LEEUWENSTRAAT - 107 C6
LEEUWERIKSTRAAT - 110 C1-2
LEEUW VAN VLAANDERENSTRAAT - 107 D5
LE GRELLELEI - 110 A6
LEGUIT - 107 D4
LEMMESTRAAT - 109 D5
LENTESTRAAT - 110 C1
LEOPOLDBRUG - 110 B2 C2
LEOPOLDPLAATS - 109 E1
LEOPOLDSTRAAT - 107 E7 - 109 E1
LEPELSTRAAT WILLEM - 109 B1 C1
LEUVENSTRAAT - 109 A1-2
LEYSSTRAAT - 108 A6
LIESSTRAAT JOZEF - 109 B3-4
LIJNWAADMARKT - 107 D5
LIMASTRAAT - 107 D1
LINDEBOOMSTRAAT - 108 E6
LINNIGSTRAAT WILLEM - 108 C6
LOBROEKDOK - 108 E1-2
LOKKAARDSTRAAT - 109 D6 E6
LOMBARDENSTRAAT - 107 D6-7
LOMBARDENVEST - 107 C6 D6
LONDENBRUG - 107 D2 E2
LONDENSTRAAT - 107 E2
LOOSPLAATS - 110 B2
LOUIZA-MARIALEI - 110 A1
LOUIZAPLAATS - 108 D4
LOUIZASTRAAT - 109 D1-2
LOVELINGSTRAAT - 108 D5-6
LUIKSTRAAT - 109 A2
MAALDERIJSTRAAT - 107 C5
MAALDERSSTRAAT - 108 C4
MAANSTRAAT - 110 A5
MAARSCHALK GERARDSTRAAT - 109 D1
MAASSTRAAT - 108 C1-2 D1
MAATSCHAPPIJSTRAAT - 110 D5
MADRASSTRAAT - 107 E1 - 108 A1
MAGDALENASTRAAT - 110 C2 D2
MAKELARENPLAATS - 109 B1
MALOUSTRAAT - 110 C6
MAREESTRAAT - 110 E1-2
MARIA-HENRIETTALEI - 109 E2
MARIALEI - 110 B5 C5
MARIA-THERESIALEI - 108 A7
MARINISSTRAAT - 110 D2
MARKGRAVELEI - 109 C5-6 D6 E6-7
MARKGRAVESTRAAT - 107 E5-6
MARNIXPLAATS - 109 C2
MARNIXSTRAAT - 108 B3
MATIGHEIDSTRAAT - 108 E4
MATSIJSDOORGANG QUINTEN - 107 C5
MATSIJSLEI QUINTEN - 108 A7 - 110 A1 B1-2
MECHELSEPLEIN - 107 D7 - 109 D1
MECHELSESTEENWEG - 109 E1-2-3-4 - 110 A4-5-6
MEETINGSTRAAT - 108 E5
MEIBLOEMSTRAAT - 110 D6-7
MEIR - 107 D6 E6 - 108 A6
MEIRBRUG - 107 D6
MEISTRAAT - 107 E7 - 109 E1
MELKMARKT - 107 D5-6
MELLAERTSSTRAAT - 110 E1
MELOENSTRAAT - 108 E3
MEMLINGSTRAAT - 110 A2-3
MERCATORSTRAAT - 110 B2 C2-3
MERKSEMSESTRAAT - 108 C1 D1
MERTENS EN TORFSSTRAAT - 109 D2-3 E3
MICHELETSTRAAT - 107 A3
MICHIELSSTRAAT AUGUST - 107 E2 - 108 A2
MILISSTRAAT - 110 C1 D1
MIMOSASTRAAT - 110 D6
MINDERBROEDERSRUI - 107 D4-5
MINDERBROEDERSSTRAAT - 107 D5
MIRAEUSSTRAAT - 109 C3 D3
MOLENBERGSTRAAT - 108 A5-6
MOLENSTRAAT - 109 D3 E3
MOLSSTRAAT ROBERT - 109 C5-6 D5
MONTEBELLOSTRAAT - 109 E3
MONTENSSTRAAT - 110 D2 E2
MONTEVIDEOSTRAAT - 107 D1
MONTIGNYSTRAAT - 109 A6 B4-5-6
MOONSSTRAAT - 109 C5
MOORKENSPLEIN - 110 E1
MORGENSTRAAT - 107 E4
MORIAANSTRAAT - 107 D5
MORIAANSTRAATJE - 107 D5
MORUSPLEIN THOMAS - 107 A1
MOUTERIJSTEEG - 108 E3
MOZARTSTRAAT - 109 E4
MUIZENSTRAAT - 108 B5
MUNTSTRAAT - 107 B6 C6-7
MUSEUMSTRAAT - 109 B2
MUTSAARDSTRAAT - 107 D4-5
NACHTEGAALSTRAAT - 108 B5 C4-5
NAPELSSTRAAT - 107 E1-2
NAPOLEONKAAI - 107 D3 E2-3
NASSAUBRUG - 107 D3
NASSAUSTRAAT - 107 D2
NATIONALESTRAAT - 107 C6-7 - 109 C1-2
NEEFSTEEG - 108 D5
NERVIERSSTRAAT - 110 B3-4 C4
NIEUWE GANG - 107 E4
NIEUWPOORTKAAI - 107 D3
NIEUWSTAD - 107 E7 - 109 E1
NIJVERHEIDSTRAAT - 108 D3-4
NIKKELSTRAAT - 108 E3-4
NOORDERLAAN - 108 A2 B1-2
NOORDERPLAATS - 107 E2 - 108 A2
NOORDSCHIPPERSDOK - 108 D1
NOSESTRAAT - 107 C4
NOTTEBOHMSTRAAT - 110 D2-3
OEDENKOVENSTRAAT - 110 D1 E1
OEVER - 107 B6 C6
OFFERANDESTRAAT - 108 C5-6 D5
OGIERPLAATS WILLEM - 107 C5
OLIJFTAKSTRAAT - 108 A4 B4
OMHEINING STATIE VAN BORGERHOUT - 110 E3
OMMEGANCKSTRAAT - 108 C6-7
ONAFHANKELIJKHEIDSLAAN - 109 A7 B7
ONDERWIJSSTRAAT - 108 D4 E4
ONZE-LIEVE-VROUWSTRAAT - 110 A7 B7
OOIEVAARSTRAAT - 108 E5
OOMSSTRAAT KAREL - 109 E6-7
OOSTENDEKAAI - 107 D3
OOSTENSTRAAT - 110 C2-3
ORANJESTRAAT - 108 B3 C3
ORGELSTRAAT - 107 E7
ORTELIUSKAAI - 107 C4
OSSENMARKT - 108 A5
OSYSTRAAT - 108 B4-5-6
OUDAAN - 107 D7
OUDE BEURS - 107 C5 D5
OUDEKERKSTRAAT - 109 B5-6 C5
OUDE KOORNMARKT - 107 C5-6
OUDELEEUWENRUI - 107 D3 E3
OUDEMANSSTRAAT - 107 D4
OUDESTEENWEG - 108 B3-4
OUDEVAARTPLAATS - 107 E7 - 109 E1
OUDE WAAG - 107 D5
PAARDENMARKT - 107 E4 - 108 A4
PACHTSTRAAT - 107 C7 - 109 C1
PACIFICATIESTRAAT - 109 A3 B3
PALEISSTRAAT - 109 B4 C3-4 D3
PALFIJNSTRAAT JAN - 108 D4-5
PALINGBRUG - 107 C5
PANDSTRAAT - 107 C6 D6
PAPENSTRAATJE - 107 C6
PARADIJSSTRAAT - 108 A5
PAROCHIAANSTRAAT - 107 E5-6
PASTOOR VISSCHERSPLEIN - 107 C7
PASTORIJSTRAAT - 108 D6 E5-6
PATERNOSTERSTRAAT - 107 E5
PATRIOTTENSTRAAT - 110 B6 C6-7
PECHERSTRAAT EDWARD - 109 A3
PELGRIMSSTRAAT - 107 C6
PELIKAANSTRAAT - 108 B6-7 - 110 B1
PERENSTRAAT - 108 D5
PESTHOFSTRAAT - 108 E4-5
PETERSELIESTRAAT - 107 C4
PIJLSTRAAT - 108 B5
PIJPELINCXSTRAAT MARIA - 107 E7
PIOENSTRAAT - 110 C6
PIONIERSTRAAT - 108 C4 D4
PLAATSNIJDERSSTRAAT - 109 B3 C3
PLANTIN EN MORETUSLEI - 110 B2 C2 D2 E2-3
PLANTINKAAI - 107 B6-7
PLOEGSTRAAT - 108 B7 C7 - 110 B1 C1
POLITESHOFSTRAAT - 109 B6
POLLEPELSTRAAT - 108 E5
POMPOENSTRAAT - 108 E3
POMPSTRAAT - 107 C7 - 109 C1
POSTHOFBRUG - 110 D6 E6-7
POSTHOFLEI - 110 D5-6
POTHOEKSTRAAT - 108 E3-4-5
POTTENBRUG - 107 D5
POURBUSSTRAAT - 109 A2-3 B3
PREDIKERINNENSTRAAT - 107 D4
PREKERSSTRAAT - 107 B7 C7 - 109 B1 C1
PRETORIASTRAAT - 110 E4
PRIMSSTRAAT FLORIS - 109 A7 B7
PRINS ALBERTLEI - 110 A5-6
PRINSESSTRAAT - 107 E5
PRINSSTRAAT - 107 E5
PRIOR PELTIERSPLAATS - 107 D4
PROFESSOR CLARAPLEIN - 110 B5
PROVINCIESTRAAT - 108 C7 D6-7 - 110 C1-2-3
PRUYNENSTRAAT - 107 E6
PYCKESTRAAT - 109 C5
QUELLINSTRAAT - 108 A6-7
RAABESTRAAT WILHELM - 107 A2
RAAFSTRAAT - 110 D2
RAAPSTRAAT - 107 D4 E4
RAMSTRAAT - 110 D3
REGENTSTRAAT - 108 D6
REMBRANDTSTRAAT - 110 A2
REPENSTRAAT - 107 C5
RESEDASTRAAT - 110 C6
REUZENPOORT - 108 E7 - 110 E1
REYNDERSSTRAAT - 107 C6
RICHARDSTRAAT - 108 B4
RIEMSTRAAT - 109 B1
RIGASTRAAT - 107 E2 - 108 A2
RIJFSTRAAT - 108 B7
RIJKE BEUKELAARSTRAAT - 107 C7
RIJKENHOEK - 107 B6
RIJNBRUG - 107 D1
RIJNKAAI - 107 D1-2-3
RIJNPOORTVEST - 108 A4
RODESTRAAT - 108 A4-5
ROGIERSTRAAT KAREL - 109 B2 C2
ROLWAGENSTRAAT - 110 C2-3
ROOSEVELTPLAATS FRANKLIN - 108 B6
ROSIER - 109 D1
ROSKAMGANG - 107 E4
ROTTERDAMSTRAAT - 108 B4-5
ROUAANSE KAAI - 107 C3-4
ROUCOURTSTRAAT THEOPHIEL - 110 A6
ROZENSTRAAT - 108 A5
RUBENSLEI - 108 A7 - 109 E1-2 - 110 A1
RUCKERSPLAATS - 107 C5
RUDOLFSTRAAT - 109 C4 D3-4
RUPELSTRAAT - 108 D1-2
SAFFIERSTRAAT - 110 E6-7
SALM-SALMSTRAAT - 107 C7 - 109 C1
SAMBERSTRAAT - 108 C2 D1-2
SANDERSSTRAATJE - 107 B6 C6
SANDERUSSTRAAT - 109 D3
SASDOK - 107 D1
SASDOK-NOORDKAAI - 107 D1
SASDOK-ZUIDKAAI - 107 D1
SASSELAAN ERIC - 109 B7
SAUCIERSTRAAT - 107 C4
SCHAAFSTRAAT - 108 C6
SCHALIENSTRAAT - 109 A3
SCHAPENSTRAAT - 108 E6
SCHELDE - 107 A6-7 B6
SCHELDEKEN - 107 B6
SCHELDESTRAAT - 109 B1-2 C2
SCHELPSTRAAT - 110 D5
SCHERMERSSTRAAT - 109 D1 E1
SCHILDERSSTRAAT - 109 B2-3 C3
SCHILDSTRAAT - 110 E2
SCHILLERSTRAAT - 107 A2
SCHIPPERSSTRAAT - 107 D4
SCHOENMAKERSSTRAAT - 107 D5
SCHOENMARKT - 107 D6
SCHOENSTRAAT - 110 E1-2
SCHOOLSTRAAT - 108 D4 E4
SCHORPIOENSTRAAT - 110 E3
SCHOYTESTRAAT - 107 C7 D7 - 109 C1 D1
SCHRIJNWERKERSSTRAAT - 107 D6
SCHULSTRAAT - 109 E5
SCHUPSTRAAT - 108 B7 - 110 B1
SCHUTTERSHOFSTRAAT - 107 D7 E7
SCOTTSTRAAT WALTER - 107 A2-3
SELDERSTRAAT - 108 D4
SENTENSTEEG - 108 D5
SERGEYSELSSTRAAT - 110 E1-2
'S HERENSTRAAT - 110 E2
SIMONSSTRAAT - 110 B1-2
SINGEL - 109 A4-5-6
SINT-ALDEGONDISKAAI - 107 D3
SINT-AMANDUSSTRAAT - 108 C3-4
SINT-ANDRIESPLAATS - 107 B7 C7 - 109 B1 C1
SINT-ANDRIESSTRAAT - 107 C7
SINT-ANNASTRAND - 107 B1 C1
SINT-ANNATUNNEL - 107 A5-6 B6
SINT-ANTONIUSSTRAAT - 107 C7 D7
SINT-ELISABETHSTRAAT - 108 C5
SINT-ERASMUSSTRAAT - 108 D7 E7 - 110 D1 E1
SINT-GUMMARUSSTRAAT - 108 B4
SINT-HUBERTUSSTRAAT - 110 A6-7 B6
SINT-JACOBSMARKT - 107 E5 - 108 A5-6
SINT-JACOBSTRAAT - 107 E5-6
SINT-JANSPLEIN - 108 A4 B4
SINT-JANSVLIET - 107 B6 C6
SINT-JOBSTRAAT - 108 C2-3
SINT-JORISPOORT - 109 D1 E1
SINT-JOZEFSTRAAT - 109 E3 - 110 A3
SINT-KATELIJNEVEST - 107 D5-6
SINT-LAMBERTUSSTRAAT - 110 B5-6
SINT-LAUREISKAAI - 107 D3
SINT-LAUREISSTRAAT - 109 C3-4-5
SINT-LAZARUSSTRAAT - 108 C3
SINT-MAARTENSSTRAAT - 107 E7
SINT-MICHIELSKAAI - 107 B7 - 109 B1
SINT-MICHIELSTRAAT - 107 B7
SINT-NICOLAASPLAATS - 107 D6
SINT-NORBERTUSSTRAAT - 108 C4
SINT-PAULUSPLAATS - 107 C4 D4
SINT-PAULUSSTRAAT - 107 D4
SINT-PIETER-EN-PAULUSSTRAAT - 107 D5
SINT-PIETERSTRAAT - 107 D6
SINT-PIETERSVLIET - 107 C4 D4
SINT-ROCHUSSTRAAT - 109 C1
SINT-THOMASSTRAAT - 110 A4
SINT-VINCENTIUSSTRAAT - 110 A3-4
SINT-WILLIBRORDUSSTRAAT - 108 D5-6
SLACHTHUISLAAN - 108 D1-2 E2-3
SLEECKXSTRAAT - 108 E4
SLEUTELSTRAAT - 107 C7 D7
SLUISSTRAAT - 107 D1
SMALLESTRAAT - 108 B1 C1
SMYRNAPLAATS - 110 A4-5
SNIEDERSSTRAAT AUGUST - 108 E3-4
SNIJDERSSTRAAT - 109 B5
SOLVYNSSTRAAT - 109 C3-4 D3
SOMERSSTRAAT - 110 C2
SPAARSTRAAT - 108 E4
SPANJAARDSTEEG - 107 D3 E3
SPANJEPANDSTEEG - 107 C5
SPITSENSTRAAT - 108 B1-2
SPOORSTRAAT - 108 B5
STADSWAAG - 107 E4
STANLEYSTRAAT - 110 D4-5
STATIESTRAAT (ANTWERPEN) - 108 B6
STATIESTRAAT (BERCHEM) - 110 C6 D5-6
STEEGSKEN - 107 B6
STEENBERGSTRAAT - 107 C7 - 109 C1
STEENBOKSTRAAT - 110 C3
STEENHOUWERSVEST - 107 C6
STEENPLEIN - 107 C5
STEFANIESTRAAT - 109 D4
STERCKSTRAAT ARTHUR - 110 D6
STERLINGERSTRAAT - 110 E2
STERSTRAAT - 110 A4
STIERSTRAAT - 110 D3
STIJFSELRUI - 107 E4 - 108 A4

STIJFSELSTRAAT - 107 E3-4
STOCKMANSSTRAAT - 109 D2-3
STOELSTRAAT - 107 D5
STOOFSTRAAT - 107 C6
STOOMSTRAAT - 110 B1 C1
STOOPSTRAAT - 107 E7 - 109 E1
STUIVENBERGPLEIN - 108 D3-4
SUDERMANSTRAAT - 107 D6
SUIKERRUI - 107 C5
TABAKVEST - 107 E7 - 108 A7 - 109 E1
TAVERNIERKAAI - 107 C3 D3
TEICHMANNPLAATS CONSTANTIA - 109 E3-4
TEICHMANNSTRAAT - 109 E3
TELEFOONSTRAAT - 110 B6
TELLSTRAAT WILLEM - 107 E7 - 109 E1
TEMPELSTRAAT - 107 C5-6
TENIERSPLAATS - 108 A6
TERLINCKSTRAAT - 110 A6-7
TERLISTSTRAAT - 110 B1-2
TERNINCKGANG - 109 D1-2
TERNINCKSTRAAT - 109 C2 D2
THEATERPLEIN - 107 E7 - 109 E1
THONETLAAN - 107 A1-4-5 B1-2-3-4
TIEN GEBODENSTEEG - 108 D5
TIMMERWERFSTRAAT - 109 A1 B1-2
TINELSTRAAT EDGAR - 110 E6
TOEKOMSTSTRAAT - 108 E7
TOLSTRAAT - 109 C2 D2
TOOG - 107 E4
TORENSTRAAT - 110 C6
TORFBRUG - 107 D5
TRAMPLEIN - 110 E3-4
TRANSVAALSTRAAT - 110 D4-5 E4
TRAPSTRAAT - 108 C3
TROONPLAATS - 109 B4
TUINBOUWSTRAAT - 108 C7 D7
TULPSTRAAT - 108 C3-4 D3
TUNNELPLAATS - 108 A4
TURNHOUTSEBAAN - 108 D6-7 E7 - 110 E1
TWAALFMAANDENSTRAAT - 107 D6
TWEELINGENSTRAAT - 110 E3
TWEE NETENSTRAAT - 108 D1-2
UITBREIDINGSTRAAT - 110 A7 B7 C7 D5-6-7 E4-5
ULRIKSTRAAT - 108 A4
VAARTKAAI - 108 E1
VALKENBURGSTRAAT - 109 E5
VAN AERDTSTRAAT - 108 A3 B3
VAN ARTEVELDESTRAAT - 108 B5-6
VAN BEERSSTRAAT JAN - 109 A4 B4
VAN BEETHOVENSTRAAT - 110 A4-5
VAN BOENDALESTRAAT - 108 A5
VAN BREESTRAAT - 109 E2
VAN CAMPENHOUTSTRAAT - 110 B6 C6
VAN CAMPSTRAAT - 108 C4
VAN CRAESBEECKSTRAAT - 109 C1
VAN CUYCKSTRAAT - 108 A7
VAN DAELSTRAAT - 110 D1 E1
VAN DEN NESTLEI - 110 C2
VANDENPEEREBOOMSTRAAT - 110 E2-3
VAN DER KEILENSTRAAT - 108 D6-7
VAN DER MEYDENSTRAAT - 110 D2
VANDERSTEENPLEIN WILLY - 108 C4 D4
VAN DE WERVESTRAAT - 108 A3-4
VAN DIEPENBEECKSTRAAT - 110 C3-4
VAN DIJCKKAAI ERNEST - 107 B6 C5-6
VAN DYCKSTRAAT ANTOON - 110 A2-3
VAN EEDENPLEIN FREDERIK - 107 A5
VAN ERTBORNSTRAAT - 108 A6 B6
VAN EYCKLEI - 109 E2 - 110 A2 B2
VAN GEERTSTRAAT - 108 D6-7
VAN GENTSTRAAT JAN - 109 A3-4
VAN HELMONTSTRAAT - 108 E4
VAN HEURCKSTRAAT HENRI - 109 E1
VAN HOBOKENSTRAAT PIETER - 107 E5 - 108 A5
VAN HOMBEECKPLEIN FRANS - 110 A7 B7
VAN HOMBEECKSTRAAT FRANS - 110 B7
VAN IMMERSEELSTRAAT - 110 C1-2
VAN KERCKHOVENSTRAAT - 108 B4 C4 D3-4
VAN LAARSTRAAT WILLEM - 110 B7 C7
VAN LEENTSTRAAT - 108 D7
VAN LERIUSSTRAAT - 110 B1-2
VAN LIERSTRAAT JAN - 107 E5
VAN LUPPENSTRAAT - 110 C5 D4-5
VAN MAERLANTSTRAAT - 108 B4-5
VAN MARSENILLESTRAAT - 110 D6
VAN METERENKAAI - 107 C4
VAN NOORTSTRAAT - 110 A2
VAN PELTSTRAAT - 109 C5-6
VAN PUTLEI - 109 C7 D6-7
VAN RIJSWIJCKLAAN JAN - 109 C7 D6-7 E6
VAN RIJSWIJCKPLAATS THEODOOR - 107 C7
VAN SCHOONBEKEPLEIN - 107 D3
VAN SCHOONBEKESTRAAT - 109 D5-6 E4-5
VAN SCHOONHOVENSTRAAT - 108 B5-6 C6
VAN SPANGENSTRAAT - 110 C1
VAN STRALENSTRAAT - 108 B5-6
VAN TRIERSTRAAT - 109 C5 D5
VAN URSELSTRAAT - 108 D5
VAN VAERENBERGHSTRAAT - 110 C6 D6
VAN WESENBEKESTRAAT - 108 B5-6
VARKENSMARKT - 107 E4
VEEMARKT - 107 C4
VEKESTRAAT - 107 E4
VELDSTRAAT - 108 D4 E3-4
VELODROOMSTRAAT - 110 E4-5
VENIUSSTRAAT OTTO - 108 A6-7
VENUSSTRAAT - 107 E4-5
VERBINDINGSDOK - 107 E2
VERBINDINGSDOK-OOSTKAAI - 107 E2
VERBINDINGSDOK-WESTKAAI - 107 E2-3
VERBONDSTRAAT - 109 C2-3
VERBRANDE ENTREPOTSTRAAT - 107 B7
VERDUSSENSTRAAT - 109 D4 E4
VERHAERENLAAN EMILE - 107 A4-5
VERHELSTPLEIN JOS - 108 D3 E3
VERLATSTRAAT - 109 B2
VERSCHANSINGSTRAAT - 109 A3 B3
VERSTRAETEPLAATS DOOR - 110 E3
VERVERSRUI - 107 D4
VERVIERSSTRAAT - 109 A2-3
VERZOENINGSTRAAT - 108 E6-7
VESTINGSTRAAT - 108 B6-7
VEURNEKAAI - 107 D3
VIADUCT-DAM - 108 B2 C1-2
VIJFHOEKSTRAAT - 110 A7
VINGERLINGSTRAAT - 107 D4
VINKENSTRAAT - 109 D4 E4
VIOLETSTRAAT - 108 E5
VIOLIERSTRAAT - 108 A5 B5
VISESTRAAT - 108 C3 D3
VISSCHERSTRAAT ROEMER - 107 A1-2
VISSERSKAAI - 109 A2
VLAAIKENSGANG - 107 C5-6
VLAAMSEKAAI - 109 A2-3 B1-2
VLAANDERENSTRAAT - 107 B7
VLASMARKT - 107 C6
VLEESHOUWERSSTRAAT - 107 C4-5
VLEESHUISSTRAAT - 107 C5
VLEMINCKSTRAAT - 107 D6
VLEMINCKVELD - 107 D7 - 109 D1
VLIEGENSTRAAT - 108 B4
VOLHARDINGSTRAAT - 109 A7
VOLKSTRAAT - 109 B2 C2
VONDELSTRAAT - 108 A4 B4
VOORZIENIGHEIDSPLAATS - 108 D5 E5
VORSTERMANSTRAAT - 109 B2
VREDESTRAAT - 110 B7 C6-7 D6
VRIJDAGMARKT - 107 C6
VRIJDAGMARKTSTRAATJE - 107 C6
VRIJHEIDSTRAAT - 109 C2
WAAISTRAAT - 107 C7
WAALSEKAAI - 109 A2-3 B1-2
WAASLANDTUNNEL - 107 A3 B3 C3 D3 E3
WALEMSTRAAT - 110 B6-7
WALENSTRAAT - 108 C4
WALVISSTRAAT - 110 D3 E3
WAMBACHSTRAAT - 110 B4-5
WANDELDIJK - 107 A1 B1
WANDELTERRAS NOORD - 107 C4-5
WANDELTERRAS ZUID - 107 B5-6
WAPENSTRAAT - 109 A2
WAPPER - 107 E6-7
WASSTRAAT - 110 B6
WATERFORDSTRAAT - 110 C5
WATERLOOSTRAAT - 110 D4-5 E5
WATERSTRAATJE - 110 C1-2
WEIDESTRAAT - 110 C5 D5
WEILANDSTRAAT - 108 D2
WELLESPLEIN FRANCIS - 109 C3
WELVAARTSTRAAT - 109 C2 D2
WERKSTRAAT - 110 B4-5
WETSTRAAT - 108 D5-6
WIEGSTRAAT - 107 D6
WIJNGAARDBRUG - 107 D5
WIJNGAARDSTRAAT - 107 D5
WIJNSTRAAT - 110 B5-6
WILGENSTRAAT - 108 C4 D4
WILLEMBRUG - 107 E2-3
WILLEMDOK - 107 E3
WILLEMSSTRAAT JAN FRANS - 109 E2-3
WIPSTRAAT - 110 C2
WISSELSTRAAT - 107 C5
WOERINGENSTRAAT - 110 B6 C6
WOLFSTRAAT - 110 D2-3 E3
WOLSTRAAT - 107 D5
ZAKSTRAAT - 107 C5
ZAND - 107 C6
ZEEUWSEKOORNMARKT - 107 C3 D3
ZEEVAARTSTRAAT - 107 E3
ZEGEPRAALSTRAAT - 110 E2
ZETTERNAMSTRAAT - 108 D4-5
ZILVERSMIDSTRAAT - 107 C5
ZIRKSTRAAT - 107 C5 D5
ZONNEBLOEMSTRAAT - 110 D6
ZONNEWIJZERSTRAAT - 110 A5
ZONSTRAAT - 108 D7 E7 - 110 D1 E1
ZOO - 108 C7
ZURENBORGSTRAAT - 110 C3-4
ZUSTERS DER ARMENPLEIN - 108 B4-5
ZWAARDSTRAAT - 107 C7
ZWALUWSTRAAT - 107 C6
ZWANENGANG - 107 E5 - 108 A5
ZWARTZUSTERSSTRAAT - 107 C4 D4-5
ZWEDENSTRAAT - 108 A3
ZWIJGERSTRAAT - 109 B2-3 C2

ARLON

ACACIAS / RUE DES - 111 A4-5
ALBERT PREMIER / SQUARE - 111 B6
AM PAD - 111 A2 B2
ASTRID / SQUARE - 111 B5
BANQUE / RUE DE LA - 111 C5
BASTION / RUE DU - 111 C5 D5
BASTOGNE / RUE DE - 111 B1-2-3-4-5
BEIM WEYER - 111 A2 B2
BELLE VUE / RUE DE LA - 111 E1
BERGER / RUE NICOLAS - 111 B4 C4-5
BITBURG / RUE DE - 111 A2-3
BLANCS PRES / RUE DES - 111 A2 B2-3
BOUDART / RUE F. - 111 A4 B4
BOULEAUX / RUE DES - 111 A4-5
BRICART / RUE MAURICE - 111 D3
BUISSONS / RUE DES - 111 A4
BUSCH / RUE HENRI - 111 D4-5 E5
BUSLEYDEN / RUE - 111 D5
CAPUCINS / RUE DES - 111 C5
CARMES / RUE DES - 111 C5
CASERNE / RUE DE LA - 111 C5 D5
CASINO / RUE DU - 111 C6
CASTEL / RUE DU - 111 E2-3-4
CASTILHON / RUE LEON - 111 A5-6 B5
CERISIERS / RUE DES - 111 D5-6
CHASSEURS ARDENNAIS / PLACE DES - 111 D5
CHENES / RUE DES - 111 A4
CLAIREFONTAINE / RUE DE - 111 D7 E7
CLAIRFONTAINE / CHEMIN DE - 111 E7
CONCORDE / RUE DE LA - 111 C5
DEPORTES / RUE DES - 111 C5-6 D6-7
DEUX LUXEMBOURG / RUE DES - 111 B3 C3
DIEKIRCH / ROUTE DE - 111 C3 D1-2-3 E1
DIEKIRCH / RUE DE - 111 B5 C3-4-5 D4
DISPENSAIRE / RUE DU - 111 A4 B4-5
10°-DE-LIGNE / AVENUE DU - 111 D4-5 E4
DOCTEUR HOLLENFELTZ / PLACE DU - 111 C5
EGLANTINES / RUE DES - 111 A4
ERMESINDE / RUE - 111 C5
ESPAGNOLS / CHEMIN DES - 111 E5-6-7
ESPAGNOLS / DREVE DES - 111 D2 E3-4
ESPAGNOLS / RUE DES - 111 E4-5
ESPLANADE / RUE DE L' - 111 C5-6
FAUBOURGS / RUE DES - 111 B5
FLOREAL / RUE - 111 D5 E5
FRAMBOISIERS / RUE DES - 111 A4
FRANCQ / RUE - 111 B6
FRASSEM / RUE DE - 111 C4-5
GALGENBERG / AVENUE DU - 111 A4-5
GARE / AVENUE DE LA - 111 A6 B6
GAZOMETRE / RUE DU - 111 A5-6
GENERAL MOLITOR / RUE DU - 111 B6
GENERAL PATTON / AVENUE DU - 111 B7 C7
GENETS / RUE DES - 111 A3 B3
GLYCINES / RUE DES - 111 A3 B3
GOFFAUX / RUE ALBERT - 111 B6-7
GRAMME / RUE ZENOBE - 111 A6-7
GRAND RUE - 111 C5
GRAND' PLACE / RUE DE LA - 111 C5
GYMNASE / RUE DU - 111 B5
HAMELIUS / RUE MICHEL - 111 D5 E5
HETRES / RUE DES - 111 A3-4
HUNNEBOUR / SQUARE DU - 111 D4
HYDRION / RUE DE L' - 111 A6
JARDINS / RUELLE DES - 111 C6 D6
KOCH / RUE J. - 111 B5-6
KURTH / RUE GODEFROID - 111 D5 E5
L'AVEUGLE / RUE JEAN - 111 C5
LAVOIR / RUE DU - 111 A2-3 B2
LEGUMES / MARCHE AUX - 111 C5
LENOIR / RUE - 111 C5-6
LEOPOLD / PLACE - 111 C5-6
LEOPOLD / RUE - 111 C5
LILAS / RUE DES - 111 A4
LONGUY / AVENUE DE - 111 C3 D3-4 E4-5-6-7
LUXEMBOURG / AVENUE DE - 111 D7 E7
LYS / SQUARE DE LA - 111 D4
MAITRANK / RUE DU - 111 C1-2 D1-2
MARCHE AU BEURRE / RUE DU - 111 C5
MARQUISAT / RUE DU - 111 C5 D5
MARTYRS / RUE DES - 111 A6 B5-6
MELEZES / RUE DES - 111 B3 C2-3
MERSCH / AVENUE DE - 111 E4-5
MEUSE / RUE DE LA - 111 B7 C7
MOULIN LAMPACH / RUE DU - 111 A3
MUSEE / IMPASSE DU - 111 B5
MUSEE / RUE DU - 111 B5 C5
NETZER / RUE JOSEPH - 111 B6 C6
NEUFCHATEAU / RUE DE - 111 A5 B5
NEUVE / PORTE - 111 C5
NOTHOMB / AVENUE JEAN-BAPTISTE - 111 A6 B6
PALAIS DE JUSTICE / RUE DU - 111 B5 C5
PARC / RUE DU - 111 A7
PEUPLIERS / RUE DES - 111 C4
PONT LEVIS / RUE DU - 111 C5
PORTE NEUVE / IMPASSE DE LA - 111 C5
PORTE NEUVE / PETITE RUE - 111 C5
POSTE / RUE DE LA - 111 C5-6
REMPARTS / PETITE RUE DES - 111 C5
REMPARTS / RUE DES - 111 C5
REUTER / RUE PAUL - 111 C5 D5
ROSEAUX / RUE DES - 111 B2
SAINT-BERNARD / RUE - 111 C5
SAINT-DONAT / RUE - 111 C5
SAINT-JEAN / RUE - 111 C6 D5-6
SAINTE-CROIX / RUE - 111 A3-4 B3
SAPINIERE / RUE DE LA - 111 A3-4
SCHALBERT / PLACE - 111 B4-5
SCHENTZ / RUELLE - 111 B6
SCHEUER / RUE - 111 A4-5
SCHOPPACH / RUE DE - 111 A7
SEMOIS / RUE DE LA - 111 A7 B7
SESSELICH / RUE DE - 111 B7
SEYLER / RUE - 111 B4-5
SEYMERICH / RUE DE - 111 C5 D5
SONNETTY / RUE - 111 D5-6 E5
SYNAGOGUE / RUE DE LA - 111 D5-6
TANNERIES / RUE DES - 111 D6
TEMPLE / RUE DU - 111 C1-2
TESCH / AVENUE VICTOR - 111 B6 C6 D6
THERMES ROMAINS / RUE DES - 111 B6 C6 D6
TOERNICH / RUE DE - 111 A7
TRANSEPT / RUE DU - 111 B5-6
VALLON / RUE DU - 111 E1-2-3
VICINAL / RUE DU - 111 B1-2
VIERGE NOIRE / RUE DE LA - 111 C5
VINGT-CINQ AOUT / RUE DU - 111 B5 C5-6
VIVIER / RUE DU - 111 B2
VIVILLE / RUE DE - 111 A2-3-4
WALLONIE / ROUTE DE - 111 B1-2 C2-3
WALTZING / RUE DE - 111 E5
WASCHBOUR / RUE DE - 111 B1-2-3
YSER / PLACE DE L'- 111 A7

BASTOGNE

ALBERT I / AVENUE - 112 D4
AMERICAN LEGION / RUE DE L' - 112 E-F3
ARLON / CHAUSSEE D' - 112 D4-5 E5
ASSENOIS / RUE D' - 112 C4-5 D3-4
ASTRID / AVENUE - 112 C3-4
AUBEPINES / RUE DES - 112 D2
BAIJOT / PLACE LOUIS - 112 D1
BEAUMONT / RUE DE - 112 D3
BECK / RUE JEAN - 112 D3
BIZORY / CHEMIN DE - 112 G1
BOIS D' HAZY / RUE DU - 112 D4-5
BRASSEURS / RUE DES - 112 D3
BRUGES / JARDIN DE - 112 E2
CALIFORNIE / RUE DE LA - 112 E3
CERISIERS / RUE DES - 112 D4
CHAMPS / RUE DES - 112 E1
CHANTRAINE / RUE - 112 D3
CHAPELLE / RUE DE LA - 112 E3-4-5
CHARMES / RUE DES - 112 C5
CHASSEURS ARDENNAIS / RUE DES - 112 B2-3 C2-3
CHENET VEVI / RUE DU - 112 D1
CITADELLE / RUE DE LA - 112 D-E3
CLERVAUX / ROUTE DE - 112 F-G2
COLONEL ROULING / RUE - 112 E2
CROIX BLANCHE / RUE - 112 E5
CROIX ROUGE / RUE DE LA - 112 B3
DE HUMYN / RUE CLAUDE - 112 C3
DELPERDANGE / RUE GUST. - 112 E-F2
DEPORTES / RUE DES - 112 E2
DOCTEUR CHIWY / RUE - 112 D3
ECOLES / RUE DES - 112 D3
FALISE / PLACE J.B. - 112 C-D1
FECULE / RUE DE LA - 112 C4
FONTAINE / RUE DE LA - 112 D3 E3-4
GARE / AVENUE DE LA - 112 C4
GARE / PLACE DE LA - 112 C3-4
GENETS / RUE DES - 112 A3 B3-4
GERARDY / RUELLE - 112 E3
GLATES / RUE - 112 D3
GUEULE DU LOUP / RUE - 112 E3
HALLE / RUE DE LA - 112 D3
HANSEZ / CHEMIN - 112 C3
HETRES / RUE DES - 112 E2-3 F2-3 G3
HOUFFALIZE / CHAUSSEE DE - 112 E1-2
INDEPENDANCE / AV. DE L' - 112 E1
ISLE-LES-PRES - 112 A5
JARDINS / RUE DES - 112 D-E3
LALLEMAND / CITE - 112 D2
LAMBORELLE / RUE - 112 D3
LECLERC / RUE - 112 D3
LEJEUNE / RUELLE - 112 E3
LEOPOLD III / AVENUE - 112 C3
LUZERY / THIER DE - 112 E1-2
MAC AULIFFE / PLACE - 112 D3
MAIES / RUE DES - 112 C2-3 D2
MAISON FORTE / RUE DE LA - 112 D2
MAITRE NICOLAS / RUE - 112 E3
MARCHE / ROUTE DE - 112 A-B-C3
MARCHE / RUE DE - 112 C-D3
MARDASSON - 112 G2
MARVIE / CHEMIN DE - 112 E3 F3-4-5 G5
MATHIEU / AVENUE - 112 C3-4 D3
MERCENY / RUE - 112 D4
MUSY / RUE DE - 112 A4 B3-4 C3
NEUFCHATEAU / RUE DE - 112 B5 C4-5 D3-4
OLIVIER / AVENUE LOUIS - 112 C2-3
PAIX / PLACE DE LA - 112 C3
PARC / RUE DU - 112 D4
PATTON / RUELLE - 112 D2-3
PEPINIERE / RUE DE LA - 112 D2
PETIT MOULIN / RUE DU - 112 F-G2
PETITE BOVIRE / RUE DE LA - 112 A4 B3-4
PETITES EPINES / AV. DES - 112 B3
PETITS ENCLOS / RUE DES - 112 C-D3
PETITS LUTINS / RUE - 112 D3-4
PHILIPPART / AVENUE - 112 D2
PICONRUE / RUE - 112 E2-3
PIERRE / PONT DE - 112 G1
POISSON-MOULIN - 112 A4
PONT D'ASSENOIS / RUE DU - 112 C-D4
PORCHE / RUE DU - 112 D3
PORTE DE TREVES / PLACE DE LA - 112 E2
PORTE HAUTE / RUE DE LA - 112 D3
PREMIER D'ARTILLERIE / RUE DU - 112 D1
QUATRE BRAS / RUE DES - 112 E2-3
RECOLLETS / RUE DES - 112 D-E3
REMPARTS / RUE DES - 112 C3 D2-3 E2
RENQUIN / RUE JOSEPH - 112 D3-4
RENVAL / CHEMIN DE - 112 A-B-C3
ROCHE / ROUTE DE LA - 112 C1 D1-2
ROCHES / RUE DES - 112 E2-3 F2
ROI BAUDOUIN / AVENUE - 112 E1
ROSIERES / RUE DES - 112 C4
SABLON / RUE DU - 112 D2-3 E2
SAINT-PIERRE / PLACE - 112 E2
SAINT-PIERRE / RUE - 112 D2
SANS-SOUCI / CHEMIN - 112 D-E1
SCHOLTUS / RUE JEAN-GEORGES - 112 C2-3
SCIERIES / RUE DES - 112 D3-4
SUR-LES-BORDS-D'EAU / RUE - 112 D3-4
TASIAUX / AVENUE - 112 C3-4
THOMAS / RUE PIERRE - 112 D-E2
TILLEULS / RUE DES - 112 E3
TIVOLI / RUE DE - 112 D3
TRINITAIRES / RUE DES - 112 D2-3
VIEUX MOULIN / RUE DU - 112 D3
VIVIER / RUE DU - 112 D2-3 E2
VIVIER / RUELLE DU - 112 E3
WACHENAULE / RUE DE LA - 112 C4-5
WILTZ / ROUTE DE - 112 D4 E4-5 F5 G5

BRUGGE

ACADEMIESTRAAT - 113 D5
18-OKTOBERSTRAAT - 114 A2-3
ALTEBIJSTRAAT - 113 G5 - 114 G1
ANNUNTIATENSTRAAT - 113 C4 D4
APPELSTRAAT - 114 G4
ARSENAALSTRAAT - 114 D3
ARTOISSTRAAT - 114 B1-2
AUGUSTIJNENBRUG - 113 D4
AUGUSTIJNENREI - 113 C4-5 D4
AZIJNSTRAAT - 113 C5
BAKKERSSTRAAT - 114 C2
BALIESTRAAT - 113 D3-4
BALSEMBOOMSTRAAT - 113 F5 - 114 F1 G1
BALSTRAAT - 113 E4-5
BAPAUMESTRAAT - 113 F5 G4-5
BARGEPLEIN - 114 D4
BARGEWEG - 114 D4-5 E4
BARON JOSEPH RYELANDTSTRAAT - 113 A3-4
BARON RUZETTELAAN - 114 E4-5
BARON RUZETTEPARK - 113 C2 D2
BARRIERESTRAAT - 114 A5 B5
BARTHELSSTRAAT - 114 E5 F5
BEAUPRESTRAAT - 114 G1
BEEKWEG - 113 A1
BEELDENMAKERSSTRAAT - 114 E2
BEENHOUWERSSTRAAT - 113 B5 - 114 B1
BEGIJNENVEST - 114 B3-4 C4
BEGIJNHOF - 114 C3
BEGONIASTRAAT - 114 F5 G5
BENOITLAAN PETER - 113 A5
BEURSPLEIN - 114 B2
BEVRIJDINGSLAAN - 113 A5 B5 - 114 B1
BIDDERSSTRAAT - 113 C4 D4
BIEZENSTRAAT - 113 B4
BILKSKE - 113 F5 - 114 F1 G1
BINNENWEG - 113 D1
BISKAJERSPLEIN - 113 D5
BLEKERIJSTRAAT - 114 F3 G3
BLEKERSSTRAAT - 113 E4-5
BLINDE-EZELSTRAAT - 114 D1
BLOCKXSTRAAT JAN - 114 E3 F3-4
BLOEDPUT - 113 A5 B5
BLOEMENSTRAAT - 114 F4 G4
BLOKSTRAAT - 113 B3 C3-4
BOEVERIEPOORT - 114 B4
BOEVERIESTRAAT - 114 B2-3
BOLLAARDSTRAAT - 114 B1
BONINSTRAAT JAN - 113 C4-5
BONINVEST - 114 F2-3
BOOMGAARDSTRAAT - 113 E5
BOTERHUIS - 113 C5
BOUTSSTRAAT DIRK - 113 A3 B3
BRAAMBERGSTRAAT - 114 D1 E1
BRANDSTRAAT - 114 B1
BREIDELSTRAAT - 114 D1
BREYDELLAAN JAN - 114 A1-2
BRITSE KAAI - 113 D1
BRUGSE-METTENSTRAAT - 113 G4-5
BUITEN BEGIJNENVEST - 114 B4 C4
BUITEN BOEVERIEVEST - 114 A2-3 B3-4
BUITEN BONINVEST - 114 F2-3
BUITEN DE DAMPOORT - 113 E2 F2
BUITEN DE SMEDENPOORT - 114 A2
BUITEN GENTPOORTVEST - 114 E3-4 F3
BUITEN KATELIJNEVEST - 114 C4 D4 E4
BUITEN KAZERNEVEST - 113 G5 - 114 F2 G1-2
BUITEN KRUISVEST - 113 F2-3-4 G4
BUITEN SMEDENVEST - 113 A5 - 114 A1-2
BURG - 114 D1
BURGSTRAAT - 114 D1
CALVARIEBERGSTRAAT - 113 D2-3
CANADAPLEIN - 114 A2
CARMERSBRUG - 113 D4 E4
CARMERSSTRAAT - 113 E4 F4
COISEAUKAAI LODEWIJK - 113 D1
COLETTIJNENHOF - 114 D4
COLETTIJNENSTRAAT - 114 D3-4
CONSCIENCELAAN HENDRIK - 114 A2 B2-3
CORDOEANIERSSTRAAT - 113 D5 - 114 D1
COUPURE - 114 E1 F1-2
COUPUREBRUG - 114 F1
DAMPOORT - 113 F2
DAMPOORTSTRAAT - 113 F2-3 G3-4-5
DAMSE VAART-ZUID - 113 F1-2 G1
DAVERLOSTRAAT - 114 F3-4 G4-5
DE DAMHOUDERSTRAAT JOOST - 113 E5
DE DEKENSTRAAT WILLEM - 113 C3
DE DENESTRAAT EDWARD - 114 E4 F4
DE GARRE - 114 D1
DELAPLACESTRAAT JULIUS - 113 G3-4
DE NECKERESTRAAT EM. - 113 A3-4
DE POTTERSTRAAT LOUIS - 113 F1 G1
DESPARSSTRAAT NIKLAAS - 113 C5 D5 - 114 C1
DE TUINTJES - 113 G2
DEVAUXSTRAAT PAUL - 113 F1
DHOORESTRAAT - 114 G3-4
DIAMANTSLIJPERSSTRAAT - 114 E2
DIJVER - 114 D1-2
DIKSMUIDESTRAAT - 113 C2 D2
DOKWERKERSSTRAAT - 113 F1
DOOGHELAAN JULIUS - 113 F3 G3
DRIEKONINGENWEG - 113 G5
DRIEKROEZENSTRAAT - 114 D2-3
DRIEZWANENSTRAAT - 113 E4
DUDZEELSE STEENWEG - 113 D1 E1
DUINENABDIJSTRAAT - 113 E3
DUINENBRUG - 113 E3
DUMERYPLEIN J. - 114 B3
DWEERSSTRAAT - 114 C1-2
EDESTRAAT - 113 G2-3
EEKHOUTPOORT - 114 D2
EEKHOUTSTRAAT - 114 D1-2
EIERMARKT - 114 C1

EILAND - 114 C3
ELF-JULISTRAAT - 113 C3-4
ENGELSESTRAAT - 113 D5
ENGELSTRAAT - 114 E1
ENGLISHSTRAAT JOE - 113 A3
ESSENBOOMSTRAAT - 113 F5
EZELBRUG - 113 C5
EZELPOORT - 113 B3-4
EZELSTRAAT - 113 B4 C4-5
FILIPS DE GOEDELAAN - 113 A5 B4-5
FONTEINSTRAAT - 114 B3
FONTEINSTRAAT FREREN - 114 E1
FORT LAPIN - 113 D1-2 E1-2 F2
GANZENPLEIN - 114 F1
GANZENSTRAAT - 114 F1
GAPAARDSTRAAT - 114 E2 F2
GARENMARKT - 114 D2 E2
GARSOENSTRAAT - 114 C3
GEERNAARTSTRAAT - 114 C1 D1
GEEROLFSTRAAT - 114 D1-2
GEERWIJNSTRAAT - 113 C5 - 114 C1
GELDMUNTSTRAAT - 114 C1
GENADEDAL - 113 G3
GENERAAL LEMANLAAN - 114 F3 G3
GENTHOF - 113 D4-5
GENTPOORT - 114 F3
GENTPOORTBRUG - 114 F3
GENTPOORTSTRAAT - 114 E2-3 F3
GENTPOORTVEST - 114 E3-4 F3
GERALAAN - 113 G3
GEVANGENISSTRAAT - 114 E1
GEZELLELAAN GUIDO - 114 A1-2 B1
GEZELLEPLEIN GUIDO - 114 C2 D2
GEZELLESTRAAT CESAR - 114 F3-4 G3
GEZELLEWARANDE GUIDO - 113 F4
GIETERIJSTRAAT - 113 B4
GILLIODTSPLEIN LODEWIJK - 113 A1
GISTSTRAAT - 114 C1
GLORIBUSSTRAAT - 114 B2
GOEZEPUTSTRAAT - 114 C2
GOMBERTSTRAAT NIKOLAAS - 113 C2-3
GOTJE - 113 E4
GOUDEN-BOOMSTRAAT - 113 A4 B4
GOUDEN HANDBRUG - 113 D4
GOUDEN-HANDREI - 113 D4
GOUDEN-HANDSTRAAT - 113 D4
GOUDSMEDENSTRAAT - 114 E2
GRAAF DE MUELENAERELAAN - 113 D1 E1 F1
GRAAF VISARTPARK - 113 A5
GRAUWWERKERSSTRAAT - 113 C5 D5
GREINSCHUURSTRAAT - 114 A1 B1-2
GROENEREI - 114 E1
GROENESTRAAT - 113 B5
GROENINGE - 114 D2
GROOT HANDELSDOK - 113 C1
GRUUTHUSESTRAAT - 114 C2 D2
GULDEN-PEERDENSTRAAT - 114 G4
GULDEN-VLIESLAAN - 113 B4-5 - 114 B1
HAANSTRAAT - 114 B1 C1
HAARAKKERSTRAAT - 113 E2
HADEWIJCHSTRAAT - 114 F4
HALLESTRAAT - 114 D1
HAUWERSTRAAT - 114 B2
HAVENSTRAAT - 113 D1-2
HEILIGE-GEESTSTRAAT - 114 C2
HELMSTRAAT - 114 B1 C1
HEMELRIJK - 113 F3-4
HERTSBERGESTRAAT - 114 E1
HOEDENMAKERSSTRAAT - 113 C4 D4
HOEFIJZERLAAN - 114 B1-2
HOOGSTE VAN BRUGGE - 114 B2 C2
HOOGSTRAAT - 113 E5 - 114 D1 E1
HOOGSTUK - 114 F1-2
HOOISTRAAT - 114 F1
HOORNSTRAAT - 113 D5 E5
HORTENSIASTRAAT - 114 F4-5
HOUTHULSTSTRAAT - 113 A3 B3
HOUTKAAI - 113 A3
HUIDENVETTERSPLEIN - 114 D1
IEPERSTRAAT - 113 D5
IJZERSTRAAT - 113 C2
IRISSTRAAT - 114 F5 G5
JAKOBINESSENSTRAAT - 114 E2-3
JASMIJNSTRAAT - 114 F5
JERUZALEMSTRAAT - 113 E4-5
KALKOVENSTRAAT - 113 C4
KAMMAKERSSTRAAT - 114 B1-2
KANDELAARSTRAAT - 113 E5
KANTWERKSTERSPLEIN - 113 E5 F5
KAPELSTRAAT - 113 C4
KARDINAAL MERCIERSTRAAT - 113 B3
KAREL DE STOUTELAAN - 113 A4-5 B5
KARTUIZERINNENSTRAAT - 114 D1
KARTUIZERSMEERS - 113 G3
KARTUIZERSSTRAAT - 113 G3-4
KASTANJEBOOMSTRAAT - 114 D2
KASTEELGELEED - 113 A1
KATELIJNEBRUG - 114 E4
KATELIJNEPOORT - 114 E4
KATELIJNESTRAAT - 114 C2 D2-3-4 E4
KATELIJNEVEST - 114 D4 E4
KAZERNEVEST - 113 G5 - 114 F1-2 G1
KEERSSTRAAT - 113 D5 - 114 D1
KEGELSCHOOLSTRAAT - 114 B2
KEIZER KARELSTRAAT - 113 A4-5 B3-4
KELKSTRAAT - 113 D5 - 114 D1
KEMELSTRAAT - 114 C1
KERSENBOOMSTRAAT - 113 F5
KETSBRUGGESTRAAT - 114 C4
KIPSTRAAT - 113 D5
KLAVERSTRAAT - 113 B4 C4
KLEINE HEILIGE GEESTSTRAAT - 114 C2
KLEINE HERTSBERGESTRAAT - 114 E1
KLEINE HOEDENMAKERSSTRAAT - 113 D4
KLEINE HOEFIJZERSTRAAT - 114 B1
KLEINE KERKHOFSTRAAT - 114 E5
KLEINE KUIPERSSTRAAT - 114 B1
KLEINE NIEUWSTRAAT - 113 D3
KLEINE SINT-AMANDSSTRAAT - 114 C1
KLEINE SINT-JANSSTRAAT - 114 B1
KLOKSTRAAT - 114 B3
KLOOSTERMUUR - 113 G3
KOETELWIJK - 113 E1
KOLENKAAI - 113 A3 B2-3 C2
KOMVEST - 113 C2 D2 E2
KONFIJTSTRAAT - 114 F1 G1
KONING ALBERT-I-LAAN - 114 A5 B2-3-4-5
KONINGIN ASTRIDPARK - 114 E2
KONINGIN ELISABETHLAAN - 113 B3-4 C2-3
KONINGSBRUG - 113 D5
KONINGSTRAAT - 113 D5
KOOLBRANDERSSTRAAT - 114 C2
KOOLKERKSE STEENWEG - 113 E2 F1-2
KOOLSTUK - 113 F3 G3
KOOPMANSSTRAAT - 113 F5
KOPSTRAAT - 114 C1
KORTE BLEKERSSTRAAT - 113 E4-5
KORTE LANE - 114 B1
KORTE RAAMSTRAAT - 113 D4
KORTE RIDDERSSTRAAT - 113 D5 E5
KORTE RIJKEPIJNDERSSTRAAT - 113 E4
KORTE ROPEERDSTRAAT - 113 E4
KORTE SINT-ANNASTRAAT - 113 E5
KORTE SPEELMANSSTRAAT - 113 E4
KORTE SPORTSTRAAT - 113 G2-3
KORTE VESTING - 114 A2-3
KORTE VULDERSSTRAAT - 114 C2
KORTEWEG - 114 G5
KORTEWINKEL - 113 C5 D4-5
KORTE ZILVERSTRAAT - 114 C1
KOUDEMARKT - 114 E2
KRAANPLEIN - 113 D5
KRAANREI - 113 D5
KRAKELEBRUG - 113 C2
KRAKELEWEG - 113 C1-2
KREUPELENSTRAAT - 114 B1-2
KRIEKENSTRAAT - 114 G4
KROM GENTHOF - 113 D4-5
KROMMESTRAAT - 113 D1
KROONSTRAAT - 113 A3-4
KRUIERSSTRAAT - 113 E4
KRUISBOOGSTRAAT - 114 G3
KRUISPOORT - 113 G5
KRUISPOORTBRUG - 113 G5
KRUISVEST - 113 F4 G4-5
KRUITENBERGSTRAAT - 114 E1
KUIPERSSTRAAT - 113 C5 - 114 C1
KWEKERSSTRAAT - 113 F5 - 114 F1
LANE - 114 B1
LANGE RAAMSTRAAT - 113 D4
LANGEREI - 113 D3-4 E2-3
LANGESTRAAT - 113 F5 G5 - 114 E1 F1
LANGE VESTING - 113 A5 - 114 A1-2
LAPPERSFORTSTRAAT - 114 E5
LAURINSTRAAT MARCUS - 113 G4
LAUWERSTRAAT - 113 A4 B4
LEEMPUTSTRAAT - 114 A2 B2
LEEMPUTTEN - 113 A5 - 114 A1
LEESTENBURG - 113 E3 F3
LEEUWENBRUG - 113 C5
LEEUWSTRAAT - 113 B5 C5
LEFFINGESTRAAT - 113 E5
LEGEWEG - 114 A2
LELIESTRAAT - 114 G4
LENDESTRAAT - 114 C2
LEOPOLD II-LAAN - 113 A3 B2-3 C2
LEOPOLD I-LAAN - 113 A3-4
LOPPEMSTRAAT - 114 C1 D1
LOSSCHAERTSTRAAT HUGO - 113 B4 C4
LUIKSTRAAT - 113 B2-3 C3
MAAGDENDAL - 113 C4
MAAGDENSTRAAT - 114 A2 B2-3
MAALSE STEENWEG - 113 G5
MAGDALENASTRAAT - 114 A3
MALLEBERGPLAATS - 114 D1
MANSIONSTRAAT COLLAERT - 113 D4
MARIABRUG - 114 D2
MARIASTRAAT - 114 C2
MARIA VAN BOURGONDIELAAN - 113 A5
MARKT - 114 C1 D1
MEEBRUG - 114 E1
MEESTRAAT - 114 D1 E1
MIDDELBURGSTRAAT - 113 D5 - 114 D1
MINDERBROEDERSSTRAAT - 114 E1-2
MINNEBOPLEIN - 113 E5
MINNEWATER - 114 D3
MIRAELSTRAAT JAN - 113 C4-5
MOERKERKESTRAAT - 114 F1-2
MOERKERKSE STEENWEG - 113 G5
MOERSTRAAT - 113 C5 - 114 B1 C1
MOLENBRUG - 114 E1
MOLENMEERS - 113 E5 - 114 E1
MOLENWALLEN - 114 A2
MORITOENSTRAAT JAN - 114 E4 F4
MORTIERSTRAAT - 113 B5 - 114 B1
MUNTPLEIN - 114 C1
MUNTPOORT - 114 C1
MUUR DER DOODGESCHOTENEN - 113 G5
NAALDENSTRAAT - 113 C5
NEPOMUCENUSBRUG - 114 D1
NESTSTRAAT - 114 B1
NIEUWE GENTWEG - 114 D2-3 E2
NIEUWSTRAAT - 114 C2 D2
NIJVERHEIDSSTRAAT - 114 F2-3 G1-2
NOORD-GISTELHOF - 113 C4 D4
NOORDSTRAAT - 114 D3
NOORDZANDSTRAAT - 114 B1-2 C1
NOORWEEGSE KAAI - 113 F1-2 G1
OLIEBAAN - 113 E3 F3
ONTVANGERSSTRAAT - 114 C1
ONZE-LIEVE-VROUWEKERKHOF-ZUID - 114 D2
OOSTERLINGENPLEIN - 113 D4-5
OOST-GISTELHOF - 113 D4
OOSTMEERS - 114 C2-3-4
OOST-PROOSSE - 113 E3 F3
ORANJEBOOMSTRAAT - 114 C2
OSTENSTRAAT BOUDEWIJN - 113 D5
OUDE BURG - 114 C2 D1-2
OUDE GENTWEG - 114 D3 E3 F3
OUDE ZAK - 113 B5 C5
OUDE ZOMERSTRAAT - 114 D1
PAALSTRAAT - 114 B1-2
PALMSTRAAT - 113 C5 - 114 C1
PANDREITJE - 114 D1 E1
PAPEGAAISTRAAT - 113 F3
PARADIJSSTRAAT - 113 F3
PARK - 114 E1
PASTOOR VAN HAECKEPLANTSOEN - 113 B4
PATER DAMIAANSTRAAT - 113 B5 - 114 B1
PATHOEKEWEG - 113 B1
PEERDENBRUG - 114 E1
PEERDENSTRAAT - 114 E1
PEPERSTRAAT - 113 E5 F5
PETERSELIESTRAAT - 113 E2-3 F3-4
PHILIPSTOCKSTRAAT - 114 D1
PIJPERSSTRAAT - 114 C2
PIOENSTRAAT - 114 F5
PLEINSTRAAT - 113 A1
POITEVINSTRAAT - 113 C5
POTTENMAKERSSTRAAT - 113 C5
POTTERIEREI - 113 E2-3-4-5 F2
POURBUSSTRAAT PIETER - 113 C5
PREDIKHERENBRUG - 114 E1
PREDIKHERENREI - 114 E1 F1-2
PREDIKHERENSTRAAT - 114 E1
PRINS ALBERTSTRAAT - 113 G5
PRINSENHOF - 114 C1
PROFESSOR DR. J. SEBRECHTSSTRAAT - 114 C3-4
RAAMSTRAAT - 113 B4-5 C5
RAVESTRAAT BOUDEWIJN - 114 E3
RIDDERSSTRAAT - 113 D5 E5 - 114 E1
RIJKEPIJNDERSSTRAAT - 113 E4
RIJSELSTRAAT - 114 A5 B5
ROBIJNSTRAAT - 113 C5
RODE-HAANSTRAAT - 113 D5
RODENBACHSTRAAT ALBRECHT - 113 F4-5
RODESTRAAT - 113 E5 F5
ROLWEG - 113 E4-5 F4
ROND DEN HEERDSTRAAT - 113 A1
RONSAARDBEKESTRAAT - 113 D1 E1 F1
ROOMPOTSTRAAT - 113 B5
ROPEERDSTRAAT - 113 E4
ROZEMARIJNSTRAAT - 114 C1 D1
ROZENDAL - 113 B4-5 C5
ROZENHOEDKAAI - 114 D1
ROZENSTRAAT - 114 F5 G4-5
RUBENSLAAN - 114 F4 G4
SABBEKAAI J. - 113 C1
SABBESTRAAT JULIUS EN MAURITS - 113 D2-3
SAREPTA - 113 D4
SASPLEIN - 113 E2 F2
SCHAARSTRAAT - 114 E1-2 F1
SCHEEPSDALEBRUG - 113 A3
SCHEEPSDALELAAN - 113 A2-3 B3-4
SCHOTTINNENSTRAAT - 113 D4
SCHOUWVEGERSSTRAAT - 114 B1
SCHRIJNWERKERSSTRAAT - 113 D4-5
SCHRIJVERSSTRAAT - 113 C4 D4
SCHUTTERSSTRAAT - 113 C4
SENTILLENHOF - 114 D3 E3
'S-GRAVENHOF - 113 D3 E2-3
'S-GRAVENSTRAAT - 113 D2 E2
SINGEL - 114 A2-3
SINT-AMANDSSTRAAT - 114 C1 D1
SINT-ANNABRUG - 113 E5
SINT-ANNAKERKSTRAAT - 113 E5
SINT-ANNAPLEIN - 113 E5
SINT-ANNAREI - 113 E5
SINT-BRUNOSTRAAT - 113 G5 - 114 G1
SINT-CLARADREEF - 113 C3 D3
SINT-CLARASTRAAT - 113 C3-4 D3
SINT-GILLISDORPSTRAAT - 113 D4
SINT-GILLISKERKHOF - 113 D4
SINT-GILLISKERKSTRAAT - 113 D4
SINT-GILLISKOORSTRAAT - 113 D4 E4
SINT-GODELIEVEDREEF - 113 G1-2
SINT-JAKOBSPLEIN - 113 C5
SINT-JAKOBSSTRAAT - 113 C5 - 114 C1 D1
SINT-JAN IN DE MEERS - 114 C2
SINT-JANSDREEF - 113 A5 - 114 A1
SINT-JANSPLEIN - 113 D5
SINT-JANSSTRAAT - 113 D5
SINT-JORISSTRAAT - 113 C4-5 D5
SINT-JOZEFSPLEIN - 113 E1
SINT-JOZEFSSTRAAT - 113 E1
SINT-KATARINASTRAAT - 114 F4-5
SINT-LEONARDUSBRUG - 113 E2 F2
SINT-MAARTENSBILK - 114 A2 B2
SINT-MAARTENSPLEIN - 113 D5 E5
SINT-NIKLAASSTRAAT - 114 C1 D1
SINT-OBRECHTSSTRAAT - 114 C3
SINT-PIETERSGROENESTRAAT - 113 A1 B1-2
SINT-PIETERSKAAI - 113 A2 B2 C2 D2
SINT-PIETERSNOORDSTRAAT - 113 A1
SINT-PIETERSPLEIN - 113 A1
SINT-PIETERSZUIDSTRAAT - 113 A1-2 B1
SINT-SALVATORSKERKHOF - 114 C2
SINT-SALVATORSKOORSTRAAT - 114 C2
SINT-WALBURGASTRAAT - 113 D5
SLACHTHUISSTRAAT - 113 A2
SLEDESTRAAT - 113 B5 C4-5
SLEUTELBRUG - 114 B1
SLUISSTRAAT - 113 C1 D1
SMEDENPOORT - 114 A2
SMEDENSTRAAT - 114 A2 B2
SNAGGAARDBRUG - 113 E4
SNAGGAARDSTRAAT - 113 E4 F3-4
SPAANSE LOSKAAI - 113 D4
SPANJAARDSTRAAT - 113 D4-5
SPEELMANSREI - 114 B1-2
SPEELMANSSTRAAT - 113 E4
SPEELPLEINLAAN - 114 G1
SPIEGELREI - 113 D4-5 E5
SPIKKELBOORSTRAAT - 114 B1
SPINOLAREI - 113 D5 E5
SPOORWEGSTRAAT - 114 B4-5
SPORTSTRAAT - 113 F3 G3
STALIJZERSTRAAT - 114 E1-2
STATIONSLAAN - 114 A2-3-4 B4
STATIONSPLEIN - 114 B4 C4
STEENHOUWERSDIJK - 114 D1 E1
STEENKAAI - 113 A2-3
STEENSTRAAT - 114 C1-2 D1
STERSTRAAT - 113 D4
STEVINPLEIN SIMON - 114 C1-2
STOELSTRAAT - 113 F5
STOKERSSTRAAT - 113 D2-3 E2
STOOFSTRAAT - 114 D2-3
STREUVELSSTRAAT STIJN - 113 F4-5
STROOIBRUG - 113 E5
STROSTRAAT - 113 E4-5
SULFERBERGSTRAAT - 114 D3
SUVEESTRAAT JOZEF - 114 D1 E1
TEN HOVE - 114 A5
TER LAKE - 114 E5 F5
TER LOOIGEMWEG - 113 E1
TER PANNESTRAAT - 113 C2 D2
TIMMERMANSSTRAAT - 113 E5 F5
TORENBRUG - 113 D4
TORNOOISTRAAT - 113 B4
'T PAND - 114 E1-2
TUINIERSSTRAAT - 113 G3-4
TUINSTRAAT - 114 F4 G4
TULPENSTRAAT - 114 F5 G5
TWIJNSTRAAT - 113 D5 E5 - 114 D1
'T ZAND - 114 B2 C2
'T ZWEERD - 114 E1
VAARTDIJKSTRAAT - 114 C5 D5
VAARTSTRAAT - 113 B1-2
VAN ACKERPLEIN ACHIEL - 113 B4 C4
VAN DEN BUSSCHESTRAAT CAMIEL - 114 G4-5
VAN DE WALLE DE GHELCKESTRAAT C. - 114 E4 F4
VAN EYCKPLEIN JAN - 113 D5
VAN MALESTRAAT ZEGER - 113 A5
VAN MANDERSTRAAT KAREL - 113 G1-2-3
VAN OOSTSTRAAT JAKOB - 113 C5 D5
VAN OYESTRAAT EUGEEN - 114 F4-5
VAN PRAETSTRAAT JULES - 113 G1
VAN RUUSBROECSTRAAT JAN - 114 F4
VAN STEENESTRAAT - 114 G3-4
VAN 'T PADSTRAAT EVERT - 114 F3 G3
VAN VOLDENSTRAAT - 114 B3
VEEMARKTSTRAAT - 113 B1-2
VELDMAARSCHALK FOCHSTRAAT - 113 B2-3
VELDSTRAAT - 114 A5
VENKELSTRAAT - 113 E4-5
VERBRAND NIEUWLAND - 113 E5 F5
VERRIESTSTRAAT HUGO - 113 F4
VERVERSDIJK - 113 E5 - 114 E1
VESTINGSTRAAT - 114 E3-4 F3
VINCKE-DUJARDINSTRAAT GUSTAVE - 113 A3-4
VIOLIERSTRAAT - 114 E2 F2
VISMARKT - 114 D1
VISSPAANSTRAAT - 114 D3 E3-4
VIZIERSTRAAT - 114 E2 F2
VLAMINGDAM - 113 C3-4
VLAMINGENBRUG - 113 C5
VLAMINGSTRAAT - 113 D5 - 114 D1
VRIJDAGMARKT - 114 B2
VRIJHEIDSSTRAAT - 114 E4-5 F4
VULDERSREITJE - 113 F5
VULDERSSTRAAT - 113 F5 - 114 F1 G1
WAALSESTRAAT - 114 D1 E1
WAGNERSTRAAT - 114 F3-4
WALPLEIN - 114 D3
WALSTRAAT - 114 D3
WALWEINSTRAAT - 113 D2
WANTESTRAAT - 114 E5 F4-5
WAPENMAKERSSTRAAT - 113 D5 - 114 D1
WARANDEBRUG - 113 D2
WEALESTRAAT JAMES - 113 C3 D3
WEIDESTRAAT - 114 F4 G4-5
WERFPLEIN - 113 B3 C3
WERFSTRAAT - 113 B3-4 C2-3
WERKHUISSTRAAT - 114 D2-3
WEST-GISTELHOF - 113 D4
WESTMEERS - 114 C2-3
WEVERSHOF - 114 C3
WIEDAUWBOS - 113 G2-3
WIELANTSTRAAT FILIPS - 114 F4 G4
WIJNGAARDPLEIN - 114 D3
WIJNGAARDSTRAAT - 114 D3
WIJNZAKSTRAAT - 113 D5
WILLAERTSTRAAT ADRIAAN - 113 C5 D5
WILLEMIJNENDREEF - 114 E2 F2
WILLEMSTRAAT - 114 D2 E2
WITTELEERTOUWERSSTRAAT - 114 E1 F1
WOENSDAGMARKT - 113 D5
WOLLESTRAAT - 114 D1
WULFHAGESTRAAT - 114 B1 C1
WULPENSTRAAT - 113 E2
ZAKSKE - 113 C5
ZEVENSTERRESTRAAT - 114 B1-2
ZILVERSTRAAT - 114 C1-2
ZONNEKEMEERS - 114 C3 D3
ZORGHESTRAAT ELISABETH - 113 E4
ZUIDERBOOMGAARD - 114 G4
ZUIDERVAARTJE - 113 F2 G2
ZUIDZANDSTRAAT - 114 B2 C2
ZWALUWENSTRAAT - 113 B2-3
ZWARTELEERTOUWERSSTRAAT - 114 E1-2
ZWIJNSTRAAT - 114 B2

BRUSSEL - BRUXELLES

(*) = NIET OP KAART GETEKEND
(*) = PAS REPRISE SUR LA CARTE

AALBESSENGANG - 118 C4
AALSTSTRAAT - 117 B4
AANAARDINGSSTRAAT - 118 B4
AANBEELDSTRAAT - 119 A4-5
AARLENSTRAAT - 120 A1-2-3 B1
AARSCHOTSTRAAT - 117 E2 F1-2
ABATTOIR/BOULEVARD DE L' - 115 G5 - 116 G1 - 117 A5 - 118 A1
ABATTOIR/RUE DE L' - 117 A5
ABBE CUYLITS/RUE - 116 F1 G1
ABBE CUYPERS/RUE - 120 F3 G3
ABDICATION/RUE DE L' - 119 D4
ABONDANCE/RUE DE L' - 117 G2 - 119 A2
ABRICOTIER/RUE DE L' - 118 C4
ABRIKOZEBOOMSTRAAT - 118 C4
ABSIL/SQUARE JEAN - 120 F5
ACACIAS/PLACE DES-PLEIN - 120 E5
ACCOLAY/RUE D' -STRAAT - 118 C1-2
ACCORD/RUE DE L' - 115 D3
ADUATIQUES/RUE DES - 120 G3-4
ADUATUKERSSTRAAT - 120 G3-4
AERSCHOT/RUE D' - 117 E2 F1-2
AGORA/GALERIE - GALERIJ - 117 D5 - 118 D1
AGRAFE/RUE DE L' - 116 B1-2
AGREMENT/RUE DE L' - 116 A3
AHORNBOMENSTRAAT - 120 E5
AIGUILLE/RUE DE L' - 116 B2 C2-3
AKENKAAI - 117 C1-2
AKKOORDSTRAAT - 115 D3
ALBERT-ELISABETH/AV.-LAAN - 120 G2
ALBERTINAPLEIN - 118 D1
ALBERTINE/PLACE DE L' - 118 D1
ALBERT I-SQUARE - 116 D3 E2-3
ALBERT PREMIER/SQUARE - 116 D3 E2-3
ALEXIENS/RUE DES - 118 C1-2
ALLARD/RUE-STRAAT - 117 F1
ALLARD/RUE-STRAAT ERNEST - 118 D2-3
ALLIANCE/RUE DE L' - 117 G4 - 119 A4
ALOST/RUE D' - 117 B4
ALSACE-LORRAINE/RUE D' - 118 F3 G3
AMBACHTENGANG - 117 D5
AMBACHTSLIEDENSTRAAT - 120 B5 C5
AMBIORIX/SQUARE - 119 C5 D5 - 120 C1
AMIGO/RUE DE L' - 117 C5 - 118 C1 D1
ANCIEN HOTEL DES POSTES/ GALERIES DE L' - 117 D5
ANCIENNE GARE/RUE DE L' - 116 D3
ANDENNE/RUE D'-STRAAT - 118 A5 B5
ANDERLECHT/PORTE D' - 116 G1 - 118 A1
ANDERLECHT/RUE D' - 118 A1 B1
ANDERLECHTSEPOORT - 116 G1 - 118 A1
ANDERLECHTSESTEENWEG - 118 A1 B1
ANDERLECHTSE WEGGEVOERDEN-STRAAT - 116 A4 B4
ANGLAISE/RUE - 117 A2
ANGLE/RUE DE L' - 117 D2
ANGLETERRE/RUE D' - 118 A4 B4
ANJELIERENSTRAAT - 117 E4
ANNEESSENS/PLACE-PLEIN - 118 B1
ANNEESSENS/RUE-STRAAT - 117 A5 B5
ANOUL/RUE-STRAAT - 118 F4 G4
ANSPACH/BOULEVARD-LAAN - 117 C4-5 D4 - 118 C1
ANTWERPSELAAN - 117 C2 D2
ANTWERPSEPOORT - 117 D2
ANTWERPSESTEENWEG - 117 D1-2
ANVERS/BOULEVARD D' - 117 C2 D2
ANVERS/CHAUSSEE D' - 117 D1-2
ANVERS/PORTE D' - 117 D2
ARBALETRIERS/RUE DES - 118 C2
ARBEIDSDOORGANG - 118 B2
ARBRE/RUE DE L' - 118 D3
ARBRE BENIT/RUE DE L' - 118 F4-5
ARC/RUE DE L' - 117 D2
ARCHIMEDE/RUE - 120 C1-2
ARCHIMEDESSTRAAT - 120 C1-2
ARDENNE/RUE D'-STRAAT - 120 B2
ARDENSE JAGERSPLEIN - 119 D5 E4-5
ARDUINKAAI - 117 C3 D3
ARENBERG/RUE D'-STRAAT - 117 D5 E5
ARGENT/RUE D' - 117 D4
ARGONNE/RUE DE L'-STRAAT - 116 G3 - 118 A3-4
ARLON/RUE D' - 120 A1-2-3 B1
ARMEE/AVENUE DE L' - 120 G3-4
ARMISTICE/RUE DE L' - 115 E1 F1
ARROSOIR/RUE DE L' - 118 B4
ARTAN/RUE-STRAAT - 119 C2-3-4
ARTESIESTRAAT - 118 A2 B1-2
ARTEVELDESTRAAT - 117 B5 C5 - 118 B1
ARTICHAUT/RUE DE L' - 119 A5 B5
ARTISANS/RUE DES - 120 B5 C5
ARTISJOKSTRAAT - 119 A5 B5
ARTISTES/CLOS DES - 119 F2
ARTOIS/RUE D' - 118 A2 B1-2
ARTS/AVENUE DES - 117 G5 - 118 F2 G1-2
ASCENSION/RUE DE L' - 117 F2 G2
ASSAUT/RUE D' - 117 E5
ASSOCIATION/RUE DE L' - 117 F4
ASSTRAAT - 117 E3
ASTRONOMIE/AVENUE DE L' - 117 G3-4
ATELIERS/RUE DES - 117 B2
ATHENEE/RUE DE L' - 118 F4
ATHENEUMSTRAAT - 118 F4
ATREBATENSTRAAT - 120 G4-5
ATREBATES/RUE DES - 120 G4-5
AUBER/AVENUE-LAAN - 116 B3
AUDERGHEM/AVENUE D' - 120 C2 D2-3-4-5 E5
AUGUSTIJNENSTRAAT - 117 C4 D4
AUGUSTINS/RUE DES - 117 C4 D4
AUMALE/RUE D'-STRAAT - 116 A3-4 B3
AUTONOMIE/RUE DE L' - 116 G2-3 - 118 A2-3
AUTRIQUE/RUE-STRAAT LEON - 115 E1-2 F2

AVENIR/RUE DE L' - 117 A2-3 B3
AVIATEUR THIEFFRY/RUE - 120 G5
AVIATION/SQUARE DE L' - 118 A2
AZALEALAAN - 119 C1 D1
AZALEES/AVENUE DES - 119 C1 D1
BAARDGANG - 118 B1
BADART/IMPASSE-GANG - 115 G3-4 - 117 A3-4
BAECK/AVENUE-LAAN JOSEPH - 115 C4 D4-5
BAKSTEENKAAI - 117 C3-4
BANKSTRAAT - 117 E4-5
BANQUE/RUE DE LA - 117 E4-5
BARA/PLACE-PLEIN - 116 G3
BARA/RUE-STRAAT - 116 E4-5 F3-4 G3
BARBE/IMPASSE DE LA - 118 B1
BARCLION/RUE DE STRAAT 117 B3
BARON HORTA/RUE-STRAAT - 118 E1
BARON LAMBERT/RUE-STRAAT - 120 D4 E4-5
BARQUES/QUAI AUX - 117 B3
BARRICADENPLEIN - 117 G4
BARRICADES/PLACE DES - 117 G4
BARTHELEMY/LAAN-BOULEVARD - 117 A3-4
BASSE/RUE-STRAAT FREDERIC - 118 B3
BASSINS/RUE DES - 116 D4
BASTION/SQUARE DU - 118 F3
BATAVES/RUE DES - 120 G3
BATAVIERENSTRAAT - 120 G3
BATEAU / RUE DU - 116 E1 F1
BATELAGE/QUAI DU - 117 C2
BATONNIER BRAFFORT/RUE - 120 G2-3
BAUCQ/RUE-STRAAT PHILIPPE - 120 C5 D5
BAUDET/RUE DU - 118 E2-3
BAUDOUIN/BOULEVARD - 117 C2 D2
BEAUTE/PLACE DE LA - 116 A3
BEEKPAD - 116 B1-2
BEEKSTRAAT - 117 A2 B2
BEENHOUWERSSTRAAT - 117 D5
BEFFROI/RUE DU - 119 D5 E5
BEGIJNENSTRAAT - 115 A2 B2 C2
BEGIJNHOF - 117 C4
BEGIJNHOFSTRAAT - 117 C3-4
BEGUINAGE/PLACE DU - 117 C4
BEGUINAGE/RUE DU - 117 C3-4
BEGUINES/RUE DES - 115 A2 B2 C2
BELFORTSTRAAT - 119 D5 E5
BELLIARD/RUE-STRAAT - 118 G2 - 120 A2 B2 C2-3 D3
BENOIT/RUE-STRAAT PETER - 120 D5
BERCEAU/RUE DU - 119 B5
BERCHEM/RUE DE- STRAAT - 115 G2
BERCKMANS/RUE-STRAAT - 118 C5 D5 E5
BERGENSE STEENWEG - 116 A5 B4-5 C3-4 D3 E2-3 F1-2 G1
BERGER/RUE DU - 118 E4 F4
BERGOPSTRAAT - 117 F2 G2
BERGSTRAAT - 117 D5 E5
BERG VAN BARMHARTIGHEID - 118 C3
BERTULOT/RUE-STRAAT ANDRE - 117 E2
BESACE/RUE DE LA - 119 E5
BESME/RUE-STRAAT JULES - 115 C1 D1
BETBEZE/RUE-STRAAT MARCEL - 115 D1
BETHLEEM/PLACE DE - 116 G5 - 118 A5
BETHLEHEMPLEIN - 116 G5 - 118 A5
BEURRE/PETITE RUE AU - 117 C5 D5
BEURRE/RUE AU - 117 C5 D5
BEURSPLEIN - 117 C5
BEURSSTRAAT - 117 C5
BEYAERT/RUE-STRAAT HENRI - 117 F5 G5
BIDDAER/RUE-STRAAT PIERRE - 116 A5 B5
BIEN-ETRE/RUE DU - 115 B5
BIENFAISANCE/RUE DE LA - 117 E2
BIENFAITEURS/PLACE DES - 119 C2 D2
BIESPUTSTRAAT - 120 F3
BIESTEBROECK/QUAI DE - 116 B5 C4-5
BIESTEBROECK/RUE DE - 116 C4-5
BIESTEBROEKKAAI - 116 B5 C4-5
BIESTEBROEKSTRAAT - 116 C4-5
BIGORNE/RUE DE LA - 119 A5
BIJSTANDSSTRAAT - 118 C1
BINJE/RUE-STRAAT FRANS - 119 C2 D1-2
BIRMINGHAM/RUE DE-STRAAT - 115 E5 F5 - 116 B2-3 C1-2 D1 E1
BISCHOFFSHEIM/BOULEVARD-LAAN - 117 F3-4 G4-5
BISSCHOPSSTRAAT - 117 C4 D4
BISSE/RUE-STRAAT - 116 F2 G2
BIVAKSTRAAT - 115 C5
BIVOUAC/RUE DU - 115 C5
BLAES/RUE-STRAAT - 118 B3-4 C2-3
BLANCHE/RUE-STRAAT - 118 E5
BLANCHISSERIE/RUE DE LA - 117 E3
BLEKERIJSTRAAT - 117 E3
BLEROTSTRAAT / RUE ERNEST - 116 F3-4 G3
BLIJDE INKOMSTLAAN - 120 D1-2
BLIJDSCHAPSSTRAAT - 116 B4-5
BLINDES/SQUARE DES - 117 B3
BLOEMENGAARDE - 119 F1
BLOEMENHOFPLEIN - 117 B5
BLOEMENMEISJESGANG - 118 B3
BLOEMENSTRAAT - 117 D3-4
BLOEMISTENSTRAAT - 118 B3-4
BLOEMTUINENLAAN - 119 F1-2 G1
BLYCKAERTS/PLACE-PLEIN RAYMOND - 120 A5 B5
BOBIJNGANG - 117 F4
BOBINE/IMPASSE DE LA - 117 F4
BODEGEMSTRAAT - 118 A1-2 B1
BODEGHEM/RUE - 118 A1-2 B1
BODENBROEK/RUE-STRAAT - 118 D2 E2
BODUOGNAT/RUE - 119 C5 - 120 B1 C1
BODUOGNATUSSTRAAT - 119 C5 - 120 B1 C1
BOERENSTRAAT - 120 E3-4 F4
BOERS/RUE DES - 120 E3-4 F4
BOEUFS / IMPASSE DES - 117 D5
BOGAARDENSTRAAT - 118 C1
BOGARDS/RUE DES - 118 C1
BOIS/GRANDE RUE AU - 119 C2 D2-3 E3
BOIS A BRULER/QUAI AU - 117 C3-4
BOIS DE CONSTRUCTION/QUAI AU - 117 B3 C3
BOIS SAUVAGE/RUE DU - 117 E5
BOITEUX/RUE DES - 117 D4 E4
BOLIVAR/BOULEVARD-LAAN SIMON - 117 C1 D1 E1
BOLLANDISTENSTRAAT - 120 G4
BOLLANDISTES/RUE DES - 120 G4
BOLWERKLAAN - 117 D2-3 F3
BOLWERKSQUARE - 118 F3
BONEHILL/RUE-STRAAT EDMOND - 115 D4-5 E4
BONNEELS/RUE-STRAAT - 119 B4-5
BONNEVIE/RUE-STRAAT - 115 G2 - 117 A2
BON SECOURS/RUE DE - 118 C1
BONTE/RUE DE LA - 118 E5
BOOGSTRAAT - 117 D2
BOOMKWEKERIJSTRAAT - 118 E3 F2-3
BOOMSTRAAT - 118 D3
BORDEAUX/RUE DE-STRAAT - 118 C5 D5
BORDIAU/RUE-STRAAT - 119 D5
BORDUURDERSSTRAAT - 118 B4
BORGENDAALGANG - 118 E2
BORGENDAEL/IMPASSE DU - 118 E2
BORGVAL - 117 C5
BORGWAL - 117 C5
BORNE/RUE DE LA - 115 F3-4 G3
BORTIER/GALERIE-GALERIJ - 118 D1
BOSQUET/RUE-STRAAT - 118 C4 D4-5 E5
BOSSAERTS/RUE-STRAAT FRANCOIS - 119 C3 D2-3 E2
BOSSUET/PLACE-PLEIN FRANCOIS - 119 A3
BOTANIQUE/RUE - 117 F2-3
BOTERSTRAAT - 117 C5 D5
BOUCHERS/PETITE RUE DES - 117 D5
BOUCHERS/RUE DES - 117 D5
BOUDEWIJNLAAN - 117 C2 D2
BOUGIE/RUE DE LA - 115 G5 - 116 G1
BOUILLON/RUE-STRAAT JULES - 118 F4 G4
BOULET/RUE DU - 117 B4-5
BOULEVARD/AVENUE DU - 117 D2-3 E3
BOUQUETIERE/IMPASSE DE LA - 118 B3
BOURE/RUE-STRAAT - 118 F4
BOURSE/PLACE DE LA - 117 C5
BOURSE/RUE DE LA - 117 C5
BOUVIER/RUE-STRAAT - 117 B1 C1
BOUWERSTRAAT - 116 D2-3
BRABANCONNE/AVENUE DE LA-LAAN - 119 C5 D4-5
BRABANT/RUE DE-STRAAT - 117 E2-3 F1-2
BRAEMT/RUE-STRAAT - 119 B3-4
BRAIE/RUE DE LA - 117 B4
BRANDHOUTKAAI - 117 C3-4
BRASSERIE/AVENUE DE LA - 116 F2
BRASSEURS/RUE DES - 118 D1
BRAVES/RUE DES - 115 E1
BREDERODE/RUE-STRAAT - 118 E2 F2
BREUGHEL/RUE-STRAAT - 118 B4-5
BREUGHEL DE OUDESQUARE - 118 C3
BREUGHEL L'ANCIEN/SQUARE - 118 C3
BREYDEL/RUE-STRAAT - 120 C2-3
BRIALMONT/RUE-STRAAT - 117 F3 G3
BRIEFDRAGERSTRAAT - 117 A3
BRIGADE PIRON/AVENUE-LAAN - 115 C2-3-4
BRIGITTINENSTRAAT - 118 B2 C2
BRIGITTINES/PETITE RUE DES - 118 C2
BRIGITTINES/RUE DES - 118 B2 C2
BRILLENGANG - 118 B1
BRIQUES/QUAI AUX - 117 C3-4
BROCHET/RUE DU - 120 B4-5 C5
BRODEURS/RUE DES - 118 B4
BROECK/RUE DU - 116 A3
BROEDERSCHAPSTRAAT - 117 F1
BROEKSTRAAT (BRUSSEL) - 117 E3-4
BROEKSTRAAT (ANDERLECHT) - 116 A3
BROEREN/RUE-STRAAT JULES - 116 A3 B3
BROGNIEZ/RUE-STRAAT - 116 F3 G2-3 - 118 A1-2
BRONSSTRAAT - 116 C4
BRONSTRAAT - 118 C5 D5
BRONZE/RUE DU - 116 C4
BROODTHAERTS/MARCEL PLACE - 116 G4 - 118 A4
BROODTHAERTSPLEIN/MARCEL - 116 G4 - 118 A4
BROUWERIJLAAN - 116 F2
BROUWERSSTRAAT - 118 D1
BROYERE/RUE-STRAAT - 116 G1
BRUGES/RUE DE - 115 B1-2
BRUGGESTRAAT - 115 B1-2
BRUIDSSTRAAT - 117 D3-4
BRUINSTRAAT - 116 B3
BRUNE/RUE - 116 B3
BRUNFAUT/RUE-STRAAT FERNAND - 115 G3-4 - 117 A3-4
BRUYLANTS/RUE-STRAAT - 120 F5 G4-5
BUANDERIE/RUE DE LA - 117 A5 B5 - 118 B1
BULENS/IMPASSE-GANG - 115 G4
BULS/RUE-STRAAT CHARLES-KAREL - 117 D5 - 118 C1 D1
BUYSSE/RUE-STRAAT CYRIEL - 116 A2-3
CADEAUX/IMPASSE DES - 117 D5
CADRAN/RUE DU - 119 A3 B3
CAIL ET HALOT/RUE-STRAAT - 115 G4
CALLIOPE/RUE-STRAAT - 115 C3
CALVIJNSTRAAT - 119 C4 D4
CALVIN/RUE - 119 C4 D4
CAMBIER/AVENUE-LAAN ERNEST - 119 E2 F2-3
CAMPANULES/RUE DES - 115 C2 D2
CAMPINE/RUE DE LA - 115 E3
CAMUSEL / RUE-STRAAT - 117 A5 - 118 A1 B1
CANAL/DIGUE DU - 116 C4-5 D4
CANAL/RUE DU - 117 C3 D3
CANDRIES/AVENUE- LAAN EDMOND - 115 A2-3
CANON/RUE DU - 117 E3-4
CANS/RUE-STRAAT - 118 G4-5
CANTERSTEEN - 118 E1
CAPITAINE CRESPEL/RUE - 118 E4
CAPOUILLET/RUE-STRAAT - 118 D4-5
CAPUCINS/RUE DES - 118 B3 C3
CARABINIERS/PLACE DES - 119 G3-4
CARDINAL/RUE DU - 119 B4-5
CARDINAL/RUE DU - 119 B4-5
CARDINAL MERCIER/RUE DU - 117 D5 E5 - 118 E1
CAROLY/RUE-STRAAT - 118 G3 - 120 A3
CARPE/RUE DE LA - 115 F2-3
CARPENTIER/RUE-STRAAT EMILE - 116 D3-4 E4
CARROUSEL/RUE DU - 119 C4
CASERNE/RUE DE LA - 118 A2 B1-2
CELIDEE/RUE DE LA-STRAAT - 115 D2
CELLEBROERSSTRAAT - 118 C1-2
CELTES/AVENUE DES - 120 F3
CENDRES/RUE DES - 117 E3
CENTRE/GALERIE DU - 117 D5
CENTRUMGALERIJ - 117 D5
CERISIERS/AVENUE DES - 119 G5
CHAIR ET PAIN/RUE - 117 D5
CHAISIERS/RUE DES - 118 B4
CHALET/RUE DU-STRAAT - 119 A3-4
CHAMBERY/RUE DE-STRAAT - 120 D5
CHAMP DE MARS/PLACE DU - 118 F3
CHAMP DE MARS/RUE DU - 118 F3 G3
CHAMP D'OSSEGHEM/RUE - 115 A3 B3
CHAMP DU ROI/RUE - 120 D4-5 E4
CHAMPS/AVENUE DES - 120 E5 F5
CHAMPS/RUE DES - 120 E5
CHAMPS ELYSEES/RUE DES - 118 F5 G5
CHANCELLERIE / RUE DE LA - 117 E5 - 118 E1
CHANDELIERS/RUE DES - 118 C2 D2
CHANT D'ALOUETTE/PLACE DU - 115 D3
CHANTIER/QUAI DU - 117 C2
CHANTIER/RUE DU - 117 C2
CHAPEAU/RUE DU - 116 F2
CHAPELAIN/RUE DU - 116 A3
CHAPELET/IMPASSE DU - 117 D5
CHAPELIERS/RUE DES - 118 C1 D1
CHAPELLE/PLACE DE LA - 118 C2 D2
CHAPELLE/RUE DE LA - 118 C2
CHAPITRE/RUE DU - 116 A4
CHAR/RUE DU - 117 A4 B4
CHARBO/AVENUE-LAAN - 119 D4 E4
CHARBONNAGES/QUAI DES - 117 A3 B2-3
CHARBONNIERS/RUE DES - 117 E1-2
CHARDONS/RUE DES - 119 E2
CHARITE/RUE DE LA - 117 G5 - 119 A5
CHARLEMAGNE/BOULEVARD - 120 C1
CHARLEROI/CHAUSSEE DE - 118 D5 E5
CHARLEROISE STEENWEG - 118 D5 E5
CHARLES MARTEL/RUE - 119 C5 - 120 B1 C1
CHARLES QUINT/RUE - 119 C4 D4-5
CHARLES-VI/RUE - 119 A4
CHARPENTIERS/RUE DES - 118 B4 C4
CHARTREUX/RUE DES - 117 B5 C5
CHASSE/AVENUE DE LA - 120 E4-5 F3-4
CHASSEUR/RUE DU - 118 B2 C2
CHASSEURS ARDENNAIS/PLACE DES - 119 D5 E4-5
CHATEAU/AVENUE DU - 115 C1
CHATEAU/RUE DU - 120 B5 C5
CHATELAILLON-PLAGE/SQUARE DE - 118 F4 G4-5
CHAUFFERETTE/RUE DE LA - 117 C5
CHAUMIERE/RUE DE LA - 117 F2
CHAUX/QUAI A LA - 117 C3
CHAZAL/AVENUE-LAAN - 119 D2-3 E1-2
CHEMIN DE FER/RUE DU - 117 F2-3
CHENE/RUE DU - 118 C1
CHEVAL/IMPASSE DU - 117 D4
CHEVALERIE/AVENUE DE LA - 120 E2-3 F1-2
CHEVALIERS/RUE DES - 118 E3-4
CHEVAL NOIR/RUE DU - 117 A3-4
CHEVREUIL/RUE DU - 118 B3 C3
CHIEN MARIN/RUE DU - 117 B4 C4
CHIEN VERT/RUE DU - 117 B2-3
CHIMISTE/RUE DU - 115 G5 - 116 F1 G1
CHOEUR/RUE DU - 117 A2 B1-2
CHOME/RUE-STRAAT HENRI - 119 F2 G2
CHOME-WYNS/RUE-STRAAT - 116 E3
CHOUX/RUE AUX - 117 D4 E4
CHRISTINE/RUE - 118 C3 D3
CIBLE/RUE DE LA - 119 C4
CIGOGNE/RUE DE LA - 117 B3-4
CINEMA/RUE DU-STRAAT - 115 G3 - 117 A3
CINQUANTENAIRE/CLOS DU - 120 F2
CINQUANTENAIRE/GALERIE DU - 120 G2-3
CINQUANTENAIRE/PARC DU - 120 D2 E2
CIPRESSTRAAT - 117 C4
CIRCUSSTRAAT - 117 C3 D3-4
CIRQUE/RUE DU - 117 C3 D3-4
CITE/RUE DE LA - 118 G5 - 120 A5
CLAES/RUE-STRAAT JOSEPH - 116 G4-5 - 118 A4-5
CLAYS/AVENUE-LAAN - 119 C3 D3
CLE/RUE DE LA - 117 B3-4
CLEMENCEAU/AVENUE-LAAN - 116 F2 G2-3
CLEMENTINE/RUE-STRAAT - 120 B5
CLINIQUE/RUE DE LA - 116 F2-3 G2
CLIQUET/ROND-POINT RENE - 118 E3-4
CLIQUETPLEIN RENE - 118 E3-4
CLOCHER/RUE DU - 120 D3
CLOS/AVENUE DES - 119 G1
CLOVIS/BOULEVARD-LAAN - 119 C4-5
COCQ/PLACE-PLEIN FERNAND - 118 F5 G5
COENRAETS/RUE-STRAAT - 116 G4-5 - 118 A5
COFFY/IMPASSE DU-GANG - 118 D1
COLLECTEUR/RUE DU - 116 D3
COLLEGE/RUE DU- STRAAT - 118 G5 - 120 A5
COLLEGIALE/RUE DE LA-STRAAT - 117 E5
COLLINE/RUE DE LA - 117 D5
COLOMBIER/RUE DU - 117 D3-4
COLONEL BOURG/RUE - 119 G4
COLONEL BREMER/PLACE - 119 C2-3
COLONEL VAN GELE/RUE - 120 D3-4 E4
COLONIES/RUE DES - 117 E5 F5
COLONNE/RUE DE LA - 115 F3 G3
COMBATTANTS/IMPASSE DES - 115 G1-2
COMEDIENS/RUE DES - 117 E4
COMETE/RUE DE LA - 117 G3
COMMANDANT CHARCOT/RUE-STRAAT - 116 A1-2
COMMANDANT PONTHIER/RUE - 120 G5
COMMERCANTS/RUE DES - 117 C2 D2-3
COMMERCE/GALERIE DU - 117 D4
COMMERCE/QUAI DU - 117 C2-3
COMMERCE/RUE DU - 118 G1-2-3 - 120 A1
COMMUNALE/PLACE - 115 G3 - 117 A3
COMMUNE/RUE DE LA - 119 A3-4
COMPAGNONS/RUE DES - 119 G2-3
COMPAS/RUE DU - 116 F1-2
COMTE DE FLANDRE/RUE DU - 117 A2-3
CONCILIATION/RUE DE LA - 116 B3-4
CONCORDE/RUE DE LA - 118 E4-5 F4
CONDOR/AVENUE DU-LAAN - 115 A3-4
CONFEDERES/RUE DES - 119 C5 D5 E5
CONFIANCE/RUE DE LA - 120 C4-5
CONGRES/PLACE DU-PLEIN - 117 F4
CONGRES/RUE DU-STRAAT - 117 F4-5 G5
CONSCIENCE/PLACE-PLEIN HENRI-HENDRIK - 118 G5 - 120 A5
CONSEIL/PLACE DU - 116 F3
CONSEIL/RUE DU - 118 G4-5 - 120 A4
CONSOLATION/RUE DE LA - 119 B2-3 C3
CONSTITUTION/PLACE DE LA - 118 A3
CONSTITUTION/RUE DE LA - 117 G1 - 119 A1
CONSTRUCTEUR/RUE DU - 116 D2-3
COOSEMANS/RUE-STRAAT JOSEPH - 119 D3 E2-3
COPPENS/RUE-STRAAT - 118 D2-3
COQ/IMPASSE DU - 117 D3
COQUELICOTS/RUE DES - 120 E4 F4-5
CORDIALITE/RUE DE LA - 115 B5
CORHAY/RUE-STRAAT LOUIS - 115 A1-2 B1
CORNET/RUE DU - 120 C3 D3 E3
CORNET DE GREZ/RUE-STRAAT - 117 G2
CORREGGIOSTRAAT - 119 D5 - 120 D1
CORTENBERGH/AVENUE DE - 119 E5 - 120 C2 D1-2 E1
COTEAUX/RUE DES - 119 A3 B1-2-3
COUDENBERG - 118 E1
COURBET/CITE-WIJK - 118 C4
COURONNE/AVENUE DE LA - 120 B5
COURT/RUE-STRAAT ANTOINE - 115 F2
COURTENS/AVENUE-LAAN FRANS - 119 G1-2
COURTENS/RUE-STRAAT FRANS - 119 G1
COURTOIS/PETITE RUE - 117 B2
COURTOIS/RUE-STRAAT - 117 B2
COURTOISIE/RUE DE LA - 115 A5
COURTRAI/RUE DE - 115 E3 F3
CRECHE/RUE DE LA - 118 G4
CRICKX/RUE-STRAAT LAMBERT - 116 G2 - 118 A2
CROISADES/RUE DES - 117 D2 E2
CROIX/RUE DE LA - 118 F5 G5
CROIX DE FER/RUE DE LA - 117 F5 G5
CROIX DE PIERRE/RUE DE LA - 118 C5
CUBISME/RUE DU - 115 E2 F2
CUERENS/RUE-STRAAT - 117 A5
CULTES/RUE DES - 117 G4
CULTIVATEURS/RUE DES - 120 E5
CUREGHEM/RUE DE - 118 A1 B1
CUVE/IMPASSE DE LA - 118 D1
CYPRES/RUE DU - 117 C4
DAILLY/AVENUE-LAAN - 119 C2-3 D3-4
DAILLY/PLACE-PLEIN - 119 D3-4
DAM - 118 B1
DAM/RUE DU - 118 B1
DAMBORDSTRAAT - 117 E3-4
DAMIER/RUE DU - 117 E3-4
DANDOY/PLACE-PLEIN AIME - 120 F5
DANEMARK/RUE DE - 116 G5 - 118 A5
DANSAERT/RUE- STRAAT ANTOINE - 117 A3 B3-4 C4-5
DANTE/RUE-STRAAT - 116 C4 D4-5
DAPPERENSTRAAT - 115 E1
DAPPERHEIDSPLEIN - 116 A4
D'ARDENNE/RUE-STRAAT JEAN - 118 E5 F5
DARIMON/RUE-STRAAT - 117 A3
DARING/AVENUE DU-LAAN - 115 B2-3
DAUPHINS/RUE DES - 115 A4 B3-4
DAUWSTRAAT - 115 G5 - 116 G1 - 117 A5
DA VINCISTRAAT LEONARDO - 120 E1
DEBATTY/AVENUE-LAAN LEON - 116 B1 C1
DEBECKER/RUE-STRAAT JULES - 115 E1 F1
DE BERIOT/RUE-STRAAT - 117 G4 - 119 A4
DE BERLAIMONT/BOULEVARD-LAAN - 117 E4-5
DE BEUGHEM/RUE-STRAAT - 117 G2
DE BONNE/RUE-STRAAT - 115 D5 E5 - 116 E1
DE BRAECKELEER/RUE-STRAAT HENRI - 120 G2
DE BROUCHOVEN DE BERGEYCK/RUE-STRAAT JEAN - 117 E4
DE BROUCKERE/PLACE-PLEIN - 117 D4
DE BRUYN/RUE-STRAAT - 119 B5
DE BURLET/SQUARE-PLEIN JULES - 120 F2
DECOCK/RUE-STRAAT JEAN-BAPTISTE - 115 E3-4
DE FIENNES/RUE-STRAAT - 116 F3 G3
DE FORMANOIR/RUE-STRAAT - 116 A3-4
DE GENEFFE/RUE-STRAAT - 115 G2-3 - 117 A2-3
DEGORGE/RUE-STRAAT EUGENE - 115 D3
DE GRIMBERGHE/RUE-STRAAT EDMOND - 115 F2-3 G2
DEGROUX/RUE-STRAAT CHARLES - 120 F1-2 G2
DE GUNST/RUE-STRAAT LOUIS - 115 E4
DE HAERNE/RUE-STRAAT - 120 C5
DE HORNES/RUE - 118 F3
DE JAMBLINNE DE MEUX/PLACE-PLEIN - 119 E5 F5
DEJONCKER/RUE-STRAAT - 118 D4-5 E5
DEKEN ADRIAENSSTRAAT - 117 A2
DEKEN BOONESTRAAT - 120 E3
DEKEN FIERENSSTRAAT - 117 A2 B2
DEKENS/RUE-STRAAT - 120 D3
DEKEYN/RUE-STRAAT JOSEPH - 119 C4
DE KONINCK/RUE-STRAAT - 115 B2-3 C3
DE KOSTER/IMPASSE-GANG - 115 G3
DELACROIX/RUE-STRAAT LEON - 116 D1 E1
DE LA HOESE/AVENUE-LAAN JEAN - 115 B1 C1-2
DE LALAING/RUE-STRAAT JACQUES - 120 A1 B1-2
DE LANTSHEERE/RUE-STRAAT LEON - 120 F1-2 G1
DE LATOUR/RUE-STRAAT ALBERT - 119 C2-3
DELAUNOY/RUE-STRAAT - 115 E3 F3-4 G4
DELCOIGNE/RUE-STRAAT FRANCOIS - 115 F1-2 G2
DELCOURT/RUE-STRAAT EDMOND - 116 A3
DE LENGLENTIER/RUE-STRAAT - 118 B3
DELHAIZE/RUE-STRAAT JULES - 115 D2-3
DELHAYE/SQUARE FELIX - 119 B4 C4
DE LIEDEKERKE/RUE-STRAAT - 119 A3-4 B4
DE LIGNE/RUE-STRAAT - 117 E5 F4-5
DEMANY/PONT-BRUG FERNAND - 120 G5
DE MEEUS/SQUARE - 118 G2-3 - 120 A2-3
DEMENAGEURS/RUE DES - 115 G2
DE MERODE/RUE-STRAAT - 116 F5 G4-5 - 118 A3-4-5
DEMESSEMAEKER/RUE-STRAAT PIERRE-JEAN - 115 D3
DEMETS/QUAI-KAAI FERNAND - 116 C3 D1-2-3 E1
DEMOCRATIE/RUE DE LA-STRAAT - 116 A4-5 B5
DEMOSTHENE/RUE - 116 A2 B1-2
DEMOSTHENESSTRAAT - 116 A2 B1-2
DE MOT/RUE-STRAAT - 120 C3 D3
DENAYER/RUE-STRAAT SYLVAIN - 115 C5
DENEMARKENSTRAAT - 116 G5 - 118 A5
DEPAEPE/RUE-STRAAT CESAR - 118 B4-5
DE PASCALE/RUE-STRAAT - 120 B2
DEPORTES ANDERLECHTOIS/RUE DES - 116 A4 B4
DE RIBAUCOURT/RUE-STRAAT - 117 A1-2 B1
DE ROBIANO/RUE-STRAAT - 119 A1 B1
DE ROOVERE/AVENUE-LAAN - 115 D3-4-5
DE RUDDER/RUE-STRAAT - 115 C2 D2
DERUYDTS/CARRE-BLOK - 118 F5
DE SAEGHER/RUE-STRAAT HENRI - 115 E3-4
DE SAULNIER/RUE-STRAAT ARMAND - 115 A2
DESCHAMPHELEER/RUE-STRAAT - 115 G1-2 - 117 A1-2
DESCHANEL/AVENUE-LAAN PAUL - 119 B1-2-3 C1
DE SMET/PLACE-PLEIN HENRI - 115 C5
DE STASSART/RUE-STRAAT - 118 E3-4 F3
DE SWAEF/RUE-STRAAT LEOPOLD - 115 B5 - 116 B1 C1
DE THEUX/RUE-STRAAT - 120 C4-5
DE THIBAULT/AVENUE-LAAN EDOUARD - 120 F4-5
DEUX EGLISES/RUE DES - 119 A4-5 - 120 A1
DEUX GARES/RUE DES - 116 D5 E5 F5
DEUX PONTS/RUE DES - 120 B5
DEUX TILLEULS/AVENUE DES - 120 G2-3
DEUX TOURS/RUE DES - 119 B3-4

DEVAUX/RUE-STRAAT PAUL - 117 C4-5
DEVIGNE/RUE-STRAAT PAUL - 119 D2 E2
DE VINCI/RUE LEONARD - 120 E1
DEVOIR/RUE DU - 116 A3 B3
DEVREESE/RUE-STRAAT GODEFROID - 119 C1-2
DE WITTE DE HAELEN/RUE-STRAAT - 117 B3
DE WYNANTS/RUE-STRAAT - 118 C3-4
D'HONDT/IMPASSE-GANG - 115 F4
DIAMANT/AVENUE DU-LAAN - 119 E3-4 F4 G4-5
DICHTERSGAARDE - 119 G1
DIKSMUIDELAAN - 117 B2 C2
DILBEEK/RUE DE - 115 C5
DILBEEK/RUE DE-STRAAT - 115 B4 C4-5
DILBEEKSE STRAAT - 115 C5
DILLEN/SQUARE JEF - 116 A3
DILLENS/PLACE-PLEIN JULIEN - 118 C5
DILLENS/RUE-STRAAT - 120 A5
DILLIE/RUE-STRAAT ALBERT - 115 F1
DINANT/PLACE DE-PLEIN - 118 C2 D2
DINANT/RUE DE-STRAAT - 118 C1 D1
DIONGRE/RUE-STRAAT JOSEPH - 115 A2 B2
DISTELSSTRAAT - 119 E2
DIXMUDE/BOULEVARD DE - 117 B2 C2
DOCTEUR CHARLES BEUDIN/RUE - 115 B2 C2
DOCTEUR DE MEERSMAN/RUE - 116 G1-2
DOCTEUR KUBORN/RUE - 116 D5 E5
DOKTER CHARLES BEUDINSTRAAT - 115 B2 C2
DOKTER DE MEERSMANSTRAAT - 116 G1-2
DOKTER KUBORNSTRAAT - 116 D5 E5
DOLFIJNENSTRAAT - 115 A4 B3-4
DOMINICAINS/RUE DES - 117 D5
DOORNIKSTRAAT - 118 B1-2
DORPSSTRAAT - 116 A4 B4
D'OULTREMONT/RUE-STRAAT - 120 F2 G2
DOUVRES/RUE DE - 116 B3-4 C4
DOUZE APOTRES/RUE DES - 118 E1
DOVERSTRAAT - 116 B3-4 C4
DOYEN/RUE-STRAAT NICOLAS - 115 D5 - 116 D1
DOYEN ADRIAENS/RUE - 117 A2
DOYEN BOONE/RUE - 120 E3
DOYEN FIERENS/RUE - 117 A2 B2
DRAAIERSGANG - 118 B3
DRAPEAU/RUE DU - 116 B3-4
DRAPIERS/RUE DES - 118 E4
DRIEHOEKPLAATS - 115 F5 G4-5
DROIT/PLACE DU - 116 A3 B3
DRUIVENALLEE - 119 A4
DRUKPERSSTRAAT - 117 F5 G5
DUBLIN/RUE DE-STRAAT - 118 F3 G3
DUBOIS/RUE-STRAAT ALFRED - 115 B4 C3-4
DUBOIS-THORN/RUE-STRAAT - 115 D3-4 E2-3
DUCALE/RUE - 117 G5 - 118 F1-2 G1
DUCHESSE DE BRABANT/PLACE DE LA - 115 E5 F4-5
DUIVENKOTSTRAAT - 117 D3-4
DUIVENSTRAAT - 118 D2
DUJARDIN/RUE-STRAAT JOSEPH - 116 E3-4
DUMONCEAU/RUE-STRAAT - 118 C4
DUPLOYE/SQUARE EMILE - 119 B2
DUPONT/RUE-STRAAT - 117 F1-2 G2
DUPONT/RUE-STRAAT JOSEPH - 118 D3
DUQUESNOY/RUE-STRAAT - 118 D1
DUYDELLE/RUE-STRAAT - 115 C3
DWARSSTRAAT - 117 G3 - 119 A3
EBURONENSTRAAT - 119 B5 C5
EBURONS/RUE DES - 119 B5 C5
ECHELLES/RUE DES - 117 D3
ECLIPSE/RUE DE L' - 117 B5 C5
ECLIPSSTRAAT - 117 B5 C5
ECOLE/RUE DE L' - 115 G2-3 - 117 A2-3
ECOLE MODERNE/RUE - 116 E3-4
ECONOMIE/RUE DE L' - 118 B3
ECOSSE/RUE D' - 118 C5 D4-5
ECUELLE/RUE DE L' - 119 E5
ECUYER/RUE DE L' - 117 D4-5
EDIMBOURG/RUE D' - 118 F3
EDINBURGSTRAAT - 118 F3
EDINGENSTRAAT - 115 D5 E5
EECKELAERS/RUE-STRAAT - 119 C3-4
EEDGENOTENSTRAAT - 119 C5 D5 E5
EEDSTRAAT - 116 A3 B3
EENDRACHTSSTRAAT - 118 E5
EENDRACHTSTRAAT - 118 E4-5 F4
EENMANSSTRAATJE - 117 D5
EERWAARDE PATER PIRESTRAAT - 115 D1
EEUWIGHEIDSLAAN - 116 B2-3
EGLISE-ST.-GILLES/RUE DE L' - 118 B5
EGLISE STE.-ANNE/RUE DE L' - 115 F1-2 G1
EGMONT/RUE D' -STRAAT - 118 F3
EIKSTRAAT - 118 C1
ELECTRICITE/RUE DE L'- 116 D3-4
ELEGIE/RUE DE L'-STRAAT - 115 B3-4
ELEKTRICITEITSSTRAAT - 116 D3-4
ELEPHANT/RUE DE L' - 115 F4 G3-4
ELF-NOVEMBERLAAN - 120 E5 F5
ELOY/RUE-STRAAT - 116 E4 F4
ELSENEGALERIJ - 118 F3
ELSENSE STEENWEG - 118 F3-4-5 G5
ELYZEESE VELDENSTRAAT - 118 F5 G5
ELZAS-LOTHARINGENSTRAAT - 118 F3 G3
EMERAUDE/AVENUE DE L' - 119 F3-4
EMPEREUR/BOULEVARD DE L' - 118 C2 D1-2
EMULATION/RUE DE L' - 116 C1-2
ENCLUME/RUE DE L' - 119 A4-5
ENGELANDSTRAAT - 118 A4 B4
ENGELENBERGSTRAAT - 115 G1
ENGELSESTRAAT - 117 A2
ENGHIEN/RUE D' - 115 D5 E5
ENSEIGNEMENT/RUE DE L' - 117 F5
ENSOR/RUE-STRAAT JAMES - 116 C2-3
EPARGNE/RUE DE L' - 117 D3
EPEE/RUE DE L' - 118 C3
EPERONNIERS/IMPASSE DES - 118 D1
EPERONNIERS/RUE DES - 118 D1
ERABLES/RUE DES - 120 E5
ERASME/RUE - 116 A3 B3
ERASMUSSTRAAT - 116 A3 B3
EREDIENSTSTRAAT - 117 G4
ESCADRON/RUE DE L' - 120 G4-5
ESCALIER/RUE DE L' - 118 D1-2
ESCRIMEURS/RUE DES - 118 C2-3
ESKADRONSTRAAT - 120 G4-5
ESPAGNE/PLACE D' - 117 D5 - 118 D1
ESPERANCE/RUE DE L' - 117 A1 B1-2
ESPLANADE/RUE DE L'-STRAAT - 118 F3 G3
EST/RUE DE L' - 119 A1 B1
ETANG/RUE DE L' - 120 B4 C4
ETANGS/CLOS DES - 120 C4
ETANGS NOIRS/RUE DES - 115 E3 F2-3
ETENDARD/RUE DE L' - 119 D5
ETERNITE/AVENUE DE L' - 116 B2-3
ETTERBEEK/CHAUSSEE D' - 120 B1-2 C2-3
ETTERBEEKSESTEENWEG - 120 B1-2 C2-3
ETUVE/RUE DE L' - 118 C1
EUROPAESPLANADE - 116 G3 - 118 A3
EUROPAKRUISPUNT - 118 D1 E1
EUROPE/CARREFOUR DE L' - 118 D1 E1
EUTERPE/RUE-STRAAT - 115 C2-3 D3
EVENEPOEL/RUE-STRAAT HENRI - 119 G3
EVENTAIL/RUE DE L' - 118 C3
EVEQUE/RUE DE L' - 117 C4 D4
EVERS/RUE-STRAAT - 118 C4-5
EXPANSION/RUE DE L' - 116 A2-3
EZELSSTRAAT - 118 E2-3
FABRIEKSSTRAAT - 117 A5 B5
FABRIQUES/RUE DES - 117 A5 B5
FACTEUR/RUE DU - 117 A3
FAISANS/RUE DES - 118 B4
FAKKELLOOPSTRAAT - 115 F1 G1
FAUBOURG/RUE DU - 117 D1-2
FAUCILLE/IMPASSE DE LA - 117 C4
FAUCON/RUE DU - 118 C3-4
FAZANTENSTRAAT - 118 B4
FERME/RUE DE LA - 119 A4 B4
FERMERIJGANG - 117 C3 D3
FERMERIJSTRAAT - 117 C3
FERON/RUE-STRAAT EMILE - 116 G5 - 118 A4-5 B4
FERRAILLE/IMPASSE DE LA - 118 B1
FETIS/RUE-STRAAT - 120 D4-5
FIANCEE/RUE DE LA - 117 D3-4
FIDELITE/IMPASSE DE LA - 117 D5
FILATURE/RUE DE LA - 118 B5
FILIPS DE GOEDESTRAAT - 119 B5 - 120 B1
FIN/RUE-STRAAT - 115 G4 - 117 A4
FINISTERE/RUE DU - 117 D3-4
FINISTERRAESTRAAT - 117 D3-4
FLANDRE/PORTE DE - 117 A3 B3
FLANDRE/RUE DE - 117 A3 B3-4 C4
FLECHE/RUE DE LA - 117 D2
FLEURISTES/RUE DES - 118 B3-4
FLEURS/CLOS DES - 119 F1
FLEURS/RUE AUX - 117 D3-4
FLEURUS/RUE DE-STRAAT - 118 G3
FLINS/ALLEE DE-DREEF - 116 D2-3
FOIN/QUAI AU - 117 C3 D3
FONDERIE/RUE DE LA - 115 G2
FONSNY/AVENUE-LAAN - 116 F5 G4-5 - 118 A3-4
FONTAINAS/CITE-HOF - 118 A4 B4
FONTAINAS/PLACE-PLEIN - 118 B1 C1
FONTAINAS/RUE-STRAAT - 118 A5 B5
FONTAINE/RUE DE LA - 118 B2-3
FONTAINE D' AMOUR/RUE - 119 C1
FONTEINSTRAAT - 118 B2-3
FOPPENS/RUE-STRAAT - 116 G1 - 118 A1
FOREST/CHAUSSEE DE - 118 A5 B5
FORET D' HOUTHULST/RUE DE LA - 117 B2-3 C3
FORGE/RUE DE LA - 118 B5
FORT DE BONCELLES/RUE - 120 F4
FORTI DEI MARMI/SQUARE - 120 B4
FORTIN/AVENUE-LAAN - 119 G2-3
FORT VAN BONCELLESSTRAAT - 120 F4
FOSSE AUX LOUPS/RUE DU - 117 D4 E4
FOULONS/RUE DES - 118 A1 B1-2
FOURCHE/RUE DE LA - 117 D5
FRAICHEUR/RUE DE LA - 115 B3 C3
FRANCART/RUE-STRAAT - 118 F3-4
FRANCE/RUE DE - 116 F4-5 G4
FRANCK/SQUARE JACQUES - 118 B5
FRANCS/RUE DES - 120 F3 G3
FRANKENSTRAAT - 120 F3 G3
FRANKLIN/RUE-STRAAT - 119 D5 E5 - 120 C1 D1
FRANKRIJKSTRAAT - 116 F4-5 G4
FRANS GASTHUISLAAN - 118 D1
FRATERNITE/RUE DE LA - 117 F1
FREDERIC/RUE-STRAAT LEON - 119 F4-5
FRERE-ORBAN/RUE-STRAAT - 117 D2
FRERE-ORBAN/SQUARE - 118 G1-2 - 120 A1-2
FRICK/SQUARE HENRI - 117 G4
FRIPIERS/RUE DES - 117 D4-5
FRISHEIDSTRAAT - 115 B3 C3
FRISON/SQUARE ELSA - 116 A5 B5
FROEBEL/RUE-STRAAT - 118 A1
FROISSART/RUE-STRAAT - 120 C2-3
FRONT/AVENUE DU-LAAN - 120 F5 G5
FRONTISPICE/RUE DU - 117 C2 D1-2
FRONTISPIESSTRAAT - 117 C2 D1-2
FUCHSIAS/RUE DES-STRAAT - 115 C1 D1 E1
FULTON/RUE-STRAAT - 119 E5 - 120 E1
FUSS/RUE-STRAAT GUSTAVE - 119 C3
GAARDENLAAN - 119 G1
GAITE/RUE DE LA - 116 B4-5
GALILEE/AVENUE-LAAN - 117 F3 G3-4
GALLIERSLAAN - 120 E3 F3
GALOPIN/AVENUE-LAAN ALEXANDRE - 120 E5 F5
GAND/CHAUSSEE DE - 115 A1 B1-2 C2 D2 E2 F2 G2-3 - 117 A3
GANDHI/AVENUE-LAAN MAHATMA - 115 E1-2
GANSHOREN/RUE DE - 115 E1 F1-2
GANSHORENSE STRAAT - 115 E1 F1-2
GARE/RUE DE LA - 120 F4 G3-4
GAULOIS/AVENUE DES - 120 E3 F3
GAUTIER/RUE-STRAAT ANTOINE - 120 D4 E4-5
GEBROKENHOFSTRAAT - 118 C2-3
GEDACHTENISSTRAAT - 116 A2 B2
GEEFS/RUE-STRAAT - 119 A2 B2
GEMEENTEPLAATS - 115 G3 - 117 A3
GEMEENTESTRAAT - 117 A3-4
GENER. CAPIAUMONT/RUE-STRAAT - 120 C5 D5
GENER. EISENHOWER/AVENUE-LAAN - 119 C1-2 D1 E1
GENER. FIVE/RUE-STRAAT - 120 F5
GENER. GRATRY/RUE-STRAAT - 119 G5 - 120 F1 G1
GENER. HENRY/RUE-STRAAT - 120 E5
GENER. LEMAN/RUE-STRAAT - 120 C3 D3
GENER. MEISER/PLACE-PLEIN - 119 F3
GENER. MOLITOR/RUE-STRAAT - 120 F5
GENER. RUQUOY/RUE-STRAAT - 115 C5 - 116 C1
GENER. TOMBEUR/RUE-STRAAT - 120 F3-4
GENER. WAHIS/BOULEVARD-LAAN - 119 E1 F1-2-3
GENER. WANGERMEE/RUE-STRAAT - 120 E4-5
GENEVE/RUE DE-STRAAT - 119 G1
GENOT/RUE-STRAAT JOSEPH - 115 A1
GENTILHOMME/RUE DU - 117 E5 F5
GENTSESTEENWEG - 115 E2 F2 G2-3 - 117 A3
GEOMETRE/RUE DU - 115 A3 B3-4
GEORGE DIT MARCHAL/RUE-STRAAT - 115 F1
GERARD/RUE-STRAAT - 120 F1-2 G2
GERARD/RUE-STRAAT FRANCOIS - 116 B5
GERECHTSPLEIN - 118 D1-2
GERECHTSSTRAAT - 116 B3-4
GESCHENKENGANG - 117 D5
GESPSTRAAT - 116 B1-2
GETROUWHEIDSGANG - 117 D5
GETS/CITE-WIJK - 116 A4
GEURSTRAAT - 116 A2-3
GEUZENPLEIN - 119 E5
GEVAERT/RUE-STRAAT AUGUSTE - 116 E3-4 F3
GEWIJDEBOOMSTRAAT - 118 F4-5
GEZELLENSTRAAT - 119 G2-3
GHEUDE/RUE-STRAAT - 116 F1 G1-2
GHYSBRECHT/IMPASSE GANG - 115 G3-4 - 117 A3-4
GIERSTRAAT - 118 A1 B1
GIETERIJSTRAAT - 115 G2
GIETERSTRAAT - 118 B4
GILDENSTRAAT - 119 B5
GILISQUET/AVENUE-LAAN CHARLES - 119 E1
GILLE/AVENUE-LAAN NORBERT - 116 C1-2
GILLON/RUE-STRAAT - 117 G3 - 119 A3
GINESTE/RUE-STRAAT - 117 E3
GIROFLEE/IMPASSE DE LA - 117 D5
GLASGOW/RUE DE-STRAAT - 116 C1-2
GLAZENMAKERSGANG - 118 B4
GODECHARLE/RUE-STRAAT - 120 A3-4
GODEFROID DE BOUILLON/RUE - 117 F2-3 G3
GODFRIED VAN BOUILLONSTRAAT - 117 F2-3 G3
GOEDERENSTRAAT - 116 E5
GOEDHEIDSSTRAAT - 118 E5
GOFFART/RUE-STRAAT - 118 G4 - 120 A4-5
GOOTSTRAAT - 118 C1
GOSSELIES/RUE DE-STRAAT - 115 F5
GOUDSMEDENSTRAAT - 118 B4
GOUJONS/RUE DES - 116 C5 D4-5 E3-4
GOUTTIERE/RUE DE LA - 118 C1
GOUVERNEMENT PROVISOIRE/RUE DU - 117 F4 G4
GOUVERNEUR NENS/RUE-STRAAT - 116 C3 D3
GRAAF VAN VLAANDERENSTRAAT - 117 A2-3
GRAINDOR/BOULEVARD-LAAN JULES - 116 C1 D1
GRAND CERF/RUE DU - 118 D3-4
GRAND DUC/RUE DU - 120 C5 D4-5
GRANDE HAIE/RUE DE LA - 120 F3-4 G4-5
GRANDE ILE/RUE DE LA - 117 B5 C5 - 118 B1
GRAND HOSPICE/RUE DU - 117 C3
GRAND-PLACE - 117 D5
GRAND SABLON/PLACE DU - 118 D2
GRANDS CARMES/RUE DES - 118 C1
GRAND-SERMENT/RUE DU - 117 A4 B4
GRASMARKT - 117 D5
GRAVELINES/RUE DE - 119 B5 C5
GRAY/RUE-STRAAT - 120 B4 C3-4
GREEPSTRAAT - 117 D5
GREFFE/RUE DU - 116 B3-4
GRENSSTRAAT - 117 G3 - 119 A2-3
GRETRY/RUE-STRAAT - 117 C4-5 D5
GREVELINGENSTRAAT - 119 B5 C5
GRIFFIESTRAAT - 116 B3-4
GRIL/IMPASSE DU - 117 B4
GRISAR/RUE-STRAAT - 116 F3 G3
GROENE HONDSTRAAT - 117 B2-3
GROENINGHE/RUE DE-STRAAT - 115 E3
GROENSTRAAT - 117 F1-2-3
GRONDELSSTRAAT - 116 C5 D4-5 E3-4
GRONDWETPLEIN - 118 A3
GRONDWETSTRAAT - 117 G1 - 119 A1
GROOT EILAND - 117 B5 C5 - 118 B1
GROOTGODSHUISSTRAAT - 117 C3
GROOTHERTOGSTRAAT - 120 C5 D4-5
GROOTSERMENTSTRAAT - 117 A4 B4
GROSEILLES/IMPASSE DES - 118 C4
GROSSE TOUR/RUE DE LA - 118 E4-5
GROTE BOSSTRAAT - 119 C2 D2-3 E3
GROTE HAAGSTRAAT - 120 F3-4 G4-5
GROTEHERTSTRAAT - 118 D3-4
GROTE MARKT - 117 D5
GROTE ZAVEL - 118 D2
GRUNER/RUE-STRAAT MARCEL - 115 C1-2
GUEUX/PLACE DES - 119 E5
GUIDON/RUE-STRAAT FIK - 115 A1
GUILDES/RUE DES - 119 B5
GUIMARD/RUE-STRAAT - 118 G1
GULDEN BODEM/RUE DU-STRAAT - 115 C3 D3
GULDENHOOFDSTRAAT - 117 C5 D5
GULDEN-VLIESGALERIJ - 118 E3 F3
GULDEN-VLIESLAAN - 118 C4 D4 E3-4 F3
GUTENBERG/SQUARE - 119 B5
HAACHTSESTEENWEG - 117 F3 G1-2-3 - 119 A1-2
HABERMAN/RUE-STRAAT - 116 G1
HAECHT/CHAUSSEE DE - 117 F3 G1-2-3 - 119 A1-2
HAINAUT/QUAI DU - 115 G4 - 117 A3-4
HAL/PORTE DE - 118 B5
HALLEMANS/IMPASSE-GANG - 117 A4
HALLENSTRAAT - 117 C4-5
HALLEPOORT - 118 B5
HALLEPOORTLAAN - 118 A3-4 B4-5
HALLES/RUE DES - 117 C4-5
HAMERSTRAAT - 117 G5 - 119 A5 B5
HANDELSGALERIJ - 117 D4
HANDELSKAAI - 117 C2-3
HANDELSSTRAAT - 118 G1-2-3 - 120 A1
HANDELSSTRAAT - 118 G1-2-3 - 120 A1
HANEGANG - 117 D3
HANSEN-SOULIE/AV.-LAAN - 120 F5
HANSSENS/RUE-STRAAT CHARLES - 118 D3
HAP/JARDIN-TUIN FELIX - 120 C4 D4
HAP/RUE-STRAAT FELIX - 120 E3
HAP/RUE-STRAAT LOUIS - 120 C4 D4 E3-4 F3
HARENGS/RUE DES - 117 D5
HARINGSTRAAT - 117 D5
HARMONIE/RUE DE L'-STRAAT - 117 D2
HARTELIJKHEIDSSTRAAT - 115 B5
HAUBRECHTS/RUE-STRAAT - 117 A3 B3
HAUTE/RUE - 118 B4-5 C2-3-4 D2
HAVAUX/RUE-STRAAT ERNEST - 120 C5
HAVENLAAN - 117 B1-2 C1
HECTOLITERSTRAAT - 118 B3-4
HECTOLITRE/RUE DE L' - 118 B3-4
HEGER-BORDET/RUE-STRAAT - 118 C4-5
HEILIGE GEESTSTRAAT - 118 C2 D2
HELDENPLEIN - 118 A5
HELIHAVENLAAN - 117 C1-2 D1
HELIPORT/AVENUE DE L' - 117 C1-2 D1
HELLINCKX/RUE-STRAAT FRANCOIS - 115 E2
HENEGOUWENKAAI - 115 G4 - 117 A3-4
HENRI/AVENUE-LAAN GEORGES - 120 G2
HERBETTE/BOULEVARD-LAAN MAURICE - 116 A1 B1
HERDERSSTRAAT - 118 E4 F4
HERIS/RUE-STRAAT - 118 A1
HERKOLIERS/RUE-STRAAT - 115 F1 G1
HEROS/PLACE DES - 118 A5
HERTOGIN VAN BRABANTPLAATS - 115 E5 F4-5
HERTOGSSTRAAT - 117 G5 - 118 F1-2 G1
HERZIENINGSLAAN - 116 E4 F3-4
HEUVELSTRAAT - 117 D5
HEYVAERT/RUE-STRAAT - 115 F5 G5 - 116 F1
HIPPOCAMPES/RUE DES - 115 A3 B3
HIRONDELLES/RUE DES - 117 C4 D4
HOBBEMA/RUE-STRAAT - 120 E1-2
HOEDENMAKERSSTRAAT - 118 C1 D1
HOEDSTRAAT - 116 F2
HOEKSTRAAT - 117 D2
HOEVESTRAAT - 119 A4 B4
HOFBERG - 118 E2
HOFFELIJKHEIDSSTRAAT - 115 A5
HOLLANDE/RUE DE - 116 G4 - 118 A4
HOLLANDSTRAAT - 116 G4 - 118 A4
HOMME CHRETIEN/RUE DE L' - 118 D1
HOOFDRIOOLSTRAAT - 116 D3
HOOGSTRAAT - 118 B4-5 C2-3-4 D2
HOOIKAAI - 117 C3 D3
HOOPSTRAAT - 117 A1 B1-2
HOORNESTRAAT - 118 F3
HOORNSTRAAT - 120 C3 D3 E3
HOPITAL/RUE DE L' - 118 D1
HOPSTRAAT - 117 A4 B4
HORTA/PLACE-PLEIN VICTOR - 116 F4 G3-4
HOTEL DES MONNAIES/RUE DE L' - 118 C5
HOUBLON/RUE DU - 117 A4 B4
HOUILLE/QUAI A LA - 117 C3
HOUILLEURS/RUE DES - 117 B2
HOUTHULSTBOSSTRAAT - 117 B2-3 C3
HOUTMARKT - 117 E5 - 118 E1
HOUWAERT/PLACE-PLEIN - 119 A3
HOUZEAU DE LEHAIE/RUE-STRAAT - 115 G1 - 117 A1
HOVENIERSTRAAT - 115 G1-2 - 117 A1-2
HUGO/RUE-STRAAT VICTOR - 119 E3-4 F4-5
HUIDENMARKT - 117 D5
HUIDEVETTERIJSTRAAT - 115 F1
HUIDEVETTERSSTRAAT - 118 B2-3 C2
HUISHOUDENSSTRAAT - 118 B4
HUITRES/IMPASSE AUX - 117 C5
HULPSTRAAT - 117 F2 G2
HUTSTRAAT - 117 F2
HUYGENS/RUE- STRAAT - 115 C3-4
HYDRAULIQUE/RUE - 119 A5
HYMANS/RUE-STRAAT PAUL - 119 F2 G2
IDALIE/RUE D'-STRAAT - 118 G3-4 - 120 A3-4
IEPERLAAN - 117 B2 C2-3
IJZERENKRUISSTRAAT - 117 F5 G5
IJZERLAAN - 120 F2-3
IJZERPLEIN - 117 C2
IMPENS/RUE-STRAAT JOSSE - 119 C1 D1-2
IMPERATRICE/BOULEVARD DE L' - 117 D5 E5 - 118 D1
INDEPENDANCE/RUE DE L' - 115 E3 F3-4
INDUSTRIE/QUAI - 116 C3 D1-2-3 E1
INDUSTRIE/QUAI DE L' - 115 E5 F5 G4-5 - 116 E1
INDUSTRIE/RUE DE L' - 118 G1-2 - 120 A1-2
INDUSTRIEL/BOULEVARD - 116 D5
INDUSTRIELAAN - 116 D5
INFANTE ISABELLASTRAAT - 118 D1
INFANTE ISABELLE/RUE DE L' - 118 D1
INFIRMERIE/IMPASSE DE L' - 117 C3 D3
INFIRMERIE/RUE DE L' - 117 C3
INQUISITIESTRAAT - 119 C4
INQUISITION/RUE DE L' - 119 C4
INSTITUT/RUE DE L' - 116 A3
INSTITUUTSTRAAT - 116 A3
INSTRUCTION/RUE DE L' - 116 E3 F3-4 G4
INTENDANT/RUE DE L' - 117 A1 B1
INTERNATIONALE DOORGANG - 117 E2
IXELLES/CHAUSSEE D' - 118 F3-4-5 G5
IXELLES/GALERIE D' - 118 F3
JACHTLAAN - 120 E4-5 F3-4
JACOBS/PLACE-PLEIN JEAN-JAN - 118 C4 D4
JACQMAIN/BOULEVARD-LAAN EMILE - 117 D3-4
JACQUES/CITE-GANG - 115 G3
JACQUET/RUE-STRAAT JEAN - 115 E2 F2
JAGERSSTRAAT - 118 B2 C2
JAMAR/BOULEVARD-LAAN - 116 G3 - 118 A3
JANSEN/RUE-STRAAT JACQUES - 119 D3 E3
JANSON/AVENUE-LAAN PAUL - 116 A4
JANSSEN/RUE-STRAAT JEAN-BAPTISTE - 115 D2-3
JANSSENS/RUE-STRAAT FRANCOIS - 116 B4
JARDIN AUX FLEURS/PLACE DU - 117 B5
JARDIN BOTANIQUE/BOULEVARD DU - 117 D2-3 E3 F3
JARDIN DES OLIVES/RUE DU - 118 C1
JARDINIER/RUE DU - 115 G1-2 - 117 A1-2
JARDIN ROMPU/RUE DU - 118 C2-3
JARDINS/AVENUE DES - 119 F1-2 G1
JASPAR/AVENUE-LAAN HENRI - 118 B5 C5
JENNART/RUE-STRAAT - 115 G1 - 117 A1
JENNER/RUE-STRAAT - 120 B4
JENNEVAL/RUE-STRAAT - 119 D5
JETSE STEENWEG - 115 G1-2
JETTE/CHAUSSEE DE - 115 G1-2
JEU DE BALLE/PLACE DU - 118 B3-4
JEUGDLAAN - 119 F2
JEUNESSE/AVENUE DE LA - 119 F2
JONAS/RUE-STRAAT ACHILLE - 115 B5
JONCHAIE/RUE DE LA - 120 F3
JONKERSSTRAAT - 117 E5 F5
JONNART/AVENUE-LAAN ALBERT - 120 G1-2
JONNIAUX/RUE-STRAAT - 120 D3
JOODSE MARTELARENSQUARE - 116 D4 E4
JOORS/CITE-GANG - 115 B3
JOREZ/RUE-STRAAT - 116 F2-3
JOSAPHAT/RUE-STRAAT - 119 A2-3 B1-2
JOSEPH II/RUE - 117 G5 - 118 G1 - 119 A5 - 120 A1 B1 C1
JOSET/AVENUE-LAAN CAMILLE - 120 F5
JOSPA / RUE-STRAAT YVONNE - 117 B4
JOTTRAND/AVENUE-LAAN - 119 B3-4
JOURDAN/CITE-WIJK - 120 C3-4
JOURDAN/PLACE-PLEIN - 120 C3
JOURDAN/RUE-STRAAT - 118 B5 C5 D4-5
JOYEUSE ENTREE/AVENUE DE LA - 120 D1-2
JOZEF II-STRAAT - 117 G5 - 118 G1 - 119 A5 - 120 A1 B1 C1
JUBELBERG - 120 E3
JUBELFEESTLAAN - 115 G1 - 117 A1
JUBELGAARDE - 120 F2
JUBELGALERIJ - 120 G2-3
JUBELPARK - 120 D2 E2
JUBILE/BOULEVARD DU - 115 G1 - 117 A1
JUSTICE/PLACE DE LA - 118 D1-2

JUSTICE/RUE DE LA - 116 B3-4
KAASMARKT - 118 D1
KALKKAAI - 117 C3
KANDELAARSSTRAAT - 118 C2 D2
KANONSTRAAT - 117 E3-4
KANSELARIJSTRAAT - 117 E5 - 118 E1
KANTERSTEEN - 118 E1
KAPELAANSSTRAAT - 116 A3
KAPELLEMARKT - 118 C2 D2
KAPELLESTRAAT - 118 C2
KAPITEIN CRESPELSTRAAT - 118 E4
KAPITTELSTRAAT - 116 A4
KAPUCIJNENSTRAAT - 118 B3 C3
KARABINIERSPLEIN - 119 G3-4
KARDINAAL MERCIERSTRAAT - 117 D5 E5 - 118 E1
KARDINAALSSTRAAT - 119 B4-5
KAREL DE GROTELAAN - 120 C1
KAREL MARTELSTRAAT - 119 C5 - 120 B1 C1
KAREL VI-STRAAT - 119 A4
KARMELIETENSTRAAT - 118 E2-3
KARPERBRUG - 117 C5
KARPERSTRAAT - 115 F2-3
KARREVELD/AVENUE DU -LAAN - 115 C1-2
KARTUIZERSSTRAAT - 117 B5 C5
KASTANJEBOOMSTRAAT - 117 C3-4
KASTEELLAAN - 115 C1
KASTEELSTRAAT - 120 B5 C5
KAZERNESTRAAT - 118 A2 B1-2
KEIENVELDSTRAAT - 118 E4 F4-5
KEIZERINLAAN - 117 D5 E5 - 118 D1
KEIZER KARELSTRAAT - 119 C4 D4-5
KEIZERSLAAN - 118 C2 D1-2
KELTENLAAN - 120 F3
KEMPENSTRAAT - 115 E3
KENNEDY/AVENUE-LAAN JOHN - 120 D2 E2
KERCKX/RUE-STRAAT - 120 A5 B5
KERNSTRAAT - 118 E2-3
KERSELARENLAAN - 119 G5
KERSTENMANNEKENSSTRAAT - 118 D1
KESSELS/RUE-STRAAT - 119 B1
KEYENVELD/RUE - 118 E4 F4-5
KIEKENMARKT - 117 C4-5 D5
KINDERGELUK/RUE-STRAAT - 115 C3-4
KINET/RUE-STRAAT - 116 A3 B3
KINNEBAKSTRAAT - 117 C4
KIPS/RUE-STRAAT RICHARD - 120 D4
KLEERKOPERSSTRAAT - 117 D4-5
KLEINE DALSTRAAT - 119 A4-5
KLEINE HULPSTRAAT - 117 F2
KLEIN-EILAND - 116 C5 D5
KLEINE ZAVEL - 118 D2-3 E3
KLIMOPSTRAAT - 115 D3
KLINIEKSTRAAT - 116 F2-3 G2
KLOKBLOEMENSTRAAT - 115 C2 D2
KLOKTORENSTRAAT - 120 D3
KNAPZAKSTRAAT - 119 E5
KOEKELBERG/AVENUE DE-LAAN - 115 A1
KOGELSTRAAT - 117 B4-5
KOLENMARKT - 117 C5 - 118 C1
KOLLEBLOEMENSTRAAT - 120 E4 F4-5
KOLOMSTRAAT - 115 F3 G3
KOLONEL BOURGSTRAAT - 119 G4
KOLONEL BREMERPLEIN - 119 C2-3
KOLONEL VAN GELESTRAAT - 120 D3-4 E4
KOLONIALE VETERANENSQUARE - 116 B1 C1
KOLONIENSTRAAT - 117 E5 F5
KOMEDIANTENSTRAAT - 117 E4
KOMMANDANT PONTHIERSTRAAT - 120 G5
KOMMENSTRAAT - 116 D4
KONING ALBERT II - LAAN - 117 D1-2 E1-2
KONINGINNEGALERIJ - 117 D5
KONINGINNEPLEIN - 117 G1-2
KONINGINNESTRAAT - 117 D4-5
KONING OVERWINNAARPLEIN - 120 F5
KONINGSGALERIJ - 117 D5
KONINGSLAAN - 116 F5
KONINGSPLEIN - 118 E2
KONINGSSTRAAT - 117 F3-4-5 G2-3 - 118 E1-2 F1
KONINGSVELDSTRAAT - 120 D4-5 E4
KONINKLIJKE-PRINSSTRAAT - 118 E4 F4
KONINKLIJKE SINTE-MARIASTRAAT - 117 G1 - 119 A1
KOOLBRANDERSSTRAAT - 117 E1-2
KOOLMIJNENKAAI - 117 A3 B2-3
KOOLMIJNGRAVERSSTRAAT - 117 B2
KOOLSTRAAT - 117 D4 E4
KOOPLIEDENSTRAAT - 117 C2 D2-3
KOORSTRAAT - 117 A2 B1-2
KORENBEEK/RUE DU-STRAAT - 115 A2 B2
KORTE BEENHOUWERSSTRAAT - 117 D5
KORTE BOTERSTRAAT - 117 C5 D5
KORTE BRIGITTINENSTRAAT - 118 C2
KORTE COURTOISSTRAAT - 117 B2
KORTE HULPSTRAAT - 117 F2
KORTE L'OLIVIERSTRAAT - 119 A2
KORTE MINIMENSTRAAT - 118 D2
KORTE MUSEUMSTRAAT - 118 E2
KORTENBERGLAAN - 119 E5 - 120 C2 D1-2 E1
KORTE NOORDSTRAAT - 117 G4
KORTE POTTENGOEDSTRAAT - 116 G1
*KORTE VIOLETSTRAAT - 118 D1
KORTRIJKSTRAAT - 115 E3 F3
KOUDENBERG - 118 E1
KRAKEELPLEIN - 118 B3
KRAKEELSTRAAT - 118 B3
KREUPELENSTRAAT - 117 D4 E4
KRIBBESTRAAT - 118 G4
KRISTINASTRAAT - 118 C3 D3
KROONLAAN - 120 B5
KRUIDTUINLAAN - 117 D2-3 E3 F3
KRUIDTUINSTRAAT - 117 F2-3
KRUISBOOGSCHUTTERSSTRAAT - 118 C2
KRUISDAGENLAAN - 120 G2
KRUISSTRAAT - 118 F5 G5
KRUISVAARTENSTRAAT - 117 D2 E2
KRUITMOLENSTRAAT - 117 A4-5
KUBISMESTRAAT - 115 E2 F2
KUIPERSSTRAAT - 118 B4 C4
KUIPGANG - 118 D1
KUNSTBERG - 118 D1 E1
KUNSTENAARSGAARDE - 119 F1-2
KUNSTLAAN - 117 G5 - 118 F2 G1-2
KUREGEMSESTRAAT - 118 A1 B1
KWATRECHTSTRAAT - 117 F1
LABOUREUR/IMPASSE DU - 117 A4 B4
LACAILLE/RUE-STRAAT - 118 B4
LACOMBLE/AVENUE-LAAN ADOLPHE - 119 F5 G4-5
LADDERSSTRAAT - 117 D3
LAEKEN/RUE DE - 117 C3-4 D2-3
LAERMANS/RUE-STRAAT EUGENE - 117 A2
LAINES/RUE AUX - 118 B4 C4 D3-4 E3
LAITERIE/RUE DE LA - 115 B4-5
LAKENSESTRAAT - 117 C3-4 D2-3
LAKENWEVERSSTRAAT - 118 E4
LAMBERMONT/BOULEVARD-LAAN - 119 D1 E1
LAMBERMONT/RUE-STRAAT - 118 F1-2
LAMBIOTTE/RUE-STRAAT AUGUSTE - 119 D2-3 E3
LANDBOUWERSGANG - 117 A4 B4
LANDBOUWERSSTRAAT - 120 E5
LANDMETERSTRAAT - 115 A3 B3-4
LAND VAN LUIKSTRAATJE - 117 B3-4 C3
LANGEHAAGSTRAAT - 118 E5 F5
LANGE-HAAGSTRAAT - 118 E5 F5
LANG LEVENSTRAAT - 118 F3-4 G4
LAUSANNE/RUE DE-STRAAT - 118 D5
LAVALLEE/RUE-STRAAT ADOLPHE - 117 A1-2 B2
LAVOIR/RUE DU - 118 B3
LEBEAU/RUE-STRAAT - 118 D2
LEBRUN/RUE-STRAAT JULES - 119 G2-3
LE CORREGE/RUE - 119 D5 - 120 D1
LEDUC/RUE-STRAAT PAUL - 119 G1-2
LEEUWERIKSLIEDPLAATS - 115 D3
LEFEVRE/RUE-STRAAT VICTOR - 120 F1
LEFRANCQ/RUE-STRAAT - 117 G1 - 119 A1
LEGERLAAN - 120 G3-4
LEGRELLE/RUE-STRAAT CHARLES - 120 G4
LEMAIRE/AVENUE-LAAN JOSEPH - 115 A2
LE MARINEL/AVENUE-LAAN - 120 F5
LEMMENS/PLACE-PLEIN ALPHONSE - 116 G1
LEMONNIER/BOULEVARD-LAAN MAURICE - 118 A2 B1-2
LEOPOLD/RUE-STRAAT - 117 D4-5
LEOPOLD-II/BOULEVARD-LAAN - 115 F1 G1 - 117 A1 B1-2
LEOPOLD III/BOULEVARD-LAAN - 119 F2 G1-2
LEPAGE/RUE-STRAAT LEON - 117 B4
LEROY/PLACE-PLAATS EDMOND - 115 B2
LESSENSTRAAT - 115 E4
LESSINES/RUE DE - 115 E4
LE TINTORET/RUE - 120 D1 E1
LE TITIEN/RUE - 119 D5 - 120 D1 E1
LEUVENSEPLEIN - 117 F5
LEUVENSE POORT - 117 G5 - 119 A5
LEUVENSESTEENWEG - 119 A4-5 B4 C4 D3-4 E3 F3 G2-3
LEUVENSEWEG - 117 F5 G5
LEVALLOIS-PERRET/RUE DE-STRAAT - 115 A4
LEYS/RUE-STRAAT - 120 E1 F1
LIBERTE/AVENUE DE LA - 115 C1 D1 E1
LIBERTE/PLACE DE LA - 117 F4-5 G4
LIBRE EXAMEN/RUE DU - 116 B3 C3
LIEFDADIGHEIDSSTRAAT - 117 G5 - 119 A5
LIERRE/RUE DU - 115 D3
LIEVEVROUWBROERSSTRAAT - 118 C1
LILAS/RUE DU - 117 C3-4
LIMAUGE/RUE-STRAAT - 120 B4
LIMBOURG/AVENUE-LAAN - 116 A5
LIMITE/RUE DE LA - 117 G3 - 119 A2-3
LIMNANDER/RUE-STRAAT - 116 G2-3
LINIERE/RUE DE LA - 118 C5
LINNE/RUE-STRAAT - 117 F1-2
LINTHOUT/PASSAGE - 120 G2
LINTHOUT/RUE DE-STRAAT - 119 F5 - 120 F1 G1-2
LINTHOUTSE WERKMANSWOONWIJK - 119 G5
LIPSE / RUE JUSTE - 120 C2
LIPSIUSSTRAAT JUSTUS - 120 C2
LIVERPOOL/RUE DE-STRAAT - 115 F5 - 116 F1 G1
LIVINGSTONE/AVENUE-LAAN - 120 B1
LIVORNOSTRAAT - 118 E5
LIVOURNE/RUE DE - 118 E5
LOCQUENGHIEN/RUE-STRAAT - 117 B3
LOI/RUE DE LA - 117 F5 - 118 F1 G1 - 120 A1 B1 C1-2 D2
LOIX/PLACE-PLEIN - 118 D5
LOKSUMSTRAAT - 117 E5 - 118 E1
L' OLIVIER/RUE-STRAAT - 117 G2 - 119 A2
LOLLEPOTSTRAAT - 117 C5
LOMBARD/RUE DU-STRAAT - 117 C5 - 118 C1 D1
LONDENPLEIN - 118 G3
LONDENSTRAAT - 118 G3
LONDRES/PLACE DE - 118 G3
LONDRES/RUE DE - 118 G3
LONGUE HAIE/RUE DE LA - 118 E5 F5
LONGUE VIE/RUE - 118 F3-4 G4
LOOFSTRAAT - 118 B1
LORAND/RUE-STRAAT GEORGES - 118 G4
LOUISE/AVENUE - 118 D4 E4-5
LOUISE/GALERIE DE LA PORTE - 118 E4
LOUISE/PLACE - 118 D4
LOUIZAGALERIJ - 118 E4
LOUIZALAAN - 118 D4 E4-5
LOUIZAPLEIN - 118 D4
LOUIZAPOORT/GALERIJ VAN DE - 118 D4 E4
LOUVAIN/CHAUSSEE DE - 119 A4-5 B4 C4 D3-4 E3 F3 G2-3
LOUVAIN/PLACE DE - 117 F5
LOUVAIN/PORTE DE - 117 G5 - 119 A5
LOUVAIN/RUE DE - 117 F5 G5
LOXUM/RUE DE - 117 E5 - 118 E1
LUCHTVAARTSQUARE - 118 A2
LUNETTES/IMPASSE DES - 118 B1
LUTHER/RUE-STRAAT - 119 C4 D4
LUXEMBOURG/PLACE DU - 120 A3
LUXEMBOURG/RUE DU - 118 F2 G2-3 - 120 A2-3
LUXEMBURGPLEIN - 120 A3
LUXEMBURGSTRAAT - 118 F2 G2-3 - 120 A2-3
LUZERNE/RUE DE LA-STRAAT - 119 E3
LYNEN/RUE-STRAAT AMEDEE - 119 A4
MAAGDENSTRAAT - 118 B1
MAAIERSSTRAAT - 120 E5
MAALBEEKDALHOF - 120 C2
MAALBEEKLAAN - 120 C3
MACHOIRE/RUE DE LA - 117 C4
MACHTENS/BOULEVARD-LAAN EDMOND - 115 A4 B4 C4 D3-4
MACHTENS/SQUARE EDMOND - 115 B4
MADELEINE/RUE DE LA - 118 D1
MADELIEFJESSTRAAT - 119 C1-2
MADOU/PLACE-PLEIN - 117 G4-5 - 119 A4-5
MADRILLE/IMPASSE-GANG - 117 C5
MAELBEEK/AVENUE DU - 120 C3
MAELBEEK/AVENUE DU-LAAN - 120 B3-4 C3
MAES/RUE-STRAAT - 118 G5 - 120 A5
MAGASIN/RUE DU - 117 C2
MAGDALENASTEENWEG - 118 D1
MAHILLON/AVENUE-LAAN LEON - 119 E4 F3-4
MAJO(O)R DUBREUCQ/RUE-STRAAT RENE - 118 G3-4
MALHERBE/AVENUE-LAAN FRANCOIS - 116 C2-3
MALIBRAN/RUE-STRAAT - 120 A5 B5
MALINES/RUE DE - 117 D3 E3
MALIS/RUE-STRAAT CHARLES - 115 B2-3
MALOU/AVENUE-LAAN JULES - 120 C5 D5
MANCHESTER/RUE DE-STRAAT - 115 F5
MANNE/RUE-STRAAT JACQUES - 116 A1-2
MARAIS/RUE DU - 117 E3-4
MARCHAL/AVENUE-LAAN FELIX - 119 D4 E4
MARCHANDISES/RUE DES - 116 E5
MARCHANT/RUE-STRAAT PIERRE - 116 B5 C5
MARCHE/RUE DU - 117 D2 E2
MARCHE AU BOIS - 117 E5 - 118 E1
MARCHE AU CHARBON/RUE DU - 117 C5 - 118 C1
MARCHE AUX FROMAGES/RUE DU - 118 D1
MARCHE AUX HERBES/RUE DU - 117 D5
MARCHE AUX PEAUX/RUE DU - 117 D5
MARCHE AUX PORCS/RUE DU - 117 B3-4
MARCHE AUX POULETS/RUE DU - 117 C4-5 D5
MARCQ/RUE-STRAAT - 117 C3
MARGARETASQUARE - 119 D5
MARGUERITE/SQUARE - 119 D5
MARIA-HENDRIKASTRAAT - 120 A5 B5
MARIA-LOUIZASQUARE - 119 B5 C5 - 120 B1 C1
MARIA-THERESIASTRAAT - 119 A4-5 - 120 A1
MARIA VAN BOURGONDIESTRAAT - 118 G2-3 - 120 A2-3
MARIE DE BOURGOGNE/RUE - 118 G2-3 - 120 A2-3
MARIE-HENRIETTE/RUE - 120 A5 B5
MARIE-LOUISE/SQUARE - 119 B5 C5 - 120 B1 C1
MARIEMONT/QUAI DE-KAAI - 115 E5 F4-5 - 116 E1
MARIEN/RUE MARCEL - STRAAT - 119 D4 E4
MARIE-THERESE/RUE - 119 A4-5 - 120 A1
MARINIERS/RUE DES - 117 A3
MARKELBACH/RUE-STRAAT ALEXANDRE - 119 C2-3 D2
MARKIESSTRAAT - 117 E5
MARKTSTRAAT - 117 D2 E2
MARNIX/AVENUE-LAAN - 118 F2-3
MAROKIJNSTRAAT - 117 A2 B2
MAROQUIN/RUE DU - 117 A2 B2
MARQUIS/RUE DU - 117 E5
MARRONNIER/RUE DU - 117 C3-4
MARSVELDPLEIN - 118 F3
MARSVELDSTRAAT - 118 F3 G3
MARTEAU/RUE DU - 117 G5 - 119 A5 B5
MARTELAARSPLEIN - 117 D4 E4
MARTYRS/PLACE DES - 117 D4 E4
MARTYRS JUIFS/SQUARE DES - 116 D4 E4
MASCRE/RUE-STRAAT LOUIS - 116 C2
MASSART/RUE-STRAAT JEAN - 120 F4
MASSAUX/RUE-STRAAT - 119 A2 B2
MATELOTS/IMPASSE DES - 117 C2-3
MATERIAALSTRAAT - 116 D2-3
MATERIALENKAAI - 117 B1 C1
MATERIAUX/QUAI DES - 117 B1 C1
MATERIAUX/RUE DES - 116 D2-3
MATHEUS/RUE-STRAAT GEORGES - 117 D2 E2
MATROZENGANG - 117 C2-3
MAUS/RUE-STRAAT HENRI - 117 C5
MAX/AVENUE-LAAN EMILE - 119 E4-5 F4 G4
MAX/BOULEVARD-LAAN ADOLPHE - 117 D3-4 E3
MECHELSESTRAAT - 117 D3 E3
MEELFABRIEK - 117 A3
MEERT/IMPASSE-GANG - 118 C3-4
MEEUWENGAARDE - 119 G1
MEGISSIERS/RUE DES - 115 F5 G5 - 116 G1
MEIBOOM/RUE DU-STRAAT - 117 E4 F4
MELKERIJSTRAAT - 115 B4-5
MELODIE/RUE DE LA-STRAAT - 115 D3
MELOPEE/RUE DE LA-STRAAT - 115 C3-4
MELPOMENE/RUE-STRAAT - 115 C2-3
MELSENS/RUE-STRAAT - 117 C4
MEMLING/RUE-STRAAT - 116 G2
MENAGES/RUE DES - 118 B4
MENAPIENS/RUE DES - 120 G2-3
MENAPIERSSTRAAT - 120 G2-3
MENENSTRAAT - 115 E2-3
MENESTRELENLAAN - 115 A4-5
MENESTRELS/AVENUE DES - 115 A4-5 B4
MENIN/RUE DE - 115 E2-3
MENNEKENS/PLACE-PLAATS JEF - 115 C3
MENSLIEVENDHEIDSSTRAAT - 118 B4
MERCELIS/RUE-STRAAT - 118 F5
MERCHTEM/CHAUSSEE DE-STEENWEG OP - 115 G2-3 - 117 A2
MERCKAERT/RUE-STRAAT JUL - 119 G1-2
MERIDIEN/RUE DU - 117 G2-3-4
MERINOS/RUE DU-STRAAT - 119 A3
METAALSTRAAT - 118 C5
METAL/RUE DU - 118 C5
METALENSTRAAT - 120 D4
METAUX/RUE DES - 120 D4
METIERS/IMPASSE DES - 117 D5
METTEWIE/BOULEVARD-LAAN LOUIS - 115 A2-3 B1-2 C1
MEURICE/RUE-STRAAT ALBERT - 120 D3-4
MEXICO/RUE DE-STRAAT - 117 A1 B1
MICHEL-ANGE/AVENUE - 119 C5 - 120 C1 D1
MICHEL-ANGELOLAAN - 119 C5 - 120 C1 D1
MIDDAGLIJNSTRAAT - 117 G2-3-4
MIDI/BOULEVARD DU - 118 A1-2-3 B3-4
MIDI/RUE DU - 117 C5 - 118 B1-2 C1
MIESSE/SQUARE JULES ET/EN EDMOND - 116 E3
MIGERODE/IMPASSE-GANG - 116 G1
MIGNON/RUE-STRAAT LEON - 119 C4 D3-4
MILCAMPS/AVENUE-LAAN - 119 E4-5 F3-4
MINIMENSTRAAT - 118 C3 D2-3
MINIMES/PETITE RUE DES - 118 D2
MINIMES/RUE DES - 118 C3 D2-3
MINNEBRONSTRAAT - 119 C1
MINNEZANGERSLAAN - 115 A4-5 B4
MINOTERIE/PLACE DE LA - 117 A3
MIROIR/RUE DU - 118 B2 C2-3
MIRTENLAAN - 115 A1-2
MISSIONARISSENLAAN - 115 A4-5
MISSIONNAIRES/AVENUE DES - 115 A4-5
MODERNE-SCHOOLSTRAAT - 116 E3-4
MOINEAUX/RUE DES - 118 C1
MOISSONNEURS/RUE DES - 120 E5
MOISSONS/RUE DES - 119 A3 B3
MOLENSTRAAT - 117 G3 - 119 A3 B3
MOMMAERTS/RUE-STRAAT - 115 G2 - 117 A1-2
MONITEUR/RUE DU - 117 F5
MONNAIE/PLACE DE LA - 117 D4-5
MONNET/CARREFOUR-KRUISPUNT JEAN - 120 C1
MONROSE/RUE-STRAAT - 119 B2-3 C2
MONS/CHAUSSEE DE - 116 A5 B4-5 C3-4 D3 E2-3 F1-2 G1
MONTAGNE/RUE DE LA - 117 D5 E5
MONTAGNE AUX ANGES/RUE - 115 G1
MONTAGNE AUX HERBES POTAGERES/RUE - 117 D5 E4-5
MONTAGNE DE LA COUR/RUE - 118 E2
MONTAGNE DE L' ORATOIRE/RUE - 117 E5 F5
MONTAGNE DU PARC/RUE - 118 E1
MONT-DE-PIETE/PLACE DU - 118 C3
MONT DES ARTS - 118 D1 E1
MONT DU CINQUANTENAIRE - 120 E3
MONTOYER/RUE-STRAAT - 118 G2 - 120 A2 B2
MONTSERRAT/RUE DE-STRAAT - 118 C4
MOREAU/RUE-STRAAT GEORGES - 116 D4 E3-4 F3
MORETUS/RUE-STRAAT - 116 G1 - 118 A1
MORGENLANDSTRAAT - 120 C4-5 D5
MORINENSTRAAT - 120 G3
MORINS/RUE DES - 120 G3
MOSCOU/RUE DE - 118 B5
MOSKOUSTRAAT - 118 B5
MOUCHERONS/RUE DES - 118 B1
MOUETTES/CLOS DES - 119 G1
MOULIN/RUE DU - 117 G3 - 119 A3 B3
MOUTSTRAAT - 117 B4
MUGGENSTRAAT - 118 B1
MUNT - 117 D4-5
MUNTHOFSTRAAT - 118 C5
MURILLO/RUE-STRAAT - 120 E1-2 F1
MUSEE/PETITE RUE DU - 118 E2
MUSEE/PLACE DU - 118 E2
MUSEE/RUE DU - 118 E2
MUSEUMPLEIN - 118 E2
MUSEUMSTRAAT - 118 E2
MUSIN/RUE-STRAAT - 117 F3
MUSSENSTRAAT - 118 C1
MYRTES/AVENUE DES - 115 A1-2
NAALDSTRAAT - 116 B2 C2-3
NAAM JEZUSSTRAAT - 117 B4 C4
NAAMSE POORT - 118 E3 F3
NAAMSE POORT GALERIJ - 118 F3
NAAMSESTRAAT - 118 E2-3 F3
NAMUR/PORTE DE - 118 E3 F3
NAMUR/RUE DE - 118 E2-3 F3
NANCY/RUE DE-STRAAT - 118 C2-3
NAPELSSTRAAT - 118 F3
NAPLES/RUE DE - 118 F3
NAPSTRAAT - 119 E5
NATATION/RUE DE LA - 120 B5 C5
NATIEPLEIN - 117 F5
NATION/PLACE DE LA - 117 F5
NAVETS/RUE DES - 118 B1
NEEP/RUE DU-STRAAT - 115 E2
NEGENDE LINIELAAN - 117 B2-3 C2
NERVIENS/AVENUE DES - 120 D3 E3
NERVIERSLAAN - 120 D3 E3
NESTLE / ROND POINT - PLEIN HENRI - 116 D1
NEUVE/RUE - 117 D3-4 E3
NEUVIEME DE LIGNE/BOULEVARD DU - 117 B2-3 C2
NEWTON/RUE-STRAAT - 119 E5 - 120 E1
NICOLAY/RUE-STRAAT - 117 D1
NIEUPORT/BOULEVARD DE - 117 B3
NIEUWBRUG - 117 D3
NIEUWE GRAANMARKT - 117 B4
NIEUWLAND - 118 B2-3 C1-2
NIEUWPOORTLAAN - 117 B3
NIEUWSTRAAT - 117 D3-4 E3
NIJVERHEIDSKAAI - 115 E5 F5 G4-5 - 116 C3 D1-2-3 E1
NIJVERHEIDSSTRAAT - 118 G1-2 - 120 A1-2
NINOOFSEPLEIN - 117 A5
NINOOFSEPOORT - 115 G4-5 - 117 A4-5
NINOOFSE STEENWEG - 115 A5 B5 C5
NINOOFSESTEENWEG - 115 C5 D5 E5 F4-5 G4-5
NINOVE/CHAUSSEE DE - 115 A5 B5 C5 D5 E5 F4-5 G4-5
NINOVE/PLACE DE - 117 A5
NINOVE/PORTE DE - 115 G4-5 - 117 A4-5
NIVEAU/RUE DU - 115 G3 - 117 A3
NOGENT/RUE-STRAAT HENRI - 115 B2
NOM DE JESUS/RUE DU - 117 B4 C4
NOORDDOORGANG - 117 D4
NOORDPLEIN - 117 E2
NOORDSTRAAT - 117 G4-5
NOORWEGENSTRAAT - 116 G4 - 118 A4
NORD/PASSAGE DU - 117 D4
NORD/PETITE RUE DU - 117 G4
NORD/PLACE DU - 117 E2
NORD/RUE DU - 117 G4-5
NORMANDIE/RUE DE-STRAAT - 115 D1 E1
NORVEGE/RUE DE - 116 G4 - 118 A4
NOTELAARSSTRAAT - 119 D4-5 E5 - 120 E1 F1
NOTELAARSTRAAT - 119 D4-5 E5 - 120 E1 F1
NOTRE-DAME DE GRACES/RUE - 118 C3
NOTRE-DAME DU SOMMEIL/RUE - 117 A4-5 B5
NOTRE-SEIGNEUR/RUE - 118 C2
NOUVEAU MARCHE AUX GRAINS/PLACE DU - 117 B4
NOVILLE/SQUARE DE - 115 F1-2 G1-2
NOYER/RUE DU - 119 D4-5 E5 - 120 E1 F1
OBUS/RUE DE L'-STRAAT - 115 A5 - 116 A1-2
ODON/RUE-STRAAT - 116 F1 G1
OEILLETS/RUE DES - 117 E4
OESTERSGANG - 117 C5
OLIFANTSTRAAT - 115 F4 G3-4
OLIVETENHOF - 118 C1
OLIVIER/PETITE RUE L' - 119 A2
OLMSTRAAT - 120 F1
OMMEGANG/RUE DE L'-STRAAT - 117 E3-4 F4
OMWENTELINGSSTRAAT - 117 F4 G4
ONAFHANKELIJKHEIDSTRAAT - 115 E3 F3-4
ONDERRICHTSSTRAAT - 117 F5
ONDERWIJSSTRAAT - 116 E3 F3-4 G4
ONS-HEERSTRAAT - 118 C2
ONZE-LIEVE-VROUW VAN GRATIESTRAAT - 118 C3
ONZE-LIEVE-VROUW VAN VAAKSTRAAT - 117 A4-5 B5
ONZE NOVEMBRE/AVENUE DU - 120 E5 F5
OOGSTSTRAAT - 119 A3 B3
OOIEVAARSSTRAAT - 117 B3-4
OOSTENDESTRAAT - 115 E3 F2-3 G2
OOSTSTRAAT - 119 A1 B1
OPAALLAAN - 119 F4-5 G4
OPALE/AVENUE DE L' - 119 F4-5 G4
OPHEM/RUE D' - 117 B3
OPPEMSTRAAT - 117 B3
OPPERSTRAAT - 118 E5 F4-5
OPRECHTHEIDSSTRAAT - 116 A2 B2-3
OPZICHTERSSTRAAT - 117 A1 B1
ORATORIENBERG - 117 E5 F5
ORCHIDEEENSTRAAT - 116 C3
ORCHIDEES/RUE DES - 116 C3
ORFEVRES/RUE DES - 118 B4
ORIENT/RUE DE L' - 120 C4-5
ORME/RUE DE L' - 120 F1
ORPHELINAT/RUE DE L' - 115 A5 - 116 A1-2

ORTELIUS/RUE-STRAAT - 119 B5
ORTS/RUE-STRAAT AUGUSTE - 117 C5
OSIERS/RUE DES - 115 F3
OSSEGHEM/RUE-STRAAT - 115 A4 B3-4 C3 D3 E3
OSSEGHEMVELD - 115 A3 B3
OSSEKOPGANG - 117 D5
OSSENGANG - 117 D5
OSTENDAEL/RUE-STRAAT - 115 C3
OSTENDE/RUE D' - 115 E3 F2-3 G2
OTLET/RUE-STRAAT - 116 G1-2
OUDART/RUE-STRAAT VICTOR - 119 E4-5
OUDE GRAANMARKT - 117 B4-5 C4
OUDE MANNENSTRAAT - 118 B5
OUDERGEMLAAN - 120 C2 D2-3-4-5 E5
OUDIJZERGANG - 118 B1
OUD KORENHUIS - 118 D1
OUD POSTGEBOUWGALERIJ - 117 D5
OUDSTATIONSSTRAAT - 116 D3
OUEST/PLACE DE L' - 115 E3
OURTHE/RUE DE L'-STRAAT - 115 G1 - 117 A1
OUVRIERE DE LINTHOUT / CITE - 119 G5
OVERVLOEDSTRAAT - 117 G2 - 119 A2
OVERWINNINGSSTRAAT - 118 B5 C5
PAALSTRAAT - 115 F3-4 G3
PAARDGANG - 117 D4
PACHECO/BOULEVARD-LAAN - 117 E4 F3-4
PACIFICATIESTRAAT - 119 B5
PACIFICATION/RUE DE LA - 119 B5
PAILLE/RUE DE LA - 118 D2
PAIX/RUE DE LA - 118 F3-4
PAKHUISSTRAAT - 117 C2
PALAIS/PLACE DES - 118 E1-2 F2
PALAIS/RUE DES - 117 G1
PALEIZENPLEIN - 118 E1-2 F2
PALEIZENSTRAAT - 117 G1
PALMERSTON/AVENUE-LAAN - 119 C5
PANDHOFLAAN - 120 D5
PANTSERTROEPENSQUARE - 117 B3
PAPAVERSTRAAT - 119 E2-3 F2
PAPENVEST - 117 B4-5
PAQUERETTES/RUE DES - 119 C1-2
PARADIJSSTRAAT - 118 D2
PARADIS/RUE DU - 118 D2
PARELSTRAAT - 115 G3
PARENTE/RUE-STRAAT CHARLES - 116 F4
PARFUMS/RUE DES - 116 A2-3
PARIJSSTRAAT - 118 G3
PARIS/RUE DE - 118 G3
PARLEMENT/GALERIE DU - 117 F5
PARLEMENT/RUE DU - 117 F5
PARLEMENTSGALERIJ - 117 F5
PARLEMENTSSTRAAT - 117 F5
PARNASSE/CLOS DU - 118 G3 - 120 A3
PARNASSE/RUE DU - 118 G3 - 120 A3
PARNASSUSGAARDE - 118 G3 - 120 A3
PARNASSUSSTRAAT - 118 G3 - 120 A3
PAROCHIAANSSTRAAT - 117 E5
PAROISSIENS/RUE DES - 117 E5
PARUCK/RUE DU-STRAAT - 115 D1-2
PASSAGE INTERNATIONAL - 117 E2
PASSCHENDAELE/RUE DE - 117 B3
PASSENDALESTRAAT - 117 B3
PASSERSTRAAT - 116 F1-2
PASTEUR/RUE-STRAAT - 116 E3-4 F4
PASTOOR CUYLITSSTRAAT - 116 F1 G1
PASTORIJSTRAAT - 115 G2 - 117 A2
PATER DE DEKENSTRAAT - 120 G3-4
PATERNOSTERGANG - 117 D5
PATRIE/PLACE DE LA - 119 E2
PATRIJZENSTRAAT - 120 E5 F5
PATRIOTES/RUE DES - 119 D5 E5
PATRIOTTENSTRAAT - 119 D5 E5
PAULSEN/BOULEVARD-LAAN FELIX - 116 A1
PAVEZ/RUE-STRAAT JOSEPH - 116 B3
PAVIASTRAAT - 119 C4-5
PAVIE/RUE DE - 119 C4-5
PAVOTS/RUE DES - 119 E2-3 F2
PAVOUX/RUE-STRAAT EUGENE - 115 E4
PAYS DE LIEGE/RUE DU - 117 B3-4 C3
PELICAN/RUE DU - 117 D3
PELIKAANSTRAAT - 117 D3
PELLETIER/RUE-STRAAT FREDERIC - 120 F1 G1
PENE/RUE DU - 117 A4 B4
PENICHES/QUAI DES - 117 C1-2
PENSEES/RUE DES - 119 E1
PENSEESTRAAT - 119 E1
PEPERSTRAAT - 117 D5
PEPIN/RUE DU - 118 E2-3
PEPINIERE/RUE DE LA - 118 E3 F2-3
PEQUEUR/SQUARE ROBERT - 116 G2 - 118 A2
PERDRIX/RUE DES - 120 E5 F5
PERE DE DEKEN/RUE - 120 G3-4
PERLE/RUE DE LA - 115 G3
PERSIL/IMPASSE DU - 117 E4
PERSIL/RUE DU - 117 D4 E4
PERVIJZESTRAAT - 120 F5 G5
PERVYSE/RUE DE - 120 F5 G5
PETERSELIEGANG - 117 E4
PETERSELIESTRAAT - 117 D4 E4
PETITE-ILE/RUE DE LA - 116 C5 D5
PETITE POTERIE/RUE DE LA - 116 G1
PETIT REMPART/RUE DU - 118 A1
PETIT-SABLON/PLACE DU - 118 D2-3 E3
PETITS CARMES/RUE DES - 118 E2-3
PETRE/AVENUE-LAAN GEORGES - 119 B4
PEUPLE/RUE DU - 117 D1
PEUPLIER/RUE DU - 117 C4
PFEIFFER/RUE-STRAAT MARTIN - 115 C1-2
PHILANTHROPIE/RUE DE LA - 118 B4
PHILIPPE DE CHAMPAGNE/RUE-STRAAT - 118 B1 C1
PHILIPPE LE BON/RUE - 119 B5 - 120 B1
PHILOMENE/RUE-STRAAT - 117 G2 - 119 A2 B2
PIEREMANS/RUE-STRAAT - 118 B4
PIERMEZ/RUE-STRAAT PHILIPPE - 115 E2
PIERRES/RUE DES - 117 C5
PIERRES DE TAILLE/QUAI AUX - 117 C3 D3
PIERRON/RUE-STRAAT EVARISTE - 115 G4
PIERS/RUE-STRAAT - 115 F2 G2 - 117 A1-2
PIGEONS/RUE DES - 118 D2
PIJLSTRAAT - 117 D2
PIPPELINGSTRAAT - 118 E3
PIRMEZ/AV.-LAAN EUDORE - 120 D5
PLANTENSTRAAT - 117 E2-3 F1-2
PLANTES/RUE DES - 117 E2-3 F1-2
PLANTIN/RUE-STRAAT - 116 G1-2 - 118 A1-2
PLASKY/AVENUE-LAAN EUGENE - 119 F3-4-5
PLASKY/SQUARE EUGENE - 119 F4
PLATANENSTRAAT - 120 D5 E5
PLATANES/RUE DES - 120 D5 E5
PLATEAU/RUE-STRAAT JOSEPH - 117 C4
PLATTESTEEN - 117 C5
PLETINCKX/RUE-STRAAT - 117 B5 C5
PLICHTSTRAAT - 116 A3 B3
PLISNIER/AVENUE-LAAN CHARLES - 116 A2-3
PLUIMSTRAAT - 118 B4
PLUME/RUE DE LA - 118 B4
POELAERT/PLACE-PLEIN - 118 D3
POETES/CLOS DES - 119 G1
POILS/IMPASSE-GANG - 117 B3
POINCARE/BOULEVARD-LAAN - 118 A1-2-3
POINCON/RUE DU - 118 C1-2
POISSONNIERS/RUE DES - 117 C5
POIVRE/RUE DU - 117 D5
POLE/RUE DU - 117 G3-4
PONT DE LA CARPE/RUE DU - 117 C5
PONT NEUF/RUE DU - 117 D3
POOLSTRAAT - 117 G3-4
POPPEGANG - 118 D1
POPULIERSTRAAT - 117 C4
PORSELEIN/RUE-STRAAT - 116 A4
PORT/AVENUE DU - 117 B1-2 C1
PORTE DE HAL/AVENUE DE LA - 118 A3-4 B4-5
PORTE DE NAMUR/GALERIE DE LA - 118 F3
PORTE LOUISE / GALERIE DE LA - 118 D4 E4
PORTE ROUGE/RUE DE LA - 118 C3 D3
POSSCHIER/RUE-STRAAT - 120 C4
POSTALLEE - 117 F3
POSTE/ALLEE DE LA - 117 F3
POSTE/RUE DE LA - 117 F2-3 G1-2
POSTSTRAAT - 117 F2-3 G1-2
POTAERDEGAT/RUE-STRAAT - 115 A1-2
POTAGERE/RUE - 117 G4 - 119 A2-3-4
POTERIE/RUE DE LA - 115 G5 - 116 G1 - 118 A1
POTIERS/RUE DES - 118 B1
POTTENBAKKERSSTRAAT - 118 B1
POTTENGOEDSTRAAT - 115 G5 - 116 G1 - 118 A1
POUDRIERE/RUE DE LA - 117 A4-5
POUPEE/IMPASSE DE LA - 118 D1
PRAAGSTRAAT - 118 A5 B5
PRADO/RUE DU-STRAAT - 115 G3 - 117 A3
PRAGUE/RUE DE - 118 A5 B5
PRAIRIE/RUE DE LA - 117 E2 F2
PRE/IMPASSE DU - 120 C3
PREAU/AVENUE DU - 120 D5
PREDIKHERENSTRAAT - 117 D5
PRESBYTERE/RUE DU - 115 G2 - 117 A2
PRESIDENT/RUE DU - 118 E5 F4-5
PRESSE/RUE DE LA - 117 F5 G5
PRETOIRE/RUE DU - 116 B3-4
PRETRES/RUE DES - 118 C4
PREVINAIRE/RUE-STRAAT - 116 D4-5
PREVOST-DELAUNAY/SQUARE - 119 E1-2
PREVOYANCE/RUE DE LA - 118 C4
PRIEELSTRAAT - 119 B5
PRIEMSTRAAT - 118 C1-2
PRIESTER CUYPERSSTRAAT - 120 F3 G3
PRIESTERSSTRAAT - 118 C4
PRINCE ALBERT/RUE DU - 118 F4
PRINCE DE LIEGE/BOULEVARD - 116 A2
PRINCE ROYAL/RUE DU - 118 E4 F4
PRINCES/GALERIE DES - 117 D5
PRINCES/RUE DES - 117 D4
PRINCESSE/RUE DE LA - 115 F5
PRINCESSE JEAN DE MERODE/SQUARE - 120 G3
PRINS ALBERTSTRAAT - 118 F4
PRINSENGALERIJ - 117 D5
PRINSENSTRAAT - 117 D4
PRINSES JEAN DE MERODEPLEIN - 120 G3
PRINSESSTRAAT - 115 F5
PRINS VAN LUIKLAAN - 116 A2
PROCESSIESTRAAT - 116 A4
PROCESSION/RUE DE LA - 116 A4
PROGRES/RUE DU - 117 E1-2-3
PROSPERITE/RUE DE LA - 117 A2-3
PROVIDENCE/IMPASSE DE LA - 118 D2
PUCCINI/RUE-STRAAT - 116 A1
PUTTERIE - 118 D1 E1
PUTTERIJ - 118 D1 E1
QUATRE AOUT/PLACE DU - 120 G5
QUATRE BRAS/RUE DES-STRAAT - 118 D3-4
QUATRECHT/RUE DE - 117 F1
QUATRE FILS AYMON/RUE DES - 118 E2
QUATRE JOURNEES/BOULEVARD DES - 119 B3-4
QUATRE LIVRES/IMPASSE DES - 118 E2
QUATRE-VENTS/RUE DES - 115 E4-5 F3-4 G3
QUERELLE/PLACE DE LA - 118 B3
QUERELLE/RUE DE LA - 118 B3
QUETELET/PLACE-PLEIN - 117 G4
RAADSPLEIN - 116 F3
RAADSTRAAT - 118 G4-5 - 120 A4
RADIJZENSTRAAT - 118 B3-4
RADIS/RUE DES - 118 B3-4
RADIUM/RUE DU-STRAAT - 119 E4
RADSTRAAT - 118 B2 C2
RAISINS/ALLEE DES - 119 A4
RAMONEURS/RUE DES - 118 B4
RAMSKAPELLE/RUE DE-STRAAT - 120 G5
RANSFORT/RUE-STRAAT - 115 F4 G3-4
RAPENSTRAAT - 118 B1
RAPHAEL/RUE-STRAAT - 116 E2 F2-3
RASIERE/RUE DE LA - 118 B4 C4
RASKIN/RUE-STRAAT MAURICE ALBERT - 116 A2
RASSON/RUE-STRAAT - 119 D5 E5 F5
RAUTER/RUE-STRAAT VICTOR - 116 A4-5 B4 C4
RAVENSTEIN/GALERIE-GALERIJ - 118 E1
RAVENSTEIN/RUE-STRAAT - 118 E1
RECHTHOEKSTRAAT - 115 G5
RECHTSPLEIN - 116 A3 B3
RECHTSZAALSTRAAT - 116 B3-4
RECTANGLE/RUE DU - 115 G5
REEBOKSTRAAT - 118 B3 C3
REGENCE/RUE DE LA - 118 D2-3 E2
REGENT/BOULEVARD DU-LAAN - 117 G5 - 118 F1-2-3 G1
REGENTSCHAPSSTRAAT - 118 D2-3 E2
REGINA VICTORIA/AVENUE- LAAN - 117 E3 F3
REGINA VICTORIA/SQUARE-PLANTSOEN - 117 F3
REINE/GALERIE DE LA - 117 D5
REINE/PLACE DE LA - 117 G1-2
REINE/RUE DE LA - 117 D4-5
REINETTE/RUE DE LA - 118 E3
RELAIS SACRE/RUE DU - 115 F1 G1
REMBLAI/RUE DU - 118 B4
REMBRANDT/RUE-STRAAT - 120 D1 E1
REMORQUEUR/RUE DU - 120 B2
REMPART DES MOINES/RUE DU - 117 B4-5
RENAISSANCE/AVENUE DE LA -LAAN - 120 D1 E1-2 F2
RENARDS/RUE DES - 118 C3
REPOS/PLACE DU - 116 B2
REQUETTE/AVENUE-LAAN CARL - 115 A2-3
RESIDENCE/SQUARE DE LA - 120 A4
RESIDENTIESQUARE - 120 A4
RESISTANCE/PLACE DE LA - 116 B4
REVEIL/IMPASSE DU - 117 B5
REVEREND PERE PIRE/RUE DU - 115 D1
REVISION/BOULEVARD DE LA - 116 E4 F3-4
REVOLUTION/RUE DE LA - 117 F4 G4
REY/PLACE JEAN-PLEIN - 120 B2 C2
REY/SQUARE HENRI - 116 A1
REYERS/BOULEVARD-LAAN AUGUSTE - 119 F3 G3-4-5
RICHES CLAIRES/RUE DES - 117 B5 C5
RIDDERSCHAPLAAN - 120 E2-3 F1-2
RIDDERSCHAPSLAAN - 120 E2-3 F1-2
RIDDERSSTRAAT - 118 E3-4
RIJKEKLARENSTRAAT - 117 B5 C5
RINGSTEEKSTRAAT - 119 C4
RINSDELLE/PLACE DU-PLEIN - 120 F4
RIVIERE/RUE DE LA - 117 E2 F2
RIVIERSTRAAT - 117 E2 F2
RIVOLI/RUE DE-STRAAT - 117 F4
RODEPOORT - 118 C3 D3
ROELANDTS/RUE-STRAAT - 119 B2
ROGATIONS/AVENUE DES - 120 G2
ROGIER/AVENUE-LAAN - 117 G1 - 119 A1 B1-2 C2 D2 E2-3 F3
ROGIER/PLACE-PLEIN CHARLES-KAREL - 117 E3
ROGIER/RUE-STRAAT - 117 F1 G1 - 119 A1
ROI/AVENUE DU - 116 F5
ROI/GALERIE DU - 117 D5
ROI ALBERT II / BOULEVARD DU - 117 D1-2 E1-2
ROI VAINQUEUR/PLACE DU - 120 F5
ROLLEBEEK/RUE DE-STRAAT - 118 D2
ROLSTRAAT - 117 C3-4
ROMEINSE-VILLADREEF - 116 B4-5
RONSMANS/CITE-WIJK - 118 C2 D2
RODEBEEK/AVENUE DE-LAAN - 119 F5 G5
ROOSEVELT/RUE-STRAAT THEODORE - 120 F1
ROOSTERGANG - 117 B4
ROPSY-CHAUDRON/RUE-STRAAT - 116 E1 F1-2
ROSEE/RUE DE LA - 115 G5 - 116 G1 - 117 A5
ROSES/RUE DES - 117 D4
ROSSINI/RUE-STRAAT - 116 F3
ROSTAND/RUE-STRAAT EDMOND - 116 A1 B1
ROUE/RUE DE LA - 118 B2 C2
ROUEN-BOVIE/RUE-STRAAT - 119 B3 C3
ROULEAU/RUE DU - 117 C3-4
ROULIER/IMPASSE DU - 117 B3
ROUPPE/PLACE-PLEIN - 118 B2
ROUPPE/RUE-STRAAT - 118 B2 C1-2
ROYALE/PLACE - 118 E2
ROYALE/RUE - 117 F3-4-5 G2-3 - 118 E1-2 F1
ROYALE SAINTE-MARIE/RUE - 117 G1 - 119 A1
ROZENDAAL - 118 C1
ROZENSTRAAT - 117 D4
RUANDA/RUE DU-STRAAT - 120 E5 F4-5
RUHL/RUE-STRAAT JULES - 116 E1
RUIMINGSKAAI - 117 C1
RUISBROEKSTRAAT - 118 D2 E2
RUISSEAU/RUE DU - 117 A2 B2
RUISSEAU/SENTIER DU - 116 B1-2
RUSLANDSTRAAT - 118 A3-4 B4
RUSSIE/RUE DE - 118 A3-4 B4
RUSTPLEIN - 116 B2
RUYSBROECK/RUE DE - 118 D2 E2
RUYSDAEL/RUE-STRAAT - 116 F2-3
RYCKMANS/RUE-STRAAT HELENE - 117 A2
SABLES/RUE DES - 117 E4
SABLONNIERE/RUE DE LA - 117 F4 G4
SABLONS/RUE DES - 118 D2-3
SAFFIERSTRAAT - 119 F3
SAINCTELETTE/PLACE-PLEIN - 117 B2
SAINCTELETTE/SQUARE - 117 C2
SAINT-ALPHONSE/RUE - 119 A4
SAINT-ANDRE/RUE - 117 B3
SAINT-BONIFACE/RUE - 118 F4
SAINT-CHRISTOPHE/RUE - 117 B5
SAINTE-ADRESSE/PLACE DE-PLEIN - 116 A3
SAINTE-ANNE/RUE - 118 D2
SAINTE-CATHERINE/PLACE - 117 C4
SAINTE-CATHERINE/RUE - 117 C4
SAINTE-GERTRUDE/RUE - 120 D3 E3
SAINTE-GUDULE/PARVIS - 117 E5
SAINTE-GUDULE/PLACE - 117 E5
SAINTE-GUDULE/RUE - 117 E5
SAINTE-MARIE/RUE - 117 A3 B3
SAINTE-PETRONILLE/IMPASSE - 117 D5
SAINTE-ESPRIT/RUE DU - 118 C2 D2
SAINTE-THERESE/RUE - 118 B3-4
SAINTE-URSULE/IMPASSE - 117 B4
SAINT-FRANCOIS/RUE - 117 F2 G2
SAINT-GERY/PLACE - 117 C5
SAINT-GERY/RUE - 117 C5
SAINT-GHISLAIN/RUE - 118 B3 C3
SAINT-GILLES/PARVIS - 118 B5
SAINT-GUIDON/COURS - 116 A4
SAINT-GUIDON/RUE - 116 A4
SAINT-HONORE/PASSAGE - 117 C5 D5
SAINT-HUBERT/GALERIES ROYALES - 117 D5
SAINT-JACQUES/IMPASSE - 118 D2
SAINT-JEAN/PLACE - 118 D1
SAINT-JEAN/RUE - 118 D1
SAINT-JEAN-BAPTISTE/PARVIS - 117 A2
SAINT-JEAN NEPOMUCENE/RUE - 117 D3
SAINT-JOSEPH/RUE - 115 G2 - 117 A2
SAINT-JOSSE/GALERIE - 117 G4-5 - 119 A4-5
SAINT-JOSSE/PLACE - 119 A4-5 B4-5
SAINT-JOSSE/RUE - 119 A4 B4
SAINT-JULIEN/RUE - 115 G2
SAINT-LAURENT/RUE - 117 E4
SAINT-LAZARE/BOULEVARD - 117 E2 F2-3
SAINT-LAZARE/COUR - 115 E4
SAINT-LAZARE/PLACE - 117 E2 F2
SAINT-LAZARE/RUE - 117 E3
SAINT-MARTIN/RUE - 115 G4 - 117 A4
SAINT-MICHEL/COURS - 120 F4 G4
SAINT-MICHEL/RUE - 117 D4
SAINT-NICOLAS/IMPASSE - 117 D5
SAINT-PIERRE/CHAUSSEE - 120 C4 D4 E3-4 F3
SAINT-PIERRE/PLACE - 120 F3
SAINT-PIERRE/RUE - 117 D3
SAINT-QUENTIN/RUE-STRAAT - 119 C5 - 120 C1
SAINT-ROCH/RUE - 117 D3
SAINT-SEBASTIEN/IMPASSE - 117 D5
SAKSEN-COBURGSTRAAT - 119 A4
SALLAERT/RUE-STRAAT - 118 B3
SAMARITAINE/RUE DE LA - 118 D2-3
SAMARITANESSESTRAAT - 118 D2-3
SAMEDI/PLACE DU - 117 C4
SANS-SOUCI/RUE-STRAAT - 118 G4-5 - 120 A4-5
SANS-SOUCI/SQUARE - 120 A5
SAPHIR/RUE DU - 119 F3
SAVONNERIE/RUE DE LA - 115 F3-4
SAXE-COBOURG/RUE - 119 A4
SCAILQUIN/RUE-STRAAT - 117 G4 - 119 A4
SCAMPART/RUE-STRAAT LEON - 120 F4
SCEPTRE/RUE DU - 120 B4-5 C4
SCHAARBEEKSEPOORT - 117 F3
SCHAERBEEK/PORTE DE - 117 F3
SCHEIKUNDIGESTRAAT - 115 G5 - 116 F1 G1
SCHERMERSSTRAAT - 118 C2-3
SCHEUT/AVENUE DE-LAAN - 115 B5 - 116 B1 C1-2
SCHEUTBOSCH/AVENUE DU-LAAN - 115 A4-5
SCHEUTVELD/RUE-STRAAT - 116 B3 C5
SCHIETSCHIJFSTRAAT - 119 C4
SCHILDKNAAPSSTRAAT - 117 D4-5
SCHIPPERIJKAAI - 117 C2
SCHIPPERSSTRAAT - 117 A3
SCHIPSTRAAT - 116 E1 F1
SCHMITZ/RUE-STRAAT - 115 F2
SCHOENENGANG - 118 B3
SCHOLS/RUE-STRAAT JOSEPH - 115 D2
SCHOOLSTRAAT - 115 G2-3 - 117 A2-3
SCHOONHEIDSPLEIN - 116 A3
SCHOORSTEENVEGERSSTRAAT - 118 B4
SCHOOTSTRAAT - 117 A4 B4
SCHOTLANDSTRAAT - 118 C5 D4-5
SCHUDDEVELD/IMPASSE-GANG - 117 D5
SCHUITENKAAI - 117 B3
SCHUMAN/ROND-POINT-PLEIN ROBERT - 120 C2
SCIENCE/RUE DE LA - 118 G1-2 - 120 A1-2
SCUTENAIRE/RUE LOUIS - STRAAT - 119 D4
SEBASTOPOL/RUE DE-STRAAT - 116 B3 C3
SECOURS/PETITE RUE DES - 117 F2
SECOURS/RUE DES - 117 F2 G2
SECURITE/RUE DE LA - 115 F1 G1
SEL/RUE DU - 116 D3-4-5
SEMENCE/RUE DE LA - 115 B4 C4
SENGHOR LEOPOLD SEDAR/ESPACE - PLAATS - 120 C3
SENNE/RUE DE LA - 117 A4-5 - 118 A1
SERGEANT DE BRUYNESTRAAT - 116 F2-3 G3
SERGENT DE BRUYNE/RUE - 116 F2-3 G3
SERGIJSELS/RUE-STRAAT EMILE - 115 F1 G1
SERINGSTRAAT - 117 C3-4
SERMENT/RUE DU - 116 A3 B3
SERPOLET/RUE DU - 115 A4
SERRURE/RUE DE LA - 117 B4
SEUTIN/RUE-STRAAT - 119 A1-2
SICAMBRES/RUE DES - 120 G5
SIKAMBRENSTRAAT - 120 G5
SIKKELGANG - 117 C4
SIMONS/RUE-STRAAT - 117 D1
SINCERITE/RUE DE LA - 116 A2 B2-3
SINT-ALFONSSTRAAT - 119 A4
SINT-ANDRIESSTRAAT - 117 B3
SINT-ANNAKERKSTRAAT - 115 F1-2 G1
SINT-ANNASTRAAT - 118 D2
SINT-BONIFAASSTRAAT - 118 F4
SINTER-GOEDELEPLEIN - 117 E5
SINTER-GOEDELESTRAAT - 117 E5
SINTER-GOEDELEVOORPLEIN - 117 E5
SINT-FRANCISCUSSTRAAT - 117 F2 G2
SINT-GEERTRUIDESTRAAT - 120 D3 E3
SINT-GILLISKERKSTRAAT - 118 B5
SINT-GILLISVOORPLEIN - 118 B5
SINT-GISLEINSSTRAAT - 118 B3 C3
SINT-GORIKSPLEIN - 117 C5
SINT-GORIKSSTRAAT - 117 C5
SINT-GUIDOCORSO - 116 A4
SINT-GUIDOSTRAAT - 116 A4
SINT-HONOREDOORGANG - 117 C5 D5
SINT-HUBERTUSGALERIJEN/ KONINKLIJKE - 117 D5
SINT-JACOBSGANG - 118 D2
SINT-JAN-BAPTISTVOORPLEIN - 117 A2
SINT-JAN NEPOMUCENUSSTRAAT - 117 D3
SINT-JANSPLEIN - 118 D1
SINT-JANSSTRAAT - 118 D1
SINT-JOOSTGALERIJ - 117 G4-5 - 119 A4-5
SINT-JOOSTPLEIN - 119 A4-5 B4-5
SINT-JOOSTSTRAAT - 119 A4 B4
SINT-JOZEFSTRAAT - 115 G2 - 117 A2
SINT-JULIAANSTRAAT - 115 G2
SINT-KATELIJNEPLEIN - 117 C4
SINT-KATELIJNESTRAAT - 117 C4
SINT-KRISTOFFELSSTRAAT - 117 B5
SINT-LAURENSSTRAAT - 117 E4
SINT-LAZARUSHOF - 115 E4
SINT-LAZARUSLAAN - 117 E2 F2-3
SINT-LAZARUSPLEIN - 117 E2 F2
SINT-LAZARUSSTRAAT - 117 E3
SINT-MAARTENSTRAAT - 115 G4 - 117 A4
SINT-MARIASTRAAT - 117 A3 B3
SINT-MICHIELSSTRAAT - 117 D4
SINT-MICHIELSWARANDE - 120 F4 G4
SINT-NIKOLAASGANG - 117 D5
SINT-PETRONILLAGANG - 117 D5
SINT-PIETERSPLEIN - 120 F3
SINT-PIETERSSTEENWEG - 120 C4 D4 E3-4 F3
SINT-PIETERSSTRAAT - 117 D3
SINT-ROCHUSSTRAAT - 117 D3
SINT-SEBASTIAANSGANG - 117 D5
SINT-THERESIASTRAAT - 118 B3-4
SINT-URSULAGANG - 117 B4
SIPPELBERG/AVENUE DE-LAAN - 115 D1 E1-2
SISTERVATSTRAAT - 118 B4 C4
SIX AUNES/RUE DES - 118 C4 D4
SIX JETONS/RUE DES - 117 B5 - 118 B1
SIX JEUNES HOMMES/RUE DES - 118 D2-3 E2
SKEPTERSTRAAT - 120 B4-5
SLACHTHUISLAAN - 115 G5 - 116 G1 - 117 A5 - 118 A1
SLACHTHUISSTRAAT - 117 A5
SLEUTELSTRAAT - 117 B3-4
SLOTSTRAAT - 117 B4
SMARAGDLAAN - 119 F3-4
SMETS/SQUARE AUGUSTE - 115 G5 - 117 A5
SMIDSESTRAAT - 118 B5
SMITS/RUE-STRAAT EUGENE - 119 C2
SMITS/RUE-STRAAT JAKOB - 116 A2 B2
SNEESSENS/RUE-STRAAT - 120 D5
SNOEKSTRAAT - 120 B4-5 C5
SOCQUET/RUE-STRAAT LOUIS - 119 F2 G2
SOIGNIES/RUE DE - 118 B1
SOLEIL/RUE DU - 119 A3 B3
SOLS/RUE DES - 118 E1
SOLVAY/PLACE-PLEIN - 117 E1
SOLVAY/RUE-STRAAT ERNEST - 118 F3-4
SONNET/RUE DU-STRAAT - 115 C3
SOULIERS/IMPASSE AUX - 118 B3
SOURCE/RUE DE LA - 118 C5 D5
SOUVENIR/RUE DU - 116 A2 B2
SOUVERAINE/RUE - 118 E5 F4-5
SPA/RUE DE-STRAAT - 119 A5 B5 - 120 A1
SPAAK/AVENUE-LAAN PAUL-HENRI - 116 G3
SPAARSTRAAT - 117 D3
SPANJEPLEIN - 117 D5 - 118 D1
SPEERHAAKSTRAAT - 119 A5
SPIEGELSTRAAT - 118 B2 C2-3
SPINNERIJSTRAAT - 118 B5

SPOORMAKERSGANG - 118 D1
SPOORMAKERSSTRAAT - 118 D1
SPOORWEGSTRAAT - 117 F2-3
STAARTSTERSTRAAT - 117 G3
STAATSBLADSSTRAAT - 117 F5
STACQUET/RUE-STRAAT HENRI - 119 D1-2
STAFHOUDER BRAFFORTSTRAAT - 120 G2-3
STALINGRAD/AVENUE DE-LAAN - 118 A3 B2-3
STANDAARDSTRAAT - 119 D5
STAS/RUE-STRAAT JEAN - 118 D4
STATIONSTRAAT - 120 F4 G3-4
STEENKOOLKAAI - 117 C3
STEENSTRAAT - 117 C5
STEENWEG OP ETTERBEEK - 120 C2-3
STEENWEG OP GENT - 115 A1 B1-2 C2 D2 E2 F2
STEENWEG OP WAVER - 120 B4 C3-4 D4-5 E5
STEFANIAPLEIN - 118 E4
STENEN-KRUISSTRAAT - 118 C5
STEPHANIE/PLACE - 118 E4
STEPMAN/RUE-STRAAT - 115 E1-2
STERRENKUNDELAAN - 117 G3-4
STEURS/SQUARE ARMAND - 119 B3
STEVENS/RUE-STRAAT JOSEPH - 118 D2
STEVIN/RUE-STRAAT - 120 A1 B1 C1 D1
STIJNS/RUE-STRAAT REIMOND - 115 C2-3
STOBBAERTS/AVENUE-LAAN JAN - 119 D2 E2
STOELENMAKERSSTRAAT - 118 B4
STOOFSTRAAT - 118 C1
STOOMSLEPERSSTRAAT - 120 B2
STORMKLOKSTRAAT - 119 D5
STORMSTRAAT - 117 E5
STRIJDERSGANG - 115 G1-2
STROSTRAAT - 118 D2
STUIVERSSTRAAT - 118 E1
SUEDE/RUE DE - 116 G4 - 118 A4-5
SUISSE/RUE DE - 118 D4-5
SUREAU/CITE DU - 117 C3
SURLET DE CHOKIER/PLACE-PLEIN - 117 G5
TABORA/RUE DE-STRAAT - 117 C5 D5
TACITURNE/RUE DU - 120 B1
TAMARIS/AVENUE DES - 115 A3-4
TAMARISKENLAAN - 115 A3-4
TANNERIE/RUE DE LA - 115 F1
TANNEURS/RUE DES - 118 B2-3 C2
TAXANDRES/RUE DES - 120 G3-4
TAZIEAUX/RUE-STRAAT - 115 G2
TEINTURIERS/RUE DES - 117 C5
TEIRLINCK/RUE-STRAAT ISIDOOR - 115 F4
TEMPELSTRAAT - 118 C2-3 D3
TEMPLE/RUE DU - 118 C2-3 D3
TERARKEN/RUE-STRAAT - 118 E1
TERRE-NEUVE/RUE - 118 B2-3 C1-2
TERVAETE/RUE DE - 120 F5 G5
TERVATESTRAAT - 120 F5 G5
TERVUEREN/AVENUE DE - 120 F3 G3
TERVUREN/POORT PORTE DE - 120 F3
TERVURENLAAN - 120 F3 G3
TETE DE BOEUF/IMPASSE DE LA - 117 D5
TETE D' OR/RUE DE LA - 117 C5 D5
THERESIANENSTRAAT - 118 E2-3 F2
THERESIENNE/RUE - 118 E2-3 F2
THIBAUT/ALLEE-ALLEE - 117 G3 - 119 A3
THIEFRY/RUE-STRAAT - 119 A2 B2
TIBERGHIEN/RUE-STRAAT - 119 A3
TIMMERHOUTKAAI - 117 B3 C3
TIMMERLIEDENSTRAAT - 118 B4 C4
TINTORETTOSTRAAT - 120 D1 E1
TISSERANDS/RUE DES - 115 F2
TITIAANSTRAAT - 119 D5 - 120 D1 E1
TITZ/RUE-STRAAT LOUIS - 120 E3-4 F4
T'KINT/RUE-STRAAT - 117 A5 B5
TOCSIN/RUE DU - 119 D5
TOEKOMSTSTRAAT - 117 A2-3 B3
TOISON D' OR/AVENUE DE LA - 118 C4 D4 E3-4 F3
TOISON D' OR/GALERIE DE LA - 118 E3 F3
TONGERENSTRAAT - 120 F3 G2-3
TONGRES/RUE DES - 120 F3 G2-3
TONNELIERS/RUE DES - 118 B4 C4
TOPAASLAAN - 119 E3 F3
TOPAZE/AVENUE DE LA - 119 E3 F3
TOREKENSTRAAT - 120 C3
TOULOUSE/RUE DE-STRAAT - 120 B2
TOURELLE/RUE DE LA - 120 C3
TOURNAI/RUE DE - 118 B1-2
TOURNESOLS/RUE DES - 115 A5
TOURNEURS/IMPASSE DES - 118 B3
TOXANDRIERSSTRAAT - 120 G3-4
TRANSVAAL/RUE DU-STRAAT - 116 D3-4
TRAPSTRAAT - 118 D1-2
TRAVAIL/PASSAGE DU - 118 B2
TRAVERSIERE/RUE - 117 G3 - 119 A3
TREURENBERG - 117 E5 F5
TREVES/RUE DE - 120 A2-3 B1-2
TREVIERENSTRAAT - 120 G3
TREVIRES/RUE DES - 120 G3
TRIANGLE/PLACE DU - 115 F5 G4-5
TRIBUNE/RUE DE LA-STRAAT - 117 F5
TRIERSTRAAT - 120 A2-3 B1-2
TRONE/PLACE DU - 118 F2
TRONE/RUE DU - 118 F2-3 G3-4 - 120 A3-4-5
TROONPLEIN - 118 F2
TROONSAFSTANDSSTRAAT - 119 D4
TROONSTRAAT - 118 F2-3 G3-4 - 120 A3-4-5
TROOSTSTRAAT - 119 B2-3 C3
T'SERCLAES/RUE-STRAAT - 117 E5
TULIPE/RUE DE LA - 118 F4 G4
TULPSTRAAT - 118 F4 G4
TWAALFAPOSTELENSTRAAT - 118 E1
TWEEBRUGGENSTRAAT - 120 B5
TWEEKERKENSTRAAT - 119 A4-5 - 120 A1
TWEELINDENLAAN - 120 G2-3
TWEESTATIONSSTRAAT - 116 D5 E5 F5
TWEETORENSTRAAT - 119 B3-4
UITBREIDINGSSTRAAT - 116 A2-3
ULENS/RUE-STRAAT - 117 B1
UNE PERSONNE/RUE D' - 117 D5
UNIESTRAAT - 117 G3-4 - 119 A3-4
UNION/RUE DE L' - 117 G3-4 - 119 A3-4
URSULINENSTRAAT - 118 B2 C2
URSULINES/RUE DES - 118 B2 C2
UURPLAATSTRAAT - 119 A3 B3
VAANDELSTRAAT - 116 B3-4
VAARTDIJK - 116 C4-5 D4
VAARTSTRAAT - 117 C3 D3
VADERLANDSPLEIN - 119 E2
VAILLANCE/PLACE DE LA - 116 A4
VAL DES ROSES/IMPASSE DU - 118 C1
VALKSTRAAT - 118 C3-4
VALLON/RUE DU - 119 A4-5
VAN AA/RUE-STRAAT - 118 G4-5 - 120 A5
VAN ARTEVELDE/RUE - 117 B5 C5 - 118 B1
VAN BEMMEL/RUE-STRAAT - 117 G4 - 119 A4
VAN BERGEN/RUE-STRAAT - 115 F1
VAN CAMPENHOUT/RUE-STRAAT - 119 D4-5
VAN CAPPELLEN/CITE-GANG - 117 A3
VANDEN BERGHE/RUE-STRAAT GUSTAAF - 116 A3
VANDENBOOGAERDE/RUE-STRAAT - 117 A1
VANDENBRANDEN/RUE-STRAAT - 117 A4
VANDENBROECK/RUE-STRAAT - 120 B4
VANDENBUSSCHE/RUE-STRAAT - 119 D1-2
VANDENPEEREBOOM/RUE-STRAAT ALPHONSE - 115 D4-5 E2-3-4
VANDER BRUGGEN/AVENUE-LAAN RAYMOND - 116 B3 C3
VANDER BRUGGEN/SQUARE EMILE - 116 B3
VANDERDUSSEN/RUE-STRAAT - 115 E3 F2-3
VANDER ELST/RUE-STRAAT - 117 C3 D3-4
VANDERHAEGEN/RUE-STRAAT - 118 B2-3
VANDERHOEVEN/RUE-STRAAT - 119 C4
VANDERKINDERE/RUE-STRAAT ALBERT - 115 E4 F4
VANDERMAELEN / RUE - STRAAT - 117 A3
VANDERMEEREN/RUE-STRAAT - 115 D5
VANDERMEULEN/RUE-STRAAT - 117 F4
VANDERSCHRICK/RUE-STRAAT - 118 A5 B5
VANDERSTICHELEN/RUE-STRAAT - 117 A1 B1
VANDERSTRAETEN/RUE-STRAAT - 115 F4
VANDERVELDE/PLACE-PLEIN EMILE - 118 D2
VANDERVELDE/SQUARE EMILE - 116 C3-4
VAN DER WEYDEN/RUE-STRAAT ROGER-ROGIER - 118 B2
VANDE SANDE/RUE-STRAAT FELIX - 115 E1 F1
VANDEVOORDE/RUE-STRAAT PIERRE - 116 A3
VAN DYCK/RUE-STRAAT - 117 G2 - 119 A2
VAN GAVER/RUE-STRAAT - 117 C2-3
VAN HAM/IMPASSE-GANG - 115 G3 - 117 A3
VAN HAMMEE/RUE-STRAAT - 119 B2 C2-3
VAN HASSELT/RUE-STRAAT ANDRE - 119 B3 C3
VAN HELMONT/RUE-STRAAT - 118 B1 C1
VAN HEMELRIJCK/RUE-STRAAT THOMAS - 115 E3
VAN HOEGAERDE/PLACE-PLEIN - 115 G2
VANHOEGAERDE/RUE-STRAAT - 115 F2 G2
VANHOETER/IMPASSE-GANG - 117 D2-3
VAN HOORDE/RUE-STRAAT - 119 B1
VAN HOVE/RUE-STRAAT - 119 B2
VANHUFFEL/PLACE-PLEIN HENRI - 115 F1
VAN HUMBEEK/RUE-STRAAT PIERRE - 115 D4 E4-5
VAN KALCK/RUE-STRAAT - 115 B3 C3
VAN KIELDONCK/CITE-WIJK - 116 C1
VAN LINT/RUE-STRAAT - 116 E3 F3
VAN MAERLANT/RUE-STRAAT - 120 B2
VAN MALDER/RUE-STRAAT - 115 E3-4 F4
VAN MALE DE GHORAIN/ RUE-STRAAT - 115 G3
VAN MEULECOM/RUE-STRAAT FRANCOIS - 115 D3
VAN MEYEL/PLACE-PLEIN - 120 D3
VAN MEYEL/RUE-STRAAT - 117 B1 C1
VAN MOER/RUE-STRAAT - 118 D3
VANNOT/CARRE-BLOK - 118 G4 - 120 A4
VAN ORLEY/RUE-STRAAT - 117 G4
VAN OSTADE/RUE-STRAAT - 120 E1 F1
VAN PRAET/RUE-STRAAT JULES - 117 C5
VAN SOUST/RUE-STRAAT - 115 A5 B5 C5 - 116 A1
VAN VOLSEM/RUE-STRAAT JEAN - 118 G5 - 120 A5
VAN ZANDE/RUE-STRAAT AUGUSTE - 115 A1
VARKENSMARKT - 117 B3-4
VAUTIER/RUE-STRAAT - 120 B3-4
VAUTOUR/RUE DU - 118 A1 B1
VEEARTSENSTRAAT - 116 E4 F4-5
VEEWEIDESTRAAT - 116 A4-5
VEEWEYDE/RUE DE - 116 A4-5
VEILIGHEIDSSTRAAT - 115 F1 G1
VELDLAAN - 120 E5 F5
VELDSTRAAT - 120 E5
VENETIESTRAAT - 118 G5
VENISE/RUE DE - 118 G5
VERBIEST/RUE-STRAAT JEAN - 115 A2
VERBIST/RUE-STRAAT - 119 B4 C3-4
VERBOECKHAVEN/RUE-STRAAT - 119 A3 B2-3
VERBONDSSTRAAT - 117 G4 - 119 A4
VERDONCK/RUE-STRAAT DENIS - 115 B5 C5 - 116 C1
VERDURE/RUE DE LA - 118 B1
VERENIGINGSTRAAT - 117 F4
VERGOTE/RUE-STRAAT - 120 G1
VERGOTE/SQUARE-PLEIN - 120 G1
VERGOTE/SQUARE-SQUARE - 119 G5 - 120 G1
VERHAEGEN/RUE-STRAAT THEODORE - 116 F5 G5
VERHEYDEN/RUE-STRAAT - 115 C5 D5 - 116 C1
VERHEYDEN/RUE-STRAAT ISIDORE - 118 E5 F5
VERHUIZERSSTRAAT - 115 G2
VERITE/RUE DE LA - 116 B2-3
VERMAAKSTRAAT - 116 A3
VERMICELLEFABRIEKSTRAAT - 115 G2
VERMICELLERIE/RUE DE LA - 115 G2
VERONESE/RUE-STRAAT - 119 D5 - 120 D1
VERREPT-DEKEYSER/RUE-STRAAT - 115 F4 G4
VERTE/RUE - 117 F1-2-3
VERTROUWENSTRAAT - 120 C4-5
VERVERSSTRAAT - 117 C5
VERVIERS/RUE DE-STRAAT - 119 A5 B5
VERZETSPLEIN - 116 B4
VERZOENINGSSTRAAT - 116 B3-4
VESALE/RUE - 117 F4
VESALIUSSTRAAT - 117 F4
VESTJE - 118 A1
VETERANS COLONIAUX/ SQUARE DES - 116 B1 C1
VETERINAIRES/RUE DES - 116 E4 F4-5
VIADUC/RUE DU - 118 G4-5 - 120 A4-5 B4
VIADUCTSTRAAT - 118 G4-5 - 120 A4-5 B4
VICTOIRE/RUE DE LA - 118 B5 C5
VIEILLARDS/RUE DES - 118 B5
VIEILLE HALLE AUX BLES/ PLACE DE LA - 118 D1
VIER AUGUSTUSPLEIN - 120 G5
VIERGE NOIRE/RUE DE LA - 117 C4-5
VIERGES/RUE DES - 118 B1
VIERHEEMSKINDERENSTRAAT - 118 E2
VIERPONDENGANG - 118 E2
VIER-SEPTEMBER-DAGENLAAN - 119 B3-4
VIER-WINDENSTRAAT - 115 E4-5 F3-4 G3
VIEUJANT/RUE-STRAAT JULES - 115 D3
VIEUX MARCHE AUX GRAINS/RUE DU - 117 B4-5 C4
VIFQUIN/RUE-STRAAT - 119 A1 B1
VIJFENTWINTIG AUGUSTUSGALERIJEN - 117 D4
VIJVERSGAARDE - 120 C4
VIJVERSTRAAT - 120 B4 C4
VILLAGE/RUE DU - 116 A4 B4
VILLA HERMOSA/RUE-STRAAT - 118 E1-2
VILLARD/RUE-STRAAT HENRY - 119 B1
VILLA ROMAINE/ALLEE DE LA - 116 B4-5
VILLERS/RUE DE-STRAAT - 118 C1
VINCOTTE/RUE-STRAAT THOMAS - 119 C3-4 D4
VINDICTIVE/RUE DU-STRAAT - 120 F4-5
VINGT-CINQ AOUT/GALERIE DU - 117 D4
VIOLETSTRAAT - 118 C1 D1
VIOLETTE/RUE DE LA - 118 C1 D1
VIOLIERGANG - 117 D5
VISITANDINENSTRAAT - 118 C2
VISITANDINES/RUE DES - 118 C2
VISVERKOPERSSTRAAT - 117 C5
VISVIJVERBLOK - 120 C5
VISVIJVERSTRAAT - 120 C5
VITRIERS/IMPASSE DES - 118 B4
VIVIER/CARRE DU - 120 C5
VIVIER/RUE DU - 120 C5
VLAAMSE POORT - 117 A3 B3
VLAAMSESTEENWEG - 117 A3 B3-4 C4
VLASFABRIEKSTRAAT - 118 C5
VLEES-EN-BROODSTRAAT - 117 D5
VLIEGER THIEFFRYSTRAAT - 120 G5
VLIERWIJK - 117 C3
VLOGAERT/RUE-STRAAT - 118 A5
VOERMANSGANG - 117 B3
VOIRIE/QUAI DE LA - 117 C1
VOLDERS/AVENUE-LAAN JEAN - 118 B5
VOLDERSSTRAAT - 118 A1 B1-2
VOLKSSTRAAT - 117 D1
VONCK/RUE-STRAAT - 119 B2-3
VOORLOPIG BEWINDSTRAAT - 117 F4 G4
VOORSPOEDSTRAAT - 117 A2-3
VOORSTADSSTRAAT - 117 D1-2
VOORUITGANGSTRAAT - 117 E1-2-3
VOORZIENIGHEIDSGANG - 118 D2
VOORZITTERSSTRAAT - 118 E5 F4-5
VOORZORGSSTRAAT - 118 C4
VORSTSE STEENWEG - 118 A5 B5
VOSSENPLEIN - 118 B3-4
VOSSENSTRAAT - 118 C3
VREDESTRAAT - 118 F3-4
VRIJHEIDSLAAN - 115 C1 D1 E1
VRIJHEIDSPLEIN - 117 F4-5 G4
VRIJ-ONDERZOEKSTRAAT - 116 B3 C3
VRIJNTSTRAAT - 117 C5 - 118 C1 D1
WAAIENBERGSTRAAT - 120 B4-5
WAAIERSTRAAT - 118 C3
WAARHEIDSSTRAAT - 116 B2-3
WAGENSTRAAT - 117 A4 B4
WALENPLEIN - 118 C2
WALLONS/PLACE DES - 118 C2
WAPENSTILSTANDSTRAAT - 115 E1 F1
WAPPERS/PLACE-PLEIN - 120 F1
WAPPERS/RUE-STRAAT - 120 E1 F1
WARANDEBERG - 118 E1
WARMOESBERG - 117 D5 E4-5
WARMOESSTRAAT - 117 G4 - 119 A2-3-4
WASHUISSTRAAT - 117 A5 B5 - 118 B1
WASKAARSSTRAAT - 115 G5 - 116 G1
WASSERIJSTRAAT - 118 B3
WATERKRACHTSTRAAT - 119 A5
WATERLOO/BOULEVARD DE-LAAN - 118 B5 C4-5 D4 E3-4
WATERLOO/CHAUSSEE DE - 118 B5
WATERLOSE STEENWEG - 118 B5
WATERPASSTRAAT - 115 G3 - 117 A3
WATTEEU/RUE-STRAAT - 118 D2-3
WAUTERS/ALLEE - 117 F2
WAUTERS-KOECKX/PLACE-PLAATS - 115 G2
WAUTERS-KOECKX/RUE-STRAAT - 115 G2
WAUWERMANS/RUE-STRAAT - 119 C4
WAVERSE STEENWEG - 118 F3-4 G4 - 120 A4 B4
WAVRE/CHAUSSEE DE - 118 F3-4 G4 - 120 A4 B4 C3-4 D4-5 E5
WAYENBERG/RUE - 120 B4-5
WAYEZ/RUE-STRAAT - 116 A4 B4 C3-4
WEDIJVERSTRAAT - 116 C1-2
WEESHUISSTRAAT - 115 A5 - 116 A1-2
WEIDEGANG - 120 C3
WEIDESTRAAT - 117 E2 F2
WEKKERGANG - 117 B5
WELDADIGHEIDSSTRAAT - 117 E2
WELDOENERSPLEIN - 119 C2 D2
WELZIJNSTRAAT - 115 B5
WERFKAAI - 117 C2
WERFSTRAAT - 117 C2
WERKHUIZENSTRAAT - 117 B2
WERY/RUE-STRAAT - 120 B5
WESTPLAATS - 115 E3
WETENSCHAPSSTRAAT - 118 G1-2 - 120 A1-2
WETSTRAAT - 117 F5 - 118 F1 G1 - 120 A1 B1 C1-2 D2
WEVERSSTRAAT - 115 F2
WIERTZ/RUE-STRAAT - 120 B2-3-4
WIJNHEUVELENSTRAAT - 119 A3 B1-2-3
WILDE TIJMSTRAAT - 115 A4
WILDEWOUDSTRAAT - 117 E5
WILLEBROECK/QUAI DE - 117 C1-2 D1
WILLEBROEKKAAI - 117 C1-2 D1
WILLEM DE ZWIJGERSTRAAT - 120 B1
WILLEMS/RUE-STRAAT - 119 A4 B4-5
WILSON/RUE-STRAAT JOHN-WATERLOO - 119 B4 C4-5
WISER/SQUARE-PLEIN CHARLES-MAURICE - 120 D3
WISSENSTRAAT - 115 F3
WITTMANN/RUE-STRAAT EMILE - 119 E2-3
WOERINGEN/RUE DE-STRAAT - 118 A2 B2
WOLLENDRIESTOREN - 118 E4-5
WOLLENDRIESTORENSTRAAT - 118 E4-5
WOLLES/RUE-STRAAT CAMILLE - 119 G2
WOLSTRAAT - 118 B4 C4 D3-4 E3
WOLVENGRACHT - 117 D4 E4
WOONWIJKSTRAAT - 118 G5 - 120 A5
XHONEUX/RUE-STRAAT MAURICE - 116 C4-5
YOURCENAR/PASSAGE-DOORGANG MARGUERITE - 118 D3
YPRES/BOULEVARD D' - 117 B2 C2-3
YSER/AVENUE DE L' - 120 F2-3
YSER/PL. DE L' - 117 C2
YSEWYN/RUE -STRAAT FRANCOIS - 116 B5
ZAADSTRAAT - 115 B4 C4
ZANDSTRAAT - 117 E4
ZATERDAGPLEIN - 117 C4
ZAVELPUT - 117 F4 G4
ZAVELSTRAAT - 118 D2-3
ZEEHONDSTRAAT - 117 B4 C4
ZEEMTOUWERSSTRAAT - 115 F5 G5 - 116 G1
ZEEPAARDJESSTRAAT - 115 A3 B3
ZEEPZIEDERIJSTRAAT - 115 F3-4
ZELFBESTUURSSTRAAT - 116 G2-3 - 118 A2-3
ZENNESTRAAT - 117 A4-5 - 118 A1
ZESELLENSTRAAT - 118 C4 D4
ZESJONKMANSSTRAAT - 118 D2-3 E2
ZESPENNINGENSTRAAT - 117 B5 - 118 B1
ZILVERSTRAAT - 117 D4
ZINNER/RUE-STRAAT - 118 F1 G1
ZINNIKSTRAAT - 118 B1
ZONNEBLOEMENSTRAAT - 115 A5
ZONNESTRAAT - 119 A3 B3
ZOUTSTRAAT - 116 D3-4-5
ZUIDLAAN - 118 A1-2-3 B3-4
ZUIDSTRAAT - 117 C5 - 118 B1-2 C1
ZUINIGHEIDSSTRAAT - 118 B3
ZWAARDSTRAAT - 118 C3
ZWALUWENSTRAAT - 117 C4 D4
ZWARTE LIEVEVROUWSTRAAT - 117 C4-5
ZWARTE VIJVERSSTRAAT - 115 E3 F2-3
ZWART PAARDSTRAAT - 117 A3-4
ZWEDENSTRAAT - 116 G4 - 118 A4-5
ZWEMKUNSTSTRAAT - 120 B5 C5
ZWITSERLANDSTRAAT - 118 D4-5

CHARLEROI

ACIER / RUE DE L' - 121 A4
AIGLE NOIR / RUE DE L' - 121 C3
ALBERT IER / PLACE - 121 B5 C5
ALLIES / AVENUE DES - 121 A3-4 B4
ANCRE / RUE DE L' - 121 B2-3
ANGE / RUE DE L' - 121 C7 D7
ANGLETERRE / RUE D' - 121 D2
ANSALDI / RUE ALEXANDRE - 121 E1
ASSAUT / RUE D' - 121 D5
ATELIERS / RUE DES - 121 C5
ATHENEE / RUE DE L' - 121 C5 D4-5
AUDENT / BOULEVARD - 121 C4-5
BAILY PIERRE / RUE - 121 D7 E7
BANS / RUE DES - 121 B7
BARVAIS / RUE - 121 E1
BASSLE / RUE - 121 C4
BASSON / RUE DU - 121 B7 C7
BAUX / RUE VICTOR - 121 B7 C7
BEFFROI / RUE DU - 121 B4 C3-4
BERNARD / GALERIE - 121 C5
BERNUS / RUE LEON - 121 D2-3
BERTRAND / BOULEVARD JACQUES - 121 B3-4 C3
BIARENT / RUE ADOLPHE - 121 C4
BIENFAISANCE / RUE DE LA - 121 A4 B4
BIERCHAMPS / RUE DU - 121 A7 B7
BLANCARD / RUE - 121 C1 D1
BOIS DEL BOL / RUE - 121 E1
BOIS MONCEU / RUE - 121 D5 E5-6
BONAPARTE / SQUARE NAPOLEON - 121 D3
BOSQUETVILLE / RUE - 121 D5-6
BOURSE / PASSAGE DE LA - 121 B5
BRABANT / QUAI DE - 121 B5 C5-6
BRABANT / RUE DE - 121 B5
BRASSERIE / RUE DE LA - 121 E5
BRIGADE PIRON / RUE - 121 E5
BROUCHETERRE / PLACE DE LA - 121 C2
BROUCHETERRE / RUE DE LA - 121 B1 C1-2 D1-2
BRUXELLES / CHAUSSEE DE - 121 A3 B1-2-3
BRUXELLES / RUE DE - 121 A3 B3
BUISSET / PLACE EMILE - 121 B5
CAMBIER DUPRET / RUE - 121 C6 D6
CANAL / RUE DU - 121 B5
CANONNIER / RUE DU - 121 E2
CAPORAL TREZIGNIES / SQUARE - 121 D4
CHANTIER LIXON / RUE - 121 B6
CHAPELLE / RUE DE LA - 121 C3
CHARLEROI / CHAUSSEE DE - 121 E6
CHARLES ERNEST / RUE - 121 B6-7 C6
CHARLES II / PLACE - 121 C3-4
CHARNOY / RUE - 121 C3-4
CHAVANNES / RUE - 121 C3
CHEMINOTS / RUE DES - 121 B6 C6
CLOTURE / IMPASSE - 121 B1
COLEAU / RUE - 121 E4
COLLEGE / RUE DU - 121 B5
COMMERCE / RUE DU - 121 B5
COMPTOIR / RUE DU - 121 B4-5
COUILLET / RUE DE - 121 E7
CROIX ROUGE / RUE DE LA - 121 C5 D5
CURE / RUELLE DU - 121 D7
DAGNELIES / RUE - 121 A4 B4-5
DAMPREMY / RUE DE - 121 B4
DAMZELLES / RUE DES - 121 D6-7
DAUPHIN / RUE DU - 121 C3
DECOUX / RUE ARTHUR - 121 A1-2 B1
DE FONTAINE / BOULEVARD ALFRED - 121 C4 D3-4
DEHONT / RUE GEORGES - 121 C7
DELESTIENNE / RUE - 121 C7
DELFERRIERE / PLACE ELIE - 121 D1
DELIMBORG / RUE - 121 D7
DENIS / RUE HECTOR - 121 A1
DE PAEPE / RUE CESAR - 121 C7
DESANDROUIN / RUE - 121 B5
DESTREE / RUE JULES (DAMPREMY) - 121 A1-2
DESTREE / RUE JULES (CHARLEROI) - 121 D1
DEUXIEME CHASSEUR / ALLEE DU - 121 D3
DEVERSOIR / RUE - 121 B5
DEVREUX / BOULEVARD EMILE - 121 C5 D5
DEWANDRE / BOULEVARD FRANS - 121 D2
DIGUE / PLACE DE LA - 121 A4 B4
DIGUE / RUE DE LA (CHARLEROI)- 121 B4
DIGUE / RUE DE LA (MONTIGNIES-SUR-SAMBRE)- 121 E5
DIX-HUIT AOUT / SQUARE DU - 121 A5-6 B5-6
DOUCHAMPS / RUE ARCADE - 121 C7
DOURLET / RUE - 121 D1-2 E1
DRAILY / COUR - 121 A3
DRAILY / RUE - 121 C1 D1
DRION / BOULEVARD ZOE - 121 D2-3
DULAIT / RUE JULIEN - 121 A6
DUNANT / RUE HENRI - 121 C7
DUPRET / RUE CHARLES - 121 B5
ECLUSE / RUE DE L' - 121 C5
EGLANTIERS / RUE DES - 121 C7 D7
ERNST / RUE WILLY - 121 C4-5 D4
ESCALIER / RUE DE L' - 121 C4
EUROPE / AVENUE DE L' - 121 A3 B3 C3
FAGNART / RUE - 121 C2
FENDERIE / RUE DE LA - 121 A5 B5
FERRER / RUE - 121 C5
FLANDRE / QUAI DE - 121 A5 B5
FORT / RUE DU - 121 C2
FRANCE / RUE DE - 121 B4 C4
FRANCS / RUE DES - 121 A6-7

FRERE ORBAN / RUE - 121 A1
GARDES / RUE DES - 121 C4
GARE DU SUD / QUAI DE LA - 121 A5 B5-6 C6
GARENNE / RUE DE LA - 121 C1-2
GAZOMETRE / RUE DU - 121 A3-4
GENDEBIEN / RUE - 121 C2
GENERAL MICHEL / AVENUE - 121 D3-4
GILLIEAUX / AVENUE - 121 D5 E5
GLACIERES / RUE DES - 121 B7 C6-7
GOOR / RUE - 121 E3-4
GOUVERNEMENT / RUE DU - 121 C4
GRAMME / RUE ZENOBE - 121 C2-3 D2
GRAND CENTRAL / PL. DU - 121 A4 B4
GRAND CENTRAL / RUE DU - 121 A4-5 B4
GRAND'PLACE - 121 D7
GRAND'RUE - 121 D1-2 E1-2
GROSSE MER / SENTIER DE LA - 121 A6-7
HALAGE BOSQUETVILLE / QUAI - 121 D5-6 E6
HEIGNE / RUE DE - 121 A3
HENIN / AVENUE JULES - 121 D2
HIERNAUX / SQUARE JULES - 121 D2
HOUSSIERE / RUE JULES - 121 A1 B1
HUART / RUE CHAPEL - 121 D2-3
INDUSTRIE / RUE DE L' - 121 A5 B5
ISAAC / RUE - 121 D2
ITALIE / RUE D' - 121 D2
JANSON / BOULEVARD PAUL - 121 C2-3 D3
JANSON / RUE PAUL (MARCINELLE) - 121 A6-7 B7
JANSON / RUE PAUL (MONTIGNIES-SUR-SAMBRE) - 121 E4
JAURES / RUE JEAN - 121 B7
JOSEPH II / BOULEVARD - 121 D2-3
JUSTICE / RUE DE LA - 121 C4
LABORATOIRE / RUE DU - 121 C3 D3
LAMBERT / RUE PAUL - 121 C7
LANGLOIS / RUE ALFRED - 121 D1-2
LARBALESTRIER / RUE - 121 D7
LAVOIR / RUE DU - 121 D7
LEBEAU / RUE - 121 C2 D2
LECOMTE / RUE PIERRE-JOSEPH - 121 A1-2
LEOPOLD / RUE - 121 B5 C5
LEROY / RUE ALFRED - 121 A7 B7
LIBIOULLE / RUE - 121 B6-7
LODELINSART / RUE DE - 121 D1
MA CAMPAGNE / RUE - 121 A2
MAJOR SERVAIS / RUE - 121 A7
MAMBOURG / RUE DU - 121 C2
MANEGE / PLACE DU - 121 C3
MARAIS / RUE DU - 121 D5
MARCHIENNE / RUE DE - 121 B5
MARCINELLE / RUE DE - 121 B5 C5
MASCAUX / AVENUE EUGENE - 121 C7
MAYENCE / BOULEVARD PIERRE - 121 D3-4-5
MEUREE / AVENUE MARIUS - 121 C6-7
MIGNOLET / RUE AIME - 121 E3
MOLETTES / RUE DES - 121 E5
MOMMENS / RUE HENRI - 121 A6-7
MONNET / RUE JEAN - 121 A5
MONS / ROUTE DE - 121 A3
MONTAGNE / RUE DE LA - 121 B4 C4
MONTAL / RUE - 121 C3
MONTIGNY / RUE DE - 121 B4 C4-5 D5-6 E6
MONTS / RUE DES - 121 A7
MOULIN / RUE DU - 121 B5
MOUTON BLANC / RUE DU - 121 B4 C4
NALINNE / RUE GUSTAVE - 121 C4
NAMUR / RUE DE - 121 B1
NAVEZ / RUE - 121 C5
NEUVE / RUE (CHARLEROI) - 121 C3
NEUVE / RUE (MONTIGNIES-SUR-SAMBRE) - 121 E4-5
NEUVILLE / RUE DE LA - 121 D2 E2-3
NONNON / RUE EMILE - 121 B7 C7
OPPERMANN / RUE - 121 A7 B7
ORLEANS / RUE D' - 121 C4
OUEST / PLACE DE L' - 121 A4
PAIX / RUE DE LA - 121 D4 E3-4
PALAIS / RUE DU - 121 B4 C4
PALM / PONT OLAF - 121 A5
PARC / RUE DU (CHARLEROI) - 121 C4 D4
PARC / RUE DU (MARCINELLE) - 121 C6-7
PASTUR / AVENUE PAUL - 121 A5-6
PASTUR / RUE PAUL - 121 C1
PATER / RUE ARTHUR - 121 A5 B5
PAYS DE LIEGE / RUE DU - 121 E3
PEINES PERDUES / RUE - 121 C5
PETITE CEINTURE DE CHARLEROI - 121 A3-4-5-6 B1-2-3-6 C1-6 D1-5-6
PHILIPPEVILLE / AVENUE DE - 121 C6 D6-7 E7
PHILIPPEVILLE / PONT DE - 121 C5-6 D6
PIGE AU CROLY / RUE - 121 C1
PINKERS / SQUARE OCTAVE - 121 B3
PIRET / PLACE - 121 E4
PIRMEZ / RUE EUDORE - 121 C7 D7
POIRIER / RUE DU - 121 D5 E5
PONT DE SAMBRE / RUE DU - 121 B4-5
PONT NEUF / RUE DU - 121 C5
PONT SAINT-ROCH - 121 C5-6
POTERNE / RUE DE LA - 121 C3
PRAIRIES / RUE DES (MARCINELLE) - 121 C7
PRAIRIES / RUE DES (CHARLEROI) - 121 D5-6
PRINCE / RUE DU - 121 D1 E1
PRISON / QUAI DE LA - 121 A5
PRUNIEAU / RUE - 121 C5
PUISSANT / RUE - 121 B5
RAINCHON / COUR - 121 A3
REGENCE / RUE DE LA (CHARLEROI) - 121 C2-3 D2
REGENCE / RUE DE LA (MARCINELLE) - 121 C7 D7
REINE ASTRID / PARC - 121 C4 D4
RIVAGES / RUE DES - 121 A4
RIVELAINE / RUE DE LA - 121 E5-6
ROGIER / RUE - 121 A1
ROI BAUDOUIN / PONT - 121 B5
ROTON / RUE DU - 121 B1 C1 D1
ROULLIER / BOULEVARD GUSTAVE - 121 D2
RUCLOUX / PLACE - 121 B5
SAINT-CHARLES / RUE - 121 E5
SAINT FIACRE / PLACE - 121 B4
SAINT PETERSBOURG / RUE - 121 A1
SAINT ROCH / RUELLE - 121 C6
SCHMIDT / RUE JULIEN - 121 A1 B1
SCIENCE / RUE DE LA - 121 C3-4 D3
SOLVAY / BOULEVARD - 121 C2-3
SPINOIS / RUE - 121 D3 E2-3
SPORTS / RUE DES - 121 D3 E3
TAILLE CHAWET / RUE - 121 A1
THIBAUT / RUE AURELIEN - 121 C7
TIROU / BOULEVARD JOSEPH - 121 A5 B4-5 C5
TOMBOIS / RUE DU - 121 B7
TRAMWAYS / PLACE DES - 121 A5
TROIS PISTOLETS / RUE DES - 121 C5
TROIS ROIS / RUE DES - 121 C3
'T SERCLAES DE TILLY / RUE - 121 E5
TUMELAIRE / RUE EMILE - 121 C4 D4 E4-5
TURENNE / RUE - 121 B3-4 C4
VAUBAN / RUE - 121 C4
VILLETTE / PONT DE LA - 121 A5
VILLETTE / RUE DE LA - 121 A6 B6 C6
VOLTA / RUE - 121 D6-7
WATERLOO / AVENUE DE - 121 C2-3 D2
YSER / BOULEVARD DE L' - 121 B4 C4

DIEST

ACACIAHOF - 122 E5-6
ACACIASTRAAT - 122 E6
ALENLAAN KAREL - 122 A6 B6
ALENUSLAAN DELPHINE - 122 B5-6 C5
ALENUSSTRAAT EGIDE - 122 C5
ALLENSTRAAT FERDINAND - 122 C3 D3
ALLERHEILIGENBERG - 122 B4-5 C5
ANJERSTRAAT - 122 C6-7 D7
ANTWERPSESTRAAT - 122 C2-3 D2-3
ASTERSTRAAT - 122 C7
BADSTRAAT - 122 E5-6
BEGIJNENSTRAAT - 122 D4
BEGONIASTRAAT - 122 C6
BERKENHOF - 122 C3
BEUKENLAAN - 122 E6
BEUKENPLEIN - 122 E6
BEVRIJDINGSSTRAAT - 122 D6
BLOEMENLAAN - 122 C6
BLOEMPOTGANG - 122 C4
BOTERMARKT - 122 C5
BOUDEWIJNVEST - 122 B3-4
BREDASTRAAT - 122 B7
BREDESTRAAT - 122 A6 B6
BREMSTRAAT - 122 C7
BROUWERIJSTRAAT - 122 C4
BRUIDSTRAAT - 122 D4
BUITEN DE SCHAFFENSEPOORT - 122 D3 E3
CABARETSTRAAT - 122 C4-5
CITADEL - 122 B5
CITADELLAAN - 122 A2-3-4-5 B3-4-5-6
CLEYNAERTSSTRAAT - 122 C4
COMMISSARIS NEYSKENSLAAN - 122 C5-6 D6
DE BLEEK - 122 B1-2 C4
DEMERSTRAAT - 122 C4
DIESTERESTRAAT - 122 B1 C1
DIESTERSTEENWEG - 122 A6 B6
DILLENBURGSTRAAT - 122 A7 B7
DRIEHARINGENSTRAAT - 122 D4
DRIE LINDEKENSERF - 122 E7
ENGELANDSGANG - 122 C5
ENGELANDSTRAAT - 122 C5
ENGELEN CONVENTSTRAAT - 122 E4
ESDOORNSTRAAT - 122 D6 E6
EZELDIJK - 122 D3
FABIOLALAAN - 122 B7 C6-7 D6
FABRIEKSSTRAAT - 122 A2
FONTEINGANG - 122 D3-4
FORT LEOPOLD - 122 C2
FORT LEOPOLDLAAN - 122 A2 B1-2 C2
FRANKENSTRAAT - 122 B6 C6
GALGENBERGWEG - 122 A6-7
GALGEVELDSTRAAT - 122 A6-7 B6
GASTHUISBERG - 122 C7 D7
GEZELLESTRAAT GUIDO - 122 C4-5 D5
GRAANMARKT - 122 D5
GRAUWZUSTERSSTRAAT - 122 D4
GROENSTRAAT - 122 B2
GROTE MARKT - 122 C4-5
HALENSEBAAN - 122 E7
HALLESTRAAT - 122 C4
HALVE MAANPLAATS - 122 E5
HALVE MAANSTRAAT - 122 E5-6
HANDELSPLEIN - 122 E6
HASSELTSESTRAAT - 122 C5 D5-6
HEILIGE GEESTSTRAAT - 122 E4
HOLLEWEG - 122 A1
HORTENSIASTRAAT - 122 B6 C6-7
HULSTSTRAAT - 122 E7
INFIRMERIESTRAAT - 122 D4 E4
IRISSTRAAT - 122 C7
KAAI - 122 C4
KANONSBAAN - 122 A4-5 B4
KARDINAAL MERCIERSTRAAT - 122 C5
KATTENSTRAAT - 122 C5 D4-5
KAUTERSHOEK - 122 C5-6 D5
KEELGANG - 122 B4 C4
KEELSTRAAT - 122 C4-5
KEIZERINNESTRAAT - 122 C4
KERKSTRAAT-BEGIJNHOF - 122 E4
KETELSTRAAT - 122 C4-5
KLEINE SCHALUINWEG - 122 B2-3 C2-3
KLOOSTERBERGSTRAAT - 122 C6 D6-7 E7
KLUISBERGSTRAAT - 122 B4
KOESTRAAT - 122 C4 D4-5
KONING ALBERTSTRAAT - 122 C4 D4
KONINGIN ASTRIDLAAN - 122 D5-6
KOOLGANG - 122 D4
KRAAIENESTSTRAAT - 122 D4 E4
KROKUSSTRAAT - 122 C6-7
LANGENBERG - 122 A2
LAZARIJSTRAAT - 122 B2 C1-2
LEIGRACHTSTRAAT - 122 A3-4
LELIESTRAAT - 122 C6
LEOPOLDVEST - 122 D3-5 E3-4-5
LEUVENSESTEENWEG - 122 A7 B6-7 C5-6
LEUVENSESTRAAT - 122 C5
LINDEBOOMSTRAAT - 122 A7
LINDENHOF - 122 B4
LORKENHOF - 122 B4
MACKENSTRAAT MARK - 122 C5-6
MARIENBERGWEG - 122 A4
MARIENDAALPLAATS - 122 D5
MARIENDAALSTRAAT - 122 D5
MEIDOORNHOF - 122 E6
MEIDOORNSTRAAT - 122 E6-7
MOLENBERGSTRAAT - 122 E7
MONTGOMMERYSTRAAT - 122 C6 D6
MOONSSTRAAT FELIX - 122 C4
NARCISSTRAAT - 122 C6-7
NIHOULSTRAAT OSCAR - 122 C4
NIJVERHEIDSLAAN - 122 A3-4 B3 C3
OSSEKOPSTRAAT - 122 C4
OUDE BAAN - 122 D6 E6-7
OUDE TRAMWEG - 122 C3 D3
OVERSTRAAT - 122 C4 D4
PAALSTRAAT - 122 C4
PAANHUISSTRAAT - 122 C4-5
PALMBOOMSTRAAT - 122 D4
PARELSBERGSTRAAT - 122 E7
PARKLAAN - 122 D5 E5
PEETERSGANG - 122 D5
PEETERSSTRAAT - 122 D5
PESTHUIZENSTRAAT - 122 D4 E4
REFUGIESTRAAT - 122 C4
REUSTRAAT - 122 A7 B7
ROBEYNSLAAN EDUARD - 122 D6 E6-7
RODE KRUISSTRAAT - 122 D4
ROMBLOKSTRAAT - 122 B7 C7 D7
ROZENGAARD - 122 D5
SAFFRAANBERG - 122 A6
SALVIASTRAAT - 122 C6
SCHAFFENSEPOORT - 122 D3
SCHAFFENSESTRAAT - 122 D3-4
SCHALUINSTRAAT - 122 A2-3
SCHOLENSTRAAT - 122 C4
SCHOONAERDE - 122 D2-3 E2-3
SCHOTELSTRAAT - 122 C4
SCHOTLANDSTRAAT - 122 C5-6
SCHUTTERSHOFSTRAAT - 122 C4
SINT-ANNASTRAAT - 122 D5
SINT-JACOBSGANG - 122 C3-4
SINT-JACOBSPLEIN - 122 C3
SINT-JAN BERCHMANSSTRAAT - 122 C5
SINT-JANSGANG - 122 D5
SINT-JANSTRAAT - 122 D5
SINT-JANSVELD - 122 D5
SPARRENHOF - 122 B3-4
SPEELHOFSTRAAT - 122 B6 C6
SPOORWEGSTRAAT - 122 A2 B2
STATIESTRAAT - 122 C3-4
STEENWEG OP PAPENBROEK - 122 D6-7 E7
STEINEWEG - 122 A5
STEYNEVELD - 122 A4-5
SUIKERPOTSTRAAT - 122 C4
TAFELRONDSTRAAT - 122 C5
THEYSSTRAAT MICHEL - 122 C4 D4
TUINWIJK - 122 A6
TULPENSTRAAT - 122 C6
TURNHOUTSE BAAN - 122 A2 B2 C2-3
VALLEILAAN - 122 B4 C3-4
VANDERVELDESTRAAT EMILE - 122 C5-6
VAN OOSTSTRAAT ARTHUR - 122 C6 D6
VEEMARKT - 122 C4 D4
VERSTAPPENPLEIN HENRI - 122 D4-5
VERVERSGRACHT - 122 C3 D3-4
VERVOORTPLAATS - 122 D5-6 E6
VERVOORTSTRAAT - 122 D5 E5
VESTENSTRAAT - 122 D4
VISSERSSTRAAT - 122 B4 C4
WEERSTANDSPLEIN - 122 C3
WELTERSTRAAT NICOLAS - 122 D5
WIJNGAARDSTRAAT - 122 D6
WIJNGAARDVELDWEG - 122 D6 E6
WILGENHOF - 122 B4
WOLVENSTRAAT - 122 C5 D5
ZEVEN WEEENSTRAAT - 122 D4
ZICHEMSEPOORT - 122 B4
ZICHEMSEWEG - 122 A4-5
ZOUTSTRAAT - 122 C4
ZWARTEBEEKPLEIN - 122 C3

DINANT

ABBAYE / PLACE DE L' - 123 B1
ALBEAU / PLACE D' - 123 D5
ALBEAU / REMPART D' - 123 D5
ALBERT 1ER / PLACE - 123 C4
AL-PREE / RUE - 123 D1
AMOUR / PONT D' - 123 E2-3
ARMES / PLACE D' - 123 D5
BALBOUR / PLACE CHARLES - 123 C3
BARQUE / IMP. DE LA - 123 C-D4
BARQUE / RUE DE LA - 123 C-D4
BARRE / RUE LEOPOLD ET VICTORIEN - 123 B-C2
BAUDOUIN / RUELLE - 123 D6
BON-AIR - 123 D-E4
BONSECOURS / RUE DE - 123 A3 B2-3 C3
BRIBOSIA / RUE BOURG. - 123 C3-4
BRIGADE PIRON / SQ. DE LA - 123 C3
BURINFOSSE / CHEMIN DE - 123 C5-6 D6
CAJOT / PONT - 123 D6-7
CARDINAL MERCIER / PLACE - 123 B1
CAVALIERS / DREVE DES - 123 A2-3
CERISIERS / RUE DES - 123 E4
CHARREAU DE NEFFE - 123 C7 D6-7
CHARREAU-DE-LEFFE - 123 B-C1
CHARREAU-DES-CAPUCINS - 123 C4
CHARREAU-SAINT-MEDARD - 123 C3
CHASSEURS-ARDENNAIS / PLACE DES - 123 C3
CHEVAL-NOIR / RUE DU - 123 C4
CHURCHILL / AV. WINSTON - 123 C3-4
CITADELLE / CHEMIN DE LA - 123 C-D-E3
COLLARD / PLACE VICTOR - 123 C3
COLLEGE / RUE DU - 123 C4
COLONEL CADOUX / AV. - 123 B2-3 C3
COMBATTANTS / AVENUE DES - 123 C3-4-5 D5-6
COMPTOIR / RUE DU - 123 D6
COSTER / RUE - 123 C3
COURET / IMPASSE DU - 123 D4
COUSOT / RUE GEORGES - 123 C4 D4-5
CULOT / QUAI JEAN-BAPTISTE - 123 B1-2 C2
DAOUST / RUE ALEXANDRE - 123 D5-6
DEFOIN / RUE ARTHUR - 123 E6-7
DEPORTATION / AV. DE LA - 123 B2-3
DEVIGNE / RUE BENJ. - 123 B-C2
DUPONT / RUE EDOUARD - 123 D4
EN-RHEE / RUE - 123 C-D3
FETIS / RUE - 123 A1 B1-2
FONDS-DE-BOUVIGNES / RUE DES - 123 E2
FOSSES / RUE DES - 123 C-D4
FRANCHET-D' ESPEREY / AVENUE - 123 B2-3
FROIDVAU - 123 E7
GERARD / PLACE EDOUARD - 123 C2
GIVET / RUE DE - 123 D6-7
GRAND-PRE / RUE DU - 123 E5
GRANDE / RUE - 123 C3-4 D4
GRELE / RUE DE LA - 123 D4
GRUSIATS / RUE DES - 123 C3
HERBUCHENNE / CHEMIN D' - 123 E3-4
HERBUCHENNE - 123 E6
HIMMER / RUE - 123 B-C-D1
HUYBRECHTS / RUE ALBERT - 123 D4
LAPEREAU / ALLEE DU - 123 E5-6
LE-BOULANGE / RUE ERN. - 123 C3
LEOPOLD / RUE - 123 D4-5
LION / RUE PIERRE-JOS. - 123 C-D4
LION / SQ. PIERRE-JOSEPH - 123 D4
MAIBES / RUE DE - 123 C3
MALAISE - 123 D-E1
MATADI - 123 D7
MAUBERT / RUELLE - 123 D6
MEEZ / RUE DE - 123 A1-2
MEEZ / SENTIER DE - 123 A2
MESANGES / RUE DES - 123 A3
MONSEIGNEUR / RUE - 123 D6
MONT-FAT / RUE DE - 123 D3-4 E4
MONTAGNE-DE-LA-CROIX - 123 D4-5 E5
MOULIN / RUE DU - 123 B1
ORFEVRES / RUE DES - 123 B-C2
PALAIS-DE-JUSTICE / PLACE DU - 123 C3 D3-4
PALAIS-DE-JUSTICE / RUE DU - 123 C3-4 D3
PATENIER / PLACE - 123 C2
PETITE / RUE - 123 C2-3
PHILIPPEVILLE / ROUTE DE - 123 A5 B4-5 C3-4
PIRE / SQUARE PERE - 123 B1-2
POMMERAIE / RUE DE LA - 123 E4-5
PONCELET / RUE GUSTAVE - 123 B1
PONT-EN-ISLE / RUE - 123 D4
PUITS / RUE DU - 123 D4
RAPAILLE / RUE DU - 123 D2-3
RATEAU / RUE DU - 123 C2-3
REFUGE / RUE DU - 123 A-B4
REINE ASTRID / PLACE - 123 C3
RIVAGES / RUE DES - 123 D-E6
RONDCHENE - 123 A-B-C7
RUISSEAU / RUE DU - 123 C3
SAINT-GEORGES / IMP. - 123 B1-2
SAINT-JACQUES / RUE - 123 C2-3 D2 E1-2
SAINT-MARTIN / RUE - 123 C3
SAINT-MENGE / RUE - 123 D4
SAINT-MICHEL / RUE - 123 D4
SAINT-NICOLAS / PLACE - 123 D4
SAINT-PIERRE / RUE - 123 B-C2
SAINT-ROCHE / RUE - 123 D4-5
SAINT-ROCHE / RUE COURTE - 123 D4
SAINTE-FOY / PASSAGE - 123 C3
SANGLIER / ALLEE DU - 123 E5-6
SASSERATH / BOULEV. LEON - 123 C3
SAX / RUE ADOLPHE - 123 C3
SODAR / RUE ANDRE - 123 C3
SOLOGNE / RUE DE - 123 A2-3 B2
SOUS-LES-ROCHES / RUE / 8 - 123 C3
SOUVERAINS / BOUL. DES - 123 D5-6
STATION / RUE DE LA - 123 B-C3
TOUR / RUE DE LA / 1 - 123 B1
TROIS-ESCABELLES / RUE DES - 123 C-D4
TROUP-DU-LOUP - 123 D5
VERGERS / RUE DES - 123 E4-5
VERTE / RUELLE - 123 A1
23-AOUT / RUE DU - 123 B1
WESPIN - 123 A3-4 B4
WIERTZ / RUE - 123 C4
YVOIR / CHAUSSEE D' - 123 B1

EUPEN

AACHENER STRASSE - 124 B4 C3-4 D1-2-3
AIX LA CHAPELLE / RUE D' - 124 B4 C3-4 D1-2-3
AKAZIENWEG - 124 A5
ALTER MALMEDYER WEG - 124 C6-7
AM BAHNDAMM - 124 C3
AM BENNET - 124 C2 D2
AM BERG - 124 C4-5
AM DORNENBUSCH - 124 D4-5
AM GIESEBRUCH - 124 C7
AM HERTOGENWALD - 124 C7
AM KALKOFEN - 124 D1-2
AM KIESEL - 124 A3-4
AM WAISENBUSCHCHEN - 124 B6
AM WEIDENBRUCH - 124 A2
AM WEIHERHOF - 124 B2
AN DER GOLDENEN HAND - 124 D5
APOLLONIENSTRASSE - 124 D3
AUENWEG - 124 D4
AUF DEM SPITZBERG - 124 C7 D7
AUF 'M BACH - 124 C4
AUF 'M RAIN - 124 D4-5
BAHNHOFSGASSE - 124 C3
BAHNHOFSTRASSE - 124 C3
BECKER-STRASSE PETER - 124 D4
BELLMERIN - 124 D6 E6
BENNETSBORN - 124 B2-3
BERGKAPELLSTRASSE - 124 B5-6 C5
BERGSTRASSE - 124 C4-5
BINSTERWEG - 124 D6-7 E7
BIRKENWEG - 124 A2-3
BORNGASSE - 124 C4
BRABANTSTRASSE - 124 C5
BRACKVENN - 124 B3
BURGUNDSTRASSE - 124 C5
BUSCHBERGER WEG - 124 A2 B2 C1-2 D1
COUVENPLATZ - 124 D4
COUVENT / RUE DU - 124 B4
DUYSTER GASSCHEN - 124 D3 E3
ECOLE / RUE DE L' - 124 C4
EDELSTRASSE - 124 C5-6
EGLISE / RUE DE L' - 124 B4 C4
EICHENBERG - 124 D6 E5-6
ESCHERGASSE - 124 C6
ETTERSTEN - 124 B5-6
FAVRUNPARK - 124 B3
FELDSTRASSE - 124 D1 E1
FISCHGASSE - 124 E5
FLIEDERWEG - 124 A5-6
FRANKENDELLE - 124 C6 D5-6
FRANZEL - 124 C3-4
FREMEREYGASSE - 124 C6 D6
FRIEDENSSTRASSE - 124 A3-4
FRIEDRICH-HENNES-STRASSE - 124 A1-2
GARE / RUE DE LA - 124 C3
GEMEHRET - 124 A1
GOSPERTSTRASSE - 124 C4
GRAND RY-STRASSE - 124 C2 D1-2
GRASBENDEN - 124 D1
GULCHERSTRASSE - 124 D6-7
HAAGENSTRASSE - 124 D6
HAASBERG - 124 C5-6
HAASSTRASSE - 124 C6
HABSBURGERWEG - 124 C5
HAUTE / RUE - 124 A1-2-3 B1
HECKENWEG - 124 D4
HEGGENSTRASSE - 124 C3
HEIDBERG - 124 C4 D3-4
HEIDGASSE - 124 D1-2-3-4
HEIDHOHE - 124 D3-4
HERBESTHAL / RUE DE - 124 A3-4 B4
HERBESTHALER STRASSE - 124 A3-4 B4
HERRENPFAD - 124 C2-3
HILLSTRASSE - 124 C6
HISSELSGASSE - 124 C4-5 D5
HOCHSTRASSE - 124 A1-2-3 B1
HOLFTERT - 124 C3-4
HOLUNDERGASSE - 124 C4-5
HOOKSTRASSE - 124 C3-4
HOSTERT - 124 B4 C3-4
HOTEL DE VILLE / PLACE DE L' - 124 B4
HUFENGASSE - 124 B4-5
HUTTE - 124 D7
HUTTERPRIVATWEG - 124 D7
IM HOFCHEN - 124 B4
IM KIRCHBEND - 124 E4-5
IM OBACHTAL - 124 D3 E3
IM PESCHGEN - 124 D4-5 E4
IN DEN SIEPEN - 124 D4
JOHANNESSTRASSE - 124 D3
JUDENSTRASSE - 124 C5 D5
KAPERBERG - 124 C4 D4-5
KATHARINENWEG - 124 D3-4 E2-3
KEHRWEG - 124 D5-6 E6
KIRCHGASSE - 124 B4 C4
KIRCHSTRASSE - 124 B4 C4
KLEBANKGASSE - 124 D4
KLINKESHOFCHEN - 124 A4 B4
KLOSTERSTRASSE - 124 B4
KLOTZERBAHN - 124 C4
KONIG ALBERT ALLEE - 124 A4-5
KORNEI - 124 E3
KUGELGASSE - 124 C6-7
LANGENBEND - 124 D2
LANGESTHAL - 124 E6
LASCHETERFELD - 124 A4-5
LASCHETERWEG - 124 A4-5 B5
LIMBURGER WEG - 124 A6 B6
LINDENBERG - 124 D1
LINDENWEG - 124 A5-6
LOMMERICHER GASSE - 124 A2
LOTEN - 124 B5
LOTHRINGER WEG - 124 C5
MAASGASSCHEN - 124 C6
MALMEDY / RUE DE - 124 C6-7
MALMEDYER STRASSE - 124 C6-7
MALVENWEG - 124 B3
MARCHE / PLACE DU - 124 B4
MARIA-THERESIA-STRASSE - 124 C5
MARIENPLATZ - 124 D3-4
MARIENSTRASSE - 124 D3
MARKTPLATZ - 124 B4
METTELENFELD - 124 C4-5
MONSCHAUER STRASSE - 124 D6-7 E7
MONTAGNE / RUE DE LA - 124 C4-5
MOORENHOEHE - 124 C5

MOOREN-STRASSE-THEODOR - 124 A3 B3
MORINGER WEG - 124 E5-6
MUHLENWEG - 124 D7
NEUSTRASSE - 124 B5-6 C5
NEUVE / RUE - 124 B5-6 C5
NIKOLAUSFELD - 124 A2-3
NISPERT - 124 C4 D4 E4
NOERETHERSTRASSE - 124 A2 B2-3 C3
NUSSFELD - 124 D1
OBERE IBERN - 124 C4-5
OBERE ROTTERGASSE - 124 D7 E7
OBERSTADT - 124 A5 B5
OBERSTE HEIDE - 124 D3 E2-3
OEBERG - 124 B6
OESTRASSE - 124 A7 B6-7 C6
OLENGRABEN - 124 B6 C6
PANGWEG - 124 C6
PANORAMA - 124 D5
PAPPELWEG - 124 A5
PAVEESTRASSE/RUE - 124 B4
PFARRER-HENRECO-STRASSE - 124 E5
PLAATSCHERGATZ - 124 B7 C6-7
POHL-SIEDLUNG THEODOR - 124 B6-7
RATHAUSPLATZ - 124 B4
ROBEEGASSCHEN - 124 D1 E1
ROI ALBERT / AVENUE - 124 A4-5
ROSENWEG - 124 A5-6
ROTENBERG - 124 B5-6
ROTENBERGPLATZ - 124 B5
ROTKREUZSTRASSE - 124 A4
ROTTERWEG - 124 E7
SCHEIDWEG - 124 B2-3 C3
SCHILSWEG - 124 C6 D6
SCHLUSSELHOF - 124 B2
SCHMITTGASSE - 124 D4
SCHNELLEWINDGASSE - 124 C3 D3
SCHONE AUSSICHT - 124 C2 D2
SCHONEFELDERWEG - 124 D5 E5
SCHON-STRASSE HANS - 124 E5
SCHORBERG - 124 C6
SCHULSTRASSE - 124 C4
SCHUMMENGAESCHEN - 124 D1-2
SELTERSCHLAG - 124 C6 D6-7
SIMARSTRASSE - 124 A2-3 B3-4
STEINROTH - 124 A5 B5
STENDRICH - 124 A5 B5
STOCKBERGERWEG - 124 C4-5
STOCKEM - 124 A4-5 B5
TALSTRASSE - 124 D1 E1-2
TONNAR-STRASSE AUGUST - 124 A3
TRUCHENSTEINGASSE - 124 D2-3
UNTERE IBERN - 124 C4-5
UNTERE ROTTERGASSE - 124 E6-7
VERVIERS / RUE DE - 124 A4 B4
VERVIERSER STRASSE - 124 A4 B4
VOSSENGASSE - 124 C4 D4
VOULFELD - 124 E4-5
VYLLGASSE - 124 D1
WEISS-STRASSE KARL - 124 E4-5
WERTHPLATZ - 124 C4
WESERSTRASSE - 124 D6
WETZLAR-STRASSE-ROBERT - 124 A3
WIESENWEG - 124 C2-3
WINDMUHLENWEG - 124 D3 E3
WINKELSTRASSE - 124 D1
ZIMMERMANN-STRASSE HUGO - 124 E5
ZUR NOHN 124 C1 D1
ZUR TALSPERRE - 124 E7

GENT

AAIGEMSTRAAT - 126 A4-5
ABDISSTRAAT - 126 B3
ABEELSTRAAT - 126 E1 F1
ABRAHAMSTRAAT - 125 C4
ACADEMIESTRAAT - 125 C4
ACHTERDOK - 125 F3-4
ACHTERLEIE - 125 D3-4
ACHTERVISSERIJ - 126 F1-2-3 G3
ACHTMEIPLEIN - 126 E3
ACKERMANSTRAAT FRANS - 125 E5 - 126 E1
ADALWINSTRAAT - 125 F5 - 126 F1
AFRIKALAAN - 125 F1-2 G2-3
AJUINLEI - 126 C1
AJUINMARKTSTRAAT - 126 G4
AKKERSTRAAT - 125 A5 B5
ALPACASTRAAT - 126 E3
ANNONCIADENSTRAAT - 126 B1 C1
ANSEELEPLEIN EDWARD - 125 D4
ANTHEUNISSTRAAT KAREL - 126 F2-3
ANTWERPENPLEIN - 125 G4
ANTWERPSESTEENWEG - 125 G4
APOSTELHUIZEN - 126 E1 F1
APOTHEEKSTRAAT - 126 C2
APPELBRUGPARKJE - 125 C5
ARENDSTRAAT - 126 E3
ARENDTSTRAAT HANNAH - 126 G5
AUGUSTIJNENKAAI - 125 C4
BAAISTEEG - 125 D5 E5
BACHTENWALLE - 125 B3-4
BAERTSOENKAAI ALBERT - 126 C2-3
BAGATTENSTRAAT - 126 C2 D2
BALIESTRAAT - 126 B4 C4
BALJUWSTRAAT - 125 F5
BALLENSTRAAT - 125 C4 D4
BANDELIERSTRAAT - 125 F2
BARGIEBRUG - 125 A4
BARGIEKAAI - 125 A3-4
BARRESTRAAT - 125 E5
BASSEVELDESTRAAT - 125 B4
BASTIONSTRAAT - 125 F4-5
BAUDELOKAAI - 125 E4
BAUDELOSTRAAT - 125 D4 E4
BAUWENSPLEIN LIEVEN - 126 E1
BAVIAANSTRAAT - 125 C3
BAVOBRUG - 125 F5
BEEMDSTRAAT - 126 B4
BEGIJNENGRACHT - 125 A5 B5
BEGIJNHOFDRIES - 125 B4
BEGIJNHOFLAAN - 125 A4 B3-4
BELFORTSTRAAT - 125 D5 E4-5
BELGRADOSTRAAT - 126 E1
BELLEMANSSTRAAT - 125 C3
BELLEVUE - 126 F5
BELUIK VAN DE DRIESSCHE - 126 A2
BENEDICTIJNENSTRAAT - 126 D4
BENNESTEEG - 125 D5 - 126 D1
BERGMANSDREEF PAUL - 126 C4-5
BERNARDSTRAAT FRANCOIS - 126 E3-4 F3
BEROUW - 125 D2-3
BEVELANDSTRAAT - 125 E1
BEVERHOUTPLEIN - 125 E4
BIBLIOTHEEKSTRAAT - 125 E4
BIEKORFSTRAAT - 125 G4
BIERVLIETSTRAAT - 125 C2
BIEZEKAPELSTRAAT - 125 D5
BIJLOKEHOF - 126 B2
BIJLOKEKAAI - 126 C3
BIJLOKESTRAAT - 126 B2
BIJLOKEVEST - 126 A2 B2
BIJ SINT-JACOBS - 125 D4-5
BIJ SINT-JOZEF - 125 A3 B3
BINNENWEG - 126 F5 G5
BISDOMKAAI - 125 E5
BISDOMPLEIN - 126 E1
BISSCHOPSTRAAT - 126 F5 G5
BLAESSTRAAT EDWARD - 126 G4-5
BLAISANTVEST - 125 C2 D1-2
BLANCKESTRAAT WILLEM - 126 G5
BLANDIJNBERG - 126 D3
BLANKENBERGESTRAAT - 126 B5
BLEKERIJSTRAAT - 125 E4 F4
BLEKERSDIJK - 125 E4
BLIJDE INKOMSTSTRAAT - 125 G5
BLINDEKEN - 125 B5
BOEKSTEEG - 126 C1
BOMASTRAAT - 125 E3 F3
BONIFANTENSTRAAT - 125 C4-5
BONTELEEUWSTRAAT - 126 C1 D1
BOONENSTRAAT EDMOND - 125 A4 B4
BORREPUTSTEEG - 126 D1
BOTERDAELESTRAAT JAN-BABTIST - 126 B2
BOTERMANSTRAAT JAN - 125 C4
BOTERMARKT - 125 D5
BRABANTDAM - 126 D1 E1 F1-2
BRADERIJSTRAAT - 125 C4
BRANDSTRAAT - 126 B1 C1
BRANDWEERSTRAAT - 125 C3
BRAUNPLEIN EMILE - 125 D5
BRETONDREEF JULES - 126 C5
BREYDELSTRAAT JAN - 125 C4-5
BRIOOLSTRAAT - 126 B1
BROUWERSSTRAAT - 125 B5
BRUGSEPOORTSTRAAT - 125 A4-5
BRUSSELSEPOORTSTRAAT - 126 F3 G3-4
BRUSSELSESTEENWEG - 126 G4
BUFFELSTRAAT - 126 E3
BUITENHOF - 125 F5
BURGSTRAAT - 125 B5 C4-5
CALLIERLAAN GUSTAAF - 126 E3 F3-4
CANNEELPAD THEODORE - 126 C4
CARGADOORSTRAAT - 125 E2-3
CASINOPLEIN - 126 B1
CATALONIESTRAAT - 125 C5 D5
CENTRUMPLEIN - 126 G5
CHURCHILLPLEIN WINSTON - 125 C3
CITADELLAAN - 126 D5 E5
CITADELPARK - 126 B5 C4-5 D4-5
CITROENSTRAAT - 125 A3
CLAEYSSTRAAT PROSPER - 126 A4
CLARISSENSTRAAT - 126 F3
CLAUSLAAN EMILE - 126 C5
CLOQUETSTRAAT LOUIS - 125 G3
COLPAERTSTEEG PIETER - 125 A5
CONDUITSTEEG - 126 C1 D1
CONTRIBUTIESTRAAT - 125 A4-5
CONTRIBUTIEBRUG - 125 A5
COPPINSSTEEG GILLIS - 125 D3
COPPINSSTRAAT GILLIS - 125 D3
CORDUWANIERSSTRAAT - 125 D4
COUPURE - 125 A5 - 126 A1 B1-2 C2
CREESERSWEG - 125 B4
CROMMENLAAN GASTON - 126 F5
DAHLIASTRAAT - 125 A1
DAISNESTRAAT JOHAN - 126 B1
DAMPOORTBRUG - 125 F4 G4
DAMPOORTSTRAAT - 125 F4
DAVIDSTRAAT JAN BAPTIST - 125 D2
DE BEERSTEEG WILLEM - 125 D3-4
DE BRUYCKERDREEF JULES - 126 E3 F3
DE CRAEYERSTRAAT GASPAR - 126 C4 D4
DE DUIVELHOF GERAARD - 125 D5
DE DUIVELSTRAAT GERAARD - 126 E1
DE GEYTERSTRAAT PIERRE - 125 D3
DE GOEDEKAAI FILIPS - 126 E5 F5
DE HARDUWIJNLAAN JUSTUS - 125 E1-2
DE HOLLAINHOF ALPHONSE - 126 F3
DE KERCHOVELAAN CHARLES - 126 C4 D4-5
DE KEYSERESTRAAT PIETER - 125 F5
DE LALAINGDREEF JACQUES - 126 C5
DE LIEMAECKEREPLEIN NICOLAAS - 126 C5 D5
DELVAUXSTRAAT LAURENT - 126 C3-4
DE MEYERESTRAAT PETRUS - 126 G5
DE MIRABELLOSTRAAT SIMON - 125 B4
DENDERMONDEDOORGANG - 125 G4
DENDERMONDSESTEENWEG - 125 G4-5
DEN DUITSDREEF GUSTAAF - 126 C4 D4
DE PAUWBRUG - 125 F5
DE PAUWVERTAKKING NAPOLEON - 125 F5
DE SMETSTRAAT LOUIS - 126 G4
DESTANBERGSTRAAT NAPOLEON - 126 C2
DE VIGNEDREEF FAMILIE - 126 B5 C5
DE VIGNEPLEIN JULIUS - 125 F5
DE WEERTSTRAAT MAURICE - 126 B2
DE WINNESTRAAT LIEVEN - 126 B1-2
DIERENTUINLAAN - 126 F4
DISTELSTRAAT - 126 A4
DOBBELSLOT - 125 C3 D3
DODOENSDREEF REMBERT - 125 E4
DOK-NOORD - 125 E1 F1-2-3
DOK-ZUID - 125 F3-4
DONKERSTEEG - 125 C5 D5
DOORGANG DER HALLEGASTEN - 126 G4
DOORNSTEEG - 125 E5 F5
DOORNZELESTRAAT - 125 E2 F2
DRABSTRAAT - 125 C5
DRIES - 125 B4
DRIESSTRAAT - 126 G4-5
DRIETOREKENSSTRAAT - 125 B3
DRONGENHOF - 125 D4
DUIVELSTEEG - 125 E5
E-3 PLEIN - 126 F5
EEDVERBONDKAAI - 126 A3 B3-4 C3-4
EEKHOUT - 126 C3-4
EENDRACHTSTRAAT - 126 G1-2
EGGERMONTSTRAAT JACQUES - 126 F5 G5
ELSSTRAAT - 125 B2
ERASMUSSTRAAT DESIDERIUS - 125 D2
ERPELSTEEG - 125 E5
EVRARDLAAN VINCENT - 126 G3
FELIXDREEF EUGENE - 126 C4-5
FIEVESTRAAT DESIRE - 125 E3 F3
FILIPPINESTRAAT - 125 E1
FJORDENSTRAAT - 125 F1 G1
FLORBERTUSSTRAAT - 126 D3
FORELSTRAAT - 126 G2
FORTLAAN - 126 B5 C5
FRANKRIJKPLEIN - 126 E2
FRANSE VAART - 126 F5 G4-5
FRANSEVAARTBRUG - 126 G3
FRATERSPLEIN - 125 D3
FREDERICQSTRAAT PAUL - 126 A3-4 B4
FRERE ORBANLAAN HUBERT - 126 E2-3 F3-4
FRISSTRAAT VICTOR - 125 A2-3
FROEBELSTRAAT FRIEDRICH - 126 G5
FUCHSIASTRAAT - 125 A1
GAARDENIERSWEG - 125 B1 C1-2
GAGELSTRAAT - 125 C2
GALGENBERG - 126 B1
GANDASTRAAT - 125 F5 G5
GANGMAKERSSTRAAT - 126 D5
GARENSTEEG - 125 D4
GASKLOKSTRAAT - 125 A2
GASMETERLAAN - 125 A2 B2 C1-2 D1
GEBROEDERS DE SMETSTRAAT - 125 A3-4 B4
GEBROEDERS VANDEVELDESTRAAT - 126 C1
GEBROEDERS VAN EYCKSTRAAT - 125 E5 F5
GEINGERSTRAAT ROSA - 126 G3
GELDMUNT - 125 C4-5
GELUKSTRAAT - 125 D4 E4
GERSTSTRAAT - 125 B3 C3
GESWEINSTRAAT MATHIAS - 125 A4 B4
GEUZENBERG - 125 D2
GEWAD - 125 C4
GEZELLESTRAAT GUIDO - 126 G5
GEZUSTERS LOVELINGSTRAAT - 126 D2-3
GILDESTRAAT - 125 E5
GODSHUISHAMMEKE - 125 D3 E3
GODSHUIZENLAAN - 126 B2-3 C3
GORDUNAKAAI - 126 A3
GOUDENLEEUWPLEIN - 125 D5
GOUDSTRAAT - 125 D4 E4
GOUVERNEMENTSTRAAT - 126 D1
GRAAF ARNULFSTRAAT - 126 D3
GRAAF VAN VLAANDERENPLEIN - 126 E2
GRASBRUG - 125 C5
GRASLEI - 125 C5
GRAUWPOORT - 125 D4
GRAVIN JOHANNASTRAAT - 125 B4
GRIENDEPLEIN - 125 A3
GROENBRUGSTRAAT - 125 E3
GROENEBRIEL - 125 C3 D3
GROENE OOIE - 126 F2
GROENEVALLEILAAN - 125 A4
GROENTENMARKT - 125 D5
GROOT-BRITTANNIELAAN - 126 B2-3
GROOTKANONPLEIN - 125 D4
GROTE HUIDEVETTERSHOEK - 126 D2 E1-2
GRUUTHUUSESTRAAT - 125 C5
GUINARDSTRAAT JAN BAPTIST - 126 D2
GULDENSPOORSTRAAT - 126 E3
GULDENVLIESSTRAAT - 125 A3-4
HAGELANDKAAI - 125 F4-5
HAM - 125 E4 F3-4
HANDBALSTRAAT - 126 A4
HANDELSDOK - 125 F2-3
HANSSENSDREEF LOUIS - 126 C4
HARINGSTEEG - 125 C4
HARMONIESTRAAT - 126 G5
HAVERSTRAAT - 125 A2
HAZEWINDSTRAATJE - 125 C5
HEBBRECHTSTRAAT - 126 C3
HEERNISLAAN - 126 G1-2
HEILIG-BLOEDSTRAAT - 126 A1
HEILIGE-GEESTSTRAAT - 125 D5 - 126 D1
HEILIG-SACRAMENTSTRAAT - 126 C1 D1
HENEGOUWENSTRAAT - 126 D1 E1
HENLEYKAAI - 126 B3-4 C3
HEREMANSSTRAAT JAKOB - 126 B4
HERTOGSTRAAT - 125 C4 D4
HERTSTRAAT - 126 E3-4
HOEFIJZERSTRAAT - 126 G5
HOEFSLAGSTRAATJE - 125 D4
HOFBOUWLAAN - 126 C5 D5
HOFSTRAAT - 126 E2-3-4
HOF TEN WALLE - 125 B4
HOF VAN FIENNES - 125 C5
HOLDAAL - 126 C3-4
HOLSTRAAT - 125 B5 - 126 B1
HOOFDKERKSTRAAT - 125 D5 E5 - 126 E1
HOOGPOORT - 125 D5
HOOGSTRAAT - 125 A5 B5 C5
HOOIAARD - 125 C5
HOORNSTRAAT - 126 C1
HORENBANTWEG JOZEF - 126 F5
HORTASTRAAT VICTOR - 126 D3-4
HORTENSIASTRAAT - 125 A1
HOSPITAALBRUG - 126 C2
HOSPITAALSTRAAT - 126 C2-3
HOUTBRIEL - 125 E5
HOUTDOK - 125 F1
HOUTDOKLAAN - 125 E1
HOVENIERSBERG - 126 D3
HOVENIERSSTRAAT - 126 G5
HUIDEVETTERKEN - 125 E3
HUIDEVETTERSKAAI - 125 D3 E3-4
HULLEBROECKPLEIN EMIEL - 126 G3
HUNDELGEMSESTEENWEG - 126 F5 G5
IEPENSTEEG - 126 C2
IEPENSTRAAT - 126 C1-2
IJKMEESTERSTRAAT - 125 E4-5
IJSKELDERSTRAAT - 125 A2-3
IJZENDIJKESTRAAT - 125 C2
IJZERLAAN - 126 C3-4
INGELANDGAT - 125 C5 - 126 C1
ISABELLAKAAI - 126 E4-5
JAKOBIJNENSTRAAT - 126 C1
JAN VAN GENTSTRAAT - 125 F4-5
JAN ZONDER VREESSTRAAT - 126 E5
JERUZALEMSTRAAT - 126 C2 D2
JODENSTRAAT - 126 D1 E1
JONGENSTRAGEL - 126 F1-2
JONKVROUW MATTESTRAAT - 126 C1
JOOSSTRAAT ALOIS - 125 A3
JORDAENSSTRAAT JAKOB - 126 C3 D3
JOREMAAIE - 125 E4 F4
JOZEF II-STRAAT - 125 A3 B2-3
JUBILEUMLAAN - 126 A2-3
KAATSSPELPLEIN - 125 D4
KALANDEBERG - 126 D1
KALANDESTRAAT - 126 D1
KALVERMARKT - 125 E5
KALVERSTEEG - 125 D4
KAMMERSTRAAT - 125 D5 E5
KANTIENBERG - 126 D4 E4
KANUNNIKSTRAAT - 126 C3 D3
KAPELAANSTRAAT - 125 F5
KAPITTELSTRAAT - 125 D5 E5
KAPRIJKESTRAAT - 125 C2
KAPUCIJNENHAM - 126 E1 F1
KAREL DE STOUTESTRAAT - 126 E5
KARMELIETENSTRAAT - 125 D4
KARPERSTRAAT - 126 G2-3
KARRENSTRAAT - 126 B2 C2
KARTUIZERLAAN - 125 D3 E2-3
KASTEELLAAN - 125 F5 G5 - 126 F2 G1-2
KASTERBANT - 126 G1
KATTENBERG - 126 D3-4
KAZEMATTENSTRAAT - 125 F5
KAZERNENSTRAAT - 126 D3
KEIZER KARELSTRAAT - 125 E5 - 126 E1 F1
KEIZER LEOPOLDSTRAAT - 125 F4
KEIZERPARK - 126 G3
KEIZERPOORT - 126 G4
KEIZERVEST - 126 F4
KEIZERVIADUCT - 126 F4 G3-4
KETELBRUG - 126 C2
KETELPOORT - 126 C2
KETELVEST - 126 C2 D2
KEVIESTRAAT - 126 E3
KLAPROOSSTRAAT - 126 E3
KLEINDOKKAAI - 125 F4 G4
KLEINE KERKSTRAAT - 126 G5
KLEINE VISMARKT - 125 C5
KLEIN RAAMHOF - 125 B5 C5
KLEIN SINT-BAVO - 125 D5
KLEIN TURKIJE - 125 C5 D5
KLEINVLEESHUISSTEEG - 126 D1
KLEPPERSSTRAAT - 126 D5
KLUIZENAARSTRAAT - 125 B3 C3
KLUYSKENSSTRAAT JOZEF - 126 B2 C2-3
KNOKKESTRAAT - 126 B5
KOEPOORTKAAI - 125 F5 - 126 F1
KOESTRAAT - 126 D1
KOGELSTRAAT - 125 G3-4
KOLVENIERSGANG - 125 B3
KOMIJNSTRAAT - 125 B5
KONGOSTRAAT - 125 E3-4 F3
KONING ALBERT I - BRUG - 126 A3 B3
KONING ALBERTLAAN - 126 A3-4-5
KONING ALBERTPARK - 126 E2
KONING BOUDEWIJNSTRAAT - 126 A5
KONINGIN ASTRIDLAAN - 126 B5
KONINGIN ELISABETHLAAN - 126 B5
KONINGIN FABIOLALAAN - 126 A5
KONINGIN MARIA-HENDRIKAPLEIN - 126 A5 B5
KONING LEOPOLD II-LAAN - 126 B5 C4-5
KONINGSTRAAT - 125 D5 E5
KONING WILLEMBRUG - 126 G4
KOOLSTEEG - 125 B4-5
KOOPHANDELSPLEIN - 126 C1-2
KOOPVAARDIJLAAN - 125 F1-2-3 G3-4
KOPERSTRAAT - 126 B1 C1
KORENBLOEMSTRAAT - 125 A5 - 126 A1
KORENLEI - 125 C5
KORENMARKT - 125 C5
KORIANDERSTRAAT - 126 D2 E1-2
KORTEDAGSTEEG - 126 D1
KORTE KRUISSTRAAT - 126 D1
KORTE MEER - 126 D1
KORTEMUNT - 125 C5 D5
KORTE SINT-SALVATORSTRAAT - 125 E2
KORTRIJKSEPOORTSTRAAT - 126 C2-3-4
KORTRIJKSESTEENWEG - 126 B4-5 C4
KOUTER - 126 D1
KOUTERDREEF - 126 D1
KOUTERSTEEG - 126 D1
KOZIJNTJESSTRAAT - 126 F1
KRAAISTRAAT - 126 D5
KRAANKINDERSSTRAAT - 125 F3
KRAANLEI - 125 C4 D4
KRAMERSPLEIN - 126 D4
KREEFTSTRAAT - 126 G3
KREVELSTRAAT - 126 F3-4
KROMMENELLEBOOG - 126 B1
KROMMEWAL - 125 D4
KROMMEWALBRUG - 125 D4
KRUIDENIERSSTRAAT - 125 E5
KRUISBOOGSTRAAT - 125 A5 - 126 A1
KRUITMAGAZIJNSTRAAT - 126 E5 F5
KUIPERSKAAI - 126 E1-2
KUIPGAT - 126 C1-2
KUNSTLAAN - 126 D4
KWAADHAM - 125 E5
KWAKKELSTRAAT - 125 A2-3
LACHAERTSTRAAT PIETER - 126 F5 G5
LAMMENSSTRAAT HIPPOLIET - 125 A4 B4
LAMMERSTRAAT - 126 D2 E2
LANDJUWEELSTRAAT - 126 G4-5
LAND VAN WAASDOORGANG - 125 G4
LAND VAN WAASLAAN - 125 G4
LANGE BOOMGAARDSTRAAT - 126 E1
LANGE KRUISSTRAAT - 125 D5 - 126 D1
LANGEMUNT - 125 D4-5
LANGE SCHIPGRACHT - 125 D4
LANGE STEENSTRAAT - 125 C4 D4
LANGESTRAAT - 126 G5
LANGE VIOLETTESTRAAT - 126 F2-3
LANGHALSSTRAAT - 126 E3
LATOURSTRAAT ARTHUR - 126 G4
LAURENTPLEIN FRANCOIS - 126 D1 E1
LAVENDELSTRAAT - 125 A1
LEDEBERGPLEIN - 126 G5
LEDEBERGSTRAAT - 126 G5
LEDEGANCKSTRAAT KAREL-LODEWIJK - 126 C5 D5
LEEUWSTRAAT - 126 E4-5
LEIEBRUG - 126 C3
LEIEKAAI - 125 A4
LENTESTRAAT - 126 E5
LIEVEBRUG - 125 C4
LIEVEKAAI - 125 C4
LIEVESTRAAT - 125 C4
LIMBURGSTRAAT - 125 D5 - 126 D1 E1
LINDENLEI - 126 C2
LIPPENSPLEIN HIPPOLIET - 126 E1
LIPSIUSSTRAAT JUSTUS - 125 D2 E2
LOGSTRAAT - 125 E2
LORKENSTRAAT - 125 A2
LOSTRAAT - 126 B5
LOUSBERGSBRUG - 126 F2
LOUSBERGSKAAI FERDINAND - 125 F5 - 126 F1-2 G2-3
LOZEVISSERSTRAAT - 126 G2-3
LUXEMBURGSTRAAT - 125 B5 C5
MAAGDESTRAAT - 126 B1 C1
MAASEIKSTRAAT - 126 D1 E1
MAGELEINSTRAAT - 125 D5 - 126 D1
MAGNELSTRAAT GUSTAAF - 126 D2-3
MAGNOLIASTRAAT - 125 A1-2
MAISSTRAAT - 125 A1
MARCELLISBRUG - 126 E2
MARIALAND - 125 B5
MARIA-THERESIASTRAAT - 125 A3
MARIA VAN BOERGONDIESTRAAT - 126 E5
MARTELAARSLAAN - 126 A1-2 B2-3
MEELSTRAAT - 125 B3 C3
MEERHEM - 125 E2
MEERSENIERSSTRAAT - 125 D4
MEERSSTRAAT - 126 A4 B4 C4
MENGALDREEF JOZEF - 126 C4
MERCATORSTRAAT GERARD - 125 D2-3 E3
MERELSTRAAT - 126 D5
METDEPENNINGENSTRAAT HIPPOLYTE - 126 D3
METSELAARSSTRAAT - 125 F4
MINARDDREEF LOUIS - 126 C4-5
MINNEMEERS - 125 E4
MINNEMEERSBRUG - 125 E4
MIRYSTRAAT KAREL - 125 E3
MOESTUINSTRAAT - 125 E3
MOLENAARSSTRAAT - 125 C2-3-4
MONTGOMERYDREEF BERNARD - 126 E2-3
MUIDEBRUG - 125 E1
MUIDELAAN - 125 E1
MUINKBRUG - 126 E4
MUINKKAAI - 126 E2-3-4
MUINKLAAN - 126 E3
MUINKPARK - 126 E3-4
MUISHONDSTRAAT - 125 B2-3
MUNICHSTRAAT LUCAS - 125 F5
NEDERKOUTER - 126 C2
NEDERKWAADHAM - 125 E5
NEDERPOLDER - 125 D5 E5
NEERMEERSKAAI - 126 A3 B3
NEERSCHELDESTRAAT - 126 G3-4
NEUSEPLEIN - 125 E1
NEVEJANSTRAAT IVONNA - 126 G3-4
NIEUWBRUG - 125 E5
NIEUWBRUGKAAI - 125 E5 F5
NIEUWBRUGSTEIGER - 125 F5
NIEUWBRUGTRAGEL - 125 E5 F5
NIEUWE BOSBRUG - 126 F2
NIEUWEBOSSTRAAT - 126 F1-2
NIEUWE TOLHUISBRUG - 125 D1
NIEUWEVAART - 125 A2 B2 C1-2 D1
NIEUWEWANDELING - 125 A5
NIEUWEWIJKSTRAAT - 125 G3
NIEUWHOF - 125 G5
NIEUWLAND - 125 E2-3
NIEUWPOORT - 125 E4-5
NODENAYSTEEG - 125 C5 D5
NONNEMEERSSTRAAT - 126 B3

NOORDERDOORGANG - 126 A3 B3
NOORDSTRAAT - 125 A4
NORMAALSCHOOLSTRAAT - 126 D5
NOTARISSTRAAT - 126 E1
OCEANIESTRAAT - 125 F1
OFFERLAAN - 126 A2-3
OKAPISTRAAT - 126 F4
OKKERNOOTSTEEG - 126 C1
OKTROOIDOORGANG - 125 G4
OKTROOIPLEIN - 125 F4-5 G4-5
OLIESTRAAT - 125 E4
OLIFANTSTRAAT - 126 E4-5 F4
OMMEGANGSTRAAT - 126 F3
ONDERBERGEN - 125 C5 - 126 C1
ONDERSTRAAT - 125 D4-5
ONDERWIJSSTRAAT - 126 G4
OOILAMSTRAAT - 126 F1 G1
OOSTEEKLOSTRAAT - 125 C2
OOSTENDESTRAAT - 126 B5
OOSTENRIJKERSSTRAAT - 125 F5
OPGEEISTENLAAN - 125 B3 C2-3
ORANJEBERG - 126 D1
OSSENSTRAAT - 125 F5 - 126 F1 G1
OTTERGEMSESTEENWEG - 126 D5
OTTOGRACHT - 125 D4 E4
OUDBURG - 125 D4
OUDE BEESTENMARKT - 125 F5
OUDE HOUTLEI - 125 B5 C5 - 126 C1
OUDE SCHAAPMARKT - 125 E5
OUDESCHELDESTRAAT - 126 E2
OUDEVEST - 125 E4
OVERPOORTSTRAAT - 126 D4-5
PAARDESTRAAT - 126 F1
PADDENHOEK - 126 D1
PAKHUISSTRAAT - 125 C5
PALFIJNSTRAAT JAN - 125 E5
PANNESTRAAT - 125 A2
PAPEGAAISTRAAT - 126 A1 B1
PARADIJSZAK - 125 D5
PARALLELWEG - 125 C1-2
PARIJSBERG - 126 E2
PARKLAAN - 126 C5
PASTEURLAAN LOUIS - 126 B2-3
PATIJNTJESTRAAT - 126 A3-4-5
PEKELHARING - 126 C2
PELIKAANSTRAAT - 126 E1
PENITENTENSTRAAT - 125 D4 E4
PENSMARKT - 125 C5 D5
PEPERSTRAAT - 125 B5
PERKAMENTSTRAAT - 125 C4-5
PERSELLESTRAAT - 126 C3
PHOENIXSTRAAT - 125 A4
PIJNDERSSTRAAT - 125 F4
PILORIJNSTRAAT - 125 G4
PIOENSTRAAT - 125 A1
PLATEAUSTRAAT JOZEF - 126 C2 D2
PLATTEBERG - 126 E2
PLOTERSGRACHT - 125 C4 D4
PLUIMSTRAAT - 125 C4
POEL - 125 C5
POELJEMARKT - 125 D5
POLLEPELSTRAAT - 126 D2
PORTUS GANDA - 125 F5
POSTEERNESTRAAT - 126 C1
POSTHOORNSTRAAT - 126 G4
PREDIKHERENBRUG - 126 C1
PREDIKHERENLEI - 125 C5 - 126 C1
PRETORIASTRAAT - 125 F1 G1
PRINSENHOF - 125 B4 C4
PRINSENHOFPLEIN - 125 B4
PRINSES CLEMENTINALAAN - 126 B5
PROOSTSTRAAT - 125 F5
PROVENIERSTERSSTRAAT - 125 A4 B4
PUINSTRAAT - 126 F1 G1
PUSSEMIERSTRAAT - 126 C1
PYNAERTKAAI EDWARD - 126 F4-5 G4
QUETELETSTRAAT LAMBERT - 125 D2
RABOTBRUG - 125 B3
RABOTSTRAAT - 125 B3-4
RAFFINADERIJSTRAATJE - 125 D4
RAKETSTRAAT - 126 A4 B4
RAMEN - 125 B5
RASPHUISSTRAAT - 125 A5 B5
RAVENSTEINSTRAAT - 125 C5
RAVESCHOOTSTRAAT - 126 E4 F4
RECOLETTENBRUG - 126 C1
RECOLLETTENLEI - 126 C1-2
REEP - 125 E5 - 126 E1
REEPWEG - 125 E5 - 126 E1
REGATTENLAAN - 125 F4
REKE - 125 E4
REKELINGESTRAAT - 125 C4
RENSSTRAAT FRANS - 125 D2 E2
REYSTRAAT HENRI JOSPH - 126 F5
RIDDERSTRAAT - 125 E5
RIETSTRAAT - 125 A2 B2
RODEKONINGSTRAAT - 125 D4
RODELIJVEKENSSTRAAT - 125 D3-4
RODEROESTRAAT - 126 A2 B1-2
RODETORENKAAI - 125 E4 F4-5
RODETORENSTEIGER - 125 E5 F5
ROEISPAANSTRAAT - 126 A3
ROGGESTRAAT - 125 A1 B1
ROKERELSSTRAAT - 126 B2
ROMMELWATERPARK - 126 G1
ROOSEVELTLAAN FRANKLIN - 126 E2-3
ROSSEAUDREEF NORBERT - 126 C4
ROZEMARIJNBRUG - 126 A1
ROZEMARIJNSTRAAT - 126 A1
ROZENDAALKEN - 126 D2
ROZIER - 126 D3
SAGHERMANSSTRAAT - 126 D1
SANDERSWAL - 125 B4
SANDERUSSTRAAT ANTOON - 125 D2 E2
SASSEBLINDEKEN - 125 E1
SASSEKAAI - 125 E1
SASSEVAARTSTRAAT - 125 E1
SASSTRAAT - 126 G3-4
SAVAANSTRAAT - 126 C2 D2
SCALDISSLUIS - 125 E5
SCANDINAVIESTRAAT - 125 F1 G1
SCHALIESTRAAT - 125 A2
SCHEEPVAARTSTRAAT - 125 E1
SCHELDEKAAI - 126 G3
SCHEPENENVIJVERSTRAAT - 126 E1-2
SCHEPENHUISSTRAAT - 125 D5
SCHOENLAPPERSTRAAT - 125 D4-5
SCHOMMELSTRAAT - 125 A2
SCHOOLKAAI - 125 F5
SCHOUWBURGSTRAAT - 126 C1 D1
SCHOUWVEGERSSTRAAT - 125 B5 C5
SCHUDDEVEESTRAATJE - 125 C5
SCHUDDEVISSTRAATJE - 125 D5
SCHUURKENSTRAAT - 125 C5
SCRIBEDREEF FERNAND - 126 D5
SEMINARIESTRAAT - 126 E1
SERAFIJNSTRAAT - 125 G3
SERPENTSTRAAT - 125 D5
SINT-AGNETEBRUG - 126 C2
SINT-AGNETESTRAAT - 126 C2
SINT-AMANDPLEIN - 126 D3
SINT-AMANDSBERGDOORGANG - 125 G4
SINT-AMANDSTRAAT - 126 D3-4
SINT-AMELBERGASTRAAT - 125 D4
SINT-ANNAPLEIN - 126 F1-2
SINT-ANNASTRAAT - 126 E2 F2
SINT-ANTONIUSKAAI - 125 B3-4 C4
SINT-BAAFSDORP - 125 F5 G5
SINT-BAAFSPLEIN - 125 D5
SINT-BARBARASTRAAT - 126 D2
SINT-CLARASTRAAT - 126 F3
SINT-CRISPIJNSTRAAT - 126 C1
SINT-DENIJSLAAN - 126 A5
SINT-ELISABETHPLEIN - 125 B4-5
SINT-HUBERTUSSTRAAT - 126 D3
SINT-JACOBSNIEUWSTRAAT - 125 E5
SINT-JANSDREEF - 125 E4-5
SINT-JANSVEST - 126 D1
SINT-JORISBRUG - 125 E4
SINT-JORISKAAI - 125 E4-5
SINT-JORISTRAGEL - 125 E4-5
SINT-KATELIJNESTRAAT - 125 D4 E4
SINT-KRISTOFFELSTRAAT - 126 E1 F1
SINT-KWINTENSBERG - 126 C2 D2-3
SINT-LIESBETSTEEG - 126 C2
SINT-LIEVENSDOORGANG - 126 F4
SINT-LIEVENSLAAN - 126 E5 F5
SINT-LIEVENSPLEIN - 126 F5
SINT-LIEVENSPOORTSTRAAT - 126 F3-4
SINT-LIEVENSTUNNEL - 126 F4-5
SINT-MACHARIUSSTRAAT - 125 F5
SINT-MARGRIETSTRAAT - 125 C3-4
SINT-MARTENSSTRAAT - 126 C1
SINT-MICHIELSBRUG - 125 C5
SINT-MICHIELSHELLING - 125 C5
SINT-MICHIELSPLEIN - 125 C5
SINT-MICHIELSSTRAAT - 125 C5
SINT-NIKLAASSTRAAT - 125 D5 - 126 D1
SINT-PAULUSSTRAAT - 126 B4
SINT-PIETERSNIEUWSTRAAT - 126 D2-3
SINT-PIETERSPLEIN - 126 D3-4
SINT-SALVATORSTRAAT - 125 E1-2
SINT-VEERLEPLEIN - 125 C4
SINT-VINCENTIUSPLEIN - 125 C3
SINT-WIDOSTRAAT - 125 C4
SLACHTHUISBRUG - 125 F5
SLACHTHUISSTRAAT - 125 F5 G5 - 126 F1
SLEEPSTRAAT - 125 D3-4 E2-3
SLUISMEESTERSTRAAT - 125 E1
SLUIZEKEN - 125 D4
SLUIZEKENKAAI - 125 D4
SLUIZEKENSTRAAT - 125 D4
SMIDSESTRAAT - 126 A5 B4-5 C4
SNOEKSTRAAT - 126 G2
SPAANSKASTEELPLEIN - 125 F5
SPAARSTRAAT - 125 D1-2
SPAELAAN BERNARD - 126 A1-2
SPAESTRAAT FRANS - 126 E4 F4
SPANJAARDSTRAAT - 125 F5
SPELDENSTRAAT - 125 D4
SPERWERSTRAAT - 126 D5
SPIJKEBOORSTRAAT - 125 E3
SPIJKSTRAAT - 125 G3-4
SPITAALPOORTSTRAAT - 125 G3-4
SPORTSTRAAT - 126 A3-4
STADHUISSTEEG - 125 D5
STALHOF - 126 D4 E4
STAPELPLEIN - 125 F3
STEENDAM - 125 E4
STEENHOUWERSSTRAAT - 126 G4-5
STIERSTRAAT - 125 F5 G5
STOKERIJSTRAAT - 125 E2 F2-3
STOOFSTRAAT - 126 C1
STOPPELSTRAAT - 126 B1-2
STRAATJE VAN OLIVETEN - 125 B4
STRAATJE ZONDER EINDE - 125 D5
STROPKAAI - 126 E5
STROPSTRAAT - 126 D5 E5
STRUIFSTRAAT - 126 C1
STUKWERKERSSTRAAT - 125 F4
TAKKEBOSSTRAAT - 126 E3
TARBOTSTRAAT - 126 G2-3
TARWESTRAAT - 125 B3 C3
TAVERNIERSTRAAT FRANS - 126 C2
TELLSTRAAT WILLEM - 126 D2
TEMPELHOF - 125 C4 D3-4
TENDERSTRAAT - 126 A5
TENNISBAANSTRAAT - 126 A3-4
TENTOONSTELLINGSLAAN - 126 E3-4-5
TER PLATEN - 126 E4-5
TER PLATENBRUG - 126 E5
THERESIANENSTRAAT - 125 A5 B5
TICHELREI - 125 D3-4
TIEBAERTSTEEG - 126 C2
TIJGERSTRAAT - 126 E4
TINKSTRAAT - 126 G2
TINNENPOTSTRAAT - 125 C4
TOLHUISBRUG - 125 D1
TOLHUISDOK - 125 E1
TOLHUISKAAI - 125 D1 E1
TOLHUISLAAN - 125 D2-3
TOLPOORT - 125 D1-2
TONGSTRAAT - 126 G3
TRIOMFSTRAAT - 125 A3 B3
TROMMELSTRAAT - 125 D4
'T STUK - 126 F1
TURREPOORTSTEEG - 125 B5
TUSSEN 'T PAS - 125 E5
TWAALFKAMEREN - 126 A1 B1
TWEEBRUGGENSTRAAT - 126 E2 F2
TWEEGATENBRUG - 125 A4
TWEEKERKENSTRAAT - 126 D3
TWIJNDERSSTRAAT - 125 D4
UNIVERSITEITSTRAAT - 126 D1
URSULINENSTRAAT - 125 D5 E5
VANAISEDREEF GUSTAAF - 126 C4 D4
VAN AKENSTRAAT SOPHIE - 125 B4
VAN ARTEVELDESTRAAT FILIPS - 126 F1
VAN BOCKXSTAELESTRAAT AUGUST - 126 G4
VAN BREDERODESTRAAT HENDRIK - 126 B5 C5
VAN CAENEGHEMSTRAAT JAKOB - 125 E3
VAN CLEEFLAAN FILIPS - 125 A3 B3
VAN CROMBRUGGHESTRAAT JOZEF - 125 D2
VANDERDONCKTDOORGANG PIETER - 126 E1-2
VAN DER GOESSTRAAT HUGO - 125 D2 E2
VAN DUYSEPLEIN PRUDENS - 126 C3
VAN EGMONTSTRAAT LAMORAAL - 126 B4 C4
VAN EYCKBRUG - 125 F5
VAN GAVERESTRAAT RAAS - 126 A1
VAN GULIKLAAN WILLEM - 126 F5
VAN HEMBYSEBOLWERK JAN - 125 A4-5
VAN HOUTTESTRAAT LOUIS - 126 G4
VAN HULTHEMSTRAAT KAREL - 126 C3 D3
VAN LOKERENSTRAAT AUGUST - 126 G4-5
VAN MAERLANTSTRAAT JACOB - 125 D2 E2
VAN MALESTRAAT LODEWIJK - 125 B4
VAN MARNIXSTRAAT FILIPS - 126 C4
VAN MONCKHOVENSTRAAT DESIRE - 126 B4-5
VAN NASSAUSTRAAT WILLEM - 126 C4
VAN RIJSSELBERGHEDREEF FAMILIE - 126 C5 D5
VAN RYHOVELAAN FRANS - 125 A1-2
VAN STOPENBERGHESTRAAT JAN - 125 C5 D5
VAN WITTENBERGHESTRAAT HECTOR - 125 B4
VARKENSSTRAAT - 125 C4
VEERGREP - 126 C3
VEERKAAI - 125 F5
VEERKAAISTEIGER - 125 F5
VEERMANPLEIN - 125 F5
VELDSTRAAT - 125 C5 D5 - 126 C1
VERDEDIGINGSTRAAT - 126 C3
VERENIGDE-NATIESLAAN - 126 A2
VERHELSTSTRAAT SIDONIE - 126 G3
VERLORENKOST - 126 C2
VERLORENKOSTBRUG - 126 C2
VERSCHAFFELTDREEF AMBROISE - 126 B5 C5
VERSPEYENSTRAAT JAN - 125 A4 B4
VICTORIASTRAAT - 126 D5
VIJFWINDGATENSTRAAT - 126 F3
VINCENTSTRAAT PROSPER - 126 G5
VISSERIJ - 125 F5 - 126 F1-2-3 G3-4
VISSERIJKOMBRUG - 126 G3
VIZIERSTRAAT - 125 E2-3
VLAAMSEKAAI - 126 G2-3
VLAANDERENSTRAAT - 126 E1-2
VLASMARKT - 125 D5 E5
VLEESHUISBRUG - 125 C5
VLEESHUISTRAGEL - 125 C5
VLOTSTRAAT - 125 B2-3
VOETWEG - 126 D4
VOGELENZANG - 125 C2 D2
VOGELENZANGPARK - 125 C2
VOGELMARKT - 126 D1
VOLDERSSTRAAT - 126 C1 D1
VOLMOLENSTRAAT - 125 E5 F5
VOORHOUTKAAI - 125 F5
VOORJAARSTRAAT - 126 D5 E5
VOORMUIDE - 125 E1
VOSKENSLAAN - 126 A5
VRIJDAGMARKT - 125 D4-5
VROUWEBROERSSTRAAT - 125 C4 D4
WAAISTRAAT - 125 D4
WAALSEKROOK - 126 E1-2
WAARSCHOOTSTRAAT - 126 B2 C2
WAELPUTSTRAAT HENDRIK - 126 F3
WALDAMKAAI - 125 A4-5
WALPOORTBRUG - 126 D1
WALPOORTSTRAAT - 126 D1-2
WARANDESTRAAT - 125 F4
WASSTRAAT - 125 G4-5
WATERGRAAFSTRAAT - 125 C5
WATERMOLENSTRAAT - 126 D1
WATERVLIETSTRAAT - 125 C2
WELLINGSTRAAT - 126 B1 C1
WENEMAERSTRAAT WILLEM - 126 E4-5
WERREGARENSTRAAT - 125 D5
WIEDAUWKAAI - 125 D1
WIJDENAARDBRUG - 126 E1
WIJNGAARDSTRAAT - 126 C2
WIJZEMANSTRAAT - 125 D4
WILDEROOSSTRAAT - 126 C1
WILGESTRAAT - 125 A2 B2
WILLEMSSTRAAT JAN FRANS - 126 D4-5
WILSONPLEIN WOODROW - 126 E2
WISPELBERGSTRAAT - 125 B5 - 126 B1
WISSENHAGESTRAAT - 125 C1
WITTEKAPROENENPLEIN - 125 A3
WOLFSTRAAT - 125 D4
WONDELGEMBRUG - 125 A2
WONDELGEMSTRAAT - 125 A2-3
ZALMSTRAAT - 126 G2
ZANDBERG - 125 D5
ZANDPOORTSTRAAT - 126 C1
ZANNEKINSTRAAT NICOLAAS - 125 A3
ZEBRASTRAAT - 126 E4 F4
ZEEMSTRAAT - 125 G4
ZEUGSTEEG - 125 C4
ZILVERENBERG - 125 E5
ZILVERHOF - 125 B4 C4
ZONDER-NAAMSTRAAT - 125 F4
ZONNESTRAAT - 126 C1 D1
ZOUTSTRAAT - 126 C2
ZUIDERDOORGANG - 126 A3 B3-4
ZUIDKAAI - 125 A4
ZUIDPARKLAAN - 126 E2-3 F3-4
ZUIDSTATIONSTRAAT - 126 E2 F2
ZUIDSTRAAT - 126 G5
ZUIVELBRUG - 125 D4
ZUIVELBRUGSTRAAT - 125 D4
ZWAANSTRAAT - 125 D4
ZWAARDSTEEG - 126 E1
ZWARTEKATSTRAAT - 125 B4
ZWARTEZUSTERSSTRAAT - 126 C1
ZWIJNAARDSESTEENWEG - 126 D5

HASSELT

ABELENSTRAAT - 127 B5 C5
ACACIASTRAAT - 127 A4 B4
ALDESTRAAT - 127 C4
ALVERBERGSTRAAT - 127 A2-3 B2-3
AMBACHTSSCHOOLSTRAAT - 127 A3 B3
ANJELIERENSTRAAT - 127 A4 B4
ANKERSTRAAT - 127 E2
ANTENSTRAAT DJEF - 127 A4-5 B5
BADDERIJSTRAAT - 127 D3-4
BAKKERSLAAN - 127 B5-6
BAMPSLAAN - 127 B4 C4
BELLEFROIDLAAN PAUL - 127 D6-7 E7
BENOITSTRAAT PETER - 127 E4
BERGSTRAAT - 127 C6 D6
BEUKENSTRAAT - 127 B5
BIEZENSTRAAT - 127 A6-7 B7
BLIJDE-INKOMSTSTRAAT - 127 C3
BLOEMENSTRAAT - 127 C5
BOEKSTRAAT - 127 A4 B4
BOERENKRIJGSINGEL - 127 A5-6 B6-7
BONDGENOTENLAAN - 127 E5
BONNEFANTENSTRAAT - 127 D3-4
BOOMKENSSTRAAT - 127 B5-6 C4-5
BOOTSTRAAT - 127 E2
BOSSTRAAT - 127 E4
BOTERMARKT - 127 D4
BRECHTSTRAAT BERTOLD - 127 A4
BREESTRAAT - 127 B2-3 C3
BRENDELSTRAAT - 127 C4
BREUGHELLAAN - 127 B2-3 C2
BROUWERSLAAN - 127 B6
BURGEMEESTER BOLLENSTRAAT - 127 C3-4
CANADASTRAAT - 127 E1
CAPUCIENENPLEIN - 127 D4
CAPUCIENENSTRAAT - 127 D4
CASTERSTRAAT - 127 E4-5
CELLEBROEDERSSTRAAT - 127 C4
CLEYNAERTSLAAN NICOL. - 127 E4-5
CONGOSTRAAT - 127 D3 E3
DANIELSSTRAAT - 127 E6
DE GELOESPLEIN - 127 D7
DE GERLACHESTRAAT - 127 D4-5
DEMERSTRAAT - 127 D3-4
DE SCHIERVELLAAN - 127 C4
DICHTERSTRAAT - 127 A4
DIESTERSTRAAT - 127 C4
DIJKSTRAAT - 127 D2
DR. NOLENSLAAN - 127 B2
DOKTER WILLEMSSTRAAT - 127 C3-4
DORPSSTRAAT - 127 C3
EEUWFEESTSTRAAT - 127 C3
EIKENSTRAAT - 127 B5 C5
ELFDE-LINIESTRAAT - 127 E2-3
ELF-NOVEMBERLAAN - 127 E5
ELSRAKENSTRAAT - 127 E1
ELZENSTRAAT - 127 B5 C5
ERTBEEKSTRAAT - 127 B4-5
EUROSTRAAT - 127 D7 E7
EXCELSIORLAAN - 127 B2
FAZANTENSTRAAT - 127 A5
FONTEINSTRAAT - 127 C4-5
FRANKPLEIN ANNE - 127 D6 E6
FRUITMARKT - 127 C4 D4
GAARVELDSTRAAT - 127 B5 C5
GASTHUISSTRAAT - 127 C3 D3
GAZOMETERSTRAAT - 127 C3
GEBRANDESTRAAT - 127 B1 C1
GENERAAL LEMANSTRAAT - 127 D6-7
GENKERSTEENWEG - 127 D1 E1
GERAETSSTRAAT - 127 B4 C4
GEZELLESTRAAT GUIDO - 127 D4
GOETSBLOETSSTRAAT - 127 B3
GOUVERNEUR ROPPESINGEL - 127 E6-7
GOUVERNEUR VERWILGHENSINGEL - 127 D2 E2
GRASSTRAAT - 127 A5-6
GROENPLEIN - 127 C4
GROTE BREEMSTRAAT - 127 A3 B3
GROTE LINDESTRAAT - 127 A6 B6-7
GROTE MARKT - 127 C4 D4
GUFFENSLAAN - 127 C4 D4
GULDENSPORENPLEIN - 127 D4
HAARBEMDENSTRAAT - 127 B1-2 C2
HANDELSKAAI - 127 D1 E1
HARMONIESTRAAT - 127 B4-5 C4
HAVENSTRAAT - 127 C2 D2
HAVERMARKT - 127 C4
HEFVELDPLEIN - 127 C6
HEFVELDSTRAAT - 127 C5-6 D5
HEILIG-HARTPLEIN - 127 B3
HEKKELAARSTRAAT - 127 B2-3
HEKKELGARSTRAAT - 127 B2-3
HELBEEKPLEIN - 127 D5
HELDENPLEIN - 127 E5
HELIPOSTSTRAAT - 127 B5
HELLEBEEMDEN - 127 C7 D7
HEMELRIJK - 127 D4
HERFSTSTRAAT - 127 E6
HERKENRODESINGEL - 127 A1-2 B1 C1-2 D2
HERTZSTRAAT ARMAND - 127 C2-3
HOLLANDSVELDLAAN - 127 D6-7
HOOGBRUGKAAI - 127 C1 D1
HOOGSTRAAT - 127 C4 D4
HOOGVONDERSTRAAT - 127 B2
HOVENSTRAAT - 127 D3
HUIDEVETTERSLAAN - 127 B6
IJZERWEG - 127 D5
ISABELLASTRAAT - 127 C3
JAGERSSTRAAT - 127 B5
JASMIJNSTRAAT - 127 A4 B4
JENEVERPLEIN - 127 D3
JEUGDSTRAAT - 127 D1 E1
JONGMANSSTRAAT - 127 E4
KANUNNIK EYBENSTRAAT - 127 B4-5 C5
KANUNNIK MELINLAAN - 127 A6
KAPELLEKENSBAMPDSTRAAT - 127 A4
KAPELSTRAAT - 127 C4
KAPERHORENVOETWEG - 127 E3
KAPERMOLENSTRAAT - 127 E3
KATTEGATSTRAAT - 127 C3
KEMPISCHE KAAI - 127 C1-2-3 D1-2-3
KEMPISCHE STEENWEG - 127 D1-2-3
KERKHOFSTRAAT - 127 B6 C5-6
KIEWITSTRAAT - 127 D1 E1
KLEERSNIJDERSLAAN - 127 B6
KLEINE BREEMSTRAAT - 127 A3
KLEINE RIDDERSTRAAT - 127 C4
KLEIN-HILSTSTRAAT - 127 A7
KLINIEKSTRAAT - 127 D7
KLOCKPLEIN JULES - 127 B6
KOEKERELLENPAD - 127 D3 E3
KOLENKAAI - 127 C3 D3
KOLFSTRAAT - 127 D4
KOLONEL DUSARTPLEIN - 127 D3-4
KONING ALBERTSTRAAT - 127 C4
KONING BOUDEWIJNLAAN - 127 D3 E3
KONINGIN ASTRIDLAAN - 127 B3 C3-4
KORTE BREESTRAAT - 127 B2
KORTSTRAAT - 127 D4
KRAMERSLAAN - 127 A5-6 B5
KROONWINNINGSTRAAT - 127 E6
KRUISHERENLAAN - 127 B6
KRUISVELDSTRAAT - 127 C6
KUNSTLAAN - 127 D4 E4-5
KURINGERSTEENWEG - 127 A2-3 B3
LANGVELDSTRAAT - 127 E7
LAURIERSTRAAT - 127 A4
LAZARIJSTRAAT - 127 B3 C2-3
LEENLAAN EUGEEN - 127 D6
LENTESTRAAT - 127 D6 E6
LEOPOLDPLEIN - 127 C4
LESSIUSLAAN LEONARD - 127 E4
LIPSIUSLAAN JUSTUS - 127 E4-5
LOMBAARDSTRAAT - 127 C4 D4
LUIKERSTEENWEG - 127 C4-5 D5-6 E6-7
MAAGDENDRIES - 127 C4
MAASTRICHTERSTEENWEG - 127 D4 E4
MAASTRICHTERSTRAAT - 127 D4
MAESSTRAAT ARNOLD - 127 E3-4
MANTELIUSSTRAAT - 127 C3
MARTELARENLAAN - 127 D3
MASSYSTRAAT FRANS - 127 B3-4
MEILIEDSTRAAT - 127 D6
MELDERTSTRAAT - 127 D4
MELKVOETSTRAAT - 127 C3-4
MINDERBROEDERSSTRAAT - 127 C3 D3
MINNEZANGERSSTRAAT - 127 A4
MOLENPOORT - 127 C3 D3
MONSEIGNEUR BROEKXPLEIN - 127 B4
MONSEIGNEUR KERKHOFSSTRAAT - 127 B4
MOUTERIJSTRAAT - 127 B3 C3
MOZARTLAAN W.A. - 127 C6
MUGGENSTRAAT - 127 E3-4
NOLENSSTRAAT LUCIEN - 127 A5
NORMANDIESTRAAT - 127 B4
NOTELARENSTRAAT - 127 B5
OLMENSTRAAT - 127 B5
ONZE-LIEVE-VROUWSTRAAT - 127 C4
OUDE-BROEKERMOLENSTRAAT - 127 C2
OUDE KURINGERBAAN - 127 A3 B3
OUDE LUIKERBAAN - 127 D5 E5-6
OUDE SPOORBAAN - 127 A1-2 B1
OUDE STATIE - 127 C4-5
OUDE TRUIERBAAN - 127 A7
OUDSTRIJDERSLAAN - 127 E5
PAARDSDEMERSTRAAT - 127 D3
PADENSTRAAT - 127 E1
PAGGESTRAAT - 127 E1
PALFIJNLAAN JAN - 127 E5
PALMSTRAAT - 127 B3
PASSERELSTRAAT - 127 C4
PASTOOR VAN DIJCKSTRAAT - 127 B4-5
PATER ADONSTRAAT - 127 B5 C5
PATER VALENTINUSLAAN - 127 D7
PERMEKELAAN - 127 C2-3
PERSOONSTRAAT - 127 D4
PLANKEWEIDELAAN - 127 E5
PLANKEWEIDEVOETWEG - 127 E4
PLANTENSTRAAT - 127 B2-3
POPELINSTRAAT MARIE - 127 C5
PRINS BISSCHOPSSINGEL - 127 B7 C7 D7 E7
PRINSENSTRAAT - 127 C3
PUTSTEEG - 127 E5-6
RAAMSTRAAT - 127 D3-4
REDERIJKERSSTRAAT - 127 E4
RIDDER PORTMANSSTRAAT - 127 C4
RIDDERSTRAAT - 127 C4
RODE-BERGLAAN - 127 D7
RODENBACHSTRAAT ALBRECHT - 127 D5
ROZENSTRAAT - 127 B3 C3
RUBENSLAAN - 127 C2
RUNKSTERDREEF - 127 A6-7
RUNKSTERSTEENWEG - 127 A5 B4-5 C4
RUTTENSTRAAT ANNE - 127 B2
SACRISTIESTEEG - 127 C4

HUY

IEPER

ZESDE LANSIERSLAAN - 129 B7
ZILLEBEKEVOETWEG - 129 E5-6
ZONNEBEEKSEWEG - 129 D3 E3

KNOKKE-HEIST

ACACIALAAN - 130 C3 D3
ACHT-MEILAAN - 130 C3-4
ALBERTLAAN - 130 F2-3-4
ALBERTPLEIN - 130 G1
ANEMONENLAAN - 130 B3-4
ARCADELAAN - 130 C3 D3
ASTERSTRAAT - 130 D4
ASTRIDPLEIN - 130 C4
AZALEALAAN - 130 D3
BAYAUXLAAN - 130 E2 F2
BEGONIAPAD - 130 D3 E3
BEIAARDLAAN - 130 D3
BENOITLAAN PETER - 130 A4
BERGDREEF - 130 B3 C3
BEVRIJDINGSLAAN - 130 F2 G2
BINNENHOF - 130 G2
BLANCGARINSTRAAT - 130 F2
BLOEMENLAAN - 130 G4-5
BOCHELDREEF - 130 B3 C3
BOUDEWIJNLAAN - 130 E3 F3
BRANDWEERSTRAAT - 130 F4
BREARTSTRAAT ANTOINE - 130 G1
BREED VEERTIEN - 130 A5
BRIESHELLING - 130 B3
BRITSPAD - 130 G1
BURGEMEESTER CAMILLE DECKERSSTRAAT - 130 F4
BURGEMEESTER FRANS DESMIDTPLEIN - 130 F2
CADDIESPAD - 130 G3
CANADASQUARE - 130 D2 E2
CASSIERSSTRAAT - 130 F3
CHURCHILLLAAN WINSTON - 130 F2
CIPRESSENSTRAAT - 130 E5
COTTAGEPAD - 130 G1
DALGANG - 130 C3
DANSESTRAAT AUGUST - 130 F2-3
DE COSTERLAAN CHARLES - 130 G4
DE JUDESTRAAT - 130 F3-4 G3-4
DE KLERCKSTRAAT - 130 F4 G4
DE RAVESCHOOTLAAN PIERS - 130 F2-3-4
DE TIERESTRAAT NESTOR - 130 E3 F3
DEVISCHSTRAAT JAN - 130 G4
DE WANDELAAR - 130 C3
D'HOOGHESTRAAT - 130 F1
DIKSMUIDESTRAAT - 130 F1 G1-2
DRIEHOEKSPLEIN - 130 G1
DRIEWEGEN - 130 G5
DUINBERGENLAAN - 130 B3-4 C4
DUINDISTELSTRAAT - 130 G1
DUINENDREEF - 130 B3 C3
DUINVIOOLTJESSTRAAT - 130 F2
DUIVENLAAN - 130 G4
DUMORTIERLAAN - 130 F1-2 G1
DUPUISSTRAAT SYLVAIN - 130 E1-2 F1
EEUWFEESTLAAN - 130 D3 E3
ELIZABETLAAN - 130 A4 B4 C3-4 D2-3 E2 F2 G1-2
ENGELSESTRAAT - 130 B3 C3
ESDOORNSTRAAT - 130 E4-5 F5
EUROPAPLEIN - 130 B3
FINCENTLAAN - 130 E3 F3
FLORAPAD - 130 B3
FOCHLAAN - 130 G1
FRANSPAD - 130 G1-2
GALLISCHPAD - 130 B3 C3
GASMETERSTRAAT - 130 E3
GEMEENTEPLEIN - 130 F4
GENERAAL LEMANPAD - 130 G1
GEORGINAPAD - 130 D3
GILDENSTRAAT - 130 F3
GLADIOLENLAAN - 130 G4
GOLFPAD - 130 F2 G2
GOUDSBLOEMENLAAN - 130 D4 E3-4
GRAAF JANSDIJK - 130 G4
GROENPLEIN - 130 D3
GULDEN-VLIESSTRAAT - 130 F3
HAAGWINDE - 130 C4 D3-4
HANDBOOGSTRAAT - 130 E3
HANSPLEIN ABRAHAM - 130 E2 F2
HAZENPAD - 130 B3
HEESTERSSTRAAT - 130 A5 B5
HEIDEBLOEMSTRAAT - 130 B5
HEILIG-HARTLAAN - 130 F1-2 G1
HELIOSPAD - 130 B4
HELMWEG - 130 F3 G3-4
HEUVELPAD - 130 B3 C3
HIELSTRAAT EMANUEL - 130 A4
HOSTESTRAAT JULIUS - 130 E2 F2
HULSTSTRAAT - 130 A5 B5
IEPERSTRAAT - 130 F1 G1
IRISPAD - 130 B4
JEUGDHERBERGSTRAAT - 130 D4 E4
KAPELLAAN - 130 D3
KEMMELBERGSTRAAT - 130 G1
KERSELARENDREEF - 130 B4
KEUVELHOEKSTRAAT - 130 G4
KINDERPAD - 130 C3
KLAPROZENPAD - 130 C3
KLEIPUT - 130 F5 G5
KNOKKESTRAAT - 130 A4 B4 C4 D4 E4 F4
KONGOSTRAAT - 130 F1
KONINGINNENLAAN - 130 F1-2
KONINGSLAAN - 130 E1-2-3-4 F4
KOPSDREEF - 130 F3
KORENBLOEMDREEF - 130 F5 G5
KRAGENDIJK - 130 G4-5
KRAGENHOEK - 130 F5 G5
KREKELPAD - 130 B3
KROKUSSENPAD - 130 B3
KROMMEDIJK - 130 A4-5 B4
KRUINDREEF - 130 C3
KUSTLAAN - 130 F1 G1
KWADE HELLING - 130 B3
KWELMPAD - 130 D3
LAMMEKENSLAAN - 130 G2
LAMORALSTRAAT VICTOR - 130 F3
LAURIERSTRAAT - 130 A5 B5
LEEUWERIKENLAAN - 130 C3
LENTELAAN - 130 C2-3
LEOPOLDLAAN - 130 F1-2
LICHTTORENPLEIN - 130 F1
LIGUSTERPAD - 130 E3
LIPPENSLAAN - 130 F1-2-3-4
LIPPENSPLEIN MAURICE - 130 E4 F4
LISPANNENLAAN - 130 D3 E3
LOGENHOEK - 130 B4
LOMMERGANG - 130 C3-4
LUPINEPAD - 130 B3
MAGERE SCHORRE - 130 G4
MAJOOR QUAILLESTRAAT - 130 C3
MAJOOR VANDAMMESTRAAT - 130 E3
MANITOBAPLEIN - 130 B3
MARGRIETENPAD - 130 C3
MARIE-JOSESTRAAT - 130 F1
MATROZENPLEIN - 130 A4
MEERLAAN - 130 D2-3 E3
MEERMINLAAN - 130 E2
MEER VAN HEIST - 130 A5 B5
MEEUWENDREEF - 130 B3-4
MENNEKENSLAAN JEF - 130 F2
MIMOSASTRAAT - 130 B3
MOMMENSTRAAT JOZEF - 130 F2
MONTGOMERYLAAN - 130 G2
MORGENSTERPAD - 130 D2-3
MOSSELMANSTRAAT FERDINAND - 130 F2
MUSSENPAD - 130 F2
NACHTEGAELESTRAAT SEB. - 130 F4
NATIENLAAN - 130 F4-5
NELLENSLAAN JOZEF - 130 C3 D2-3 E2
NEPTUNUSPAD - 130 E2
NIEUWPOORTSTRAAT - 130 G1-2
NIEUWSTRAAT - 130 E4-5 F4
NOTELARENLAAN - 130 G4-5
NYCKEESSTRAAT - 130 F4
OOSTENHEM - 130 A5
OOSTSTRAAT - 130 C4
OUDE TRAMWEG - 130 F4
OUDJESPAD - 130 B3
PANNENSTRAAT - 130 A4
PARK 58 - 130 C3
PARMENTIERLAAN PAUL - 130 E3 F1-2-3
PASTOOR OPDEDRINCKPLEIN - 130 E3 F3
PASTUURDIJK - 130 B4
PATRIOTTENSTRAAT - 130 B3
PEPERSSTRAAT - 130 F3-4
PERE FACHEPAD - 130 G1-2
PETUNIALAAN - 130 B3
PHILLIPPARTPAD - 130 C3
PINKSTERBLOEMHOF - 130 B4
POSTSTRAAT - 130 B3 C3
PRINSJESPAD - 130 C3
PRINS KARELLAAN - 130 G1-2
REIGAARSVLIETSTRAAT - 130 E3-4
RONDEWEG - 130 C3
ROPSPAD FELICIEN - 130 F3
ROZENLAAN - 130 D2-3
RUBENSPLEIN - 130 E1-2
SABBELAAN JULIUS - 130 E2
SCHILDEKEN - 130 C4
SEVERINPAD FERNAND - 130 F2-3
SINT-JORISSTRAAT - 130 G4
SINT-KWINTENS - 130 G5
SINT-MICHIELSPLEIN - 130 B3
SMEDENSTRAAT - 130 F4 G4
SNEPPENPAD - 130 D3
SPORTLAAN - 130 E3
STACQUETSTRAAT HENRY - 130 F3
STADIONSTRAAT - 130 F4
STEENBAKKERSSTRAAT - 130 F4-5
STEENOVEN - 130 F5 G5
STERRENLAAN - 130 D2 E2
STREUVELSPLEIN STIJN - 130 D3
STUBBENPARK JOSEPH - 130 B3
SWOLFSSTRAAT - 130 G1
TABORASTRAAT - 130 F1
TENNISPAD - 130 F2
THERESIALAAN - 130 D3
TRAMWEG - 130 E3-4
' T VAARTJE - 130 F4-5 G5
UILENSPIEGELPAD - 130 G4
VAN BUNNENLAAN - 130 F1-2 G2
VAN BUNNENPLEIN - 130 F1
VAN CAILLIEDREEF - 130 C3
VANDAELELAAN - 130 C3
VAN DER MEERSCHENLAAN PAUL - 130 C2-3 D3
VAN HOENACKERPAD - 130 B3-4
VAN RYSSELBERGHESTRAAT - 130 F3
VAN STEENESTRAAT - 130 F4
VARDENAARSPOLDER - 130 C4
VARENSTRAAT - 130 B5
VERHEYESTRAAT EDWARD - 130 F4
VERWEEPLEIN ALFRED - 130 F3
VERZETSPLEIN - 130 E2
VILLAPAD - 130 G1
VISDIEFJESPAD - 130 E3
VLAAMSPAD - 130 F2-3
VOGELZANG - 130 G4
VOSSENHUL - 130 B3
WALSTRAAT - 130 A5
WATERLOOSTRAAT - 130 D3
WEIBROEKSTRAAT - 130 A5
WESTKAPELLESTRAAT - 130 A5
WILDEROZENPAD - 130 D3
WITTEDUIVENHOF - 130 G4
ZANDSTRAAT - 130 G1
ZEEDIJK-ALBERTSTRAND - 130 C2-3 D2 E2
ZEEDIJK-DUINBERGEN - 130 A3 B3 C3
ZEEDIJK-HET ZOUTE - 130 G1
ZEEDIJK-KNOKKE - 130 E1 F1 G1
ZEEGRASSTRAAT - 130 B3-4
ZEEROBBENLAAN - 130 D2-3
ZEGEMEERPAD - 130 D3 E2-3
ZOMERPAD - 130 C3
ZONNEBLOEMSTRAAT - 130 B4-5
ZONNELAAN - 130 E2
ZOUTELAAN - 130 F2 G2
ZUIDSTRAAT - 130 A4
ZWALUWENLAAN - 130 E2

KORTRIJK

AALBEEKSESTEENWEG - 131 B5-6
ABDIJKAAI - 131 D3 E3
AMSTERDAMSPOORTJE - 131 B3
AVONDZONWEG - 131 D1 E1
BAGGAERTSHOF - 131 D4
BARBES REKE - 131 E5-6
BEGIJNHOF - 131 C4 D4
BEGIJNHOFPARK - 131 D4
BEGIJNHOFSTRAAT - 131 C4
BEHEERSTRAAT - 131 B4-5
BELFASTSTRAAT - 131 B4
BENOITS POORTJE - 131 D4
BENOITSTRAAT PETER - 131 B4
BERKENDREEF - 131 D2
BERSACQUES POORTJE - 131 C4 D4
BERTEELESTRAAT JOZEF - 131 C7 D7
BESSENLAAN - 131 D2 E2
BETHUNEHOF JAN - 131 A6
BEVERLAAI - 131 B6-7 C6 D6
BEVERLAAIHOF - 131 B6
BEYAERTSTRAAT HENDRIK - 131 B4
BLAUWPOORT - 131 A1
BLEKERSSTRAAT - 131 A4 B4
BLOEMISTENSTRAAT - 131 C5-6
BOERDERIJSTRAAT - 131 D6
BOERENHOL - 131 D4
BOTENKOPERSSTRAAT - 131 A4
BOZESTRAAT - 131 A1 B1
BREYDELLAAN JAN - 131 E4
BROELKAAI - 131 C3-4
BRUGSESTEENWEG - 131 C1-2
BRUGSESTRAAT - 131 B2-3 C2
BUDASTRAAT - 131 B3 C3-4
BURGEMEESTER DANNEELSTRAAT - 131 E6-7
BURGEMEESTER FELIX DE BETHUNELAAN - 131 A6 B6
BURGEMEESTER GILLONLAAN - 131 E6-7
BURGEMEESTER NOLFSTRAAT - 131 B4
BURGEMEESTER PYCKESTRAAT - 131 B7 C6-7 D6
BURGEMEESTER REYNAERTSTRAAT - 131 C5
BURGEMEESTER SCHINKELSTRAAT - 131 B3-4
BURGEMEESTER TAYAERTSTRAAT - 131 C3-4
BURGEMEESTER VERCRUYSSELAAN - 131 C2-3 D3
CARPENTIERLAAN EVARIST - 131 D1
CASINOPLEIN - 131 B5 C5
CAULLETWANDELING ALBERT - 131 E7
CONDEDREEF - 131 B6-7 C7
CONSCIENCESTRAAT HENDRIK - 131 B4-5
CONSERVATORIUMPLEIN - 131 B5 C5
DAM - 131 C3
DAMKAAI - 131 C3 D3
DE COCKELAERESTRAAT PIETER - 131 C4
DE CONINCKLAAN PIETER - 131 E3-4
DE JONGHESTRAAT JAN-BAPTIST - 131 B4
DEKEN CAMERLYNCKLAAN - 131 E6
DEKEN DEGRYSELAAN - 131 E5-6
DEKEN ZEGERPLEIN - 131 C4
DEPRATERESTRAAT EDMOND - 131 B4
DEVAERELAAN ANDRE - 131 E6
DEVREESELAAN GODFRIED - 131 C1-2
DIKSMUIDEKAAI - 131 B3 C3
DOKTER PEELSTRAAT - 131 E7
DOLFIJNKAAI - 131 C4
DOORNIKSELAAN - 131 C5
DOORNIKSESTEENWEG - 131 D7
DOORNIKSESTRAAT - 131 C4-5
DOORNIKSEWIJK - 131 C5-6 D6
DOORNSTRAAT - 131 A3-4
ELFDE-JULILAAN - 131 E5-6
ELFDE-NOVEMBERLAAN - 131 D7 E7
FABRIEKSKAAI - 131 B3-4
GARENSTRAAT - 131 A3
GASSTRAAT - 131 A3 B3-4
GENTSESTEENWEG - 131 E2-3
GENTSESTRAAT - 131 D3-4
GEZELLEPAD GUIDO - 131 C4 D3-4
GEZELLESTRAAT GUIDO - 131 C4
GEZELLEWANDELING GUIDO - 131 D2
GOUDEN-RIVIERLAAN - 131 D1-2
GRAAF BOUDEWIJN IX-LAAN - 131 E5-6
GRAAF DE SMET DE NAEYERLAAN - 131 A3 B2-3
GRAAF KAREL DE GOEDELAAN - 131 A5
GRAANMARKT - 131 C4-5
GRIJZE-ZUSTERSSTRAAT - 131 D4
GROENINGEBELUIK - 131 D5
GROENINGEKAAI - 131 E3
GROENINGELAAN - 131 E4-5
GROENINGEPOORT - 131 D4 E4
GROENINGESTRAAT - 131 C4 D4
GROTE KRING - 131 D4
GROTE MARKT - 131 C4
GULDENBERGPLANTSOEN - 131 D3
GULDENSPORENLAAN - 131 E4
HAGEDISSENSTRAAT - 131 C4-5
HALENPLEIN - 131 D7 E7
HANDBOOGSTRAAT - 131 C4
HANDELSKAAI - 131 B4
HARELBEEKSESTRAAT - 131 E4
HAVENKAAI - 131 A4 B4
HAVERMARKT - 131 C5
HAZELAARSTRAAT - 131 C5
HEILIGE-GEESTSTRAAT - 131 C4
HERDERSSTRAAT - 131 A3 B2-3
HOOG MOSSCHER - 131 B7
HORTENSIALAAN - 131 E7
HOUTMARKT - 131 D4
HOVENIERSSTRAAT - 131 C6
IEPERSESTRAAT - 131 B1 C1 D1
IJZERFRONTLAAN - 131 D7 E7
IJZERKAAI - 131 C3 D3
INVALIDENLAAN - 131 E7
IZEGEMSESTRAAT - 131 B1-2
JOLLY / RUE NOEL - 131 D2 E1-2
KANONSTRAAT - 131 D6
KAPELSTRAAT - 131 B3 C3
KAPITTELSTRAAT - 131 C4
KAPUCIJNENSTRAAT - 131 C4
KARMELIETENLAAN - 131 B6 C6
KASTEELKAAI - 131 B4
KASTEELSTRAAT - 131 B4 C4
KEER DER VLAMINGENSTRAAT - 131 D5
KLAKKAARDSPLEIN - 131 D6
KLAKKAARDS REKE - 131 D5-6
KLEINE IEPERSESTRAAT - 131 B1
KLEINE LEIESTRAAT - 131 D3-4
KLEINE SINT-JANSSTRAAT - 131 D5
KOEIEKOP - 131 D4-5
KOESTAARTSTRAAT - 131 C4
KOLLEGESTRAAT - 131 C3
KONGOWEG - 131 B5
KONING ALBERTPARK - 131 C2-3 D2
KONING ALBERTSTRAAT - 131 B4-5 C5
KONINGIN ELISABETHLAAN - 131 B2 C2
KONINGINNELAAN - 131 B2-3
KONING LEOPOLD III-LAAN - 131 C1 D1-2-3
KONING LEOPOLD I-STRAAT - 131 B4
KONVENTSTRAAT - 131 C4
KOOLKAPPERSSTRAAT - 131 D1
KORTE KAPUCIJNENSTRAAT - 131 C3-4
KORTE STEENSTRAAT - 131 C4-5
KORTRIJKSESTRAAT - 131 A2-3
KUURNSESTEENWEG - 131 C1 D1
LANGE-BRUGSTRAAT - 131 D4
LANGEMEERSSTRAAT - 131 D4 E4-5
LANGE STEENSTRAAT - 131 C5 D4-5
LEEUW VAN VLAANDERENLAAN - 131 E4
LEIEGALM - 131 D2
LEIESTRAAT - 131 C4
LEKKERBEETSTRAAT - 131 C5 D5
LIJNWAADSTRAAT - 131 C1
LONCINSTRAAT - 131 E7
LOODWITSTRAAT - 131 E2-3
LOOFSTRAAT - 131 C6-7 D6
MAGDALENASTRAAT - 131 B5
MARKSESTEENWEG - 131 A5-6
MEENSESTEENWEG - 131 A3-4
MEENSESTRAAT - 131 A3 B3
MEERSSTRAAT - 131 A4 B4
MENENPOORT - 131 A3 B3
MERKEMSTRAAT - 131 E7
MINISTER LIEBAERTLAAN - 131 D3
MINISTER TACKLAAN - 131 B5 C5
MINISTER VANDEN PEEREBOOMLAAN - 131 A6 B5-6
MOLENSTRAAT - 131 A1-2 B1
MONSEIGNEUR DE HAERNELAAN - 131 B6
MOORSEELSESTRAAT - 131 A3
MORGENZON - 131 E1-2
MOSSELBANK - 131 A3
NEDERVIJVER - 131 D4
NIEUWSTRAAT - 131 D5
NIJVERHEIDSKAAI - 131 B4
NOORDSTRAAT - 131 A3-4 B4
ONZE LIEVE-VROUWESTRAAT - 131 C4
OPEN VELD - 131 D1 E1-2
OUDE KASTEELSTRAAT - 131 B4 C4
OUDENAARDSESTEENWEG - 131 E6
OUDE VESTINGSSTRAAT - 131 B5 C5
OVERBEKEPLEIN - 131 D4
OVERLEIESTRAAT - 131 B3
PALEISSTRAAT - 131 B4
PALFIJNSTRAAT JAN - 131 C5
PAPENSTRAAT - 131 C4
PARKIETENLAAN - 131 D2 E1-2
PASSIONISTENLAAN - 131 E4-5
PATER BECKSTRAAT - 131 C6
PATER VANDEPUTTEPLEIN - 131 C2
PERSIJNSTRAAT JAN - 131 C4-5
PIJLSTRAAT - 131 D6
PLEIN - 131 D4
PLUIMSTRAAT - 131 D5 E5
POTTELBERG - 131 A7 B6-7
POTTENBAKKERSHOEK - 131 B3
POTTERIJSTRAAT - 131 D4
PRESIDENT ROOSEVELTPLEIN - 131 B4
PROOSDIJSTRAAT - 131 B2-3 C3
RAMEN - 131 C4
RAMSKAPELLESTRAAT - 131 E7
REEPKAAI - 131 B4 C4
REKOLLETTENSTRAAT - 131 A3 B3
RIJKSWACHTSTRAAT - 131 E5-6
RIJSELSESTRAAT - 131 B4 C4
ROBBEPLEIN LOUIS - 131 B4-5
ROMEINSELAAN - 131 D4
ROTERIJSTRAAT - 131 C2
RUBENSPLEIN PIETER PAUWEL - 131 C1-2
RUITERSWEG - 131 D2 E2-3
SABBEPAD JAN - 131 D5
SABBESTRAAT JAN - 131 D5-6 E6
SAVERYSTRAAT ROELAND - 131 B5
SCHAEKENSTRAAT - 131 E3
SCHIPPERSSTRAAT - 131 B4
SCHOUWBURGPLEIN - 131 C5
SCHUDDEVISSTRAAT - 131 C4
SCHUTTERSSTRAAT - 131 E3
SINT-AMANDSLAAN - 131 B3 C3
SINT-AMANDSPLEIN - 131 B3
SINT-ANNABELUIK - 131 B3
SINT-ANTONIUSSTRAAT - 131 D5 E5
SINT-DENIJSESTRAAT - 131 D5-6-7 E7
SINT-ELOOISDREEF - 131 D1-2
SINT-GODELIEVESTRAAT - 131 B1
SINT-JANSHOF - 131 D5
SINT-JANSLAAN - 131 D5
SINT-JANSPLEIN - 131 E4
SINT-JANSSTRAAT - 131 D4
SINT-JORISSTRAAT - 131 C5
SINT-MAARTENSKERKHOF - 131 C4 D4
SINT-MAARTENSKERKSTRAAT - 131 C4
SINT-MARTENS-LATEMLAAN - 131 A5
SINT-MICHIELSPLEIN - 131 C4
SINT-NIKLAASSTRAAT - 131 D4
SINT-ROCHUSLAAN - 131 D6-7
SINT-SEBASTIAANSLAAN - 131 B5-6 C6-7
SIONSTRAAT - 131 D4-5
SLACHTHUISSTRAAT - 131 D5
SLAGLING - 131 A1
SMALLE BRUG - 131 B4
SPINNERIJKAAI - 131 E3
SPOORWEGLAAN - 131 C5 D5
STADELAAN - 131 A2-3
STASEGEMSESTRAAT - 131 E3
STATIONSPLEIN - 131 C5
STATIONSSTRAAT - 131 C5
STEENPOORT - 131 D4
STEVINSTRAAT SIMON - 131 C2
STEYTS KOER - 131 D5
STOMPAERTSHOEK - 131 D4-5
STOPPEL - 131 A1
STOVESTRAAT - 131 C4
TEN AKKERDREEF - 131 D6 E6
TENIERSLAAN DAVID - 131 C2 D1-2
TERHAGENSTRAAT - 131 E7
TINELLAAN EDGAR - 131 C1-2
TOEKOMSTSTRAAT - 131 D6
TOLSTRAAT - 131 B5 C5
TRAKELWEG - 131 A4
TROMPESTRAAT - 131 C4
TUIGHUISSTRAAT - 131 E5
TUINSTRAAT - 131 D5
TWAALFAPOSTELENSTRAAT - 131 D5
VAARTSTRAAT - 131 E3-4
VAN ACKERS HOF - 131 B7
VAN ARTEVELDELAAN JAKOB - 131 E4
VANDALEPLEIN JOZEF - 131 C4 D4
VANDAMMEBELUIK - 131 B2
VAN DE ELZASLAAN FILIPS - 131 D6 E6
VANDER PLAETSESTRAAT ANTOON - 131 C7
VANDERVAETSTRAAT JAKOB - 131 A2 B2-3
VAN DYCKLAAN ANTOON - 131 C2 D1-2 E1
VAN EECKHOUTSTRAAT FERDINAND - 131 C7 D7
VAN MAERLANTSTRAAT JAKOB - 131 C2 D2
VANNESTES REKE - 131 E6
VEEMARKT - 131 D5 E5
VELDSTRAAT - 131 E3-4-5
VELGHES POORTJE - 131 B3
VERCRUYSSES POORTJE - 131 B3
VERKORENHOF - 131 B3
VERPLANCKES PARTJE - 131 D5
VERRIESTLAAN HUGO - 131 E5
VERWEESTRAAT LOUIS - 131 B4
VERZETSKAAI - 131 C4
VESTINGSSTRAAT - 131 D4 E4
VIERINWANDELING EMMANUEL - 131 D7
VIERSCHAARSTRAAT - 131 E6
VISMARKT - 131 C4
VLAANDERENKAAI - 131 D3 E3
VLAMINGENSTRAAT - 131 D5
VLASBLOEMSTRAAT - 131 A3
VLASCHAARD - 131 A1
VLASKAAI - 131 A4 B4
VLASMARKT - 131 C5
VOGELZANGLAAN - 131 D1
VOLKSPLEIN - 131 D6
VOORSTRAAT - 131 D4
VOORUITGANGSSTRAAT - 131 D6
VOORZIENIGHEIDSSTRAAT - 131 D6 E6
VUURKRUISERSLAAN - 131 D7 E7
WAGENMAKERSSTRAAT - 131 D6
WALLE - 131 D7
WANDELINGSTRAAT - 131 E5
WANDELWEG - 131 D5
WATERHOEK - 131 A1
WATERMOLENSTRAAT - 131 B2 C2
WATERMOLENWAL - 131 B1
WATERPOORT - 131 C5
WEGGEVOERDENLAAN - 131 A6-7
WEVERSSTRAAT - 131 A2 B2
WIJNGAARDSTRAAT - 131 D5
WIKINGERHOF - 131 E2
WOLVENSTRAAT - 131 C7 D7
ZAKSKE - 131 C5
ZANDSTRAAT - 131 B5
ZONNEBORG - 131 D1 E1
ZONNEKEER - 131 E1
ZONNEKRING - 131 E1
ZONNELAAN - 131 E1-2
ZONNESTRAAL - 131 E1
ZONNEWENDE - 131 E1
ZWEVEGEMSESTRAAT - 131 D5 E5-6

LEUVEN

AARSCHOTSESTEENWEG - 132 E1
ACHTER DE LATTEN - 132 D1
ACHTURENSTRAAT - 132 G1
ADJUDANT HARBOORTSTRAAT - 132 G4-5
ALBRECHTPLEIN - 132 D5
AMERIKALAAN - 132 D3
ANKERSTRAAT - 132 E1
ARENDSTRAAT - 132 E3
ARTOISPLEIN JOANNA-MARIA - 132 E1 F1
ASSTRAAT - 132 E1
AUGUSTIJNENSTRAAT - 132 D3 E3
BALSEMBLOEMHOF - 132 D2
BANKSTRAAT - 132 B4 C4
BARON AUGUST DE BECKER-REMYPLEIN - 132 G2
BARON D'EYNATTENSTRAAT - 132 E1
BASTINSTRAAT ADOLPHE - 132 C4
BEEMDENSTRAAT - 132 G1

BENOITLAAN PETER - 132 G4
BEURSGANG - 132 C3
BIERBEEKSTRAAT - 132 F4 G4-5
BIESTSTRAAT - 132 B1
BIEZENSTRAAT - 132 C3
BLAUWPUTGANG - 132 F2
BLEYDENBERGLAAN - 132 E1
BLIJDE INKOMSTSTRAAT - 132 E3 F3-4
BLOEMENBERGGANG - 132 C2
BOEKHANDELSTRAAT - 132 E3
BOGAARDENSTRAAT - 132 E3 F3-4
BONDGENOTENLAAN - 132 E3 F3
BOULEVARDSTRAAT - 132 G4
BOUTSLAAN DIRK - 132 D2-3
BRABANCONNESTRAAT - 132 E4-5 F4
BROEDERLIJKHEIDSTRAAT - 132 G1
BROUWERSSTRAAT - 132 C2 D2
BRUGBERGPAD - 132 F2 G1-2
BRUGSTRAAT - 132 G5
BRUSSELSEPOORT - 132 B2
BRUSSELSESTEENWEG - 132 A2 B2
BRUSSELSESTRAAT - 132 B2 C2-3 D3
BULENSWIJK JEAN - 132 C2-3
BURCHTSTRAAT - 132 D1
BURGEMEESTERSSTRAAT - 132 F3-4
BUSLEIDENGANG - 132 D3
CANSGANG - 132 F4
CARDENBERCH - 132 B3
CELESTIJNENLAAN - 132 A4-5 B5
CLAESSTRAAT RAOUL - 132 D2
COLINSLAAN LEON - 132 D4
COLLEGEBERG - 132 D3
CONSCIENCESTRAAT HENDRIK - 132 D5 E5
CONSCIENCEPLEIN - 132 E4
COOSEMANSSTRAAT WILLEM - 132 G3
COUTEREELSTRAAT PIETER - 132 D2-3
CRAENENDONCK - 132 D2-3
DAGOBERTSTRAAT - 132 F4
DANEELSGANG - 132 C3
DARTELAAN LEO - 132 E5
DE ANGELISPAD - 132 D4
DEBERIOTSTRAAT CHARLES - 132 D4 E3-4
DE CLERCQLAAN RENE - 132 A5
DECOSTERSTRAAT VITAL - 132 E2-3
DE GREEFSTRAAT ARTHUR - 132 C4
DE HAESLAAN JOS - 132 A5
DEKENSTRAAT - 132 E4 F4
DELAUNOISLAAN ALFRED - 132 G4
DE LAYENSPLEIN MATHIEU - 132 D3
DELVAUXWIJK PAUL - 132 C2
DEN BOSCHSINGEL - 132 B2 C1-2
DE VOCHTLAAN LODEWIJK - 132 A5
DIESTSEPOORT - 132 F2
DIESTSESTEENWEG - 132 G2
DIESTSESTRAAT - 132 E3 F2-3
DIESTSEVEST - 132 F2
DIJLEDREEF - 132 E1 F1
DONKERSTRAAT - 132 C1-2
DRIE ENGELENBERG - 132 D3
DRINKWATERSTRAAT - 132 D3
ECTORSSTRAAT JEAN BAPTISTE - 132 B3
EENMEILAAN - 132 G1-2
EGENHOVENWEG - 132 A4
EIKSTRAAT - 132 E3
ELZASGANG - 132 D5
ENGELS PLEIN - 132 D1 E1
ERASMUSPLEIN - 132 E3 F3
FAMILIE DE BAYOSTRAAT - 132 E5
FEREMANSLAAN GASTON - 132 A5
FLORQUINLAAN JOOS - 132 A5
FONTEINSTRAAT - 132 C2 D1-2-3
GALGEBERGSTRAAT - 132 A1 B1-2
GEERAERTLAAN HENRI - 132 A4-5
GELDENAAKSEBAAN - 132 E5 F5
GELDENAAKSEVEST - 132 F4-5
GELIJKHEIDSTRAAT - 132 G1
GEMEENTESTRAAT - 132 G1-2
GIJZELAARSSTRAAT - 132 B2-3
GILBERTSTRAAT EUGENE - 132 D5
GILDENSTRAAT - 132 F4
GIRAUDSTRAAT ALBERT - 132 D5
GLASBLAZERIJSTRAAT - 132 D1-2
GOUDSBLOEMSTRAAT - 132 C3
GRASMUSHOF - 132 C4
GROEFGANG - 132 B3
GROEFPLEIN - 132 B3
GROEFSTRAAT - 132 B3
GROENVELDSTRAAT - 132 B4-5
GROOT BEGIJNHOF - 132 D4-5
GROTE MARKT - 132 D3 E3
HAAGGANG - 132 F4
HALFMAARTSTRAAT - 132 D2
HALLENGANG - 132 D3 E3
HALVESTRAAT - 132 D2
HAMBRUGPAD - 132 D2
HANDBOOGHOF - 132 D2-3
HANENGANG - 132 E3
HEILIGE-GEESTSTRAAT - 132 C3-4
HERESTRAAT - 132 B2-3
HERFSTLAAN - 132 G1
HERTSTRAAT - 132 C3
HET TORENTJE - 132 D2
HOEGAARDSESTRAAT - 132 G5
HOFGANG - 132 F4
HOGESCHOOLPLEIN - 132 E3
HOGESTRAAT - 132 C2
HOLLESTRAAT - 132 B4 C4
HOOVERPLEIN HERBERT - 132 E3
HORENGANG - 132 C3
HULLEBROECKLAAN EMIEL - 132 A5
IERSE PREDIKHERENSTRAAT - 132 C2
IJZERENMOLENSTRAAT - 132 A5 B5 C4-5
IJZERENPOORTSTRAAT - 132 G5
IJZERENWEGSTRAAT - 132 G2
ISABELLAPLEIN - 132 D4-5
JANSENIUSSTRAAT - 132 C4 D4
JODENSTRAAT - 132 D3
JOZEF II-STRAAT - 132 F3
KABOUTERMANSSTRAAT - 132 B2-3 C3
KAPUCIJNENVOER - 132 C3-4 D3
KARDINAAL MERCIERPLEIN - 132 E4
KARDINAALSTRAAT - 132 D2 E2
KAREELVELD - 132 B1 C1 D1
KARMELIETENBERG - 132 D4
KARTUIZERSSTRAAT - 132 C4
KATELIJNENHOF - 132 D2
KEIZERSBERG - 132 D1
KERKHOFDREEF - 132 F5
KERKSTRAAT - 132 G1-2
KIEKENSTRAAT - 132 D3
KLEIN BEGIJNHOF - 132 D2
KLEINE HUIZENSTRAAT - 132 D1
KLEIN-RIJSELSTRAAT - 132 F4 G4
KOLONEL BEGAULTLAAN - 132 E1
KOLVENIERSHOF - 132 E2
KONING ALBERTLAAN - 132 G4
KONING BOUDEWIJNLAAN - 132 A5 B5 C4-5
KONINGIN ASTRIDLAAN - 132 G4
KONING LEOPOLD I-STRAAT - 132 E3 F3
KORBEEKLOGANG - 132 F4
KORBEEK-LOSESTRAAT - 132 G5
KORENSTRAAT - 132 G4
KORTESTRAAT - 132 D3
KRAKENSTRAAT - 132 D3
KROEGBERG - 132 D3
KRUISSTRAAT - 132 C3
LAARZENGANG - 132 F3
LAKENWEVERSSTRAAT - 132 D3 E3
LANGERIJLAAN - 132 D1 E1
LA VIGNETTE - 132 D2
LAVORENBERG - 132 D3
LEBRUNSTRAAT PAUL - 132 E5
LEERLOOIERIJSTRAAT - 132 D2
LEFEVRELAAN MARGUERITE - 132 E1
LEI - 132 D2-3
LENTEDREEF - 132 G1
LEPELSTRAAT - 132 E3 F3
LEUVENSESTRAAT - 132 G2
LIERGANG - 132 E3
LINTSSTRAAT FREDERIK - 132 E4-5 F5
LIPSIUSSTRAAT JUSTUS - 132 F3
LOMBAARDENSTRAAT - 132 E2
LUDENSCHEIDSINGEL - 132 C1 D1 E1
MAARSCHALK FOCHPLEIN - 132 E3
MARGARETHAPLEIN - 132 E3
MARIA-THERESIASTRAAT - 132 E4 F3-4
MARTELARENLAAN - 132 G2-3-4
MARTELARENPLEIN - 132 F3
MATHIEUSTRAAT EMILE - 132 E5
MATHILDEGANG - 132 F4
MECHELSEPOORT - 132 C1
MECHELSESTEENWEG - 132 C1 D1
MECHELSESTRAAT - 132 D1-2-3
MECHELSEVEST - 132 B2 C1-2 D1
MELSENSSTRAAT LOUIS - 132 E3 F3
MERCATORPAD - 132 D2
METSYSPLEIN QUINTEN - 132 F4
MEULEMANSLAAN ARTHUR - 132 A5
MEUNIERSTRAAT CONSTANTIN - 132 D5 E4-5
MONSEIGNEUR LADEUZEPLEIN - 132 E3
MONSEIGNEUR VAN WAEYENBERGHLAAN - 132 B3 C3
MINCKELERSSTRAAT J.P. - 132 E1-2-3 F3
MINDERBROEDERSSTRAAT - 132 C3 D3
MISPELAARSGANG - 132 C2
MONNIKENSTRAAT - 132 E4
MUNTSTRAAT - 132 D3 E3
MUSSENSTRAAT - 132 F3
MUURKRUIDSTRAAT - 132 B2-3
NAAMSEPOORT - 132 D5
NAAMSESTRAAT - 132 D3-4-5
NAAMSEVEST - 132 D5 E5 F5
NENSSTRAAT FRANS - 132 E5
NERVIERSSTRAAT - 132 E2 F2
NIEUWE KERKHOFDREEF - 132 F5
NOBELSTRAAT ARNOULD - 132 F3
NOLLEKENSSTRAAT PIETER - 132 G3-4
NOORMANNENSTRAAT - 132 C2
ONZE LIEVE VROUWSTRAAT - 132 D3
ONZE TOEVLUCHTSTRAAT - 132 G1
OPPENDORPGANG - 132 F2-3
OUDE DIESTSESTEENWEG - 132 G2
OUDE MARKT - 132 D3
OUDE RONDELAAN - 132 C1-2 D1
PAARDENWEG - 132 C3
PANORAMALAAN - 132 E1
PARIJSSTRAAT - 132 D3-4
PARKPOORT - 132 E5 F5
PARKSTRAAT - 132 D4 E4-5
PATER DAMIAANPLEIN - 132 D4
PATERNOSTERSTRAAT - 132 G2
PELGRIMSTRAAT - 132 C3
PENITENTIENENSTRAAT - 132 C2 D2
PENSSTRAAT - 132 D3
PEREBOOMSTRAAT - 132 C2 D2
PETERMANNENSTRAAT - 132 C2 D2
PETERSELIEGANG - 132 C2
PHILIPSSITE - 132 F5
PIERRESTRAAT JOZEF - 132 G2
PIOENGANG - 132 C3
PLATTE LOSTRAAT - 132 G4
PLEINSTRAAT - 132 F4-5
POMPSTRAAT - 132 D1
POULLETLAAN PROSPER - 132 C4 D4
PREDIKHERENSTRAAT - 132 D3
PREDIKHERINNENSTRAAT - 132 D3
PRELATENSTRAAT - 132 E4
PRENTENGANG - 132 C2-3
PROFESSOR J. VOUNCKPLEIN - 132 E3
PROVINCIE-ESPLANADE - 132 F3 G3
PROVINCIEPLEIN - 132 F4 G4
PUTTEGANG - 132 E3
RAMBERG - 132 D4
RAMENSTRAATJE - 132 D4
RAPENGANG - 132 E4-5
RATTEMANSPOORT - 132 D3
RAVENSTRAAT - 132 E3-4 F3
REDERSSTRAAT - 132 E1
REDINGENHOF - 132 D4
REDINGENSTRAAT - 132 C4 D4
REGASTRAAT HENRI - 132 E5 F5
REMYVEST EDOUARD - 132 B2-3
RENNES-SINGEL - 132 B2-3
RIDDERSSTRAAT - 132 C2-3 D1-2
RIJDENDE ARTILLERIELAAN - 132 E2
RIJSCHOOLSTRAAT - 132 E2-3
RIXVONDERENDIJK - 132 D4
RODENBACHSTRAAT ALBRECHT - 132 G1
RONDESTRAAT - 132 G2
RUELENSVEST ERASME - 132 D5 E5 F5
RUTERIUSPAD - 132 D4 E4
SAVOYESTRAAT - 132 E3
SCHAPENSTRAAT - 132 D4-5
SCHEPENENSTRAAT - 132 F4
SCHOONZICHTLAAN - 132 E1
SCHORENSHOF - 132 D1
SCHREURSVEST LEON - 132 F4-5
SCHRIJNMAKERSSTRAAT - 132 D3 E3
SCHURMANSSTRAAT KAREL - 132 G2-3
SELLEKENSSTRAAT - 132 A2
'S-HERTOGENLAAN - 132 B1-2 C1
'S-HERTOGENWIJNGAARD - 132 C1
SINT-ANNASTRAAT - 132 D3
SINT-ANTONIUSBERG - 132 D4
SINT-BARBARASTRAAT - 132 D3
SINT-BEGGABERG - 132 D5
SINT-GEERTRUIABDIJ - 132 D2
SINT-HUBERTUSSTRAAT - 132 C3
SINT-JACOBSPLEIN - 132 C3
SINT-MAARTENSDAL - 132 E2
SINT-MAARTENSTRAAT - 132 E2-3
SINT-MICHIELSSTRAAT - 132 D4 E3-4
SINT-QUINTENSBERG - 132 D5
SINT-SERVATIUSSTRAAT - 132 C2 D2
SLACHTHUISLAAN - 132 C4
SLUISSTRAAT - 132 D1-2
'S-MEIERSSTRAAT - 132 E3
SMETSPLEIN ALFONS - 132 E3
SMOLDERSPLEIN FERDINAND - 132 E3
SNOEKENPAD - 132 D2
SOLVAYSTRAAT ERNEST - 132 G2-3
SPAARSTRAAT - 132 G3
STADSVEST - 132 D1 E1
STAINIERSTRAAT ALBERT - 132 G5
STANDONCKSTRAAT - 132 D3 E3
STAPELHUISSTRAAT - 132 E1
STASSTRAAT JAN - 132 E3
STEENGROEVENLAAN - 132 B5
STRAATJESGANG - 132 F3
STREUVELSLAAN STIJN - 132 G4
STRIJDERSSTRAAT - 132 E2 F2
STUDENTENWIJK ARENBERG - 132 B5 C5
TEN HOVELAAN - 132 C4
TEN WIJNGAARD - 132 B2
TER BOELHAGE - 132 C2
TERVUURSEPOORT - 132 B4
TERVUURSESTEENWEG - 132 A4 B3-4
TERVUURSESTRAAT - 132 B3 C3
TERVUURSEVEST - 132 B3-4 C4-5 D5
TERVUURSEVEST - 132 B3-4 C4-5 D5
TESSENSTRAAT - 132 C3 D2-3
THERESIANENGANG - 132 E3
TIELEMANSLAAN FRANZ - 132 D3
TIENSEPOORT - 132 F4
TIENSESTEENWEG - 132 F4 G4-5
TIENSESTRAAT - 132 E3-4 F4
TIENSEVEST - 132 F3-4
TIVOLISTRAAT - 132 F5 G5
TOLHUIZENSTRAAT - 132 B2-3
TOMVELDSTRAAT - 132 F4
TRAMWEG - 132 D1
TRAPGANG - 132 D4
TWEEKLEINEWEGENSTRAAT - 132 A3-4 B3-4
TWEEWATERSSTRAAT - 132 E2
VAARTKOM - 132 D1 E1
VAARTSTRAAT - 132 D2 E1-2-3
VAARTVEST - 132 D1 E1
VALKENPLEIN - 132 D2
VALKERIJGANG - 132 D1-2
VAN ARENBERGHSTRAAT EM. - 132 D5 E5
VAN BELSTRAAT MARIA - 132 D5 E5
VAN BENEDENSTRAAT P.J. - 132 E3
VAN DALEPAD PIETER - 132 D4
VANDEN EYNDELAAN JEF - 132 A5
VAN DEN GHEYNLAAN MATHIAS - 132 E2
VANDEN TYMPLESTRAAT - 132 F2
VANDERKELENSTRAAT LEOPOLD - 132 E3
VANDER LINDENSTRAAT G. - 132 E5
VANDERVAERENLAAN REMI - 132 C4
VAN EVENSTRAAT EDWARD - 132 E4
VAN HOOFLAAN JEF - 132 A5
VAN LOTHARINGENSTRAAT KAREL - 132 D2-3 E2
VAN MONSSTRAAT J.B. - 132 E2 F2
VAN OSTAIJENLAAN PAUL - 132 E5 F5
VAN RODESTRAAT - 132 G1
VAN 'T SESTICHSTRAAT - 132 E4-5
VEEWEIDELAAN - 132 G1
VEILINGWEG - 132 C4-5
VERBRANDE POORT - 132 C3
VEREMANSLAAN RENAAT - 132 A5
VERHAGHENSTRAAT P.J. - 132 E5
VERKORTINGSTRAAT - 132 D5
VERLOREN KOST - 132 C1 D1
VERMEYLENSTRAAT FRANS - 132 E5
VERZOENINGSTRAAT - 132 G1
VESALIUSSTRAAT ANDREAS - 132 E4
VESTINGGANG - 132 C3
VISMARKT - 132 D2-3
VISSERSSTRAAT - 132 D2-3 E2
VLAMINGENSTRAAT - 132 D4 E4
VOLMOLENLAAN - 132 D4-5
VOORZORGSTRAAT - 132 B3-4 C3-4
VREDEPLEIN - 132 G1
VREDESTRAAT - 132 G1
VRIESENHOF - 132 C2-3 D2
VRIJHEIDSTRAAT - 132 G1
VUURKRUISENLAAN - 132 F2 G2
WAAISTRAAT - 132 D3
WAGENWEG - 132 C3
WANDELINGSTRAAT - 132 D3
WAUTERSSTRAAT JOZEF - 132 G3
WEIDESTRAAT - 132 F2
WELDADIGHEIDSSTRAAT - 132 E5
WERKHUIZENSTRAAT - 132 G2-3
WERKMANSTRAAT - 132 E1
WIERINGSTRAAT - 132 D3
WIJNPERSSTRAAT - 132 B1-2 C2
WILLEMSSTRAAT - 132 F3
WINDMOLENSTRAAT - 132 F4
WINDMOLENVELDSTRAAT - 132 F4
WIPSTRAAT - 132 G1
WITPAARDGANG - 132 D5
WOLVENGANG - 132 D1
WOLVEPOORTPAD - 132 D4
WOUTERSSTRAAT ALBERT - 132 D1
ZANDGANG - 132 D1-2
ZEELSTRAAT - 132 D3
ZEILSTRAAT - 132 E1
ZEVENSLAPERSSTRAAT - 132 D2-3
ZONGANG - 132 C3
ZOUTSTRAAT - 132 E1
ZWANENBERGLAAN - 132 E1
ZWARTZUSTERSSTRAAT - 132 D4

LIEGE

(*) = NIET OP KAART GETEKEND
(*) = PAS REPRISE SUR LA CARTE

ABATTOIR / RUE DE L' - 134 C4
ABEILLES / RUE DES - 135 C2
ABRY / RUE LOUIS - 134 C2
ABSENT / ALLEE DE L' - 133 E3
ACACIAS / RUE DES - 135 C2
ACADEMIE / RUE DE L' - 133 D4-5
ACCLIMATATION / JARDIN D' - 135 E1
AGIMONT / RUE - 133 D4-5
* AGNEAU / RUE DE L' - 133 E5
AGRICULTURE / AVENUE DE L' - 136 D1-2 E1
AGUESSES / RUE DES - 136 A4 B4
AIGLE-NOIR / TRAVERSE DE L' - 136 B2
AIRS / RUE DES - 133 E4
* AITE / RUE DE L' - 133 E5
A-LA-BELLE-VUE / IMPASSE - 133 C5
ALBERT 1ER / ESPLANADE - 133 D7 - 135 D1
ALBERT IER / AVENUE - 136 B3 C3
ALOUETTES / RUE DES - 135 D4
* AMAY / RUE D' - 133 D6
AMBIORIX / RUE - 135 C1-2
AMBLEVE / RUE DE L' - 136 B3
AMERCOEUR / PONT D' - 134 B6
AMERCOEUR / RUE D' - 134 B6-7
ANCIENNE-ECOLE / RUE DE L' - 136 D3-4
ANEMONES / RUE DES - 135 C3
ANGE / IMPASSE DE L' - 134 A4
ANGES / RUE DES - 133 C7 D7 - 135 C1 D1
ANGLAIS / RUE DES - 133 D4
ANGLEUR / RUE D' - 136 A4-5
ANSIAUX / RUE - 136 A1 B1
ANTHISNES / RUE D' - 135 C5
ANTOINE / RUE GEORGES - 135 A2-3 B2
ARBRE-COURTE-JOIE / RUE DE L' - 133 B1 C1
ARCHES / PONT DES - 133 E5 - 134 A5
ARDENNES / QUAI DES - 136 A3 B3-4 C4 D4 E4-5
ARMISTICE / RUE DE L' - 134 B6 C6
ARMURIERS / RUE DES - 134 C4
ARTISANS / RUE DES - 136 D4 E4
ARZIS / PLACE DES - 133 B4
ATELIERS / RUE DES - 135 E5
* ATHENEE / PARC DE L' - 133 D6
ATLAS / PONT DE L' - 134 C4 D4
AUBEPINES / SENTIER DES - 134 A3
AUGUSTINS / RUE DES - 133 C7 D7
AULNES / DREVE DES - 136 B6
AUMONIER / RUE DE L' - 133 B5 C5
AU PALO / RUE - 136 E7
AU PERI - 133 E4
AUX FRENES / RUE - 134 B6
AVENIR / IMPASSE DE L' - 134 B6
AVENIR / RUE DE L' - 135 B5-6
AVEUGLES / RUE DES - 134 A4
AVOCAT / RUE DE L' - 133 A6
AVOUERIE / RUE DE L' - 135 B5-6
AVROY / BOULEVARD D' - 133 D6-7 - 135 D1
AVROY / PARC D' - 133 D7 - 135 D1
AWANS / RUE D' - 133 C5
AWANS-ORBAN / RUE D' - 135 D6
BAGOLET / RUE - 133 B5
BAILLEUX / RUE - 134 D3
BAIROUA / RUE - 134 A2-3
BALTHAZART / IMPASSE - 136 D4
BANEUX / RUE DU - 134 A3-4
BANNING / QUAI - 135 E4-5
* BARBE-D' OR / RUE - 134 A5
BARBOU / QUAI DU - 134 B4-5 C4
BARON / RUE DU - 134 D1-2
BARON / RUE HENRI - 133 B4
BARRIERE / RUE DE LA - 134 C1-2
BARTHOLOMEZ / RUE CHARLES - 134 B6
BARVAUX / COUR - 136 B2
BAS-RHIEUX / RUE - 133 B4 C4
BASSENGE / RUE - 133 C7
BASSE-SAUVENIERE / RUE - 133 D5
BASSE-WEZ / RUE - 134 B6-7 - 136 B1
BASSIN / RUE DU - 134 E7 - 136 E1
BASTION / RUE DU - 134 C7
BATTERIE / RUE DE LA - 133 E2
BATTY / PLACE DU - 135 C4 D4
BATTY / RUE DU - 135 C4 D4
BAUGNIET/PLACE - 134 A7
BAYARDS / PONT DES - 134 C2-3
BAYARDS / RUE DES - 134 C3
BEAU CHARME / RUE DU - 136 B6-7 C6 D6
BEAUDUIN / RUE THEO - 134 B6-7
BEAUFRAIPONT / RUE DE - 136 E6
BEAU-HETRE / RUE DU - 136 A7
BEAUJOT / COUR - 135 E1
BEAUMONT / AVENUE DE - 135 C5
BEAU-MUR / RUE DU - 136 B1-2
* BEAUREGARD / RUE - 134 A6
BEAUX-ARTS / RUE DES - 135 B6
BECK / RUE OSCAR - 134 D1
BECO / IMPASSE - 136 E3
BEDENNES / RUE DES - 136 E3-4-5
BEECKMAN / RUE - 133 D6-7
BEGARDS / RUE DES - 133 D5
BEGUINAGES / PLACE DES - 133 D6
BEL-HORIZON / RUE DU - 135 A2
BELLEFLAMME / RUE - 136 C2 D2 E2
BELLE-FLEUR / RUE DE LA - 133 A6
BELLE-ILE / PONT DE - 136 B4
BELLE-ILE / RUE DE - 136 B4
BELLE JARDINIERE / RUE DE LA - 136 A7 B6-7
BELLE-VUE / RUE - 134 C6-7
BELVAUX / RUE - 136 C2-3 D3-4
* BENEDICTINES / RUE DES - 133 D6
BERGERS / IMPASSE DES - 134 B1
BERGERS / RUE DES - 134 B1-2
* BERGERUE - 133 D5
* BERGHES / RUE DE - 134 A6
BERLOZ / RUE DE - 135 B6
BERNALMONT / RUE - 134 C1 D1
BERNIMOLIN / PLACE NICOLAS - 134 D7 - 136 D1
BERNIMOLIN / RUE - 136 A2 B2
BESONHEZ / RUE - 134 B1
BEX / RUE DE - 133 E5
BIAIS / PONT - 134 C4 D4
BIDAUT / RUE - 133 C5-6
BIEZ / RUE DU - 136 B4
BILLY / RUE - 136 B2
BISQUERET / RUE GILBERT - 136 C2-3
BLES / RUE DES - 133 A7 - 135 A1
BLES / RUE HENRI - 133 B6 C6
BLONDEN / AVENUE - 135 D1-2 E2
BLUETS / RUE DES - 134 D6
BOILEAU / IMPASSE - 136 A2
BOILEAU / RUE - 136 A4-5
BOIS-CHAINOIT / RUE - 135 C4
BOIS-D'AVROY / RUE - 135 B2-3
BOIS DES CARMELITES - 134 A3
BOIS-GOTHA / RUE - 133 A5 B5
BOIS-L' EVEQUE / RUE - 135 C1-2-3
BOIS-MANGON / RUE - 134 C6
BOIS-MAYETTE / RUE - 133 A7 - 135 A1
BOIS-SAINT-GILLES / RUE - 135 A2-3-4 B3-4
BOISSELIER / RUE DU - 136 E4-5
BONAPARTE / QUAI - 134 B5-6
BONNE-FEMME / RUE - 136 B1-2
BONNE-FORTUNE / RUE - 133 D6 E6
BONNE-NOUVELLE / PLACE - 134 C3
BONNE-NOUVELLE / RUE - 134 C3
BONNES-VILLES / RUE DES - 134 B5
BONS-ENFANTS / PLACE DES - 133 D5
* BONS-ENFANTS / RUE DES - 133 D5
BONTEMPS / RUE - 133 C1 D1
BOQUETEAU / RUE DU - 135 C3
BORGNET / RUE ADOLPHE - 134 D3
BORGUET / QUAI HENRI - 136 E6
BORINAGE / RUE DU - 134 B5 C5
BORNY / RUE FERDINAND - 135 A2 B2
BORSU / RUE FRANCOIS - 135 A5 B5
BOSQUET / RUE DU - 134 B4 C4
BOSSY / RUE - 136 A4-5
BOTERESSES / RUE DES - 133 A6
BOUCHERIE / RUE DE LA - 133 E5
* BOUCKOMS / GALERIE - 133 D6
BOUHAY / PLATEAU DU - 134 D5-6
BOUHAY / PONT DU - 134 D5 E5
BOUHAY / SENTIER DU - 134 C6 D5-6
BOUHAY / THIER DU - 134 C6
BOUILLE / RUE - 134 A7 B7
BOULANGERIE / RUE DE LA - 134 C6
BOUMAL / RUE LOUIS - 133 C7 - 135 C1
BOURGOGNE / RUE DE - 135 C3-4
BOURSIER / RUE JULES - 134 B5-6
BOUTE-LI-COU / PASSAGE - 135 C4
BOUVY / RUE ALEX - 134 B4-5
BOVERIE / PARC DE LA - 135 E2
BOVERIE / QUAI DE LA - 133 E6-7 - 135 E1-2
BOVY / RUE - 135 D2-3
BOVY / RUE THEOPHILE - 133 B4
BRAHY / RUE - 134 D3
BRASSERIE / RUE DE LA - 134 B3
BRASSEURS / RUE DES - 134 A4
BREL / RUE JACQUES - 136 E2-3
BRENU / PLACE HENRIETTE - 134 A7
BRESSOUX / PONT DE - 134 B5
BRIGADE-PIRON / AVENUE - 134 D6
BRIS / RUE ARTUS - 136 B5
BRONCKART / PLACE DE - 135 D1-2
BRUXELLES / RUE DE - 133 D4 E4-5
BRUYERES / RUE DES - 135 B3-4 C3
BUIS / RUE DES - 135 B3-4
BUISSERET / RUE AUGUSTE - 135 E3
BUISSONS / RUE DES - 133 D3
BURENVILLE / RUE - 133 A6
BURNET / RUE SIMON - 134 D6
BURTON / RUE - 136 C5 D5
* BURY / PASSAGE CHARLES - 133 D5
BURY / RUE JEAN - 133 B5 C5
BUTTE / RUE DE LA - 135 B1 C1
CAILLOUX / RUE DES - 135 D4 E4
CAJOT / RUELLE - 136 E3
CALVAIRE / RUE DU - 133 A6 B6
CAMPAGNE DE BELLE FLAMME / SENTIER - 136 D2 E2
CAMPINE / RUE DE - 133 D3-4 E3
CAMUS / IMPASSE DES - 133 D1 E1
CANAL / IMPASSE DU - 136 A3-4
CANAL-DE-L' OURTHE / RUE - 136 B4-5
CANEVASSE / IMPASSE - 136 D4
CANONNERIE / CHEMIN DE LA - 135 D5
CANONNERIE / RUE DE LA - 135 E5
* CAPITAINE / RUE - 133 E5 - 134 A5
CARDINAL CARDIJN / RUE - 134 C6-7
CARDINAL MERCIER / AVENUE - 134 D6
CARDINAL MERCIER / PL. - 134 D6-7

* CARLIER / RUE - 133 D6
CARMEL / RUE DU - 134 B7 C6-7
CARMES / PLACE DES - 133 E6
CARMES / RUE DES - 133 E6
CARPAY / IMPASSE - 134 D4
CARPAY / RUE PAUL-JOSEPH - 134 C4-5 D4
CARPENTIER / RUE VICTOR - 134 C6
* CARRE / RUE DU - 133 E5
CARTON-DE-WIART / BOULEVARD - 133 A6
CASERNE DE LA CHARTREUSE - 134 C7 - 136 C1
CASQUE / RUE DU - 133 E5
CASQUETTE / RUE DE LA - 133 D5
CATHEDRALE / PLACE DE LA - 133 D6 E6
CATHEDRALE / RUE DE LA - 133 D6 E5-6
CATHENIS / SQUARE EDMOND - 136 E2
CEDRES / CHEMIN DES - 135 D4-5 E4
* CELESTINES / RUE DES - 133 D5-6
CELLIER / RUE DU - 135 C3-4
CENTRALE / RUE DE LA - 135 A5-6
CENTRE / RUE DU - 135 B5-6
CESSION / COUR - 134 B6
CHAINAYE / RUE HECTOR - 134 D4
CHAINE / IMPASSE DE LA - 134 A4
CHAINE / RUE DE LA - 133 E2-3 - 134 A2
CHALETS / RUE DES - 136 B2
CHAMPAY / RUE DU - 133 A7 - 135 A1
CHAMP DES OISEAUX / CHEMIN DU - 135 C3 D3
CHAMP DES OISEAUX / PARC DU - 135 C3
* CHAMPION / RUE DU - 133 E5
CHAMPS / RUE DES - 134 A7 B7 - 136 A1
CHANMURLY /CLOS - 135 C3 D3
CHAPEAUVILLE / RUE - 134 C1
* CHAPELAINS / RUE DES - 133 D6
* CHAPELLE-DES-CLERCS / RUE - 133 E5
CHARDONNERETS / CLOS DES - 133 B1
CHARITE / RUE DE LA - 134 B7
* CHARLIER / JARDIN JEAN-MICHEL - 133 D5
CHARMILLES / RUE DES - 135 B4 C3-4
CHARTREUSE / RUE DE LA - 136 B2 C2
CHARTREUSE / THIER DE LA - 134 B7 C7 - 136 B1 C1
CHATAIGNIER / RUE DU - 135 C3
CHATEAU / RUE DU - 136 C2
CHATEAU-MASSART / RUE DU - 133 B6-7
CHATS / RUELLE DES - 133 B3
CHAUDFONTAINE / RUE DE - 136 A3
CHAUDOIR / IMPASSE - 136 B2
CHAUDOIR / PASSAGE - 136 B2
CHAUMONT / RUE FELIX - 134 C3
CHAUVE-SOURIS / RUE - 133 B7 - 135 B1
CHEMIN-DE-FER / RUE DU - 134 C6
CHENE / PLACE DU - 133 B4
CHENE / RUE DU - 135 E5 - 136 A5
CHENEE / PONT DE - 136 E5
CHENEE / RUE DE - 136 C5 D5
CHERA / IMPASSE - 136 B1
CHERA / RUE DU - 135 D4-5 E5
* CHERAVOIE - 133 E5
CHERI / RUE 134 B4
CHERWIERS / CLOS DES - 133 B1
CHESTRET / RUE DE - 135 C1 D1
CHEVAUFOSSE / RUE - 133 C6
CHEVAUX / RUE AUX - 134 D3
CHEVREFEUILLES / RUE DES - 135 B3-4
CHEVY / RUE - 136 E4-5
CHIFF-D' OR / RUE - 135 A4 B4-5
CHIROUX / RUE DES - 133 E6
CHOPIN / ALLEE FRED. - 135 E1-2
CHRYSANTHEMES / RUE DES - 134 D7
CHURCHILL / QUAI - 133 E6-7
CHURCHILL / RUE WINSTON - 134 C6 D5-6 E5
CIMETIERE / RUE DU - 136 D2-3 E2
CITADELLE / CHEMIN DE LA - 133 E3-4
CITADELLE / PARC DE LA - 133 E3
* CITE / RUE DE LA - 133 E5
CLARISSES / RUE DES - 133 D6 E6
CLASKIN / RUE JULES - 136 B2 C2
* CLEF / RUE DE LA - 133 E5
CLEINGE / IMPASSE - 136 B2
CLEMATITES / SENTIER DES - 134 A3-4
* CLEMENCEAU / RUE GEORGES - 133 D5
CLEREMBAULT / RUE DE - 136 D5-6
CLOES / CITE GERARD - 134 D1-2
CLOITRES SAINTE-CROIX - 133 D5
CLOITRES SAINT-JEAN - 133 D5
CLOUTIERS / RUE DES - 133 C4-5
COCH / COUR - 134 B5 C5
COCKERILL / PLACE - 133 E5
COCLERS / RUE - 134 A7 - 136 A1
COINTE / AVENUE DE - 135 C4 D4
COKERIE / AVENUE DE LA - 136 B3 C3
COLLARD / RUE EMILE - 136 B2 C2
COLLEE / RUE - 136 C5 D5
COLLIN / RUE ISI - 133 C4
COLOMPRE / RUE - 134 C6
COMHAIRE / RUE - 135 B1-2 C1
COMMANDANT MARCHAND / RUE DU - 134 C3-4
COMMANDANT NAESSENS / RUE DU - 133 C2
COMMISSAIRE MAIGRET / PLACE - 133 E5
COMMUNE / RUE DE LA - 134 A5 B5
CONDROZ / QUAI DU - 136 A3 B3-4
CONDROZ / ROUTE DU - 136 A5-6-7 B5-6
CONDUITES-D'EAU / SQUARE DES - 136 B4
CONFLUENT / RUE DU - 136 E5
CONGRES / PLACE DU - 134 B5
CONSEIL / RUE DU - 134 C5-6
CONSTITUTION / BOULEVARD DE LA - 134 A5 B5
COOLS / RUE JEAN-BAPTISTE - 134 C3
COQ / RUE DU - 133 B4-5 - 135 E6
COQRAIMONT / RUE - 133 D5
COQUELICOTS / RUE DES - 134 E6-7
COREMOLIN / RUE - 133 C5
CORNICHE SAINT-JACQUES - 136 B7
CORNILLON / RUE DE - 134 B6-7 C6
CORONMEUSE / AVENUE DE - 134 C3-4 D3 E3
CORONMEUSE / PLACE - 134 E3
CORONMEUSE / QUAI DE - 134 B4 C3-4 D3 E2-3
COTEAUX / AVENUE DES - 136 B2 C2-3
COTE D' OR / RUE - 135 B5 C5 D5 E5
COTILLAGES / RUE DES - 133 E1-2
COTIS / RUE DES - 136 D1-2
COUDRIERS / RUE DES - 136 C5
COUMANS / RUE NICOLAS - 134 D7 - 136 D1
COUNE / RUE HUBERT - 133 A4-5
COUNOTTE / RUE - 133 B4
COUPEE / RUE - 134 A1-2
COURONNE / IMPASSE DE LA - 134 A4
COUR PETIT / RUE - 134 B6
COURTE / RUE - 136 C2
COURTEAUX / RUE DES - 136 E3-4
COURTOIS / RUE - 133 C7 - 135 C1
CRACOVIE / RUE DE - 136 C2 D2-3
CRALLE / RUE JULES - 136 D3-4 E3
CRETE / RUE DE LA - 134 E1
CREVE-COEUR / PLACE - 134 A4
CREVE-COEUR / RUE - 134 A4
CRITCHIONS / RUE DES - 136 E6
CRITCHIONS / THIER DES - 136 E6-7
* CROCTAY / IMPASSE - 134 A6
CROISIERS / RUE DES - 133 E6
CROIX-DE-GUERRE / RUE DES - 136 A2
CROIX-DU-FEU / AVENUE DES - 133 D7 E7 - 135 D1 E1
CROIX-ROUGE / AVENUE DE LA - 134 D5
CRUCIFIX / RUE DU - 136 C5-6
CUITTE / RUE THEODORE - 134 C6
CUIVRE ET ZINC / BOULEVARD - 136 B2-3
CURIE / RUE PIERRE - 136 D1
CURTIUS / RUE - 134 B4-5
CYGNE / IMPASSE DU - 133 E5
CYTISES / RUE DES - 135 B3-4
* DAMERY / RUE - 134 A6
D'ANDRIMONT / RUE JULIEN - 135 B2-3
DARBREFONTAINE / IMPASSE - 136 A1
DARCHIS / RUE - 133 C6 D6
DARTOIS / RUE - 135 D2
DAUSSOIGNE-MEHUL / RUE - 133 D3
DAVID / RUE - 134 B3
DAVIN / RUE CHARLES - 136 B7
DE BAVIERE / RUE ERNEST - 134 A5
DE BROUCKERE / PLACE - 136 D2
DE BRUXELLES / RUE - 133 D5
DE-BRY / RUE THEODORE - 134 C2
DECHARNEUX / RUE - 134 B6
DECROLY / RUE OVIDE - 136 B5 C5
DE CUYCK / RUE ALBERT - 135 D2-3 E2
DE DINANT / RUE HENRI - 134 A5
DEFECHEREUX / RUE - 136 A4
DEFENSEURS DES FORTS DE LIEGE / BOULEVARD DES - 133 E3
DEFIZE / IMPASSE - 134 B6
DEFRANCE / RUE - 133 C7
DEFRANCE / RUE DIEUDONNE - 134 D5
DEFRECHEUX / IMPASSE - 134 C3
DEFRECHEUX / RUE - 134 C3 - 135 A5
DE GAULLE / QUAI - 133 E5-6 - 134 A5
DE GEER / PLACE LOUIS - 134 D4-5
DE-GERLACHE / AVENUE CONSTANTIN - 135 D4-5 E4-5
* DE GUELDRE / RUE - 133 E5
DE-HARLEZ / RUE - 135 E3
* DE HEERS / RUE RAES- 134 A6
DEHIN / RUE - 133 B4-5 C5
DEJARDIN / PLACE JOSEPH - 136 E4
DEJARDIN / RUE JOSEPH - 134 C6-7
* DEJARDIN / RUE LUCIE - 133 D4
DE KONINCK / RUE LAURENT - 133 C7 - 135 C1
DE LAMINNE / RUE JULES - 133 B5-6
DE-LAVELEYE / BOULEVARD EMILE - 136 A3 B3
DELBOEUF / RUE JOSEPH - 136 B2-3
DELBROUCK / RUE RENE - 136 E2
DELCLOCHE / RUE PAUL-JOSEPH - 136 B4 C4
DELCOUR / PLACE - 134 A6
DELFOSSE / RUE - 134 A4
DELHAISE / RUE - 136 C5
DELOURS / RUE - 133 E1 - 134 A1
* DELVOYE / RUE JEAN - 134 A6
DEMARTEAU / RUE GILLES - 133 B7
DEMBLON / RUE CELESTIN - 136 D1
DEMEUSE / IMPASSE - 136 B1
DEMINEURS / CITE DES - 136 B2
DEMOITELLE / CITE - 136 E3
DEMOITELLE / RUE RENE - 136 E2-3
DEMOULIN / RUE JOSEPH - 133 B5
DENIS / AVENUE MAURICE - 134 E3
DENIS / BOULEVARD HECTOR - 134 A1-2 B1-2 C1
DENIS / PLACE HECTOR - 136 C3
DENIS / RUE HECTOR - 135 E5 - 136 A5
DE PAEPE / RUE CESAR - 136 C2
DEPORTES / PLACE DES - 134 A4
DERACHE / RUE LOUISE - 134 C7
DERIVATION / QUAI DE LA - 134 B5-6
DEROUSSEAU / IMPASSE - 136 B2
DERRIERE CORONMEUSE / RUE - 134 D3
DESAMORE / RUE HUBERT - 136 B4 C4
DESCARDRE / RUE - 136 E4
DESOER / RUE FERDINAND - 136 C5 D5
DESSUS L' EGLISE / RUE - 136 D3-4
DESTENAY / AVENUE MAURICE - 133 D6 E6
DESTREE / PARC JULES - 134 A4
DESTREE / RUE JULES - 136 D1
DESTRIVEAUX / RUE - 133 C7
DEUXIEME-LANCIERS / BOULEVARD DU - 133 E4 - 134 A3-4
DEVANT-L'AITE - 136 D5-6
DEVANT LES ECOLIERS / RUE - 134 A5
DEVAUX / RUE PAUL - 133 D7 - 135 D1
DEVEUX / RUE - 134 A7
DEWE / RUE WALTHERE - 134 B1 C1
DE WILDE / BOULEVARD JEAN - 133 D1-2
DE WITTE / RUE ADRIEN - 136 A2
D' HONT / ALLEE EDGARD - 136 E5
* DIAMANT / RUE DU - 133 D5
DIEUDONNE-LAMBRECHT / AVENUE - 134 B1
DIGNEFFE / AVENUE EMILE - 135 E3
DIGUE / RUE DE LA - 136 E6
DIGUETTE / RUE - 136 D5
DIME / RUE DE LA - 136 A3-4
DISTER / RUE JEAN - 133 D2
DOMINICAINS / RUE DES - 133 D5
* DONCEEL / RUE - 133 E5
DONNAY / COUR - 136 A1
DONNAY / RUE A. - 133 C3 D3
DONY / RUE - 134 B3-4
DOS-FANCHON / RUE - 134 B4-5
DOSSIN / RUE - 135 D3 E3
DOTHEE / RUE - 136 A1
DOUAI / BOULEVARD DE - 136 C3-4
DOUFFET / RUE - 134 A6-7 - 136 A1
D'OUTREMEUSE / RUE JEAN - 134 A5-6 B5
DOUTREPONT / RUE AUGUSTE - 135 B3
DOUZIEME DE LIGNE / BOULEVARD DU - 133 E3
DRAPIERS / IMPASSE DES - 133 E4
DROIXHE / RUE DE - 134 D4 E4
* DUMONT / RUE ANDRE - 133 E6
DUNANT / RUE HENRI - 136 B5
DU PERRON / IMPASSE CASIER - 135 A5
DUPONT / PLACE EMILE - 133 D6-7
DUPUIS / PLACE SYLVAIN - 134 A6
DUVIVIER / RUE - 133 C7
EBURONS / RUE DES - 135 C1
* ECHAUGUETTE / RUELLE DE L' - 133 E4
ECOLES / RUE DES - 136 A5
* ECOLIERS / PARVIS DES - 134 A5
ECOLIERS / RUE DES - 134 A5
ECUREUILS / RUE DES - 135 C3
EGLANTIERS / RUE DES - 133 C3 D3
EGLANTINES / RUE DES - 134 C6-7 D6
EMBOURG / RUE D' - 136 E6-7
EN-BOIS / RUE - 133 A5 B4-5
ENCLOS / RUE DE L' - 134 A3-4 B4
ENCLUME / RUE DE L' - 136 D2 E2
ENFER / RUE DE L' - 135 A4
EN-GLAIN / RUE - 133 A4-5 B4
ENGLEBERT / RUE OSCAR - 136 A1-2
EN NEUVICE - 133 E5
ENSEIGNEMENT / RUE DE L' - 134 A6 B6
EN TCHINROWE - 135 B5
EPARGNE / RUE DE L' - 136 E4
* EPEE / RUE DE L' - 133 E5
ERACLE / RUE - 133 C5
ERMITAGE / RUE DE L' - 134 B1 C1
ESCH-SUR-ALZETTE / RUE D' - 134 C2
ES-LAIRESSE - 135 C5
ESPERANCE / IMPASSE DE L' - 133 A5-6
ESPERANCE / RUE DE L' - 133 A6
ESPINETTE / RUE DE L' - 135 A6
EST / BOULEVARD DE L' - 134 A5
ETAT-TIERS / RUE DE L' - 135 E3
ETIENNE / RUE JEAN - 133 B1-2
* ETUVE / RUE DE L' - 133 E5
EUROPE / AVENUE DE L' - 134 E5
EUROPE / ESPLANADE DE L' - 135 E1
EVECHE / RUE DE L' - 133 E6-7
EVRARD / COUR - 136 E4
EXPOSITIONS / RUE DES - 134 E3
FABRY / RUE - 135 D1
FAGNES / RUE DES - 134 E6-7
FAILLE / RUE DE LA - 135 B2
FALCHENA / RUE DU - 136 B3 C2-3
FALEYE / RUE - 135 C5
FALIHE / RUELLE - 133 A3 B3
FASSIN / RUE - 134 C5
FASSIN / RUE NICOLAS - 136 E2
FAUVETTES / RUE DES - 134 C6
FAVECHAMPS / SENTIER - 133 E4
FER / RUE DU - 134 A7 - 136 A1
FERONSTREE - 133 E4-5 - 134 A4
FERRER / AVENUE FRANCISCO - 136 B1-2
FERRER / PLACE - 135 B5
FETINNE / PONT DE - 136 A3
FETINNE / RUE DE - 136 A2-3
FEXHE / RUE DE - 133 B5
FIRQUET / RUE - 133 C5 D5
FISEN / RUE - 134 A7
FLEURI / CLOS - 136 D2
FLEUSSU / RUE STANISLAS - 134 C1-2
* FLORIMONT / RUE - 133 E5
FLOT / PLACE DU - 133 B4
FOIDART / IMPASSE - 134 A7 B7
FOIDART / RUE - 134 C5
FOND-CRAHAY / RUE - 134 E5
FOND DES TAWES / RUE - 133 E2 - 134 A2 B2 C2
FOND DU BOIS / RUE - 134 C6 D6
FONDERIE / RUE DE LA - 136 D3
FOND PIRETTE / RUE - 133 D3-4
FOND SAINT-SERVAIS / RUE - 133 D4 E4
FONTAINE / RUE DE LA - 136 C5
FONTAINE / THIER DE LA - 133 C5 D5
FONTAINEBLEAU / AVENUE DE - 133 B4-5 C4
FONTAINES-ROLAND / RUE DES - 133 C5
FORGE / RUE DE LA - 136 D1-2
* FORGEUR / RUE - 133 D7
FORIES / RUE DES - 133 E7 - 135 E1
FORIR / IMPASSE - 134 B6
FORIR / RUE HENRI - 134 B3 C3
FORT DE LONCIN / RUE DU - 133 C2-3
FORT-DE-PONTISSE / RUE DU - 134 C2 D2
FORTEMPS-DE-LONEUX / RUE - 135 B4-5 C4
FORTIFICATIONS / RUE DES - 134 D7 - 136 D1
* FOSSE AUX RAINES / RUE - 134 A5-6
FOSSE CRAHAY / BOULEVARD - 133 D1 E1
FOSSE MIESNY / RUE - 135 B5
FOSSES / RUE DES - 133 C5
FOUGERES / RUE DES - 135 D4
FOURCHUFOSSE / RUE DU - 136 B5
FOURNEAU / RUE DU - 136 C4 D4
FRAGNEE / PONT DE - 135 E3 - 136 A3
FRAGNEE / RUE DE - 135 E2-3
FRAIGNEUX / IMPASSE - 134 D5
FRAIGNEUX / RUE LOUIS - 133 C4-5 D4
FRAISCHAMPS / RUE - 136 C2 D1-2
FRANCHIMONTOIS / RUE DES - 134 B3-4
FRANCHISES / PLACE DES - 135 D3 E3
FRANCK / COUR - 133 D7
FRANCK / RUE CESAR - 133 C6
FRANKIGNOUL / BOULEVARD - 136 A2 B2
FRATERNITE / RESIDENCE - 135 C5-6
FREDERICQ / RUE LEON - 133 E7 - 135 E1
* FRERE MICHEL / RUE - 133 D6
FRERE ORBAN / BOULEVARD - 133 D7 E7 - 135 D1
FRERES PHILIPPART / RUE DES - 134 C6
FROIDMONT / BOULEVARD DE - 136 B2-3
FUSCH / RUE - 133 C7
FUSILLES / RUE DES - 134 C7 D7
GALILEE / RUE - 135 A4
GARDE-DIEU / RUE - 136 A3-4 B4
GARE / PLACE DE LA - 136 D5
GAUCET / RUE - 136 A2
GEENEN / RUE RAYMOND - 134 C5
GENERAL BERTRAND / RUE DU - 133 B5 C5
GENERAL CHARLES COLLYNS / RUE - 133 E2-3
GENERAL DE GAULLE / RUE - 134 B5 C5
GENERAL JACQUES DE DIXMUDE / RUE - 135 B5
GENERAL LEMAN / PLACE DU - 135 E3
GENERAL MODARD / RUE DU - 133 C4
GENETS / RUE DES - 133 B3 C3
GERARD / RUE EMILE - 133 B4
* GERARDRIE / RUE - 133 E5
GERON / RUE DU - 134 B1-2
GILBART / AVENUE OLYMPE - 133 A6 B6
GILLIEAUX / RUE - 136 C5
GILON / COUR - 136 B2 C2
GILON / RUE - 136 B2 C2
GLACIS / RUE DES - 133 E3 - 134 A3
GLOESENER / QUAI - 136 A3
GOBERT / PLACE THEODORE - 134 A6 B6
GOBIET/CHEMIN MICHEL - 133 D2
GOBLET / RUE NICOLAS - 134 D4
GOFFE / QUAI DE LA - 134 A5
* GOFFE / RUE DE LA - 133 E5
GOFFINET / COUR - 136 D4
GOSWIN / RUE - 134 B4 C4
GOTHIER / RUE CHARLES - 134 C1-2 D2
GRACE BERLEUR / RUE DE - 136 C5
GRAINDOR / IMPASSE - 133 B6-7
GRAMME / RUE - 134 B7
GRAMME / SQUARE - 136 A3
GRANDCHAMPS / COUR - 136 D4
GRANDE BECHE / RUE - 134 A6
* GRANDE NASSARUE / IMPASSE DE LA - 134 A5
GRANDE ROTISSE / AVENUE DE LA - 136 D2-3
* GRANDE TOUR / RUE - 133 E5
GRANDGAGNAGE / RUE - 133 C6
GRANDPREZ / RUE ELISE - 134 C7
GRANDS CHAMPS / RUE DES - 135 A2
GRANDS PRES / RUE DES - 136 E6
GRAVIER / RUE DU - 136 E5
GRAVILLONS / RUE DES - 136 B3
GRAVIOULE / RUE - 134 A5
GREGOIRE / RUE - 136 B2
GREGOIRE / RUE GASTON - 134 A5
GRETRY / RUE - 133 E6 - 134 A7
GRETRY / RUE - 136 A1 B1
GRIGNETTE / RUE - 135 B5
* GRIGNOUX / RUE DES - 134 A6
GRISARD / CITE - 136 B2 C2
GRISARD / RUE LAMBERT - 134 B4
GRIVEGNEE / RUE DE - 136 C2
GROS GLAND / RUE DU - 135 B4 C4
GROSSES BATTES / PONT DES - 136 C4 D4-5
GUERIN / COUR - 136 B2
GUILLAUME / IMPASSE - 136 A2
GUILLEMINS / PASSERELLES DES - 135 D3
GUILLEMINS / PLACE DES - 135 D2
GUILLEMINS / RUE DES - 135 D1-2
GUILLEMINS / STATION DE - 135 D2
* GYMNASE / RUE DU - 133 D5
HALKIN / RUE JOSEPH - 135 B5
* HALLE / RUE DE LA - 133 E5
HALLEUX / RUE GODEFROID - 134 B6
* HAMAL / RUE - 133 D5
HAMINDE / RUE DE LA - 136 C3 D2-3
HANNAY / RUE WALTHERE - 133 A4
HANS / AVENUE JEAN - 136 C3 D3
HARDY / IMPASSE - 133 C6
HAROUN - TAZIEFF / RUE - 136 E7
HARSCAMP / RUE D' - 134 A7 - 136 A1
HARZE / RUE LEOPOLD - 134 C1-2
HAUST / RUE JEAN - 133 D3
HAUT DES TAWES / RUE - 133 E1 - 134 A1 B1
HAUTE / RUE - 133 A3-4 B4
HAUTE MAISON / RUE - 134 E1
* HAUTE SAUVENIERE / RUE - 133 D5
HAUTEURS / BOULEVARD DES - 133 C2-3 D2
HAUTE VOIE - 135 B4
HAUTE-WEZ / RUE - 136 B2 C2
HAUT PAVE / RUE DU - 134 C1
HAUT-PRE / PLACE DU - 133 B5
HAUT-PRE / RUE DU - 133 B5
HAUT-PRE / SENTIER DU - 133 A4
HAUT RHIEUX / RUE - 133 B4
HAUZEUR / RUE - 135 C7
HAUZEUR / SQUARE - 135 C4 D4
HAVEURS / RUE DES - 134 B3
HAYE / RUE DE LA - 133 B7 - 135 B1
HAZINELLE / RUE - 133 D6
HEIDBIQUET / RUE DE LA - 136 B5-6 C6
HEINTZ / RUE RICHARD - 136 A2
HEMRICOURT / RUE - 135 C1 D1
HENAULT / RUE VALERE - 133 C2 D2
* HENAUX / COUR - 134 A7
* HENAUX / RUE FERDINAND - 133 E5
HENKART / RUE - 133 C6-7
HENNEBICQ / PONT - 135 E2 - 136 A2
HENNEQUIN / RUE - 134 B2
HENNET / RUE - 134 A4
HENRION / RUE JOSEPH - 133 B4
HENVARD / IMPASSE - 136 B2
HERSTAL / RUE DE - 134 C2
HERVE / RUE DE - 134 D7 - 136 D1 E1
HESBAYE / RUE DE - 133 A4 B4 C4
HETRE / AVENUE DU - 135 C4-5
HEUVENEER / RUE FERDINAND - 134 E5
HEZELON / RUE - 135 C1
HIERBY / RUELLE - 135 A4
HIERCHEUSES / RUE DES - 133 A6
HILLIER / AVENUE LOUIS - 135 A1-2 B1
HIPPODROME / RUE DE L' - 135 A4-5 B5 C5-6 D5-6 E5
HIRONDELLES / RUE DES - 135 D3-4
HOCHEPORTE / PLACE - 133 D4
HOCHEPORTE / RUE - 133 D4-5
HOCK / RUE AUGUSTE - 136 A2
HODEIGE / RUE JOSEPH - 136 D3-4 E3
HONGREE / RUE - 134 A4
HOOVER / PLACE HERBERT - 134 C2
HORION / IMPASSE - 136 D3
HORION / RUE CHARLES - 134 D2
HORS CHATEAU / RUE - 133 E4 - 134 A4
HOTEL-DE-VILLE / RUE DE L' - 136 A5 B5
HOUBLONNIERES / RUE DES - 136 A2
HOUDRET / RUE EUGENE - 133 A4 B4
HOUILLERES / RUE DES - 133 A6
HUBART / IMPASSE - 134 A4
* HUBINON / JARDIN VICTOR - 133 D5 E5
HUGO / AVENUE VICTOR - 133 D2-3
HULLOS / RUE - 133 C5
HUSSON / RUE ADELIN-ET-JULES - 134 C5
HUY / PONT DE - 133 E7 - 135 E1
IFS / SENTIER DES - 134 A4
ILE-AUX-CORBEAUX / RUE DE L' - 135 B6
ILE-AUX-OSIERS / QUAI DE L' - 134 D3-4
ILE COUNE / RUE DE L' - 135 C6
ILE / PONT D'- 133 D5 E5
INDUSTRIE / AVENUE DE L' - 136 D2 E1-2
INTENDANCE / RUE DE L' - 134 C5
ISTA / PLACE GEORGES - 136 B3 C3
ITALIE / PLACE D' - 133 E7 - 135 E1
IXELLOIS / RUE DES - 135 D2
JACQUEMIN / COUR - 136 D4
JACQUEMOTTE / RUE EDMOND - 134 E6
JACQUET / COUR - 134 C5
JACQUET / RUE - 134 A2
JADOULLE / PLACE ANDREA - 136 C5
JAMBE DE BOIS / RUE - 133 C1
* JAMIN SAINT-ROCH / RUE - 133 E5
JAMME / RUE LOUIS - 134 A6
JANSON / RUE PAUL - 134 C6-7 D7
JARDIN-BOTANIQUE / RUE DU - 133 D7
JARDINETS / RUE DES - 134 C5
JARDINS / IMPASSE DES - 134 A6
JASMINS / RUE DES - 135 C3
JASPAR / JARDIN BOBBY- 133 D5
JASPAR / RUE JOSEPH - 133 D5
JAVAUX / RUE AUGUSTE - 134 C7
JEHAN LE BEL / PLACE - 134 A5
JEHOTTE / RUE LOUISE - 133 A6
JEMEPPE / RUE DE - 135 B6
JENNISSEN / AVENUE EMILE - 133 A6
JOBETTE / RUE - 136 D4 E4
JOFFRE / RUE - 133 D5 E5
JOIE / RUE DE - 135 B2 C1-2
JOIRET / RUE AUGUSTE - 136 A5
JOIRIS / COUR - 134 A4
JOLIVET / RUE - 134 D2-3
JONCKEU / IMPASSE - 135 D2
JONCKEU / RUE - 135 D2-3
JONCS / RUE DES - 136 A2 B2
JONDRY / RUE - 136 B3
JONFOSSE / RUE - 133 C6 D5-6
JONQUILLES / RUE DES - 135 D3
JONRUELLE - 134 A4 B4
JOSET / RUE JOSEPH - 133 A6
JUPE-EN-HAUTE / PASSAGE - 135 C4
JUPPIN / RUE JEAN-BAPTISTE - 133 B5
JUSTICE / RUE DE LA - 134 B5
KENNEDY / PONT - 133 E6
KENNEDY / RUE J.F. - 134 E6-7
KINET / RUE - 136 B2
KINET / RUE NICOLAS - 134 D4
KING / RUE MARTIN-LUTHER - 133 C2

KINKEMPOIS / RUE DE - 136 B5
KLEYER / BOULEVARD GUSTAVE - 135 A2 B2 C2-3 D3-4
KOCH / RUE HENRI - 135 C2
KURTH / QUAI GODEFROID - 134 A5 B4-5 C4 D4
LA BATTE - 134 A4-5
LABOURS / RUE DES - 136 D1-2
LACROIX / RUE - 133 B4
LAENSBERG / RUE MATHIEU - 134 A4
LAHAUT / RUE JULIEN - 133 B3-4
LAIRESSE / RUE - 134 A7 B7
LAITERIE / AVENUE DE LA - 135 D4-5
LAITIER / PASSAGE DU - 135 C4
LALLEMAND / RUE WALTHERE - 136 C2 D2
LAMARCHE / RUE - 134 C6
LAMARCK / RUE - 134 B3-4 C3
LAMBINON / RUE - 135 B1 C1
LAMBREMONT / RUE JOSEPH - 134 D6
LAMINOIR / RUE DU - 135 D5 E5
LAPORT / RUE - 134 B4
LARGE / RUE - 136 E4-5
* LARUELLE / RUE SEBASTIEN - 133 D5
LATOUR / RUE - 136 A1
LAURIERS / RUE DES - 135 C3
LAVANISTE-VOIE - 134 D1
LAVEU / RUE DU - 135 B1-2 C1
LEBEAU / RUE - 133 D7 - 135 D1
LEBEAU / RUE ACHILLE - 134 C7 D7 - 136 C1 D1
LE BEGUE / RUE LAMBERT - 133 D5-6
LE CADRAN - 133 D4
LECHE / RUE DE LA - 134 D5 E5
LECLERCQ / IMPASSE - 136 C2
LECOCQ / RUE DENIS - 136 C4-5 D5 E5-6
LEGIA / RUE DE LA - 133 C4
LEJEUNE / JARDIN JEAN-BERNARD - 133 D7 - 135 D1
LEJEUNE / PARC JEAN - 133 D3
LEJEUNE / RUE CHARLES - 134 C5 D5
LEMAIRE / RUE JOSEPH - 136 E1
LEMASUY / RUE JEAN - 136 E2
LEMILLE / RUE - 133 B4
LEMONNIER / PASSAGE - 133 D5 E5
LEMONNIER / RUE CAMILLE - 136 B5 C5
LEMPEREUR / COUR - 136 E4
LENDERS / RUE JUSTIN - 134 C7
LEONARD / SQUARE LEON - 133 D5
LEOPOLD / RUE - 133 E5
LE PAIGE / RUE CONSTANTIN - 135 D3-4
LESOINNE / RUE - 135 D3 E3
LESUISSE / IMPASSE - 136 B2
LIBERATION / PLACE DE LA - 134 D4
LIBERTE / PLACE DE LA - 136 D3-4
LIBERTE / RUE DE LA - 134 A6 B6
LIBON / RUE - 134 C5
LIBOTTE / RUE - 134 A7
LIBRE PENSEE / RUE DE LA - 136 D2 E2
LICORNE / RUELLE DE LA - 133 E5
LIEGE / PONT DE - 135 E4 - 136 A4
LILLE / AVENUE DE - 134 D4
LIMBOURG / RUE DU - 133 D2-3
LIMITE / RUE DE LA - 136 B1
LINIERE / RUE DE LA - 134 B4
LISERONS / RUE DES - 134 C1
LOI / RUE DE LA - 134 A5-6
* LOMBARD / RUE - 133 E5
LONAY / PLACE MARCEL - 135 C3
LONDRES / RUE DE - 136 B2-3
LONGDOZ / PONT - 134 A6-7
LONGDOZ / QUAI DE - 134 A6-7 B6
LONGUE / RUE - 133 A3 B3
* LONHIENNE / RUE - 133 D5
LOUVREX / RUE - 133 C6-7 D7 - 135 D1
LOVINFOSSE / RUE - 136 C3 D3
* LULAY DES FEBVRES / RUE - 133 E5
LUXEMBOURG / AVENUE DU - 136 A3 B3
LYS / RUE DES - 133 B3
MABIET / RUE - 133 B4
MA CAMPAGNE / RUE - 136 D2
MACONS / SENTIER DES - 136 E3
MACORS / IMPASSE - 134 B3 C2-3
MADELEINE / RUE DE LA - 133 E5
MAESTRICHT / QUAI DE - 134 A4
MAGDEBOURG / RUE DE - 136 C2
MAGHIN / PONT - 134 A4-5
MAGHIN / RUE - 134 A4 B3-4
* MAGIS / RUE ALFRED - 134 A7
MAGNEE / IMPASSE - 136 B1
MAGNETTE / RUE CHARLES - 133 E6
MAGNOLIA / RUE DU - 135 C3
MAHIELS / AVENUE ALBERT - 136 A3
MAHY / IMPASSE - 136 D4
* MAILLART / RUE - 133 E5
MAKOY / RUE JAKOB - 135 C1-2
MALVOZ / RUE ERNEST - 134 C6 D6
MAMBOUR / RUE DU - 135 D3
MANDEVILLE / RUE - 135 D3 E3-4
MARAICHERS / RUE DES - 134 B6 C6
MARCELLIS / QUAI - 133 E7 - 135 E1
MARCHE / PLACE DU - 133 E5
MARCHE / RUE DU - 134 B5-6
MARCOTTY / RUE EDOUARD - 136 C2
MARCOTTY / RUE JOSEPH - 136 B4
MARE / RUE DE LA - 133 C1
MARECAGES / RUE DES - 135 B5
* MARECHAL / RUE ADOLPHE - 134 A5
MARECHAL FOCH / PLACE DU - 133 D5
MARECHAL FOCH / RUE - 135 B5
MARENGO / RUE - 134 B4
MARGUERITES / RUE DES - 134 D7
MARIE / RUE GUILLAUME - 133 A6
MARNEFFE / RUE ERNEST - 134 C5 D4-5
MARTYR / RUE DU - 134 C5
MATAVIA / PONT 135 E2 - 136 A2
MATIVA / QUAI - 136 A2-3
MATRAIFOSSE / SENTIER - 134 A1 B1
* MATROGNARD / RUE - 133 E5
MATTEOTI / RUE - 136 E3-4
MAUS / RUE HENRI - 133 B7 C7 - 135 A1-2 B1 C1
MEAN / RUE - 134 A6
MEAROULE / RUE - 135 C5-6
MEMORIAL / AVENUE DU - 135 D4
MERE DIEU / RUE - 133 E4
MERLOT / AVENUE JOSEPH - 134 D6-7
MERTENS / IMPASSE - 136 B2
MERWETTES / RUE DES - 136 B2
MERY / RUE DU - 133 E6
MESANGES / RUE DES - 135 B3 C3
METALLURGIE / RUE DE LA - 134 C5
METIERS / RUE DES - 133 C3-4 D3
MEUNIERS / RUE DES - 133 C4-5
MICHA / SQUARE ALFRED - 134 D4
MICHIELS / RUE - 135 C7
MIGNON / RUE LEON - 133 D5
MIMOSAS / RUE DES - 136 C3
MINEURS / COUR DES - 133 E4
MINEURS / RUE DES - 133 E4-5
MINIMES / COUR DES - 133 E4
MISSISSIPI / RUE - 133 C4-5
MOCKEL / RUE ALBERT - 135 D3
MODELEURS / PONT DES - 135 C5-6
MOINEAUX / RUE DES - 136 D4
MOISSONS / RUE DES - 136 C2 D2
MOLINGHEN / RUE PIERRE - 136 A4
MOLINVAUX / RUE - 133 B3-4 C2-3
MONS / RUE DE - 133 B5
* MONTAGNE / RUE DE LA - 133 D5
MONTAGNE DE BUEREN - 133 E4
MONTAGNE SAINTE-WALBURGE - 133 D3-4 E3
MONT DE PIETE / RUE DU - 134 A4
MONTEFIORE / BOULEVARD - 135 C3
MONTGOMERY / RUE - 136 C3
MONULPHE / RUE - 133 C6
MORAY / RUE - 133 E4
MOREAU / COUR - 134 A7
MORESNET / RUE DE - 134 B3
MORINVAL / RUE - 134 C3 D3
MORREN / RUE CHARLES - 133 C7 - 135 C1
MOSSELMAN / RUE - 134 B3-4
MOULAN / RUE - 134 B6 C6
MOULIN / RUE DU - 134 B6 C5-6 D5
MOULINS / RUE DES - 133 A4 B4
* MOUTON BLANC / RUE DU - 133 D5-6
MOZART / QUAI - 135 E1
MUESELER / RUE - 135 C1
MUGUETS / RUE DES - 134 D6-7
MULHOUSE / RUE DE - 134 A7 B7 - 136 A1 B1
* NAGELMACKERS / RUE - 133 E5
NAIMETTE / RUE - 133 C3-4 D4
NAIVEUX / RUE DES - 136 B3
NAMUR / RUE DE - 135 E4
NANCY / AVENUE DE - 134 C4-5 D5
NANIOT / PARC - 133 B4
NANIOT / RUE - 133 B3-4 C2-3
NATALIS / RUE - 134 A7 - 136 A1-2
NATIONS-UNIES / PLACE DES - 136 A3
NAVETTE / RUE - 134 C3
NELIS / IMPASSE - 136 B1
NESTO-MICHEL / RUE - 133 A3-4 B3
NEUF JOURNAUX / RUE DES - 133 D1 E1
NEUJEAN / PLACE XAVIER - 133 D5
NEUVE / RUE - 136 E5
NEUVES BRASSINES / RUE DES - 133 C3
NEUVILLE / COUR - 134 B5 C5
NICOLAY / RUE FERDINAND - 135 A1
NIHARD / IMPASSE - 133 C6
NISEN / RUE JEAN-MATHIEU - 134 C4-5 D5
NOISET / RUE ROGER - 133 A6-7
NORD / PLACE DU - 134 A4
NOTGER / PLACE - 133 E5
NOTTET / RUE HENRI - 134 D1
NYST / RUE FREDERIC - 134 B6-7
NYSTEN / RUE - 133 C7 - 135 C1
OASIS / RUE DE L' - 134 C6 D6
OBLATS / RUES DES - 136 B1
OBSERVATOIRE / AVENUE DE L' - 135 C1-2 D2-3
OEILLETS / RUE DES - 133 B4
OISEAUX / AVENUE DES - 135 C5
OMALIUS / RUE D' - 133 C7 - 135 C1
ORBAN / QUAI - 133 E7 - 135 E1 - 136 A1
ORBAN / RUE HENRI - 136 C3-4
ORMES / AVENUE DES - 135 D4-5
OUGREE / PONT D' 135 A6
OUGREE / RUE D' - 136 A4-5
OURTHE / BOULEVARD DE L' - 136 E6-7
OURTHE / QUAI DE L' - 134 A6 B6
OURTHE / RUE DE L' - 134 A6
PAIENPORTE / SENTIER DE - 134 A3-4
PAIX / AVENUE DE LA - 136 D1-2 E2
PAIX / ESPLANADE DE LA - 134 E2
PAIX / ROND POINT DE LA - 136 D2
PAIX-D'ANGLEUR / SQUARE DE LA - 136 C5
PALAIS / RUE DU - 133 E4
PAMPRES / RUE DES - 135 B5-6 C5
PANADE / RUE - 133 A6
PANAYE / RUE - 135 D3
PAQUAY / RUE FRANCOIS - 136 A4
* PAQUIER / RUE DU - 134 A5
PARADIS / RUE - 135 D2 E2
PARADIS / RUELLE - 134 D1
PARC / PLACE DU - 135 E1
PARC / RUE DU - 133 E7 - 135 E1
PARC DES CONDUITES-D'EAU - 136 B4 C4
PARIS / RUE DE - 136 A3
PARLEMENT / RUE DU - 134 B5-6
PASSERELLE - 133 E5-6 - 134 A6
PASSERELLE / RUE DE LA - 136 A3-4
PATENIER / RUE - 133 B6 C6
PATURAGES / RUE DES - 136 C2
PAUL / RUE FRANCOIS - 136 B5
PAULSEN / RUE FELIX - 136 B5
PECLERS / RUE - 133 C3
PERALTA / RUE DE - 136 B5
PERARD / IMPASSE - 133 E7
* PERON / IMPASSE DU - 133 E5
PERRON / RUE DU - 135 B4-5 C3-4
PETIT BOURGOGNE / AVENUE DU - 135 C4-5 D4
PETIT CHENE / RUE DU - 134 D3
* PETITE BECHE / RUE - 134 A6
PETITES ROCHES / RUE DES - 134 D1-2 E1
PETITES VIGNES / RUE DES - 134 C2-3
PETIT-NEUVICE / IMPASSE - 134 B6
PETRY / RUE - 136 D3
PEUPLIERS / RUE DES - 133 A7
PEVILLE / AVENUE DE - 136 B1-2 C1-2
PHILIPPE / RUE NICOLAS - 135 C5
PHILIPPET / BOULEVARD LEON - 133 C3
PIEDBOEUF / AVENUE HENRI - 136 A5
* PIED DU PONT DES ARCHES / RUE - 133 E5
PIED DU THIER-A-LIEGE / RUE - 134 C2
PIERCOT / BOULEVARD - 133 D7 E6-7
PIERRES / RUE AUX - 135 C4
PIERREUSE / RUE - 133 E3-4
PIETKIN / RUE NICOLAS - 134 C2
PILLECHOULLE / ALLEE - 135 C5 D5
PINSONS / RUE DES - 134 B2
PIPIERS / RUE DES - 136 B2
PIRENNE / RUE HENRI - 136 C2
PIRETTE / RUE - 133 A5 B5
PIRNAY / RUE - 134 C5
PITTEURS / RUE DE - 134 A6
PLAINE / RUE DE LA - 134 D5
PLAINE DES SPORTS DE COINTE - 135 C3
PLAN-INCLINE / RUE DU - 135 C1 D1-2
PLANTIN / COUR - 134 A6
PLATANES / AVENUE DES - 135 C4-5 D4
PLATEAU DE COINTE - 135 C4
PLOKTRESSES / ALLEE DES - 135 C5
PLUMIER / RUE - 133 B5
POINCARE / BOULEVARD RAYMOND - 136 A1-2
POINT DE VUE / SENTIER DU - 136 E3-4
POIRIERS / RUE DES - 135 B4
* POLAIN / RUE MATHIEU - 134 A5
POMMIER / RUE DU - 134 C3
* POMPE / RUE DE LA - 133 D6
PONCAY / RUE DU - 134 B6 C5-6
PONT / RUE DU - 133 E5
* PONT D'ARCOLE / PLACE DU - 133 D4
PONT D'AVROY / RUE - 133 D6
PONT DES VENNES / RUE - 136 B2
PONT-D'OUGREE / RAMPE DU - 135 A5-6
PONTONS / RUE DES - 136 D7 E7
* PONT-SAINT-NICOLAS / RUE - 134 A5-6
* PONT THOMAS / RUE - 133 E5
* POPULAIRE / RUE DE LA - 133 D5
PORT / RUE DU - 134 D3
PORTE-AUX-OIES / RUE - 134 A6
PORTE DE L'ENFER / IMPASSE - 134 A6
* PORTE GRUMSEL / RUE - 134 A6
PORTEUSES D'EAU / RUE DES - 134 B5
PORTO / RUE DE - 134 B5 C5
POTAY / RUE DU - 134 A4
POT-D'OR / RUE DU - 133 D5-6
* POTIERUE - 133 E4-5 - 134 A5
POULE / RUE DE LA - 134 A4
POULET / RUE ALBAN - 136 E6
POUPLIN / RUE - 133 C6
PRAIRIES / RUE DES - 136 E4
PREAY / RUE DU - 134 B1
PREBENDIERS / COUR DES - 134 B7
PREBENDIERS / RUE DES - 134 B7
PRE-BINET / RUE - 136 A1-2 B1
PRE CALA / RUE - 136 A3-4
PRE COMMUN / RUE DU - 134 D4-5 E4-5
PRE-DU-CHATEAU / RUE - 136 D5
PRE-DU-CYGNE / RUE - 134 D5
PREFECTURE / RUE DE LA - 135 D5-6
PREMONTRES / RUE DES - 133 E6
PRES / CHAUSSEE DES - 134 A5
PRESSOIR / RUE DU - 135 C4
PREVOYANCE / RUE DE LA - 134 C2
PRIMEROSES / RUE DES - 134 D6
PRIMEURS / RUE DES - 134 C5
PRINCE / RUE DU - 136 E6
PRINCE-REGENT / RUE DU - 136 C5
PROFESSEUR MAHAIM / RUE - 135 C4-5
PROVINCE / RUE DE LA - 134 B5
PUBLEMONT - 133 C5
PUDDLEURS / RUE DES - 136 D2
PUISATIERS / RUE DES - 133 C7 - 135 C1
PUITS / RUE DU - 135 D4
PUITS-EN-SOCK / RUE - 134 A6 B6
QUAI / RUE DU - 134 B5 C5
QUATORZE-VERGES / RUE DES - 133 B1-2-3 C1
QUATORZIEME DE LIGNE / BOULEVARD - 133 E3-4
RADOUX / BOULEVARD JEAN-THEODORE - 133 B3-4 C3
RADOUX / RUE SIMON - 133 A5 B5
RAIKEM / RUE - 135 D1
* RALET COUR - 134 C3
RAMEY / RUE JEAN - 133 A6
RAMONS / ALLEE DES - 135 C5 D5
RAMOUX / RUE - 133 B7 C7
RAMPE / RUE DE LA - 136 A5
RANSONNET / RUE - 134 A5 B5
RASKIN / RUE JOSEPH - 133 B1
RASKIN / RUE VICTOR - 134 D3
RASSENFOSSE / RUE ARMAND - 134 D4-5
RAVINHAY / RUE - 136 D3 E3
* RECOLLETS / RUE DES - 134 A6
REGENCE / RUE DE LA - 133 E5
REGIBEAU / ALLEE ALBERT - 133 E3
REGNIER-PONCELET / RUE - 134 A4 B4
REINE ASTRID / AVENUE - 136 C2-3
REINE ELISABETH / AVENUE - 136 B3
REM / RUE GEORGES - 133 C3-4 D3
REMONT / QUAI JULIEN - 135 E1
REMOUCHAMPS / RUE EDOUARD - 134 A7
REMPARTS / RUE DES - 133 C4 D4
REMY / RUE JOSEPH - 134 C2
REMY / RUE OSCAR - 133 A4
RENARD / IMPASSE - 136 A1 B1
RENARDI / RUE - 134 C1 D1-2
RENETTE / RUE EUGENE - 136 D3-4
RENIER DE HUY / ALLEE - 134 D4-5
RENKIN / RUE - 135 E5 - 136 A5
RENNEQUIN SUALEM / RUE - 135 C1 D1
RENORY / PONT DE - 135 C6
RENORY / RUE DE - 135 C6-7 D6 E5-6 - 136 A4-5
RENOZ / RUE - 133 E7 - 135 E1
RENWA / RUE - 133 A5 B5
REPUBLIQUE / RUE DE LA - 135 C7
* REPUBLIQUE FRANCAISE / PLACE DE LA - 133 D5 E5
RESIDENCE / RUE DE LA - 136 B5
RESISTANCE / PLACE DE LA - 134 C5
RESISTANCE / RUE DE LA - 134 A4
REULEAUX / RUE HERMAN - 134 B6
* REWE / RUE DU - 133 E5
REY / SQUARE JEAN - 135 E1
REYNIER / RUE - 133 C6-7
RIBUEE / QUAI DE LA - 133 E5 - 134 A5
RIGA / COUR - 134 A4
RIGA / RUE JEAN - 133 C2-3 D2-3
RIVAGE / COUR DU - 134 B5
RIVAGE-EN-POT - 135 D6 E5-6 - 136 A4-5
RIVAGEOIS / RUE DES - 135 E3
* RIVOUX / IMPASSE - 134 A6
ROBA / IMPASSE - 134 A5
ROBERMONT / RUE DE - 134 C6 D6-7
ROBERTSON / RUE - 134 A6-7
ROCOURT / RUE DE - 133 C2 D2
ROGIER / AVENUE - 133 D7 - 135 D1
ROI ALBERT / PONT DU - 133 E7 - 135 E1
ROI ALBERT / QUAI DU - 134 B5 C4-5 D4
ROLAND / COUR - 134 C3
ROLANS / RUELLE - 134 A4
ROMAINE / RUE - 136 A4-5
ROMBAUT / VOISINAGE JEANNE - 135 B4
ROME / QUAI DE - 135 E2-3-4
ROOSEVELT / QUAI - 133 E5-6
ROSE / RUE DE LA - 133 E4
ROSENBOOM / IMPASSE - 136 D4
ROTTERDAM / RUE DE - 135 D1
ROTURE / RUE - 134 A6
ROULEAU / RUE - 134 A6
ROUVEROY / RUE - 133 D7 E6-7
RUISSEAU / RUE DU - 134 B3 C3
RULOT / RUE JOSEPH - 134 C2
* RUTXHIEL / RUE - 133 D6
* SAINT-ADALBERT / RUE - 133 D5
SAINT-ANTOINE / COUR - 134 A4
SAINT-BARTHELEMY / PLACE - 134 A4
SAINT-BARTHELEMY / RUE - 134 A4
SAINT-CHRISTOPHE / PLACE - 133 D6
SAINT-DENIS / PLACE - 133 E5
SAINT-DENIS / RUE - 133 E5
* SAINTE-ALDEGONDE / RUE - 133 E5
SAINTE-BARBE / PLACE - 134 A5
SAINTE-BARBE / QUAI - 134 A5
SAINTE-BEUVE / BOULEVARD - 133 A6-7 B7 - 135 B1
* SAINTE-CATHERINE / RUE - 133 E5
SAINTE-CROIX / RUE - 133 D5
SAINTE-JULIENNE / RUE - 134 B6-7 C6
* SAINT-ELOI / RUE - 134 A5-6
* SAINTE-MARGUERITE / RUE - 133 B4 C4-5
* SAINTE-MARIE / RUE - 133 C7 D7 - 135 C1 D1
* SAINT-ETIENNE / RUE - 133 E5
SAINTE-VERONIQUE / PLACE - 135 D1
SAINTE-VERONIQUE / RUE - 135 D1
SAINTE-WALBURGE / PLACE - 133 D2
SAINTE-WALBURGE / RUE - 133 C1 D1-2
SAINT-GANGULPHE / RUE - 133 E5
SAINT-GEORGES / RUE - 134 A4
SAINT-GILLES / COUR - 133 A7 B7 - 135 A1 B1
SAINT-GILLES / RUE - 133 B7 C6-7 D6 - 135 B1
* SAINT-HUBERT / RUE - 133 D5
SAINT-JACQUES / PLACE - 133 D6
SAINT-JACQUES / RUE - 136 D5
* SAINT-JEAN-BAPTISTE / RUE - 134 A4-5
* SAINT-JEAN-EN-ISLE / RUE - 133 D5-6
* SAINT-JULIEN / RUE - 134 A6
SAINT-LAMBERT / PLACE - 133 E5
SAINT-LAURENT / RUE - 133 B6-7 C5-6 - 135 B1
SAINT-LEONARD / PARC - 134 A4
SAINT-LEONARD / QUAI - 134 A4 B4 C4
SAINT-LEONARD / RUE - 134 A4 B4 C3-4 D3
SAINT-MARTIN / MONT - 133 C5 D5
* SAINT-MARTIN-EN-ILE / RUE - 133 E6
* SAINT-MATHIEU / RUE - 133 E5
SAINT-MAUR / RUE - 135 D3-4
* SAINT-MICHEL / PLACE - 133 D5
* SAINT-MICHEL / RUE - 133 D5 E5
SAINT-NICOLAS / IMPASSE - 133 A6-7
SAINT-NICOLAS / PLACE - 133 A6
SAINT-NICOLAS / RUE - 133 A6-7 - 135 A1
SAINT-PAUL / PLACE - 133 D6
SAINT-PAUL / RUE - 133 E6
SAINT-PAUL-DE-SINCAY / QUAI - 136 C7 D5-6-7 E5-6
SAINT-PHOLIEN / PLACE - 134 A5
* SAINT-PHOLIEN / RUE - 134 A5
* SAINT-PIERRE / RUE - 133 D5
SAINT-REMACLE / RUE - 134 B6-7
SAINT-REMY / RUE - 133 D6
SAINT-SEVERIN / RUE - 133 C5 D5
SAINT-THOMAS / RUE - 134 A4
SAINT-VINCENT / RUE - 136 A2-3
SALAMANDRE / RUE - 133 D5
SALME-DIEUDONNE / RUE - 133 B6
SALVADOR / RUE - 136 C3 D3
SARTS / RUE DES - 134 E5-6
SART-TILMAN / RUE DU - 135 C7
SAUCY / BOULEVARD - 133 E6 - 134 A6
SAUHEID / PONT DE - 136 D6 E6-7
SAUHEID / RUE DE - 136 E6-7
SAUMERY / RUE - 134 B7
SAUVENIERE / BOULEVARD DE LA - 133 D5-6
* SAUVENIERE / GALERIE DE LA - 133 D5
SAUVEUR / PARC - 136 E5
SAVARY / THIER - 133 D3 E3
SCHLEMMER / RUE - 135 C6
SCHMERLING / RUE - 133 C7 - 135 C1
SCHWANN / RUE THEODORE - 134 B5
SCIERIE / RUE DE LA - 135 B6
SCLESSIN / RUE DE - 135 D2-3
SCORRE / RUE DE LA - 135 B2 C2
SECHE / RUE DE LA - 134 A1 B1-2
SEELIGER / PLACE JULES - 133 C2
SELYS / RUE DE - 135 C1 D1
SEMAILLES / RUE DES - 136 D2
SERAING / RUE DE - 134 A7 - 135 E1 - 136 A1
SERBIE / PLACE DE - 133 A4
SERBIE / RUE DE - 135 D1-2
SERGENT MERX / RUE DU - 133 C1-2
SERRURIER-BOVY / JARDINS - 135 C2
SERRURIER-BOVY / RUE - 135 C2 D2-3
SIDERURGIE / RUE DE LA - 136 C3 D3
SIMENON / RUE GEORGES - 134 A5 B5
SIMON / PLACE HENRI - 135 B2
SIMONIS / IMPASSE - 136 D4
SIMONIS / RUE EUGENE - 136 B2
SIMONON / RUE - 135 D2
* SIRENE / RUE DE LA - 133 E5-6
SLUSE / RUE DE - 133 C7 - 135 C1
SLUYSMANS / AVENUE - 136 C2-3 D3
SNAPEUX / RUE DU - 133 A6-7 B6-7
* SOEURS DE HASQUE / RUE - 133 E6
SOHET / RUE - 135 D2
SOLIDARITE / RUE DE LA - 134 C2
SOLVAY / BOULEVARD ERNEST - 134 C1-2 D2
SOLVAY / RUE ERNEST - 135 A5-6 B6 C6 D5-6 E3-4-5
SOMERS / RUE JEAN - 133 A5
SOPERS / RUE - 136 B2
SORBIERS / RUE DES - 133 B7
SOTIAU / RUE DENIS - 134 B6
SOUBRE / RUE - 136 B1-2
SOUBRE / RUE ETIENNE - 133 C6
SOUS L' EAU / RUE - 134 B6
SOUS-LE-BOIS / RUE - 136 B5
SOUS-LES-VIGNES / RUE - 135 A4
SOUVERAIN PONT / RUE - 133 E5
SPA / RUE DE - 136 B3
SPIROUX / RUE NICOLAS - 136 E1-2
* STALON / RUE DU - 133 E5
STAPPERS / RUE - 136 B3
STATION / RUE DE LA - 136 E5-6
STAVELOT / RUE DE - 136 B3
STEENEBRUGGEN / RUE CHARLES - 136 A2 B2
STEPHANY / RUE - 133 C6 D6
STEPPES / RUE DE - 134 C3 D3
STEVART / RUE ARMAND - 135 E5
STEVARTIUS / CLOS PETRUS - 133 D2
STOULS / RUE ARMAND - 134 A7 - 135 E1 - 136 A1
* STRAILHE / RUE - 134 A6
STREUPAS / PLAGE DE - 136 D7
STRUVAY / RUE FRANCOIS - 136 E2
SUAVIUS / RUE - 133 B5-6 C5
SUREAUX / RUE DES - 134 B1 C1
SUR-LA-FONTAINE / RUE - 133 D5-6
SUR LES FOULONS / RUE - 134 A4
SURLET / RUE - 134 A6
SUR MEUSE / QUAI - 133 E5
* SYLVESTRE / RUE - 133 D5
TAMARIS / RUE DES - 135 C3
TANIXHE / RUE - 134 C6
TANNEURS / QUAI DES - 134 A5
TANNEURS / RUE DES - 134 A5
TAWES / RUE DES - 133 E2-3
TENDEURS / RUE DES - 133 D1
TERRIS / RUE DU - 135 C2
TERRY / RUE LEONARD - 133 D3
* TETE DE BOEUF / RUE - 133 D6
THEATRE-DE-VERDURE / AVENUE DU - 136 A5
THERNESSE / RUE - 135 E6
THEWIS / CITE - 133 A6
THIER-A-LIEGE / RUE DU - 134 B1-2 C1-2
THIER-DEL-DAGUE / RUE - 135 B4 C4
THIRIART / RUE GUSTAVE - 135 B2
THIRY / CLOS MICHEL - 136 A2
THIRY / RUE MARCEL - 135 E3-4
* THOMAS / JARDIN RENE- 133 D5 E5
THOMSON / BOULEVARD CESAR - 133 B4
THONE / RUE - 134 C5-6
* THONE / RUE GEORGES - 134 A5
THUYAS / RUE DES - 135 C3
TILFF / RUE DE - 136 C5-6-7 D6-7
TILKIN / RUE ALPHONSE - 134 C1
TILLEULS / AVENUE DES - 135 E4
TILLEUR / RUE DE - 133 A7 - 135 A1-2
TILQUIN / RUE FERNAND - 136 E2
TIMMERMANS / QUAI - 135 C6 D5-6 E5
TIR / RUE DU - 134 D3
TISSERANDS / DEGRES DES - 133 C5
TOMBAY / RUE DU - 136 D2-3
TOMBE / RUE DE LA - 133 C1
TONGRES / CHAUSSEE DE - 133 C1
TONNE / RUE DE LA - 133 A1-2 B1 C1
TOUR EN BECHE / RUE - 133 E6-7
* TOURNANT SAINT-PAUL / RUE - 133 D6

TOUSSAINT-BEAUJEAN / RUE - 133 B4
TRAPPE / RUE - 133 D6
TRAVAIL / RUE DU - 136 D4
TRAZEGNIES / RUE DE - 135 B5
TREILLE / RUE DE LA - 135 C4
TRIBOUILLET / RUE - 134 C1
TRIOLET / RUE - 136 C5-6 D6
TROCLET / RUE LEON - 134 B3 C3-4
TROISFONTAINES / JARDIN - 133 C7 D7 - 135 C1 D1
TROIS GRANDS / RUE DES - 136 C3
TROISIEME D'ARTILLERIE / BOULEVARD - 133 E3
TROISIEME GENIE / BOULEVARD DU - 134 A3
TROU-LOUETTE / RUE - 134 D5-6 E5
TRUFFAUT / AVENUE GEORGES - 134 D4 E3-4
TRUFFAUT / RUE JOSEPH - 134 D2
TUNNEL SOUS LA DERIVATION - 134 A7 - 136 A1
TURIN / RUE DE - 136 B3
UNIVERSITE / RUE DE L' - 133 E5-6
* URBANISTES / RUE DES - 133 D6
URSULINES / IMPASSE DES - 133 E4
USINE / RUE DE L' - 136 A1 B1
VAL BENOIT / PONT DU - 136 A4
VAL-BENOIT / RUE DU - 136 B5 C5
* VALDOR / RUE - 134 A6 B6-7
VALENCIENNES / RUE DE - 134 C2
VALKENBERG / RUE - 134 D5
VALLON / RUE DU - 136 B5-6
VAN BENEDEN / QUAI EDOUARD - 133 E6
VANDENHOFF / RUE EUGENE - 136 C1-2 D1-2
VANDERVELDE / RUE EMILE - 133 A4 B4
VAN-HOEGAERDEN / QUAI PAUL - 133 D7 E6-7
VAPART / RUE - 136 A5
VARIN / RUE - 135 D2-3 E3
VAUDREE / RUE - 136 A5 B5 C5
VAUSSALE / RUE DE LA - 136 C5
VEINE SOTHUY / RUE DE LA - 135 C5 D5
VELBRUCK / RUE - 134 A4
VENNES / PONT DES - 135 E1 - 136 A1
VENNES / QUAI DES - 136 B4 C4-5 D5 E5
VENNES / RUE DES - 136 A2 B2-3 C3-4
VENTA / IMPASSE - 134 A4
VENTILATEUR / RUE DU - 133 B2-3
VERCOUR / QUAI - 135 A6 B6 C6
VERHAEREN / RUE EMILE - 135 C7 D7 E6-7 - 136 A5-6 B5
VERNE / RUE JULES - 136 C5
VERTBOIS / RUE DU - 133 D6 E6
* VERTE / PLACE - 133 D5
VERTE VOIE - 135 A4-5
VERVIERS / RUE DE - 136 A3
VIADUC / RUE DU - 135 B5 C5-6
VIEILLE / RUE - 136 E5
VIEILLE MONTAGNE / CITE - 136 C5 D5
VIEILLE MONTAGNE / PLACE - 134 B3-4
VIEILLE MONTAGNE / RUE - 134 B4
VIEILLE TOUR / RUE DE LA - 136 D4
VIEILLE VOIE DE TONGRES - 133 D1-2
VIEILLEVOYE BARTHELEMY / PLACE - 136 A2
VIEUX CHATEAU / RUE DU - 135 B6
VIEUX-MAYEUR / RUE DU - 135 E3
* VIEUX PONT DES ARCHES / IMPASSE - 133 E5
VIEUXTEMPS / RUE HENRI - 133 C4 D4
VIGNERONS / RUE DES - 134 D3
VIGNES / RUE DES - 134 C2 D2
VIGNETTE / IMPASSE DE LA - 134 A4
VIGNOUL / RUE - 136 D3
VILLENFAGNE / RUE - 134 B5
VILLETTE / RUE - 134 A6-7
VINAVE / RUE - 136 D4 E4
* VINAVE D'ILE - 133 D5-6
VINGT AOUT / PLACE DU - 133 E6
VINGT DEUX / RUE DES - 135 D2
* VIOLETTE / RUE DE LA - 133 E5
VISE-VOIE - 133 C1 D1
VIVEGNIS / PLACE - 134 B3
VIVEGNIS / RUE - 134 A3-4 B3 C2-3
VIVIHOUET / RUE - 134 C5-6
VOLGOGRAD / RUE DE - 134 C2
VOLIERE / RUE - 133 D4 E4
VOTTEM / IMPASSE DE - 133 D2 E2
VOTTEM / RUE DE - 133 E2-3
* VRINDTS / RUE JOSEPH - 134 A5 B5
* WACHE / RUE DE LA - 133 E5
WACHERAY / RUE - 133 B4
WACKEN / RUE EDOUARD - 135 C1
WAIDE DES DAMES - 136 D2
WAIDES / RUELLE DES - 135 A4 B4
WALEFFE / RUE - 134 A7 - 136 A1
WALLONIE / QUAI DE - 134 C4 D3-4 E3
WALLONS / PLACE DES - 135 C1
WALLONS / RUE DES - 135 B1-2 C1
WAREMME / RUE DE - 133 B5
WARNOTTE / IMPASSE - 136 D4
WAROUX / RUE DE - 133 B5 C5
* WARROQUIERS / RUE JEAN - 134 A6
WAUTERS / QUAI JOSEPH - 136 A3-4
WAUTERS / RUE JOSEPH - 133 A4
WAZON / RUE - 133 C6-7
WERY / IMPASSE - 133 C3
WESPHAL / RUE - 133 C3
WETZLAR / RUE DE - 136 B3
WIBRIN / RUE - 133 C3
WIERTZ / RUE - 133 B5-6
WIKET / JARDIN EMILE - 133 C6
WILLEM / PLACE JOSEPH - 136 E5
WILLEMS / RUE LOUIS - 134 C6
WILMART / RUE - 136 E4
WILMOTTE / IMPASSE - 134 C4
WILMOTTE / RUE MAURICE - 134 D4
XHOVEMONT / RUE - 133 C2-3 D3-4
YSAYE / RUE EUGENE - 133 D6-7
YSER / PLACE DE L' - 134 A5
ZABAY / RUE - 134 C3

LIER

AARSCHOTSESTEENWEG - 137 D4 E4-5
ABTSHERBERGSTRAAT - 137 D3 E3
ACACIAPLEIN - 137 B4
AKKERSTRAAT - 137 D4-5 E5
ANTWERPSEPOORT - 137 C2
ANTWERPSESTEENWEG - 137 A1 B1 C1-2
ANTWERPSESTRAAT - 137 C2 D2-3
ARAGONSTRAAT - 137 D3
ARBEIDSSTRAAT - 137 B1
AST - 137 G4
AZALEALAAN - 137 A1 B1
BAREELSTRAAT - 137 C1 D1
BARON OPSOMERLAAN - 137 C2-3
BEEMDSTRAAT - 137 G3
BEGIJNHOFSTRAAT - 137 C4 D3-4
BEGONIAWEG - 137 A1
BENEDENBAAN - 137 D4-5 E5
BERGMANNLAAN ANTON - 137 C2 D2
BERLAARSESTEENWEG - 137 G4
BERLAARSESTRAAT - 137 E3
BERLARIJ - 137 E3-4 F4
BERNARDIJNENLAAN - 137 D1 E1
BEUKENLAAN - 137 B4-5
BLES - 137 D3
BLOKSTRAAT - 137 D2
BODEGEMSTRAAT - 137 D4
BOLLAARSTRAAT - 137 A1 B1
BOOGAERTSLAAN FRANS - 137 A4 B4
BOOMLAARSTRAAT - 137 A3 B2-3 C2
BOSSTRAAT - 137 A2-3-4
BREUGHELLAAN PIETER - 137 A4 B3-4
BRIL - 137 D3
BROEKSTEEG - 137 D2
BROUWERIJSTRAAT - 137 D3
CORENHEMELSTRAAT - 137 D5
DAGERAADSSTRAAT - 137 C1-2
DALIALAAN - 137 A1 B1
DEENSESTRAAT - 137 D3 E3
DE HEYDERSTRAAT - 137 E3
DE KOZAK - 137 B1 C1
DENNENLAAN - 137 B4
DIJKJE - 137 D3 E3
DONK - 137 A1
EEUWFEESTLAAN - 137 B1 C1 D1
EIKELSTRAAT - 137 D3
ELZENLAAN - 137 B4 C3-4
GASLEI - 137 D1 E1
GASTHUISVEST - 137 E3-4
GEBROEDERS DOXPLEIN - 137 E3
GLADIOLENLAAN - 137 A1 B1
GRACHTKANT - 137 D4
GROENEDAELLAAN - 137 B2
GROENSTRAAT - 137 D2-3
GROTE MARKT - 137 D3
GULDENSPORENLAAN - 137 C1 D1
HAZENSTRAAT - 137 E3 F3
HEILIGE-GEESTSTRAAT - 137 E3
HELLESTRAAT - 137 D4
HEMDSMOUWKEN - 137 D4
HEMELPLEIN - 137 C1
HOFSTRAAT - 137 B2 C2
HOF VAN BEIEREN - 137 D1
HOF VAN RANST - 137 D3
HOOGVELDWEG - 137 D5 E4-5 F4
HUIBRECHTSTRAAT - 137 D2-3
INVALIDENLAAN - 137 A5
IRISLAAN - 137 B1-2
JORDAENSLAAN JACOB - 137 A3-4
KALKOVENSTRAAT - 137 D3
KALVARIEBERG - 137 D4
KAMMENSTRAAT - 137 D3
KANAALSTRAAT - 137 G2-3
KANTSTRAAT - 137 D2
KANUNNIK DAVIDLAAN - 137 C3-4 D4
KAPELSTRAAT - 137 G4
KAPUCIJNENVEST - 137 C3 D3
KARDINAAL CARDIJNSTRAAT - 137 E3
KARDINAAL MERCIERPLEIN - 137 E3
KARTUIZERSVEST - 137 D2
KATTENSTRAAT - 137 D3
KAVESWEG - 137 D2
KELDERMANSSTRAAT - 137 E3
KERKSTRAAT - 137 D3 E3
KESSELSESTEENWEG - 137 G2-3-4
KETELAARSSTRAAT - 137 E3-4
KLAPROZENWEG - 137 A1 B1
KLOOSTERSTRAAT - 137 D3-4 E4
KLUIZEPLEIN - 137 E3
KLUIZESTRAAT - 137 E3
KOEPOORTSTRAAT - 137 E3
KOLVENIERSVEST - 137 C3 D2-3
KOMEETSTRAAT - 137 C1 D1
KONING ALBERTSTRAAT - 137 D3
KONINGIN ASTRIDLAAN - 137 D4 E4
KROKUSLAAN - 137 A1-2
KROONSTRAAT - 137 F4
KRUGERSTRAAT PAUL - 137 F4-5
KRUISBOGENHOFSTRAAT - 137 C2 D2
LANTAARNSTRAAT - 137 D3
LEGERLAAN - 137 A5
LEOPOLD III-LAAN - 137 D4
LEOPOLDPLEIN - 137 B2 C2
LEUVENSEPOORT - 137 F4
LEUVENSEVEST - 137 D4 E4 F4
LINDENSTRAAT - 137 E3 F3
LINTSESTEENWEG - 137 A4-5
LISPERPOORT - 137 D1 E1
LISPERSTEENWEG - 137 D1 E1
LISPERSTRAAT - 137 D2-3
LOOKSTRAAT - 137 E3
MAANSTRAAT - 137 C1
MAASFORTBAAN - 137 F3-4 G3
MARTIENUSHOEK - 137 C4 D4
MECHELPOORT - 137 B3 C3
MECHELSESTEENWEG - 137 A4-5 B3-4 C3
MECHELSESTRAAT - 137 C3
MERELSTRAAT - 137 F4
MIJL - 137 G5
MIMOSALAAN - 137 A1-2
MOLENLAAN - 137 D3
MOLENSTRAAT - 137 E4
MOLPOORT - 137 D4 E4
MOSDIJK - 137 D3 E3
NAZARETDREEF - 137 F1 G1-2
NETELAAN - 137 D4
NIEUWPOORTSTRAAT - 137 D1
OEVER - 137 E2-3
OGEZLAAN - 137 B2 C2-3
ONZE-LIEVE-VROUWESTRAAT - 137 A5
OUDERIJSTRAAT - 137 B5 C4-5
OUD-KERKHOF - 137 D4
PANNENHUISSTRAAT - 137 B1 C1
PAPEGAAISTRAAT - 137 D3
PARELSTRAAT - 137 D2
PASTORIESTRAAT - 137 F3 G3-4
PELTZERSTRAAT FREDERIK - 137 D1-2
PEPERSTRAAT - 137 E3 F3
PETTENDONK - 137 E4 F4
PLANEETSTRAAT - 137 C1-2
PLOEGSTRAAT - 137 D5 E5
POMPSTRAAT - 137 D4
POSTHOORNSTRAAT - 137 E5 F5
PREDIKHERENLAAN - 137 D2-3 E3
PREDIKHERENPOORT - 137 D2
RAVENSTIJN - 137 G2
RECHTESTRAAT - 137 D3 E3
REDERIJKERSLEI - 137 D2
REGENBOOGSTRAAT - 137 E3-4 F3
RINGENHOFWEG - 137 A5 B5
RODE-KRUISLAAN - 137 A5
ROLWAGENSTRAAT - 137 C2
ROS BEIAARDSTRAAT - 137 F3-4
ROZENLAAN - 137 A1 B1
SCHAPEKOPPENSTRAAT - 137 D3-4
SINT-ANNASTRAAT - 137 B3-4 C4
SINT-GUMMARUSSTRAAT - 137 E3
SINT-MARGARETASTRAAT - 137 D4
SIONSPLEIN - 137 F3
SIONSVEST - 137 E2-3 F3
SLUISLAAN - 137 C3-4
SMEDENSTRAAT - 137 A2
SPEKKESTRAAT - 137 G4
SPOORWEGLEI - 137 C2 D1-2
SPUILEI - 137 D2
STAASLEI ERNEST - 137 D2
STADSVEST - 137 F3-4
STERRENSTRAAT - 137 C1
SYMFOROSASTRAAT - 137 C4 D4
TENIERSLAAN DAVID - 137 A3 B3
TIMMERMANSPLEIN FELIX - 137 D3
TRAMWEGLEI - 137 A2 B2
TUINWEG - 137 A2
TULPENLAAN - 137 A1-2 B2
VAN BOECKELLAAN - 137 C2 D1-2
VAN BRANDTPOORT - 137 F4
VAN CAUWENBERGHSTRAAT FLORENT - 137 C3 D3
VANDERPOORTENLAAN ARTHUR - 137 E3-4
VAN DIJCKLAAN ANTOON - 137 B3
VEEMARKT - 137 F4
VEREMANSPLEIN RENAAT - 137 D2
VERVLIETSTRAAT - 137 D2
VERZETSLAAN - 137 A5
VISMARKT - 137 D3
VLIETJE - 137 D3
VOGELZANG - 137 A1
VOLMOLENSTRAAT - 137 D3-4 E4
VREDEBERGSTRAAT - 137 D3
VREDELAAN - 137 B2
VUURKRUISENLAAN - 137 A5
WATERPOORTSTRAAT - 137 D2
WATERSCHRANSWEG - 137 A5
WAVERSESTEENWEG - 137 C5 D4-5
WEIDESTRAAT - 137 D4-5
WERF - 137 D3-4
WEZENSTRAAT - 137 D4
WIJNGAARDSTRAAT - 137 D2
WILGENLAAN - 137 B4
WOUDSTRAAT - 137 F4
ZAAT - 137 F3-4
ZAGERIJSTRAAT - 137 C1-2
ZIMMERPLEIN - 137 D3
ZONSTRAAT - 137 C1
ZUID-AUSTRALIELAAN - 137 A2 B1-2

MECHELEN

AAMBEELDSTRAAT - 138 E5-6
A.B.-STRAAT - 138 C3-4
ACHT ZALIGHEDENSTRAAT - 138 B3
ADEGEMSTRAAT - 138 B4-5 C5
AMBLEVESTRAAT - 138 C1
ANTWERPSESTEENWEG - 138 B1
ARENDONCKSTRAAT - 138 C2
ARME CLARENSTRAAT - 138 B4
ARSENAALSTRAAT - 138 D6
AUGUSTIJNENSTRAAT - 138 D4-5
AUWEGEMSTRAAT - 138 A4
AUWEGEMVAART - 138 A4-5 B5
BAKELAARSTRAAT - 138 D3
BATTELSESTEENWEG - 138 A3-4 B4
BATTERIJSTRAAT - 138 C2
BAUTERSEMSTRAAT - 138 D7
BEEKSTRAAT - 138 A5
BEFFERSTRAAT - 138 C4 D4
BEGIJNENKERKHOF - 138 B3
BEGIJNENSTRAAT - 138 C4
BEGIJNENWEIDE - 138 B2
BELGRADESTRAAT - 138 B7 C7
BERENDANSSTRAAT - 138 D2
BERGSTRAAT - 138 D3
BERKENHOFSTRAAT - 138 B6
BERTHOUDERSPLEIN - 138 D4
BETHANIENSTRAAT - 138 A3
BIEST - 138 C3 D3-4
BLAASBALGSTRAAT - 138 C4 D4
BLAUWHONDSTRAAT - 138 C4
BLEEKSTRAAT - 138 D4
BLICKXSTRAAT THEO - 138 A3
BLOKSTRAAT - 138 D3-4
BOECKSTUYNSSTRAAT JAN FRANS - 138 A7 B7
BOEIMEERSTRAAT - 138 E4
BOERENKRIJGSTRAAT - 138 E1
BOLSTRAAT JAN - 138 D3 E3
BORCHTSTRAAT - 138 E3-4
BORNSTRAATJE - 138 C3
BORZESTRAAT - 138 C4
BOTERMARKT - 138 C4
BOUCHERYSTRAAT DESIRE - 138 C4
BROERSSTRAAT FRANS - 138 A3
BRUSSELSEPOORTSTRAAT - 138 B5-6
BRUSSELSESTEENWEG - 138 B6-7
BRUUL - 138 C4-5
CAPUTSTEENSTRAAT - 138 D2-3 E3
CELLEBROEDERSSTRAAT - 138 B3
COLOMALAAN - 138 C7
COLOMASTRAAT - 138 C6
CONSCIENCESTRAAT HENDR. - 138 C6
CONVENTSTRAAT - 138 B3
CORTENBACHSTRAATJE - 138 C5
COXIESTRAAT - 138 C6 D6
DAGERAADSTRAAT - 138 A4
DALENBORCHSTRAAT - 138 E2-3
DE BOECKLAAN AUGUST - 138 E2
DE LANGHESTRAAT - 138 B4-5
DE MERODESTRAAT FREDERIK - 138 C3-4 D3
DEMERSTRAAT - 138 A1 B1
DE MONTESTRAAT PHILIPPUS - 138 A7 B7
DENYNPLEIN JEF - 138 B4 C4
DE STASSARTSTRAAT GOSWIN - 138 C2-3
DE TROYERSTRAAT PROSPER - 138 A3
DIJKSTRAAT - 138 B6-7 C6
DIJLE - 138 B4
DOBBELHUIZEN - 138 B4
DODOENSSTRAAT REMBERT - 138 A5-6 B6
DONKERLEI - 138 C2
DOUANEPLEIN - 138 E4
DRAAIBANKSTRAAT - 138 E5-6
DRABSTRAAT - 138 C4
DUIVELSTRAATJE - 138 C3
EGGESTRAAT - 138 A7
EKSTERSTRAAT - 138 B1 C1
ELEKTRICITEITSTRAAT - 138 A2 B2
FAID'HERBESTRAAT - 138 C5 D5
FONTEINSTRAATJE - 138 B3
FORTUINSTRAAT - 138 A5-6
GANZENDRIES - 138 B5
GASTHUISVELDSTRAAT - 138 C2
GEBROEDERS ROMBOUTSSTRAAT - 138 E2
GEBROEDERS VERHAEGENSTRAAT - 138 C5
GEERDEGEM-SCHONENBERG - 138 A6-7
GEERDEGEMVAART - 138 B6 C6-7 D7
GEETSSTRAAT WILLEM - 138 C6
GEITESTRAAT - 138 C4
GENERAAL DE CEUNINCKSTRAAT - 138 B2 C2
GERECHTSTRAAT - 138 D4
GEUDENSSTRAAT ALBERT - 138 C6
GEZELLELAAN GUIDO - 138 B3
GRAAF VAN EGMONTSTRAAT - 138 C5-6
GROENSTRAAT - 138 B5 C5
GROOTBRUG - 138 C4
GROTE MARKT - 138 C4
GROTE NIEUWEDIJKSTRAAT - 138 E1-2-3
GULDENBODEMSTRAAT - 138 C3
GULDENDAL - 138 C7
GULDENMOUWSTRAAT - 138 C5
GULDENSTRAAT - 138 C4-5
HALLESTRAAT - 138 C4
HALSVEST FRANS - 138 D3-4
HAMERSTRAAT - 138 E5-6
HANSWIJKDRIES - 138 E6-7
HANSWIJKSTRAAT - 138 C5 D5
HANSWIJKVAART - 138 C7 D7
HARNASSTRAAT - 138 A1
HAVERWERF - 138 B4
HAZELDONKSTRAAT - 138 E2
HAZESTRAAT - 138 C5 D5
HEEMBEEMD - 138 B3 C3
HELLINCSTRAAT - 138 A1-2 B2
HERREYNSSTRAAT WILLEM - 138 C6
HERTSHOORNSTRAAT - 138 B4
HET EITJE - 138 D3
HOLMLEI - 138 A1
HOMBEEKSESTEENWEG - 138 A6-7 B6
HOOGENBERGHSTRAAT FRANS - 138 B7
HOOGSTRAAT - 138 B5
HOOGSTRAATJE - 138 C5
HOOGSTRATENPLEIN - 138 D4
HOVENIERSSTRAAT - 138 B6
HOVIUSSTRAAT - 138 B3
HUIDEVETTERSSTRAAT - 138 D4
IEPERLEESTRAAT - 138 C1
IJZERENLEEN - 138 C4
IJZERSTRAAT - 138 C1-2
JEZUSPOORT - 138 B3
JODENSTRAAT - 138 C3 D3
JUBELLAAN - 138 C6-7 D6
KAARDENSTRAAT - 138 B4
KALKOVENSTRAAT - 138 D1
KALVERENSTRAAT - 138 E3
KANONSTRAAT - 138 C2
KANUNNIK DE DECKERSTRAAT - 138 C3
KAPELSTRAAT - 138 D4-5
KAPOENENWEG - 138 E4
KARDINAAL MERCIERPLEIN - 138 C6
KARMELIETENSTRAAT - 138 B4-5
KARPERSTRAAT - 138 A3
KATTENBERG - 138 B4
KATTENBLEEKSTRAAT - 138 C3
KEERBERGSTRAAT - 138 B4
KEIZERSTRAAT - 138 D4
KELDERMANSVEST - 138 B2 C2-3 D3
KERKHOFLEI - 138 C2 D1-2
KERKSTRAATJE - 138 C3
KLAPGAT - 138 C3
KLEIN BEGIJNHOF - 138 C3
KLEIN BEGIJNHOFBOGAARD - 138 C3
KLEINE BAREELSTRAAT - 138 A7 B7
KLEINE NIEUWEDIJKSTRAAT - 138 D2 E1-2
KLEIN VELDEKENSTRAAT - 138 A6
KLUISSTRAAT - 138 E3
KOEKOEKSTRAAT - 138 C1
KONING ALBERTPLEIN - 138 C6
KONINGIN ASTRIDLAAN - 138 B4-5
KOOLSTRAAT - 138 A3-4
KORENMARKT - 138 B5 C5
KORTE HEISTRAAT - 138 B4
KORTE MAAGDENSTRAAT - 138 D4
KORTE PENNINCSTRAAT - 138 B5
KORTE RIDDERSTRAAT - 138 D4-5
KORTE SCHIPSTRAAT - 138 C5
KORTE VELUWESTRAAT - 138 B5
KRAANBRUG - 138 B4
KRAANSTRAAT - 138 B4
KRANKENSTRAAT - 138 B3
KRANKENVELDEN - 138 B1
KREITENBORGSTRAAT - 138 A1
KROMME ELLEBOOGSTRAAT - 138 B4
KROMMESTRAAT - 138 B3
KROONSTRAAT - 138 B4-5
KRUISKENSSTRAAT - 138 E1
KURASSIERSSTRAAT - 138 A1
LAKENMAKERSSTRAAT - 138 E4
LANDBOUWSTRAAT - 138 A5
LANGE HEERGRACHT - 138 D3
LANGE HEISTRAAT - 138 B4-5
LANGE HOFSTRAAT - 138 B6 C6
LANGE NIEUWSTRAAT - 138 C5
LANGE PENNINCSTRAAT - 138 B5
LANGE RIDDERSTRAAT - 138 D5
LANGE SCHIPSTRAAT - 138 C4-5
LANSIERSSTRAAT - 138 A1
LEEGHEID - 138 D4
LEEMSTRAAT - 138 A1
LEERMARKT - 138 C4-5 D5
LEIESTRAAT - 138 C1
LEKKERNIJSTRAATJE - 138 C5
LEMMENSSTRAAT - 138 A4-5
LEOPOLDSTRAAT - 138 B5-6 C6
LEUVENSESTEENWEG - 138 D5-6 E6
LIERSESTEENWEG - 138 C1-2 D2-3
LIEVE HEERSTRAAT - 138 C5
LOCOMOTIEFSTRAAT - 138 E5-6
LOUIZASTRAAT - 138 C5-6
MAALDERIJSTRAATJE - 138 C5
MAASSTRAAT - 138 C1
MANDELSTRAAT - 138 C1
MECHELSVELDSTRAAT - 138 B7
MELAAN - 138 B4
MEYSBRUG - 138 D4
MILSENSTRAAT - 138 B5 C5
MINDERBROEDERSGANG - 138 B4 C4
MOENSSTRAAT - 138 B5 C5
MOLENBERGSTRAAT - 138 A1
MOLLESTRAAT - 138 E7
MONSEIGNEUR SCHEPPERSSTRAAT - 138 A5-6
MONSEIGNEUR VAN NUFFELSTRAAT - 138 A4 B4
MOREELSTRAAT - 138 B3
MOSSELSCHELPSTRAATJE - 138 B4
MOTSTRAAT - 138 D7 E7
MUNTSTRAAT - 138 C4 D4
NACHTEGAALSTRAAT - 138 B1
NATTEHOFSTRAAT - 138 A3-4
NAUWSTRAAT - 138 C4
NEERHEIDE - 138 B1 C1
NEKKERSPOEL-BORCHT - 138 E4-5
NEKKERSPOELSTRAAT - 138 D4 E3-4
NETESTRAAT - 138 B1
NIEUWE BEGGAARDENSTRAAT - 138 B3-4
NIEUWE KAPUCIJNENSTRAAT - 138 B5
NIEUWWERK - 138 C4
NIJVERHEIDSTRAAT - 138 E2-3
NOKERSTRAAT - 138 B3 C3
NONNENSTRAAT - 138 B3
OFFENBOSSEN - 138 A1
OLIVETENSTRAAT - 138 B4
OLIVETENVEST - 138 B3-4
ONDER DEN TOREN - 138 C4
ONTVOERINGSPLEIN - 138 D3-4
ONZE-LIEVE-VROUWEKERKHOF - 138 C5
ONZE-LIEVE-VROUWESTRAAT - 138 C5
OSTSTRAAT ALFRED - 138 A2-3
OUDE ANTWERPSEBAAN - 138 A1 B1
OUDE BEGGAARDENSTRAAT - 138 C3
OUDE BRUSSELSESTRAAT - 138 C5-6
OUDE LIERSEBAAN - 138 B2 C1-2
OUDE PLEINSTRAAT - 138 A1 B1
OUDE SINT-GOMMARUSSTRAAT - 138 E2-3
OURTHESTRAAT - 138 C1
OVERHEIDE - 138 B1
PAARDENKERKHOFSTRAAT - 138 E3
PAARDENSTRAATJE - 138 D3
PAPENHOFSTRAAT - 138 E2
PAREIPOELSTRAAT - 138 B6-7
PASMOLENSTRAAT - 138 E2
PAVILJOENSTRAAT - 138 A1-2
PELIKAANSTRAATJE - 138 C4
PENNEPOELSTRAAT - 138 B1 C1
PERSOONSHOEK - 138 B4
PITZEMBURGSTRAAT - 138 D5
PLANKSTRAAT - 138 B3-4
PLEIN DER VERENIGDE NATIES - 138 B1
PLOEGSTRAAT - 138 A7
POELSTRAAT - 138 B5
POLDERSTRAAT - 138 A3
POPULIERENDREEF - 138 D2-3
POSTHOORNSTRAAT - 138 B6
POSTZEGELLAAN - 138 B7 C6-7
POTTERIJSTRAAT - 138 C5
RAGHENOPLEIN - 138 D5
RAVENBERGSTRAAT - 138 C5
REUZENSTRAAT - 138 C4
RIDDER DESSAINLAAN - 138 A6 B6
RODE KRUISPLEIN - 138 B3
ROSIERSTRAAT WILLEM - 138 B6 C6
RUPELSTRAAT - 138 A1 B1

SABBESTRAAT MAURITS - 138 B2
SAMBERSTRAAT - 138 C1
SCHAALSTRAAT - 138 C4
SCHEERSTRAAT - 138 C4
SCHELDEPLEIN - 138 A1 B1
SCHIJFSTRAAT - 138 B1-2
SCHOENMARKT - 138 C4
SCHOOLSTRAAT - 138 C4
SCHORSMOLENSTRAAT - 138 A1 B1-2
SCHOUTETSTRAAT - 138 C3
SCHRIJNSTRAAT - 138 B3
SCHUTTERSHOFSTRAAT - 138 C5
SCHUTTERSVEST - 138 C6
SCHUTTEVEE - 138 C3
SINT-ALEXIUSSTRAAT - 138 B3
SINT-BEGGASTRAAT - 138 B3
SINT-GOMMARUSSTRAAT - 138 D2-3
SINT-JACOBSTRAAT - 138 B5 C5
SINT-JAN-BERCHMANSSTRAAT - 138 B6-7
SINT-JANSKERKHOF - 138 C3
SINT-JANSTRAAT - 138 C3
SINT-KATELIJNEKERKHOF - 138 B3 C3
SINT-KATELIJNESTRAAT - 138 B2-3 C3-4
SINT-PIETERSBERG - 138 D4
SINT-ROMBOUTSKERKHOF - 138 C4
SINT-RUMOLDUSSTRAAT - 138 E3
SLEUTELSTRAATJE - 138 B4
SMISSTRAAT - 138 E6
SPECHTSTRAAT - 138 B1
SPEECQVEST HENDRIK - 138 D5-6
SPIEGELSTRAAT - 138 B5
SPREEUWENHUISSTRAAT - 138 A3 B3
STADIONSTRAAT - 138 A1-2
STADSHEIMELIJKHEID - 138 B3 C3
STANDONCKSTRAAT - 138 C4
STATIONSSTRAAT - 138 C6 D6
STEENWEG - 138 C4
STOMPAERTSHOEK - 138 D3
STOOFSTRAATJE - 138 B4
STRAATJE ZONDER EINDE - 138 B3-4 C4
STUIVENBERGVAART - 138 A4-5 B5-6
TENDERSTRAAT - 138 E5
TERVUURSESTEENWEG - 138 C7 D7
TESSESTRAAT - 138 C5
THABORSTRAAT - 138 B4
TICHELRIJ - 138 B4
TINELLAAN EDGARD - 138 B2-3 C2-3 D3
'T LEITJE - 138 E3
'T PLEIN - 138 C5
TUINBOUWSTRAAT - 138 A7 B7
TUINSTRAATJE - 138 B3-4
'T VEER - 138 B4
'T VLIETJE - 138 D4
TWAALF APOSTELENSTRAAT - 138 B3
VAARTDIJK - 138 B6 C6-7
VAN BEETHOVENSTRAAT - 138 B4 C4-5
VAN BENEDENLAAN - 138 B5-6 C6
VAN BUSLEYDENSTRAAT - 138 C3
VAN DE WOESTIJNESTRAAT GUSTAVE - 138 A3
VAN HOEYSTRAAT - 138 C3
VAN KERCKHOVENSTRAAT - 138 C6
VAN KESBEECKSTRAAT OSCAR - 138 B1-2-3
VARKENSSTRAAT - 138 C3-4 D4
VEEMARKT - 138 D4
VEKESTRAAT - 138 B5
VELDENSTRAAT - 138 A6 B6
VELKGERSTRAAT - 138 A6 B6
VELUWESTRAAT - 138 B5
VENNEKANT - 138 B6-7
VESDERSTRAAT - 138 C1
VIERMOLENSTRAAT - 138 B1
VIJFHOEK - 138 C5
VISMARKT - 138 C4
VLEESHOUWERSSTRAAT - 138 C4
VONDELSTRAAT - 138 A5 B5
VOOCHTSTRAAT - 138 D4
VRIJBROEKSTRAAT - 138 A6
VRIJGEWEIDESTRAAT - 138 A5-6
VROUW VAN MECHELENSTRAAT - 138 B3
VROUWVLIETSTRAAT - 138 D1
WAGONSTRAAT - 138 E5-6
WATERSTRAATJE - 138 D5
WELKOMSTRAAT - 138 A2
WIJNANTSSTRAAT ERNEST - 138 A3
WIJNGAARDSTRAAT - 138 A7 B7
WINKETKAAI - 138 A3 B3
WITHUISSTRAAT - 138 D7
WITTEBROODSTRAAT - 138 D3
WOLLEMARKT - 138 C3-4
WOUTERSSTRAAT RIK - 138 D4
ZAKSTRAAT - 138 C4 D4
ZANDPOORTVEST - 138 D4-5
ZELESTRAAT - 138 B3 C3
ZENNESTRAAT - 138 B1
ZIEKEBEEMDENSTRAAT - 138 D1-2
ZIEKELIEDENSTRAAT - 138 C5
ZIJPESTRAAT - 138 A3
ZILVERSTRAATJE - 138 C3
ZOUTWERF - 138 C4-5
ZWAANSTRAATJE - 138 C4-5
ZWALUWSTRAAT - 138 B1
ZWARTZUSTERSBERG - 138 D3
ZWARTZUSTERSVEST - 138 D3-4

MONS

ALBERT-ELISABETH / BOULEVARD - 139 C5 D5
ALBERT 1ER / AVENUE - 139 C7 D7
ALCHIMISTE / RUE DE L' - 139 E4
ALLEE DES OISEAUX-CITE DES TARINS - 139 E5
ALLEE DES OISEAUX-LES ALOUETTES - 139 E5-6
ALLEE DES OISEAUX-LES COLOMBES - 139 E5
ALLEE DES OISEAUX-LES FAUVETTES - 139 E6
ALLEE DES OISEAUX-LES MESANGES - 139 E6
ALLEE DES OISEAUX-LES PINSONS - 139 E6
ALLIES / PLACE DES - 139 A4
ARBALESTRIERS / RUE DES - 139 D1 E1-2-3
ARCHERS / PLACE DES - 139 D3-4
ARCHERS / RUE DES - 139 D3-4 E3
ARQUEBUSIERS / RUE DES - 139 C5 D4-5
ATHENEE / RUE DE L' - 139 B3-4
ATRE / RUE DE L' - 139 D3
BAILLY / COUR DU - 139 C2
BARBELES / RUE DES - 139 C1-2
BASSINS / AVENUE DES - 139 A1-2-3 B1
BAUDOUIN DE CONSTANTINOPLE / AVENUE - 139 E3
BAVIERE / RUE DE - 139 A4
BEAUFAYS / RUE - 139 E7
BEGUINAGE / PLACE DU - 139 B4
BEGUINAGE / RUE DU - 139 B4
BELNEUX / MARCHE DES - 139 D3
BELNEUX / RUE DES - 139 D3
BERTAIMONT / RUE DE - 139 C4-5
BERVOETS / RUE MARG - 139 C3
BETAIL / MARCHE AU - 139 D2 E2
BICHE / RUE DE LA - 139 D3
BLANCS MOUCHONS / RUE DES - 139 C4
BON DIEU / CHASSE DU - 139 B2
BOOTLE / PLACE DE - 139 D2-3
BORG-NAGACHE / RAMPE - 139 B2
BOULANGERIE / RUE DE LA - 139 C5
BOURLARD / RUE ANTOINE - 139 D4-5 E5
BOUSSU / RUE DE - 139 B4
BOUZANTON / RUE DE - 139 B4
BRASSEURS / RUE DES - 139 B7 C7
BREUCQ / RUE DU - 139 C5
BRISSELOT / RUE - 139 E4
BUISSERET / RUE - 139 B4-5
CACHES / RUE DES - 139 D4
CANONNIERS / RUE DES - 139 A4 B4-5 C5
CANTIMPRET / RUE DE - 139 B4
CAPIAUMONT / RUE PHILIPPE - 139 E4-5
CAPUCINS / RUE DES - 139 B4 C4
CARTE / RUE ANTO - 139 E5
CASEMATES / RUE DES - 139 B5
CENTENAIRE / AVENUE DU - 139 D7
CENTRE / PASSAGE DU - 139 C4
CERF / COUR DU - 139 E7
CERF BLANC / RUELLE DU - 139 C2
CHAPELLE / PLACE DE LA - 139 E7
CHAPITRE / PLACE DU - 139 C3
CHAPITRE / RUE DU - 139 B3 C3
CHARLES-QUINT / BOULEVARD - 139 B2-3 C1-2
CHARON / RUE - 139 C1
CHARTRIERS / RUE DES - 139 C4 D4
CHASSEURS A PIED / PLACE DES - 139 B6 C6
CHATEAU / RAMPE DU - 139 C3
CHAUSSEE / RUE DE LA - 139 C3
CHISAIRE / RUE - 139 A4 B3-4
CHURCHILL / BOULEVARD WINSTON - 139 C1 D1
CINQ VISAGES / RUE DES - 139 B3-4
CLEF / RUE DE LA - 139 C3 D3
CLERCS / RUE DES - 139 C3
CLESSE / RUE A. - 139 D2
COLINET / RUE - 139 C1
COMPAGNONS / RUE DES - 139 B2 C2
COSPEAU / RUE - 139 C5-6
COUPE / RUE DE LA - 139 C3-4
COURONNE / RUE DE LA - 139 C3
COURTE / RUE - 139 C3
CROIX PLACE - 139 C4
CROIX ROUGE / RUE DE LA - 139 D1
CRONQUE / RUE - 139 C3
CUESMES / AVENUE DE - 139 A4
CUESMES / CHEMIN DE - 139 B7
CUESMES / DIGUE DE - 139 A4-5-6 B6
CURE LETELLIER / COUR DU - 139 D3 E3
CUROIT / RUE DU - 139 A6 B6
D'AVESNES / AVENUE JEAN - 139 B5 C5
DE BETTIGNIES / RUE CLAUDE - 139 B2-3
DE GUYSE / RUE J. - 139 E3
DE LASSUS / RUE R. - 139 C1 D1
DEBONNAIRE / RUE AME - 139 B3 C3
DEGRES / RUE A - 139 C3
DEJARDIN / RUE V. - 139 D5 E5
DE LORRAINE / ESPLANADE ANNE-CHARLOTTE - 139 D2
DEL PORTE / RUE GEORGES - 139 A5 B5
DELTA / RUE DU - 139 A5-6
DINANT / RUE DE - 139 C4
DOLEZ / BOULEVARD - 139 D4 E3-4
DOMINICAINS / RUE DES - 139 C2
DRAGON / ESPLANADE DU - 139 D3
DUMENIL / RUE P. JOSEPH - 139 D1
ECHELLES / RUE DES - 139 C2
ECOLIERS / RUE DES - 139 B4
EGMONT / RUE D' - 139 C2
ENGHIEN / RUE D' - 139 C2-3
EPARGNE / RUE DE L' - 139 D4-5 E4
EPINGLIERS / RUE DES - 139 D3
ETAMPES / RUE DES - 139 C2
ETANGS / CHEMIN DES - 139 C1
EXPOSITIONS / AVENUE DES - 139 E2
FAUCON / IMPASSE - 139 A1
FAUCONNIER / IMPASSE - 139 E3-4
FETIS / RUE - 139 B3
FISCH CLUB / IMPASSE DU - 139 E4
FISCH CLUB / RUE DU - 139 E3-4
FLANDRE / PLACE DE - 139 E3
FONDERIE / RUE DE LA - 139 B5
FOSSES / RUE DES - 139 D2-3
FOURMILIERE / RUE DE LA - 139 B5-6
FOYER / RUE DU - 139 D5 E5
FRERE ORBAN / AVENUE - 139 D4
FRIPIERS / RUE DES - 139 C3-4
FROISSART / RUE - 139 D4
GADES / RUE DES - 139 C3
GAGES / RUE DE - 139 A4-5
GAILLARDMONT / RUE DE - 139 B2-3 C3
GAILLERS / RUE DES - 139 C2
GAZOMETRE / RUE DU - 139 A4 B4
GENDEBIEN / BOULEVARD - 139 A3-4
GENERAL DE GAULE / AVENUE DU - 139 B6-7
GLEPIN / RUE H. - 139 B4-5
GODFROID / RUE RAOUL - 139 A5
GOUVERNE MENT / RUE DU - 139 D3 E3
GOUVERNEUR CORNEZ / AVENUE - 139 E5-6
GOUVENEUR DAMOISEAUX / RUE M. - 139 D2
GRAND JOUR / RUE DU - 139 C1 D1
GRAND PLACE - 139 C3
GRAND RUE - 139 C3-4
GRAND TROU OUDART / RUE DU - 139 C4
GRANDE PECHERIE / PLACE DE LA - 139 C4-5
GRANDE PETITE TRIPERIE / RUE DE LA - 139 C4
GRANDS PRES / RUE DES - 139 A1 B1
GROSEILLIERS / RUE DES - 139 D3 E3
GROSSE POMME / RUE DE LA - 139 B3
GUERITES / AVENUE DES - 139 D4 E4-5
HALLE / RUE DE LA - 139 D3-4
HAUTBOIS / RUE DU - 139 D3
HAVRE / RUE D' - 139 C3 D3 E3
HERBES / MARCHE AUX - 139 C3 D3
HOPITAL / AVENUE DE L' - 139 E2
HOUDAIN / RUE DE - 139 C3-4 D3
HOUDEZ / CITE - 139 E4-5
HOUSSIERE / RUE DE LA - 139 B3
HOUZEAU DE LEHAYE / RUE - 139 C7
HOYOIS / RUE J. - 139 E6-7
HUBERT / RUE J. - 139 C7
HYON / AVENUE D' - 139 D4-5-6
HYON / PLACE D' - 139 E7
INDEPENDANCE / RUE DE L' - 139 B7 C7
JONCQUOIS / RUE DU - 139 C6-7 D5-6
JUIFS / RUE DES - 139 C4
KIEVROIS / R. DES - 139 B2 C2
LAMIR / RUE - 139 B4 C4
LEGRAND / RUE ACHILLE - 139 B4-5
LEMIEZ / AVENUE - 139 D6-7
LEOPOLD / PLACE - 139 A3 B3
LEOPOLD II / RUE - 139 B3
LESCARTS / RUE JEAN - 139 D3-4
LIBERT / COURT - 139 D3
LICORNE / RUE DE LA - 139 C7 D7
LIMERIE / RUE DE LA - 139 D5
LOUISE / PLACE - 139 B3
LUCIDEL / RUE - 139 C1
MA BRUNE / CHASSE - 139 B2
MAISTRIAU / VICTOR - 139 D1
MALAPERT / RUE - 139 C4-5
MALPLAQUET / RUE - 139 B5
MARCOTTES / RUE DES - 139 D2
MARECHAL / RUE F. - 139 A5 B5
MARTYRS / PLACE DES - 139 C4
MASQUELIER / RUE ANDRE - 139 A4 B4
MASSON / BOULEVARD FULGENCE - 139 E2-3
MAUBEUGE / VIEILLE CHAUSSEE DE - 139 B7
MESSINE / PARVIS DE - 139 C5
MIROIR / RUE DU - 139 C3 D3
MON PLAISIR / RUE - 139 C1
MONT DU PARC / RUE - 139 C2
MONT PANISEL / RUE DU - 139 D5
MONTENEZ / IMPASSE - 139 B1
MONTIGNIES / CHASSE - 139 D4
MONTREUIL-SOUS-BOIS / RUE DE - 139 D7 E7
MUTUALITE / RUE DE LA - 139 D5
NAAST / RUE DE - 139 B4
NERVIENNE / PLACE - 139 B5
NEUVE / RUE - 139 C2-3
NIMY / RUE DE - 139 C3 D1-2-3
NOIR LEVRIER / COUR DU - 139 D3
NOTRE DAME / RUE - 139 C4
NOUVELLE / RUE - 139 C5-6 D6
OISEAUX / ALLEE DES - 139 E5-6
11 NOVEMBRE / RUE DU - 139 C2
11E REGIMENT D'ARTILLERIE / RUE DU - 139 E1
ORPHELINS / RUE DES - 139 B4
PARC / PLACE DU - 139 C2 D2
PARC / RUE DU - 139 C1-2
PASSAGES / RUE DES - 139 D2
PATTEY / RUE - 139 D4
PECHER / RUE A. - 139 A4 B4
PECHEURS / RUELLE DES - 139 C4
PEINE PERDUE / RUE DE LA - 139 D3
PETIT MARCHE / COUR DU - 139 D2
PETIT TROU OUDART / RUE DU - 139 C4
PETITE BOUCHERIE / RUE DE LA - 139 C4
PETITE GUIRLANDE / RUE DE LA - 139 B4
PETITE TRIPERIE / RUE DE LA - 139 C4 D4
PEUPLIERS / DIGUE DES - 139 C5-6 D5
PIERARD / RUE L. - 139 D7 E7
PLACE / RUE DE LA - 139 E7
POISSONS / MARCHE AUX - 139 D4
PONT ROUGE / AVENUE DU - 139 D4 E4-5
POTERIE / RUE DE LA - 139 C3
1ER CHASSEUR A CHEVAL / RUE DU - 139 E2
PRES / PETITE RUE DES - 139 A1
PRESIDENT KENNEDY / BOULEVARD J.F. - 139 D1 E1-2
PREVOYANCE / RUE DE LA - 139 B7
PUISSANT / RUE CHANOINE - 139 D4
QUATRE FILS AYMON / RUE DES - 139 C2 D2
QUINETTES / RUELLE AUX - 139 C3
RACHOT / RUE - 139 D3-4
RAQUETTE / RUE DE LA - 139 D3
RECOLLETS / ENCLOS DES - 139 C5
REGNIER AU LONG COL / PL. - 139 D1
REPOS / RUELLE DU - 139 B5 C5
REUNION / RUE DE LA - 139 B3-4 C3
RIVAGE / RUE DU - 139 A4
ROGIER / RUE - 139 B3-4
ROOSEVELT / SQUARE FRANKLIN - 139 B3
ROSSIGNOL / RUE DU - 139 D1-2
SAINCTELETTE / BOULEVARD - 139 A4-5 B5
SAINT-GERMAIN / SQUARE - 139 C3
SAINT-LUC / RUE - 139 E3
SAINT-PAUL / RUE - 139 D4
SAINT-PIERRE / AVENUE - 139 E3-4-5
SAINTE-WAUDRU / RAMPE - 139 B3 C3
SAINTE-DOROTHEE / RUE - 139 B4
SAMSON / RUE - 139 C3
SANS CORON / RUE - 139 B4
SARS / RUE DES - 139 B2-3
SEUWE / RUE DE LA - 139 C3 D3
SIGART / RUE MARTHE - 139 E5
SINISTRES / RUE DES - 139 B1
SOEURS GRISES / RUE DES - 139 B4
SOEURS NOIRES / RUE DES - 139 C4
SPIRA / PLACE - 139 D4
SPIRA / RUE - 139 D4
TANNERIE / RUE DE LA - 139 D4-5
TELLIERS / RUE DES - 139 C2-3
TERRE DU PRINCE DU / RUE DE LA - 139 B4 C3-4
THIRIMONT / RUE DE - 139 C5 D5
TIR / AVENUE DU - 139 E1
TOUR AUBERON / RUE DE LA - 139 C2
TOURTERELLES / RUE DES - 139 C6 D6
TRIEU / RUE DU - 139 B6-7
TROIS BOUDINS / RUE DES - 139 D1-2
TROUILLE / RUE DE LA - 139 C4-5 D4
TROUILLON VOUTE / RUE DU - 139 E2-3
TUILERIES / RUE DES - 139 D2
UNIVERSITE / AVENUE DE L' - 139 B1
VALENCIENNOISE / RUE - 139 E2
VALLIERE / CHEMIN DE LA - 139 B6-7 C7
VAN DEN EEDE / RUE - 139 D5
VANDERVELDE / RUE EMILE - 139 A7 B7
VANNES / PLACE DE - 139 B2
VERLAINE / RUE PAUL - 139 C1
VERSANT / CHEMIN DU - 139 B6-7
VERTE / RUE - 139 D2
VOUSSURE / RUE DE LA - 139 C3
WAROCQUE / PLACE - 139 C2

NAMUR

ABBE ANDRE / PLACE JOSEPH - 140 B2
ADENET LE ROI / SENTIER - 140 A5
AMIGO / IMPASSE DE L' - 140 C6
AMOUREUX / SENTIER DES - 140 A5-6
ANGE / PLACE DE L' - 140 C4
ANGE / RUE DE L' - 140 C4-5
ANGES / GALERIE DES - 140 C4
ARDENNES / PONT DES - 140 E5
ARMEE GROUCHY / RUE DE L' - 140 A2-3
ARMES / PLACE D' - 140 C4
ARQUET / RUE D' - 140 C1
ARSENAL / RUE DE L' - 140 A4 B4
ARTOISENET / RUE - 140 C1
ASTRID / PARC - 140 D7
ASTY MOULIN / CITE GERMINAL D' - 140 A1 B1
ASTY MOULIN / RUE - 140 B1-2
AUBANCOURT / RUE LARCHER D' - 140 D2
BACCARA / RESIDENCE - 140 A1 B1
BAILLY / RUE DU - 140 C5
BAIVY / RUE - 140 E6-7
BALOUCHES / TIENNE AUX - 140 B1
BARON DE MOREAU / AVENUE - 140 B6-7 C6
BARON LOUIS HUART / AVENUE - 140 C5-6 D5
BAS DE LA PLACE / RUE - 140 C4 D4
BASSE MARCELLE / RUE - 140 B4 C4
BASSE NEUVILLE / RUE - 140 D4 E4
BASTIN / RUE ADOLPHE - 140 C2
BASTION / RUE DU - 140 D1
BAVIERE / RUE DE - 140 C4
BAYAR / RUE DENIS-GEORGES - 140 B2
BEFFROI / RUE DU - 140 C4
BEL HORIZON / RUE - 140 E2
BEMELMANS / RUE VICTOR - 140 E1-2
BERENGER / CHEMIN - 140 A6
BICHES / TIENNE DES - 140 B6-7
BILLIART / RUE JULIE - 140 C4 D4
BLONDEAU / RUE - 140 A4
BLUETS / RUE DES - 140 D5-6 E5
BOMEL / RUE DE - 140 B1 C1-2
BORD DE L'EAU / RUE - 140 B5 C5
BORGNET / RUE - 140 C3
BOSRET / RUE - 140 A4-5
BOUCHERS / RUE DES - 140 C5
BOURGMESTRE JEAN MATERNE / AV. DU - 140 C6 D6-7 E7
BOURGEOIS / RUE DES - 140 D3-4 E3
BRABANT / RUE J.B. - 140 D4
BRASSEURS / RUE DES - 140 B5 C5
BRIGADE PIRON / RUE DE LA - 140 D6
BRIGADES D'IRLANDE / RUE DES - 140 D6
BRUNELL / BOULEVARD ISABELLE - 140 D4-5
BRUNO / RUE - 140 A4
BRUXELLES / RUE DE - 140 A3 B3-4 C4
BURGNIAUX / RUE HENRI - 140 E5-6
CALOZET / RUE JOSEPH - 140 A2
CAMELIA / RESIDENCE - 140 B1
CANONS / ROUTE DES - 140 A5-6 B5
CAPUCINS / VENELLE DES - 140 C4
CARILLON / PLACE DU - 140 B4
CARMES / RUE DES - 140 C3-4
CARRIERES / RUE DES - 140 A1 B1 D2-3 E1-2
CAUCHY / BOULEVARD - 140 D3 E3
CELESTINES / PLACE DES - 140 D3-4
CHALET / RUE DU - 140 C2
CHAMPETRE / RUE - 140 D5-6
CHANOINE DESCAMPS / PLACE - 140 C4-5
CHANVRE / MARCHE AU - 140 C4
CHAPELLE ST-DONAT / RUE DE LA - 140 A1-2
CHAPITRE / PLACE DU - 140 B4
CHARLOTTE / PLACE JOSEPHINE - 140 E5
CHATEAU DE NAMUR / PLACE DU - 140 A7
CHAUFOUR / RUE DU - 140 D1
CITADELLE / AVENUE DE LA - 140 C7
COLLEGE / RUE DU - 140 B4 C4
COMBATTANTS / AVENUE DES - 140 A2-3
COMMANDANT TILOT / RUE - 140 E5
COMTE / RAMPE DU - 140 C5
COMTE DE SMET DE NAYER / AVENUE - 140 E3-4
CONFITURERIE / RUE DE LA - 140 E7
COPPIN / RUE DE - 140 C7 D6-7
COQUELET / CHEMIN DE - 140 E1-2
COQUELET / RUE DE - 140 E2-3
COQUELICOTS / RUE DES - 140 D5 E5-6
COTELIS JAMBOIS / RUE DES - 140 E6
COURTENAY / RUE - 140 E4
COURTOIS / QUAI FERDINAND - 140 A4-5
COUVENT / RUE DU - 140 C6
CROISIERS / RUE DES - 140 B3 C3
CROIX / RUE DE LA - 140 C4
CROIX DU FEU / AVENUE DES - 140 A2
CROIX ROUGE / RUE DE LA - 140 E5
CUVELIER / RUE EMILE - 140 C4
DAME / AVENUE DE LA - 140 E7
DAMES BLANCHES / RUE DES - 140 C3 D3
DANDOY / RUE AUGUSTE - 140 D1
DANHAIVE / RUE FERNAND - 140 A1-2
DAVE / RUE DE - 140 D6-7
DEFNET / RUE GUSTAVE - 140 B2
DELVAUX / RUE - 140 D3
DERENNE DELDINNE / RUE - 140 B1
DE SAVOIE / RUE CATHERINE - 140 A5 B5
DETHIER / RUE FLORENT - 140 B1
DEWEZ / RUE - 140 C3 D3
DOCTEUR HAIBE / RUE - 140 A2
DODANE / RUE DE LA - 140 A3
ECHASSEURS / RUE DES - 140 C5
ECOLE DES CADETS / PLACE DE L' - 140 E3
EMAILLES / RUE DES - 140 A1
ENHAIVE / RUE D' - 140 D6-7 E5-6
ERMITAGE / AVENUE DE L' - 140 A7
ERNOTTE / RUE - 140 A2
ETOILE / RUE DE L' - 140 D4
EUROPE UNIE / SQUARE DE L' - 140 C3
EVECHE / PONT DE L' - 140 B5
EVECHE / RUE DE L' - 140 B4
FALISE / RUE DE LA - 140 D1
FALMAGNE / PLACE GUSTAVE - 140 A3
FER / RUE DE - 140 C3-4
FOLIETTE / CHEMIN DE LA - 140 A5-6
FOND D' ARQUET / RUE - 140 C1-2
FOSSES FLEURIS / RUE DES - 140 C5
FRANCE / PONT DE - 140 D5
FRERE ORBAN / BOULEVARD - 140 A3-4 B4-5
FRIPIERS / RUE DES - 140 C4
FUMAL / RUE - 140 B4-5
GALLIOT / RUE - 140 C3
GARE / AVENUE DE LA - 140 C3
GARE /PASSAGE DE LA - 140 C3
GARE FLEURIE / RUE DE LA - 140 E7
GEMINE / RUE RAYMOND - 140 E1
GENERAL MICHEL / RUE - 140 D3
GERMINAL / CITE - 140 A1
GERONSART / RUE DE - 140 D7
GODEFROID / RUE - 140 B3-4
GOLENVAUX / AVENUE FERNAND - 140 C4 D4-5
GOUVERNEUR BOVESSE / AVENUE - 140 D6 E5-6
GRAFE / RUE J. - 140 A4 B3-4
GRANDE FORGE / VENELLE DE LA - 140 C4
GRANDGAGNAGE / RUE - 140 A3-4 B3
GRAVIERE / RUE DE - 140 D4
GROGNON / RUE DU - 140 C5 D5
HALLE / RUE DE LA - 140 C4-5
HARSCAMP / GALERIE JARDIN D' - 140 C4
HARSCAMP / IMPASSE D' - 140 D4
HARSCAMP / RUE D' - 140 D4-5
HAUTE MARCELLE / RUE - 140 C4
HERBATTE / BOULEVARD D' - 140 C2 D2-3 E3
HEUVY / PORTE D' - 140 A2
HOPITAL MILITAIRE / IMPASSE DE L' - 140 C3
HOTEL DE VILLE / ESPLANADE DE L' - 140 C3
HOUYOUX / RUE DU - 140 A1
ILON / PLACE L' - 140 D4
INDUSTRIE / RUE DE L' - 140 A1
INQUIETUDE / RUE DE L' - 140 C3
JAMBES / PONT DE - 140 C6
JEAN IER / AVENUE - 140 A5 B5
JEAN LEMAIRE DES BELGES / SENTIER - 140 A5
JOGHIERS / QUAI DES - 140 A4 B4-5 C5 D5

KARINA / RESIDENCE - 140 A1
KEFER / RUE - 140 D5 E5
KEGELJAN / PLACE - 140 C5 D5
KOLLER / RUE - 140 C1
LAMBIN / RUE - 140 C7 D7
LEANNE / IMPASSE - 140 D2
LEANNE / RUE - 140 D1-2
LELIEVRE / RUE - 140 B4
LEMAITRE / RUE HENRI - 140 A4-5
LEOPOLD / PLACE - 140 C3 D3
LEOPOLD / SQUARE - 140 C3
LIBERATION / PONT DE LA - 140 A3
LOMBARD / RUE DU - 140 D4
LOUISE MARIE / PARC - 140 A3
LOUVAIN / CHAUSSEE DE - 140 C2 D1-2 E1
MAQUET / RUE AUGUSTE - 140 B2
MARAICHERS / RUE DES - 140 C1-2
MARCHE / RUE DU - 140 C4
MARCHE AUX LEGUMES / PLACE - 140 C4
MARCHOVELETTE / RUE DE - 140 C4-5
MARIE D'ARTOIS / AVENUE - 140 A6-7
MARIE HENRIETTE / RUE - 140 A2 B2
MASSON / SQUARE ARTHUR - 140 D4 E4
MASUIS JAMBOIS / RUE DES - 140 D6 E6
MAUS / PLACE HENRI - 140 D3
MAZY / RUE - 140 D5-6 E4-5
MELOT / BOULEVARD ERNEST - 140 A3 B3
MERCKEM / BOULEVARD DE - 140 A2 B2
MERVEILLEUSE / ROUTE - 140 A6-7 B6-7 C5-6
MEUSE / BOULEVARD DE LA - 140 B7 C6-7
MEUSE / QUAI DE - 140 C6 D5-6 E4-5
MILIEU DU MONDE / AVENUE DU - 140 A7
MONCRABEAU / RUE - 140 C3
MONNAIE / RUE DE LA - 140 C4
MONSEIGNEUR HEYLEN / PLACE - 140 C2
MONTAGNE / RUE DE LA - 140 D1-2
MOTTIAUX / RUE - 140 C7 D7
MOULIN-LAVIGNE / RUE DU - 140 A1
MOULINS / RUE DES - 140 C5
MUSEE / PONT DU - 140 C5
MUSEU / PLACE RAYMOND - 140 A1-2 B1
MUZET / RUE - 140 A2
NAMECHE / RUE LUCIEN - 140 C3 D3-4
NANON / RUE - 140 B1 C1-2
NORD / BOULEVARD DU - 140 B2 C2
NOTRE DAME / RUE - 140 C5-6
OIGNIES / RUE HUGO D' - 140 C7
OMALIUS / PLACE D' - 140 B3
OUVRAGE / RUE DE L' - 140 C4
PALAIS DE JUSTICE / PLACE DU - 140 B4
PARADIS / RUE DU - 140 C7
PARC DES ROCHES / RUE DU - 140 C1 D1
PEPIN / RUE - 140 C4 D3-4
PEPINIERE / RUE DE LA - 140 B1-2
PIED DU CHATEAU / PLACE - 140 C5
PIED NOIR / RUE DU - 140 D1
PIRET-PAUCHET / RUE - 140 C1-2
PLAGE / RUE DE LA - 140 C6-7
PLANTE / AVENUE DE LA - 140 B6-7 C6
PONT / RUE DU - 140 C4-5
PONT DE LOUVAIN / RUE DU - 140 C2-3 D2
PONT DES ARDENNES / RUE DU - 140 E4-5
PONTY / RUE - 140 E4
PORCELAINE / RUE DE LA - 140 E7
PREMIER LANCIERS / RUE DU - 140 D3-4
PRESIDENT / RUE DU - 140 C4-5
PRINZ / RUE RENEE - 140 C6-7 D7
PROCES / AVENUE ARTHUR - 140 C1 D1-2
QUATRE FILS AYMON / RUE DES - 140 D4-5 E4
QUATRIEME GENIE / RUE DU - 140 E3
RAVAISON / RUE FELIX - 140 D2
REINE ASTRID / AVENUE - 140 A4-5 B5
RELIS NAMURWES / RUE DES - 140 A1-2
ROGIER / RUE - 140 C3 D3
ROMAGNESI / CHEMIN - 140 A7
RONVAUX / RUE EDOUARD - 140 E4
ROSES / RUE DES - 140 E4-5
RUPLEMONT / RUE - 140 B4 C4
SAINT-AUBAIN / PLACE - 140 B4
SAINT-CALIXTE / PLACE - 140 C7
SAINT-CALIXTE / RUE - 140 C6-7 D7
SAINT-DONAT / RUE - 140 A1-2
SAINT-FIACRE / RUE - 140 E2-3
SAINT-HILAIRE / PLACE - 140 C5
SAINT-JACQUES / RUE - 140 C4
SAINT-JEAN / RUE - 140 C4
SAINT-JOSEPH / GALERIE - 140 C3
SAINT-JOSEPH / RUE - 140 C3
SAINT-LOUP / RUE - 140 C4
SAINT-MARTIN / RUE - 140 B6-7
SAINT-NICOLAS / RUE - 140 D4 E3-4
SAINTONGE / SENTIER JACQUES ANDRE - 140 B6
SAINTRAINT / RUE JOSEPH - 140 B4-5
SAINT-REMY / MARCHE - 140 C4-5
SAINT-SIMON / SENTIER - 140 A6 B5-6
SALZINNES / QUAI DE - 140 A3-4
SANA / RUELLE - 140 C7
SAPIN / IMPASSE - 140 D6
SARASSE / RUE DE LA - 140 C5
SARDANSON / RUE DE - 140 E1
SCHUMANN / PLACE THERESE - 140 D2
SEMINAIRE / RUE DU - 140 A4 B4
SERVAIS / PLACE MAURICE - 140 C5
SOUS LE PONT / RUE - 140 C2-3 D2-3
STADE COMMUNAL / ALLEE DU - 140 E6-7
STASSART / AVENUE DE - 140 A3
STATION / PLACE DE LA - 140 B3
SYLVIA / RESIDENCE - 140 A1
TAN / RUE DU - 140 D4
TANNERIES / RUE DES - 140 D4
TEMPLE / RUE DU - 140 D2
THEATRE / PLACE DU - 140 C4
TILLIEUX / RUE - 140 C6-7
TOUR / RUE DE LA - 140 C4
TREIZIEME DE LIGNE / PLACE DU - 140 A1
URSULINES / RUE DES - 140 B3
VAN OPRE / RUE - 140 D6 E5-6
VERRERIES / RUE DES - 140 E7
VERRIERS / RUE DES - 140 E2-3
VERTE / RAMPE - 140 B5 C5
VERTE / RUE - 140 D6
VIERGE / REMPART DE LA - 140 A3-4 B3
WALLONIE / PLACE DE LA - 140 D6-7
WASSEIGE / RUE - 140 C6 D6
WODON / RUE FELIX - 140 A3

NIVELLES

ABBE-MICHEL-RENARD / RUE - 141 E3
ABREUVOIR / PLACE DE L' - 141 C5
AGLANE DE NIVELLES / CLOS - 141 D6
ALBERT ET ELISABETH / AVENUE - 141 C3-4 D3
ALBERT-IER / PLACE - 141 C4
AL'GAILLE / RUE - 141 D4-5
ALIZES / RUE DES - 141 E7
ALOUETTES / ALLEE DES - 141 E7
ANGE / RUE DE L' - 141 B4 C4
AQUILON / RUE DE L' - 141 E6-7
ARBALETRIERS / BOULEVARD DES - 141 B4-5 C4
ARCHERS / BOULEVARD DES - 141 C4
ARGAYON / RUE DE L' - 141 C3
ARTS / RUE DES - 141 D2-3
ATHENEE / RUE DE L' - 141 E5
AUBERGION / PLACE DE - 141 C5
BARON SEUTIN / SQUARE - 141 E4
BATTERIE / BOULEVARD DE LA - 141 B5 C5
BAUDEMONT / CHEMIN DE - 141 A1 B1-2
BAYARD / RUE - 141 C5
BEGUINAGE / RUE - 141 C4
BERTHELS / RUE THEODORE - 141 E3-4
BLEVAL / RUE - 141 C4
BOIS DU SEPULCRE / HAMEAU DU - 141 A1
BOIS DU SEPULCRE / SENTIER DU - 141 A1-2 B2-3
BRAINE-LE-COMTE / CHAUSSEE DE - 141 A4 B4
BRAINE-LE-COMTE / VIEUX CHEMIN DE - 141 A3 B3-4
BRASSEURS / RUE DES - 141 C5
BRIGNE / RUE DE LA - 141 C2-3
BRIQUE / RUE DE LA - 141 C2
BRISE / RUE DE LA - 141 E7
BROC A L'AYE / ALLEE - 141 B2
BRUXELLES / CHAUSSEE DE - 141 D2-3 E1-2
BRUXELLES / FAUBOURG DE - 141 D3-4
BRUXELLES / RUE DE - 141 C4 D4
BURLET / AVENUE DE - 141 D4 E3-4
CANONNIERS / RUE DES - 141 C4
CARDINAL MERCIER / RUE - 141 D4
CASTELAIN / RUE - 141 D4
CAURUS / RUE DU - 141 D6 E6
CENTENAIRE / AVENUE DU - 141 D5 E5
CHAMBILLE / RUE - 141 D4
CHARLEROI / CHAUSSEE DE - 141 D7 E7
CHARLEROI / FAUBOURG DE - 141 D5-6-7
CHARLEROI / RUE DE - 141 C5 D5
CHEVAL GODET / RUE - 141 C3
CHORAUX / RUE DES - 141 C4
CLARISSE / RUE - 141 E4
COMBATTANTS / RUE DES - 141 B4-5
COMPTOIR / IMPASSE - 141 C5
CONCEPTIONNISTES / IMPASSE DES - 141 D4
CONCEPTIONNISTES / RUE DES - 141 C4 D4
COPARTY / CHEMIN - 141 E5
COPARTY / RUE - 141 E4-5
COQ / RUE DU - 141 C5
COQUELETS / RUE DES - 141 B3 C3
COQUELETS / VENELLE DES - 141 C3
COQUERNE / RUE - 141 C5
COULOMBIER / ALLEE DU - 141 B6
COUTERELLES / ALLEE DES - 141 C2-3
CURA / RUE DU - 141 D4
DELALIEUX. / PLACE EMILE - 141 D4
DELALIEUX / ESPACE - 141 D4
DELCROIX / RUE FERDIN. - 141 D3 E3
DELFOSSE / RUE - 141 D5 E5
DELVAUX / RUE LAURENT - 141 D3-4
DEMULDER / RUE - 141 D3
DEPORTES / PLACE DES - 141 E2
DEPORTES / RUE DES - 141 E2
DEVERSOIR / RUE DU - 141 D4
DEWANDELAER / ALLEE FRANZ - 141 A5
DODAINE / BOULEVARD DE LA - 141 C5 D5
ENSEIGNEMENT / RUE DE L' - 141 C2 D2-3
ESCAVEE / CHEMIN DE L' - 141 D7 E7
ESPAUTOLE / RUE DE L' - 141 B1-2
ETUVE / RUE DE L' - 141 C4 D4
EUROPE / AVENUE DE L' - 141 E1-2
EUROS / RUE DE L' - 141 E7
EVECHE / RUE DE L' - 141 C4
FIEF DE ROGNON / RUE - 141 D5-6 E6-7
FLEUR DE LYS / BOULEVARD DE LA - 141 D4
FONDERIE / RUE DE LA - 141 E4
FONTENEAU / RUE DU - 141 C1
FRAGNE / ALLEE DE LA - 141 D6
FRERES GRISLEINS / RUE DES - 141 D4-5
FRERES PIERSEAUX / RUE DES - 141 C4
GEANT / RUE DU - 141 C4 D4
GENERAL JACQUES / AVENUE - 141 D5
GENERAL LEMAN / RUE - 141 D4
GRAMBAIS / CHEMIN DE - 141 A3
GRAND BAILLI / CHEMIN DU - 141 A1-2 B1
GRAND'PEINE / CHEMIN DE - 141 D7
GRAND'PLACE - 141 C5
GRIVES / ALLEE DES - 141 E7
GROSSE POMPE / IMPASSE DE LA - 141 C5
GUILLEMINS / RUE DES - 141 B4-5
HAL / CHAUSSEE DE - 141 C1-2
HAPPART / RUE DU - 141 A5
HAUTES HUREES / RUE DES - 141 A4-5
HEPPE / RUE GILLARD - 141 C5
HEURES CLAIRES / LES - 141 D2-3 E3
HIRONDELLES / RUE DES - 141 E6-7
INRADJI / RUE DE L' - 141 B2
JAQUEMART / ALLEE DU - 141 E5-6
JARDIN ROMPU / IMPASSE DU - 141 C4
JEUNIAUX / AVENUE LEON - 141 C5
JUIFS / RUE DES - 141 C5
LAGASSE / RUE - 141 E4-5
LEBON / RUE FRANCOIS - 141 D4 E4
LEVANT / RUE DU - 141 E6-7
LEVEQUE / RUE AUGUSTE - 141 E3
MARLET / RUE - 141 C5
MASSON / ALLEE ARTHUR - 141 B2-3 C2
MATHIEU / AVENUE JULES - 141 C5-6-7
MAXILE / CHEMIN - 141 D3
MESANGES / ALLEE DES - 141 E6
MESSAGER D'ANVERS / RUE DU - 141 C4
METIERS / RUE DES - 141 C3 D3
MISTRAL / RUE DU - 141 D7 E7
MONDE / AVENUE DU - 141 B6-7 C5-6
MONS / CHAUSSEE DE - 141 A6-7 B6
MONS / FAUBOURG DE - 141 B5-6 C5
MONS / RUE DE - 141 C5
MONSEIGNEUR CARDIJN / RUE - 141 E6
MONSTREUX / CHEMIN DE - 141 A5
MONSTREUX / RUE DE - 141 A5 B4-5
MONTAGNE DU PARC / RUE - 141 C5
MONT CHEVAL / ALLEE DU - 141 B6-7
MONT-SAINT-ROCH - 141 B2-3-4 C2-3-4
MOULIN AU BLEU / RUE DU - 141 E2
MOULIN DE GODRON / CLOS DU - 141 A4
NAMUR / FAUBOURG DE - 141 E4
NAMUR / RUE DE - 141 C4 D4 E4
NEUVE / RUE - 141 D4
NOTRE DAME / PARVIS - 141 D4
PANIER VERT / RUE DU - 141 A5
PAQUETTE / RUE - 141 D4
PARADIS / RUE DU - 141 C1-2 D2
PAUWELS / RUE HENRI - 141 B2-3-4 C2
PECHEURS / RUE DES - 141 C5
PETIT / SQUARE GABRIELLE - 141 C4
PETIT BAULERS / CHEMIN DU - 141 D2
PINSONS / ALLEE DES - 141 E6-7
PLOCHE / ALLEE DU - 141 B6
PONT GOTISSART / RUE DU - 141 C4
PORTE ROUGE / IMPASSE DE LA - 141 C4
POSTY / ALLEE DU - 141 A4
POULEES / RUE DES - 141 C4
PRE AU LAIT / ALLEE - 141 D7
PRE LORETTE / ALLEE - 141 B3
PRETRES / RUE DES - 141 C4
PROCESSION / RUE DE LA - 141 B6-7
QUATRE VENTS / PLACE DES - 141 E7
RECOLLETS / RUE DES - 141 D5
RELEVEE / ALLEE DE LA - 141 D7
RELIGION / RUE DE LA - 141 C5 D5
RIF-TOUT-D'JU / ALLEE - 141 B2 C2
ROBLET / RUE - 141 D4
ROCADE SUD - 141 A6-7
ROITELETS / RUE DES - 141 E7
ROUGES-GORGES / ALLEE DES - 141 E7
SABLON / ALLEE DU - 141 B5-6
SAINT-ANDRE / RUE - 141 C4
SAINT-ANNE / FAUBOURG - 141 C4
SAINTE-ANNE / RUE - 141 C4
SAINTE-BARBE / RUE - 141 A5-6 B5-6
SAINTE GERTRUDE / CLOS - 141 B6 C6
SAINTE-GERTRUDE / RUE - 141 C5
SAINTES / RUE DE - 141 C5 D5
SAINT-GEORGES / RUE - 141 C5 D4-5
SAINT-JEAN / RUE - 141 C5
SAINT-PIERRE / CHEMIN - 141 B1-2 C2
SAINT-PIERRE / RUE - 141 D6 E6
SAINT-ROCH / VENELLE - 141 C3-4
SAMIETTE / RUE - 141 A5 B5
SANSPOUX / RUE OCTAVE - 141 B2 C2
SCHIFFELERS / PLACE LAMBERT - 141 C4-5
SCOHY / ALLEE URSMAR - 141 A5
SENEFFE / VIEUX CHEMIN DE - 141 A7 B7
SEPTENTRION / RUE DU - 141 E7
SEUTIN / RUE - 141 B5 C5
SOIGNIES / FAUBOURG DE - 141 B4-5
SOIGNIES / RUE DE - 141 B5 C4-5
SOLIDARNOSC / RUE - 141 E6-7
SOTRIAMONT / RUE DE - 141 C2-3 D3
SOURIS / RUE AUX - 141 C4
SOUVENIR / ESPLANADE DU - 141 D5
STOISY / CHEMIN DE - 141 C7 D7
TIENNE-A-DEUX-VALLEES / RUE - 141 E5-6
TINCTORIS / ALLEE JOHANNES - 141 D7
TOUR DE GUET / AVENUE DE LA - 141 B6 C5-6
TOURETTE / ALLEE DE LA - 141 B5-6
TOUR RENARD / ALLEE DE LA - 141 D6 E6
TRAMONTANE / ALLEE DE LA - 141 E7
VANDERVELDE / RUE EMILE - 141 D5
VANPEE / BOULEVARD CHARLES - 141 D4-5
VAS Y VIR / CHEMIN - 141 B3
VERT CHEMIN - 141 E7
VIEILLE COUR / CHEMIN DE LA - 141 E6
VIEILLES PRISONS / RUE DES - 141 C4-5 D4
VIEUX BASSIN / RUE DU - 141 A5 B5
VIOLETTE / RUE DE LA - 141 D4
WARCHIMONT / ALLEE DE - 141 B5
WAUTERS / JOSEPH - 141 B3-4
WICHET / RUE DU - 141 C5
WILLAME / RUE GEORGES - 141 E3-4
YSER / SQUARE DE L' - 141 E3-4
ZEPHYR / RUE DU - 141 E7

OOSTENDE

AARTSHERTOGINNESTRAAT - 142 C3
ACHTURENPLEIN - 142 C2
ALBERT I-PROMENADE - 142 B2 C2
AMSTERDAMSTRAAT - 142 B4 C4
ANSEELEKAAI EDUARD - 142 E2-3
ANTWERPENSTRAAT - 142 B4
ARCHIMEDESSTRAAT - 142 E6-7
ARENDSTRAAT - 142 E7
AZALEALAAN - 142 D6 E6
BAELSKAAI HENDRIK - 142 E2-3
BALSPELPAD - 142 D7
BATTERIJSTRAAT - 142 A6-7
BEEKSTRAAT - 142 D5-6
BEELDHOUWERSSTRAAT - 142 A5
BEERNAERTSTRAAT AUGUST - 142 E6
BEERNAERTSTRAAT EUPHROSINA - 142 B3 C3
BEGONIALAAN - 142 D6-7
BELPAIRESTRAAT ANTOON - 142 B2
BENOITSTRAAT PETER - 142 B4
BIKKELPAD - 142 C7 D7
BINNENPAD - 142 D7
BLAUWKASTEELSTRAAT - 142 A6 B6
BOEKARESTSTRAAT - 142 C2
BOLWERKSTRAAT - 142 C4
BONENSTRAAT - 142 C2
BONNEPLEIN RAOUL - 142 B5
BOOGSCHUTTERSSTRAAT - 142 C4-5
BOOMSTRAAT - 142 D6
BORGERSSTRAAT HONORE - 142 A5-6
BOSBESSENLAAN - 142 B7
BOSDUIFLAAN - 142 C6
BOSWEG - 142 D5-6
BOUWMEESTERSSTRAAT - 142 A5
BRABANTSTRAAT - 142 C2
BRANDARISKAAI - 142 D3-4
BREIDELSTRAAT - 142 C2
BRIGADE PIRONLAAN - 142 C6
BRIGANTIJNENSTRAAT - 142 C4
BROEDERLIJKHEIDSTRAAT - 142 A5-6
BRONSTRAAT - 142 B6 C6
BRUSSELSTRAAT - 142 B3
BUITENPAD - 142 C7 D7
BUIZERDSTRAAT - 142 E7
BUSKRUITSTRAAT - 142 D1-2 E2
BUYLSTRAAT ADOLF - 142 B3 C2-3
CAMELIALAAN - 142 C7 D7
CAMERLINKSSTRAAT - 142 E5
CANADAPLEIN - 142 C3
CARDYNPLEIN - 142 C7
CAVELLSTRAAT EDITH - 142 C4
CEDERDREEF - 142 C5 D5
CHALETSTRAAT - 142 B3
CHRISTINASTRAAT - 142 B2 C2-3
CHRYSANTENSTRAAT - 142 B7 C7
CIRKELSTRAAT - 142 C2
CLIVIALAAN - 142 C7 D7
COCKERILLKAAI - 142 E3-4
CONSCIENCEPLEIN HENDRIK - 142 A5
CYCLAMENLAAN - 142 C6-7
DAGERAADSTRAAT - 142 E6
DAHLIALAAN - 142 D6 E6-7
DE CLERCKSTRAAT JAN - 142 C5 D5-6
DE CUYPERSTRAAT EDUARD - 142 A4
DEKENIJSTRAAT - 142 C3 D3
3DE EN 23STE LINIEREGIMENTSPLEIN - 142 D4
DICHTERSPAD - 142 D7
DOKTER VERHAEGHESTRAAT - 142 A5
DOORNENLAAN - 142 A7
DUIVENHOKSTRAAT - 142 A5
DUIVENSTRAAT - 142 B7
DWARSSTRAAT - 142 C2-3
EDELWEISLAAN - 142 C7
EENDENLAAN - 142 B6
EENDRACHTSTRAAT - 142 A6
EKSTERSTRAAT - 142 E7
ELFENPAD - 142 D7
ELISABETHLAAN - 142 A6 B6 C6 D6
ELZENLAAN - 142 A7
ENSORGALERIJ JAMES - 142 C2
ESPLANADESTRAAT - 142 E3
EUROPAGALERIJ - 142 C2
FEEENPAD - 142 D7
FEYSPLEIN ERNEST - 142 C3 D3
FLAMINGOSTRAAT - 142 D7
FORTSTRAAT - 142 E1-2
FORTUINSTRAAT - 142 D4
FREGATSTRAAT - 142 D4
FRERE-ORBANSTRAAT - 142 B5 C5-6 D6
FRESIALAAN - 142 D7
GELIJKHEIDSTRAAT - 142 A6
GELUKKIGE-HAARDSTRAAT - 142 B6-7
GENERAAL JUNGBLUTHLAAN - 142 B6
GENTSTRAAT - 142 B4
GERECHTSPLEIN - 142 A5
GERSTSTRAAT - 142 B5-6
GEZELLESTRAAT GUIDO - 142 E6
GISTELSESTEENWEG - 142 D6-7 E7
GLADIOLENLAAN - 142 D7 E6-7
GODETIASTRAAT - 142 E4
GOEDEWINDHELLING - 142 D4
GOETGHEBEURSTRAAT KAREL - 142 C6
GOUDSBLOEMLAAN - 142 C7 D7
GOUWELOZESTRAAT - 142 D5 E5
GRAAF DE SMET DE NAEYERLAAN - 142 D3-4
GRACHTSTRAAT - 142 E5
GRENSSTRAAT - 142 B4
GROENDREEF - 142 C5 D4-5 E4-5
GROENTEMARKT - 142 C2
GULDENSPORENLAAN - 142 C6-7
HALVEMAANDIJK - 142 D1 E1-2
HARINGSTRAAT - 142 E2-3
HAVENGEUL - 142 C1 D1
HAVENGEULKAAI - 142 D2
HAVERSTRAAT - 142 B5 C5
HAVIKSTRAAT - 142 E7
HEILIG-HARTLAAN - 142 A4
HEILIG-HARTPLEIN - 142 A4-5
HENGELPAD - 142 C7 D7
HENNEPSTRAAT - 142 B5
HERTSTRAAT - 142 B2 C2-3
HOEFIJZERSTRAAT - 142 A7
HOEPELPAD - 142 D7
HOFSTEDESTRAAT - 142 C6 D6
HOFSTRAAT - 142 C2
HOOPSTRAAT - 142 A6-7
HOSPITAALSTRAAT - 142 C4
HULSTLAAN - 142 A7
IEPENDREEF - 142 C4-5 D4-5
IEPERSTRAAT - 142 C3-4
IJSKELDERSTRAAT - 142 D4
IJZERSTRAAT - 142 B3
IJZERWEGSTRAAT - 142 E5-6
JACHTHAVEN MERCATOR - 142 D3
JACHTHAVEN MONTGOMERY - 142 D2
JANSSENSLAAN KAREL - 142 B3
JASMIJNLAAN - 142 E6-7
JOZEF II-STRAAT - 142 C3 D3
KAAISTRAAT - 142 C2-3 D3
KADZANDSTRAAT - 142 C2
KAIROSTRAAT - 142 B4 C4
KANARIESTRAAT - 142 E7
KANTINESTRAAT - 142 D2 E2
KANUNNIK DR. LOUIS COLENSSTRAAT - 142 C3
KAPELLESTRAAT - 142 C2-3
KAPUCIJNENSTRAAT - 142 C2
KASTANJELAAN - 142 A7
KAZERNELAAN - 142 C4
KEGELPAD - 142 C7 D7
KEMMELBERGSTRAAT - 142 B3
KERAMIEKSTRAAT - 142 E5-6
KERKGOEDSTRAAT - 142 E6
KERKLAAN - 142 E6
KERKSTRAAT - 142 C2-3
KERSENLAAN - 142 A7
KERSTROZENLAAN - 142 C7 D7
KIEVITSTRAAT - 142 E7
KLEINE WESTSTRAAT - 142 B2-3 C2
KONINGIN ASTRIDLAAN - 142 A4 B3-4
KONINGINNELAAN - 142 A3-4 B4-5 C5
KONINGSPARK - 142 A3 B3
KONINGSSTRAAT - 142 B3
KONTERDAMKAAI - 142 D4 E4-5
KOOLMEESSTRAAT - 142 D7
KORENBLOEMLAAN - 142 C7 D7
KREEKSTRAAT - 142 E5
KROKUSLAAN - 142 D6
KROONLAAN - 142 B6-7
KURSAAL-OOSTHELLING - 142 B2
KURSAAL-WESTHELLING - 142 B2-3
LANGESTRAAT - 142 B2-3 C2
LANCSWEERTPLEIN RACHEL - 142 D4
LAPONSTRAAT EDMOND - 142 B4
LARIKSENLAAN - 142 A7
LEEUWERIKENSTRAAT - 142 A7 B6-7
LEFFINGESTRAAT - 142 A5-6 B5 C5
LELIELAAN - 142 D6 E6
LEOPOLD III-LAAN - 142 C3-4 D3
LEOPOLD II-LAAN - 142 B2-3 C3
LEOPOLD I-PLEIN - 142 B3
LIEFKEMORESSTRAAT - 142 E2
LIGUSTERLAAN - 142 C7
LIJNBAANSTRAAT - 142 C3
LIJNDRAAIERSSTRAAT - 142 C4 D4
LIJSTERSTRAAT - 142 E7
LINDENLAAN - 142 A7
LOBELIALAAN - 142 D6-7
LONDENSTRAAT - 142 C2
LOTUSLAAN - 142 C7 D7
LOUISASTRAAT - 142 C2
LUISBOSSTRAAT - 142 D1-2
LUPINELAAN - 142 D7
MADRIDSTRAAT - 142 B2-3 C2
MANITOBALAAN - 142 E5-6
MARCONISTRAAT - 142 E6-7
MARIA HENDRIKAPARK - 142 D5
MARIAHOFSTRAAT - 142 C2
MARIAKERKELAAN - 142 A7 B7
MARIA THERESIASTRAAT - 142 A4
MARIE-JOSEPLEIN - 142 B3 C3
MEEUWENLAAN - 142 C5-6
MEIBOOMLAAN - 142 C6
MERCATORLAAN - 142 C4-5
MERCATORSLUIS - 142 D3
MERELSTRAAT - 142 D7 E7
METSELAARSSTRAAT - 142 A5
MIJNPLEIN - 142 C2
MIMOSALAAN - 142 C6-7 D6-7
MOERASSTRAAT - 142 B4
MOLENAARSSTRAAT - 142 A7 B7
MOLENSTRAAT - 142 B4
MONACOPLEIN - 142 B2-3
MONTGOMERYKAAI - 142 C2 D2
MOYSONPLEIN EMIEL - 142 C7
MUNTSTRAAT - 142 E6
MUSCARSTRAAT - 142 B4
MUSINSTRAAT FRANS - 142 A4
NACHTEGALENLAAN - 142 C6 D6
NAPOLEONLAAN - 142 E2
NATIENKAAI - 142 D3
NIEUWEDOKSTRAAT - 142 E6
NIEUWELANGESTRAAT - 142 E6
NIEUWLANDSTRAAT - 142 B5-6

NIEUWPOORTSESTEENWEG - 142 A4-5 B4
NIEUWSTRAAT - 142 C2
NIJVERHEIDSTRAAT - 142 A5 B5
NOTELAARSSTRAAT - 142 B6
OESTERBANKSTRAAT - 142 D4
ONAFHANKELIJKHEIDSSTRAAT - 142 A6
OOIEVAARSLAAN - 142 B6 C5-6
OOSTKAAI - 142 E4-5
OOSTSTAKETSEL - 142 C1 D1
OOSTSTRAAT - 142 C2-3 D2
OPRIT - 142 D7 E7
ORCHIDEELAAN - 142 C6-7
OUDE MOLENSTRAAT - 142 B4
OUDSTATIONSTRAAT - 142 D7 E7
OUD VLIEGVELD - 142 B7
PAARDEBLOEMLAAN - 142 D7
PAASBLOEMLAAN - 142 D7
PARIJSSTRAAT - 142 B3
PARKLAAN - 142 B6 C5-6
PASTOOR PYPESTRAAT - 142 D3
PATER PIRELAAN - 142 D7
PATRIJSSTRAAT - 142 E7
PAUWENPLEIN - 142 E7
PERMEKELAAN CONSTANT - 142 C6
PERRONSTRAAT - 142 C4 D4
PERZIKENLAAN - 142 B7
PETIT PARIS - 142 B4
PETUNIALAAN - 142 D6-7
PEURQUAETSTRAAT JULES - 142 B3-4
PIERSPLEIN JAN - 142 C4
PIETERSLAAN ALFONS - 142 B4 C3-4
PIOENLAAN - 142 E6
PLAKKERSSTRAAT - 142 A5
PLANTENSTRAAT - 142 B4-5
PLATANENDREEF - 142 D4
PLATEAUSTRAAT JOSEPH - 142 E7
PLATFORMSTRAAT - 142 C2
PONTONSTRAAT - 142 D6
POPULIERENDREEF - 142 D5 E5
POSTSTRAAT - 142 C3
PRESIDENT KENNEDYPLEIN - 142 D6
PRIMULAPAD - 142 C7
PRINS BOUDEWIJNSTRAAT - 142 C3
PRINSENLAAN - 142 B4-5
PRINSES CLEMENTINAPLEIN - 142 B4
PRINSES STEFANIEPLEIN - 142 B4
PROFESSOR JOZEF VERCOULLIESTRAAT - 142 A5
PROFESSOR MAC LEODPLEIN - 142 B5
PROFESSOR MAC LEODSTRAAT - 142 A5 B5
RAVELIJNSTRAAT - 142 C4-5
REGENBOOGPAD - 142 C7
RENTENIERSSTRAAT - 142 B4
RESEDALAAN - 142 D6-7
REUZENPAD - 142 D7
RIETSTRAAT - 142 B5
RINGLAAN - 142 E5-6
RIVIERSTRAAT - 142 C6
ROGIERLAAN - 142 B3-4
ROKERIJSTRAAT - 142 E6
ROMESTRAAT - 142 B4 C4
ROODBORSTJESTRAAT - 142 C7
SABBESTRAAT MAURITS - 142 A7 B7
SALVIALAAN - 142 C6 D6
SCHAAFSTRAAT - 142 A5
SCHAPENSTRAAT - 142 B6-7
SCHAPERIJKREEKSTRAAT - 142 E6
SCHILDERSSTRAAT - 142 A5
SCHIPPERSSTRAAT - 142 C2
SCHRIJVERSPAD - 142 D7
SCHUTSLUISPLEIN - 142 D2 E2
SERINGENSTRAAT - 142 B6-7 C6
SERRUYSLAAN HENDRIK - 142 C3
SINT-ANNASTRAAT - 142 E6
SINT-CATHARINAPLEIN - 142 A5-6
SINT-CATHARINAPOLDERSTRAAT - 142 A5
SINT-FRANCISCUSSTRAAT - 142 C2-3 D3
SINT-JANSSTRAAT - 142 A7 B7
SINT-JORISSTRAAT - 142 E6
SINT-LODEWIJKSSTRAAT - 142 E6
SINT-NIKLAASSTRAAT - 142 C2
SINT-PAULUSSTRAAT - 142 C3 D3
SINT-PETRUS- EN -PAULUSPLEIN - 142 C3 D3
SINT-PIETERSSTRAAT - 142 C3
SINT-SEBASTIAANSSTRAAT - 142 C2-3
SINT-TRUIDENPAD - 142 C6
SIR WINSTON CHURCHILLKAAI - 142 D2-3
SLACHTERSSTRAAT - 142 A7 B7
SLACHTHUISKAAI - 142 D4
SLEUTELBLOEMLAAN - 142 C6
SLIJKENSESTEENWEG - 142 E4
SLIMMERSDREEF - 142 D4
SLIPWAYKAAI - 142 D2 E2
SMEDENSTRAAT - 142 B7
SNEEUWKLOKJESLAAN - 142 D7
SPAARZAAMHEIDSTRAAT - 142 A5-6
SPANJAARDSTRAAT - 142 C2
SPILLIAERTSTRAAT LEON - 142 B3-4
SPINOLADIJK - 142 D1 E1
SPOORWEGSTRAAT - 142 C4
SPORTSTRAAT - 142 A4
SPROOKJESPAD - 142 C7
SPROTPLEIN - 142 E2-3
STAKETSELSTRAAT - 142 D1
STAPELHUISSTRAAT - 142 E4-5
STEENBAKKERSSTRAAT - 142 A4-5 B5
STEENOVENSTRAAT - 142 E6
STEENSEDIJK - 142 A7
STENENSTRAAT - 142 B5-6
STOCKHOLMSTRAAT - 142 C3-4
STORMVOGELSTRAAT - 142 E7
STRAAT ZONDER EINDE - 142 C2 D2
STRACKESTRAAT AUGUST - 142 C3
STREUVELSLAAN STIJN - 142 C5
STROBLOEMLAAN - 142 C7
STUIVERSTRAAT - 142 A5-6 B6-7 C7
TARWESTRAAT - 142 B5-6
TEERLINGPAD - 142 D7
TIJDOKKAAI - 142 E2-3
TIMMERMANSTRAAT - 142 A5
TOEKOMSTSTRAAT - 142 B4
TORHOUTSESTEENWEG - 142 A6-7 B3-4-5-6
TUINSTRAAT - 142 B6-7
VAARTSTRAAT - 142 D4
VALKSTRAAT - 142 E7
VANDERSTICHELENSTRAAT - 142 E6
VAN DE WOESTIJNESTRAAT KAREL - 142 A5 B5
VAN DIJCKSTRAAT - 142 A7 B7
VAN GLABBEKEPLEIN ADOLF - 142 E5
VAN ISEGHEMLAAN - 142 B2-3 C2
VAN MAESTRICHTPLEIN FILIP - 142 B4
VELODROOMSTRAAT - 142 A4 B4
VERBINDINGSSTRAAT - 142 E6
VERENIGDE-NATIESLAAN - 142 C4-5 D5-6
VERLAATSTRAAT - 142 D5-6
VERLORENSTRAAT - 142 C2
VERMEYLENSTRAAT AUGUST - 142 D6 E5-6
VICTORIALAAN - 142 E1-2
VIJVERSTRAAT - 142 D5-6
VILAINPLEIN LEANDRE - 142 C3
VINDICTIVELAAN - 142 C3 D3
VINKENSTRAAT - 142 E7
VISMIJN - 142 D2 E2-3
VISMIJNLAAN - 142 E3
VISSERSKAAI - 142 C2 D2-3
VISSERSPLEIN - 142 C2 D2
VLAAMS PLEIN - 142 B5
VLAANDERENSTRAAT - 142 C2
VLINDERSTRAAT - 142 D6
VOGELMARKT - 142 C4
VOGELZANGDREEF - 142 C6
VOGELZANGPARK - 142 B6 C6
VOORUITGANGSTRAAT - 142 D4
VRIJHAVENSTRAAT - 142 C4 D4
VRIJHEIDSTRAAT - 142 A6-7
VUURKRUISENPLEIN - 142 C4
VUURTORENDOK-WEST - 142 E1-2
VUURTORENDOK-ZUID - 142 E1-2
VUURTORENWEG - 142 D1-2 E1
WAGENMAKERSSTRAAT - 142 A7
WAGENSTRAAT - 142 B5
WALSTRAAT - 142 C5
WANDELAARKAAI - 142 D2 E2
WAPENPLEIN - 142 C2
WARSCHAUSTRAAT - 142 B3-4
WATERINGSTRAAT - 142 E5-6
WATERLELIELAAN - 142 D6
WATERWERKSTRAAT - 142 C6
WEESHUISSTRAAT - 142 B4
WEIDENSTRAAT - 142 C5-6
WELLINGTONSTRAAT - 142 A4 B3-4
WERFBANKKAAI - 142 D2
WESTKAAI-VLOTDOK - 142 E4-5
WESTSTAKETSEL - 142 C1 D1-2
WIJKPAD - 142 C7 D7
WINDENSTRAAT - 142 B6
WINGERDSTRAAT - 142 C7
WINKELPAD - 142 C7
WITTENONNENSTRAAT - 142 C3
WOLKENPAD - 142 C7
ZANDVOORDESTRAAT - 142 E5-6
ZEEDIJK - 142 A3-4 B2-3
ZEEHELDENPLEIN - 142 C2
ZILVERLAAN - 142 D7
ZINNIALAAN - 142 C4
ZUIDSTRAAT - 142 D3
ZWALUWENSTRAAT - 142 A5 B5 C5

OUDENAARDE

AALSTSTRAAT - 143 C7 D5-6-7 E4-5
ACHTER DE WACHT - 143 C4-5
ACHTERBURG - 143 C5-6
AKKERSTRAAT - 143 D-E1
ANTHEUNISPLEIN G. - 143 C5
ARMENLOS - 143 C7
ARSENAALWEG - 143 D1-2
BAARSTRAAT - 143 C6
BAARZAK A - 143 C6
BAARZAK B - 143 C6
BEKSTRAAT - 143 C-D5
BERCHEMWEG - 143 B7
BERGSTRAAT - 143 C5 D5-6
BERKENSTRAAT - 143 D1
BEVERESTRAAT - 143 B3-4
BEVRIJDINGSSTRAAT - 143 D3
BINNENEINDRIES - 143 D3-4
BLEKERIJSTRAAT - 143 C3-4
BLOEMENHOF - 143 D2
BOTERSTRAAT - 143 A1-2
BOURGONDIESTRAAT - 143 D5
BRAETSTRAAT J. - 143 B4
BROEKSTRAAT - 143 C2-3-4 D1-2
BROODSTRAAT - 143 C5
BROUWERSTRAAT A. - 143 D4-5
BULKENDREEF - 143 C2 D2-3
BURG - 143 C5
BURGSCHELDESTRAAT - 143 C5
CASTELEINSTRAAT MAT. - 143 C5-6
CONSCIENCESTRAAT HEN. - 143 D3
DE HAM - 143 C6
DEINZEWEG - 143 A2-3 B3
DE KEYSERESTRAAT AREND - 143 C2
DE PAEPESTRAAT SIMON - 143 C-D5
DEVOSPLEIN - 143 C7
DEVOSSTRAAT - 143 C4
DIEPENDALE - 143 C6-7
DIJKSTRAAT - 143 B- C-D4
DOKTER DEWOLFPLEIN - 143 C7
DOORNIKSE HEERWEG - 143 A3-4 B2-3
DOORNIKSTRAAT - 143 C6
DRIJFWEG - 143 D1-2 E1-2
EDELAREBERG - 143 C7 D6-7 E6-7
EECKHOUTSKAAI J.B. - 143 C7
EINDRIESKAAI - 143 D4-5
EINESTRAAT - 143 C5
FONTEINPLEIN - 143 C7
FORTSTRAAT - 143 D4
GALGESTRAAT - 143 D2-3-4
GELUKSTEDE - 143 C-D3
GENERAAL PERSHINGSTRAAT - 143 C4
GENTSTRAAT - 143 B2-3-4 C1-2 D1
GEVAERTSDREEF - 143 C4
GIETERIJSTRAAT - 143 C3
GRACHTSCHELDE - 143 C5
GROENE WANDELING - 143 C-D7
GROENSTRAAT - 143 C4 D3-4
HEUVICKSTRAAT G. - 143 D4-5
HOFSTRAAT - 143 C4
HOGE WEG - 143 E6-7
HOOGSTRAAT - 143 B4-5 C5
HUTTEGEM - 143 A4
IJZERSTRAAT - 143 D4
INDUSTRIEPARK DE BRUWAAN - 143 A1-2 B1
JAN ZONDER VREESLAAN - 143 C6
JEZUIETENPLEIN - 143 C5
KANUNNIKENSTRAAT - 143 D-E1
KAPUCIJNENGANG - 143 C5
KASTEELSTRAAT - 143 C5
KATTESTRAAT - 143 C5
KEIZER KARELSTRAAT - 143 D4
KERKKOUTER - 143 B3
KERKLOSSTRAAT - 143 E7
KEZELFORT - 143 D6
KOEKOP - 143 C5
KOESTRAAT - 143 A-B4
KONING ALBERTSTRAAT - 143 C7
KONINGIN ELISABETHLAAN - 143 C3
KONINGSSTRAAT - 143 C5
KORTRIJKSTRAAT - 143 A4 B3-4
KREKELPUT - 143 C5
KRUISSTRAAT - 143 C5
LACOPSSTRAAT JACOB - 143 C4
LACROIXSTRAAT J. - 143 C-D6
LAPPERSFORT - 143 C5
LEEBEEKSTRAAT - 143 E1
LEENVOETWEG - 143 B4
LEUPEGEMSTRAAT - 143 C7
LEVIETENSTRAATJE - 143 C5
LIJSTERBESSTRAAT - 143 C2 D1-2
LINDESTRAAT - 143 B3 C2-3
LOUISE MARIEKAAI - 143 C5-6 D5
MAAGDENDALE - 143 C6
MAGNOLIADREEF - 143 D1
MARKT - 143 C5
MARKTWEG - 143 B4
MARLBOROUGHLAAN - 143 C-D5
MEERSBLOEM - 143 A-B7
MEERSPOORT - 143 A4 B4-5-6
MEIDOORNSTRAAT - 143 C1-2 D1-2
MEINAERT - 143 B5 C5
MEULEWALSTRAAT - 143 C1
MIJTTESTRAAT - 143 D-E6
MINDERBROEDERSSTRAAT - 143 A6 B5-6 C5
NEDERSTRAAT - 143 C4-5
NIEUWSTRAAT - 143 A3-4
OLIEHOEKSTRAAT - 143 D2 E1-2
OMMEGANGSTRAAT - 143 E6-7
PAALSTRAAT - 143 C2
PAMELEKERKPLEIN - 143 C6
PARKSTRAAT - 143 C5 D4-5
PATER RUYFFELAERTSTRAAT - 143 D1
POMPSTRAAT - 143 C5
PONTSTRAAT - 143 D1
PRINS LEOPOLDSTRAAT - 143 D4
PRUIMELSTRAAT - 143 A-B1
RAEPSAETPLEIN J.J. - 143 C6
REFUGESTRAAT - 143 C-D5
REKKEMSTRAAT - 143 E4-5
REMPARDEN - 143 C6 D5-6
RODELOS - 143 D3-4 E3
RUTTEMBURGSTRAAT - 143 B3
SCHELDESTRAAT - 143 C5
SINT-ANNASTRAAT - 143 D-E1
SINT-JOZEFSPLEIN - 143 D3
SINT-LUCASSTRAAT - 143 C-D3
SINT-WALBURGASTRAAT - 143 C5
SMALLENDAM - 143 C6
SMISSESTRAAT - 143 D5 E5-6
SOMPELPLEIN - 143 C7
SOMPELSTRAAT - 143 C7
SOMPELWEG - 143 C7
SPEI - 143 B-C6
STATIONSPLEIN - 143 B4 C3-4
STATIONSSTRAAT - 143 B-C4
STREUVELSSTRAAT S. - 143 C-D6
TACAMBAROPLEIN - 143 B-C4
TER EECKEN - 143 D3
TERKERKENLAAN - 143 D3
TREKWEG LINKEROEVER - 143 D5-6
TREKWEG RECHTEROEVER - 143 D5-6
TUINWIJK - 143 D2-3
TUSSENBRUGGEN - 143 C-D5
TUSSENMUREN - 143 C6
VANDE FONTEYNELAAN L. - 143 D6
VANDERSCHELDENSTRAAT P. - 143 C3-4
VAN PARMASTRAAT MARG. - 143 C5-6
VAN TORHOUTSTRAAT MAR. - 143 E4
VELDSTRAAT - 143 D3
VLAAMSE ARDENNENDREEF - 143 C-D7
VLAANDERENSTRAAT - 143 D3
VOETWEG EINE - 143 B4
VOORBURG - 143 C5
WAELKENSSTRAAT D. - 143 C-D6
WESTERRING - 143 A2-3-4-5 B1-2-5-6-7 C1
WIJNENDALE - 143 D6 E4-5-6
WIJNGAARDSTRAAT - 143 C4-5
WILGENSTRAAT - 143 C-D2
WINDMOLENSTRAAT - 143 A3
WOEKER - 143 C5
WORTEGEMSTRAAT - 143 A-B3
ZAKSKE - 143 C5
ZEGESTRAAT - 143 D3

SINT-NIKLAAS

ABINGDONSTRAAT - 144 C4 D4
AERSCHOTSTRAAT - 144 B3
ANKERSTRAAT - 144 D2-3
ANTWERPSE STEENWEG - 144 E2 F2
APOSTELSTRAAT - 144 D3
AZALEALAAN - 144 E3-4 F3
BARON DHANISSTRAAT - 144 C3-4
BEEKSTRAAT - 144 C3-4
BEGONIASTRAAT - 144 F4
BELLESTRAAT - 144 G1
BENELUXSTRAAT - 144 C4
BENOITPARK PETER - 144 E4
BENOITSTRAAT PETER - 144 E4
BLOKMAKERSTRAAT - 144 D4
BOKKENHOF - 144 D4
BOONHEMSTRAAT - 144 C2
BREDADREEF - 144 C5
BREEDSTRAAT - 144 F2-3-4
BREMSTRAAT - 144 C1
BREYDELSTRAAT JAN - 144 D1
BROEDERSSTRAAT - 144 C4
BROODSTRAAT - 144 C2
BROUWERSHOF - 144 B4
BRUGSKEN - 144 E3-4 F4
CASINOSTRAAT - 144 C2 D2
CHRYSANTENSTRAAT - 144 F3
CLAESLAAN ERNEST - 144 A3
COLLEGESTRAAT - 144 C2-3
COLMARSTRAAT - 144 C5
CONSCIENCESTRAAT HENDRIK - 144 A2-3 B2
DAENSPLEIN ADOLF - 144 C4
DALIAWEG - 144 F3
DALSTRAAT - 144 B3-4 C3
DAMSTRAAT - 144 G5
DAVIDSTRAAT JAN-BAPTIST - 144 E3
DE BOECKSTRAAT AUGUST - 144 E4
DE CASTRODREEF - 144 C3
DE GRAVESTRAAT - 144 D2
DE MEESTERSTRAAT LODEWIJK - 144 D3 E3
DE MEULENAERSTRAAT - 144 F5 G5
DE RIDDERSTRAAT GUSTAAF - 144 F1
DESTELWIJK - 144 F5 G5
DE VIDTS PARK R. - 144 D3
DILLAARTWIJK - 144 A1 B1
DR. VAN RAEMDONCKSTRAAT - 144 E2
DR. VERDURMENSTRAAT - 144 C2 D2
DOSFELSTRAAT LODEWIJK - 144 A3
DRIEGAAIENSTRAAT - 144 B4-5
DRIEKONINGENSTRAAT - 144 C1-2 D1
ENTREPOTSTRAAT - 144 G1
EUROPARK-NOORD - 144 F2 G1-2-3
EUROPARK-OOST - 144 G3
EUROPARK-ZUID - 144 G3
GAREELMAKERSTRAAT - 144 D5
GASMETERSTRAAT - 144 B1 C1-2
GERANIUMSTRAAT - 144 F3-4
GEZELLELAAN GUIDO - 144 A3 B2-3
GLADIOLENSTRAAT - 144 E3 F3-4
GLYCINENPLEIN - 144 F4
GORINCHEMSTRAAT - 144 C5 D4-5
GOUDENREGENLAAN - 144 F3-4
GRIFFITHSSTRAAT WILLIAM - 144 D5 E5
GROTE HEIMELINKSTRAAT - 144 F1 G1
GROTE MARKT - 144 C3
GROTE PEPERSTRAAT - 144 C3 D3
HAZEWINDSTRAAT - 144 B4
HEIDEBLOEMSTRAAT - 144 C1
HEIRMANSTRAAT CLEMENT - 144 D4
HEISTRAAT - 144 A1 B1 C1
HEMELAERSTRAAT - 144 C3
HERDERSSTRAAT - 144 C1 D1
HERTENHOF - 144 G5
HERTENSTRAAT - 144 F4-5
HERTJEN - 144 F4-5 G5
HEYMANPLEIN HENDRIK - 144 C3
HOFSTRAAT - 144 C2-3
HOGENAKKERSTRAAT - 144 E3 F2-3
HORTENSIASTRAAT - 144 F4
HOSPITAALSTRAAT - 144 D3 E3
HOUTBRIEL - 144 C3 D3
HOUTEN SCHOEN - 144 G5
HOVENIERSSTRAAT - 144 C3-4
JASMIJNENWEG - 144 F3 G3
KAARSENMAKERSTRAAT - 144 C5 D5
KALKSTRAAT - 144 D3
KARDINAAL CARDIJNLAAN - 144 C4-5
KASTEELSTRAAT - 144 B2-3 C3
KAZERNESTRAAT - 144 C1
KLAPROZENSTRAAT - 144 F3
KLEIBEEKSTRAAT - 144 A1
KLEINE BREEDSTRAAT - 144 F4
KLEINE HEIMELINKSTRAAT - 144 G1
KLEINE LAAN - 144 C2 D1-2
KLEINE PEPERSTRAAT - 144 D3
KLEIN-HULSTSTRAAT - 144 D2 E2
KLOKKENDREEF - 144 D4
KLOOSTERLANDSTRAAT - 144 D1
KNAPTANDSTRAAT - 144 D4-5
KOKKELBEEKPLEIN - 144 D4
KOKKELBEEKSTRAAT - 144 C3 D3-4
KOLENVENTERSTRAAT - 144 E4
KONGOSTRAAT - 144 C4 D4
KONINGIN ASTRIDLAAN - 144 D5 E4-5 F4
KONINGIN ELISABETHLAAN - 144 E1-2
KONINGIN ELISABETHPLEIN - 144 E1-2
KONINGIN FABIOLAPARK - 144 F5
KORTE HOFSTRAAT - 144 C2-3
KROONMOLENSTRAAT - 144 B3 C3
KUIPERSTRAAT - 144 D5
LAMSTRAAT - 144 E2-3
LANDBOUWERSSTRAAT - 144 B1-2
LAND VAN WAASSTRAAT - 144 C4-5
LANGHALSBEEKSTRAAT - 144 A4 B4
LAVENDELSTRAAT - 144 C1
LEOPOLD II-LAAN - 144 D1 E1
LINDENSTRAAT - 144 E2-3 F3
LONCKESTRAAT JOSEPH - 144 B2 C2
LUCCASTRAAT - 144 C5
MADELIEFJESDREEF - 144 F3
MAGNOLIALAAN - 144 E3-4 F3
MEERTSTRAAT EDMOND - 144 E3
MERCATORSTRAAT - 144 D2 E2
MINDERBROEDERSSTRAAT - 144 E1
MODERNADREEF - 144 A2 B2
MOERLANDSTRAAT - 144 D4 E3-4
MOLEKEN - 144 B4
MONSEIGNEUR STILLEMANSSTRAAT - 144 C3-4 D3
NIEUWE MOLENSTRAAT - 144 E1 F1-2
NIEUWSTRAAT - 144 B3-4 C3
NIJVERHEIDSSTRAAT - 144 C2
NOBELSSTRAAT AUGUST - 144 D4
NOORDLAAN - 144 C1-2 D1 E1
ONZE-LIEVE-VROUWPLEIN - 144 C3
ONZE-LIEVE-VROUWSTRAAT - 144 C3 D3
OUDE MOLENSTRAAT - 144 E1 F1-2
PADDESCHOOTDREEF - 144 A2 B2
PAPENAKKERSTRAAT - 144 D2 E2
PARKLAAN - 144 D3-4 E4
PARKSTRAAT - 144 C3
PASSTRAAT - 144 F1 G1-2
PASTOOR DE MEERLEERSTRAAT - 144 B4 C4
PATER SEGERSSTRAAT - 144 B5 C4-5
PIJKEDREEF - 144 A1-2
PLEZANTSTRAAT - 144 A1 B1-2 C2-3
POLDERSTRAAT - 144 E3
POTAARDESTRAAT - 144 A4-5
POTTENBAKKERSTRAAT - 144 D5
PRINS ALBERTSTRAAT - 144 D2
PRINS BOUDEWIJNLAAN - 144 F4 G3-4
PRINSES JOS.-CHARLOTTELAAN - 144 C5 D5
PRINSES MARIE-JOSESTRAAT - 144 E1-2
PRINS KARELSTRAAT - 144 E2
PRINS LEOPOLDPLEIN - 144 E2
PRISSESTRAAT EDUARD - 144 F1
RAAPSTRAAT - 144 F1-2 G1
REGENTIEPLEIN - 144 D2
REGENTIESTRAAT - 144 D2
RODE KRUISSTRAAT - 144 D1
RODENBACHSTRAAT ALBRECHT - 144 A2-3 B3
ROLLIERSSTRAAT - 144 B2-3
SACRAMENTSSTRAAT - 144 D3
SCHEERDERSLAAN LEON - 144 A3
SCHONGAUSTRAAT - 144 C5
SCHOOLSTRAAT - 144 D5 E4-5
SERINGENSTRAAT - 144 F3
SIGARENMAAKSTERSTRAAT - 144 D5
SINGEL - 144 E1 F1-2 G2-3
SINT-ANNADREEF - 144 B4
SINT-ANTONIUSSTRAAT - 144 D4
SINT-JANSPLEIN - 144 B4 C4
SINT-JANSSTRAAT - 144 C4
SINT-JOZEFSTRAAT - 144 C3
SINT-NICOLAASPLEIN - 144 C3 D3
SINT-VINCENTIUSSTRAAT - 144 E3
SLACHTHUISSTRAAT - 144 C1 D1 E1
SPOORWEGLAAN - 144 B2 C2
STATIONSPLEIN - 144 D1-2
STATIONSSTRAAT - 144 C2-3 D2
STREUVELSLAAN STIJN - 144 A3
TABAKSTRAAT - 144 D1-2
TEREKEN - 144 D5
TIMMERMANSLAAN FELIX - 144 A2-3
TRUWEELSTRAAT - 144 D2 E1-2
TULPENSTRAAT - 144 F3-4
VALK - 144 A4
VAN ARTEVELDESTRAAT JACOB - 144 D1
VAN BRITSOMSTRAAT RICH. - 144 C2
VANDERMEULENSTRAAT MATHILDE - 144 B1-2
VAN DURMESTRAAT - 144 E4
VAN HAVERMAETSTRAAT - 144 E1 F1
VAN NAEMENSTRAAT - 144 D2 E2
VELDSTRAAT - 144 D3 E3
VERBINDINGSSTRAAT - 144 D4-5
VERMEIRESTRAAT LEON - 144 B1-2
VERMEYLENSTRAAT AUGUST - 144 E3
VERMORGENSTRAAT - 144 D1-2
VERRIESTSTRAAT HUGO - 144 B2
VERZUSTERINGSLAAN - 144 B5 C5
VIJFSTRATEN - 144 E1
VOSKENSLAAN - 144 F4-5
WAGENMAKERSTRAAT - 144 E4
WALBURGSTRAAT - 144 D3
WATERMOLENDREEF - 144 A2 B2
WATERMOLENSTRAAT - 144 A2-3
WATERTORENSTRAAT - 144 D4-5
WEGVOERINGSSTRAAT - 144 B1
WESTERLAAN - 144 B2
WESTERPLEIN - 144 B2-3
WESTERSTRAAT - 144 B2-3
WILLEMSSTRAAT JAN FRANS - 144 E3
ZAMANSTRAAT - 144 D2-3
ZEELDRAAIERSTRAAT - 144 D5
ZEILDOEKSTRAAT - 144 D3
ZWIJGERSHOEK - 144 D2

SINT-TRUIDEN

AALSTERWEG - 145 D5-6
ABDIJSTRAAT - 145 C3 D3
ABTENSTRAAT - 145 D4
ADELARDUSSTRAAT - 145 C3
AMBACHTSLAAN - 145 D4 E4
ANEMOONSTRAAT - 145 B2
APPELSTRAAT - 145 A4-5 B4-5
ASTERSTRAAT - 145 C2
AUGUSTIJNENSTRAAT - 145 B2
BEEKSTRAAT - 145 C3-4
BEGIJNHOF - 145 D2-3
BEGONIASTRAAT - 145 B1
BEVINGEN-CENTRUM - 145 B7
BEWELLAAN - 145 E3
BINNENHOF - 145 A4
BLOESEMLAAN - 145 B2 C2
BOOMGAARDENSTRAAT - 145 A3 B3
BOUDEWIJNLAAN - 145 E1-2
BREENDONKSTRAAT - 145 C3-4
BROEKSTRAAT - 145 C4
BRUKSKENSWEG - 145 D5-6
BRUSTEMPOORT - 145 D4
CAPUCIENESSENSTRAAT - 145 C4

CARTUYVELSSTRAAT CLEMENT - 145 D3
CASINOSTRAAT - 145 D4
CICINDRIASTRAAT - 145 C3
DALIASTRAAT - 145 B1
DE BREDE AKKER - 145 A1
DELLINGWEIDESTRAAT - 145 C5-6
DIESTERSTEENWEG - 145 C1-2-3
DIESTERSTRAAT - 145 C3-4
EGLANTIERPLEIN - 145 B1
EXPRESWEG - 145 E3
FABIOLALAAN - 145 E2
FABRIEKSTRAAT - 145 A3-4 B2-3
FESTRAETSSTRAAT - 145 D5
FILIPSLAAN - 145 E1-2
FRESIASTRAAT - 145 A1 B1
GASTHUISSTRAAT - 145 C3
GAZOMETERSTRAAT - 145 B3-4
GILDESTRAAT - 145 C3
GLADIOOLSTRAAT - 145 B1
GOOTSTRAAT - 145 C4
GORSEM-DORP - 145 A1
GORSEMWEG - 145 A1-2 B2-3 C3
GREVENSMOLENWEG - 145 A1-2 B2-3
GROTE MARKT - 145 C4
GUVELINGEN - 145 C1-2
GUVELINGENLAAN - 145 B1 C1
HAARDSTRAAT - 145 C2-3
HALMAALWEG - 145 A4-5 B4
HAMELSTRAAT - 145 D3-4
HASSELTSESTEENWEG - 145 E1-2
HEILIG-HARTPLEIN - 145 C4
HOUTMARKT - 145 D3
HOUTSTRAAT - 145 B1-2
HOVENIERSTRAAT - 145 B2-3 C2
HYACINTSTRAAT - 145 B2
INDUSTRIELAAN - 145 D4 E2-3-4
INVALIDENSTRAAT - 145 A2 B2
IRISSTRAAT - 145 B1
JODENSTRAAT - 145 D4
KAPELSTRAAT - 145 B7 C7 D7
KATTENSTRAAT - 145 D4
KAZELSTRAAT - 145 D3
KAZERNESTRAAT - 145 B4 C4
KAZERNEVEST - 145 B3-4 C3
KENNEDYLAAN - 145 D4-5
KERKHOFSTRAAT - 145 D3
KERSENSTRAAT - 145 A5
KLAPROOSSTRAAT - 145 B1
KLEISTRAAT - 145 A4
KOEKESTRAAT - 145 C4-5
KONINGIN ASTRIDSTRAAT - 145 B3
KORENBLOEMSTRAAT - 145 B1-2
KROKUSSTRAAT - 145 B2
KWADENSTEENWEG - 145 C5 D5
LAMBRECHTSSTRAAT RENE - 145 B2
LEEMSTRAAT - 145 A4
LEJEUNESTRAAT MADELEINE - 145 A4-5
LELIESTRAAT - 145 B1
LEOPOLD II-STRAAT - 145 B3-4
LEPELSTRAAT - 145 C5 D5
LUCIENDAL - 145 C1-2
LUCIENDALLAAN - 145 B1 C1-2
LUIKERSTEENWEG - 145 D4-5 E5-6
LUIKERSTRAAT - 145 C4
LUPINESTRAAT - 145 B1-2
MARGRIETSTRAAT - 145 B1-2
MEIGAAR - 145 E2
MEINSTRAAT - 145 C4
MEIVELDLAAN - 145 E2-3
MELVEREN-CENTRUM - 145 E1
MIDDENLAAN - 145 A1-2 B2
MIELENWEG - 145 C5
MINDERBROEDERSPLEIN - 145 C4
MINDERBROEDERSSTRAAT - 145 C4
MOLENSTRAAT - 145 B4
MONTENAKENWEG - 145 B4-5-6
NAAMSESTEENWEG - 145 B6-7 C4-5-6
NAAMSESTRAAT - 145 C4
NAAMSEVEST - 145 C4
NIEUWPOORT - 145 D3
NIJVERHEIDSLAAN - 145 D4 E4
NONNENTAP - 145 C1
NONNENTAPLAAN - 145 B1 C1
NOORD-OOSTELIJKE OMLEIDING - 145 C5-6 D4-5 E2-3-4
NOTESTRAAT - 145 A5
OKELEISTRAAT - 145 D5
OLYMPIALAAN - 145 B4 C4-5
OMLEIDING BRUSSEL-LUIK - 145 C6 D6 E6
OUDE TONGERSEBAAN - 145 E5
PARKSTRAAT - 145 C3 D3
PATER DAMIAANHOF - 145 C4
PERESTRAAT - 145 A5
PERZIKSTRAAT - 145 A5
PIOENSTRAAT - 145 B1-2
PLANKSTRAAT - 145 C3-4 D3
PLANTENSTRAAT - 145 B3 C3
POELSTRAAT - 145 D3
PRINS ALBERTLAAN - 145 B3 C3
PRINS-BISSCHOPPENSTRAAT - 145 D4
PRUIMENSTRAAT - 145 A5
RIDDERS DE MENTEN DE HORNEPLEIN - 145 C3
RIDDERSTRAAT - 145 C4 D4
RIJKSWEG - 145 A4-5 B5-6 C6
RIJSCHOOLSTRAAT - 145 B3-4 C3
ROCHENDAAL - 145 A7 B7
RODESTRAAT - 145 C5-6
RODULFUSSTRAAT - 145 D4
ROZENSTRAAT - 145 C3
RUMMENWEG - 145 B1 C1-2
RUSTHOFPLEIN - 145 A2
SCHEPEN DEJONGHSTRAAT - 145 C4 D3-4
SCHURHOVEN - 145 D2-3 E2
SINT-ANNEKE - 145 B4 C4
SINT-APOLLONIASTRAAT - 145 C3
SINT-GANGULFUSPLEIN - 145 C3
SINT-JANSSTRAAT - 145 C2-3 D2
SINT-LUTGARDISSTRAAT - 145 A2
SINT-MARTENPLEIN - 145 C4
SINT-NIKOLAASSTRAAT - 145 A2
SINT-TRUDOSTRAAT - 145 C3
SLACHTHUISSTRAAT - 145 D3
SLAGMOLENSTRAAT - 145 C4-5
SLUISBERG - 145 C4
SPAANSEBRUGSTRAAT - 145 B4 C4
SPEELHOFLAAN - 145 C2 D2-3
SPIEGELSTRAAT - 145 C4-5
SPOORWEGSTRAAT - 145 B3
SPORTLAAN - 145 A1-2
STAAIEN - 145 A4
STAPELSTRAAT - 145 B4 C4
STATIONSPLEIN - 145 B3
STATIONSSTRAAT - 145 B3-4
STEENOVENSTRAAT - 145 A4-5
STENAARTBERG - 145 C3 D3
TERBIEST - 145 E1-2
TICHELRIJLAAN - 145 D3-4
TICHELRIJSTRAAT - 145 D3-4
TIENSESTEENWEG - 145 A4 B4
TIENSEVEST - 145 B4 C4
TOEKOMSTSTRAAT - 145 B3
TONGERSESTEENWEG - 145 C4 D4-5 E5
TRAMSTRAAT - 145 A4-5-6
TRUDOBRON - 145 B5
TULPSTRAAT - 145 B2 C2
URSULINENSTRAAT - 145 C4
VAN XANTENLAAN JAN - 145 C5-6 D5
VIADUCTSTRAAT - 145 B2-3 C3
VISSEGATSTRAAT - 145 D3
VLIERBOOMSTRAAT - 145 D5
VOLMOLENWEG - 145 A3
WIJNGAARDENWEG - 145 C5-6
WILDEBAMP - 145 C4
WITTE-BRUGSTRAAT - 145 C6
ZEPPERENWEG - 145 D3-4 E3
ZERKINGEN - 145 B5
ZIEKERENWEG - 145 A5 B4-5
ZONNEBLOEMLAAN - 145 A1 B1
ZOUTSTRAAT - 145 B3 C3-4

SPA

ABATTOIR / RUE DE L' - 146 B5
ALBERT / AVENUE - 146 E2
ALEXIS / PROMENADE DU G.D. - 146 B3
ANDRIMONT / VIEUX CHEMIN D' - 146 D5-6-7
ANGLAIS / BOULEVARD DES - 146 C4 D4
ARTAN / BOULEVARD - 146 C6
ARTISTES / PROMENADE DES - 146 E7
AUBEPINES / AVENUE DES - 146 B5 C5
BAHY CHAMPS / CHEMIN DU - 146 B5-6
BALMORAL - 146 E1
BALMORAL / ROUTE DE - 146 D3-4 E1-2-3
BARISART / RUE DE - 146 B5-6-7 C5-7
BASTIN / RUE ADOLPHE - 146 B4
BEAURIEU / RUE - 146 A4 B4
BEL AIR / AVENUE - 146 E4-5
BEL HEID / AVENUE - 146 D7 E6-7
BELLENGER / AVENUE CAMILLE - 146 D5
BERKELEY / PROMENADE - 146 C3
BIEZ DU MOULIN - 146 C4
BODY / RUE ALBIN - 146 B4 C4
BOTERESSES / CHEMIN DES - 146 A5
BOUTONS D'OR / AVENUE DES - 146 D5-6 E5-6
BOVIERE / AVENUE DE LA - 146 C6
BRIXHE / RUE - 146 C3-4
CAILLOUX / SENTIER DES - 146 A4
CAPUCINS / RUE DES - 146 C4
CHAFFETTES / RUE DES - 146 B4 C4
CHAPELLE / RUE DE LA - 146 B4-5
CHAPELLE DE LA ROCHE / CHEMIN DE LA - 146 C5 D5
CHAPMAN / BOULEVARD - 146 C5
CHELUI / RUE - 146 D5 E5
CHERVILLE / PROMENADE - 146 E6-7
CHEVALIER DE THIER / AVENUE - 146 E5
CHEVRES / CHEMIN DES - 146 C6
CLEMENTINE / AVENUE - 146 B4-5
COCKERILL / RUE - 146 C4
COLLINET / RESIDENCE G.M. - 146 B4
COLLIN LELOUP / RUE - 146 B4-5
CORNICHE / AVENUE DE LA - 146 D2 E2
COTTAGES / AVENUE DES - 146 D4 E4
CREHAY / CHEMIN GERARD-JONAS - 146 A7
DAGLY / RUE - 146 C4
DELEAU / RUE - 146 C5
DELHASSE / RUE - 146 B4 C4
DE LIMBOURG / RUE J.-PH. - 146 B5
DESCHAMPS / AVENUE JEHIN - 146 C5-6
DESCHAMPS / RUE BERTHOLET - 146 C5 D5
DOPAGNE / AVENUE GEORGES - 146 E3-4
DR. BARZIN / PARC J. - 146 E3
DR. GASPAR / AVENUE PIERRE - 146 A5 B5
DR. SCHALTIN / RUE HENRI - 146 C4
ECOLES / PLACE DES - 146 C4-5
ECOMINES / RUE DES - 146 C4
EGLISE / RUE DE L' - 146 A7
ENTRE-LES-PONTS / RUE - 146 C4
ENTREPOT / RUE DE L' - 146 C4
FAWETAY / CHEMIN DU - 146 A6-7 B6
FOND DE SOPAY / CHEMIN - 146 A7
FOURNEAU / RUE DU - 146 B4
FOXHALLE / AVENUE - 146 C1-2
FRAHINFAZ / CHEMIN DE - 146 C2-3 D2
FRAIKIN / RUE - 146 C4-5
FRANCAIS / PROMENADE DES - 146 A4 B4
FRANCHIMONT / CHEMIN DE - 146 A3-4
FREUHEUX / CHEMIN DU - 146 B5
FUTVOIE / CHEMIN - 146 D4-5
GARE / PLACE DE LA - 146 A4 B4
GARE / RUE DE LA - 146 B4
GENERAL BERTRAND / RUE - 146 C4
GERARDY / RUE JEAN - 146 C4
GERONSTERE / ROUTE DE LA - 146 C5-6 D6-7
GOLF / CHEMIN DU - 146 D1-2 E1
GRANDE DUCHESSE / PROMENADE DE LA - 146 A4
GUERETS / BOULEVARD DES - 146 B5-6 C5
GUSTAVE III / AVENUE - 146 C1-2 D1
HAIES / CHEMIN DES - 146 C6 D6-7
HANRION / PROMENADE - 146 D4-5
HANSE / RUELLE - 146 C4
HANSTER / RUE - 146 B4
HAPARIN / CHEMIN - 146 B6 C6
HAVETTE / AVENUE DE LA - 146 D5-6 E6
HENROTTE / CHEMIN - 146 D4-5 E4
HERDE / CHEMIN DE LA - 146 B7 C7 D7
HESSE / AVENUE AMEDEE - 146 D3-4 E2-3
HETRES / PROMENADE DES - 146 E6
HIRONDELLES / AVENUE DES - 146 E5
HOCTAISART / PARC DE - 146 B7
HOTEL DE VILLE / RUE DE L' - 146 C4
JACQUES / RUE ALPHONSE - 146 B4
JANIN / FEUILLEE J. - 146 D7 E7
JEU DE PAUME / RUE DU - 146 C3-4 D3
LANCIERS / AVENUE DES - 146 A5 B5
LAPORTE / RUE AUGUSTE - 146 B4
LEONARD / AVENUE JOSEPH - 146 E5
LEOPOLD / RUE - 146 C4
LEOPOLD II / AVENUE - 146 C3 D2-3 E2
LEZAACK / AVENUE JULES - 146 E1-2
LEZAACK / RUE JULES - 146 C5
LIEVRE / AVENUE DU - 146 D1 E1-2
LOLO / PROMENADE - 146 B3
LOXHET / CHEMIN - 146 C7
LUHR / BOULEVARD - 146 A5 B5
MAMBAYE / CHEMIN DE - 146 B7
MARAIFAGNE / AVENUE - 146 B3
MARCHE / RUE DU - 146 C4
MARIE-HENRIETTE / AVENUE - 146 D3-4
MARIE-THERESE / AVENUE - 146 C5
MONUMENT / PLACE DU - 146 B4
MOUTONS / CHEMIN DES - 146 A6-7
NEERLANDAIS / PROMENADE DES - 146 E7
OISEAUX / CHEMIN DES - 146 B7 C6-7
OUDA / RUE GILLES - 146 C3
PERE ANTOINE / AVENUE DU - 146 C5
PERRON / PLACE DU - 146 C4
PIED DU THIER / RUELLE DU - 146 B4
PIERRE LE GRAND / PLACE - 146 C4
PINS / SENTIER DES - 146 E6-7
PLATANES / AVENUE DES - 146 B3-4 C3
PLATTE / CHEMIN DE LA - 146 E5
PONT MINDROZ / PLACE DU - 146 C4
POSTE / RUE DE LA - 146 C4
POTAYS / CHEMIN DES - 146 D6-7
POTTIER / AVENUE ANTOINE - 146 C5 D5
POTTIER / RUE MAURICE - 146 B6-7
PRE DU CERF / CHEMIN DU - 146 C2-3
PREFAYHAI - 146 D3-4 E3-4
PRE LEFTAY / CHEMIN DU - 146 D3 E3
PRINCESSE CLEMENTINE / AVENUE - 146 C1-2 D2 E2
PROF. HENRIJEAN / AVENUE - 146 A6-7 B5-6
PROMENADE DE 4 HEURES / RUE - 146 C4
PROVIDENCE / PLACE DE LA - 146 C4-5
PRUME / AVENUE JEHIN - 146 C5
4 HEURES / PARC DE - 146 C4
REINE ASTRID / AVENUE - 146 A4 B4
REINE ELISABETH / PARC - 146 E4
RENER / BOULEVARD - 146 C5-6
RENESSE / RUE - 146 C4
RENSON / PROMENADE VICTOR - 146 E5-6
ROCHE / CHEMIN DE LA - 146 D5
ROGIER / RUE - 146 C4
ROYALE / PLACE - 146 B4 C4
ROYALE / RUE - 146 C4
SALEE / PLACE ACHILLE - 146 C4
SANDBERG / RUE - 146 B5 C5
SAUVENIERE / RUE DE LA - 146 C4 D4-5 E5
SCLESSIN / RUE DE - 146 C4
7 HEURES / PARC DE - 146 B4
SERVAIS / RUE - 146 C4
SILVELA / RUE - 146 C4 D4
SORBIERS / AVENUE DES - 146 B6 C6
SOUS-BOIS / CHEMIN - 146 D5 E5
SPALOUMONT - 146 C3
STAVELOT / VIEILLE ROUTE DE - 146 C5-6-7
STORHEAU / RUE - 146 C3-4
TAHAN / RUE - 146 B5 C5
THIER / RUE DU - 146 B4
TILLEULS / AVENUE DES - 146 B6 C6
TONNELET / ROUTE DU - 146 D4-5 E4
TRI RENARD / PETITE RUELLE DU - 146 C5
VERTE / PLACE - 146 B4 C4
VERTS COTEAUX / AVENUE DES - 146 A7
VIADUC / RUE DU - 146 B5 C5
WALQUE / PROMENADE DE - 146 A7 B6-7
WAUX-HALL / RUE DU - 146 C4-5
XHROUET / RUE - 146 C4

TONGEREN

ACHTTIENDE OOGSTWAL - 147 C2-3 D3
AGNETENBERG - 147 C4
ALBERTWAL - 147 B4-5
ALLEE VERTE - 147 C3
AMBIORIXSTRAAT - 147 D2 E1-2
ASTRIDLAAN - 147 B4-5
BASTIAENSSTRAAT - 147 D1-2 E1
BEEKWEG - 147 E6-7
BEEMDSTRAAT - 147 D3 E3
BEGIJNENSTRAAT - 147 D5
BEUKENBERGWEG - 147 A3 B3-4
BEVRIJDINGSSTRAAT - 147 C1-2
BILZERSTEENWEG - 147 B1-2-3 C1
BLAARSTRAAT - 147 D3 E3
BREDESTRAAT - 147 C4
BREMSTRAAT - 147 D1
BROEDERSGAARDE - 147 E3
BROUWERSSTRAAT - 147 C4
BULKERSTRAAT - 147 B4 C4
CESARLAAN - 147 B2-3
CHURCHILLLAAN - 147 C5
CLARASTRAAT - 147 C5 D5
CLARISSENSTRAAT - 147 C3 D3
CORVERSSTRAAT - 147 C4
COTTALAAN - 147 A5
DARENBERGSTRAAT - 147 D1-2
DE GRUNNESTRAAT - 147 B7
DEPUISSTRAAT - 147 C1
DE SCHAETZENGAARDE - 147 A4 B4
DE SCHIERVELSTRAAT - 147 C3
DE TIECKENSTRAAT - 147 B3
DIJK - 147 B5 C5 D4-5
DIRIKENLAAN - 147 C4-5
DRIEHOEKSTRAAT - 147 C1-2
DRIEKRUISENSTRAAT - 147 B1 C1-2
DRIEKRUISENWEG - 147 A1
EBURONENSTRAAT - 147 D2
EEUWFEESTWAL - 147 B3-4
EISENHOWERLAAN - 147 B5 C5
ELDERSEWEG - 147 D2 E1-2
ELFDE NOVEMBERWAL - 147 C3
ELISABETHWAL - 147 B4
EUROPALAAN - 147 C2
FONTEINDREEF - 147 A2
FRERELAAN JULES - 147 E1-2
GASTHUISBOSDREEF - 147 A1
GASTHUISGAARDE - 147 C2
GEEBROEK - 147 A1-2 B1
GRAANMARKT - 147 C3
GROENSTRAAT - 147 A1
GROTE MARKT - 147 B3-4
HASSELTSESTEENWEG - 147 A1-2-3 B3
HAZELEREIK - 147 E1-2
HEMELINGENSTRAAT - 147 B3
HENISSTRAAT - 147 C1-2 D2-3
HERCKENRODESTRAAT - 147 B4-5 C5
HOEFNAGELSTRAAT - 147 B5
HONDSSTRAAT - 147 B4
HOSPITAALPLEIN - 147 C3
IJZERBRON - 147 A2 B1-2
INDUSTRIEWEG - 147 E6
JAGERSSTRAAT - 147 B7
JAMINESTRAAT - 147 D3
JEKERSTRAAT - 147 B4
KANJELSTRAAT - 147 A3 B2-3
KASTANJEWAL - 147 B5 C4-5 D4
KATTENSTRAAT - 147 B4
KENNEDYLAAN - 147 B5-6
KEVERSSTRAAT - 147 B3
KIELENSTRAAT - 147 C3-4 D4
KLEINE HONDSSTRAAT - 147 B4
KLEIN VELDJE - 147 C6
KLOOSTERSTRAAT - 147 C3
KOGELSTRAAT - 147 B4
KONINKSEMSTEENWEG - 147 A4-5-6 B4
KOOLKUIL - 147 C4
KOPPELKIST - 147 C3-4
KREKELSTRAAT - 147 B4 C4
KREMERSSTRAAT - 147 E5
LEGIOENENLAAN - 147 A3-4 B3
LEOPOLDWAL - 147 D3-4
LINDERSTRAAT - 147 A5-6 B5-6
LOOIERSSTRAAT - 147 B4 C4
LUIKERSTEENWEG - 147 B5-6 C6-7 D7
LUIKERSTRAAT - 147 B4-5
MAASTRICHTERSTEENWEG - 147 D2-3 E2-3
MAASTRICHTERSTRAAT - 147 B3 C3 D3
MEESENLAAN ARMAND - 147 E2
MERKENSTRAAT - 147 E2
MEULEMANSLAAN - 147 D1 E1
MEYERSSTRAAT - 147 D5
MIDDELEEUWSE WALLEN - 147 B3 C3
MINDERBROEDERSSTRAAT - 147 C4
MOERENPOORT - 147 D4
MOERENSTRAAT - 147 C3 D3-4
MOLENSTRAAT - 147 A5 B5
MOMBERSSTRAAT - 147 B4 C4
MONTGOMERYLAAN - 147 C5
MULKERWEG - 147 A2-3
MUNTSTRAAT - 147 B4
NEREMWEG - 147 D4-5 E5
NEVENSTRAAT - 147 B3
NIEUWSTRAAT - 147 B3
OFFELKENSTRAAT - 147 B7
ONDER DE LINDE - 147 C4
ONZE-LIEVE-VROUWESTRAAT - 147 C3
OUDE BLAARSTRAAT - 147 D4 E4
OUDE KERKHOFWEG - 147 B2
OUDSTRIJDERSSTRAAT - 147 D4
OVERHAAMLAAN - 147 D5-6-7 E6
PANNENOVENWEG - 147 E2-3
PERREAUSTRAAT - 147 D2
PIEPELPOEL - 147 C4
PLEIN - 147 B4
PLINIUSWAL - 147 B3
PREDIKHERENSTRAAT - 147 C3
PRINSENWEG - 147 E6-7
PUTSTRAAT - 147 B4
RADIOSTRAAT - 147 C1-2 D2
RAPERIESTRAAT - 147 D2-3
REGULIERENPLEIN - 147 B4
REPENSTRAAT - 147 C3-4
RIDDERSSTRAAT - 147 C3-4
RIETMUSWEG - 147 C7 D6-7 E6
RODE KRUISLAAN - 147 A4-5
ROMEINSE KASSEI - 147 A4
ROOSEVELTLAAN - 147 B5 C5
RUTTERWEG - 147 B6-7
SABINUSLAAN - 147 A5 B5
SACRAMENTSTRAAT - 147 B3 C2-3
SCHAAPSWEIDE - 147 B6-7
SCHUTTERSGANG - 147 C3
SINT-ANTONIUSSTRAAT - 147 E2-3
SINT-CATHARINASTRAAT - 147 C4
SINT-JANSSTRAAT - 147 B4 C4
SINT-JOZEFSPLEIN - 147 C2
SINT-JOZEFSSTRAAT - 147 C4
SINT-LUTGARTSTRAAT - 147 C4
SINT-MATERNUSPLEIN - 147 A5
SINT-MATERNUSWAL - 147 B3 C3
SINT-ROSASTRAAT - 147 C4 D4
SINT-SERVAASSTRAAT - 147 A5
SINT-TRUIDERSTEENWEG - 147 A4 B4
SINT-TRUIDERSTRAAT - 147 B3-4
SINT-URSULASTRAAT - 147 C4 D4
SLACHTHUISSTRAAT - 147 C4
SPORTPLEINSTRAAT - 147 D3-4
STADHUISPLEIN - 147 B3 C3
STATIONSLAAN - 147 D3
STATIONSPLEIN - 147 D3
TIENDE MEISTRAAT - 147 D4-5
TONGERSHUISSTRAAT - 147 C1
TRUMANLAAN - 147 C5
VEEMARKT - 147 C3
VERBINDINGSSTRAAT - 147 C1-2
VERENIGDE NATIENLAAN - 147 C2
VERMEULENSTRAAT - 147 B3 C3
VLASMARKT - 147 C3-4
VRIJTHOF - 147 C3-4
WANDELWEG - 147 C4-5
WATERTORENSTRAAT - 147 B3
WIJKMOLENWEG - 147 B5-6
WIJKSTRAAT - 147 B6 C5-6 D4-5
WIJNGAARDSTRAAT - 147 C4
WILD BROEKSTRAAT - 147 D5
WIRIXSTRAAT - 147 C5 D4-5
WITBOOMSTRAAT - 147 C1
ZAGERIJSTRAAT - 147 C2 D2-3
ZIEGELSMEER - 147 C1

TOURNAI

ABBAYE DES PRES / IMP. DE L' - 148 B2
ALLARD / RUE ALBERT - 148 B3
AMIENS / RUE D' - 148 B1
AMOUR / RUE D' - 148 F3
ANTOING / CHAUSSEE D' - 148 F5
ARBALETE / RUE DE L' - 148 D3
ARSENAL / RUE DE L' - 148 C1-2
AS-POIS / RUE - 148 B3 C3-4
ASOU / RUE ALBERT - 148 D-E4
ATHENEE / RUE DE L' - 148 E2
AUGUSTINS / RUE DES - 148 B2-3 C2
AVEUGLES / RUE DES - 148 C4
BALLON / RUE DU - 148 C3-4
BARA / BOULEVARD - 148 B3 C3-4
BARGES / RUE DE - 148 C-D5
BARRE SAINT-BRICE / RUE - 148 D2-3 E3
BAS-FOLET / RUE DU - 148 F-G1
BAS-QUARTIER / RUE DU - 148 D3
BASSE COUTURE / RUE - 148 F1-2
BASTIONS / RUE DES - 148 F3-4-5 G3-4
BECQUERELLE / PLACE DU - 148 D2
BECQUERELLE / RUE DU - 148 D2
BEGUINAGE / ENCLOS DU - 148 B-C2
BERGERS / RUE DES - 148 B-C4
BEURRE / VIEUX MARCHE AU - 148 D3
BEVE / RUE DE - 148 D4
BEYAERT / RUE - 148 D-E2
BLANDINOISE / RUE - 148 B2-3
BONDUELLE / ALLEE PAUL - 148 C-D4
BONDUELLE / SQUARE - 148 C4
BONNEMAISON / RUE - 148 A2-3
BOSQUET / CHEMIN DU - 148 F-G3
BOUCHERS SAINT-BRICE / RUE DES - 148 D2-3
BOUCHERS SAINT-JACQUES / RUE DES - 148 C3
BOULANGER / RUE HIPPOLYTE - 148 D-E4
BOULEAUX / AVENUE DES - 148 A2-3
BOURDON SAINT-JAQUES / RUE - 148 C2
BOUVIGNES / VIEUX CHEMIN DE - 148 A4
BOZIERE / AVENUE - 148 E2 F2-3
BRASSEURS / RUE DES - 148 F1
BRUXELLES / CHAUSSEE DE - 148 F-G3
BRUYERE / RUE DE LA - 148 E-F5
CAMBRON / RUE - 148 D-E3
CAMPEAUX / RUE DES - 148 D2-3
CAMPIN / RUE - 148 C1 D1-2
CANONNIERS / RUE DES - 148 G1-2
CARBONNELLE / PL. VICTOR - 148 D1
CARLIERS / RUE DES - 148 D3
CARMES / RUE DES - 148 B3 C2-3
CASTERMAN / QUAI DONNAT - 148 B-C1
CATRICE / RUE - 148 D-E3
CATTEAU / COUR - 148 G1
107 / SENTIER - 148 E1
CHAMBGE / RUE DU - 148 C-D4
CHAMPS / RUE DES - 148 E-F1
CHAPELIERS / RUE DES - 148 D3
CHAPELLE / CHEMIN DE LA - 148 G5
CHATEAU / RUE DU - 148 C2 D1-2
CHATEAU DE L'ABBAYE / RUE DU - 148 D3-4
CHAUFOURS / RESID. - 148 E3-4
CHEONCQ CLOTIERS / RUE DES - 148 D2-3
CHEREQUEFOSSE / RUE - 148 D4 E3-4
CHEVET SAINT-PIERRE / RUE DU - 148 D3
CHILDERIC / RUE - 148 D-E2
CHORAUX / RUE DES - 148 C2-3
CITADELLE / RUE DE LA - 148 C-D-E5
CLAIRISSES / RUE DES - 148 D3
CLAQUEDENT / RUE - 148 B2-3 C2
CLERCAMPS / RUE - 148 E3
CLOCHES / RUE DES - 148 C3
CLOVIS / PLACE - 148 E2-3
COMBATTANTS / BLD. DES - 148 F2-3

COMMANDANT DELHAYE / AV. DU - 148 E-F2
CONSTRUCTION / RUE DE LA - 148 A2
CORDES / RUE DE - 148 D2-3
CORDONNERIE / RUE DE LA - 148 D3
CORRIERS / RUE DES - 148 C2
COTTREL / RUE - 148 C4-5
COURTRAI / RUE DE - 148 C2-3 D3
COUSIN / RUE JEAN - 148 B5
CRAMPON / RUE DU - 148 D-E1
CRESPEL / RUE - 148 B5
CROISIERS / RES. DES - 148 F4
CROISIERS / RUE DES - 148 E-F3
CROMBEZ / PLACE - 148 E1-2
CUL DE SAC RUE DES RECOLLETS - 148 E4
CULTURE / RUE DE LA - 148 A3-4 B4-5
CURE DU CHATEAU / RUE DU - 148 D2
CURE NOTRE-DAME / RUE DU - 148 D3
CYGNE / RUE DU - 148 C2
DALLUIN / RUELLE - 148 D3
D'ARC / RUE JEANNE - 148 E1
DECRAENE / AVENUE - 148 F3-4
DE GAULLE / AVENUE - 148 B3
DELCROIX / SENTIER - 148 A4
DE LE PASTURE / PLACE R. - 148 C3
DELMEE / AVENUE - 148 C-D1
DELWART / BOULEVARD - 148 B-C-D1
DEPORTES / BLD. DES - 148 E-F2
DERON / PLACE VICTOR - 148 A1-2
DESERT / RUE DU - 148 C2 D1-2
DESPRETS / RUELLE - 148 A5
DEWASMES / RUE - 148 D-E3
DOMINICAINS / REDUIT DES - 148 C3
DOREZ / RUE - 148 C3
DOUAI / CHAUSSEE DE - 148 A5 B4-5
DUMON / QUAI - 148 D2
DUQUESNOY / RUE - 148 E2-3
DUTRIEUX / RUE AIMABLE - 148 A4-5 B4
DUWEZ / RUE - 148 E4
ECOLE / RUE DE L' - 148 D2-3
ECORCHERIE / RUE DE L' - 148 C1-2
EISENHOWER / BLD. - 148 D1 E1 F1-2
ENCLOS SAINT-MARTIN / RUE DE L' - 148 C4
ENNETIERES / RUELLE D' - 148 D3
EPINETTE / RUE DE L' - 148 D2
ERABLES / AVENUE DES - 148 A2-3 B3
ESCALETTE / RUE DE L' - 148 A1
ESPINOY / RUE D' - 148 D3-4
ESPLANADE / RUE DE L' - 148 D4
ETAT / CHEMIN DE L' - 148 D1
ETATS-UNIS / AVENUE DES - 148 E4
EUROPE / ROND POINT DE L' - 148 B1
EVECHE / PLACE DE L' - 148 C-D3
FAUQUEZ / RUE - 148 C4
FILLES-DIEU / RUE DES - 148 D4
FLEURIE / RUE - 148 E3
FLOC A BREBIS / RUE - 148 C2
FONDATION FOLLEREAU / RUE DE LA - 148 A3
FONTENOY / RUE - 148 E4-5
FOSSES / RUE DES - 148 C-D2
FOULONS / RUE DES - 148 C1-2
FOUR CHAPITRE / RUE DU - 148 C-D3
FOUR L'ESTIENNE / CHEMIN DU - 148 G4-5
FRANCE / RUE DE - 148 C4
FRERES HAGUE / AV. DES - 148 E2
FRERES RIMBAUT / AVENUE DES - 148 B3 C3-4
FRINOISE / RUE - 148 B-C2
FRISON / RUE BARTHELEMY - 148 A3-4 B4
GALLAIT / RUE - 148 D3
GALTERIE SAINT-JEAN / RUE - 148 E3 F3-4
GARNIER / RUE - 148 D3
GENERAL RUQUOY / RUE - 148 D4-5 E5
GENIE / DREVE DU - 148 B3-4-5
GLATEGNIES / RUE DU - 148 E3
GRAIN D'OR / RUE DU - 148 C2
GRANDE GARDE / RUELLE DE LA - 148 C3
GRAND-PLACE - 148 C3
GROS DORAIN / CHEMIN DU - 148 F1
GROSEILLERS / ALLEE DES - 148 F3
HAIGNE / RUE - 148 E3
HENNEBICQ / RUE A. - 148 C4
HESPEL / RUE ARTHUR ET EDGARD - 148 C2-3
HONNEUR / COUR D' - 148 C4
HOPITAL / RUE DE L' - 148 G2-3
HOPITAL NOTRE-DAME / RUE DE L' - 148 D3
HOYOIS / RUE J. - 148 D2
INGERS / RUE DES - 148 D-E4
JANSON / PLACE P. E. - 148 D3
JARDINS / RUE DES - 148 D2
JESUITES / RUE DES - 148 D3-4
JUSTICE / RUE DE LA - 148 D-E4
LALAING / BOULEVARD - 148 C4
LANNOY / RUE DE - 148 A1
LANTERNE / RUE DE LA - 148 D3
LEDUC / RUE OCT. - 148 D4
LENGLEZ / REMPART - 148 F3
LEOPOLD / BOULEVARD - 148 B1-2-3
LERAY / AVENUE - 148 D1-2 E2
LILLE / CHAUSSEE DE - 148 A-B3
LILLE / PLACE DE - 148 B-C3
LIMOUSIN / RUE DU - 148 C-D2
LOGIS / RUE DU - 148 A3
L'OLIVIER / RUE ALLARD - 148 C5
LOUCHERIE / RUE DE LA - 148 D3
LOUVRE / RUE DU - 148 C2
LUCHET D'ANTOING / QUAI DU - 148 E3-4 F4
LYS / RUE DE LA - 148 F4-5 G5
MADAME / RUE - 148 D3
MADELEINE / RUE DE LA - 148 B-C2
MADELEINE / TERRASSE DE LA - 148 C2
MAGASINS / RUE DES - 148 C1
MAIRE / AVENUE DE - 148 A-B1
MARCHE AU JAMBON / RUE DU - 148 C2-3
MARCHE AU POISSON / QUAI DU - 148 D3
MARECHAL JOFFRE / SQUARE - 148 F3
MARIE-LOUISE / SQUARE - 148 D4
MARVIS / BOULEVARD DE - 148 F3-4-5
MARVIS / RUE DE - 148 E-F3
MASSENET / RUE - 148 C3
MAUROY / RUE CHARLES - 148 A-B4
MAUX / RUE DES - 148 C3
MOINES / RUELLE DES - 148 C4
MONCHEUR / RUELLE - 148 D3
MONNEL / RUE DE - 148 D-E2
MONS / VIEUX CHEMIN DE - 148 G4-5
MONTAGNE / CHEMIN - 148 G5
MONT DE PIETE / RUE DU - 148 C2-3
MONTGOMERY / AVENUE - 148 C4
MOREL / RUE - 148 E2
MOUETTES / RUE DES - 148 B1
MOULIN A L'EAU / RUE DU - 148 E4
MOULIN DE MARVIS / RUE DU - 148 G3
MOULIN DU LEU / CHEMIN DU - 148 A5
MOULINS / RUE DES - 148 E3
MUCHE-VACHE / RUE - 148 C2
MULLIER / RUE - 148 B-C5
MURIERS / ALLEE DES - 148 F3
NEDONCHEL / PLACE DE - 148 C3
NERVIENS / BLD. DES - 148 D-E1
NEUVE / RUE - 148 E3
NEVE / RUE DE LA - 148 C2
NOIRETS / RUELLE DES - 148 D2
NORD / RUE DU - 148 E-F1
NOTE / RUE J. - 148 C3
NOTRE-DAME / QUAI - 148 D2-3
NUMERO 82 / CHEMIN - 148 A4-5
ODILE / RUE DAME - 148 D2-3
OIGNONS / PLACETTE AUX - 148 C3
ONZIEME REGIMENT D'ARTILLERIE / RUE DU - 148 F4
ORFEVRES / RUE DES - 148 C3
ORIENT / RUE DE L' - 148 G4-5
PAIX / RUE DE LA - 148 F-G3
PALAIS DE JUSTICE / PL. DU - 148 D4
PALAIS SAINT-JACQUES / RUE DU - 148 C2-3
PANIERS / RUE DES - 148 D4
PARC / RUE DU - 148 D3
PARIS / AVENUE H. - 148 D-E2
PARIS / RUE DE - 148 D3
PASTUR / RUE P. - 148 G3
PASTUR / RUE PAUL - 148 F2-3
PATURAGES / RUE DES - 148 G1-2
PAYS BLANC / QUAI DU - 148 F4-5
PERDUE / RUE - 148 C3
PETERINCK / RUE F.J. - 148 B1-2 C1
PETIT / PLACE GABRIELLE - 148 E3
PETITS RECOLLETS / RUE DES - 148 E4
PIQUET / RUE - 148 C2-3
PIRON / RUE GENERAL - 148 B-C5
PLANCHE / RUE DE LA - 148 C1-2
PLANQUE / PLACE HERMAN - 148 G5
POISSONIERE / RUE - 148 D3
POISSONSCEAUX / QUAI DES - 148 D-E3
PONT / RUE DE - 148 D-E3
PONT DE L'ARCHE / RESIDENCE - 148 E3-4
POT D'ETEIN / RUE DU - 148 D3
POTERIES / VIEUX MARCHE AUX - 148 C-D3
1ER REGIMENT DE CHASSEURS A CHEVAL / RUE DU - 148 E3
PREVOYANCE / RUE DE LA - 148 B4-5
PRIMETIERS / RUE DES - 148 C3 D3-4
PRINCES D'ALLAIN / ALLEE DES - 148 F4-5
PRISON / RUE DE LA - 148 E5
PROCUREURS / RUE DES - 148 D3
PUITS L'EAU / RUE DES - 148 D3
PUITS WAGNON / RUE DU - 148 D3
RAMEE / CHEMIN DE LA - 148 A1-2
RASSE / RUE DE - 148 D2
RECOLLETS / MONT DES - 148 E4
RECOLLETS / RUE DES - 148 E4
REINE ASTRID / PLACE - 148 D3
REMPART / RUE DU - 148 D1-2
RENAIX / CHAUSSEE DE - 148 F1-2 G1
RESISTANTS / CARRIERE - 148 E-F5
RIFFLEE / RUE - 148 E3
ROCTIERS / RUE DES - 148 B-C1
RODENBACH / RUE GEORG. - 148 A1-2
ROGIER / RUE - 148 C-D4
ROI ALBERT / BLD. DU - 148 C-D-E4
RONDE / CHEMIN DE - 148 E-F4
ROQUETTE SAINT-NICAISE / RUE - 148 C3-4
ROYALE / RUE - 148 D-E2
RUE DES MOULINS / IMP. DE LA - 148 E3
RUE DU CYGNE / IMPASSE DE LA - 148 C2
SAINT-AMAND / VIEUX CHEMIN DE - 148 G5
SAINT-BRICE / QUAI - 148 D2-3
SAINT-BRICE / RUE - 148 E3
SAINT-BRUNO / RUE - 148 D2
SAINTE-CATHERINE / RUE - 148 E4
SAINTE-CATHERINE / RUELLE - 148 C2
SAINTE-CROIX / RUE - 148 C2
SAINT-ELEUTHERE / RUE - 148 A1 B1-2
SAINT-GEORGES / RUE - 148 C3
SAINT-JAQUES / RUE - 148 C2
SAINT-JEAN / RUE - 148 E3
SAINT-MARTIN / RUE - 148 C3-4 D3
SAINT-PAUL / CENTRE - 148 A2
SAINT-PIAT / RUE - 148 D3-4 E4
SAINT-PIERRE / PASSAGE - 148 D3
SAINT-PIERRE / PLACE - 148 D3
SAKHAROV / QUAI - 148 C1-2
SALINES / QUAI DES - 148 C1-2 D2
SAPINS / AVENUE DES - 148 A2-3
SAULE / AVENUE DU - 148 A2
SCEAU / RUE DU - 148 E3
70 DIT DE LA CLOCHE / SENTIER - 148 B-C5
SEPT FONTAINES / RUE DES - 148 B1
SIONS / REDUIT DES - 148 C3
SIX FILLES / RUE DES - 148 E3
SOEURS DE CHARITE / RUE DES - 148 E2-3 F3
SOEURS NOIRES / RUE DES - 148 C2
SOIL DE MORIAME / RUE - 148 D3
SONDART / RUE DU - 148 D2
SORBIERS / AVENUE DES - 148 A-B2
SPORTS / RUE DES - 148 C5
TAILLE-PIERRES / QUAI - 148 E3-4
TETE D'ARGENT / RUE DE LA - 148 C2-3
TETE DE VEAU / RUE / 18 - 148 D3
TETE D'OR / RUE DE LA - 148 D3
TIERRES / RUE DE LA - 148 D3
TIR A LA CIBLE / RUE DU - 148 A3-4
TRIPERIE / RUE DE LA - 148 D3
3EME CHASSEURS A PIED / AVENUE DU - 148 D4
TROYES / AVENUE DE - 148 B1-2
TURE / RUE DE LA - 148 D3-4
VAL D'ORCQ / AVENUE DU - 148 A3
VALKE / RUE EDOUARD - 148 B1
VAN CUTSEM / AVENUE - 148 E2
VAUBAN / RUE - 148 D4-5
VERT BOCAGE / RUE DU - 148 A2
VERTE / PLACE - 148 D2
VICINEAUX / QUAI DES - 148 B-C1
VIEUX COLOMBIER / RUE DU - 148 A1-2
VIFQUAN / QUAI - 148 D-E3
VINGT QUATRE AOUT / RUE DU - 148 G1
VOLONTAIRES / RUE DES - 148 E-F2
WALLONIE / RUE DE LA - 148 D3
WIBAUT / AVENUE E. - 148 C-D1
WILLEMEAU / CHAUS. DE - 148 B5 C4-5
YSER / RUE DE L' - 148 C3

TURNHOUT

AKKERPAD - 149 F3
AMBACHTSTRAAT - 149 G2
ANDELHOFSTRAAT FRANS - 149 B3
APOSTOLIEKENSTRAAT - 149 D4 E4
BAREELSTRAAT - 149 C3
BARON DU FOURSTRAAT FRANS - 149 E3 F2-3
BEEKSTRAAT - 149 E3-4
BEERSMANSSTRAAT CATHARINA - 149 C5
BEGIJNENDREEF - 149 D2
BEGIJNENSTRAAT - 149 E2-3
BEGIJNHOF - 149 D2 E2
BEIRENMOLENSTRAAT - 149 E1
BENOITSTRAAT PETER - 149 C4
BENTELSTRAAT - 149 F3
BERGSTRAAT - 149 B4
BEUKSTRAAT - 149 D2
BEVRIJDINGSTRAAT - 149 C4
BLOEMFONTEINSTRAAT - 149 E2 F2
BOERENKRIJGLAAN - 149 C5
BOOMGAARDSTRAAT - 149 F3
BOOMSTRAAT - 149 B4
BREYDELSTRAAT JAN - 149 C4 D4-5
BROEDERSSTRAAT - 149 D3
BROEKSTRAAT - 149 C5
BROEKZIJDE - 149 F4-5 G4
BRUGSTRAAT - 149 B2-3
CAMPUS BLAIRON - 149 B4 C4
COLLEGESTRAAT - 149 A3-4 B3
CONSCIENCESTRAAT HENDRIK - 149 E4
CORBEELSSTRAAT - 149 D3
DAGERAADSTRAAT - 149 E5
DAHLIASTRAAT - 149 E1
DE FIERLANTSTRAAT GOSWIN - 149 F2
DE HOZESTRAAT JORIS - 149 F2
DEKEN ADAMSSTRAAT - 149 D4 E4
DE KONINCKSTRAAT LODEWIJK - 149 B3
DE MERODELEI - 149 B4 C3-4 D3
DE NEFSTRAAT PIETER - 149 E3
DIERCKXSTRAAT - 149 D4
DIKSMUIDESTRAAT - 149 C3
DRAAIBOOMSTRAAT - 149 F3-4
DRIEDOSTRAAT - 149 C5
DRIEKUILENSTRAAT - 149 D2 E2
DRIESKENSSTRAAT - 149 E1
DRIEZENSTRAAT - 149 D3 E3
DRUIVENSTRAAT - 149 E4
DUIFHUISSTRAAT - 149 E5
DUINENSTRAAT - 149 C4
EEN MEISTRAAT - 149 C2
EIGENAARSSTRAAT - 149 D4
EIKSTRAAT - 149 D2
ELF NOVEMBERLAAN - 149 E2 F2
FABRIEKSTRAAT - 149 E4
FLEERACKERSSTRAAT EMIEL - 149 B1-2
FONTEINSTRAAT - 149 B1-2
GASSTRAAT - 149 E2
GASTHUISSTRAAT - 149 D3 E3
GEMEENTESTRAAT - 149 D3
GENERAAL VAN DER MEERSCHSTRAAT - 149 G3-4
GEVARTIUSSTRAAT - 149 C5
GEZELLESTRAAT GUIDO - 149 A3 B3
GIERLEDREEF - 149 A4 B4
GILDENSTRAAT - 149 C3
GOEDENDAGSTRAAT - 149 F1-2
GRAATAKKER - 149 E4-5
GRIMSTEDESTRAAT - 149 E4 F4 G4
GROENINGEPLEIN - 149 F1
GROENPLEIN - 149 E2
GROTE MARKT - 149 E3
GULDENSPORENLEI - 149 C2-3 D3
HAMMELBURGSTRAAT - 149 E5 F5
HANNUITSTRAAT - 149 D2-3
HARMONIESTRAAT - 149 C2-3
HEIDEBLOEMSTRAAT - 149 B3
HEILIG HARTSTRAAT - 149 C4 D4
HENSSTRAAT GUST - 149 E5 F4-5
HERENTALSSTRAAT - 149 E3-4
HERTOGINSTRAAT - 149 A3 B2-3
HEUVELMANSSTRAAT PIETER - 149 F2 G2
HOFPOORT - 149 E3
HOFSTRAAT - 149 F4
HOGESTRAAT - 149 F1
HOLLANDSESTRAAT - 149 D2-3
HOVENIERSSTRAAT - 149 F2
HUIDEVETTERSSTRAAT - 149 E1 F1
IEPERSTRAAT - 149 C4-5
IJZERSTRAAT - 149 C4 D4
JACHTHOORNSTRAAT - 149 C2 D2
JOOSTENSTRAAT FRANZ - 149 D4-5
JOSEPHINE CHARLOTTELEI - 149 A4
JUBILEUMLAAN - 149 F1-2 G1
KADASTERSTRAAT - 149 C3-4
KANTWERKSTRAAT - 149 C5
KASTANJESTRAAT - 149 D2
KASTEELDREEF - 149 D2-3 E3
KASTEELPLEIN - 149 D3 E3
KASTEELSTRAAT - 149 E3
KASTELEIN - 149 D1 E1
KEMPENLAAN - 149 A4-5 B5
KERKHOFWEG - 149 F4 G4
KERKPLEIN - 149 D3
KERKSTRAAT - 149 D3
KLAPROOSSTRAAT - 149 B5 C5
KLAVEREN - 149 A5
KLINKSTRAAT - 149 E3 F3
KONGOPLEIN - 149 C3
KONGOSTRAAT - 149 A3 B3 C3
KONING ALBERTSTRAAT - 149 E2
KONINGIN ASTRIDLAAN - 149 A3 B3-4
KONINGIN ELISABETHLEI - 149 E1-2
KONINGSLAAN - 149 B5
KORENBLOEMSTRAAT - 149 C5
KORTE ALBERTSTRAAT - 149 E2
KORTE BEGIJNENSTRAAT - 149 E2
KORTE GASTHUISSTRAAT - 149 D3-4
KORTE MERMANSSTRAAT - 149 E4 F4
KORTE VELDSTRAAT - 149 E3-4
KORTE VIANENSTRAAT - 149 D3-4
KROONSTRAAT - 149 B4 C4
KRUISBERGSTRAAT - 149 D4
KRUISHUISSTRAAT - 149 D3-4
KWAKKELSTRAAT - 149 E3 F3-4-5
LAKENWEVERSSTRAAT - 149 C5
LEOPOLDSTRAAT - 149 D3
LILLOKENSSTRAAT - 149 F3-4
LINDEKENSSTRAAT - 149 E2
LINDESTRAAT - 149 D2
LOKERENSTRAAT - 149 B4-5
LOTELINGENSTRAAT - 149 B5
LUKERSTRAAT - 149 F1
MAALDERSSTRAAT - 149 F4
MAASSTRAAT - 149 F2-3
MATTENSTRAAT - 149 C2-3
MEIBLOEMSTRAAT - 149 C5
MEIRGORENSTRAAT - 149 F1
MEIRSTRAAT - 149 D2
MERMANSSTRAAT - 149 E4
MERODE-CENTER - 149 D3
MESESSTRAAT - 149 E1-2
MEULETIENDE - 149 F1-2
MOLENBERGSTRAAT - 149 F4
MOLENSTRAAT - 149 C3 D3
NACHTEGALENSTRAAT - 149 E5
NASSAULAAN - 149 A4
NEERHOFSTRAAT - 149 G3
NERINGSTRAAT - 149 G3
NIEUWE ERVEN - 149 B4
NIEUWE KAAI - 149 B2 C2
NIEUWSTAD - 149 F2-3
NIJVERHEIDSTRAAT - 149 E2-3 F3
NONNENSTRAAT - 149 E4 F4
NOORD-BRABANTLAAN - 149 F1 G1-2-3
ONZE LIEVE VROUWSTRAAT - 149 C3-4
OOMSSTRAAT KAREL - 149 C2-3
ORANJEMOLENSTRAAT - 149 G3
OTTERSTRAAT - 149 E3 F3
OUDE BEERSEBAAN - 149 A3
OUDE DIJK - 149 F5 G5
OUDE KAAI - 149 E1
OUDE VAARTSTRAAT - 149 E1-2
OUD-STRIJDERSLAAN - 149 B5 C5
PAPENBRUGGESTRAAT - 149 D5 E5
PARKLAAN - 149 B5 C5 D5 E5 F4-5 G3-4
PATERSSTRAAT - 149 E2-3
PATER VAN MIERLOSTRAAT - 149 B3-4
PATER VERSCHUERENSTRAAT - 149 C4-5
PATRIOTTENSTRAAT - 149 C4 D4
PEETERSSTRAAT JEF - 149 A3
PLANTIJNSTRAAT - 149 C5
PRINS BOUDEWIJNLAAN - 149 A4
PRINSENSTRAAT - 149 C3
PRINSESSENSTRAAT - 149 C3
PROFESSOR DEVOCHTSTRAAT - 149 F4 G4
RERUM NOVARUMLAAN - 149 B2-3
RIVIERSTRAAT - 149 C4-5
ROBSONPLEIN - 149 B3
ROOD KRUISSTRAAT - 149 B2 C1-2
RUBENSSTRAAT - 149 D4-5
RUITEN - 149 A5
SCHIPPERSSTRAAT - 149 B2-3
SCHOOLSTRAAT - 149 E3 F3
SCHOPPEN - 149 A5
SIMONSLAAN JOZEF - 149 B5 C5
SINT ANTONIUSSTRAAT - 149 D3
SINT BEGGAPLEIN - 149 D2
SINT JOZEFSTRAAT - 149 E3-4
SINT PIETERSTRAAT - 149 D1-2
SMALVOORTSTRAAT - 149 E4-5 F4
SMISKENSSTRAAT - 149 E4-5
SMITSSTRAAT JACOB - 149 D4
SMULDERSSTRAAT FRANS - 149 F3
SNIEDERSSTRAAT RENIER - 149 D3
SPEELKAARTENSTRAAT - 149 A4-5
SPOORWEGSTRAAT - 149 C3-4-5
STATIONSTRAAT - 149 C3 D3
STEENBAKKERSLAAN - 149 A1-2
STEENWEG OP ANTWERPEN - 149 A4 B4
STEENWEG OP GIERLE - 149 A5 B5 C4-5
STEENWEG OP MERKSPLAS - 149 A1-2 B2
STEENWEG OP MOL - 149 F3 G3
STEENWEG OP OOSTHOVEN - 149 E1-2 F1 G1
STOKTSESTRAAT - 149 A2-3
TAEYMANSLAAN - 149 B3
TICHELARIJSTRAAT - 149 C2 D2
TIJL- EN-NELESTRAAT - 149 F2-3 G3
TRAMSTRAAT - 149 B3 C3
TUINBOUWSTRAAT - 149 E5
TUINSTRAAT - 149 C4
UITBREIDINGSTRAAT - 149 B1 C1 D1
VALKENIERSSTRAAT - 149 C2 D2
VAN ARTEVELDESTRAAT JACOB - 149 C4 D4
VAN BAELENSTRAAT KAMIEL - 149 G2-3
VAN DYCKSTRAAT ALBERT - 149 C5 D5
VAN HEUPENSTRAAT JEF - 149 F3
VAN KINSCHOTSTRAAT JASPAR - 149 F4
VARENSTRAAT - 149 F2 G2
VELDEKENSSTRAAT - 149 C2 D2
VELDEKENSWEG - 149 B2 C1-2
VELDSTRAAT - 149 E3-4
VERBINDINGSTRAAT - 149 B5
VERREESSTRAAT EMIEL - 149 D4
VIANENSTRAAT - 149 D3-4
VICTORIESTRAAT - 149 D3
VLAMINGENSTRAAT - 149 D3-4
VOGELZANG - 149 D4
VOLDERSSTRAAT - 149 C5
VOLKSPLEIN - 149 B4 C4
VOORZORGSTRAAT - 149 F1
VREDESTRAAT - 149 E2 F2
VRIJGEWEIDESTRAAT - 149 F4
VRIJHEIDSTRAAT - 149 E1
VUURKRUISENSTRAAT - 149 C5
WARANDESTRAAT - 149 D3 E3
WATERLOOPSTRAAT - 149 B2 C2
WEZENSTRAAT - 149 D3
WIELTJES - 149 A1-2
WILGENSTRAAT - 149 E2 F2
WITTE WEVERSPOORT - 149 E4
WOUWERSTRAAT - 149 D1-2 E1-2
ZANDBERGSTRAAT - 149 G3
ZANDSTRAAT - 149 B4 C3-4
ZEGEPLEIN - 149 E3

VERVIERS

ABATTOIR / PLACE DE L' - 150 E3
ABATTOIR / RUE DE L' - 150 E3
ACACIAS / ALLEE DES - 150 G3-4
AGOLINA / RUE DE L' - 150 F4
ALBERT 1ER / PLACE - 150 D3
ALLIES / RUE DES - 150 D2 E2
ANDRIMONT / PONT D' - 150 E2
ANVERS / RUE D' - 150 C4
ARLES / PLACE D' - 150 E4
ARTISTES / RUE DES - 150 C3
ASTRID / SQUARE - 150 C3
AUBEPINES / ALLEE DES - 150 G4
AULNES / RUE DES - 150 B5 C5
BAGUETTE / RUE JEAN - 150 E5 F4-5
BANQUE / RUE DE LA - 150 D3
BATTE / RUE DE LA - 150 E2
BECKER / AVENUE FLORENT - 150 F4 G4-5
BELLE-VUE / RUE - 150 A3
BERIBOU / RUE - 150 B2
BESME / RUE VICTOR - 150 B3-4
BETTONVILLE / RUE - 150 B2
BIDAUT / RUE - 150 D3-4
BIOLLEY / RUE - 150 E2-3
BONJEAN / SQUARE ALBERT - 150 D5
BOSQUET / RUE DU - 150 C2
BOUCHERS / RUE DES - 150 D2
BOUILLENNE / RUE VICTOR - 150 D4
BOUXHATE / RUE - 150 E2
BREL / QUAI JACQUES - 150 B2 C2
BRIQUETERIE / RUE DE LA - 150 F4 G4
BROU / RUE DU - 150 C2-3 D2
BRUXELLES / RUE DE - 150 C3-4
BUSE DE BOIS / RUE DE LA - 150 E2 F2
BUTTGENBACH / RUE - 150 B5
CALAMINE / RUE - 150 F2 G2
CANAL / RUE DU - 150 A5
CARDINAL CARDIJN / CITE DU - 150 A2
CARMES / RUE DES - 150 D2-3
CARRIERES / RUE DES - 150 B4-5
CENTNER / RUE ROBERT - 150 B2
CENTRE / RUE DU - 150 D3
CEREXHE / RUE JULES - 150 B2
CHAINEUX / AVENUE DU - 150 E5
CHAPELIERS / RUE DES - 150 A3-4
CHAPELLE / RUE DE LA - 150 B2
CHAPUIS / RUE - 150 C3
CHARRONS / RUE DES - 150 E3 F3
CHATELET / RUE DU - 150 C2
CHAT VOLANT / RUE DU - 150 E3
CHENE / PONT DU - 150 C2
CHENE / RUE DU - 150 C2-3
CITE / RUE DE LA - 150 F1-2
COKAIHAYE / CHEMIN DE - 150 A2
COLLEGE / RUE DU - 150 D2
COLLINE / RUE DE LA - 150 D3
COMBATTANTS / RUE DES - 150 A2-3 B2
COMMERCE / RUE DU - 150 C2
CONCORDE / RUE DE LA - 150 C3
CORONMEUSE / RUE - 150 D2 E2
COTEAUX / RUE DES - 150 D3-4 E3
COURTE / RUE - 150 E1 F1
COURTE DU PONT / RUE - 150 E3
COURTOIS / RUE - 150 B4
COUVALLES / RUE DES - 150 F1
CRAPAURUE - 150 D2-3
CUPER / RUE - 150 D2
DAMSEAUX / RUE L. - 150 G2-3
DARDANELLES / RUE DES - 150 E1 F1

DARIMONT / RUE - 150 G4
DAVID / RUE PIERRE - 150 A3
DAVIGNON / AVENUE JULIEN - 150 A1-2
DAVIGNON / RUE HENRI - 150 A5
DE BERGHES / RUE ANT. - 150 G2-3
DEFAYS / RUE LUCIEN - 150 B2 C2-3
DEGAULLE / SQ. CHARLES - 150 D4
DENSIVAL / RUE - 150 B3-4 C3
DEPORTES / RUE DES - 150 B4-5 C4
DEPOUHON / RUE - 150 A5
DEVAUX / RUE - 150 E2
DINANT / RUE DE - 150 C3-4
DISON / RUE DE - 150 C1-2
DONCKIER / RUE - 150 D3
DONHEID / RUE - 150 A5 B5
12E DE LIGNE / RUE DU - 150 F3
DUBOIS / RUE NICOLAS - 150 A3
DUCHESNE / AVENUE ALEXANDRE - 150 E4 F4
DUPONT / RUE AUG. - 150 A4
DUPUIS / RUE ALBERT - 150 G2
ECOLES / RUE DES - 150 D3
ELISABETH / AVENUE - 150 D4-5 E4 F4
ENFANCE / PLACE DE L' - 150 G2
EN MI-VILLE - 150 A5
ENSEIGNEMENT / RUE DE L' - 150 C2
ENTRE LES PONTS / RUE - 150 A3 B3
EPARGNE / PONT DE L' - 150 F1
EPARGNE / RUE DE L' - 150 F1
ERNOTTE / AVENUE HENRI - 150 G3
EST / RUE DE L' - 150 F2
ETANGS / RUE DES - 150 B5 C5
ETOILES / PLACE DES - 150 G2
FABRIQUES / RUE DES - 150 C1-2
FANCHAMPS / RUE PIERRE - 150 B2
FELLER / RUE JULES - 150 B5
FILATURE / RUE DE LA - 150 A4
FLUCHE / RUE PIERRE - 150 D4 E3-4
FONTAINE AU BIEZ / RUE - 150 G5
FOULERIES / RUE DES - 150 A4
FOXHALLES / RUE DES - 150 B2 C2
FRAIPONT / PLACE LAMBERT - 150 A5
FRANCE / RUE DE - 150 D3-4
FRANCHIMONT / RUE DE - 150 C5 D5
FRANCOMONT / RUE - 150 A4-5
FRANCORCHAMPS / RUE DE - 150 D4
FRIPIERS / RUE DES - 150 E2-3
FYON / RUE - 150 C2
GARDES FRONTIERES / RUE DES - 150 G2
GAZOMETRE / RUE DU - 150 B3
GENERAL BURGUET / PLACE - 150 E4
GENERAL JACQUES / PL. - 150 C4 D4
GENERAL LEMAN / PLACE - 150 D5
GERARDCHAMPS / BOULEVARD DES - 150 B2-3-4
GERON / PLACE FRANCOIS - 150 D1
GODIN / RUE - 150 A4-5
GOMZE / RUE CORNEIL - 150 E5
GOUVY / IMPASSE - 150 D2
GRANDES RAMES / RUE DES - 150 E2
GRANDJEAN / RUE - 150 C3 D3
GRAND PLACE - 150 A5
GRAND-RY / RUE - 150 F2-3 G2
GRANDS CHAMPS / AV. DES - 150 F4-5
GRAND'VILLE / RUE - 150 A4-5 B4
GRAPPE / RUE DE LA - 150 B1-2 C2
GRETRY / RUE - 150 C5
GRUN / RUE CARL - 150 E3 F3
GUEURY / RUE - 150 B5
GYMNASE / RUE DU - 150 D2
HALTE / RUE DE LA - 150 A3
HANLET / AVENUE - 150 D5
HARMONIE / RUE DE L' - 150 C3
HAUTES MEZELLES / RUE DES - 150 C2
HAUT TOMBEUX / RUE DU - 150 G1-2-3
HAUZEUR / RUE - 150 A4
HAUZEUR / RUE ORTMANS - 150 D2
HAUZEUR DE SIMONY / RUE - 150 D4-5
HEID DES FAWES / RUE - 150 A4
HEIDS / RUE DES - 150 C2 D2
HENNEN / RUE JEAN - 150 G1-2
HENRARD / RUE JULES - 150 F2
HERLA / RUE - 150 C4 D4
HERVE / RUE DE - 150 E1
HEUSY / CHAUSSEE DE - 150 D3-4-5
HEUSY / PORTE DE - 150 E3
HEUSY / RUE DE - 150 D2-3 E3
HODIMONT / RUE DE - 150 C2
HODIMONT / THIER DE - 150 A1-2 B2
HOMBIET / PONT DE - 150 E2
HOMBIET / RUE - 150 E1-2
HORLOGE / RUE DE L' - 150 F4
HOUCKAYE / RUE - 150 B5
HOUGET/ RUE FERNAND - 150 B3
HOUGNES / RUE DES - 150 D4 E3-4
HURARD / RUE HENRI - 150 C3
JACQUES HENRION / RUE - 150 B5
JANSON / RUE PAUL - 150 D2-3
JARDINS / RUE DES - 150 C2
JARDON / RUE - 150 C3
JEHANSTER / RUE DE - 150 D4 E4
KERNACK / SQUARE - 150 B4
KESCHTGES / PASSAGE - 150 D2
KESCHTGES / RUE EMM. - 150 D2
LA CORNICHE / RUE - 150 A3
LAINES / RUE AUX - 150 B3 C3
LAMBERT / AVENUE JEAN - 150 G3-4
LAOUREUX / RUE - 150 D2-3
LEJEUNE / RUE - 150 B4
LEKEU / RUE GUILLAUME - 150 D5 E5
LELARGE / RUE E. - 150 G3-4
LEOPOLD / PONT - 150 B2
LEOPOLD II / AVENUE - 150 C4 D4
LIBON / RUE - 150 D4
LIEGE / RUE DE - 150 C3-4-5
LIMBOURG / RUE DE - 150 E2 F1-2
LIMBOURG / RUE PIERRE - 150 D1-2 E1
LIMBOURG / VIEUX CHEMIN DE - 150 F1 G1
LINAIGRETTES / AV. DES - 150 F3-4 G4
LOBET / RUE SIMON - 150 D4 E4
LONGUES WAIDES / AV. DES - 150 G4-5
LOUVAIN / RUE DE - 150 C4-5
LYCIETS / RUE DES - 150 B5
MA CAMPAGNE / RUE - 150 E4 F3-4 G3
MACONS / QUAI DES - 150 D2
MALI / RUE - 150 F2
MALLAR / RUE LEOPOLD - 150 E4
MAMELON VERT / RUE DU - 150 E1-2
MANEGE / RUE DU - 150 C3
MANGOMBROUX / RUE DE - 150 E3-4 F4
MARCHE / PLACE DU - 150 D2 E2
MARECHAL / RUE JEAN-MARTIN - 150 A5
MARECHAL / RUELLE DU - 150 D2
MARIE-HENRIETTE / PONT - 150 E2
MARIE-HENRIETTE / RUE - 150 E1-2 F1
MARNE / RUE DE LA - 150 C5 D5
MARTEAU / RUE DU - 150 C2-3
MARTYR / PLACE DU - 150 C2 D2
MARTYRS / RUE DES - 150 D2-3
MASSON / RUE - 150 D2
MELEN / RUE JOSEPH - 150 D3 E3
MERE-DIEU / THIER - 150 D2 E2
MESSIEURS / RUE DES - 150 B2
MICHEL / COUR - 150 D2
MINIERES / RUE DES - 150 C3-4
MONTAGNE / RUE DE LA - 150 C2
MOREAU / RUE - 150 A4-5
MOULIN / MONT DU - 150 D2
MOULIN / RUE DU - 150 B2
MULLENDORFF / AVENUE EUGENE - 150 E3-4
NAIMEUX / RUE DU - 150 D5
NAMUR / RUE DE - 150 C3
NEUVE / RUE - 150 A5
NICOLAI / AVENUE - 150 D5
NINGLOHEID / AVENUE DE - 150 F5 G5
NOUVELLE MONTAGNE / RUE DE LA - 150 F1-2 G2
OISELEUR / RUE DE L' - 150 D5 E5
PAIX / RUE DE LA - 150 A5 B5
PALAIS / RUE DU - 150 C3 D3
PALAIS DE JUSTICE / PLACE DU - 150 D3 E3
PANORAMA / RUE DU - 150 F3 G3
PAPETERIE / RUE DE LA - 150 G1-2
PARADIS / RUE DU - 150 C2 D2
PARC / RUE DU - 150 C4-5 D4
PARC DUGARD / RUE DU - 150 E5
PAROISSE / RUE DE LA - 150 E2
PAROTTE / PONT H. - 150 B2 C2
PEIGNAGE / RUE DU - 150 B3
PELTZER / AVENUE - 150 C4-5 D4
PELTZER DE CLERMONT / RUE - 150 B3 C3
PEPINSTER / RUE DE - 150 A5
PETAHEID / RUE - 150 B2
PETRY / AVENUE OCTAVE - 150 G3-4
PILATE / RUE - 150 A2-3
PIRENNE / RUE HENRI - 150 E4
PIRHETTES / RUE DES - 150 G2
PLACE VERTE - 150 D2
PLANTES / RUE DES - 150 C2
PLOQUETTES / RUE DES - 150 D3
PONT / RUE DU - 150 E2
PONT AUX LIONS - 150 D2
PONT DE SOMMELEVILLE - 150 E2
PRAIRIES / RUE DES - 150 C2
1ER DE LIGNE / RUE DU - 150 F2
PRES FLEURIS / RUE DES - 150 A4
PRINCE / RUE DU - 150 E1 F1
RAINES / RUE DES - 150 D2 E2
RAPSAT / QUAI PIERRE - 150 C2
RAYMOND / RUE - 150 E1-2 F1
RECOLLETS / ENCLOS DES - 150 C2 D2
RECOLLETS / PONT DES - 150 C2
RECOLLETS / PROMENADE DES - 150 D1-2
RECOLLETS / QUAI DES - 150 C2
REGENCE / PLACE DE LA - 150 B2
REGENCE / RUE DE LA - 150 B2
REINE ASTRID / AVENUE - 150 F4 G4
REINE FABIOLA / AVENUE - 150 D5 E5
RENIER / RUE - 150 D1-2 E1-2
RENKIN / RUE - 150 C3-4
ROGIER / RUE - 150 C4
ROME / RUE DE - 150 D3
ROUHEID / CHEMIN DE - 150 E5 F5
SAINT-ANTOINE / RUE - 150 C2
SAINTE-ANNE / RUE - 150 E2
SAINT-HUBERT / PLACE - 150 B4
SAINT-LAURENT / PONT - 150 C2 D2-3
SAINT-OREMUS / CHEMIN DE - 150 A1 B1
SAINT-PAUL / PLACE - 150 C2
SAINT-REMACLE / PLACE - 150 E2
SAINT-REMACLE / RUE - 150 E2
SAUCY / PLACE - 150 C2
SAUCY / RUE - 150 C2
SAUNERIE / RUE DE LA - 150 A5
SAUVAGE / PONT - 150 A4
SAUVAGE / RUE - 150 B5
SCUVEE / IMPASSE - 150 A5
SECHEVAL / RUE - 150 E2
SEROULE / RUE DE - 150 D4
SIMONIS / RUE - 150 F2-3 G3
SNOECK / RUE A. - 150 A5
SOMMELEVILLE / PLACE - 150 E2
SOTTAIS / RUE DES - 150 D2
SOURIS / RUE DES - 150 E2
SPA / AVENUE DE - 150 D4-5
SPINHAYER / RUE JULES - 150 D4
SPINTAY / RUE - 150 C2
SPORTS / RUE DES - 150 G3
STADE / RUE DU - 150 F3 G3
STATION / RUE DE LA - 150 B2-3
STEMBERT / RUE DE - 150 E2-3 F2
TAILLES / CHEMIN DES - 150 D2 E2
TANNERIE / RUE DE LA - 150 G4
TASTE / AVENUE JEAN - 150 F4
THEATRE / RUE DU - 150 C3
THEUX / CHAUSSEE DE - 150 D5
THIER / RUE DU - 150 G4
THIERVAUX / AVENUE DE - 150 E5 F4-5
THIL LORRAIN / RUE - 150 D2
TILLEULS / AVENUE DES - 150 D5
TIR / RUE DU - 150 G1-2
TISSAGE / RUE DU - 150 A3-4
TOMBEUX / RUE DU - 150 G2-3
TRAVAIL / RUE DU - 150 D2
TRAWA / CHEMIN - 150 G3
TRIBUNAL / RUE DU - 150 D3
TROU BRASY / RUE DU - 150 A5
TUILERIE / RUE DE LA - 150 E2
UNION / RUE DE L' - 150 C4-5 D4
VELODROME / RUE DU - 150 F4
VERTES HOUGNES / RUE DES - 150 E3
VESDRE / QUAI DE LA - 150 B2-3-4
VESDRE / RUE DE LA - 150 B3
VIADUC / RUE DU - 150 B4
VICTOIRE / PLACE DE LA - 150 C3
VIEIL HOPITAL / RUE DU - 150 E2
VIEILLE XHAVEE / RUE - 150 C3
VIEUXTEMPS / PLACE - 150 D4
VIEUXTEMPS / RUE HENRI - 150 G3-4
VILLAS / AVENUE DES - 150 A3
VOLONTAIRES DE GUERRE / RUE DES - 150 F3
VONCKEN / RUE ALPHONSE - 150 D3
WALLONS / RUE DES - 150 E3
WAUTERS / RUE JOSEPH - 150 E4 F4
WEINES / RUE DES - 150 A4-5
WIONY / RUE - 150 F4
XHAVEE / RUE - 150 C3 D3
YSER / PLACE DE L' - 150 C4

WAVRE

ACACIAS/AVENUE DES - 151 E4
ACERS/VENELLE DES - 151 D6
ADUATIQUES/CHAUSSEE DES - 151 C2
AISANCE/AVENUE DE L' - 151 D5 E5
A L'BUSE/RUELLE - 151 A6-7 B7
AMOURS/PONT DES - 151 C3
AQUITAINE/SQUARE DE L' - 151 C2
ARBRE DE LA LIBERTE/ SENTIER DE L' - 151 A2-3
ARBRE DE LA LIBERTE / SQUARE DE L'- 151 A3
ARTISANS/PLACE DES - 151 C5
ASTRID/PONT - 151 D4
ATREBATES/CHAUSSEE DES - 151 C2-3
AUBE/AVENUE DE L' - 151 E4
AUBEPINES/AVENUE DES - 151 C7
BARBIER/RUE - 151 C4
BARRA/CARREFOUR - 151 D5
BARRIERE MOYE/RUE - 151 D6-7
BEAUFAUX/PLACE POLYD. - 151 E2-3
BEGUINAGE/COURTE RUE DU - 151 C4
BEGUINAGE/RUE DU - 151 C4
BEL HORIZON/AVENUE - 151 A5-6
BELLE VOIE/AV. DE LA - 151 D3 E2-3
BERGER/PLACE HENRI - 151 B4
BERGER/SENTIER - 151 D2 E2
BIERGES/CHEMIN DE - 151 A2
BILANDE/TIENNE DE - 151 B1-2 C2
BLANCHISSERIE/RUELLE DE LA - 151 C4
BOHY/AVENUE - 151 D4 E4
BOIS DE LA PIERRE - 151 C7
BON BATEAU/RUE DU - 151 D5
BONNETIERS/SQUARE DES - 151 E3
BORGENDAEL - 151 B3
BORGENDAEL/CHEMIN DU - 151 B3 C3
BOSCH/PLACE ALPHONSE - 151 C4-5
BOSQUET/SENTIER DU - 151 A5
BOUCLIER/PLAINE DU - 151 C2
BRASSERIES/RUE DES - 151 C4
BRIDE/AVENUE DE LA - 151 E6
BRUXELLES/CHAUSSEE DE - 151 A1-2 B2 C2-3 D3
BRUXELLES/RUE DE - 151 C3-4 D3
BURGONDES/DREVE DES - 151 C2 D2
CALONGETTE/IMPASSE - 151 C4
CALVAIRE/RUE DU - 151 E2
CAMP ROMAIN - 151 C1
CARABINIERS/PARKING DES - 151 C4
CARABINIERS/RUE DES - 151 C4
CARDINAL MERCIER/PLACE - 151 C4
CARMES/GALERIE DES - 151 B4 C4
CARMES/PARKING DES - 151 B4 C4
CARMES/PLACE DES - 151 C4
CARRIERE/RUE DE LA - 151 A6 B6
CASSO/TIENNE - 151 C1
CAULE/RUE - 151 C6 D6
CENSE DE FLANDRE/RUE - 151 C3
CENTREMONT/AVENUE - 151 D5 E5
CENTRE SPORTIF/AVENUE DU - 151 D2-3 E2
CEPAGE/TIENNE DU - 151 B1 C1
CERISES/CHAUSSEE DES - 151 B1 C1
CHAMP DE COURSES/AVENUE DU - 151 C7
CHAMP DES MONTS - 151 E5
CHAMP DES MONTS/AVENUE DU - 151 D5 E5-6
CHAMP DES SARTS/TIENNE DU - 151 C3
CHAPEAU DE CURE/BASTION DU - 151 D1
CHAPELLE SAINTE-ELISABETH/RUE - 151 C4
CHARDONNERETS/SENTE DES - 151 D5 E5
CHATEAU DE LA BAWETTE/ CHAUSSEE - 151 A1
CHEMIN DE FER/RUE DU - 151 B4 C4
CHEREMONT/AVENUE DE - 151 E4-5-6
CHRIST/PONT DU - 151 C4
CLARISSES/IMPASSE DES - 151 C4-5
CLOS/AVENUE DU - 151 D4 E4-5
COLON/RUE ADELIN - 151 C3 D3
COMBATTANTS/RUE DES - 151 A5
COMMERCE/RUE DU - 151 C4
CORDERIE/RUE DE LA - 151 C5-6 D5
CORDONNIER/IMPASSE DU - 151 C4
COTEAUX/TIENNE DES - 151 C1
COULANT D'EAU/RUELLE DU - 151 C5-6
COURONNE/RUE DE LA - 151 C6
CREPUSCULE/SENTE DU - 151 E4
CROIX DU FEU/RUE DES - 151 D4
CURE/PLACE DE LA - 151 C4
CURE/RUE DE LA - 151 C4
CYPRES/VENELLE AUX - 151 E7
DAVID/AVENUE - 151 E4
DECHAMPS/RUE JOSEPH - 151 A7 B7
DEPORTES/AVENUE DES - 151 C4 D4
DERAEDT/RUE CONSTANT - 151 C4
DEUX DIMES/AVENUE DES - 151 D5 E5
DRAPIERS/RUE DES - 151 D4 E3-4
DROME/CHAUSSEE DE LA - 151 D2
DYLE/RUE DE LA - 151 A6
EBURONS/CHAUSSEE DES - 151 B2
ERMITAGE/RUE DE L' - 151 B4-5
ESCAILLE/RUE DE L' - 151 C3
ETANG/AVENUE DE L' - 151 E5-6
ETRIER/AVENUE DE L' - 151 E6
EUROPE/BOULEVARD DE L' - 151 A6-7 B5-6 C4-5
FLANDRE/RUE DE - 151 C4
FLEURIE/IMPASSE - 151 D5
FLEURIE/RUE - 151 D5
FLEURIE/RUELLE - 151 D4-5
FOND DES MAYS/RUE DU - 151 D5-6
FONDS DES MAYS - 151 C6
FONTAINES/COURTE RUE DES - 151 C4
FONTAINES/PARKING DES - 151 C4
FONTAINES/PONT DES - 151 C5
FONTAINES/RUE DES - 151 C4-5
FORTUNE/RUE LAMBERT - 151 C3-4
FRAMEE/TIENNE DE LA - 151 C2 D2
FRANCS/CHAUSSEE DES - 151 C2 D2
FROIDMONT/AVENUE DE - 151 E6
FUTAIE/VENELLE DE LA - 151 D7
GARE DE BASSE WAVRE/RUELLE - 151 E2
GARONNE/CHAUSSEE DE LA - 151 D2
GAULOIS/CHAUSSEE DES - 151 C2-3 D2
GIRONDE/CHAUSSEE DE LA - 151 D2
GRAND CORTIL/RUE DU - 151 C5-6
GRAND VIVIER/TIENNE DU - 151 E1-2
GRAVIER/RUE DU - 151 B4 C4
HALLAUX/CHEMIN - 151 A3-4 B4
HAMEAU/CHEMIN DU - 151 A2-3 B3
HAMEAU/SENTIER DU - 151 B3
HANG/TIENNE DU - 151 C2
HAUTE/RUE - 151 C4
HERBATTE - 151 D2
HERBATTE/CHAUSSEE DE L' - 151 D2 E2
HETRES/AVENUE DES - 151 C7
HOSTE/CHAUSSEE DE L' - 151 D1 E1
HOSTELLERIE/DREVE DE L' - 151 E1-2
HOSTELLERIE/TIENNE DE L' - 151 E1
HOTEL/RUE DE L' - 151 C3
HOTEL DE VILLE/PLACE DE L' - 151 C4
HUIT BONNIERS/AVENUE DES - 151 E5
HUITRES/QUAI AUX - 151 C4
HUY/CHAUSSEE DE - 151 D5-6 E6
IFS/VENELLE AUX - 151 E7
INDUSTRIE/RUE DE L' - 151 A6-7
JAVELINE/TIENNE DE LA - 151 C2 D2
JOKEY/CHEMIN DU - 151 C6-7 D7
JOPPART/RUE JOSEPH - 151 D2-3
LAURIERS/VENELLE DES - 151 E7
LE GODRU - 151 D3 E3
LEPAGE/AVENUE HENRI - 151 A3 B3 C3
LES QUATRE CHEMINS - 151 C5
LETROYE/RUE FLORIMOND - 151 C4 D4
LEURQUIN/SQUARE - 151 D4
LIMITE/RUE DE LA - 151 C3-4
LINIERS/RUE DES - 151 D3-4
LOIRE/CHAUSSEE DE LA - 151 D2
L'ORANGERIE - 151 C1 D1
LORIETTE/PLACE DE LA - 151 B3-4
LOUPS/RUE AUX - 151 B7
LOUVAIN/CHAUSSEE DE - 151 C5 D4-5 E2-3-4
LOUVRANGES/CHEMIN DE - 151 D5-6 E6-7
MAINMORTE/VENELLE DE LA - 151 D6-7
MALEVE/CITE - 151 E6
MANEGE/RUE DU - 151 A6 B6
MANIL/RUE DU - 151 B7 C6-7
MARIE DE HONGRIE/AV. - 151 E4-5
MARSCHOUW/AV. PHILIBERT - 151 E4
MATTAGNE/AV. AUGUSTE - 151 D3-4
MENETRIER/AVENUE DU - 151 E5
MERCIERS/RUE DES - 151 E3-4
MESANGES/AVENUE DES - 151 B4 C3-4
MEUNIER/RUE DU - 151 C5
MOISSONNEURS/CHEMIN DES - 151 B3
MONNAIE/RUE DE LA - 151 C6
MONTAGNE D'AISEMONT - 151 D4-5
MONTAGNE DU GODRU - 151 E5
MOULIN A VENT/RUE DU - 151 B4
NAMUR/CHAUSSEE DE - 151 D5-6-7
NAMUR/RUE DE - 151 C5 D5
NERVIENS/CHAUSSEE DES - 151 B2 C2
NIVELLES/RUE DE - 151 B4-5 C4
NORD/RUELLE DU - 151 D5
NOTRE-DAME DE BASSE WAVRE/ AVENUE - 151 E2
NUIT ET JOUR/RUELLE - 151 C4
OCTROI/VENELLE DE L' - 151 D6
OLIVES/RUELLE AUX - 151 E2
ORANGERIE/CHAUSSEE DE L' - 151 B1-2 C1-2 D2
OTTENBOURG/CHAUSSEE D' - 151 C1 D1-2
PANORAMA/AVENUE DU - 151 E4
PARC/AVENUE DU - 151 D5 E5
PARC SAINT-JOB - 151 E3
PAUVRE DIABLE/CHEMIN DU - 151 B2
PAYAU/RUELLE - 151 E3
PENDU/TIENNE DU - 151 D1-2
PETITE BELLE VOIE/PARKING DE LA - 151 D3
PHILIPPE LE BON/AVENUE - 151 E5
PIAT/RUE THEOPHILE - 151 B4-5
PICHAUTE/TIENNE DE LA - 151 B1 C1
PINSONS/SENTE DES - 151 D5
PIRIAT/AVENUE DU - 151 E4
PIRIAT/SENTE DU - 151 E4
PLANCHETTE/AVENUE DE LA - 151 E5
POILU/RUE DU - 151 A5
PONT DU CHRIST/RUE DU - 151 C4
PONT NEUF - 151 C4
PONT-SAINT-JEAN/PARKING DU - 151 B5 C5
PONT-SAINT-JEAN/RUE DU - 151 C4-5
POSTILLON/SENTIER DU - 151 B2
PRE DES QUERELLES - 151 B5 C5
PRE DE WILDRE/RUELLE DU - 151 C3-4 D4
PRE JOLI/VENELLE DU - 151 E7
PRINCES/AVENUE DES - 151 D4
PRINCES/GALERIE DES - 151 D4
PRINCES/PARC DES - 151 D3 E3
PROGRES/PLACE DU - 151 C4
PROGRES/RUE DU - 151 C4
PROVINCIALE/RUE - 151 A5-6 B5
PUITS/RUE DU - 151 D5
QUATRE AOUT/RUE DU - 151 C3
QUATRE CHEMINS/RUE DES - 151 C5-6
REINE ASTRID/AVENUE - 151 D4-5
RELAIS/CLOS DU - 151 B2-3
RESERVE/VENELLE DE LA - 151 D7 E7
RESERVOIR/RUE DU - 151 B4
RHONE/CHAUSSEE DU - 151 C2-3
RIVAGE/RUE DU - 151 E2
RIVAGE/RUELLE DU - 151 E2
ROND-POINT DE LA LIBERTE - 151 B3
RUISSEAU/AVENUE DU - 151 E5
RUISSEAU DU GODRU/AVENUE DU - 151 E4-5-6
RY/CHEMIN DU - 151 A1-2
SAINTE-ANNE/IMPASSE - 151 B3-4
SAINTE-ANNE/RUE - 151 A3 B3-4
SAINTE-REINE/RUE - 151 C5 D5
SAINT-ROCH/RUE - 151 D3
SAINT-SEBASTIEN/RUE - 151 D3
SAMBON/RUE CHARLES - 151 C4
SANSONNETS/SENTE DES - 151 E5
SAONE/CHAUSSEE DE LA - 151 C2
SARMENT/TIENNE DU - 151 C1
SAULES/PARC DES - 151 B2 C2
SAUSSALLES/RUE DES - 151 A5
SCAILTEUX/RUELLE DES - 151 C5 D5-6
SEINE/CHAUSSEE DE LA - 151 D2
SERINGAS/CLOS DES - 151 C6
SERINS/SENTE DES - 151 D5 E5
SIMONART/SENTIER - 151 B4-5
SITTELLES/SENTE DES - 151 E5
SOL/RUE DU - 151 C6
SORBIERS/AVENUE DES - 151 E3-4
SORBIERS/SQUARE DES - 151 E3
SOURCE/RUE DE LA - 151 C4
SOUVERAIN/RUE DU - 151 C6 D6
STADE/PARKING DU - 151 D2
STADT - 151 C1
STADT/DREVE DE - 151 C1
STOFE/COURTE RUE DU - 151 C4
SUCRERIE/CHEMIN DE LA - 151 A4 B4
SUCRERIE/PARKING DE LA - 151 B4
TANNERIES/IMPASSE DES - 151 C5
TANNERIES/QUAI DES - 151 C4-5
TAXANDRES/CHAUSSEE DES - 151 C2
TENDERIE/AVENUE DE LA - 151 E6
TENDEUR/AVENUE DU - 151 E5-6
TERLONGVAL/VENELLE DE - 151 E6-7
THUYAS/VENELLE AUX - 151 E7
TILLEUL/CHAUSSEE DU - 151 D2 E2
TILLEUL/RUE DU - 151 E2
TIR/RUE DU - 151 B3-4
TOILIERS/RUE DES - 151 E3
TRAIT/TIENNE DU - 151 C2 D2
TRAM/VOIE DU - 151 C5
TREVIRES/DREVE DES - 151 C2 D2
TRIBUT/VENELLE DU - 151 D7
TROMPETTE/QUAI DU - 151 C4 D4
TRUBECHE/SENTIER DU - 151 C3
TRY/PONT DU - 151 E2
TRY/TIENNE DU - 151 C1-2
TUILERIES/PLACE DES - 151 C5
USINE/PARKING DE L' - 151 A5 B5
USINE/RUE DE L' - 151 A5 B5
VANNIERS/RUE DES - 151 C5
VANPEE/AVENUE - 151 D3
VERCINGETORIX/SQUARE - 151 B2
VERDIERS/SENTE DES - 151 D5
VERTE VOIE/CHAUSSEE DE LA - 151 C1 D1
VIEUX FOSSES/RUELLE DES - 151 C3-4
VIGNES/CHAUSSEE DES - 151 C1 D1
VIGNOBLE/TIENNE DU - 151 C1
VILLA ROMAINE/CHAUSSEE DE LA - 151 E1
VOLONTAIRES/RUE DES - 151 C4
WASTINNE/RUE DE LA - 151 A6
WAUTERS/RUE JOSEPH - 151 C5-6
YENRNAUX/AVENUE DESIRE - 151 D3-4

L.-DIEKIRCH

AM BROCH - 152 A-B4
ARLON / RUE D' - 152 B6-7
ARTISANS / RUE DES - 152 C3
BAMERTAL - 152 B1 C1-2
BECH / PLACE J. - 152 D3
BITBURG / RUE DE - 152 B6
BRABANT / RUE DE - 152 C2-3
BRASSERIE / RUE DE LA - 152 B4-5
CLAIREFONTAINE / RUE - 152 D-E3
CROIX / RUE DE LA - 152 B-C4
CURE / RUE DU - 152 D3
DOMINIQUE / PLACE - 152 D4
DOMINIQUE / RUE - 152 C-D4
EAU / RUE DE L' - 152 C3
ECOLES / RUE DES - 152 B3
ESPLANADE - 152 C2-3 D3
ESSCHEN / SQUARE P. - 152 C5
ETOILE / PLACE DE L' - 152 C4
ETOILE / RUE DE L' - 152 C3 D3-4
FREBSO / RUE - 152 C-D4
GARE / AV. DE LA - 152 A5-6 B5 C4-5
GILSDORF / ROUTE DE - 152 D-E5
GOETHALS / PLACE - 152 C4
GOETHALS / RUE E. - 152 C4

GRAND RUE - 152 C3-4
GUILLAUME / PLACE - 152 B-C3
GUILLAUME / RUE - 152 B-C3
GYMNASE / RUE DU - 152 B4-5
HALLES / RUE DES - 152 C3
HANNERT DER ALER KIIRCH - 152 D3
HAYANGE / RUE DE - 152 B6-7
HECK / RUE ALEXIS - 152 D3-4
HERRENBERG / MONTEE DU - 152 D-E3
HOPITAL / RUE DE L' - 152 A3 B2-3 C2
HURY / RUE - 152 C-D3
INDUSTRIE / RUE DE L' - 152 A4-5
L'AVEUGLE / RUE JEAN - 152 B3-4
MERTEN / RUE JOSEPH - 152 D6 E5-6
KLEIN / RUE E.J. - 152 A4
KOCKELBERG / RUE DU - 152 A3
KOWALSKY / RUE EMILE - 152 C6
LAROCHETTE / ROUTE DE - 152 B7 C7 D4-5-6-7
LIBERATION / PLACE DE LA - 152 C-D3
MARCHE / PLACE DU - 152 C3
MARCHE / RUE DU - 152 C-D3
MONTHEY / RUE DE - 152 B7
MOULIN / RUE DU - 152 C2 D2-3
NEUVE / RUE - 152 B3-4
OP DER SCHLAED - 152 A6-7 B6
PALAIS / RUE DU - 152 A-B3
PENSIONNAT / RUE DU - 152 B3
PETITE RUE - 152 C-D4
OLINGER / RUE PIERRE - 152 C-D6
11 SEPTEMBRE / RUE DU - 152 A4-5
PONT / RUE DU - 152 C-D4
PREAU STEHRES - 152 B-C2
RECOLLETS / PLACE DES - 152 C3
REMPARTS / RUE DES - 152 D4
SAINT-ANTOINE / RUE - 152 C3
SAINT-NICOLAS / RUE - 152 D3
SAUERWISS / RUE - 152 C-D6
SEITERT / MONTEE DE LA - 152 A1 B1-2 C2
STAVELOT / RUE DE - 152 C3-4
SURE / PROMENADE DE LA - 152 A6 B6 C5-6 D5
SURE / RUE DE LA - 152 C-D4
THEIS / RUE JOSEPH - 152 C6
TILLEUL / RUE DU - 152 A3-4
TOUR / RUE DE LA - 152 C3
TSCHIDERER / RUE - 152 C3
VIEILLE / RUE - 152 C3
WATHLET / RUE - 152 D3
WIRTGEN / PLACE CH. - 152 D3

L.-ECHTERNACH

BENEDICTINS / RUE DES - 153 D3 E3-4
BONS MALADES / RUE DES - 153 D3 E2-3
BREILEKES / RUE - 153 B-C3
BRIMMEYR / RUE J.-P. - 153 B-C3
BUURCHMAUER / RUE HAALER - 153 B1-2
BUURCHMAUER / RUE HOOVELECKER - 153 C-D3
CHARLY / RUE DU - 153 A1-2-3
CHEMIN DE FER / RUE DU - 153 B-C1
COMTE SIGEFROI / RUE - 153 C3
CURE / RUE DU - 153 C2-3
DEMOISELLES / PAS DES - 153 C3 D2-3
DEVANT LE MARCHE - 153 C2-3
DUCHSCHER / RUE ANDRE - 153 A3 B2-3 C2
ECOLIERS / RUE DES - 153 C-D2
ERMESINDE / RUE - 153 A-B1
GARE / ROUTE DE LA - 153 B1-2 C2
HANNER DER BACH - 153 C2
HOOVELECK - 153 D3
HOPITAL / RUE DE L' - 153 C-D3
LORENT / RUE TH. - 153 B3
LUXEMBOURG / RUE DE - 153 A3-4 B3 C2-3
MARCHE / PLACE DU - 153 C2
MAXIMILIEN / RUE - 153 B1-2
MERCIERS / RUE DES - 153 B2 C1-2
MONTAGNE / RUE DE LA - 153 C2 D2-3
NEUVE / RUE - 153 B1-2
PONT / RUE DU - 153 D-E2
RABATT - 153 A3-4 B3
REDOUTES / RUE DES - 153 D-E3
REMPARTS / RUE DES - 153 B-C-D3
ROSES / VAL DES - 153 B-C1
SAINT WILLIBRORD / PORTE - 153 C1
SCHLICK / RUE - 153 B2-3
SURE / RUE DE LA - 153 D2-3 E2
TANNEURS / RUE DES - 153 D2
TONNELIERS / RUE DES - 153 B2-3

L.-ESCH-SUR-ALZETTE

ABBE LEMIRE / RUE - 154 A-B5
ACCACIAS / AVENUE DES - 154 B7
ACIER / RUE DE L' - 154 A-B2
ALZETTE / RUE DE L' - 154 B6 C6 D5-6 E5
ARGENTINE / RUE DE L' - 154 B5-6
BARBANSON / RUE - 154 E3-4
BELVAL / ROUTE DE - 154 A5-6 B6
BELVAUX / ROUTE DE - 154 A2 B2-3 C3
BENELUX / PLACE - 154 A2
BERG / RUE JEAN - 154 D2
BERNARD / RUE ZENON - 154 B7 C6-7 D6
BERWART / BOULEVARD - 154 E4-5
BESSEMER / RUE - 154 A4-5
BIEVER / RUE NIC - 154 C2
BOERS / RUE DES - 154 C6-7
BOIS / RUE DU - 154 A3
BOLIVAR / RUE - 154 D5-6
BOLTGEN / RUE - 154 D5
BOURGAARD / RUE - 154 E4-5
BRASSEUR / RUE XAVIER - 154 C-D6
BRILL / RUE DU - 154 B5-6 C6-7
CANAL / RUE DU - 154 B5-6 C5
CHAMPS / RUE DES - 154 B5-6
CHARBONS / RUE DES - 154 B4 C4-5
CHURCHILL / BLD. WINSTON - 154 C-D2
CIGRAND / RUE FRANCOIS - 154 B1-2
CIMETIERE / RUE DU - 154 D3-4
CINQUANTENAIRE / RUE DU - 154 D1
CLAIR-CHENE / RUE DU - 154 A4 B3-4 C3
CLAUDE / RUE PIERRE - 154 B-C6
COLLINE / RUE DE LA - 154 D1
DE GAULLE / BOULEVARD CHARLES - 154 A3-4
DELLH'ECHT / RUE - 154 D3
DICKS / RUE - 154 C5-6-7 D7
DIESWE - 154 D6-7 E7
10 SEPTEMBRE / RUE DU - 154 C5-6
DONVEN / RUE FR. - 154 C-D2
DUNANT / RUE HENRI - 154 C-D2
EAU / RUE DE L' - 154 C-D5
ECOLE / RUE DE L' - 154 D-E4
EDISON / RUE - 154 B5
EGLISE / RUE DE L' - 154 D4-5
EHLERANGE / ROUTE D' - 154 A1-2
FAUBOURG - 154 D-E4
FELLENS / RUE ED. - 154 B1-2
FONDEURS / RUE DES - 154 B2
FONTAINE / RUE DE LA - 154 E4-5
FOSSE / RUE DU - 154 C4-5 D4 E4
FRANCISCAINS / RUE DES - 154 A3-4 B3
GARE / AVENUE DE LA - 154 D5-6
GENERAL PATTON / RUE G. S. - 154 B2 C2-3
GOEDERT / RUE P. - 154 B-C2
GRAND RUE - 154 D4-5
GRANDE DUCHESSE CHARLOTTE / BOULEVARD - 154 B2 C1-2 D1 E1
GROBIRCHEN / PLACE - 154 D-E4
HABIG / RUE H. - 154 B-C2
HOFERLIN / RUE J. D. - 154 C4
HOPITAL / RUE DE L' - 154 C2-3 D3-4
HOTEL DE VILLE / PL. DE L' - 154 D-E5
HUGO / PLACE VICTOR - 154 B5
HUGO / RUE VICTOR - 154 A5 B4-5 C4
INDUSTRIE / RUE DE L' - 154 C6
JARDINS / PETITE RUE DES - 154 D-E5
JAURES / PLACE JEAN - 154 A-B4
JAURES / RUE JEAN - 154 B4-5
JOLIOT CURIE / RUE - 154 C2
JOUHAUX / PLACE L. - 154 A-B3
JOUHAUX / RUE LEON - 154 A3 B3-4
KAPP / RUE TH. - 154 B-C2
KAYSER / RUE ALOYSE - 154 B4
KENNEDY / BOULEVARD J. F. - 154 C7 D5-6-7 E5
KINSCH / RUE LEON - 154 D-E1
KOCH / RUE ANDRE - 154 D7
KOENER / RUE MATHIAS - 154 D-E3
KRIER / BLD. PIERRE - 154 A3-4
KRIER / CITE - 154 A3
KRIER / PLACE A. - 154 E5
KRIER / PLACE - 154 A3
LANKELZ / PENETRANTE DE - 154 C1
LARGE / RUE - 154 C3-4
L'AVEUGLE / RUE JEAN - 154 A4-5
LENTZ / RUE MICHEL - 154 A2-3
LIBERATION / RUE DE LA - 154 C5 D5-6
LIEGE / RUE DE - 154 D-E1
LILLE / RUE DE - 154 D-E1
LUXEMBOURG / RUE DE - 154 E1-2-3-4-5
LYCEE / RUE DU - 154 B-C3
MACON / RUE DE - 154 A-B3
MANTERNACH / PLACE JEAN-PIERRE - 154 C-D1
MANTERNACH / RUE JEAN-PIERRE - 154 C-D1
MAQUISARDS / RUE DES - 154 B4-5
MARTYRS / RUE DES - 154 B4
MARX / RUE KARL - 154 B4
MAYRISCH / RUE EMILE - 154 D2-3-4 E4
MAYRISCH / SQUARE EMILE - 154 D3
METZ / PLACE N. - 154 E5
METZ / RUE LEON - 154 D2 E2-3
MICHELS / RUE JEAN-PIERRE - 154 B3 C2-3 D2
MONDERCANGE / ROUTE DE - 154 E1
MOULIN / RUE DU - 154 C5-6 D5
NEUENS / RUE VICTOR - 154 B1-2
NORD / RUE DU - 154 C4-5
NOTHOMB / RUE - 154 D6
ORIGER / RUE JEAN - 154 D4
PAIX / AVENUE DE LA - 154 D1-2
PAIX / PLACE DE LA - 154 D2
PASTEUR / RUE - 154 B-C6
PETIT / RUE LOUIS - 154 C4
PRINCE HENRI / BOULEVARD - 154 A5-6 B6-7 C7
QUARTIER - 154 E5
REMPARTS / PLACE DES - 154 C-D4
REMPARTS / RUE DES - 154 C4-5 D4 E4
REULAND / RUE MARCEL - 154 A1-2
RODANGE / RUE MICHEL - 154 B3-4 C4
ROTTERDAM / RUE DE - 154 E1
SACRIFIES 1940-45 / PL. DES - 154 C3
SAINT-ANTOINE / RUE - 154 E5
SAINTE-BARBE / RUE - 154 B-C5
SAINT-HENRI / RUE - 154 A-B3
SAINT-JEAN / PLACE - 154 D5
SAINT-JEAN / RUE - 154 C-D5
SAINT-MICHEL / PLACE - 154 D5
SAINT-VINCENT / PLACE - 154 C-D5
SAINT-VINCENT / RUE - 154 D4-5
SCHORTGEN / RUE - 154 C4
SCHUMAN / RUE ROBERT - 154 C3
SPOO / RUE C. M. - 154 B6 C5-6
STADE / RUE DU - 154 E5
STALINGRAD / PLACE - 154 A5 B5
STALINGRAD / RUE - 154 B5-6
TERRES-ROUGES / AV. DES - 154 B6-7
TESCH / RUE MARIE MULLER - 154 A3
THOMAS / RUE SIDNEY - 154 A4-5
TUILERIE / RUE DE LA - 154 B2-3
USELDINGER / RUE ARTHUR - 154 A1 B1-2 C1-2
USINE / ENTREE DE L' - 154 E3
USINE / RUE DE L' - 154 A4 B4 C3-4
VIADUC / RUE DU - 154 A4-5
WEIRICH / RUE LEON - 154 B3-4
WELTER / RUE DR. - 154 A-B2
WESTER / RUE J. - 154 C3
WOLTER / RUE JEAN - 154 C1
WURTH PAQUET / RUE - 154 D-E3

L.-LUXEMBOURG

ABATTOIR / RUE DE L' - 155 A6
ACIERIE / RUE DE L' - 155 A-B7
ADAMES / RUE - 155 B2
ADENAUER / BOULEVARD KONRAD - 155 D1-2 E1
ADOLPHE / PONT - 155 B-C4
ADOLPHE / RUE - 155 A5
ALBERT I-ER / RUE - 155 A4-5
ALDRINGEN / RUE - 155 B-C-4
ALSACE / RUE D' - 155 C7
ALTMUNSTER / PLATEAU - 155 E3
ALZETTE / BLD. DE L' - 155 C2-3 D3
AMELIE / AVENUE - 155 B3
ANCIEN ATHENEE / RUE DE L' - 155 C4
ANVERS / RUE D' - 155 B6 C5-6
ARDENNES / RUE DES - 155 D7
ARLON / ROUTE D' - 155 A3
ARMES / PLACE D' - 155 C3
AVRANCHES / BOULEVARD D' - 155 D5
BAINS / PLACE DES - 155 C3
BAINS / RUE DES - 155 B-C3
BARRES / RUE MAURICE - 155 A7
BAUDOUIN / RUE - 155 A-B7
BEAUMONT / RUE DE - 155 C3
BECK / RUE - 155 C3
BENDER / RUE - 155 D5
BERTHOLET / RUE JEAN - 155 A4
BISSERWEG - 155 D-E4
BLANC / RUE PIERRE - 155 E6-7
BOIS / AVENUE DU - 155 B1-2
BONNEVOIE / ROCADE DE - 155 D6-7
BONNEVOIE / RUE DE - 155 D5-6-7
BONS-MALADES / VAL DES - 155 C-D1
BOSCH / RUE FRANCOIS - 155 A2-3
BOUCHERIE / RUE DE LA - 155 D3
BOUILLON / RUE DE - 155 A7
BOURG-GEMEN / RUE MELCHIOR - 155 A2
BRASSEUR / RUE JEAN-PIERRE - 155 A3-4
BRASSEUR / SQ. ROBERT - 155 C3
BUCHLER / PONT JEAN-PIERRE - 155 C-D7
CALMETTE / RUE CHARLES - 155 E5
CAPUCINS / RUE DES - 155 C3
CARIGNAN / RUE DE - 155 E7
CERISIERS / RUE DES - 155 B-C1
CHAPELLE / RUE DE LA - 155 A-B3
CHARLES / RUE AUG. - 155 D7 E6-7
CHARLES VI / RUE - 155 D5
CHICAGO / RUE DE - 155 D5-6 E6
CHIMAY / RUE - 155 C3-4
CHURCHILL / PLACE WINSTON - 155 A3
CIMETIERE / RUE DU - 155 D-E7
CLAUSEN / MONTEE DE - 155 D-E3
COMMERCE / RUE DU - 155 C6-7
CONCORDE / PONT DE LA - 155 D5
CONGREGATION / RUE DE LA - 155 C-D4
CORNICHE / CHEMIN DE LA - 155 D3-4
COUVENT / COUR DU - 155 D-E7
CRECY / RUE DE - 155 A4-5
CURE / RUE DE - 155 C3
CURIE / RUE MARIE ET PIERRE - 155 D-E5
DAHLIAS / RUE DES - 155 A4
DANTE / RUE - 155 A5
D'ASPELT / RUE PIERRE - 155 A-B4
DE BLOCHAUSEN / RUE FELIX - 155 D-E6
DE COUBERTIN / RUE PIERRE - 155 E4-5
DE GAULLE / AV. CHARLES - 155 D5
DE MANSFELD / ALLEE PIERRE - 155 D-E3
DE MUSSET / RUE ALFRED - 155 B2
DENY / RUE LOUIS - 155 A2
DERNIER SOL - 155 D7
DICKS / RUE - 155 C5
DIDERICH / AVENUE GASTON - 155 A4
1900 / RUE - 155 C6
X SEPTEMBRE / AVENUE DU - 155 A4
DOMINICAINS / RUE DES - 155 D-E3
DUCHSCHER / RUE ANDRE - 155 C5-6
DUPLOYE / RUE EMILE - 155 E7
EAU / RUE DE L' - 155 C-D4
EGALITE / RUE DE L' - 155 E6-7
EGLISE / RUE DE L' - 155 A7
EICH / ANCIENNE COTE D' - 155 B-C1
EICH / COTE D' - 155 C1-2-3
ENGEL / PLACE AUGUSTE - 155 D4
EPERNAY / RUE D' - 155 C6
ERMESINDE / RUE - 155 A-B1
ESCH / ROUTE D' - 155 A5-6-7 B5-6
ESPERANCE / RUE DE L' - 155 D-E3
ETATS-UNIS / RUE DES - 155 B-C6
ETOILE / PLACE DE L' - 155 A-B3
EUROPE / PLACE DE L' - 155 E2
EYSCHEN / BLD. PAUL - 155 B1-2 C1-2
FABER / RUE FRANCOIS - 155 A1-2
FAIENCERIE / AV. DE LA - 155 A1-2 B2
FISCHER / RUE ADOLPHE - 155 B5-6 C6-7
FOIRE / BLD. DE LA - 155 A3 B2-3
FONDERIE / RUE DE LA - 155 B6-7
FORD NIEDERGRUNEWALD / RUE DU - 155 D2 E1-2
FORT BERLAIMONT / RUE DU - 155 E1-2
FORT BOURBON / RUE DU - 155 C-D5
FORT ELISABETH / RUE DU - 155 C5
FORT NEIPPERG / RUE DU - 155 D5-6
FORT OLIZY / RUE DU - 155 D3
FORT REINSHEIM / RUE DE - 155 A-B4
FORT WALLIS / PLACE DU / 2 - 155 D5
FORT WALLIS / RUE DU - 155 D5
FORT WEDELL / RUE DU - 155 C6-7
FOSSE / RUE DE - 155 C3-4
FRATERNITE / BLD. DE LA - 155 E5-6
FUNCK-BRETANO / RUE THEOPH. - 155 E2-3
GARE / PLACE DE LA - 155 C6-7 D6
GARE VIADUC / AV. DE LA - 155 D5-6
GAULOIS / RUE DES - 155 D-E6
GENERAL PATTON / BOULEVARD DU - 155 E4
GENETS / RUE DES - 155 E4
GENISTRE / RUE - 155 C3
GIRONDINS / RUE DES - 155 A6
GLACIS / RUE DES - 155 B1-2 C1
GLESENER / RUE - 155 C6
GODART / RUE ANTOINE - 155 D6-7
GOERGER / RUE WILLY - 155 C3
GOETHE / RUE - 155 B-C5
GOUNOD / RUE CHARLES - 155 D7
GRAND RUE - 155 C3
GRANDE-DUCHESSE CHARLOTTE / BOULEVARD - 155 A3-4-5
GRANDE-DUCHESSE CHARLOTTE / PONT - 155 C-D2
GREVE / RUE DE LA - 155 C5
GRUND / MONTEE DU - 155 D4
GUILLAUME / AVENUE - 155 A4-5
GUILLAUME II / PLACE - 155 C4
HAMMES / RUE CHARLES LEON - 155 E1
HANSEN / RUE JOSEPH - 155 A1-2
HARDT / RUE MATHIAS - 155 C4-5
HEINE / RUE HENRICH - 155 C5
HEINTZ / RUE JOSEPH - 155 C7
HELDENSTEIN / RUE JEAN-PIERRE DAVID - 155 B6
HENRI VII / RUE - 155 A2 B1-2
HENTGES / RUE PIERRE - 155 D-E6
HOLLERICH / RUE DE - 155 A-B-C7
HUGO / AVENUE VICTOR - 155 A1 B1-2
INDUSTRIE / RUE DE L' - 155 B-C7
IRMINE / RUE - 155 E7
JACQUEMART / BOULEVARD GUSTAVE - 155 E5
JANS / RUE ANTOINE - 155 A1
JARDINIERS / RUE DES - 155 A-B5
JAURES / RUE JEAN - 155 A-B5
JEAN-BAPTISTE / RUE - 155 B6
JOSEPH II / BLD. - 155 A3-4 B2-3-4
JUNK / RUE JOSEPH - 155 C-D6
KETTEN / RUE EVRARD - 155 A1
KOCH / RUE ERNEST - 155 A4
KOWALSKY / RUE ALFRED - 155 C-D2
KRIER / RUE PIERRE - 155 D-E7
LABORATOIRE / RUE DU - 155 D5-6
LAMARTINE / RUE - 155 B1
LARGE / RUE - 155 D3-4
LAURENT / PLACE AUGUSTE - 155 B1
LAVANDIER / RUE EMILE - 155 A5-6
L'AVEUGLE / RUE JEAN - 155 A-B2
LAVOISIER / RUE - 155 E5
LENTZ / RUE MICHEL - 155 A1
LEON XIII / PLACE - 155 D7
LIBERTE / AV. DE LA - 155 C4-5-6 D6
LIPPMANN / RUE GABRIEL - 155 E6-7
LOGE / RUE DE LA - 155 D3
LOUVIGNY / RUE - 155 C4
LUMIERE / RUE AUGUSTE - 155 D-E5
MALAKOFF / RUE - 155 E2
MALTERLE / RUE DE LA - 155 E2
MARCHE AUX HERBES / RUE DU - 155 C3-4 D4
MARCONI / ALLEE - 155 A-B3
MARIE-ADELAIDE / RUE - 155 A5
MARIE-THERESE / AV. - 155 A5 B4-5
MARSHALL / RUE G.C. - 155 D5
MARX / BLD. DR. CHARLES - 155 B6
MAYRISCH / RUE EMILE - 155 E4-5
MENAGER / RUE LAURANT - 155 C1-2-3
MERCIER / RUE - 155 C6-7
MERKELS / RUE JEAN-BAPT. - 155 B6
MEYER / RUE ANTOINE - 155 A5-6
MEYER / RUE - 155 E5
MEYER / SQUARE ALOYSE - 155 E5
MILLIOUNEWEE - 155 E2
MOHRFELS / RUE - 155 C-D3
MONNAIE / RUE DE LA / 7 - 155 C3
MONTEREY / AVENUE - 155 A4 B4 C3-4
MOUSEL / RUE EMILE - 155 E3
MUNCHEN / RUE ALPHONSE - 155 A5
MUNSTER / RUE - 155 D4
MUR / RUE DE - 155 E6-7
NAMUR / RUE DE - 155 A4
NANCY / PLACE DE - 155 A5
NASSAU / RUE DE - 155 A5
NORD / RUE DU - 155 C3
NOTRE-DAME / RUE - 155 B-C4
ORANGE / RUE D' - 155 A4
ORIGER / RUE JEAN - 155 C-D5
PAIX / RUE DE LA - 155 D6
PALAIS DE JUSTICE / RUE DU - 155 C-D3
PARC / PLACE DU - 155 D7
PARC / RUE DU - 155 D-E7
PARIS / PLACE DE / 8 - 155 C5
PASTEUR / AVENUE - 155 A1 B1-2
PESCATORE / AVENUE - 155 C2-3
PETRUSSE / BOULEVARD DE LA - 155 B5-6 C4-5 D5
PETRUSSE / MONTEE DE LA - 155 D5
PFAFFENTHAL / MONTEE DE - 155 C-D3
PHILIPPE II / RUE - 155 C4
PIERRET / RUE N.S. - 155 A1
PLAETIS / RUE - 155 D4
PLEBISCITE / RUE DU - 155 C5
POINCARE / RUE RAYMOND - 155 A5-6
PONT / RUE DU - 155 C2
PORTE-NEUVE / AVENUE DE LA - 155 B2 C2-3
POSTE / RUE DE LA - 155 C3
PRAGUE / RUE DE - 155 C-D5
PRINCE HENRI / BLD. - 155 B3-4 C3
PROBST / RUE J.P. - 155 A3
PUITS / RUE DU - 155 D7
PULVERMUHL / RUE DE - 155 E5-6
REIMS / RUE DE - 155 C6
REINE / RUE DE LA - 155 C4
RENERT / RUE - 155 B-C5
RESISTANTS ET DES DEPORTES / ALLEE DES - 155 A2-3 B2
REUTER / AVENUE EMILE - 155 A-B3
RHAM / RUE DE - 155 D4 E4
RODANGE / RUE MICHEL - 155 B-C5
ROLLINGERGRUND / RUE DE - 155 A2-3
ROMAINS / RUE DES - 155 D-E6
ROOSEVELT / BOULEVARD F.D. - 155 B4 C4 D4-5
ROSES / RUE DES - 155 B1
ROST / RUE DU - 155 D3-4
ROTONDE / RUE DE LA - 155 D6
ROYAL / BOULEVARD - 155 B3-4 C3
SAINTE-CUNEGONDE / PL. - 155 E3
SAINT-ESPRIT / PLACE DU - 155 D4
SAINT-ESPRIT / RUE DU - 155 C-D4
SAINTE-ZITHE / RUE - 155 B-C5
SAINT-MATHIEU / RUE - 155 C1-2
SAINT-QUIRIN / RUE - 155 D5
SAINTS PIERRE ET PAUL / PLACE - 155 A7
SAINT-ULRIC / RUE - 155 D4-5
SCHEFFER / ALLEE - 155 B2
SCHILLER / RUE - 155 C5
SCHNEIDER / RUE GUILLAUME - 155 B-C1
SCHUMAN / BLD. ROBERT - 155 B-C2
SCHUMAN / ROND POINT ROBERT - 155 B2
SEMOIS / RUE DE LA - 155 B4-5-6
SERVAIS / BLD EMMANUEL - 155 B2 C1-2
SIGEFROI / RUE - 155 D3
SIGISMOND / RUE - 155 D7
SPOO / RUE C.M. - 155 B5
STAVELOT / RUE DE - 155 C-D1
STRASBOURG / PL. DE - 155 C6
STRASBOURG / RUE DE - 155 B-C6
TANNEURS / RUE DES - 155 C1
THEATRE / PLACE DU - 155 C3
THORN / BLD VICTOR - 155 D3
TOCKERT / RUE JOSEPH - 155 A5-6
TOUR JACOB / RUE DE LA - 155 D3-4 E3
TREVES / RUE DE - 155 D4 E3-4
TREVIRES / RUE DES - 155 D5-6 E6-7
TROIS GLANDS / RUE DES - 155 D2-3
TUDOR / RUE HENRI - 155 A2
ULVELING / BLD. JEAN - 155 C-D3
UNIOUN / ALLEE DE L' - 155 B2
VALLEE / RUE DE LA - 155 A-B6
VAN WERVEKE / RUE NIK - 155 A6
VAUBAN / RUE - 155 C2 D2-3
VERGER / RUE DU - 155 D6 E5-6
VIANDEN / RUE DE - 155 A4-5
VIRCHOW / PLACE - 155 D-E6
WEBER / RUE BATTY - 155 A1
WEIS / RUE SOSTHENE - 155 C3 D3-4
WELTER / RUE MICHEL - 155 B5 C5-6
WELTER / RUE NICOLAS - 155 A3
WENCESLAS I-ER / RUE - 155 C7
WILHELM / RUE JULES - 155 D3 E2-3
WILSON / RUE - 155 B6
WILTHEIM / RUE / 6 - 155 D3
ZINNEN / RUE ANT. - 155 A-B1

L.-MONDORF

ACACIAS / RUE DES - 153 B6-7
ALTBACH / CHEMIN - 153 B-C-D6
BAINS / AVENUE DES - 153 D6-7
BARRES / RUE M. - 153 A-B7
BENEDICTINS / RUE DES - 153 B5
BETTENDORF / PGE CH. - 153 D6
BURMERANGE / RTE DE - 153 E6-7
CHATEAU / RUE DU - 153 B7
CLEMENT / AV. FR. - 153 B-C-D6
DAUNDORF / RUE - 153 E5
DICKS / RUE - 153 B6
DIDERRICH / IMP. EM. - 153 E6-7
DIEDERICH / RUE A. - 153 E5
ERCKMANN-CHATRIAN / RUE - 153 A-B7
FELTGEN / AV. DR. E. - 153 E6-7
FLAMMANG / RUE - 153 C4 D4-5 E5
GARE / RUE DE LA - 153 A6
GRUN / RUE JOHN - 153 B5 C4-5
HUGO / RUE VICTOR - 153 A-B6
INDEPENDANCE / ROND-POINT DE L' - 153 D7
KLEIN / AVENUE DR. - 153 D6
KLENG HIEHL - 153 B5-6
LAESSEL / RUE J. G. - 153 E5
LEDURE / RUE J.P. - 153 E5
LIBERATION / RUE DE LA - 153 E5
LINSTER / ALLEE J. - 153 B5
LUXEMBOURG / ROUTE DE - 153 A-B6
MADELAIN / RUE LOUIS - 153 A-B7
MARIE-ADELAIDE / AV. - 153 E5-6
MARTYRS / RUE DES - 153 E5
MOSSELY / RUE E. - 153 B7
MOULIN / RUE DU - 153 A-B6
PARIS / RUE DE - 153 B6-7
PRUNELLES / RUE DES - 153 B4-5
REMICH / RTE DE - 153 D5-6 E4-5
REPUBLIQUE / PL. DE LA - 153 B6
RODANGE / RUE M. - 153 E5
SAINT-CHRISTOPHE / ALLEE - 153 C6
SAINT-MICHEL / RUE - 153 B5-6
SCHMIT / RUE DR. N. D. - 153 E5
SCHUMACHER / RUE DR. - 153 D4-5 E4-5
SIMMINGER / PGE B. - 153 A-B6
VERLAINE / RUE PAUL - 153 A6 B6-7
VILLES JUMELEES / AV. DES - 153 B6 C5-6
WEBER / PLACE B. - 153 B6